令和5年版

犯 罪 白 書

－ 非行少年と生育環境 －

法務総合研究所

はしがき

　平成27年以降戦後最少を更新し続けてきた刑法犯の認知件数は、令和4年、20年ぶりに前年を上回った。新型コロナウイルス感染症の影響もあり、刑法犯認知件数は、令和2年に大きく減少し、3年もこれに引き続き減少しており、人々の生活が日常に戻りつつあった4年は、その揺り戻しにより増加した可能性が考えられるものの、今後いかなる推移をたどるのか注視が必要である。個別の犯罪について見ると、児童虐待に係る事件、配偶者からの暴力事案等、サイバー犯罪、特殊詐欺等は、検挙件数が増加傾向又は高止まり状態にあるほか、大麻取締法違反は、若年層を中心に検挙人員が増加傾向にあるなど、我が国の犯罪情勢は予断を許さない状況にある。出所受刑者全体の2年以内再入率は、低下傾向にあり、令和3年の出所受刑者の2年以内再入率は過去20年で最も高かった平成17年の3分の2を下回る水準となったが、満期釈放等による出所受刑者の再入率は仮釈放による出所受刑者よりも相当に高い状態で推移しているなど、再犯防止対策の更なる充実強化が求められる。

　少年非行に目を移すと、少年による刑法犯の検挙人員は、長らく大幅な減少が続いていたが、令和4年は19年ぶりに前年から増加した。少年による凶悪重大な事件、非行に及んだ動機が不可解な事件など、近年でも社会の耳目を集めるような少年事件は後を絶たず、少年院出院者の5年以内再入院・刑事施設入所率は近年おおむね横ばいで推移しているなど、少年非行をめぐる情勢についても、決して楽観視できる状況にはない。

　政府は、令和5年3月、第二次再犯防止推進計画を閣議決定し、その中で、第一次の同計画に引き続き犯罪をした者等の特性に応じた効果的な指導の実施等を重点課題として位置付けており、少年についても、その特性に応じた処遇を充実すべき必要性は高い。法務総合研究所は、これまで数次にわたり非行少年等を対象としてその生活意識や価値観に関する調査・分析を実施してきたところ、生活意識や価値観といった非行少年の主観面の形成に対しては、保護者との関係やその経済状況といった生育環境が少なからず影響を与えていると考えられることから、それら生育環境と関連付けて非行少年の特性を理解することが重要と考え、本白書では、「非行少年と生育環境」と題して特集を組むこととし（第7編）、少年法制等の変遷、少年を取り巻く生育環境等の変化、昨今の少年非行の動向等について概観・分析するとともに、非行少年及びその保護者を対象として実施した特別調査の結果を分析し、非行少年の生育環境等に関する特徴を明らかにし、今後の指導や支援の在り方、再非行防止対策の在り方等について検討した。

　令和4年を中心とする最近の犯罪動向と犯罪者処遇の実情を扱った本白書のルーティーン部分が、犯罪情勢の定点観測を行うための素材として、効果的な刑事政策の立案の基盤となるとともに、特集部分が、非行少年とその生育環境の特徴を踏まえた再非行防止対策等に関する様々な問題を検討する上での基礎資料として、広く活用されれば幸いである。

　終わりに、本白書の作成に当たり、最高裁判所事務総局、内閣府、警察庁、総務省、外務省、財務省、文部科学省、厚生労働省、国土交通省その他の関係各機関から多大な御協力を頂いたことに対し、改めて謝意を表する次第である。

　令和5年12月

法務総合研究所長　瀬　戸　　毅

凡　例

【罪名・用語・略称】

第1　罪名等の定義

罪名等の定義は、特に断らない限り、次のとおりとするほか、各統計資料の区分による（特別法の略称は、第3の1参照）。

1　刑法犯

「刑法犯」は、刑法（明治40年法律第45号）及び次の特別法に規定する罪をいう。ただし、後記2及び3に該当する刑法の罪を除く。[注1]（ア）⑦、（イ）⑦、（ウ）⑦及び（エ）⑦参照

①爆発物取締罰則（明治17年太政官布告第32号）②決闘罪ニ関スル件（明治22年法律第34号）③印紙犯罪処罰法（明治42年法律第39号）④暴力行為等処罰法（大正15年法律第60号）⑤盗犯等の防止及び処分に関する法律（昭和5年法律第9号）⑥航空機の強取等の処罰に関する法律（昭和45年法律第68号）⑦人の健康に係る公害犯罪の処罰に関する法律（昭和45年法律第142号）⑧航空の危険を生じさせる行為等の処罰に関する法律（昭和49年法律第87号）⑨人質による強要行為等の処罰に関する法律（昭和53年法律第48号）⑩組織的犯罪処罰法（平成11年法律第136号）

(1) 刑法犯の基本罪名には、次の罪を含む。[注1]（ア）⑦～㋺及び（ウ）⑦参照

①未遂 ②予備 ③教唆及び幇助 ④強盗致死傷等の結果的加重犯 ⑤業務、目的、身分等による刑法上の加重減軽類型 ⑥盗犯等の防止及び処分に関する法律による加重類型

(2) 次に掲げる刑法犯の罪名には、括弧内の罪名を含む。[注1]（ア）⑦、⑨、（ウ）⑦及び（エ）⑦参照

①殺人（自殺関与、同意殺人）②強盗（事後強盗、昏酔強盗、強盗殺人、強盗・強制性交等（平成29年法律第72号による改正前の刑法241条前段に規定する罪を含む。））③傷害（現場助勢）④脅迫（強要）⑤窃盗（不動産侵奪）⑥公務執行妨害（封印等破棄）⑦偽造（刑法第2編第16章から第19章までの罪における文書等の各偽造（不実記載・不正作出等を含む。）及び同行使（供用等を含む。））⑧職権濫用（特別公務員暴行陵虐）⑨強制性交等（準強制性交等、監護者性交等、強姦（平成29年法律第72号による改正前の刑法177条及び178条2項に規定する罪をいう。））⑩強制わいせつ（準強制わいせつ、監護者わいせつ）

2　危険運転致死傷

「危険運転致死傷」は、自動車運転死傷処罰法（平成25年法律第86号）2条、3条、6条1項及び2項に規定する罪並びに平成25年法律第86号による改正前の刑法208条の2に規定する罪をいう。[注1]（イ）⑦及び（ウ）⑦

3　過失運転致死傷等

「過失運転致死傷等」は、自動車運転死傷処罰法4条、5条、6条3項及び4項に規定する罪並びに自動車運転過失致死傷（平成25年法律第86号による改正前の刑法211条2項に規定する罪をいう。以下同じ。）をいう。[注1]（ア）㋒及び（イ）㋑

4　特別法犯

「特別法犯」は、前記1ないし3以外の罪をいい、条例・規則違反を含む。[注1]（ア）⑦及び（エ）⑦参照

(1) **「道交違反」**は、道路交通法（昭和35年法律第105号）及び保管場所法（昭和37年法律第145号）の各違反をいう。

(2) **「交通関係4法令違反」**は、道交違反に、道路運送車両法（昭和26年法律第185号）及び自動車損害賠償保障法（昭和30年法律第97号）の各違反を加えたものをいう。

(3) **「交通法令違反」**は、交通関係4法令違反に、道路運送法（昭和26年法律第183号）、道路

法（昭和27年法律第180号）、高速自動車国道法（昭和32年法律第79号）、駐車場法（昭和32年法律第106号）、土砂等を運搬する大型自動車による交通事故の防止等に関する特別措置法（昭和42年法律第131号）、タクシー業務適正化特別措置法（昭和45年法律第75号）、貨物利用運送事業法（平成元年法律第82号）、貨物自動車運送事業法（平成元年法律第83号）、スパイクタイヤ粉じんの発生の防止に関する法律（平成2年法律第55号）及び自動車運転代行業の業務の適正化に関する法律（平成13年法律第57号）の各違反を加えたものをいう。

［注1］　各統計資料による場合の特則

（ア）警察庁の統計による場合

⑦　「刑法犯」は、刑法（後記④に該当するものを除く。）及び次の特別法に規定する罪をいう。

①爆発物取締罰則 ②決闘罪に関する件 ③暴力行為等処罰法 ④盗犯等の防止及び処分に関する法律 ⑤航空機の強取等の処罰に関する法律 ⑥航空の危険を生じさせる行為等の処罰に関する法律 ⑦人質による強要行為等の処罰に関する法律 ⑧組織的犯罪処罰法 ⑨火炎びんの使用等の処罰に関する法律（昭和47年法律第17号）⑩流通食品への毒物の混入等の防止等に関する特別措置法（昭和62年法律第103号）⑪サリン等による人身被害の防止に関する法律（平成7年法律第78号）⑫公職にある者等のあっせん行為による利得等の処罰に関する法律（平成12年法律第130号）⑬公衆等脅迫目的の犯罪行為のための資金等の提供等の処罰に関する法律（平成14年法律第67号）

④　「暴行」、「脅迫」及び「器物損壊」は、暴力行為等処罰法1条及び1条の3に規定する加重類型を、「傷害」は、同法1条の2及び1条の3に規定する加重類型を、それぞれ含み、「暴力行為等処罰法違反」は、同法2条及び3条に規定する罪をいう。

⑦　「窃盗」は、不動産侵奪を含まない。

⑨　「器物損壊」は、信書隠匿を含む。

⑨　「過失運転致死傷等」は、自動車運転死傷処罰法4条、5条、6条3項及び4項に規定する罪並びに道路上の交通事故に係る自動車運転過失致死傷、過失致死傷及び業務上（重）過失致死傷をいう。

（イ）検察統計年報による場合

⑦　「刑法犯」は、前記1の罪に加え、危険運転致死傷を含む。

④　「過失運転致死傷等」は、自動車又は原動機付自転車による交通犯罪であって、業務上（重）過失致死傷に係るものを含む。

（ウ）矯正統計年報、少年矯正統計年報及び保護統計年報による場合

⑦　「刑法犯」は、前記1の罪に加え、危険運転致死傷を含む。

④　「暴行」は、凶器準備集合を含む。

（エ）司法統計年報による場合

⑦　「刑法犯」は、刑法及び次の特別法に規定する罪をいう。

①爆発物取締罰則 ②決闘罪に関する件 ③暴力行為等処罰法 ④盗犯等の防止及び処分に関する法律

なお、自動車運転死傷処罰法違反は、「特別法犯」に含まれる。

④　「偽造」は、刑法第2編第16章の罪（通貨偽造の罪）及び同編第19章の罪（印章偽造の罪）を含まない。

第2 用語の定義

本白書における用語の定義は、特に断らない限り、次のとおりとする。

1 警察等

(1)「**認知件数**」 警察が発生を認知した事件の数をいう。[注2] 参照

(2)「**発生率**」 人口10万人当たりの認知件数をいう。

(3)「**検挙件数**」 警察等が検挙した事件の数をいい、検察官に送致・送付した件数のほか、微罪処分にした件数等を含む。[注2] 参照

(4)「**検挙率**」 $\dfrac{検挙件数}{認知件数} \times 100$ の計算式で得た百分比をいう。

なお、検挙件数には、前年以前に認知された事件に係る検挙事件が含まれることがあるため、検挙率が100%を超える場合がある。

(5)「**検挙人員**」 警察等が検挙した事件の被疑者の数をいう。[注2] 参照

2 検察・裁判

(1)「**検察庁新規受理人員**」 検察官認知又は直受の事件及び司法警察員(特別司法警察員及び国税庁監察官を含む。)から送致・送付された事件の人員をいう。

(2)「**起訴率**」 $\dfrac{起訴人員}{起訴人員＋不起訴人員} \times 100$ の計算式で得た百分比をいう。

(3)「**起訴猶予率**」 $\dfrac{起訴猶予人員}{起訴人員＋起訴猶予人員} \times 100$ の計算式で得た百分比をいう。

(4)「**公判請求率**」 $\dfrac{公判請求人員}{起訴人員＋不起訴人員} \times 100$ の計算式で得た百分比をいう。

(5)「**通常第一審**」 地方裁判所及び簡易裁判所において行われる通常の公判手続をいい、略式手続を含まない。

(6)「**終局処理**」 検察統計年報による場合は、検察庁間の移送及び中止によるものを、司法統計年報又は最高裁判所事務総局の資料による場合は、裁判所間の移送及び回付によるもの(第3編第2章及び第7編第4章第2節においては、更に併合審理され、既済事件として集計しないもの)を、それぞれ除外した事件処理をいう。

(7)「**全部執行猶予率**」 $\dfrac{全部執行猶予人員}{有期懲役・禁錮人員} \times 100$ の計算式で得た百分比をいう。

3 矯正・更生保護

(1)「**入所受刑者**」 裁判が確定し、その執行を受けるため、新たに入所するなどした受刑者をいい、矯正統計年報における「新受刑者」に相当する。

(2)「**初入者**」 受刑のため刑事施設に入所するのが初めての者をいう。

(3)「**再入者**」 受刑のため刑事施設に入所するのが2度以上の者をいう。

(4)「**満期釈放等**」 出所受刑者の出所事由のうち、満期釈放及び一部執行猶予の実刑部分の刑期終了をいう。

(5)「**仮釈放率**」 $\dfrac{仮釈放者}{満期釈放者＋一部執行猶予の実刑部分の刑期終了者＋仮釈放者} \times 100$ の計算式で得た百分比をいう。

(6)「**全部(一部)執行猶予者の保護観察率**」 $\dfrac{保護観察付全部(一部)執行猶予言渡人員}{全部(一部)執行猶予言渡人員} \times 100$ の計算式で得た百分比をいう。

4 少年

(1) **少年**

① **「年少少年」** 14歳以上16歳未満の者をいう。

② **「中間少年」** 16歳以上18歳未満の者をいう。

③ **「年長少年」** 18歳以上20歳未満の者をいう。

(2) **非行少年**

① **「犯罪少年」** 罪を犯した少年（犯行時に14歳以上であった少年）をいう。

② **「触法少年」** 14歳に満たないで刑罰法令に触れる行為をした少年をいう。

③ **「ぐ犯少年」** 保護者の正当な監督に服しない性癖等の事由があり、少年の性格又は環境に照らして、将来、罪を犯し、又は刑罰法令に触れる行為をするおそれのある少年をいう。

(3) **「児童自立支援施設・児童養護施設送致」** 家庭裁判所終局処理における児童自立支援施設・児童養護施設送致には、平成10年3月31日までの教護院・養護施設送致を含む。

(4) **「少年院入院者」** 少年院送致の決定により新たに入院した者をいい、少年矯正統計年報における「新収容者」に相当する。

5 その他

(1) **「pt」** 「ポイント」の略記。ポイントとは、比率の差をいう。

(2) **「人口比」** 特定のグループに属する者の人口10万人当たりの人員をいう。

(3) **「女性比」** 又は **「女子比」** 男女総数のうち、女性又は女子（20歳未満の場合）の占める比率をいう。

(4) **「少年比」** 少年及び20歳以上の者の総数のうち、少年の占める比率をいう。

(5) **「高齢」・「高齢者」** 65歳以上の者をいう。

(6) **「来日外国人」** 我が国にいる外国人のうち、特別永住者、永住者、在日米軍関係者及び在留資格不明者以外の者をいう。ただし、警察庁の統計又は同庁刑事局の資料による場合、我が国にいる外国人のうち、いわゆる定着居住者（永住者、永住者の配偶者等及び特別永住者）、在日米軍関係者及び在留資格不明者以外の者をいう。

(7) **「前科」** 有罪の確定裁判を受けたことをいう。

(8) **「処遇」** 警察等によって検挙された者が、その後、検察、裁判、矯正及び更生保護の各段階で受ける取扱いをいう。

(9) **「全部執行猶予」** 刑法25条に規定する刑の全部の執行猶予をいう。なお、本白書では、平成25年法律第49号による改正前の刑法25条に規定する刑の執行猶予についても「全部執行猶予」という。

(10) **「一部執行猶予」** 刑法27条の2及び薬物使用等の罪を犯した者に対する刑の一部の執行猶予に関する法律（平成25年法律第50号）3条に規定する刑の一部の執行猶予をいう。

(11) **「仮釈放」** 一部執行猶予の実刑部分についての仮釈放を含む。

［注2］

　　特別法犯の「検挙件数」、「検挙人員」は、平成28年以前は「送致件数」、「送致人員」をいい、過失運転致死傷等（前記［注1］（ア）④参照）及び危険運転致死傷（平成25年法律第86号による改正前の刑法208条の2に規定する罪については、道路上の交通事故に係るものに限る。）は、「送致件数」を「認知件数」及び「検挙件数」として、「送致人員」を「検挙人員」として、それぞれ計上している。

　　なお、「送致件数」とは、警察が送致・送付した事件の数をいい、「送致人員」とは、警察が送付・送致した事件の被疑者の数をいう。

第3　略称
1　特別法の略称
　　我が国の主な特別法の略称は、次のとおりとする。なお、特別法に係る罪名については、図表中では、表題・脚注を除き、「違反」を省略する。

　　　　［略称］　　　　　　　　　［法令名］
医薬品医療機器等法…医薬品、医療機器等の品質、有効性及び安全性の確保等に関する法律（昭和35年法律第145号）
外為法………………外国為替及び外国貿易法（昭和24年法律第228号）
海洋汚染防止法………海洋汚染等及び海上災害の防止に関する法律（昭和45年法律第136号）
刑事収容施設法………刑事収容施設及び被収容者等の処遇に関する法律（平成17年法律第50号）
裁判員法………………裁判員の参加する刑事裁判に関する法律（平成16年法律第63号）
再犯防止推進法………再犯の防止等の推進に関する法律（平成28年法律第104号）
私事性的画像被害防止法…私事性的画像記録の提供等による被害の防止に関する法律（平成26年法律第126号）
児童買春・児童ポルノ禁止法…児童買春、児童ポルノに係る行為等の規制及び処罰並びに児童の保護等に関する法律（平成11年法律第52号）
児童虐待防止法………児童虐待の防止等に関する法律（平成12年法律第82号）
自動車運転死傷処罰法…自動車の運転により人を死傷させる行為等の処罰に関する法律（平成25年法律第86号）
銃刀法…………………銃砲刀剣類所持等取締法（昭和33年法律第6号）
出資法…………………出資の受入れ、預り金及び金利等の取締りに関する法律（昭和29年法律第195号）
心神喪失者等医療観察法…心神喪失等の状態で重大な他害行為を行った者の医療及び観察等に関する法律（平成15年法律第110号）
ストーカー規制法……ストーカー行為等の規制等に関する法律（平成12年法律第81号）
精神保健福祉法………精神保健及び精神障害者福祉に関する法律（昭和25年法律第123号）
組織的犯罪処罰法……組織的な犯罪の処罰及び犯罪収益の規制等に関する法律（平成11年法律第136号）
鳥獣保護管理法………鳥獣の保護及び管理並びに狩猟の適正化に関する法律（平成14年法律第88号）
出会い系サイト規制法…インターネット異性紹介事業を利用して児童を誘引する行為の規制等に関する法律（平成15年法律第83号）
毒劇法…………………毒物及び劇物取締法（昭和25年法律第303号）
特殊開錠用具所持禁止法…特殊開錠用具の所持の禁止等に関する法律（平成15年法律第65号）
独占禁止法……………私的独占の禁止及び公正取引の確保に関する法律（昭和22年法律第54号）
特定商取引法…………特定商取引に関する法律（昭和51年法律第57号）
入管法…………………出入国管理及び難民認定法（昭和26年政令第319号）
入札談合等関与行為防止法…入札談合等関与行為の排除及び防止並びに職員による入札等の公正を害すべき行為の処罰に関する法律（平成14年法律第101号）
廃棄物処理法…………廃棄物の処理及び清掃に関する法律（昭和45年法律第137号）
配偶者暴力防止法……配偶者からの暴力の防止及び被害者の保護等に関する法律（平成13年法律第31号）

犯罪収益移転防止法…犯罪による収益の移転防止に関する法律（平成19年法律第22号）

風営適正化法…………風俗営業等の規制及び業務の適正化等に関する法律（昭和23年法律第122号）

不正アクセス禁止法…不正アクセス行為の禁止等に関する法律（平成11年法律第128号）

暴力行為等処罰法……暴力行為等処罰に関する法律（大正15年法律第60号）

暴力団対策法…………暴力団員による不当な行為の防止等に関する法律（平成3年法律第77号）

保管場所法……………自動車の保管場所の確保等に関する法律（昭和37年法律第145号）

麻薬特例法……………国際的な協力の下に規制薬物に係る不正行為を助長する行為等の防止を図るための麻薬及び向精神薬取締法等の特例等に関する法律（平成3年法律第94号）

麻薬取締法……………麻薬及び向精神薬取締（昭和28年法律第14号）

酩酊防止法……………酒に酔って公衆に迷惑をかける行為の防止等に関する法律（昭和36年法律第103号）

労働者派遣法…………労働者派遣事業の適正な運営の確保及び派遣労働者の保護等に関する法律（昭和60年法律第88号）

2　国名の略称等

(1) 国名の略称は、各統計資料における略称等を参考にした。

(2)「中国」は、特に断らない限り、台湾及び香港等を含む。

【資料源】

第1　資料の種類

　　統計、図表その他の計数資料は、特に法務省の大臣官房司法法制部、刑事局、矯正局及び保護局並びに出入国在留管理庁から提供を受けたもの及び関係諸機関の調査等に基づくもののほか、以下の官庁統計によるものである。

　　警察庁の統計（警察庁刑事局）

　　検察統計年報（法務省大臣官房司法法制部）

　　司法統計年報（最高裁判所事務総局）

　　矯正統計年報（法務省大臣官房司法法制部）

　　少年矯正統計年報（法務省大臣官房司法法制部）

　　保護統計年報（法務省大臣官房司法法制部）

［注3］

(1) 警察庁の統計は、「令和（昭和又は平成）○年の犯罪（昭和38年まで「犯罪統計書」）」をいう。

(2) 総務省統計局の人口資料は、同局の人口推計をいい、国勢調査実施年には、国勢調査人口を含む。

(3) 昭和47年以前の統計資料には、同年5月14日以前の沖縄県該当分の数値を含まない。

(4) 平成元年の統計資料には、昭和64年1月1日から同月7日までの数値を含む。

(5) 令和元年の統計資料には、平成31年1月1日から同年4月30日までの数値を、令和元年度の統計資料には、平成31年4月1日から同月30日までの数値をそれぞれ含む。

第2　資料の範囲

　　統計資料は、原則として、令和5年7月末日までに入手し得た範囲内で、令和4年分までを集録した。

　　令和4年までの統計の中で、後日、当該関係機関から異なる数値が公表される場合は、次年度以降の犯罪白書において適宜訂正する扱いとする。

【図表の表示方法】

第1　図表番号

　　図及び表の番号は、編、章、節の数字の後に一連番号を付して表示した（例えば、**2-2-2-1図**は、第2編第2章第2節の第1図を示す。）。

第2　数字等の表示

　1　表中の数字等は、次のように表示している。
　　(1)「－」　該当数が0のとき又は非該当のとき
　　(2)「0」　該当数が四捨五入して1にならないとき
　　(3)「0.0」　四捨五入して0.1にならないとき
　　(4)「…」　資料のないとき又は母数が0のときの比率
　2　図中の数字は、次のように表示している。
　　(1)「0」　該当数が0のとき又は非該当のとき
　　(2)「0.0」　四捨五入して0.1にならないとき

【その他】

第1　計数処理方法

　　構成比、比率等は、それぞれ四捨五入した。したがって、構成比の和が100.0にならない場合がある。

　　また、各比率間の和や差を求めるときは、四捨五入する前に各数値の和や差を算出し、得られた数値を四捨五入する方法によっており、各数値を四捨五入した上で、和や差を算出する方法によって得られる数値とは一致しないこともある。

　　　例　12.76と7.53の差を小数点以下第1位まで求めるとき

　　　　「12.76－7.53」で得られた「5.23」を四捨五入して「5.2」とする方法によっており、「12.8－7.5」で得られる「5.3」とは一致しない。

第2　本白書の「資料編」は、CD-ROM版にのみ掲載し、紙面からは省いている。

　　本白書にある「CD-ROM資料○－○参照」とは、CD-ROM版にある「資料編」のエクセルデータを参照という趣旨である。

　　また、「CD-ROM参照」とは、CD-ROM版にある図表のエクセルデータを参照という趣旨である。

　　CD-ROM版にある図表及び資料編のエクセルデータの一部については、「統計表における機械判読可能なデータ作成に関する表記方法について」（令和2年12月18日統計企画会議申合せ）に従って作成されたものも掲載している。

目　　次

はしがき

凡例

第1編　犯罪の動向

第1章　刑法犯 ……………………………………………………………………………… 2
　第1節　主な統計データ ……………………………………………………………… 2
　　1　認知件数と発生率 …………………………………………………………… 3
　　2　検挙人員 ………………………………………………………………………… 5
　　3　検挙率 …………………………………………………………………………… 6
　　　　コラム1　刑法犯以外も含めた犯罪の全体像を捉えるための試み ………… 7
　第2節　主な刑法犯 …………………………………………………………………… 9
　　1　窃盗 ……………………………………………………………………………… 10
　　2　強制性交等・強制わいせつ ………………………………………………… 12
　　3　その他の刑法犯 ……………………………………………………………… 14
　　　　コラム2　新型コロナウイルス感染症と刑法犯認知件数の推移 …………… 20

第2章　特別法犯 …………………………………………………………………………… 22
　第1節　主な統計データ ……………………………………………………………… 22
　第2節　主な特別法犯 ………………………………………………………………… 24

第3章　諸外国における犯罪動向 ……………………………………………………… 26
　第1節　諸外国における犯罪 ………………………………………………………… 26
　　1　殺人 ……………………………………………………………………………… 26
　　2　強盗 ……………………………………………………………………………… 27
　　3　窃盗 ……………………………………………………………………………… 28
　　4　性暴力 …………………………………………………………………………… 29
　第2節　国外における日本人の犯罪 ………………………………………………… 30

第2編　犯罪者の処遇

第1章　概要 ………………………………………………………………………………… 32
　　1　新規立法の動向 ……………………………………………………………… 33
　　2　法テラスの活動 ……………………………………………………………… 35

第2章　検察 ··· 36
　第1節　概説 ··· 36
　第2節　被疑事件の受理 ··· 37
　第3節　被疑者の逮捕と勾留 ··· 38
　第4節　被疑事件の処理 ··· 39

第3章　裁判 ··· 42
　第1節　概説 ··· 42
　第2節　確定裁判 ··· 43
　第3節　第一審 ··· 43
　　1　終局裁判 ··· 43
　　2　科刑状況 ··· 45
　　3　裁判員裁判 ··· 47
　　4　即決裁判手続 ··· 50
　　5　公判前整理手続 ··· 50
　　6　勾留と保釈 ··· 51
　第4節　上訴審 ··· 52

第4章　成人矯正 ··· 54
　第1節　概説 ··· 54
　　1　刑事施設等 ··· 54
　　2　刑事施設における処遇 ··· 54
　　　コラム3　名古屋刑務所不適正処遇事案 ··· 55
　第2節　刑事施設の収容状況 ··· 58
　　1　刑事施設の収容人員 ··· 58
　　2　刑事施設の収容率 ··· 58
　　3　入所受刑者 ··· 59
　　4　出所受刑者 ··· 61
　第3節　受刑者の処遇等 ··· 63
　　1　処遇の概要 ··· 63
　　　コラム4　若年受刑者に対する処遇の充実 ··· 65
　　2　作業 ··· 67
　　3　矯正指導 ··· 68
　　4　就労支援 ··· 69
　　5　福祉的支援 ··· 70
　　　コラム5　知的障害受刑者処遇・支援モデル事業 ··· 71
　　6　受刑者の釈放等に関する情報の提供 ··· 72
　第4節　刑事施設の運営等 ··· 72
　　1　刑事施設視察委員会 ··· 72
　　2　給養・医療・衛生等 ··· 72
　　3　民間協力 ··· 73
　　4　規律・秩序の維持 ··· 73
　　5　不服申立制度 ··· 74
　第5節　未決拘禁者等の処遇 ··· 74

第6節　官民協働による刑事施設等の整備・運営 ……………………………………………… 75

第5章　更生保護 ………………………………………………………………………………… 76
　第1節　概説 ………………………………………………………………………………………… 76
　　　1　更生保護における処遇 ……………………………………………………………………… 76
　　　2　更生保護の機関 ……………………………………………………………………………… 76
　第2節　**仮釈放等と生活環境の調整** ………………………………………………………… 77
　　　1　仮釈放等 ……………………………………………………………………………………… 77
　　　2　生活環境の調整 ……………………………………………………………………………… 80
　第3節　**保護観察** ……………………………………………………………………………… 81
　　　1　保護観察対象者の人員等 …………………………………………………………………… 81
　　　2　保護観察対象者に対する処遇 ……………………………………………………………… 85
　　　3　保護観察対象者に対する措置等 …………………………………………………………… 91
　　　4　保護観察の終了 ……………………………………………………………………………… 91
　第4節　応急の救護・更生緊急保護の措置等 …………………………………………………… 92
　第5節　恩赦 ………………………………………………………………………………………… 94
　第6節　保護司、更生保護施設、民間協力者等と犯罪予防活動 …………………………… 94
　　　1　保護司 ………………………………………………………………………………………… 94
　　　2　更生保護施設 ………………………………………………………………………………… 95
　　　3　自立準備ホーム ……………………………………………………………………………… 97
　　　4　民間協力者及び団体 ………………………………………………………………………… 98
　　　5　更生保護協会等 ……………………………………………………………………………… 99
　　　6　犯罪予防活動 ………………………………………………………………………………… 99

第6章　刑事司法における国際協力 ……………………………………………………… 100
　第1節　刑事司法における国際的な取組の動向 ………………………………………………… 100
　　　　　　コラム6　司法外交閣僚フォーラム ……………………………………………… 100
　　　1　京都コングレスの成果の具体化 …………………………………………………………… 102
　　　2　国際組織犯罪対策及びテロ対策 …………………………………………………………… 104
　　　3　薬物犯罪対策 ………………………………………………………………………………… 104
　　　4　マネー・ローンダリング対策 ……………………………………………………………… 105
　　　5　汚職・腐敗対策 ……………………………………………………………………………… 106
　　　6　サイバー犯罪対策 …………………………………………………………………………… 106
　　　7　国際刑事裁判所 ……………………………………………………………………………… 106
　第2節　**犯罪者の国外逃亡・逃亡犯罪人の引渡し** …………………………………… 107
　　　1　犯罪者の国外逃亡 …………………………………………………………………………… 107
　　　2　逃亡犯罪人の引渡し ………………………………………………………………………… 107
　第3節　**捜査・司法に関する国際協力** ………………………………………………… 108
　　　1　捜査共助 ……………………………………………………………………………………… 108
　　　2　司法共助 ……………………………………………………………………………………… 108
　　　3　刑事警察に関する国際協力 ………………………………………………………………… 109
　第4節　**矯正・更生保護分野における国際協力** ……………………………………… 110
　　　1　国際受刑者移送 ……………………………………………………………………………… 110
　　　2　矯正・更生保護に関する国際会議 ………………………………………………………… 110

第5節　刑事司法分野における国際研修・法制度整備支援等 ················ 111
　　1　国連アジア極東犯罪防止研修所における協力 ····················· 111
　　2　法制度整備支援 ··· 112
　　3　矯正建築分野における協力 ······································· 112

第3編　少年非行の動向と非行少年の処遇

第1章　少年非行の動向 ·· 114
　第1節　少年による刑法犯 ·· 114
　　1　検挙人員 ··· 114
　　2　属性による動向 ··· 116
　　3　罪名別動向 ··· 118
　　4　共犯事件 ··· 119
　第2節　少年による特別法犯 ·· 120
　　1　検挙人員 ··· 120
　　2　薬物犯罪 ··· 121
　　3　交通犯罪 ··· 122
　第3節　ぐ犯少年 ·· 123
　第4節　不良行為少年 ·· 124
　第5節　家庭と学校における非行 ·· 125
　　1　家庭内暴力 ··· 125
　　2　校内暴力 ··· 126
　　3　いじめ ··· 126

第2章　非行少年の処遇 ·· 127
　第1節　概要 ·· 127
　　1　少年法等の改正について ··· 128
　　2　家庭裁判所送致までの手続の流れ ································· 128
　　3　家庭裁判所における手続の流れ ··································· 129
　　4　保護処分に係る手続の流れ ······································· 130
　第2節　検察・裁判 ·· 131
　　1　検察（家庭裁判所送致まで） ····································· 131
　　2　家庭裁判所 ··· 132
　第3節　少年鑑別所 ·· 137
　　1　概説 ··· 137
　　2　入所・退所の状況 ··· 137
　　3　鑑別 ··· 140
　　4　観護処遇 ··· 142
　　5　非行及び犯罪の防止に関する援助 ································· 143
　　　　コラム7　法務少年支援センターが実施する「地域援助のいま」 ············ 144
　第4節　少年院 ·· 146

　　　1　概説 ……………………………………………………………………… 146
　　　2　少年院入院者 …………………………………………………………… 146
　　　3　少年院における処遇 …………………………………………………… 150
　　　4　出院者 …………………………………………………………………… 155
　　　5　少年院の運営等 ………………………………………………………… 156
　　　　　コラム8　少年院100年のあゆみ ………………………………… 157
　第5節　保護観察 ……………………………………………………………… 159
　　　1　概説 ……………………………………………………………………… 159
　　　2　少年の保護観察対象者 ………………………………………………… 160
　　　3　少年の保護観察対象者に対する処遇 ………………………………… 162
　　　4　少年の保護観察対象者に対する措置 ………………………………… 165
　　　5　少年の保護観察の終了 ………………………………………………… 166

第3章　少年の刑事手続 ………………………………………………………… 167
　第1節　概要 …………………………………………………………………… 167
　　　1　起訴と刑事裁判 ………………………………………………………… 167
　　　2　刑の執行 ………………………………………………………………… 167
　　　3　仮釈放 …………………………………………………………………… 167
　第2節　起訴と刑事裁判 ……………………………………………………… 168
　　　1　検察庁での処理状況 …………………………………………………… 168
　　　2　通常第一審の科刑状況 ………………………………………………… 169
　第3節　少年の受刑者 ………………………………………………………… 170

第4編　各種犯罪の動向と各種犯罪者の処遇

第1章　交通犯罪 ………………………………………………………………… 172
　第1節　交通犯罪関係法令の改正状況 ……………………………………… 172
　　　1　自動車運転死傷処罰法 ………………………………………………… 172
　　　2　道路交通法 ……………………………………………………………… 172
　第2節　犯罪の動向 …………………………………………………………… 173
　　　1　交通事故の発生動向 …………………………………………………… 173
　　　2　過失運転致死傷等・危険運転致死傷 ………………………………… 174
　　　3　ひき逃げ事件 …………………………………………………………… 176
　　　4　道交違反 ………………………………………………………………… 177
　第3節　処遇 …………………………………………………………………… 178
　　　1　検察 ……………………………………………………………………… 178
　　　2　裁判 ……………………………………………………………………… 180
　　　3　矯正 ……………………………………………………………………… 181
　　　4　保護観察 ………………………………………………………………… 182

第2章　薬物犯罪 ……………………………………………………………………… 183
　第1節　犯罪の動向 …………………………………………………………………… 183
　　1　覚醒剤取締法違反 ……………………………………………………………… 183
　　2　大麻取締法違反等 ……………………………………………………………… 185
　　3　危険ドラッグに係る犯罪 ……………………………………………………… 186
　第2節　取締状況 ……………………………………………………………………… 187
　　1　覚醒剤等の押収量の推移 ……………………………………………………… 187
　　2　密輸入事案の摘発の状況 ……………………………………………………… 188
　　3　麻薬特例法の運用 ……………………………………………………………… 189
　第3節　処遇 …………………………………………………………………………… 190
　　1　検察・裁判 ……………………………………………………………………… 190
　　2　矯正 ……………………………………………………………………………… 191
　　3　保護観察 ………………………………………………………………………… 193

第3章　組織的犯罪・暴力団犯罪 …………………………………………………… 194
　第1節　組織的犯罪 …………………………………………………………………… 194
　第2節　暴力団犯罪 …………………………………………………………………… 194
　　1　組織の動向 ……………………………………………………………………… 194
　　2　犯罪の動向 ……………………………………………………………………… 195
　　3　処遇 ……………………………………………………………………………… 199

第4章　財政経済犯罪 ………………………………………………………………… 202
　第1節　税法違反 ……………………………………………………………………… 202
　第2節　経済犯罪 ……………………………………………………………………… 203
　第3節　知的財産関連犯罪 …………………………………………………………… 206

第5章　サイバー犯罪 ………………………………………………………………… 207
　第1節　概説 …………………………………………………………………………… 207
　第2節　不正アクセス行為等 ………………………………………………………… 208
　第3節　その他のサイバー犯罪 ……………………………………………………… 209

第6章　児童虐待・配偶者からの暴力・ストーカー等に係る犯罪 ……………… 210
　第1節　児童虐待に係る犯罪 ………………………………………………………… 210
　第2節　配偶者からの暴力に係る犯罪 ……………………………………………… 212
　第3節　ストーカー犯罪等 …………………………………………………………… 214
　　1　ストーカー犯罪 ………………………………………………………………… 214
　　2　私事性的画像被害に係る犯罪（リベンジポルノ等） ……………………… 217

第7章　女性犯罪・非行 ……………………………………………………………… 218
　第1節　犯罪・非行の動向 …………………………………………………………… 218
　第2節　処遇 …………………………………………………………………………… 220
　　1　検察 ……………………………………………………………………………… 220
　　2　矯正 ……………………………………………………………………………… 221
　　3　保護観察 ………………………………………………………………………… 225

第8章　高齢者犯罪 ································· 226

第1節　犯罪の動向 ································· 226

第2節　処遇 ································· 229

　　1　検察 ································· 229

　　2　矯正 ································· 230

　　3　保護観察 ································· 232

第9章　外国人犯罪・非行 ································· 233

第1節　外国人の在留状況等 ································· 233

　　1　外国人新規入国者等 ································· 233

　　2　不法残留者 ································· 233

　　3　退去強制 ································· 233

第2節　犯罪の動向 ································· 234

　　1　刑法犯 ································· 234

　　2　特別法犯 ································· 236

第3節　処遇 ································· 237

　　1　検察 ································· 237

　　2　裁判 ································· 239

　　3　矯正 ································· 240

　　4　保護観察 ································· 240

第4節　外国人非行少年の動向と処遇 ································· 241

　　1　外国人犯罪少年の動向 ································· 241

　　2　外国人非行少年の処遇 ································· 242

第10章　精神障害のある者による犯罪等 ································· 243

第1節　犯罪の動向 ································· 243

第2節　処遇 ································· 243

　　1　検察・裁判 ································· 243

　　2　矯正 ································· 244

　　3　保護観察 ································· 244

　　4　精神保健福祉法による通報 ································· 244

第3節　心神喪失者等医療観察制度 ································· 245

　　1　審判 ································· 246

　　2　指定入院医療機関による医療 ································· 247

　　3　地域社会における処遇 ································· 247

第11章　公務員犯罪 ································· 248

第5編　再犯・再非行

第1章　検挙 ··· 250
　　　1　刑法犯により検挙された再犯者 ·························· 250
　　　2　刑法犯により検挙された20歳以上の有前科者 ··········· 251
　　　3　薬物犯罪により検挙された20歳以上の同一罪名再犯者 ··· 253
　　　　　コラム9　特別法犯の再犯者率 ·························· 254

第2章　検察・裁判 ··· 256
　　　1　起訴人員中の有前科者 ·································· 256
　　　2　全部及び一部執行猶予の取消し ························ 258

第3章　矯正 ··· 259
　　　1　再入者 ·· 259
　　　2　出所受刑者の再入所状況 ································ 261
　　　3　出所受刑者の再入率の推移 ···························· 264
　　　4　再入者の再犯期間 ······································ 266

第4章　保護観察 ··· 267
　　　1　保護観察開始人員中の有前科者 ························ 267
　　　2　保護観察対象者の再処分等の状況 ······················ 268

第5章　少年の再非行・再犯 ··· 273
　　　1　少年の再非行 ·· 273
　　　2　保護観察処分少年及び少年院入院者の保護処分歴 ······ 275
　　　3　少年院出院者の再入院等の状況 ························ 276
　　　4　少年の保護観察対象者の再処分の状況 ················ 278

第6編　犯罪被害者

第1章　統計上の犯罪被害 ·· 282
　第1節　被害件数 ··· 282
　第2節　生命・身体への被害 ··· 284
　第3節　性犯罪被害 ··· 285
　第4節　財産への被害 ··· 285
　第5節　被害者と被疑者の関係 ······································· 286
　第6節　国外における日本人の犯罪被害 ······························ 287

第2章　刑事司法における被害者への配慮 ·························· 288
　第1節　刑事手続における被害者の関与 ······························ 288

	1	被害申告及び告訴	288
	2	起訴・不起訴等に関する被害者等への通知	288
	3	不起訴処分に対する不服申立制度	289
	4	公判段階における被害者等の関与	291
	5	矯正・更生保護段階等における被害者等の関与	293
	6	少年事件における被害者等への配慮	294
	7	法テラスによる被害者等に対する支援	295
	8	地方公共団体における被害者支援に向けた取組	296
第2節		犯罪被害者等に対する給付金の支給制度等	297
	1	犯罪被害給付制度	297
	2	国外犯罪被害弔慰金等の支給制度	297
	3	被害回復給付金支給制度	297
	4	被害回復分配金支払制度	297
	5	自動車損害賠償保障制度	297
	6	地方公共団体による見舞金制度等	298
第3節		人身取引被害者保護	298

第7編　非行少年と生育環境

第1章		はじめに	300
第2章		非行少年への対応（戦後少年法制等の変遷）	302
	1	戦後の少年法制に係る主な動き	302
	2	戦後の少年による刑法犯及び特別法犯の動向	306
第3章		少年を取り巻く生育環境及び生活状況の変化	307
第4章		昨今の少年非行の動向等	313
第1節		検挙	313
	1	少年による刑法犯及び特別法犯の検挙人員の動向	313
	2	「初発型非行」の検挙人員及び構成比の推移	317
第2節		裁判	319
第3節		少年矯正	321
	1	少年院入院者の状況の推移	321
	2	少年鑑別所入所者の意識の変化	326
第4節		保護観察	331
第5章		特別調査	334
第1節		調査の概要	334
	1	調査対象者及び調査方法	334
	2	調査の内容	336

　　　第2節　特別調査の結果から見た非行少年の状況 ……………………………………… 336
　　　　　1　養育の状況 ………………………………………………………………………… 336
　　　　　2　日常の生活状況 …………………………………………………………………… 337
　　　　　3　就学、就労の状況 ………………………………………………………………… 341
　　　　　4　周囲との関わり、社会とのつながり …………………………………………… 344
　　　第3節　世帯状況の違いによる比較 ………………………………………………………… 347
　　　　　1　世帯状況 …………………………………………………………………………… 347
　　　　　2　日常の生活状況 …………………………………………………………………… 348
　　　　　3　就労の状況 ………………………………………………………………………… 351
　　　　　4　周囲との関わり、社会とのつながり …………………………………………… 352
　　　　　　　コラム10　年齢層の違いによる比較 …………………………………………… 356
　　　第4節　経済状況の違いによる比較 ………………………………………………………… 357
　　　　　1　経済状況 …………………………………………………………………………… 357
　　　　　2　日常の生活状況等 ………………………………………………………………… 362
　　　　　3　就学の状況 ………………………………………………………………………… 367
　　　　　　　コラム11　保護観察所における修学支援パッケージの試み ………………… 372
　　　第5節　小児期逆境体験（ACE）の有無による比較 …………………………………… 373
　　　　　1　ACEの状況 ……………………………………………………………………… 373
　　　　　2　養育の状況 ………………………………………………………………………… 374
　　　　　3　日常の生活状況 …………………………………………………………………… 376
　　　　　4　周囲との関わり、社会とのつながり …………………………………………… 378
　　　　　　　コラム12　男女の違いによる比較 …………………………………………… 380
　　　　　　　コラム13　少年院におけるトラウマインフォームドケアの試み ………… 382
　　　第6節　保護者の意識・実情 ………………………………………………………………… 383
　　　　　1　初めて親になった年齢 …………………………………………………………… 383
　　　　　2　成人するまでの経験 ……………………………………………………………… 383
　　　　　3　子供を持ってからしたことのある経験 ………………………………………… 384
　　　　　4　子供との関わり方 ………………………………………………………………… 385
　　　　　5　支え手伝ってくれる人の存在 …………………………………………………… 386
　　　　　6　頼れる人の存在 …………………………………………………………………… 387
　　　　　7　あればよいと思う支援 …………………………………………………………… 388

第6章　おわりに ………………………………………………………………………………… 390
　　　第1節　少年を取り巻く生育環境及び生活状況の変化 ………………………………… 390
　　　第2節　少年法制の変遷と昨今の少年非行の動向等 …………………………………… 390
　　　　　1　少年法制の変遷 …………………………………………………………………… 390
　　　　　2　昨今の少年非行の動向等 ………………………………………………………… 391
　　　第3節　非行少年の生育環境等を踏まえた処遇の在り方 ……………………………… 392
　　　　　1　非行少年特有の傾向・特徴への着目 …………………………………………… 392
　　　　　2　就学、就労の状況における特徴を踏まえた非行少年の支援・処遇の在り方 …… 393
　　　　　3　ACEの有無による違いを踏まえた非行少年の支援・処遇の在り方 ………… 395
　　　　　4　少年及び保護者に対する地域における支援等の在り方 ……………………… 396
　　　第4節　まとめ ………………………………………………………………………………… 397

事項索引 ………………………………………………………………………………………… 399

資料編目次（※CD-ROM収録）

資料1−1　刑法犯 認知件数・発生率・検挙件数・検挙率・検挙人員

資料1−2　刑法犯 認知件数・検挙件数・検挙人員（罪名別）

資料1−3　刑法犯 検挙率（罪名別）

資料1−4　特別法犯 検察庁新規受理人員（罪名別）

資料2−1　検察庁新規受理人員（罪名別）

資料2−2　検察庁終局処理人員（罪名別）

資料2−3　地方裁判所における死刑・懲役・禁錮の科刑状況（罪名別）

資料2−4　刑事施設の一日平均収容人員

資料2−5　年末在所懲役受刑者人員（刑期別）

資料2−6　特別改善指導の受講開始人員の推移

資料2−7　仮釈放・少年院仮退院審理事件 審理開始・許可等人員

資料2−8　保護観察開始人員・全部又は一部執行猶予者の保護観察率

資料2−9　保護観察開始人員（罪名別、男女別）

資料3−1　少年・20歳以上の者の刑法犯・危険運転致死傷・過失運転致死傷等 検挙人員・人口比・少年比

資料3−2　少年による刑法犯 検挙人員・人口比（年齢層別）

資料3−3　少年による刑法犯 検挙人員（罪名別）

資料3−4　触法少年による刑法犯 補導人員（非行名別）

資料3−5　少年による刑法犯 罪名別検挙人員（男女別、年齢層別）

資料3−6　少年による特別法犯 検挙人員（罪名別）

資料3−7　家庭裁判所終局処理人員（ぐ犯の態様別）

資料3−8　犯罪少年の検察庁新規受理人員・人口比（年齢層別）

資料3−9　犯罪少年の検察官処遇意見・家庭裁判所終局処理結果の各構成比（年齢層別）

資料3−10　少年保護事件 家庭裁判所終局処理人員（処理区分別、非行名別）

資料3−11　少年鑑別所入所者の人員・一日平均在所人員（男女別）

資料3−12　少年入所受刑者の人員（男女別、年齢層別、刑期別）

資料4−1　交通事故 発生件数・死傷者数・死傷率等の推移

資料4−2　覚醒剤取締法違反等 検察庁終局処理人員

資料4−3　覚醒剤取締法違反等 通常第一審における有罪（懲役）人員（刑期別）

資料4−4　財政経済犯罪 起訴・不起訴人員

資料4−5　財政経済犯罪 通常第一審における懲役刑科刑状況

資料4−6　サイバー犯罪 検察庁終局処理人員

資料4−7　外国人の検察庁終局処理人員

資料4−8　来日外国人被疑事件 検察庁終局処理人員（罪名別）

資料4−9　被告人通訳事件 通常第一審における有罪人員・科刑状況（懲役・禁錮）の推移

資料4−10　Ｆ指標入所受刑者人員（国籍別）

資料4−11　外国人の保護観察開始人員（国籍別）

資料5−1　再入者人員（罪名別、男女別）

資料5−2　入所受刑者の入所度数別人員（罪名別）

資料5−3　再入者の再犯期間別人員（前刑罪名別）

法務省赤れんが棟
【写真提供：法務省大臣官房秘書課】

第1編

犯罪の動向

第1章　刑法犯

第2章　特別法犯

第3章　諸外国における犯罪動向

第1章 刑法犯

第1節 主な統計データ

令和4年における刑法犯の主な統計データは、次のとおりである。

なお、この節では、これまでの犯罪白書の統計との比較の便宜上、危険運転致死傷・過失運転致死傷等に係る数値も参考値として掲載している（交通犯罪については、第4編第1章参照）。

令和4年の主な統計データ（刑法犯）

		（前年比）	［平成15年比］
① 認知件数			
刑法犯	601,331件	（＋33,227件、 ＋5.8%）	［－78.4%］
窃盗を除く刑法犯	193,420件	（＋7,085件、 ＋3.8%）	［－65.1%］
（参考値）			
危険運転致死傷・過失運転致死傷等	283,882件	（－5,872件、 －2.0%）	［－66.8%］
うち危険運転致死傷	735件	（＋38件、 ＋5.5%）	［＋138.6%］
うち過失運転致死傷等	283,147件	（－5,910件、 －2.0%）	［－66.9%］
② 検挙件数			
刑法犯	250,350件	（－14,135件、 －5.3%）	［－61.4%］
窃盗を除く刑法犯	102,228件	（－1,241件、 －1.2%）	［－52.3%］
③ 検挙人員			
刑法犯	169,409人	（－5,632人、 －3.2%）	［－55.4%］
窃盗を除く刑法犯	90,175人	（－506人、 －0.6%）	［－52.1%］
（参考値）			
危険運転致死傷・過失運転致死傷等	290,689人	（－7,193人、 －2.4%）	［－67.3%］
うち危険運転致死傷	737人	（＋43人、 ＋6.2%）	［＋139.3%］
うち過失運転致死傷等	289,952人	（－7,236人、 －2.4%）	［－67.4%］
④ 発生率			
刑法犯	481.3	（＋28.6）	［－1,703.7］
窃盗を除く刑法犯	154.8	（＋6.3）	［－279.3］
（参考値）			
危険運転致死傷・過失運転致死傷等	227.2	（－3.7）	［－443.2］
うち危険運転致死傷	0.6	（＋0.0）	［＋0.3］
うち過失運転致死傷等	226.6	（－3.7）	［－443.6］
⑤ 検挙率			
刑法犯	41.6%	（－4.9pt）	［＋18.4pt］
窃盗を除く刑法犯	52.9%	（－2.7pt）	［＋14.2pt］

注　警察庁の統計及び総務省統計局の人口資料による。

刑法犯の認知件数、検挙人員及び検挙率の推移（昭和21年以降）は、**1-1-1-1**図のとおりである（CD-ROM資料**1-1**参照）。

1-1-1-1図 　刑法犯 認知件数・検挙人員・検挙率の推移

（昭和21年〜令和4年）

① 刑法犯

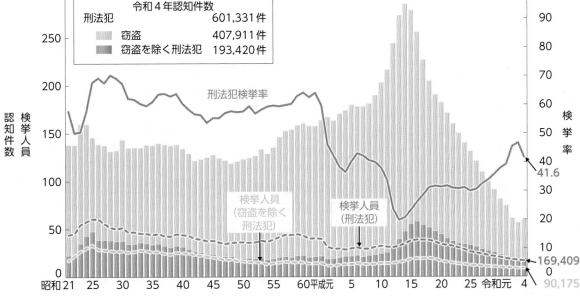

令和4年認知件数	
刑法犯	601,331件
窃盗	407,911件
窃盗を除く刑法犯	193,420件

② （参考値）危険運転致死傷・過失運転致死傷等

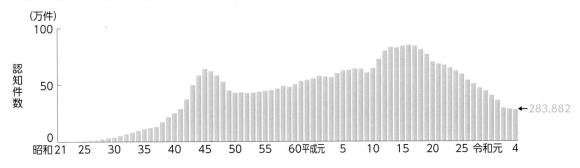

注　1　警察庁の統計による。
　　2　昭和30年以前は、14歳未満の少年による触法行為を含む。
　　3　道路上の交通事故に係らない業務上（重）過失致死傷は、昭和40年以前は「②（参考値）危険運転致死傷・過失運転致死傷等」に、41年以降は「①刑法犯」にそれぞれ含まれる。

1 認知件数と発生率

　刑法犯の認知件数は、平成8年から毎年戦後最多を更新して、14年には285万3,739件にまで達した後、15年以降は減少に転じ、27年から令和3年までは戦後最少を更新していたが、4年は20年ぶりに増加し、60万1,331件（前年比3万3,227件（5.8%）増）であった。平成15年からの認知件数の減少は、刑法犯の7割近くを占める窃盗の認知件数が大幅に減少し続けた（本章第2節1項参照）ことに伴うものである。なお、新型コロナウイルス感染症と刑法犯認知件数の推移については、コラム2参照。

　刑法犯の発生率の動向は、認知件数の動向とほぼ同様である。平成8年（1,439.8）から毎年上昇し、14年には戦後最高の2,238.5を記録した後、15年から低下に転じていたが、令和4年は481.3（前年比28.6上昇）となった（**1-1-1-1図**CD-ROM参照）。

令和４年における刑法犯の認知件数・発生率等を罪名別に見ると、**1-1-1-2表**のとおりである。

| 1-1-1-2表 | 刑法犯 認知件数・発生率・検挙件数・検挙人員・検挙率（罪名別） |

（令和４年）

罪　　　名	認　知　件　数		発　生　率		検　挙　件　数		検　挙　人　員		検　挙　率	
総　　　　数	601,331	（＋33,227）	481.3	（＋28.6）	250,350	（－14,135）	169,409	（－5,632）	41.6	（－4.9）
殺　　　人	853	（－21）	0.7	（－0.0）	817	（－66）	785	（－63）	95.8	（－5.3）
強　　　盗	1,148	（＋10）	0.9	（＋0.0）	1,060	（－70）	1,322	（－138）	92.3	（－7.0）
放　　　火	781	（＋32）	0.6	（＋0.0）	644	（－20）	532	（－2）	82.5	（－6.2）
強 制 性 交 等	1,655	（＋267）	1.3	（＋0.2）	1,401	（＋71）	1,339	（＋88）	84.7	（－11.2）
凶 器 準 備 集 合	11	（＋5）	0.0	（＋0.0）	12	（＋8）	34	（＋22）	109.1	（＋42.4）
暴　　　行	27,849	（＋1,413）	22.3	（＋1.2）	23,313	（＋56）	23,964	（－29）	83.7	（－4.3）
傷　　　害	19,514	（＋1,369）	15.6	（＋1.2）	15,845	（＋260）	17,532	（＋7）	81.2	（－4.7）
脅　　　迫	4,037	（＋144）	3.2	（＋0.1）	3,393	（＋20）	2,993	（＋29）	84.0	（－2.6）
恐　　　喝	1,290	（＋53）	1.0	（＋0.0）	936	（－136）	1,159	（－71）	72.6	（－14.1）
窃　　　盗	407,911	（＋26,142）	326.5	（＋22.3）	148,122	（－12,894）	79,234	（－5,126）	36.3	（－5.9）
詐　　　欺	37,928	（＋4,575）	30.4	（＋3.8）	16,084	（－443）	10,507	（＋107）	42.4	（－7.1）
横　　　領	13,767	（＋739）	11.0	（＋0.6）	9,923	（－212）	9,309	（－308）	72.1	（－5.7）
遺失物等横領	12,335	（＋589）	9.9	（＋0.5）	8,842	（－214）	8,372	（－308）	71.7	（－5.4）
偽　　　造	1,790	（－103）	1.4	（－0.1）	1,516	（＋88）	929	（－62）	84.7	（＋9.3）
贈 収 賄	42	（－5）	0.0	（－0.0）	40	（－12）	63	（－16）	95.2	（－15.4）
背　　　任	80	（＋17）	0.1	（＋0.0）	59	（＋8）	64	（＋4）	73.8	（－7.2）
賭 博・富 く じ	164	（＋34）	0.1	（＋0.0）	150	（＋29）	542	（＋24）	91.5	（－1.6）
強 制 わ い せ つ	4,708	（＋425）	3.8	（＋0.4）	4,062	（＋194）	3,067	（＋164）	86.3	（－4.0）
公 然 わ い せ つ	2,387	（－44）	1.9	（－0.0）	1,587	（－259）	1,319	（－133）	66.5	（－9.5）
わいせつ物頒布等	874	（－176）	0.7	（－0.1）	849	（－68）	504	（－59）	97.1	（＋9.8）
公 務 執 行 妨 害	2,176	（＋82）	1.7	（＋0.1）	2,116	（＋80）	1,654	（＋57）	97.2	（＋0.0）
失　　　火	211	（－33）	0.2	（－0.0）	135	（＋6）	112	（－4）	64.0	（＋11.1）
住 居 侵 入	9,514	（－266）	7.6	（－0.2）	5,232	（－446）	3,325	（－100）	55.0	（－3.1）
略取誘拐・人身売買	390	（＋1）	0.3	（＋0.0）	369	（＋4）	377	（＋1）	94.6	（＋0.8）
盗 品 譲 受 け 等	722	（－11）	0.6	（－0.0）	631	（－83）	534	（－73）	87.4	（－10.0）
器 物 損 壊	54,750	（－2,175）	43.8	（－1.5）	7,879	（－584）	4,520	（－43）	14.4	（－0.5）
暴力行為等処罰法	26	（＋16）	0.0	（＋0.0）	21	（＋9）	26	（＋6）	80.8	（－39.2）
そ の 他	6,753	（＋737）	5.4	（＋0.6）	4,154	（＋325）	3,663	（＋86）	61.5	（－2.1）

（参考値）

	認　知　件　数		発　生　率		検　挙　件　数		検　挙　人　員		検　挙　率	
危険運転致死傷	735	（＋38）	0.6	（＋0.0）	735	（＋38）	737	（＋43）	100.0	（－）
過失運転致死傷等	283,147	（－5,910）	226.6	（－3.7）	283,147	（－5,910）	289,952	（－7,236）	100.0	（－）

注　1　警察庁の統計及び総務省統計局の人口資料による。
　　2　「遺失物等横領」の件数・人員は、横領の内数である。
　　3　（　）内は、前年比である。

令和４年における刑法犯の認知件数の罪名別構成比は、**1-1-1-3図**のとおりである。

1-1-1-3図 刑法犯 認知件数の罪名別構成比

(令和4年)

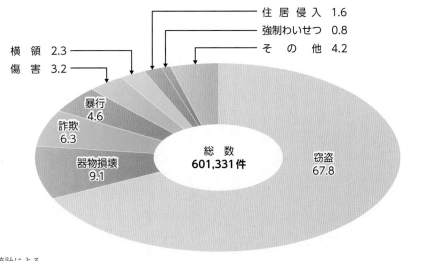

注　1　警察庁の統計による。
　　2　「横領」は、遺失物等横領を含む。

2　検挙人員

　刑法犯の検挙人員は、平成13年から増加し続け、16年には38万9,027人を記録したが、17年から減少に転じ、25年からは毎年戦後最少を更新しており、令和4年は16万9,409人（前年比5,632人（3.2％）減）であった（**1-1-1-1図**CD-ROM参照）。

　令和4年における刑法犯の検挙人員の罪名別構成比は、**1-1-1-4図**のとおりである（罪名別の検挙人員については、**1-1-1-2表**参照）。

1-1-1-4図 刑法犯 検挙人員の罪名別構成比

(令和4年)

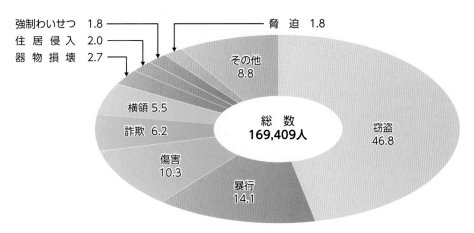

注　1　警察庁の統計による。
　　2　「横領」は、遺失物等横領を含む。

　刑法犯について、検挙人員の年齢層別構成比の推移（最近30年間）を見ると、**1-1-1-5図**のとおりである（男女別の年齢層別検挙人員の推移については、CD-ROM参照）。65歳以上の高齢者の構成比は、平成5年には3.1％（9,314人）であったが、令和4年は23.1％（3万9,144人）を占めており、検挙人員に占める高齢者の比率の上昇が進んでいる（高齢者犯罪の動向については、第4編第8章参照）。一方、20歳未満の者の構成比は、平成5年には45.0％（13万3,979人）であったが、その後減少傾向にあり、令和2年に9.8％（1万7,904人）と、昭和48年以来初めて10％を下回り、令和4年は9.1％（1万5,376人）であった（少年非行の動向については、第3編第1章参照）。

1-1-1-5図　刑法犯 検挙人員の年齢層別構成比の推移

（平成5年〜令和4年）

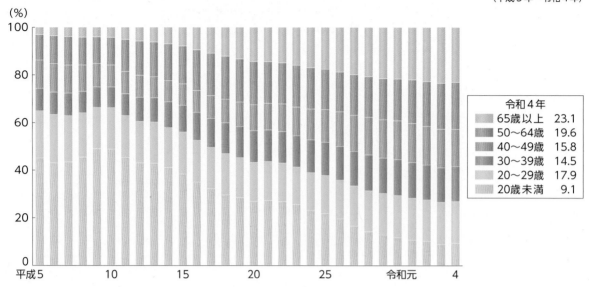

令和4年
65歳以上	23.1
50〜64歳	19.6
40〜49歳	15.8
30〜39歳	14.5
20〜29歳	17.9
20歳未満	9.1

注　1　警察庁の統計による。
　　2　犯行時の年齢による。

　令和4年における刑法犯の検挙人員を罪名別に見るとともに、これを男女別に見ると、**1-1-1-6表**のとおりである（女性犯罪の動向については、第4編第7章参照）。

1-1-1-6表　刑法犯 検挙人員（罪名別、男女別）

（令和4年）

罪　名	総　数		男　性	女　性	女性比
刑　法　犯	169,409	(100.0)	132,388	37,021	21.9
殺　　　人	785	(0.5)	586	199	25.4
〔嬰児殺〕	10	(0.0)	−	10	100.0
強　　　盗	1,322	(0.8)	1,195	127	9.6
放　　　火	532	(0.3)	408	124	23.3
暴　　　行	23,964	(14.1)	20,384	3,580	14.9
傷　　　害	17,532	(10.3)	15,769	1,763	10.1
恐　　　喝	1,159	(0.7)	1,056	103	8.9
窃　　　盗	79,234	(46.8)	53,993	25,241	31.9
〔万引き〕	45,826	(27.1)	26,741	19,085	41.6
詐　　　欺	10,507	(6.2)	8,399	2,108	20.1
横　　　領	9,309	(5.5)	8,016	1,293	13.9
遺失物等横領	8,372	(4.9)	7,250	1,122	13.4
偽　　　造	929	(0.5)	728	201	21.6
そ　の　他	24,136	(14.2)	21,854	2,282	9.5

注　1　警察庁の統計による。
　　2　（　）内は、罪名別構成比である。
　　3　〔　〕内は、犯行の手口であり、殺人又は窃盗の内数である。
　　4　「遺失物等横領」は、横領の内数である。

3　検挙率

　刑法犯の検挙率は、平成7年から毎年低下し、13年には19.8％と戦後最低を記録したが、14年から回復傾向にあり、一時横ばいで推移した後、26年以降上昇していたものの、令和4年は再び低下し、41.6％（前年比4.9pt低下）であった（**1-1-1-1図**CD-ROM参照）。

　令和4年における刑法犯の検挙率を罪名別に見ると、**1-1-1-2表**のとおりである。

コラム1 刑法犯以外も含めた犯罪の全体像を捉えるための試み

　令和4年は、刑法犯の認知件数が20年ぶりに前年から増加したが、このコラムでは、令和4年版犯罪白書に掲載した同様のコラムに引き続き、刑法犯以外も含めた我が国における犯罪の全体像を把握するための試みを継続していく。

　まず、（ア）刑法犯、（イ）危険運転致死傷・過失運転致死傷等、（ウ）特別法犯（交通法令違反を除く。）及び（エ）交通法令違反（道交違反（反則事件）を除く。）について、横並びにして比較すべく、それぞれの検挙件数の合計を見ることとし、警察以外により検挙されたものも含め、令和4年における司法警察職員による上記（ア）ないし（エ）の検挙件数及び構成比を見ると、図1のとおりである。いずれの検挙件数も、4年は前年から減少しており、各構成比は前年とほぼ同じである（CD-ROM参照）。

　次に、我が国における犯罪の全体像をできる限り把握するため、検挙には至らなかった犯罪についても考慮すべく、（ア）刑法犯については、警察による認知件数を、（イ）危険運転致死傷・過失運転致死傷等については、人身事故件数を、（ウ）特別法犯（交通法令違反を除く。）及び（エ）交通法令違反（道交違反（反則事件）を除く。）については検挙件数を、それぞれ用いて合算したところ、図2のとおりである。図2は厳密には概念が一致しない数値を合算した図であることに留意しつつ、飽くまで検挙に至らなかった犯罪の存在をイメージするものであるとの前提でこれを見ると、前年と比べて増加したのは、刑法犯の認知件数のみであるが、合算値は前年を上回っており、全体として犯罪の脅威が大きくなっていることが懸念される（CD-ROM参照）。

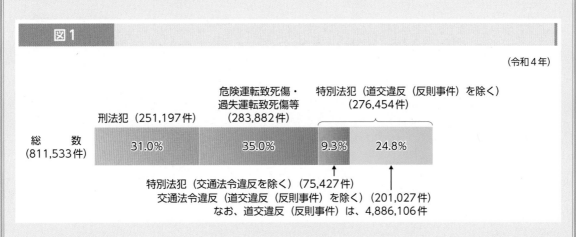

図1

（令和4年）

刑法犯（251,197件）
危険運転致死傷・過失運転致死傷等（283,882件）
特別法犯（道交違反（反則事件）を除く）（276,454件）

総　数（811,533件）　31.0%　35.0%　9.3%　24.8%

特別法犯（交通法令違反を除く）（75,427件）
交通法令違反（道交違反（反則事件）を除く）（201,027件）
なお、道交違反（反則事件）は、4,886,106件

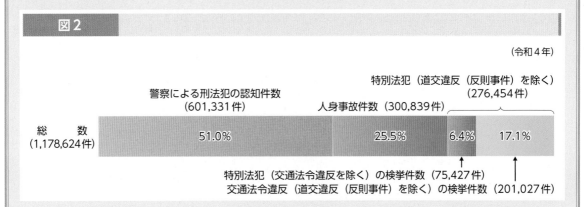

図2

（令和4年）

特別法犯（道交違反（反則事件）を除く）（276,454件）
警察による刑法犯の認知件数（601,331件）
人身事故件数（300,839件）

総　数（1,178,624件）　51.0%　25.5%　6.4%　17.1%

特別法犯（交通法令違反を除く）の検挙件数（75,427件）
交通法令違反（道交違反（反則事件）を除く）の検挙件数（201,027件）

　以上は、警察等の司法警察職員が把握した犯罪であり、さらには、被害者が犯罪被害に遭いながらも、警察等への届出等を行わなかったいわゆる暗数の存在についても留意が必要で

あり、我が国における犯罪の脅威は、これらをも総合して考える必要がある。

　また、図3のとおり、例えば、令和4年における児童虐待に係る事件、配偶者からの暴力事案等、サイバー犯罪、特殊詐欺、大麻取締法違反及び危険運転致死傷の検挙件数については、増加傾向又は高止まり状態が継続し、特にサイバー犯罪や特殊詐欺などの比較的新しい犯罪類型の件数が前年よりも増加している。ここで取り上げた以外にも、例えば強制性交等の認知件数は前年より大きく増加するなど（本章第2節2項参照）、個別の犯罪類型ごとに見ても、我が国における犯罪情勢がいまだ決して安心できる状況にはないことが分かる。

図3

(平成23年～令和4年)

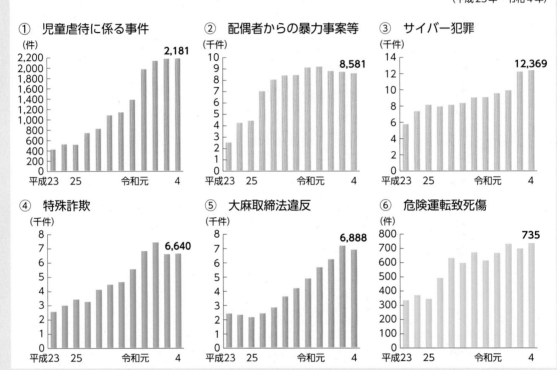

①　児童虐待に係る事件
②　配偶者からの暴力事案等
③　サイバー犯罪
④　特殊詐欺
⑤　大麻取締法違反
⑥　危険運転致死傷

　我が国の犯罪情勢については、以上のとおり幾つかの留意すべき点があり、その動向について、引き続き様々な角度から注視していく必要がある。

注　図1　（1）法務総合研究所が資料を入手し得た数値で作成した（詳細はCD-ROM参照）。（2）警察庁の統計、警察庁交通局の統計、厚生労働省医薬・生活衛生局の資料、厚生労働省労働基準局の資料、経済産業省商務情報政策局産業保安グループの資料、国土交通省海事局の資料、海上保安庁の資料、水産庁資源管理部の資料及び法務省矯正局の資料による。（3）水産庁資源管理部の資料による検挙件数は、令和3年の数値である。（4）交通法令違反（道交違反（反則事件）を除く。）の検挙件数は、送致件数を計上している。（5）警察以外による検挙件数は、漁業監督官（吏員）によるものを除き、送致件数を計上している。（6）罪種が不詳のものは、刑法犯に計上している。
　　図2　（1）危険運転致死傷・過失運転致死傷等については、刑法犯における警察による認知件数におおよそ匹敵すると考えられる人身事故件数の数値を参考として用いた。特別法犯（交通法令違反を除く。）及び交通法令違反（道交違反（反則事件）を除く。）については、刑法犯における警察による認知件数におおよそ匹敵すると考えられる数値は検挙件数であることから、これを参考として用いた。（2）「人身事故」は、道路交通法2条1項1号に規定する道路において、車両等及び列車の交通によって起こされた事故で、人の死亡又は負傷を伴うものをいう。（3）「刑法犯の認知件数」及び「人身事故件数」は、警察において把握したものに限る。（4）脚注図1（1）、（3）及び（4）に同じ。（5）警察庁の統計、警察庁交通局の統計、厚生労働省医薬・生活衛生局の資料、厚生労働省労働基準局の資料、経済産業省商務情報政策局産業保安グループの資料、国土交通省海事局の資料、海上保安庁の資料及び水産庁資源管理部の資料による。（6）水産庁資源管理部の資料による検挙件数は、令和3年の数値である。
　　図3　（1）①・②は警察庁生活安全局の資料、③は警察庁サイバー警察局の資料、④は警察庁刑事局の資料、⑤は厚生労働省医薬・生活衛生局の資料、⑥は警察庁の統計に、それぞれよる。（2）詳細については、①につき第4編第6章第1節、②につき同章第2節、③につき同編第5章、④につき第1編第1章第2節3項（4）、⑤につき第4編第2章第1節2項、⑥につき同編第1章第2節2項を、それぞれ参照。

第2節　主な刑法犯

　窃盗は、認知件数において刑法犯の7割近くを占める（**1-1-1-3図**参照）。その認知件数、検挙件数及び検挙率の推移（最近30年間）を見ると、**1-1-2-1図**①のとおりである。平成7年から13年まで、認知件数の増加と検挙率の低下が続いていたが、14年から検挙率が上昇に転じ、認知件数も、戦後最多を記録した同年（237万7,488件）をピークに15年から減少に転じた。認知件数は、26年以降令和3年まで、毎年戦後最少を更新し続けていたが、令和4年は、40万7,911件（前年比2万6,142件（6.8％）増）であった。検挙件数は、平成17年から減少し続けており、令和4年は、14万8,122件（同1万2,894件（8.0％）減）であった。検挙率は、前年より5.9pt低下し、36.3％であった（**1-1-1-1図**CD-ROM参照）。

　窃盗を除く刑法犯の認知件数、検挙件数及び検挙率の推移（最近30年間）は、**1-1-2-1図**②のとおりである。認知件数は、平成16年に58万1,193件と戦後最多を記録した後、17年から減少し続けていたが、令和4年は、19万3,420件（前年比7,085件（3.8％）増）であった。検挙率は、平成16年に37.8％と戦後最低を記録した後、緩やかな上昇傾向にあったが、令和4年は52.9％（同2.7pt低下）であった（**1-1-1-1図**CD-ROM参照）。

1-1-2-1図　**刑法犯 認知件数・検挙件数・検挙率の推移（窃盗・窃盗を除く刑法犯別）**

（平成5年～令和4年）

① 窃盗

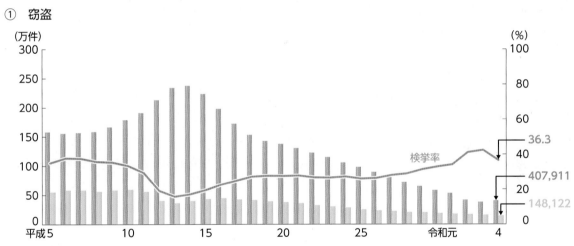

② 窃盗を除く刑法犯

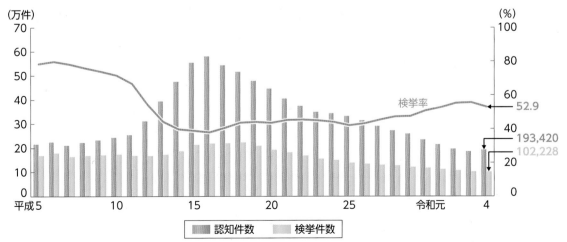

注　警察庁の統計による。

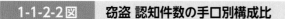

1 窃盗

令和4年における窃盗の認知件数の手口別構成比は、**1-1-2-2図**のとおりである（手口別の認知件数については、CD-ROM参照）。

1-1-2-2図 窃盗 認知件数の手口別構成比

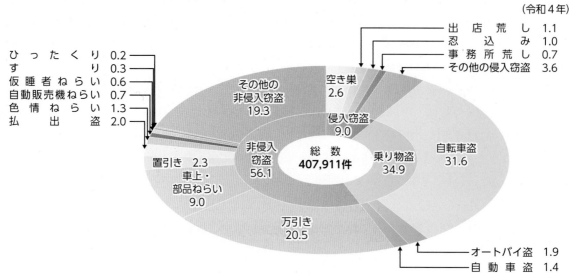

注　1　警察庁の統計による。
　　2　「払出盗」は、不正に取得し、又は不正に作成したキャッシュカード等を利用してATM（CDを含む。）から現金を窃取するものをいう。
　　3　「その他の侵入窃盗」は、倉庫荒し、金庫破り、病院荒し等である。
　　4　「その他の非侵入窃盗」は、職場ねらい、工事場ねらい、さい銭ねらい等である。

　認知件数の推移（最近30年間）を態様別に見ると、**1-1-2-3図①**のとおりであり、手口別に見ると、**1-1-2-3図②**のとおりである。

　令和4年は、自転車盗の認知件数が12万8,883件（前年比2万2,298件（20.9％）増）と、前年より大きく増加した。

　特殊詐欺（本節3項（4）参照）に関係する手口である払出盗（不正に取得し、又は不正に作成したキャッシュカード等を利用してATM（CDを含む。）から現金を窃取するもの）及び職権盗（公務員等の身分を詐称し、捜査、検査等を装い、隙をみて金品を窃取するもの）の認知件数は、近年増加傾向にあったところ、令和4年は、払出盗が8,070件（前年比4.3％減）、2年、3年と前年より減少していた職権盗が2,297件（同3.1％増）であった（警察庁の統計による。）。

窃盗 認知件数の推移（態様別、手口別）

（平成5年〜令和4年）

① 態様別

② 手口別

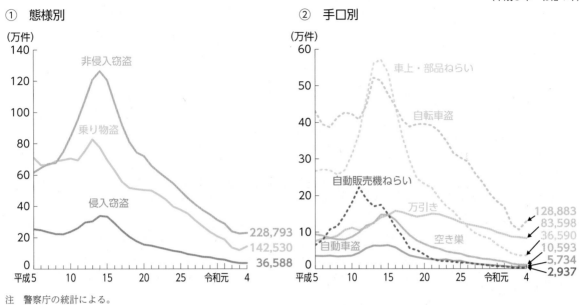

注　警察庁の統計による。

令和4年における窃盗の検挙件数の手口別構成比は、**1-1-2-4図**のとおりである（手口別の検挙件数については、CD-ROM参照）。

1-1-2-4図 窃盗 検挙件数の手口別構成比

（令和4年）

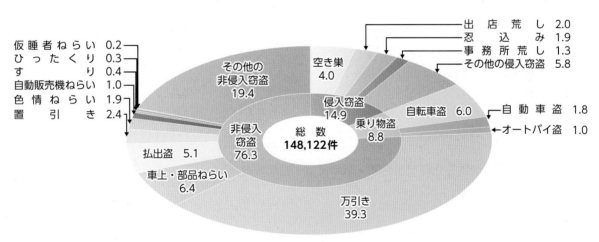

注　1　警察庁の統計による。
　　2　「払出盗」は、不正に取得し、又は不正に作成したキャッシュカード等を利用してATM（CDを含む。）から現金を窃取するものをいう。
　　3　「その他の侵入窃盗」は、倉庫荒し、金庫破り、病院荒し等である。
　　4　「その他の非侵入窃盗」は、職場ねらい、工事場ねらい、さい銭ねらい等である。

令和4年の窃盗の検挙率を態様・手口別で見ると、侵入窃盗（60.5％）、非侵入窃盗（49.4％）、乗り物盗（9.1％）の順であったところ、非侵入窃盗のうち万引きは69.7％であった（警察庁の統計による。）。

2 強制性交等・強制わいせつ

　平成29年6月、刑法の一部を改正する法律（平成29年法律第72号）が成立し、同年7月に施行された。同法により、①従来の強姦が**強制性交等**に改められ、被害者の性別を問わなくなり、かつ、性交（姦淫）に加えて肛門性交及び口腔性交をも対象とし、法定刑の下限が引き上げられ、②**監護者わいせつ・監護者性交等**が新設され、18歳未満の者を現に監護する者であることによる影響力があることに乗じたわいせつ行為や性交等が処罰されることとなり、また、③強姦、強制わいせつ等（同法による改正前の刑法176条、177条及び178条に規定する罪）の罪は親告罪であったが、これらの罪は、改正時に、監護者性交等の罪と共に、非親告罪とされた。

　さらに、令和5年6月16日、刑法及び刑事訴訟法の一部を改正する法律（令和5年法律第66号）が成立し、これにより、強制わいせつ及び準強制わいせつ並びに強制性交等及び準強制性交等をそれぞれ統合し、それらの構成要件を改めて**不同意わいせつ**及び**不同意性交等**とするとともに、13歳以上16歳未満の者に対して当該者が生まれた日より5年以上前の日に生まれた者がわいせつな行為又は性交等をした場合に不同意わいせつの罪又は不同意性交等の罪により処罰することを可能とするなどの処罰規定の整備等が行われた（同年7月13日施行。第2編第1章1項（5）参照）。

　強制性交等（前記平成29年法律第72号による改正前は強姦及び準強姦であり、同改正後は強姦、準強姦、準強制性交等及び監護者性交等を含む。）の認知件数、検挙件数及び検挙率の推移（最近30年間）は、**1-1-2-5図**のとおりである。認知件数は、平成9年から増加傾向を示し、15年に2,472件を記録した後、23年まで減少し続け、24・25年にやや増加したものの、26年から再び減少し、28年は昭和57年以降で最少の989件であった。その後、平成29年からは増加傾向を示し、令和4年は1,655件（前年比267件（19.2%）増）であり（なお、前記平成29年法律第72号による改正によって対象が拡大した点には留意する必要がある。）、うち女性を被害者とするものは1,591件であった（**6-1-3-1表**参照）。検挙件数も、平成15年に1,569件を記録した後、減少傾向にあったが、29年から増加傾向にあり、令和4年は1,401件（同71件（5.3%）増）であった。検挙率は、平成10年から低下し、14年に62.3%と戦後最低を記録した後は上昇傾向にあり、27年から令和3年まで、いずれの年も90%台と高水準で推移していたが、令和4年は84.7%（同11.2pt低下）であった。

　このうち、令和4年における監護者性交等の認知件数は82件、検挙件数は79件（検挙率は96.3%）であった（警察庁刑事局の資料による。）。

　なお、肛門性交のみ、口腔性交のみ、又は肛門性交及び口腔性交のみを実行行為とする強制性交等について、令和4年に第一審判決があったものとして法務省刑事局に対し各検察庁から報告があった件数は、94件であった（法務省刑事局の資料による。）。

1-1-2-5図　強制性交等 認知件数・検挙件数・検挙率の推移

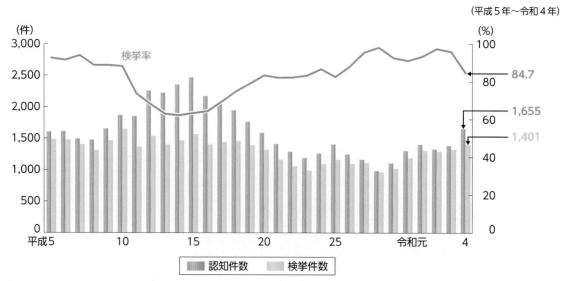

注　警察庁の統計による。

　強制わいせつ（前記平成29年法律第72号による改正前は準強制わいせつを含み、同改正後は準強制わいせつ及び監護者わいせつを含む。）の認知件数、検挙件数及び検挙率の推移（最近30年間）は、**1-1-2-6図**のとおりである。認知件数は、平成の初期から増加傾向にあったが、平成11年から13年にかけて前年比25.8～38.6％の勢いで増加し続け、15年には昭和41年以降で最多の1万29件を記録した。その後、平成21年まで減少し、22年から25年までは増加傾向にあり、26年から令和2年まで減少し続けていたが、4年は4,708件（前年比425件（9.9％）増）と、3年に引き続き前年より増加した。なお、前記平成29年法律第72号による改正によって対象が縮小（口腔性交及び肛門性交が、強制性交等の対象行為となった。）及び拡大（監護者わいせつが新設された。）した点には留意する必要がある。検挙件数は、平成5年から25年までは3,000件台、26年から30年までは4,000件台前半、令和元年から3年までは3,000件台後半でそれぞれ推移していたが、4年は4,062件（同194件（5.0％）増）であった。検挙率は、平成11年に前年比18.9pt、12年に同14.8pt低下し、14年には35.5％と昭和41年以降で最低を記録したが、その後は上昇傾向にあったところ、令和4年は86.3％（同4.0pt低下）であった（CD-ROM参照）。

　このうち、令和4年における監護者わいせつの認知件数は87件、検挙件数は85件（検挙率は97.7％）であった（警察庁刑事局の資料による。）。

1-1-2-6図　**強制わいせつ 認知件数・検挙件数・検挙率の推移**

（平成5年～令和4年）

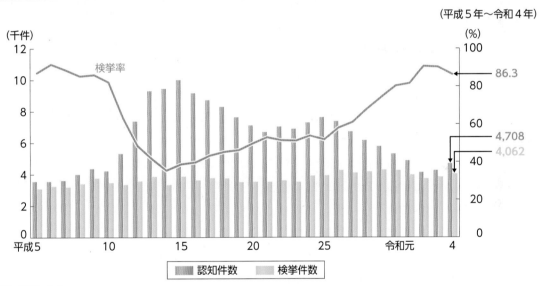

注　警察庁の統計による。

3 その他の刑法犯

　窃盗及び強制性交等・強制わいせつを除く刑法犯について、主な罪名・罪種ごとに認知件数の推移（最近30年間）を見ると、**1-1-2-7図**のとおりである。

1-1-2-7図　その他の刑法犯 認知件数の推移（罪名・罪種別）

（平成5年～令和4年）

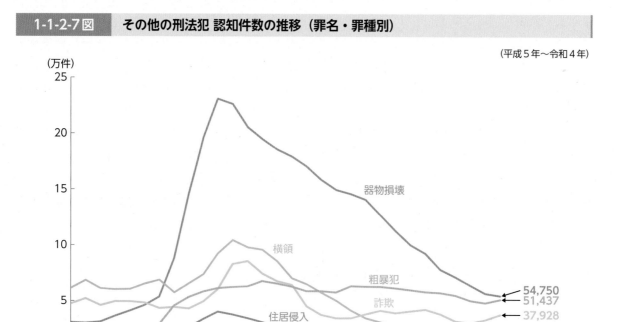

注　1　警察庁の統計による。
　　2　「粗暴犯」は、傷害、暴行、脅迫、凶器準備集合及び暴力行為等処罰法違反をいう。
　　3　「横領」は、遺失物等横領を含む。

　認知件数、検挙件数及び検挙率の推移（最近20年間）を罪名別に見ると、**1-1-2-8図**のとおりである（詳細については、CD-ROM資料**1-2**及び**1-3**参照）。

　なお、盗品譲受け等、公然わいせつ、わいせつ物頒布等、略取誘拐・人身売買、通貨偽造、文書偽造等及び賭博・富くじの認知件数等についてはCD-ROM参照。

1-1-2-8図　刑法犯 認知件数・検挙件数・検挙率の推移（罪名別）

（平成15年～令和4年）

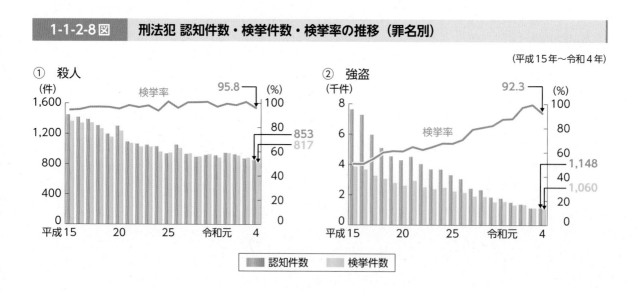

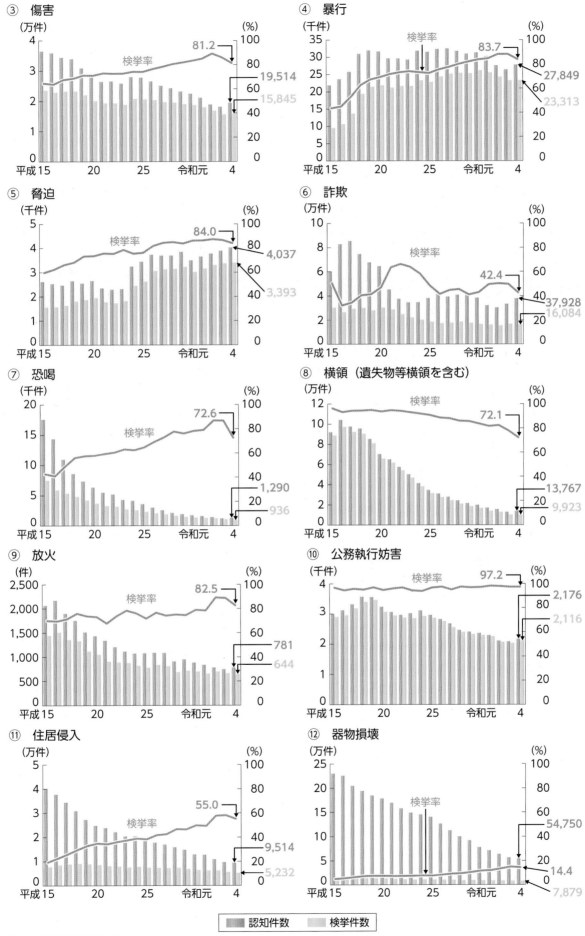

③ 傷害
④ 暴行
⑤ 脅迫
⑥ 詐欺
⑦ 恐喝
⑧ 横領（遺失物等横領を含む）
⑨ 放火
⑩ 公務執行妨害
⑪ 住居侵入
⑫ 器物損壊

認知件数　検挙件数

注　1　警察庁の統計による。
　　2　検挙件数には、前年以前に認知された事件に係る検挙事件が含まれることがあるため、検挙率が100％を超える場合がある。

（1）殺人（1-1-2-8図①）

　殺人の認知件数は、平成16年から28年までは減少傾向にあり、その後はおおむね横ばいで推移していたが、令和4年は3年に引き続き戦後最少を更新し、853件（前年比21件（2.4％）減）であった。検挙率は、安定して高い水準（4年は95.8％）にある。

（2）強盗（1-1-2-8図②）

　強盗の認知件数は、平成15年に昭和26年以降で最多の7,664件を記録した後、平成16年から減少傾向にあり、令和4年は戦後最少を更新した3年からわずかに増加し、1,148件（前年比10件（0.9％）増）であった。検挙率は、平成17年から上昇傾向にあり、令和4年は92.3％（同7.0pt低下）と前年と比べて低下したものの、依然として高い水準にある。

　令和4年における強盗の認知件数の手口別構成比は、1-1-2-9図のとおりである。

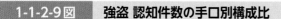

1-1-2-9図　強盗 認知件数の手口別構成比

（令和4年）

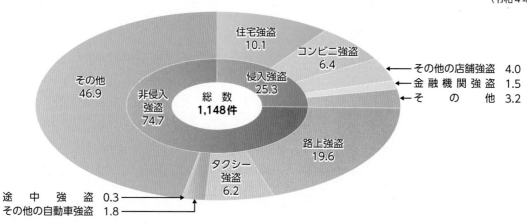

注　1　警察庁の統計による。
　　2　「タクシー強盗」及び「その他の自動車強盗」は、自動車に乗車中の者から自動車又は金品を強取するもの（暴行・脅迫を加えて運賃の支払を免れるものを含む。）をいう。
　　3　「途中強盗」は、金品を輸送中の者又は銀行等に預金に行く途中若しくは銀行等から払戻しを受けて帰る途中の者であることを知った上で、その者から金品を強取するものをいう。

（3）傷害・暴行・脅迫（1-1-2-8図③～⑤）

　傷害の認知件数は、平成15年に3万6,568件を記録した後、16年から減少傾向にあったが、令和4年は前年と比べて増加し、1万9,514件（前年比1,369件（7.5％）増）であった。暴行の認知件数は、平成18年以降おおむね高止まりの状況にあり、2万9,000件台から3万2,000件台で推移した後、令和元年から減少傾向にあったが、4年は前年と比べて増加し、2万7,849件（前年比1,413件（5.3％）増）であった。脅迫の認知件数は、平成12年以降2,000件台で推移していたところ、24年に大きく増加し、同年以降は3,000件台で推移していたが、令和4年は昭和43年以来54年ぶりに4,000件を上回り、4,037件（同144件（3.7％）増）であった。いずれの検挙率も、平成16年前後からおおむね上昇傾向にあり、令和4年は前年と比べて低下したものの、依然として高い水準にある。

（4）詐欺（**1-1-2-8**図⑥）

　詐欺の認知件数は、平成17年に昭和35年以降で最多の８万5,596件を記録した。その後、平成18年から減少に転じ、24年からは増加傾向を示していた。その後、30年から再び減少していたが、令和４年は３年に引き続き前年と比べて増加し、３万7,928件（前年比4,575件（13.7％）増）であった。検挙率は、平成16年に32.1％と戦後最低を記録した後、17年から上昇に転じ、23年から26年までの低下を経て、その後は上昇傾向にあったが、令和４年は前年と比べて低下し、42.4％（同7.1pt低下）であった。

　特殊詐欺（被害者に電話をかけるなどして対面することなく信頼させ、指定した預貯金口座への振込みその他の方法により、不特定多数の者から現金等をだまし取る犯罪の総称。現金等を脅し取る恐喝及びキャッシュカード詐欺盗（警察官や銀行協会、大手百貨店等の職員を装って被害者に電話をかけ、「キャッシュカードが不正に利用されている」等の名目により、キャッシュカード等を準備させた上で、隙を見るなどし、同キャッシュカード等を窃取するもの）を含む。）の認知件数、検挙件数及び被害総額（現金被害額及び詐取又は窃取されたキャッシュカード等を使用してATMから引き出された額（以下「ATM引出し額」という。）の総額をいう。ただし、ATM引出し額については、平成21年以前は被害総額に含まれず、22年から24年までは、オレオレ詐欺に係るもののみを計上している。）の推移（統計の存在する平成16年以降）は、**1-1-2-10**図のとおりである。令和４年における特殊詐欺の認知件数及び被害総額は、いずれも前年と比べて増加し、それぞれ17,570件（前年比21.2％増）、約371億円（前年比31.5％増）であり、被害総額は８年ぶりに増加した。主要な手口別に見ると、預貯金詐欺（親族、警察官、銀行協会職員等を装い、「あなたの口座が犯罪に利用されており、キャッシュカードの交換手続が必要である」等の名目で、キャッシュカード、クレジットカード、預貯金通帳等をだまし取る（脅し取る）もの）以外の手口では、認知件数及び被害総額が前年と比べて増加しており、特にオレオレ詐欺は、それぞれ4,287件（前年比1,202件（39.0％）増）、約129億円（前年比42.7％増）と大きく増加した（警察庁刑事局の資料による。）。

1-1-2-10図 特殊詐欺 認知件数・検挙件数・被害総額の推移

(平成16年～令和4年)

① 認知件数

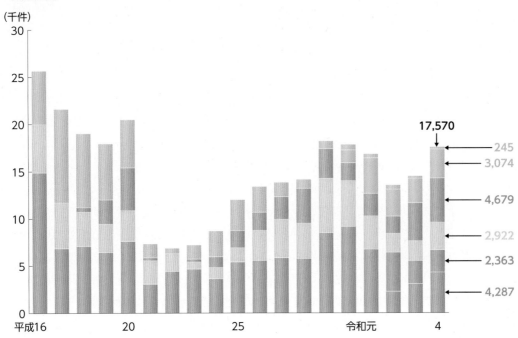

② 検挙件数

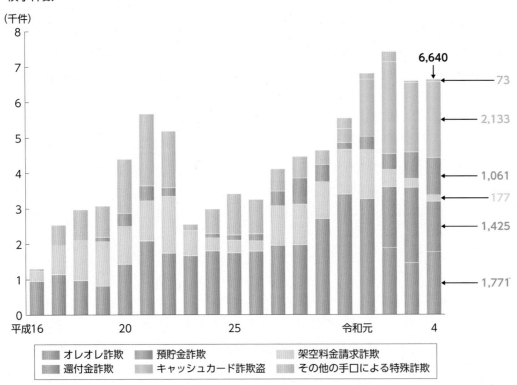

凡例:
- オレオレ詐欺
- 預貯金詐欺
- 架空料金請求詐欺
- 還付金詐欺
- キャッシュカード詐欺盗
- その他の手口による特殊詐欺

③　被害総額

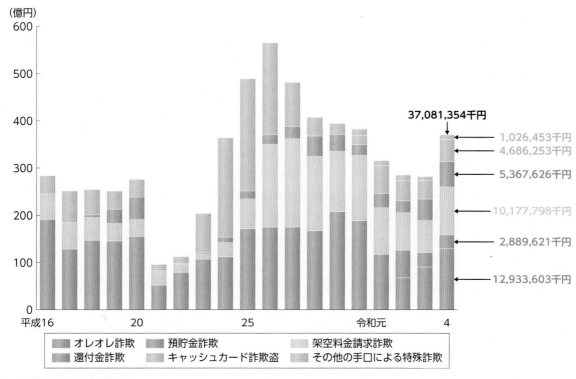

（億円）

凡例：
- オレオレ詐欺
- 還付金詐欺
- 預貯金詐欺
- キャッシュカード詐欺盗
- 架空料金請求詐欺
- その他の手口による特殊詐欺

37,081,354千円

1,026,453千円
4,686,253千円
5,367,626千円
10,177,798千円
2,889,621千円
12,933,603千円

注　1　警察庁刑事局の資料による。
　　2　「特殊詐欺」は、被害者に電話をかけるなどして対面することなく信頼させ、指定した預貯金口座への振込みその他の方法により、不特定多数の者から現金等をだまし取る犯罪（現金等を脅し取る恐喝及びキャッシュカード詐欺盗を含む。）の総称である。
　　3　「オレオレ詐欺」は、親族、警察官、弁護士等を装い、親族が起こした事件・事故に対する示談金等を名目に金銭等をだまし取る（脅し取る）ものをいう。
　　4　「預貯金詐欺」は、親族、警察官、銀行協会職員等を装い、「あなたの口座が犯罪に利用されており、キャッシュカードの交換手続が必要である」等の名目で、キャッシュカード、クレジットカード、預貯金通帳等をだまし取る（脅し取る）ものをいい、従来オレオレ詐欺に包含されていた犯行形態を令和2年1月から新たな手口として分類したものである。
　　5　「架空料金請求詐欺」は、未払いの料金があるなど架空の事実を口実とし、金銭等をだまし取る（脅し取る）ものをいう。
　　6　「還付金詐欺」は、税金還付等に必要な手続を装って被害者にATMを操作させ、口座間送金により財産上の不法の利益を得る電子計算機使用詐欺事件又は詐欺事件をいう。
　　7　「キャッシュカード詐欺盗」は、警察官や銀行協会、大手百貨店等の職員を装って被害者に電話をかけ、「キャッシュカードが不正に利用されている」等の名目により、キャッシュカード等を準備させた上で、隙を見るなどし、同キャッシュカード等を窃取するものをいう。
　　8　「その他の手口による特殊詐欺」は、特殊詐欺のうち、融資保証金詐欺、金融商品詐欺、ギャンブル詐欺、交際あっせん詐欺及びその他の特殊詐欺をいう。
　　9　各数値は、次の類型の合計である。
　　　　平成16年〜17年　　オレオレ詐欺、架空料金請求詐欺及び融資保証金詐欺
　　　　18年〜21年　　　　オレオレ詐欺、架空料金請求詐欺、融資保証金詐欺及び還付金詐欺
　　　　22年〜29年　　　　オレオレ詐欺、架空料金請求詐欺、融資保証金詐欺、還付金詐欺、金融商品詐欺、ギャンブル詐欺、交際あっせん詐欺及びその他の特殊詐欺
　　　　30年〜令和元年　　オレオレ詐欺、架空料金請求詐欺、融資保証金詐欺、還付金詐欺、金融商品詐欺、ギャンブル詐欺、交際あっせん詐欺、その他の特殊詐欺及びキャッシュカード詐欺盗
　　　　2年〜4年　　　　　オレオレ詐欺、架空料金請求詐欺、融資保証金詐欺、還付金詐欺、金融商品詐欺、ギャンブル詐欺、交際あっせん詐欺、その他の特殊詐欺、キャッシュカード詐欺盗及び預貯金詐欺
　　10　「被害総額」は、現金被害額及び詐取又は窃取されたキャッシュカード等を使用してATMから引き出された額の総額をいう。ただし、同キャッシュカード等を使用してATMから引き出された額については、平成21年以前は被害総額に含まれず、22年から24年まではオレオレ詐欺に係るもののみを計上している。
　　11　金額については、千円未満切捨てである。

（5）恐喝（1-1-2-8図⑦）

　恐喝の認知件数は、平成13年に1万9,566件を記録した後、14年から減少し続けていたが、令和4年は前年と比べて増加し、1,290件（前年比53件（4.3%）増）であった。

（6）横領（1-1-2-8図⑧）

　横領（遺失物等横領を含む。）の認知件数は、平成16年に戦後最多の10万4,412件を記録した後、17年から減少し続けていたが、令和4年は前年と比べて増加し、1万3,767件（前年比739件（5.7%）増）であった。

（7）放火（1-1-2-8図⑨）

　放火の認知件数は、平成16年に2,174件を記録した後、17年から減少傾向にあったが、令和4年は前年と比べて増加し、781件（前年比32件（4.3％）増）であった。

（8）公務執行妨害（1-1-2-8図⑩）

　公務執行妨害の認知件数は、平成18年に戦後最多の3,576件を記録した後、19年から減少傾向にあったが、令和4年は前年と比べて増加し、2,176件（前年比82件（3.9％）増）であった。

（9）住居侵入（1-1-2-8図⑪）

　住居侵入の認知件数は、平成15年に戦後最多の4万348件を記録した後、16年から減少傾向にあり、令和4年は9,514件（前年比266件（2.7％）減）であった。

（10）器物損壊（1-1-2-8図⑫）

　器物損壊の認知件数は、平成15年に23万743件を記録した後、16年から減少し続けており、令和4年は5万4,750件（前年比2,175件（3.8％）減）であった。検挙率は、平成16年から上昇傾向にあり、令和4年は14.4％（同0.5pt低下）であったが、依然、刑法犯全体と比べて著しく低い。

コラム2　新型コロナウイルス感染症と刑法犯認知件数の推移

　新型コロナウイルス感染症の感染拡大を受け、我が国においては、令和2年4月7日以降、合計3度にわたる新型コロナウイルス感染症緊急事態宣言（以下このコラムにおいて「緊急事態宣言」という。）が発出され、また、3年4月5日以降、新型コロナウイルス感染症まん延防止等重点措置（以下このコラムにおいて「まん延防止等重点措置」という。）が全国41都道府県において実施され、移動を伴う行動の自粛を始めとする感染防止策が講じられた。その後、感染拡大状況等の変化に伴い、緊急事態宣言は3年9月30日まで、まん延防止等重点措置は4年3月21日までで、それぞれ全ての都道府県において終了した。全国の主要地点・歓楽街の人出（出典：内閣官房ホームページ（https://corona.go.jp/various-data/））を見ると、第1回緊急事態宣言（2年4月及び5月）下においては大幅に落ち込んだが、その後は増減を繰り返しながら徐々に回復し、4年は、2年及び3年に比べ、元年の水準に近づいている。

　令和4年版犯罪白書では、緊急事態宣言やまん延防止等重点措置による外出自粛要請により、在宅人口の増加・駅や繁華街の人流（人々の移動に伴う動き）の減少が起こり、その結果、犯罪被害のターゲットとなる留守宅や通行人等が減少したことが、令和2年及び3年における窃盗を始めとする刑法犯認知件数の減少理由の一つと考えられることを指摘した。このことからすると、行動制限の緩和等により人の移動が活発化すれば、犯罪の動向にも再び影響を及ぼす可能性が考えられるところである。そこで、このコラムでは特に令和4年における刑法犯認知件数の月別の推移について、3年以前の動向と比較するなどして見ていくこととする。

　いわゆるコロナ禍前の5年間（平成27年から令和元年まで）の動向との比較もできるよう、平成27年から令和4年までの刑法犯認知件数の総数の推移を月別に見ると、図4のとおりである。刑法犯認知件数は、近年減少傾向にあったところ、月別では、4年5月以降の各月において、いずれも前年同月と比べて増加し、かつ、4年7月以降の各月において、いず

れも2年の同月と比べても増加していた。一方、4年のいずれの月も元年以前の同月の件数を超えなかった。

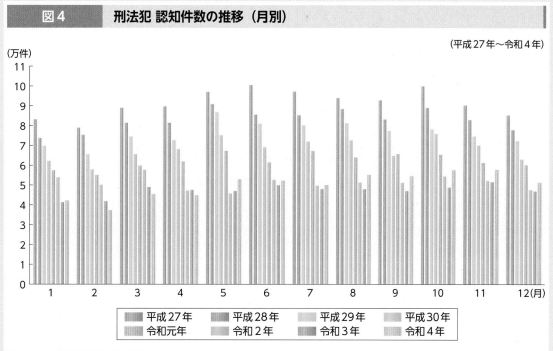

図4 刑法犯 認知件数の推移（月別）

（平成27年～令和4年）

注　1　法務総合研究所の調査による。
　　2　警察庁刑事局の資料に基づき、各月の認知件数を算出した。

　令和4年における刑法犯の認知件数を罪種別に見ると、最も件数の多い窃盗のうち、乗り物盗は、5月以降の各月において、前年同月比20％を超えて増加した。非侵入窃盗は、7月を除く5月以降の各月において、前年同月と比べて増加した。侵入窃盗は、5月を除き7月までは前年同月と比べて減少した月が続いていたが、8月以降の各月においては、増加した。窃盗以外について見ると、傷害は、4月以降の各月において、暴行は、5月以降の各月において、強盗は、11月を除く5月以降の各月において、強制性交等は、7月を除く3月以降の各月において、強制わいせつは、6月を除く4月以降の各月において、それぞれ前年同月と比べて増加した（CD-ROM参照）。詐欺は、7月を除く全ての月で前年同月と比べて増加し、中でも特殊詐欺は、4月を除く全ての月で前年同月と比べて増加した（警察庁刑事局の資料による。）。他方で、殺人及び放火は、令和3年以前と比較しても、特徴的な増減は見られなかった（CD-ROM参照）。

　以上のとおり、令和4年における月別の刑法犯認知件数は、5月以降、前年同月と比べて増加しているところ、まん延防止等重点措置が完全に終了するなどし、人の移動が活発化したことがその増加理由の一つとして考えられる。4年5月以降の認知件数を罪種別に見ても、例えば乗り物盗の大幅な増加や、暴行及び傷害の増加などは、駅や繁華街の人流の増加を始めとする人の移動の活発化により犯罪発生の機会が増加したことがその一因となったと言えそうである。一方、刑法犯認知件数を年単位で見ると、4年は、依然として、新型コロナウイルス感染症の感染拡大が始まる前である元年及び同感染症感染拡大後の2年の水準を下回っており、刑法犯認知件数が4年5月を境に増加に転じたとまでは言い切れない。引き続き5年以降の動向を注視していく必要がある。

第2章 特別法犯

第1節 主な統計データ

令和4年における特別法犯の主な統計データは、次のとおりである。

令和4年の主な統計データ（特別法犯）

		検察庁新規受理人員	（構成比）	（前年比）
①	道路交通法違反	194,790人	（70.6%）	（−10,564人、 −5.1%）
②	覚醒剤取締法違反	9,864人	（3.6%）	（−2,956人、 −23.1%）
③	大麻取締法違反	7,767人	（2.8%）	（−450人、 −5.5%）
④	軽犯罪法違反	7,551人	（2.7%）	（−85人、 −1.1%）
⑤	廃棄物処理法違反	6,852人	（2.5%）	（−755人、 −9.9%）
⑥	銃刀法違反	5,466人	（2.0%）	（+65人、 +1.2%）
⑦	入管法違反	4,695人	（1.7%）	（−517人、 −9.9%）
⑧	児童買春・児童ポルノ禁止法違反	3,149人	（1.1%）	（+56人、 +1.8%）
⑨	犯罪収益移転防止法違反	2,875人	（1.0%）	（+427人、 +17.4%）
⑩	自動車損害賠償保障法違反	2,618人	（0.9%）	（−470人、 −15.2%）
	その他	30,313人	（11.0%）	
	総　数	275,940人	（100.0%）	（−14,712人、 −5.1%）

【平成15年総数】	【平成15年比】
917,694人	［−641,754人、 −69.9%］

注　1　検察統計年報による。
　　2　「道路交通法違反」は、保管場所法違反を含まない。

特別法犯の検察庁新規受理人員の推移（昭和24年以降）は、**1-2-1-1図**のとおりである（罪名別の人員については、CD-ROM資料**1-4**参照）。その人員は、特別法犯全体では、43年に交通反則通告制度が施行されたことにより大幅に減少した後、50年代は200万人台で推移していたが、62年に同制度の適用範囲が拡大された結果、再び大幅に減少した。平成元年から11年までは増減を繰り返していたが、12年からは22年連続で減少しており、18年からは、昭和24年以降における最少を記録し続けている。他方、道交違反を除く特別法犯では、平成13年から増加し、19年（11万9,813人）をピークとして、その後は増減を繰り返しながら緩やかな減少傾向にあり、令和4年は8万251人（前年比4,231人（5.0%）減）であった（CD-ROM参照）。

1-2-1-1図　特別法犯 検察庁新規受理人員の推移

（昭和24年～令和4年）

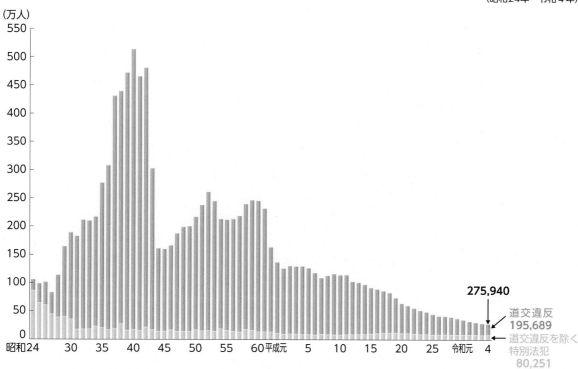

注　1　刑事統計年報及び検察統計年報による。
　　2　「道交違反」は、道路交通法（昭和35年法律第105号）による廃止前の道路交通取締法（昭和22年法律第130号）及び同法施行令（昭和28年政令第261号）、同法による廃止前の自動車取締令（昭和8年内務省令第23号）並びに昭和28年総理府令第54号による廃止前の道路交通取締令（昭和22年内務省令第40号）の各違反を含む。

　令和4年における道交違反を除く特別法犯の検察庁新規受理人員の罪名別構成比は、**1-2-1-2図**のとおりである。

1-2-1-2図　特別法犯 検察庁新規受理人員の罪名別構成比

（令和4年）

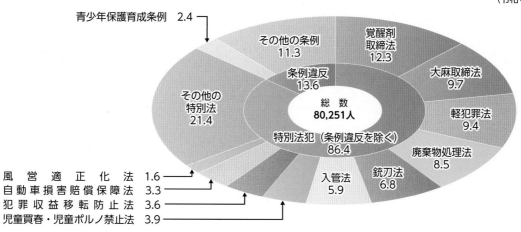

注　1　検察統計年報による。
　　2　道交違反を除く。

　迷惑防止条例違反のうち痴漢事犯の検挙件数（電車内以外で行われたものを含む。）は、平成27年以降2,700～3,200件台で推移していたところ、令和2年（1,915件）に大きく減少（前年比874件（31.3%）減）し、4年は2,233件（同302件（15.6%）増）であった（警察庁生活安全局の資料による。）。

第2節 主な特別法犯

主な特別法犯の検察庁新規受理人員の推移（最近20年間）は、**1-2-2-1図**のとおりである。なお、交通犯罪、薬物犯罪、財政経済犯罪及びサイバー犯罪については、第4編第1、2、4及び5の各章をそれぞれ参照。

銃刀法違反は、平成21年（6,989人）をピークに一時減少傾向となったが、24年以降はおおむね横ばいとなっており、令和4年は5,466人（前年比1.2％増）であった（CD-ROM資料**1-4**参照）。なお、3年6月、同法が改正され（令和3年法律第69号）、人の生命に危険を及ぼし得る威力を有するクロスボウについて、所持の禁止の対象とするとともに、所持許可制に関する規定を整備し、不法所持に対する罰則の新設等が行われた（4年3月施行）。

廃棄物処理法違反は、平成19年（8,879人）をピークに20年以降は7年連続で減少し、27年以降はおおむね横ばいで推移していたが、令和2年（7,665人）に増加し（前年比8.8％増）、3年からは再び減少し、4年は6,852人（同9.9％減）であった（CD-ROM資料**1-4**参照）。なお、平成29年6月、同法が改正され（平成29年法律第61号）、産業廃棄物管理票の交付・写し送付・回付義務違反、虚偽交付、虚偽記載、写し保存義務違反等産業廃棄物管理票に関連する罰則の法定刑の引上げ等が行われた（30年4月施行）。

風営適正化法違反は、平成19年（4,900人）をピークに減少傾向にあり、令和4年は1,294人（前年比3.1％減）であった（CD-ROM資料**1-4**参照）。

児童買春・児童ポルノ禁止法違反は、平成11年の同法施行後増加傾向にあり、29年以降は3,000～3,500人台で推移しており、令和4年は3,149人（前年比1.8％増）であった（CD-ROM資料**1-4**参照）。

なお、配偶者暴力防止法違反については第4編第6章第2節、ストーカー規制法違反及びいわゆるリベンジポルノ等の行為を処罰することなどを内容とする私事性的画像被害防止法違反については同章第3節をそれぞれ参照。

1-2-2-1図 主な特別法犯 検察庁新規受理人員の推移

（平成15年～令和4年）

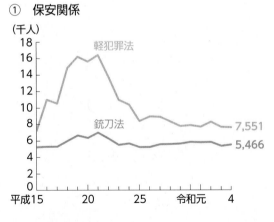

① 保安関係

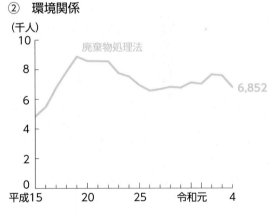

② 環境関係

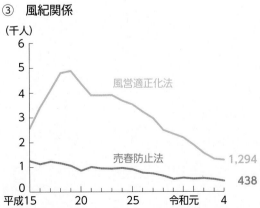

③ 風紀関係

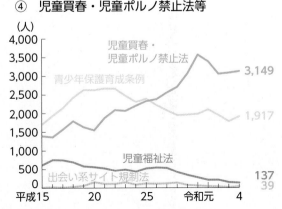

④ 児童買春・児童ポルノ禁止法等

注　検察統計年報による。

令和4年における**公職選挙法**（昭和25年法律第100号）違反の検察庁新規受理人員は、前年の468人から224人に減少した（CD-ROM資料**1-4**参照）。

　令和4年における各種選挙違反の検挙人員（警察が検挙した公職選挙法違反に限る。）は、前年の215人から194人に減少した。違反態様別に見ると、「買収、利害誘導」が51人（26.3％）と最も多く、次いで、「選挙の自由妨害」が26人（13.4％）、「文書図画に関する制限違反」が23人（11.9％）、「詐偽登録、虚偽宣言等、詐偽投票、投票の偽造・増減、代理投票における記載義務違反」及び「公務員等の選挙運動等の制限違反」がそれぞれ21人（10.8％）の順であった（警察庁の統計による。）。

　なお、令和2年6月には、公職選挙法が改正され（令和2年法律第41号）、住所要件を満たさない者の立候補を抑止するため、地方議会議員選挙の立候補の届出書に添付する宣誓書の宣誓内容に「当該選挙の期日において住所要件を満たす者であると見込まれること」が追加され、前記宣誓内容に虚偽があった場合についても処罰対象とされた（同年9月施行）。

第3章 諸外国における犯罪動向

第1節 諸外国における犯罪

　この節では、韓国、フランス、ドイツ、英国（イングランド、ウェールズ、スコットランド及び北アイルランドをいう。以下この節において同じ。）及び米国の5か国の犯罪動向を紹介し、我が国と対比する。

　統計資料については、**国際連合（国連）薬物・犯罪事務所**（**UNODC**：United Nations Office on Drugs and Crime）（注1）が実施し、公表しているデータ（dataUNODC）を使用する（注2）。UNODCの犯罪情勢等に関する調査（UN-CTS：United Nations Survey of Crime Trends and Operations of Criminal Justice Systems）においては、各犯罪を定義した上で、共通の調査票を用いて各国に照会し、回答を集計して、各国の犯罪情勢等に関する指標として公表する手法が採られている。UN-CTSで用いられている各犯罪の定義と各国における各犯罪の定義とは必ずしも一致しないため、各国がUN-CTSの犯罪の定義とは異なる定義により集計した数値を回答し、UN-CTSの統計数値として公表されることがあり得ること、各国における統計の取り方や精度は必ずしも同一ではないこと、限られた犯罪の発生件数等から各国の犯罪動向を即断することはできないことなど、留意すべき点はあるものの、これらの国の近年の犯罪指標の推移を示すことは、国際的な犯罪情勢を考察する上で参考となるものと考えられる。

　本白書では、犯罪情勢を検討する上で重要な犯罪類型である殺人、強盗、窃盗及び性暴力について、前記5か国と我が国の犯罪指標の推移を掲載する（なお、本白書作成時点において入手かつ対比可能であった各年の数値を掲載しており、その範囲は犯罪ごとに異なる。また、UN-CTSの調査票では、各国は以前に回答した数値を修正することが可能であり、数値の変更が少なくないことや今後も数値の変更があり得ることに留意する必要がある。）。

　注1　国連薬物・犯罪事務所（UNODC）は、不正薬物及び犯罪に関する調査・分析、国連加盟国の不正薬物・犯罪・テロリズムに関する各条約の締結・実施及び国内法整備の支援、国連加盟国に対する不正薬物・犯罪・テロ対策における能力向上のための技術協力の提供等を行うほか、国連経済社会理事会の機能委員会である麻薬委員会、犯罪防止刑事司法委員会（コミッション）（第2編第6章第1節参照）等の事務局を務めている。

　注2　dataUNODCから入手できなかった数値等のうち日本の数値については、**1-3-1-2表**、**1-3-1-3表**及び**1-3-1-4表**の各表の脚注1のとおりである。

1 殺人

　この項でいう「殺人」とは、dataUNODCにおける「Victims of intentional homicide」をいう。各国における「殺人」の発生件数及び発生率（人口10万人当たりの発生件数をいう。以下この節において同じ。）の推移（令和2年（2020年）までの最近5年間）を見ると、**1-3-1-1表**のとおりである。

1-3-1-1表 各国における殺人の発生件数・発生率の推移

(2016年〜2020年)

① 日本

年 次	発生件数	発生率
2016年	362	0.3
2017	306	0.2
2018	334	0.3
2019	319	0.3
2020	318	0.3

② 韓国

年 次	発生件数	発生率
2016年	356	0.7
2017	301	0.6
2018	309	0.6
2019	297	0.6
2020	308	0.6

③ フランス

年 次	発生件数	発生率
2016年	779	1.2
2017	710	1.1
2018	696	1.1
2019	753	1.2
2020	692	1.1

④ ドイツ

年 次	発生件数	発生率
2016年	963	1.2
2017	813	1.0
2018	788	1.0
2019	623	0.7
2020	782	0.9

⑤ 英国

年 次	発生件数	発生率
2016年	759	1.2
2017	779	1.2
2018	723	1.1
2019	768	1.2
2020	673	1.0

⑥ 米国

年 次	発生件数	発生率
2016年	17,413	5.3
2017	17,294	5.2
2018	16,374	4.9
2019	16,669	5.0
2020	21,570	6.4

注 1 dataUNODC（令和5年（2023年）7月3日確認）及び国連経済社会局人口部の世界人口推計2022年版（World Population Prospects 2022）による。
　 2 「殺人」は、dataUNODCにおける「Victims of intentional homicide」をいう。
　 3 「発生率」は、前記人口推計に基づく人口（各年7月1日時点の推計値）10万人当たりの発生件数である。
　 4 「英国」は、イングランド、ウェールズ、スコットランド及び北アイルランドをいう。

2 強盗

　この項でいう「強盗」とは、dataUNODCにおける「Robbery」をいう。各国における「強盗」の発生件数及び発生率の推移（令和2年（2020年）までの最近5年間）を見ると、**1-3-1-2表**のとおりである。

1-3-1-2表 各国における強盗の発生件数・発生率の推移

(2016年〜2020年)

① 日本

年 次	発生件数	発生率
2016年	2,332	1.8
2017	1,852	1.5
2018	1,787	1.4
2019	1,511	1.2
2020	1,397	1.1

② 韓国

年 次	発生件数	発生率
2016年	1,149	2.2
2017	967	1.9
2018	821	1.6
2019	…	…
2020	…	…

③ フランス

年 次	発生件数	発生率
2016年	32,876	51.4
2017	30,956	48.3
2018	28,553	44.4
2019	28,524	44.3
2020	…	…

④ ドイツ

年 次	発生件数	発生率
2016年	43,009	52.2
2017	38,849	47.0
2018	36,756	44.3
2019	36,052	43.4
2020	…	…

⑤ 英国

年 次	発生件数	発生率
2016年	61,440	93.6
2017	79,212	119.9
2018	…	…
2019	…	…
2020	…	…

⑥ 米国

年 次	発生件数	発生率
2016年	332,800	101.7
2017	320,600	97.2
2018	281,300	84.7
2019	268,000	80.2
2020	…	…

注 1 「発生件数」は、dataUNODC（令和5年（2023年）4月18日確認）による。ただし、dataUNODCから数値が入手できなかった2017年から2020年までの「日本」の数値は、警察庁刑事局の資料による。
　 2 人口は、国連経済社会局人口部の世界人口推計2022年版（World Population Prospects 2022）による。
　 3 「強盗」は、dataUNODCによる場合は、同資料における「Robbery」をいう。
　 4 「発生率」は、前記人口推計に基づく人口（各年7月1日時点の推計値）10万人当たりの発生件数である。
　 5 dataUNODC又は警察庁刑事局の資料において「発生件数」の数値が入手可能であった年につき、「発生件数」及び「発生率」を示している。
　 6 「英国」は、イングランド、ウェールズ、スコットランド及び北アイルランドをいう。

3 窃盗

　この項でいう「窃盗」とは、dataUNODCにおける「Burglary」（「侵入盗」）と「Theft」（「侵入盗以外の窃盗」）の二つの類型をいう。各国における各類型の発生件数及び発生率の推移（令和２年（2020年）までの最近５年間）を手口別に見ると、1-3-1-3表のとおりである。

1-3-1-3表　各国における窃盗の発生件数・発生率の推移

（2016年〜2020年）

① 日本

年　次	侵入盗 発生件数	（発生率）	侵入盗以外の窃盗 発生件数	（発生率）	自動車盗	
2016年	76,477	(60.2)	646,671	(509.2)	35,959	(28.3)
2017	73,122	(57.7)	582,376	(459.8)	30,397	(24.0)
2018	62,745	(49.7)	519,396	(411.4)	23,920	(18.9)
2019	57,808	(46.0)	474,757	(377.4)	18,398	(14.6)
2020	44,093	(35.2)	373,198	(298.0)	14,228	(11.4)

② 韓国

年　次	侵入盗 発生件数	（発生率）	侵入盗以外の窃盗 発生件数	（発生率）	自動車盗	
2016年	47,745	(93.1)	203,037	(395.7)	3,501	(6.8)
2017	35,681	(69.3)	183,757	(356.7)	2,733	(5.3)
2018	32,710	(63.3)	176,809	(342.1)	2,707	(5.2)
2019	30,853	(59.6)	186,957	(360.9)	2,652	(5.1)
2020	25,675	(49.5)	179,517	(346.3)	2,771	(5.3)

③ フランス

年　次	侵入盗 発生件数	（発生率）	侵入盗以外の窃盗 発生件数	（発生率）	自動車盗	
2016年	382,910	(598.4)	1,381,425	(2,158.8)	161,512	(252.4)
2017	382,828	(596.8)	874,768	(1,363.8)	…	(…)
2018	355,283	(552.7)	859,978	(1,337.9)	…	(…)
2019	353,067	(548.2)	878,413	(1,364.0)	…	(…)
2020	295,049	(457.6)	680,196	(1,054.9)	…	(…)

④ ドイツ

年　次	侵入盗 発生件数	（発生率）	侵入盗以外の窃盗 発生件数	（発生率）	自動車盗	
2016年	432,730	(525.6)	1,290,481	(1,567.4)	59,633	(72.4)
2017	365,182	(442.0)	1,156,422	(1,399.6)	54,114	(65.5)
2018	326,409	(393.8)	1,082,478	(1,305.8)	50,440	(60.8)
2019	311,231	(374.3)	1,025,321	(1,233.1)	48,557	(58.4)
2020	298,357	(358.0)	931,793	(1,118.2)	42,906	(51.5)

⑤ 英国

年　次	侵入盗 発生件数	（発生率）	侵入盗以外の窃盗 発生件数	（発生率）	自動車盗	
2016年	435,779	(663.7)	1,576,407	(2,401.0)	103,932	(158.3)
2017	459,600	(695.7)	1,682,954	(2,547.4)	118,456	(179.3)
2018	443,035	(666.9)	1,703,875	(2,564.8)	126,516	(190.4)
2019	…	(…)	…	(…)	…	(…)
2020	…	(…)	…	(…)	…	(…)

⑥ 米国

年　次	侵入盗 発生件数	（発生率）	侵入盗以外の窃盗 発生件数	（発生率）	自動車盗	
2016年	1,516,400	(463.4)	5,644,800	(1,725.1)	767,300	(234.5)
2017	1,397,000	(423.6)	5,513,000	(1,671.7)	772,900	(234.4)
2018	1,230,100	(370.4)	5,217,100	(1,570.8)	748,800	(225.4)
2019	1,117,700	(334.3)	5,086,100	(1,521.3)	721,900	(215.9)
2020	…	(…)	…	(…)	…	(…)

注　1　「発生件数」は、dataUNODC（令和５年（2023年）７月３日確認）による。ただし、dataUNODCから数値が入手できなかった2017年及び2018年の「日本」の「発生件数」の数値は、警察庁刑事局の資料による。また、dataUNODCと警察庁刑事局の資料の数値が異なる2016年の「日本」の「侵入盗以外の窃盗」の「発生件数」は、警察庁刑事局の資料による。
　　2　人口は、国連経済社会局人口部の世界人口推計2022年版（World Population Prospects 2022）による。
　　3　dataUNODCによる場合、「侵入盗」は同資料における「Burglary」を、「侵入盗以外の窃盗」は同資料における「Theft」を、「自動車盗」は同資料における「Theft of a motorized vehicle」を、それぞれいう。
　　4　「日本」の「侵入盗以外の窃盗」は自転車盗を含み、「侵入盗」と「侵入盗以外の窃盗」の合計は、1-1-2-1図①の窃盗の認知件数と一致する。
　　5　「日本」の「自動車盗」はオートバイ盗を含み、車上・部品ねらいを含まない。
　　6　（　）内は、発生率（前記人口推計に基づく人口（各年７月１日時点の推計値）10万人当たりの発生件数）である。
　　7　dataUNODC又は警察庁刑事局の資料において、「発生件数」の数値が入手可能であった年につき、「発生件数」及び「発生率」を示している。
　　8　「英国」は、イングランド、ウェールズ、スコットランド及び北アイルランドをいう。

4 性暴力

　この項でいう「性暴力」とは、dataUNODCにおける「Sexual violence」をいう。各国における「性暴力」の発生件数及び発生率の推移（令和2年（2020年）までの最近5年間）を見ると、1-3-1-4表のとおりである。なお、性犯罪については、一般に暗数が多いとされており、発生件数（認知件数）の統計のみによる比較には一定の制約があることに留意する必要がある。

1-3-1-4表　各国における性暴力の発生件数・発生率の推移

(2016年〜2020年)

① 日本

年　次	発生件数	発生率
2016年	7,177	5.7
2017	6,918	5.5
2018	6,647	5.3
2019	6,305	5.0
2020	5,486	4.4

② 韓国

年　次	発生件数	発生率
2016年	22,200	43.3
2017	24,110	46.8
2018	23,478	45.4
2019	23,537	45.4
2020	21,717	41.9

③ フランス

年　次	発生件数	発生率
2016年	35,464	55.4
2017	39,690	61.9
2018	47,475	73.9
2019	54,310	84.3
2020	56,374	87.4

④ ドイツ

年　次	発生件数	発生率
2016年	37,166	45.1
2017	34,815	42.1
2018	40,585	49.0
2019	40,724	49.0
2020	41,079	49.3

⑤ 英国

年　次	発生件数	発生率
2016年	135,445	206.3
2017	166,104	251.4
2018	178,347	268.5
2019	…	…
2020	…	…

⑥ 米国

年　次	発生件数	発生率
2016年	132,400	40.5
2017	135,666	41.1
2018	143,765	43.3
2019	143,224	42.8
2020	126,430	37.6

注　1　「発生件数」は、dataUNODC（令和5年（2023年）7月3日確認）による。ただし、dataUNODCから数値が入手できなかった2017年から2019年までの「日本」の「発生件数」は、警察庁刑事局の資料による。
　　2　人口は、国連経済社会局人口部の世界人口推計2022年版（World Population Prospects 2022）による。
　　3　「性暴力」は、dataUNODCによる場合は、同資料における「Sexual violence (Rape, Sexual assault and Other acts of sexual violence)」をいう。ただし、米国については、同資料における「Sexual violence (Rape)」のみのデータである。
　　　　なお、「日本」の「性暴力」は、強制性交等及び強制わいせつをいう。
　　4　「発生率」は、前記人口推計に基づく人口（各年7月1日時点の推計値）10万人当たりの発生件数である。
　　5　dataUNODC又は警察庁刑事局の資料において、「発生件数」の数値が入手可能であった年につき、「発生件数」及び「発生率」を示している。
　　6　「英国」は、イングランド、ウェールズ、スコットランド及び北アイルランドをいう。

日本人の出国者数は、令和元年（2019年）が2,008万669人であったところ、令和2年（2020年）が317万4,219人（前年比84.2％減）、令和3年（2021年）が51万2,244人（同83.9％減）と2年連続で大きく減少したが、令和4年（2022年）は、277万1,770人（同441.1％増）と大きく増加した（出入国在留管理庁の資料による。）。

在外公館が邦人援護事務を通じて把握した国外における日本人による犯罪は、令和2年（2020年）は173件（前年比58.6％減）、令和3年（2021年）は144件（同16.8％減）と2年連続で減少した。罪名・罪種別に犯罪件数を見ると、**1-3-2-1表**のとおりである。国外における日本人による犯罪の件数は、例年に比べて減少しており、新型コロナウイルス感染症の感染拡大の影響で出国者数が大幅に減少したこともその一因と考えられる。

1-3-2-1表　国外における日本人の犯罪件数

（令和元年（2019年）～令和3年（2021年））

年　次	総　数	殺　人	薬物関係法令違反	傷害・暴行	強制性交等・強制わいせつ	窃　盗	詐　欺	外国為替・関税関係法令違反	出入国・査証	道路交通関係法令違反	売買春	銃器等関係法令違反	その他
元年	418 (100.0)	3 (0.7)	31 (7.4)	41 (9.8)	26 (6.2)	22 (5.3)	16 (3.8)	13 (3.1)	126 (30.1)	31 (7.4)	7 (1.7)	3 (0.7)	99 (23.7)
2	173 (100.0)	3 (1.7)	14 (8.1)	20 (11.6)	2 (1.2)	12 (6.9)	9 (5.2)	4 (2.3)	59 (34.1)	7 (4.0)	1 (0.6)	− 	42 (24.3)
3	144 (100.0)	2 (1.4)	8 (5.6)	24 (16.7)	5 (3.5)	2 (1.4)	11 (7.6)	1 (0.7)	58 (40.3)	4 (2.8)	2 (1.4)	2 (1.4)	25 (17.4)

注　1　外務省領事局の資料による。
　　2　「出入国・査証」は、不法滞在等をいう。
　　3　「その他」は、脅迫・恐喝を含む。
　　4　（　）内は、構成比である。

刑事施設における職業訓練の様子
【写真提供：法務省矯正局】

**茨城就業支援センターにおける
農業訓練の様子**
【写真提供：法務省保護局】

第2編

犯罪者の処遇

第1章　概要

第2章　検察

第3章　裁判

第4章　成人矯正

第5章　更生保護

第6章　刑事司法における国際協力

第1章 概要

　警察等で検挙された者は、検察、裁判、矯正、更生保護の各段階で処遇を受けるが、令和4年にこれらの各段階で処遇を受けた人員は、**2-1-1図**のとおりである（非行少年に対する処遇の概要については、**3-2-1-1図**参照）。

2-1-1図　犯罪者処遇の概要

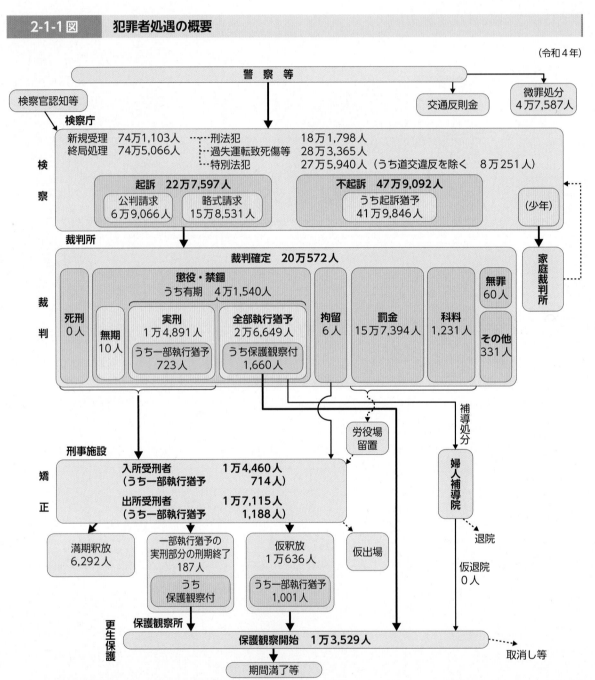

（令和4年）

注　1　警察庁の統計、検察統計年報、矯正統計年報及び保護統計年報による。
　　2　各人員は令和4年の人員であり、少年を含む。
　　3　「微罪処分」は、刑事訴訟法246条ただし書に基づき、検察官があらかじめ指定した犯情の特に軽微な窃盗、暴行、横領（遺失物等横領を含む。）等の20歳以上の者による事件について、司法警察員が、検察官に送致しない手続を執ることをいう。
　　4　「検察庁」の人員は、事件単位の延べ人員である。例えば、1人が2回送致された場合には、2人として計上している。
　　5　「出所受刑者」の人員は、出所事由が仮釈放、一部執行猶予の実刑部分の刑期終了又は満期釈放の者に限る。
　　6　「保護観察開始」の人員は、仮釈放者、保護観察付全部執行猶予者、保護観察付一部執行猶予者及び婦人補導院仮退院者に限り、事件単位の延べ人員である。
　　7　「裁判確定」の「その他」は、免訴、公訴棄却、管轄違い及び刑の免除である。

1 新規立法の動向

（1）少年法等の改正

　令和3年5月、少年法等の一部を改正する法律（令和3年法律第47号）が成立した。これにより、年齢満18歳以上20歳未満の特定少年に係る保護事件について、ぐ犯をその対象から除外し、原則として検察官に送致しなければならない事件についての特則等の規定を整備するとともに、刑事処分相当を理由とする検察官送致決定がされた後は、少年に適用される刑事事件の特例に関する規定は、特定少年には原則として適用しないことなどを内容とする少年法等の一部改正が行われた（4年4月施行。詳細につき、第3編第2章第1節1項参照）。

（2）拘禁刑の創設等に関する刑法等の改正

　令和4年6月、刑法等の一部を改正する法律（令和4年法律第67号）及び刑法等の一部を改正する法律の施行に伴う関係法律の整理等に関する法律（令和4年法律第68号）が成立した。これにより、①侮辱罪の法定刑について、「拘留又は科料」から「1年以下の懲役若しくは禁錮若しくは30万円以下の罰金又は拘留若しくは科料」に引き上げること、②懲役及び禁錮を廃止して拘禁刑を創設し、拘禁刑は、刑事施設に拘置し、拘禁刑に処せられた者には、改善更生を図るため、必要な作業を行わせ、又は必要な指導を行うことができるものとすること、③再度の刑の全部の執行猶予の言渡しをすることができる対象者の範囲を拡大するなど刑の執行猶予制度を拡充することなどを内容とする刑法及び刑事訴訟法（昭和23年法律第131号）等の一部改正並びに④施設内・社会内処遇に関する規定の整備を内容とする刑事収容施設法、更生保護法（平成19年法律第88号）、更生保護事業法（平成7年法律第86号）、少年院法（平成26年法律第58号）及び少年鑑別所法（平成26年法律第59号）の一部改正が行われた（①は令和4年7月7日施行、②から④は5年12月1日又は7年6月までに段階的に施行）。

（3）マネー・ローンダリング罪の法定刑及び犯罪収益等の没収に関する組織的犯罪処罰法等の改正等

　法務大臣は、令和4年1月、法制審議会に対し、マネー・ローンダリング罪の法定刑について諮問を行い（諮問第119号）、同審議会において、調査審議が行われ、同年2月、法務大臣に対する答申がなされた。この答申においては、組織的犯罪処罰法に規定されている不法収益等による法人等の事業経営の支配を目的とする行為の罪、犯罪収益等隠匿の罪及び犯罪収益等収受の罪の法定刑をそれぞれ引き上げることが掲げられた。

　また、法務大臣は、令和4年6月、法制審議会に対し、犯罪収益等の没収について諮問を行い（諮問第123号）、同審議会において、調査審議が行われ、同年9月、法務大臣に対する答申がなされた。この答申においては、同法に規定されている没収することができる財産は、不動産若しくは動産又は金銭債権でないときも、これを没収することができるものとすることが掲げられた。

　前記諮問第119号及び前記諮問第123号に対する答申については、令和4年10月、国際的な不正資金等の移動等に対処するための国際連合安全保障理事会決議第1267号等を踏まえ我が国が実施する国際テロリストの財産の凍結等に関する特別措置法等の一部を改正する法律案が国会に提出され、同年12月2日、国際的な不正資金等の移動等に対処するための国際連合安全保障理事会決議第1267号等を踏まえ我が国が実施する国際テロリストの財産の凍結等に関する特別措置法等の一部を改正する法律（令和4年法律第97号。本編第6章第1節4項参照）が成立した。これにより、犯罪収益等隠匿の罪等の法定刑の引上げ及び犯罪収益等として没収することができる財産の拡大を内容とする組織的犯罪処罰法の一部改正並びに薬物犯罪収益等隠匿の罪等の法定刑の引上げを内容とする麻薬特例法の一部改正が行われた（同年12月29日施行）。

（4）公判期日への出頭等の確保及び犯罪被害者等の情報の保護に関する刑事訴訟法等の改正等

　法務大臣は、令和2年2月、法制審議会に対し、保釈中の被告人や刑が確定した者の逃亡を防止し、公判期日への出頭や刑の執行を確保するための刑事法の整備について諮問を行い（諮問第110号）、同審議会において調査審議が行われ、3年10月、法務大臣に対する答申がなされた。この答申においては、保釈等をされた被告人が公判期日に出頭しない場合や制限住居から離脱した場合の罰則の新設及び被告人の国外逃亡を防止するためにGPS端末を被告人の身体に装着することを命じる制度の新設などが掲げられた。

　また、法務大臣は、令和3年5月、法制審議会に対し、刑事手続において犯罪被害者の氏名等の情報を保護するための法整備について諮問を行い（諮問第115号）、同審議会において調査審議が行われ、同年9月、法務大臣に対する答申がなされた。この答申においては、性犯罪の被害者等について、捜査・公判・判決後の各段階における個人特定事項の秘匿措置を整備することなどが掲げられた。

　前記諮問第110号及び前記諮問第115号に対する答申については、令和5年3月、刑事訴訟法等の一部を改正する法律案が国会に提出され、同年5月10日、刑事訴訟法等の一部を改正する法律（令和5年法律第28号）が成立した。これにより、公判期日への出頭及び刑の執行の確保に関しては、①公判期日への不出頭罪等の新設、②逃走罪及び加重逃走罪の主体の拡張等、③保釈等をされた被告人に対する監督者制度の創設、④位置測定端末により保釈された被告人の位置情報を取得する制度の創設等が行われ、犯罪被害者等の情報の保護に関しては、⑤性犯罪の被害者等の個人特定事項の記載がない起訴状抄本等を被告人に送達する措置等により、刑事手続において当該個人特定事項を秘匿するための規定の整備が行われた（10年5月までに段階的に施行）。

（5）強制わいせつ罪、強制性交等罪等の要件の改正等に関する刑法等の改正等

　法務大臣は、令和3年9月、法制審議会に対し、性犯罪に対処するための法整備について諮問を行い（諮問第117号）、同審議会において調査審議が行われ、5年2月、法務大臣に対する答申がなされた。この答申においては、強制わいせつ罪及び準強制わいせつ罪並びに強制性交等罪及び準強制性交等罪の要件の改正、いわゆる性交同意年齢の引上げ、わいせつ目的で16歳未満の者に面会を要求する行為等に係る罪の新設、公訴時効の見直し、被害者等の聴取結果を記録した録音・録画記録媒体に係る証拠能力の特則の新設、性的姿態の撮影行為及びその画像等の提供行為等に係る罪の新設、性的姿態の画像等を没収・消去することができる仕組みの導入等が掲げられた。

　前記諮問第117号に対する答申については、令和5年3月、刑法及び刑事訴訟法の一部を改正する法律案及び性的な姿態を撮影する行為等の処罰及び押収物に記録された性的な姿態の影像に係る電磁的記録の消去等に関する法律案が国会に提出され、同年6月16日、刑法及び刑事訴訟法の一部を改正する法律（令和5年法律第66号）及び性的な姿態を撮影する行為等の処罰及び押収物に記録された性的な姿態の影像に係る電磁的記録の消去等に関する法律（令和5年法律第67号）が成立した。前記令和5年法律第66号により、①強制わいせつ罪及び準強制わいせつ罪並びに強制性交等罪及び準強制性交等罪をそれぞれ統合し、それらの構成要件を改めて不同意わいせつ罪及び不同意性交等罪とするとともに、13歳以上16歳未満の者に対して当該者が生まれた日より5年以上前の日に生まれた者がわいせつな行為又は性交等をした場合に不同意わいせつ罪又は不同意性交等罪により処罰することを可能とするなどの罰則の改正、②16歳未満の者に対する面会要求等の罪の新設、③性犯罪についての公訴時効期間の延長、④被害者等の聴取結果を記録した録音・録画記録媒体に係る証拠能力の特則の新設等の規定の整備が行われ、前記令和5年法律第67号により、⑤性的な姿態を撮影する行為や、これにより生成された記録を提供する行為等を処罰する規定、⑥性的な姿態を撮影する行為により生じた物を複写した物等の没収を可能とする規定、⑦押収物に記録された性的な姿態の影像に係る電磁的記録の消去等の措置に関する規定の整備が行われた（③は同年6月23日施行、①、②、⑤及び⑥は同年7月13日施行、④は同年12月までに、⑦は6年6月までにそれぞれ施行）。

（6）情報通信技術の進展等に対応するための刑事法の整備に関する検討

　法務大臣は、令和4年6月、法制審議会に対し、情報通信技術の進展等に対応するための刑事法の整備について諮問を行い（諮問第122号）、同審議会は、刑事法（情報通信技術関係）部会において、調査審議を行っている。

2 法テラスの活動

　日本司法支援センター（通称「**法テラス**」。以下「法テラス」という。）では、被疑者・被告人に国選弁護人を、少年に国選付添人を選任する必要がある場合に、裁判所等からの求めに応じ、法テラスと契約している弁護士の中から、国選弁護人・国選付添人の候補を指名して裁判所等に通知する業務等を行っている。令和4年度の法テラスにおける国選弁護人候補の指名通知請求等の受理件数は、被疑者に関するものが7万3,775件（前年度比1,467件増）、被告人に関するものが4万4,046件（同2,548件減）であり、国選付添人候補の指名通知請求の受理件数は2,996件（同392件増）であった（法テラスの資料による。）。

第2章 検察

第1節 概説

　警察等が検挙した事件は、**微罪処分**（刑事訴訟法246条ただし書に基づき、検察官があらかじめ指定した犯情の特に軽微な20歳以上の者による事件について、司法警察員が、検察官に送致しない手続を執ることをいう。）の対象となったものや交通反則通告制度に基づく反則金の納付があった道路交通法違反を除き、全て検察官に送致される。なお、令和4年に微罪処分により処理された人員は、4万7,587人（刑法犯では、微罪処分により処理された人員は4万7,578人であり、全検挙人員に占める比率は28.1％）であった（警察庁の統計による。）。

　検察官は、警察官（一般司法警察員）及び海上保安官、麻薬取締官等の特別司法警察員からの送致事件について捜査を行うほか、必要に応じて自ら事件を認知し、又は告訴・告発を受けて捜査を行い、犯罪の成否、処罰の要否等を考慮して、起訴・不起訴を決める。

　平成28年5月に成立した刑事訴訟法等の一部を改正する法律（平成28年法律第54号）により、刑事手続を時代に即したより機能的なものとするため、刑事手続における証拠の収集方法の適正化及び多様化等が図られ、これにより、検察官が行う捜査に関連するものとして、①取調べの録音・録画制度の導入、②証拠収集等への協力及び訴追に関する合意制度の導入、③犯罪捜査のための通信傍受（以下この節において「通信傍受」という。）の対象犯罪の拡大、④通信傍受の手続の合理化・効率化等がなされた（③については、同年12月施行、②については、30年6月施行、①及び④については、令和元年6月それぞれ施行）。

　検察庁における取調べの録音・録画は前記改正法施行以前から実施されており、令和3年度の検察庁における身柄事件（警察等で被疑者が逮捕されて身柄付きで検察官に送致された事件及び検察庁で被疑者が逮捕された事件）の被疑者取調べの録音・録画実施件数（前記改正法により録音・録画義務の対象とされた事件以外の身柄事件において実施したものを含む。）は、9万1,607件であり、平成27年度（5万9,411件）の約1.5倍の水準であった（最高検察庁の資料による。）。

　また、検察庁では、平成27年10月以降、児童が被害者又は参考人である事件において、児童の負担軽減及び児童の供述の信用性確保の観点から、警察又は児童相談所からの情報提供を受け、警察や児童相談所の担当者と検察官とが被聴取者の聴取方法等について協議を行って対応方針を検討し、三機関のうちの代表者が児童から聴取する取組（以下この節において「代表者聴取」という。）を実施している。代表者聴取の実施件数のうち、検察・警察・児童相談所の三者が連携して実施したものの実施件数は、平成28年度は204件であったが、令和3年度は1,529件と平成28年度の約7.5倍の水準に増加した。検察・警察・児童相談所のうち二者が連携して実施したものを加えた実施件数の総数は、令和3年度は2,417件であった（法務省刑事局の資料による。）。

　そのほか、検察庁では、犯罪被害者保護施策のより一層の推進を図るため、平成11年度から被害者支援員制度を実施しており、各検察庁に配置されている被害者支援員は、被害相談専用電話であるホットラインによる電話応対を含む犯罪被害者相談、被害者等通知の補助、来庁した被害者等への応対や法廷等への案内・付添い、被害者等の行う刑事確定訴訟記録の閲覧や証拠品の還付請求等各種手続の支援、他の被害者支援機関・団体等の紹介又は連絡・調整等の職務を行っている。なお、被害者参加制度を始めとする刑事手続における被害者の関与については、第6編第2章第1節参照。

第2節 被疑事件の受理

　令和4年における検察庁新規受理人員の総数は、74万1,103人であり、前年より2万5,346人（3.3%）減少した。刑法犯の検察庁新規受理人員は、平成19年から減少し続けており、令和4年は18万1,798人（前年比3.2%減）であった。過失運転致死傷等は、平成17年から減少し続けており、令和4年は28万3,365人（同1.6%減）であった。特別法犯は、平成12年から減少し続けており、令和4年は27万5,940人（同5.1%減）であったが、そのうち道交違反を除く特別法犯は、8万251人（同5.0%減）であった（CD-ROM資料**2-1**参照）。

　令和4年における検察庁新規受理人員の罪種別構成比は、**2-2-2-1図**のとおりである。

2-2-2-1図　検察庁新規受理人員の罪種別構成比

（令和4年）

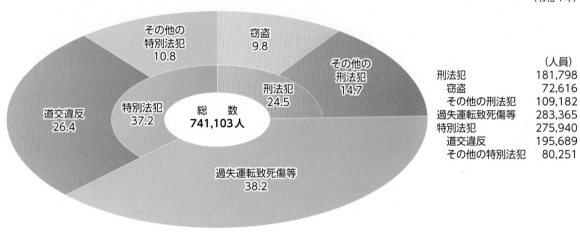

	（人員）
刑法犯	181,798
窃盗	72,616
その他の刑法犯	109,182
過失運転致死傷等	283,365
特別法犯	275,940
道交違反	195,689
その他の特別法犯	80,251

注　検察統計年報による。

　令和4年における検察庁新規受理人員（過失運転致死傷等及び道交違反を除く。）のうち、検察官が自ら認知し、又は告訴・告発を受けたのは、4,576人であった（検察統計年報による。）。

第3節 被疑者の逮捕と勾留

検察庁既済事件（過失運転致死傷等及び道交違反を除く。以下この節において同じ。）について、全被疑者（法人を除く。）に占める身柄事件の被疑者人員の比率（身柄率）、**勾留請求率**（身柄事件の被疑者人員に占める検察官が勾留請求した人員の比率）及び**勾留請求却下率**（検察官が勾留請求した被疑者人員に占める裁判官が勾留請求を却下した人員の比率）の推移（最近20年間）は、**2-2-3-1図**のとおりである。

勾留請求率は、平成15年以降、90％台前半で推移している。勾留請求却下率は、18年以降、毎年上昇していたが、令和2年から低下に転じ、4年は3.8％（前年比0.3pt低下）であった。

2-2-3-1図　検察庁既済事件の身柄率・勾留請求率・勾留請求却下率の推移

（平成15年～令和4年）

① 身柄率

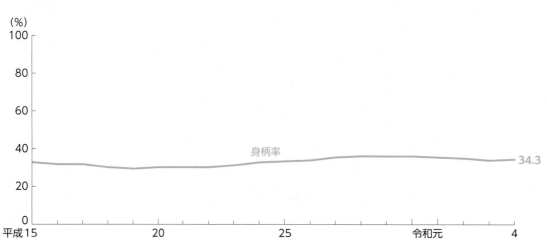

② 勾留請求率・勾留請求却下率

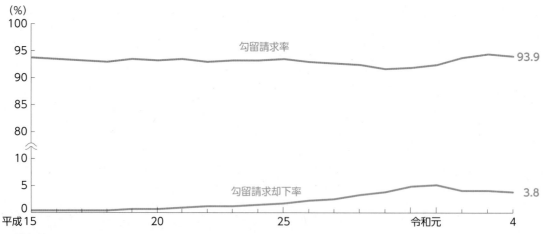

注　1　検察統計年報による。
　　2　「身柄率」は、検察庁既済事件の被疑者人員に占める身柄事件（警察等で被疑者が逮捕されて身柄付きで検察官に送致された事件及び検察庁で被疑者が逮捕された事件）の被疑者人員の比率をいう。
　　3　「勾留請求率」は、身柄事件の被疑者人員に占める検察官が勾留請求した人員の比率であり、「勾留請求却下率」は、検察官が勾留請求した被疑者人員に占める裁判官が勾留請求を却下した人員の比率をいう。
　　4　過失運転致死傷等及び道交違反を除く。
　　5　既済事由が他の検察庁への送致である事件及び被疑者が法人である事件を除く。

令和4年における検察庁既済事件について、被疑者の逮捕・勾留人員を罪名別に見ると、**2-2-3-2表**のとおりである。

2-2-3-2表　検察庁既済事件の身柄状況（罪名別）

(令和4年)

罪　　　名	総　数 (A)	逮捕関係					勾留関係		
		逮捕されない者	警察等で逮捕後釈放	警察等で逮捕・身柄付送致 (B)	検察庁で逮捕 (C)	身柄率 $\frac{B+C}{A}$ (%)	認容 (D)	却下 (E)	勾留請求率 $\frac{D+E}{B+C}$ (%)
総　　　　　　数	261,614	165,655	6,314	89,480	165	34.3	80,996	3,165	93.9
刑　　法　　犯	181,646	110,932	5,332	65,282	100	36.0	58,899	2,317	93.6
放　　　　　火	676	243	9	424	－	62.7	418	2	99.1
強 制 わ い せ つ	4,127	1,851	26	2,248	2	54.5	2,121	82	97.9
強 制 性 交 等	1,596	681	5	909	1	57.0	904	－	99.3
殺　　　　　人	1,015	590	2	423	－	41.7	422	1	100.0
傷　　　　　害	18,648	8,377	919	9,341	11	50.2	8,078	432	91.0
暴　　　　　行	14,900	8,451	1,243	5,203	3	34.9	3,871	425	82.5
窃　　　　　盗	72,385	48,003	1,517	22,845	20	31.6	21,221	576	95.3
強　　　　　盗	1,418	731	2	685	－	48.3	679	6	100.0
詐　　　　　欺	16,846	8,730	86	8,017	13	47.7	7,937	43	99.4
恐　　　　　喝	1,701	450	9	1,240	2	73.0	1,213	6	98.1
そ　　の　　他	48,334	32,825	1,514	13,947	48	29.0	12,035	744	91.3
特　　別　　法　　犯	79,968	54,723	982	24,198	65	30.3	22,097	848	94.6
銃　　刀　　法	5,513	4,410	224	879	－	15.9	722	36	86.2
大 麻 取 締 法	7,753	3,514	47	4,190	2	54.1	4,002	84	97.5
覚 醒 剤 取 締 法	9,704	2,851	23	6,827	3	70.4	6,800	11	99.7
入　　管　　法	4,551	1,270	20	3,259	2	71.7	3,232	6	99.3
地 方 公 共 団 体 条 例	11,489	7,422	435	3,628	4	31.6	2,216	576	76.9
そ　　の　　他	40,958	35,256	233	5,415	54	13.4	5,125	135	96.2

注　1　検察統計年報による。
　　2　過失運転致死傷等及び道交違反を除く。
　　3　既済事由が他の検察庁への送致である事件及び被疑者が法人である事件を除く。
　　4　「逮捕されない者」は、他の被疑事件で逮捕されている者等を含む。
　　5　「地方公共団体条例」は、公安条例及び青少年保護育成条例を含む地方公共団体条例違反である。

第4節　被疑事件の処理

検察官が行う起訴処分には、公判請求と略式命令請求があり、不起訴処分には、①訴訟条件（親告罪の告訴等）を欠くことを理由とするもの、②事件が罪とならないことを理由とするもの（心神喪失を含む。）、③犯罪の嫌疑がないこと（嫌疑なし）又は十分でないこと（嫌疑不十分）を理由とするもののほか、④犯罪の嫌疑が認められる場合でも、犯人の性格、年齢及び境遇、犯罪の軽重及び情状並びに犯罪後の情況により訴追を必要としないこと（起訴猶予）を理由とするものなどがある。

検察庁終局処理人員総数（過失運転致死傷等及び道交違反を含む。以下この節において同じ。）について、処理区分別構成比及び公判請求人員・**公判請求率**の推移（最近20年間）は、**2-2-4-1図**のとおりである。令和4年における検察庁終局処理人員総数は、74万5,066人（前年比2万9,456人（3.8％）減）であり、その内訳は、公判請求6万9,066人、略式命令請求15万8,531人、起訴猶予41万9,846人、その他の不起訴5万9,246人、家庭裁判所送致3万8,377人であった。公判請求人員は、平成17年から減少傾向にあり、令和4年は前年より7,482人（9.8％）減少した。公判請求率は、平成14年から26年までは7％台で推移していたが、同年以降上昇傾向にあったところ、令和4年

は9.8%（前年比0.6pt低下）であった（CD-ROM参照。罪名別の検察庁終局処理人員については、CD-ROM資料**2-2**参照）。

2-2-4-1図 検察庁終局処理人員総数の処理区分別構成比・公判請求人員等の推移

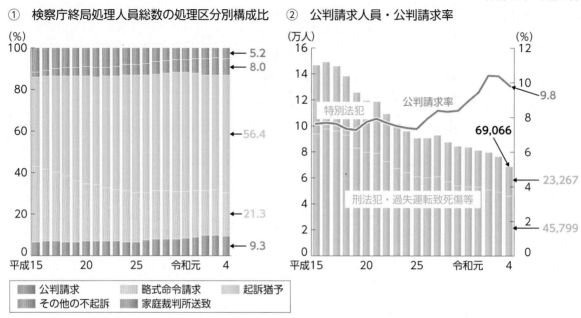

（平成15年～令和4年）

① 検察庁終局処理人員総数の処理区分別構成比　② 公判請求人員・公判請求率

凡例：
■ 公判請求　■ 略式命令請求　■ 起訴猶予
■ その他の不起訴　■ 家庭裁判所送致

注　1　検察統計年報による。
　　2　「公判請求率」は、起訴人員及び不起訴人員の合計に占める公判請求人員の比率をいう。

　起訴、起訴猶予及びその他の不起訴の人員並びに**起訴率**の推移（最近20年間）を、刑法犯、道交違反を除く特別法犯に分けて見ると、**2-2-4-2図**のとおりである。なお、令和4年における検察庁終局処理人員総数の起訴率は、32.2%であった（**2-2-4-1図**CD-ROM参照）。

2-2-4-2図 起訴・不起訴人員等の推移

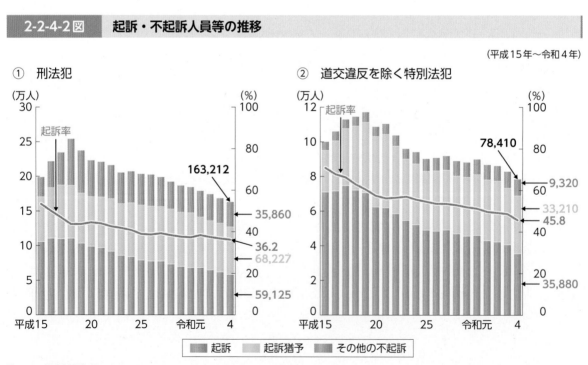

（平成15年～令和4年）

① 刑法犯　② 道交違反を除く特別法犯

凡例：
■ 起訴　■ 起訴猶予　■ その他の不起訴

注　1　検察統計年報による。
　　2　「起訴率」は、起訴人員及び不起訴人員の合計に占める起訴人員の比率をいう。

令和4年における不起訴処分を受けた者（過失運転致死傷等及び道交違反を除く。）の理由別人員は、**2-2-4-3表**のとおりである。起訴猶予により不起訴処分とされた者の比率は、平成15年と比較して3.6pt低下したのに対し、嫌疑不十分（嫌疑なしを含む。）により不起訴処分とされた者の比率は、3.0pt上昇した（CD-ROM参照）。

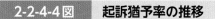

2-2-4-3表　不起訴人員（理由別）

(令和4年)

総　数	起訴猶予	嫌疑不十分	告訴の取消し等	心神喪失	そ　の　他
146,617	101,437	32,017	5,972	370	6,821
(100.0)	(69.2)	(21.8)	(4.1)	(0.3)	(4.7)

注　1　検察統計年報による。
　　2　過失運転致死傷等及び道交違反を除く。
　　3　「嫌疑不十分」は、嫌疑なしを含む。
　　4　「告訴の取消し等」は、親告罪の告訴・告発・請求の欠如・無効・取消しである。
　　5　「その他」は、時効完成、被疑者死亡等である。
　　6　（　）内は、構成比である。

　検察庁終局処理人員総数、刑法犯及び道交違反を除く特別法犯の**起訴猶予率**の推移（最近20年間）を見ると、**2-2-4-4図**のとおりである（過失運転致死傷等及び道交違反の起訴猶予率の推移については**4-1-3-2図**CD-ROM、罪名別・年齢層別の起訴猶予率については**4-8-2-1図**をそれぞれ参照）。

　なお、検察庁と保護観察所等が連携して行う「起訴猶予者等に係る更生緊急保護の重点実施等」については、本編第5章第4節参照。

2-2-4-4図　起訴猶予率の推移

(平成15年～令和4年)

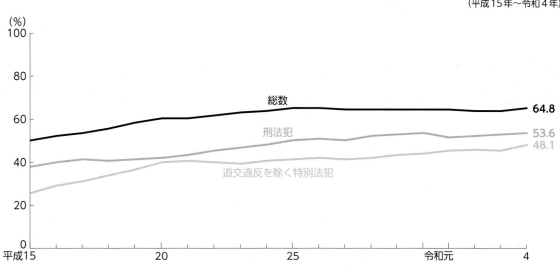

注　1　検察統計年報による。
　　2　「総数」は、刑法犯、過失運転致死傷等及び特別法犯の総数をいう。
　　3　「起訴猶予率」は、起訴人員及び起訴猶予人員の合計に占める起訴猶予人員の比率をいう。

第3章 裁判

第1節 概説

　刑事事件の第一審は、原則として、地方裁判所（罰金以下の刑に当たる罪及び内乱に関する罪を除き、第一審の裁判権を有する。）又は簡易裁判所（罰金以下の刑に当たる罪、選択刑として罰金が定められている罪及び常習賭博罪等の一定の罪について、第一審の裁判権を有する。）で行われる。

　通常第一審の裁判は、公判廷で審理を行う公判手続により行われ、有罪と認定されたときは、刑の免除がされる場合を除き、死刑、懲役、禁錮、罰金、拘留又は科料の刑が言い渡される。なお、簡易裁判所は、原則として禁錮以上の刑を科することはできないが、窃盗等の一定の罪については、3年以下の懲役を科することができる。3年以下の懲役若しくは禁錮又は50万円以下の罰金を言い渡された者については、情状により、一定期間、刑の全部又は一部の執行が猶予されることがあり（罰金刑については全部執行猶予のみ）、事案によっては、その期間中、保護観察に付されることがある。また、死刑又は無期若しくは短期1年以上の懲役・禁錮に当たる事件を除き、明白軽微な事件については、**即決裁判手続**によることができ、この手続では、懲役又は禁錮の言渡しをする場合は、刑の全部の執行猶予の言渡しをしなければならない。簡易裁判所においては、**略式手続**による裁判を行うこともでき、その場合、書面審理に基づいて100万円以下の罰金又は科料の裁判を行う。略式命令を受けた者は正式裁判を請求することができ、その場合、公判手続による裁判に移行する。

　地方裁判所又は簡易裁判所がした第一審判決に対しては、高等裁判所に控訴をすることができ、控訴審判決に対しては、最高裁判所に上告をすることができる。

第2節 確定裁判

裁判確定人員の推移（最近10年間）を裁判内容別に見ると、**2-3-2-1表**のとおりである。裁判確定人員総数は、平成12年（98万6,914人）から毎年減少し、令和4年は、20万572人（前年比6.0%減）となっており、最近10年間でおおむね半減している（CD-ROM参照）。その減少は、道交違反の略式手続に係る罰金確定者の減少によるところが大きい（**4-1-3-2図**CD-ROM参照）。同年の無罪確定者は、60人であり、裁判確定人員総数の0.03%であった。

また、令和4年に一部執行猶予付判決が確定した人員は723人（前年比28.8%減）であり、その全員が有期の懲役刑を言い渡された者であった（CD-ROM参照）。

2-3-2-1表 裁判確定人員の推移（裁判内容別）

（平成25年～令和4年）

年次	総数	死刑	無期懲役	有罪								罰金	拘留	科料	無罪
				有期懲役				有期禁錮							
				一部執行猶予	全部執行猶予	全部執行猶予率			全部執行猶予	全部執行猶予率					
25年	365,291	8	38	52,725	…	29,463	55.9	3,174	3,058	96.3		306,316	4	2,559	122
26	337,794	7	28	52,557	…	30,155	57.4	3,124	3,051	97.7		279,221	4	2,417	116
27	333,755	2	27	53,710	…	31,620	58.9	3,141	3,068	97.7		274,199	5	2,247	88
28	320,488	7	15	51,824	855	30,837	59.5	3,193	3,137	98.2		263,099	6	1,962	104
29	299,320	2	18	49,168	1,525	29,266	59.5	3,065	2,997	97.8		244,701	5	1,919	130
30	275,901	2	25	47,607	1,567	28,831	60.6	3,159	3,099	98.1		222,841	1	1,834	123
元	245,537	5	16	46,086	1,452	28,044	60.9	3,076	3,021	98.2		194,404	3	1,556	96
2	221,057	2	19	44,232	1,298	27,163	61.4	2,738	2,691	98.3		172,326	5	1,366	76
3	213,315	4	18	43,556	1,015	26,905	61.8	2,670	2,624	98.3		165,276	5	1,390	94
4	200,572	－	10	38,910	723	24,069	61.9	2,630	2,580	98.1		157,394	6	1,231	60

注 1 検察統計年報による。
  2 「総数」は、免訴、公訴棄却、管轄違い及び刑の免除を含む。
  3 平成28年の「一部執行猶予」は、同年6月から12月までに一部執行猶予付判決が確定した人員である。

第3節 第一審

1 終局裁判

2-3-3-1表は、令和4年の通常第一審における終局処理人員を罪名別に見るとともに、これを裁判内容別に見たものである。通常第一審における終局処理人員は、最近10年間では減少傾向にあり、4年は4万3,517人（前年比10.3%減）であった（司法統計年報による。）。

2-3-3-1表　通常第一審における終局処理人員（罪名別、裁判内容別）

(令和4年)

罪　名	総　数	死　刑	有期 無期	有　期	一部執行猶予	保護観察付	全部執行猶予	保護観察付	罰金等
総　　　　　数	43,517 (69)	－	19	41,098	668	656	26,396	1,644	2,094
地　方　裁　判　所	41,028 (66)	－	19	39,164	667	655	24,999	1,523	1,611
刑　　法　　犯	20,874	－	19	19,774	25	23	10,679	1,063	940
公　務　執　行　妨　害	249	－	－	204	－	－	135	9	42
放　　　　　火	174	－	－	173	－	－	97	42	－
偽　　　　　造	394	－	－	391	－	－	313	4	1
わ　い　せ　つ　等	1,329	－	－	1,308	3	3	716	134	13
殺　　　　　人	213	－	9	197	－	－	54	21	－
傷　　　　　害	2,157	－	－	1,796	4	4	1,111	148	341
過　　失　　傷　　害	50	－	－	41	－	－	39	－	4
窃　　　　　盗	10,133	－	－	9,749	14	12	4,666	467	330
強　　　　　盗	345	－	10	334	－	－	86	34	－
詐　　　　　欺	3,259	－	－	3,239	1	1	1,927	74	－
恐　　　　　喝	197	－	－	195	－	－	134	10	－
横　　　　　領	423	－	－	396	－	－	235	14	24
毀　棄　・　隠　匿	408	－	－	348	－	－	222	21	60
暴　力　行　為　等　処　罰　法	260	－	－	216	－	－	106	17	41
そ　　　の　　　他	1,283	－	－	1,187	3	3	838	68	84
特　　別　　法　　犯	20,154	－	－	19,390	642	632	14,320	460	671
公　職　選　挙　法	3	－	－	－	－	－	－	－	3
銃　　刀　　法	78	－	－	51	－	－	20	－	22
児　童　福　祉　法	37	－	－	36	－	－	20	3	1
大　麻　取　締　法	2,166	－	－	2,162	30	30	1,867	58	－
覚　醒　剤　取　締　法	4,926	－	－	4,912	586	576	1,835	185	－
麻　薬　取　締　法	459	－	－	459	18	18	350	16	－
麻　薬　特　例　法	93	－	－	93	－	－	49	－	－
税　　法　　等	188	－	－	121	－	－	116	－	66
出　　資　　法	41	－	－	38	－	－	35	－	3
道　路　交　通　法	5,066	－	－	4,826	4	4	4,007	80	215
自動車運転死傷処罰法	4,038	－	－	3,949	1	1	3,720	37	61
入　　管　　法	1,454	－	－	1,388	－	－	1,354	1	64
廃　棄　物　処　理　法	147	－	－	108	－	－	88	1	39
組　織　的　犯　罪　処　罰　法	39	－	－	38	－	－	26	－	1
そ　　　の　　　他	1,419	－	－	1,209	3	3	833	79	196
簡　易　裁　判　所	2,489 (3)	…	…	1,934	1	1	1,397	121	483
刑　　法　　犯	2,268	…	…	1,934	1	1	1,397	121	302
住　　居　　侵　　入	44	…	…	34	－	－	24	1	10
傷　　　　　害	78	…	…	－	－	－	－	－	68
過　　失　　傷　　害	12	…	…	－	－	－	－	－	12
窃　　　　　盗	2,054	…	…	1,877	1	1	1,361	118	161
横　　　　　領	33	…	…	23	－	－	12	2	10
盗　品　譲　受　け　等	－	…	…	－	－	－	－	－	－
そ　　　の　　　他	47	…	…	－	－	－	－	－	41
特　　別　　法　　犯	221	…	…	－	－	－	－	－	181
公　職　選　挙　法	－	…	…	－	－	－	－	－	－
銃　　刀　　法	12	…	…	－	－	－	－	－	12
道　路　交　通　法	45	…	…	－	－	－	－	－	38
自動車運転死傷処罰法	54	…	…	－	－	－	－	－	43
そ　　　の　　　他	110	…	…	－	－	－	－	－	88

注　1　司法統計年報及び最高裁判所事務総局の資料による。
　　2　「総数」は、免訴、公訴棄却、管轄違い及び正式裁判請求の取下げを含む。
　　3　「罰金等」は、拘留、科料及び刑の免除を含む。
　　4　「わいせつ等」は、刑法第2編第22章の罪をいう。
　　5　「傷害」は、刑法第2編第27章の罪をいい、平成25年法律第86号による改正前の刑法208条の2に規定する罪を含む。
　　6　「過失傷害」は、刑法第2編第28章の罪をいい、平成25年法律第86号による改正前の刑法211条2項に規定する罪を含む。
　　7　「横領」は、遺失物等横領を含む。
　　8　「毀棄・隠匿」は、刑法第2編第40章の罪をいう。
　　9　「税法等」は、所得税法、法人税法、相続税法、地方税法、消費税法及び関税法の各違反をいう。
　　10　（　）内は、無罪人員で、内数である。

　令和4年における有期の懲役刑又は禁錮刑を言い渡された総数に占める全部執行猶予率は64.2%であった。同年に一部執行猶予付判決の言渡しを受けた人員は668人であり、罪名別では、覚醒剤取締法違反が586人（87.7%）と最も多く、次いで、大麻取締法違反30人（4.5%）、麻薬取締法違反18人（2.7%）の順であった。

　なお、通常第一審における少年に対する科刑状況（罪名別、裁判内容別）については、**3-3-2-2表**参照。

2　科刑状況

（1）死刑・無期懲役

　通常第一審における死刑及び無期懲役の言渡人員の推移（最近10年間）を罪名別に見ると、**2-3-3-2表**のとおりである。

　最近10年間における死刑の言渡しは、殺人（自殺関与、同意殺人及び予備を含まない。）、強盗致死（強盗殺人を含む。以下この章において同じ。）又は強盗・強制性交等致死に限られている。

2-3-3-2表　通常第一審における死刑・無期懲役言渡人員の推移（罪名別）

（平成25年〜令和4年）

① 死刑

年　　次	総　　数	殺　人	強盗致死及び強盗・強制性交等致死
25年	5	2	3
26	2	−	2
27	4	2	2
28	3	1	2
29	3	3	−
30	4	2	2
元	2	2	−
2	3	2	1
3	3	3	−
4	−	−	−

② 無期懲役

年　　次	総　　数	殺　人	強盗致死傷及び強盗・強制性交等	そ　の　他
25年	24	6	17	1
26	23	2	19	2
27	18	7	10	1
28	25	9	16	−
29	21	7	13	1
30	15	8	6	1
元	18	5	13	−
2	12	3	8	1
3	18	8	9	1
4	19	9	10	−

注　1　司法統計年報及び最高裁判所事務総局の資料による。
　　2　「殺人」は、自殺関与、同意殺人及び予備を含まない。
　　3　「強盗致死（傷）」は、強盗殺人を含む。

（2）有期懲役・禁錮

令和4年における通常第一審での有期の懲役・禁錮の科刑状況は、**2-3-3-3表**のとおりである（地方裁判所における罪名別の科刑状況については、CD-ROM資料**2-3**参照）。

なお、通常第一審における科刑状況に関し、危険運転致死傷、過失運転致死傷等及び道路交通法違反については**4-1-3-4表**、覚醒剤取締法違反についてはCD-ROM資料**4-3**、財政経済犯罪についてはCD-ROM資料**4-5**をそれぞれ参照。

2-3-3-3表　**通常第一審における有期刑（懲役・禁錮）科刑状況**

（令和4年）

① 3年を超える科刑状況

罪　名	総　数	25年を超え30年以下	20年を超え25年以下	15年を超え20年以下	10年を超え15年以下	7年を超え10年以下	5年を超え7年以下	3年を超え5年以下
地 方 裁 判 所	2,528	11	5	44	114	209	387	1,758
殺　人	139	4	3	26	34	31	20	21
傷　害	128	－	－	－	10	18	33	67
窃　盗	635	－	－	－	2	5	34	594
強　盗	207	6	2	3	23	41	58	74
詐　欺	398	－	－	－	－	6	52	340
恐　喝	12	－	－	－	－	1	－	11
強制性交等・強制わいせつ	332	－	－	7	21	57	111	136
銃 刀 法	15	－	－	－	－	3	8	4
薬 物 犯 罪	476	1	－	7	15	27	42	384
自動車運転死傷処罰法	47	－	－	1	3	10	7	26

② 3年以下の科刑状況

罪　名	総　数	2年以上3年以下			1年以上2年未満			6月以上1年未満			6月未満		
		実刑	一部執行猶予	全部執行猶予	実刑	一部執行猶予	全部執行猶予	実刑	一部執行猶予	全部執行猶予	実刑	一部執行猶予	全部執行猶予
地 方 裁 判 所	36,636	4,565	271	6,639	4,395	365	11,669	2,258	30	5,926	419	1	765
殺　人	58	4	－	53	－	－	1	－	－	－	－	－	－
傷　害	1,668	135	1	359	216	2	588	181	1	161	25	－	3
窃　盗	9,114	1,721	5	1,490	1,863	8	2,701	853	1	475	11	－	－
強　盗	127	39	－	86	2	－	－	－	－	－	－	－	－
詐　欺	2,841	597	1	1,108	257	－	806	58	－	13	2	－	－
恐　喝	183	18	－	82	28	－	51	3	－	1	－	－	－
強制性交等・強制わいせつ	865	145	－	416	74	2	227	1	－	2	－	－	－
銃 刀 法	36	2	－	6	3	－	1	8	－	9	3	－	4
薬 物 犯 罪	7,150	1,571	263	914	1,298	350	1,890	159	21	1,285	21	－	12
自動車運転死傷処罰法	3,902	62	1	569	74	－	2,337	43	－	804	3	－	10
簡 易 裁 判 所	1,934	33	－	119	341	－	999	160	1	278	3	－	1
窃　盗	1,877	33	－	118	338	－	987	145	1	255	－	－	1

注 1　司法統計年報及び最高裁判所事務総局の資料による。
　　2　「一部執行猶予」は、実刑部分と猶予部分を合わせた刑期による。
　　3　「傷害」は、刑法第2編第27章の罪をいい、平成25年法律第86号による改正前の刑法208条の2に規定する罪を含む。
　　4　「薬物犯罪」は、覚醒剤取締法、大麻取締法、麻薬取締法、あへん法及び麻薬特例法の各違反をいう。

（3）罰金・科料

令和4年における第一審での罰金・科料の科刑状況は、**2-3-3-4表**のとおりである。

| 2-3-3-4表 | 第一審における罰金・科料科刑状況（罪名別） |

（令和4年）

① 通常第一審

罪　名	総　数	罰　金							科　料
		100万円以　上	100万円未　満	50万円未　満	30万円未　満	20万円未　満	10万円未　満	5万円未　満	
総　　　数	2,090	133	182	753	580	354	64	20	4
公務執行妨害	50	–	1	34	11	3	–	1	…
傷　　　害	409	1	20	126	122	125	14	1	–
過 失 傷 害	16	–	4	3	4	3	2	–	–
窃　　　盗	491	–	20	196	255	20	–	–	…
公 職 選 挙 法	3	–	–	2	–	1	–	–	…
風 営 適 正 化 法	16	7	3	2	2	2	–	–	…
銃　刀　法	34	–	1	2	12	18	1	–	…
道 路 交 通 法	253	–	25	150	10	15	38	15	–
自動車運転死傷処罰法	104	1	42	30	13	16	2	–	…
そ　の　他	714	124	66	208	151	151	7	3	4

② 略式手続

罪　名	総　数	罰　金							科　料
		100万円	100万円未　満	50万円未　満	30万円未　満	20万円未　満	10万円未　満	5万円未　満	
総　　　数	156,257	271	13,821	40,265	17,011	19,353	51,323	13,067	1,146
過失運転致死傷等	33,336	66	6,275	12,509	6,529	7,938	13	6	…
道 交 違 反	88,436	12	4,082	16,048	1,861	2,481	50,843	12,997	112
公 務 執 行 妨 害	437	–	29	299	97	11	1	–	…
窃　　　盗	4,672	–	430	1,808	2,219	212	2	1	…
そ　の　他	29,376	193	3,005	9,601	6,305	8,711	464	63	1,034

注　1　司法統計年報による。
　　2　①は、懲役・禁錮と併科されたものを除く。
　　3　①は、略式手続から移行したものを含む。
　　4　①において、「傷害」は、刑法第2編第27章の罪をいい、傷害致死及び平成25年法律第86号による改正前の刑法208条の2に規定する罪を含まない。
　　5　①において、「過失傷害」は、刑法第2編第28章の罪をいい、平成25年法律第86号による改正前の刑法211条2項に規定する罪を含む。
　　6　②において、「過失運転致死傷等」は、自動車運転死傷処罰法4条並びに6条3項及び4項に規定する罪を除く。

3　裁判員裁判

　裁判員裁判（裁判員の参加する刑事裁判）の対象事件は、死刑又は無期の懲役・禁錮に当たる罪に係る事件及び法定合議事件（死刑又は無期若しくは短期1年以上の懲役・禁錮に当たる罪（強盗等を除く。））であって故意の犯罪行為により被害者を死亡させた罪に係る事件である。ただし、被告人の言動等により、裁判員やその親族等に危害が加えられるなどのおそれがあって、そのために裁判員等が畏怖し裁判員の職務の遂行ができないなどと認められる場合には、裁判所の決定によって対象事件から除外される（令和4年において、同決定がなされた終局人員は5人であった（最高裁判所事務総局の資料による。）。）。また、審判に著しい長期間を要する事件等は裁判所の決定によって対象事件から除外される（同年にはそのような決定はなかった（最高裁判所事務総局の資料による。）。）。なお、対象事件に該当しない事件であっても、対象事件と併合された事件は、裁判員裁判により審理される。

　裁判員裁判対象事件の第一審における新規受理・終局処理（移送等を含む。以下この節において同じ。）人員の推移（最近5年間）を罪名別に見ると、2-3-3-5表のとおりである。令和4年の新規受理人員の総数は、前年から5.8％増加して839人であったところ、覚醒剤取締法違反の新規受理人員が前年から114.3％増加して60人となったほか、通貨偽造の新規受理人員も前年から113.3％増加して32人となり、特に前年からの増加幅が大きかった。罪名別で新規受理人員が最も多かったのは、前年と同様に殺人であり、前年から3.6％増加して228人であった。

2-3-3-5表　裁判員裁判対象事件 第一審における新規受理・終局処理人員の推移（罪名別）

（平成30年～令和4年）

区分	総数	殺人	強盗致死	強盗致傷	強盗・強制性交等	傷害致死	強制性交等致死傷	強制わいせつ致死傷	危険運転致死	現住建造物等放火	通貨偽造	銃刀法	覚醒剤取締法	麻薬特例法	その他
新規受理人員															
30年	1,090	250	23	281	24	82	49	104	7	115	23	16	96	1	19
元	1,133	255	21	222	18	71	55	77	16	100	25	7	252	1	13
2	1,004	217	33	304	28	57	47	90	22	97	6	9	77	－	17
3	793	220	12	136	25	82	47	69	25	87	15	5	28	－	42
4	839	228	18	133	15	85	50	74	23	80	32	9	60	1	31
終局処理人員															
30年	1,038	247	17	203	19	109	63	85	13	100	9	10	98	30	35
元	1,021	242	25	209	23	80	46	71	8	101	18	14	116	32	36
2	933	197	11	202	13	44	44	68	14	84	8	2	190	22	34
3	928	237	27	226	21	69	42	64	25	77	4	5	80	27	24
4	753	189	21	122	17	86	46	66	17	70	7	11	31	31	39

注　1　最高裁判所事務総局の資料による。
　　2　上訴審における破棄差戻しの判決により係属したものを含む。
　　3　新規受理人員は、受理時において裁判員裁判の対象事件であったものの人員をいい、1通の起訴状で複数の異なる罪名の裁判員裁判対象事件が起訴された場合は、法定刑が最も重い罪名に計上している。
　　4　終局処理人員は、裁判員裁判により審理された事件の終局処理人員（移送等を含み、裁判員法3条1項の除外決定があった人員を除く。）であり、有罪（一部無罪を含む。）の場合は処断罪名に、無罪、移送等の場合は、当該事件に掲げられている訴因の罪名のうち、裁判員裁判の対象事件の罪名（複数あるときは、法定刑が最も重いもの）にそれぞれ計上している。
　　5　「殺人」は、自殺関与及び同意殺人を除く。
　　6　「危険運転致死」の新規受理人員は、自動車運転死傷処罰法2条に規定する罪及び平成25年法律第86号による改正前の刑法208条の2に規定する罪である。
　　7　「通貨偽造」は、偽造通貨行使を含む。
　　8　「その他」は、保護責任者遺棄致死、拐取者身の代金取得等、身の代金拐取、逮捕監禁致死傷等である。ただし、終局処理人員の「その他」は、裁判員裁判の対象事件ではない罪名を含む。

　令和4年に第一審で判決等に至った裁判員裁判対象事件（裁判員裁判の対象事件及びこれと併合され、裁判員裁判により審理された事件。少年法55条による家裁移送決定があったものを含み、裁判員が参加する合議体で審理が行われずに公訴棄却判決があったもの及び裁判員法3条1項の除外決定があったものは含まない。以下この節において同じ。）における審理期間（新規受理から終局処理までの期間をいう。以下この節において同じ。）の平均は13.8月（前年比1.2月増）であり、6月以内のものが10.7％（同1.9pt低下）を占め、そのうち3月以内のものはなかったのに対し、1年を超えるものが43.5％（同4.0pt上昇）を占めた。また、開廷回数の平均は5.4回であり、3回以下が13.7％、5回以下が68.8％を占めた（最高裁判所事務総局の資料による。）。

　2-3-3-6表は、令和4年に第一審で判決に至った裁判員裁判対象事件について、無罪の人員及び有罪人員の科刑状況等を罪名別に見たものである。同年の裁判員裁判対象事件についての第一審における判決人員の総数は、738人（前年比166人減）であった。

2-3-3-6表　裁判員裁判対象事件 第一審における判決人員（罪名別、裁判内容別）

（令和4年）

罪　名	総数	無罪	死刑	無期	20年を超える	20年以下	15年以下	10年以下	7年以下	5年以下	実刑	一部執行猶予	全部執行猶予	保護観察付	禁錮	罰金	免訴	家裁へ移送
総　　数	738	12	−	18	16	36	96	139	140	108	33	−	138	79	−	−	−	2
殺　　人	184	2	−	8	7	23	34	31	20	21	3	−	35	19	−	−	−	−
強盗致傷	121	1	−	−	−	−	13	23	42	23	4	−	15	10	−	−	−	−
傷害致死	83	3	−	−	−	−	10	16	27	17	3	−	5	1	−	−	−	2
現住建造物等放火	69	−	−	−	−	−	5	4	8	16	6	−	30	22	−	−	−	−
強制わいせつ致死傷	65	−	−	−	−	−	−	2	6	18	10	−	29	22	−	−	−	−
強制性交等致死傷	46	1	−	−	−	3	8	21	12	1	−	−	−	−	−	−	−	−
覚醒剤取締法	30	−	−	−	1	7	10	9	1	−	1	−	1	−	−	−	−	−
麻薬特例法	31	−	−	−	−	−	2	9	11	8	−	−	−	−	−	−	−	−
強盗致死	21	−	−	10	7	2	2	−	−	−	−	−	−	−	−	−	−	−
危険運転致死	17	−	−	−	−	1	2	10	4	−	−	−	−	−	−	−	−	−
強盗・強制性交等	17	−	−	−	1	−	8	7	−	1	−	−	−	−	−	−	−	−
保護責任者遺棄致死	12	−	−	−	−	−	1	3	2	1	1	−	4	2	−	−	−	−
銃刀法	11	5	−	−	−	−	−	1	5	−	−	−	−	−	−	−	−	−
拐取者身の代金取得等	8	−	−	−	−	−	−	−	−	−	−	−	8	−	−	−	−	−
通貨偽造	7	−	−	−	−	−	−	−	−	1	−	−	6	1	−	−	−	−
その他	16	−	−	−	−	−	1	3	2	1	4	−	5	2	−	−	−	2

注　1　最高裁判所事務総局の資料による。
　　2　裁判員法3条1項の除外決定があった人員を除く。
　　3　上訴審における破棄差戻しの判決により係属したものを含む。
　　4　有罪（一部無罪を含む。）の場合は処断罪名に、無罪の場合は裁判終局時において当該事件に掲げられている訴因の罪名のうち、裁判員裁判の対象事件の罪名（複数あるときは、法定刑が最も重いもの）に、それぞれ計上している。
　　5　懲役・禁錮には、罰金が併科されたものを含む。
　　6　「殺人」は、自殺関与及び同意殺人を除く。
　　7　「通貨偽造」は、偽造通貨行使を含む。
　　8　「その他」は、傷害等の裁判員裁判対象事件ではない罪名を含む。

4 即決裁判手続

令和4年に即決裁判手続に付された事件の人員を罪名別に見ると、**2-3-3-7表**のとおりである。同年に地方裁判所において即決裁判手続に付された人員は45人（前年比92人減）、簡易裁判所においては1人（同7人減）であった。

2-3-3-7表　即決裁判手続に付された事件の人員（罪名別）

（令和4年）

区　分	総　数	公務執行妨　害	住　居侵　入	窃　盗	大　麻取締法	覚醒剤取締法	麻　薬取締法	道　路交通法	入管法	その他
地方裁判所	45	－	－	1	7	12	1	3	21	－
	(42,278)	(254)	(447)	(10,622)	(2,197)	(5,005)	(468)	(5,125)	(1,463)	(16,697)
簡易裁判所	1	－	－	1	－	－	－	－	－	－
	(2,629)	(10)	(50)	(2,103)	(－)	(－)	(－)	(53)	(1)	(412)

注　1　司法統計年報による。
　　2　即決裁判手続により審判する旨の決定があった後に有罪陳述・即決裁判手続によることへの同意を撤回したことなどにより同決定が取り消された者を含まない。
　　3　（　）内は、通常第一審の終局処理総人員（移送等を含む。）である。

5 公判前整理手続

充実した公判の審理を継続的、計画的かつ迅速に行うため必要があるときは、第一回公判期日前に、事件の争点及び証拠を整理する**公判前整理手続**が行われることがある。裁判員法により、裁判員裁判の対象事件については、必ず公判前整理手続に付さなければならない。また、裁判所において、審理状況等を考慮して必要と認めるときは、第一回公判期日後に、公判前整理手続と同様の手続により事件の争点及び証拠を整理する**期日間整理手続**が行われることがある。

令和4年に地方裁判所で終局処理がされた通常第一審事件のうち、公判前整理手続に付された事件の人員は929人であり、期日間整理手続に付された事件の人員は162人であった（司法統計年報による。）。

令和4年に公判前整理手続に付された事件の地方裁判所における審理期間の平均は15.0月（前年比1.5月増）であり、平均開廷回数は6.2回（同0.5回増）であった（司法統計年報による。）。

また、公判前整理手続に付されずに公判を開いた後、罰条の変更等により裁判員裁判対象事件となったものを除き、令和4年に第一審で判決に至った裁判員裁判対象事件における公判前整理手続の期間（公判前整理手続に付された日から同手続終了日まで）の平均は11.5月（前年比1.0月増）であり、公判前整理手続期日の回数については、平均は4.7回で、6回以上の割合は26.1％（同2.9pt低下）であった（最高裁判所事務総局の資料による。）。

6 勾留と保釈

2-3-3-8図は、通常第一審における被告人の勾留率（終局処理総人員に占める勾留総人員の比率）・保釈率（勾留総人員に占める保釈人員の比率）の推移（最近20年間）を地方裁判所・簡易裁判所別に見たものである。勾留率については、地方裁判所では、平成15年から26年までは、17年（82.3%）をピークに80%前後で推移した後、26年以降低下傾向にあり、令和4年は72.6%（前年比0.8pt低下）であった。簡易裁判所では、平成21年までは83〜87%台で推移していたが、同年以降は低下傾向を示し、24年以降は一貫して地方裁判所の勾留率を下回っており、令和4年は60.7%（同2.8pt低下）であった。

保釈率については、地方裁判所の方が簡易裁判所よりも約7〜15pt高い水準で推移している。地方裁判所では、平成15年（12.7%）を境に16年から上昇傾向にあり、令和4年は32.2%（前年比0.8pt上昇）であった。簡易裁判所でも、平成16年（5.3%）を境に上昇傾向にあり、令和4年は17.9%（同0.3pt上昇）であった。

2-3-3-8図 通常第一審における被告人の勾留率・保釈率の推移（裁判所別）

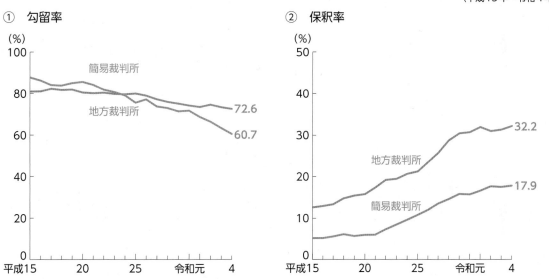

（平成15年〜令和4年）

注 1 司法統計年報による。
　 2 「勾留率」は、終局処理総人員（移送等を含む。）に占める勾留総人員の比率をいう。
　 3 「保釈率」は、勾留総人員に占める保釈人員の比率をいう。

令和4年の通常第一審における終局処理人員について、被告人の勾留状況を見ると、2-3-3-9表のとおりである。

2-3-3-9表 通常第一審における被告人の勾留状況

（令和4年）

区　分	終局処理総人員(A)	勾留総人員(B)	勾留期間			保釈人員(C)	勾留率 B/A(%)	保釈率 C/B(%)
			1月以内	3月以内	3月を超える			
地方裁判所	42,278	30,713 (100.0)	7,324 (23.8)	15,031 (48.9)	8,358 (27.2)	9,891	72.6	32.2
簡易裁判所	2,629	1,595 (100.0)	267 (16.7)	1,214 (76.1)	114 (7.1)	285	60.7	17.9

注 1 司法統計年報による。
　 2 「終局処理総人員」は、移送等を含む。
　 3 （　）内は、構成比である。

第4節 上訴審

　令和4年における通常第一審の終局裁判に対する上訴率（公訴棄却の決定、正式裁判請求の取下げ及び移送等による終局を除く終局処理人員に対する上訴（控訴及び跳躍上告）人員の比率）は、地方裁判所の裁判については11.5%、簡易裁判所の裁判については8.7%であった。同年の高等裁判所における控訴事件の終局処理人員を受理区分別に見ると、被告人側のみの控訴申立てによるものが4,756人（98.7%）、検察官のみの控訴申立てによるものが48人（1.0%）、双方からの控訴申立てによるものが14人（0.3%）、破棄差戻し・移送等によるものが2人（0.0%）であった（司法統計年報による。）。

　令和4年における高等裁判所の控訴審としての終局処理人員を罪名別に見るとともに、これを裁判内容別に見ると、**2-3-4-1表**のとおりである。高等裁判所の控訴審としての終局処理人員は、平成25年以降、5,700人台から6,100人台で推移していたが、令和2年及び3年に5,300人台に減少し、4年は4,820人（前年比511人減）であった（司法統計年報による。）。

　破棄人員411人について破棄理由を見ると、判決後の情状によるものが282人と最も多く、次いで、事実誤認（50人）、量刑不当（36人）の順であった（二つ以上の破棄理由がある場合は、それぞれに計上している。司法統計年報による。）。また、第一審の有罪判決が覆されて無罪となった者は6人であり（司法統計年報による。）、第一審の無罪判決が覆されて有罪となった者は、検察官が無罪判決を不服として控訴した19人のうち9人であった（検察統計年報による。）。

　第一審が裁判員裁判の控訴事件について見ると、令和4年の終局処理人員は297人（前年比21.2%減）であり、そのうち控訴棄却が252人と最も多く、控訴取下げが23人、公訴棄却が2人であった。破棄人員は20人であり、破棄のうち自判が17人（自判内容は、有罪が16人、無罪が1人）、差戻し・移送が3人であった（司法統計年報による。）。

2-3-4-1表　控訴審における終局処理人員（罪名別、裁判内容別）

（令和4年）

罪　　　名	総数	破棄						控訴棄却	取下げ	公訴棄却
		自　　判					差戻し・移送			
		計	有罪	一部有罪	無罪	免訴				
総　　　　数	4,820	386	374	6	6	－	25	3,578	806	25
刑　法　犯	2,975	312	304	4	4	－	15	2,188	443	17
公務執行妨害	32	－	－	－	－	－	－	27	5	－
放　　　火	28	4	4	－	－	－	－	18	4	2
偽　　　造	32	3	3	－	－	－	－	26	3	－
わいせつ等	249	39	39	－	－	－	3	188	18	1
殺　　　人	71	3	3	－	－	－	1	62	5	－
傷　　　害	306	20	19	－	1	－	5	238	43	－
過　失　傷　害	18	1	－	－	1	－	3	12	2	－
窃　　　盗	1,295	89	88	－	1	－	－	957	240	9
強　　　盗	118	12	12	－	－	－	－	92	14	－
詐　　　欺	535	105	103	2	－	－	2	342	82	4
恐　　　喝	32	5	4	1	－	－	－	23	4	－
横　　　領	44	10	10	－	－	－	1	31	2	－
毀棄・隠匿	46	5	4	1	－	－	－	34	7	－
暴力行為等処罰法	34	3	3	－	－	－	－	25	6	－
そ　の　他	135	13	12	－	1	－	－	113	8	1
特　別　法　犯	1,845	74	70	2	2	－	10	1,390	363	8
公職選挙法	2	－	－	－	－	－	－	2	－	－
銃　刀　法	11	－	－	－	－	－	－	9	2	－
大麻取締法	76	5	5	－	－	－	－	60	11	－
覚醒剤取締法	945	32	29	2	1	－	3	638	270	2
麻薬取締法	31	2	2	－	－	－	－	23	6	－
麻薬特例法	15	－	－	－	－	－	－	10	5	－
出　資　法	10	－	－	－	－	－	－	10	－	－
道路交通法	355	7	7	－	－	－	2	306	38	2
自動車運転死傷処罰法	137	4	4	－	－	－	1	120	10	2
入　管　法	19	－	－	－	－	－	－	14	4	1
そ　の　他	244	24	23	－	1	－	4	198	17	1

注　1　司法統計年報による。
　　2　「わいせつ等」は、刑法第2編第22章の罪をいう。
　　3　「傷害」は、刑法第2編第27章の罪をいい、平成25年法律第86号による改正前の刑法208条の2に規定する罪を含む。
　　4　「過失傷害」は、刑法第2編第28章の罪をいい、平成25年法律第86号による改正前の刑法211条2項に規定する罪を含む。
　　5　「横領」は、遺失物等横領を含む。
　　6　「毀棄・隠匿」は、刑法第2編第40章の罪をいう。

　令和4年に言い渡された控訴審判決に対する上告率（控訴棄却の決定、控訴の取下げ、公訴棄却の決定及び移送・回付による終局を除く終局処理人員に対する上告人員の比率）は、44.6％であった。最高裁判所の上告事件の終局処理人員（第一審が高等裁判所であるものがある場合には、これを含む。）は、平成25年以降、1,800人台から2,100人台で推移していたが、令和4年は1,685人（前年比9.0％減）であり、その内訳は、上告棄却が1,407人（83.5％）、上告取下げが266人（15.8％）と続く。破棄については、6人（自判が2人、差戻し・移送が4人）であった（司法統計年報による。）。
　第一審が裁判員裁判の上告事件について見ると、令和4年の終局処理人員は158人で、その内訳は、上告棄却が140人、上告取下げが17人、破棄が1人（差戻し・移送）であった（司法統計年報による。）。

第4章 成人矯正

第1節 概説

刑を言い渡した有罪の裁判が確定すると、全部執行猶予の場合を除き、検察官の指揮により刑が執行される。懲役、禁錮及び拘留は、**刑事施設**において執行される。なお、拘禁刑の創設に係る刑法等の改正については、本編第1章1項（2）参照。

罰金・科料を完納できない者は、刑事施設に附置された労役場に留置され、労役を課される（労役場留置）。法廷等の秩序維持に関する法律（昭和27年法律第286号）2条により監置に処せられた者は、監置場に留置される。

売春防止法（昭和31年法律第118号）5条（勧誘等）の罪を犯して補導処分に付された満20歳以上の女性は、**婦人補導院**に収容される。なお、令和4年5月に成立した困難な問題を抱える女性への支援に関する法律（令和4年法律第52号）により、売春防止法が改正されて補導処分の規定が削除され、婦人補導院は、6年4月1日に廃止される。

1 刑事施設等

刑事施設には、刑務所、少年刑務所及び拘置所の3種類がある。**刑務所**及び**少年刑務所**は、主として受刑者を収容する施設であり、**拘置所**は、主として未決拘禁者を収容する施設である。令和5年4月1日現在、刑事施設は、本所が74庁（刑務所59庁（社会復帰促進センター4庁を含む。）、少年刑務所7庁、拘置所8庁）、支所が102庁（刑務支所8庁、拘置支所94庁）である（法務省矯正局の資料による。）。刑事施設には、労役場が附置されているほか、監置場が一部の施設を除いて附置されている。

現在、婦人補導院は、東京に1庁置かれている。令和4年には、婦人補導院への入院はなかった（矯正統計年報による。）。

2 刑事施設における処遇

刑事施設に収容されている未決拘禁者、受刑者等の被収容者の処遇は、刑事収容施設法に基づいて行われている。未決拘禁者の処遇は、未決の者としての地位を考慮し、その逃走及び罪証の隠滅の防止並びにその防御権の尊重に特に留意して行われる。受刑者の処遇は、その者の資質及び環境に応じ、その自覚に訴え、改善更生の意欲の喚起及び社会生活に適応する能力の育成を図ることを旨として行われる。令和4年6月の刑法等の一部を改正する法律の成立により、刑事収容施設法の一部改正が行われた。同改正により、まず、①矯正処遇を行うに当たっては、被害者等の被害に関する心情、被害者等の置かれている状況及び申出のあった被害者等から聴取した心情等を考慮すること、②釈放後に自立した生活を営む上での困難を有する受刑者に対して円滑な社会復帰を図るための支援を行うことを、刑事施設の長の責務とすること、③処遇の原則及び矯正処遇の目標等を定める処遇要領の考慮要素に「年齢」を追加することなどの規定が整備され、それぞれ令和5年12月1日に施行されることとなった。

なお、現在、懲役受刑者には、矯正処遇として、作業の実施が前提とされているところ、前記刑法等の改正により創設された拘禁刑に係る規定が施行（令和7年6月までに施行）された後は、そうした制約はなくなり、個々の受刑者の特性に応じて、作業と指導を柔軟かつ適切に組み合わせた矯正処遇を行うこととなる。

コラム3　名古屋刑務所不適正処遇事案

　法務大臣は、令和4年12月9日、名古屋刑務所に所属する多数の職員が3名の受刑者に対して、暴行等の不適正処遇に及んでいたとの事案（以下「本件事案」という。）を公表した。約20年前に受刑者に対する重大な死傷事案を引き起こした名古屋刑務所において、再び、複数の受刑者に対する暴行等の不適正処遇が繰り返し行われていたという事実は、矯正行政に対する国民の信頼を揺るがすものであった。

　その上で、法務大臣は、同日、本件事案の背景事情を含めた全体像を把握し、その原因を分析するとともに適切な再発防止策の検討・提言を求めるべく、外部の専門家から構成される第三者委員会の立ち上げを指示した。そして、第三者委員会においては、令和4年12月27日から5年6月21日までの約半年間にわたり、幅広い観点から議論が重ねられ、その結果、「提言書～拘禁刑時代における新たな処遇の実現に向けて～」が取りまとめられ、同日、法務大臣に提出された。

　本コラムでは、同提言書の概要等について触れることとする。

第三者委員会による提言書提出

1　本件事案の全体像

　名古屋刑務所の処遇部門に勤務する若手刑務官22名（採用3年以内の20歳代中心）が、令和3年11月から4年9月までの間、知的障害等の疑いがあることなどにより、意思疎通が難しく、集団生活が困難である受刑者3名に対し、暴行等の不適正処遇を繰り返し行った。

2　本件事案の原因・背景事情

　第三者委員会による調査の結果、本件事案については、「名古屋刑務所特有の事情と組織風土の存在（人権意識の希薄さ及び規律秩序を過度に重視する環境、自由に意見を言いにくい職場環境）」、「受刑者の特性に応じた処遇方法が十分に検討・共有されていなかったこと」、「若手職員1人で、処遇上の配慮を要する者に対応する勤務体制」、「監督職員が不適正処遇を早期に発見する仕組みの不備」及び「不適正処遇を受けた受刑者を救済する仕組みの機能不全」といった原因・背景事情が存在していることが判明した。

3　本件事案に対する調査で判明した課題

　全国の職員を対象としたアンケート調査結果から、対人関係上のリスクがないと信じることができる状態を意味する「心理的安全性」は、全国の刑事施設で低いことが判明するなど、

本件事案の原因・背景事情の一つと考えられる組織風土の問題は、名古屋刑務所のみならず、全国の施設に存在することが判明した。また、全国の施設を対象として、本件事案と同様の不適正処遇が行われているかを調査した結果、14施設において46名の職員が合計122件の不適正処遇等を行っていたことが判明した。

このような調査結果を踏まえ、第三者委員会は、広く全国を対象として再発防止策を策定するべきであるとの結論に達した。

4 主な再発防止策（（1）～（4）は直接的な防止策、（5）～（7）は基盤整備の方策）

提言における主な防止策は、次のとおりである。

（1）処遇体制の充実

・刑務官、作業専門官（作業に関する指導を行う。）を始め、教育、心理及び社会福祉の専門家が関与するチーム処遇を確立する。

・集団編成については、拘禁刑の導入を契機に、受刑者の特性、処遇の必要性等の観点からきめ細やかに集団を編成して、専門的かつ真に必要な処遇を適時に提供できるようにすべく、保安上のリスクの高低に加え、矯正処遇や生活上の援助の必要性を軸にした分類を行い、これに合わせた施設機能の専門化、小規模化を実施するなどして監督機能の在り方を検討する。

（2）サポート体制・マネジメント体制の充実

・少ない職員で多数の受刑者を処遇せざるを得ないという職員体制の脆弱さが、職員が規律秩序維持を過度に重視するといったパワー論理に依拠していたことの背景にあったことに鑑み、ICT（情報通信技術）も活用した業務効率化を行った上で、昼夜間単独室棟を始めとする困難な勤務を求められる配置箇所から優先的に夜間・休日における複数職員による勤務体制を確立する。

・刑務官の身体に装着して使用するウェアラブルカメラについて、双方向通信ができる環境を整備した上で、昼夜間単独室棟で勤務する若手職員に対し、監督職員が事務室等から遠隔で、日常業務における指導・支援を行うといったサポート体制を構築する。

・矯正局や矯正管区が、本件事案のような不適正処遇を早期に発見し、その拡大・悪化・再発を防止するために、施設運営状況をリアルタイムで把握する仕組みを構築するとともに、統計データの分析結果に基づく指導・監督の徹底を図る。

（3）刑事施設視察委員会制度の運用改善

・刑事施設視察委員会（第2編第4章第4節1項参照。以下「視察委員会」という。）が、原資料を含む必要な資料を閲覧・視聴できるようにするとともに、施設によっては意見を提出しにくい状況にあった昼夜間単独室に収容されている受刑者に対するアンケートや任意抽出による面接をできるようにする。

・視察委員会の会議回数を各視察委員会の実情に応じて増やすことができるようにするとともに、全国の視察委員会で相互に情報共有ができる機会を設ける。

・矯正局や矯正管区が毎年実施している実地監査において、視察委員会委員長や他の委員からヒアリングを実施することや刑事施設の対応状況を矯正管区がモニタリングし定期的に公表することなどにより、視察委員会がその機能を十分に発揮できるようにするための体制を整備する。

（4）不服申立制度の運用改善

・外部協力者や職員等との各種面接において申出があった不服を拾い上げる仕組みや、定期的に管理職等が被収容者と面接し、処遇の状況を確認する仕組みを構築する。

・書面で行うこととされている法務大臣や矯正管区長への不服申立てについて、秘密申立権を保障しつつ、デジタル技術を用いて被収容者が口頭で発した内容を文章化し、要約したものを申立内容として受理する方法等の導入を検討する。

（5）組織風土の変革

・職員間の人間関係やこれに起因するストレスが本件事案の一因となっていることに鑑み、職務の一環として、職種や役職にとらわれず、自由闊達な意見交換等を行うことのできる機会を複層的に設けるとともに、職員同士でしか通じない俗語・隠語や刑事施設の独特なルールについて、社会通念上相当でないものの改廃等を検討する。

・被収容者に対する蔑称の使用を禁止するとともに、動作要領については、合理性や相当性を精査した上で運用の在り方を見直し、懲罰についても受刑者の特性に応じ、運用の在り方を見直す。

（6）人材の確保と育成の充実

・人間科学を始めとした多様な分野の知見のある者を採用・育成するため、刑務官が対人援助職の一つであることを学生等にアピールするとともに、魅力的なキャリアパスの実現を図る。

・新規採用者の研修について、全ての新規採用者について、採用後間もない時期に初等科研修（集合研修）を受講できるようにする。

・人権研修を充実させるほか、一定の勤務経験を経た後の研修等においても、刑事施設への収容経験のある当事者による講話・講演や意見交換を実施することにより、改善更生・社会復帰のために当事者の視点から何が必要とされるのかについて気づきを得られるよう検討するとともに、管理職層に対して、組織風土変革の意識を持ち続けさせ、その目標に向かって、組織マネジメントやリーダーシップの在り方等を学ぶ研修の機会を設ける。

・長期間にわたり、同一施設・部署で勤務することの弊害を避けるために、他施設・組織での勤務に触れる機会を確保するとともに、同一施設内においても部や課を超えた配置転換を推進する。

（7）業務の効率化・合理化

・他の行政機関と比べ膨大な書面を作成し保存してきた刑事施設における、書類作成や決裁について、必要性が乏しいものなどを大胆に削減するとともに、AIやICT、デジタル関係技術を活用して効率化等できる業務がないか、組織全体で定期的に点検する。

・刑事施設から矯正局や矯正管区への報告について、システムを活用して合理化するとともに、報告の内容・方法を見直して合理化・効率化を図る。また、矯正局や矯正管区で保有している情報を一元的に管理できるようにする。

5　法務大臣指示

　第三者委員会による提言書提出後の令和5年6月23日、法務大臣は、オンライン会議を開催し、同提言書の趣旨を踏まえ、全国の刑事施設長を始めとする管理職等に対し、組織風土の変革等にしっかり取り組むよう直接指示をした。

　これを受け、矯正当局においては、不適正処遇事案の根絶を図ることはもとより、犯罪や非行をした人の立ち直りを支えることにより、「安全・安心な社会」の実現に寄与するため、組織を挙げて、同提言書に盛り込まれた再発防止策の確実な実施に向けた取組を行っている。

第2節　刑事施設の収容状況

1　刑事施設の収容人員

　刑事施設の被収容者の年末収容人員及び人口比の推移（昭和21年以降）は、**2-4-2-1図**のとおりである（女性については**4-7-2-3図**、一日平均収容人員の推移についてはCD-ROM資料**2-4**をそれぞれ参照）。年末収容人員は、平成18年に8万1,255人を記録したが、19年以降減少し続け、令和4年末現在は4万1,541人（前年末比6.7％減）であり、このうち、受刑者は3万5,843人（同6.6％減）であった。なお、4年における刑事施設の受刑者の年末収容人員のうち、**一部執行猶予受刑者**は、1,254人（同26.0％減）であった。

2-4-2-1図　刑事施設の年末収容人員・人口比の推移

（昭和21年～令和4年）

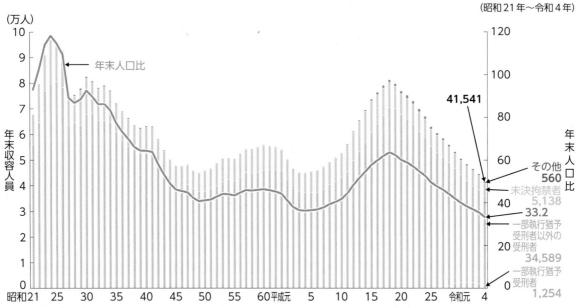

注　1　行刑統計年報、矯正統計年報及び総務省統計局の人口資料による。
　　2　「年末収容人員」は、各年末現在における収容人員である。
　　3　「その他」は、死刑確定者、労役場留置者、引致状による留置者、被監置者及び観護措置の仮収容者である。
　　4　「年末人口比」は、人口10万人当たりの各年末現在における収容人員である。
　　5　「一部執行猶予受刑者」は、刑の一部執行猶予制度が開始された平成28年から計上している。

2　刑事施設の収容率

　刑事施設の**収容率**の推移（最近30年間）は、**2-4-2-2図**のとおりである（女性については、**4-7-2-3図**参照）。令和4年末現在において、収容定員8万5,680人（このうち既決の収容定員は6万8,297人、未決の収容定員は1万7,383人）であるところ、収容人員は、4万1,541人（前年末比3,004人（6.7％）減）であり、このうち既決の人員は3万6,296人（同2,599人（6.7％）減）、未決の人員は5,245人（同405人（7.2％）減）であった。収容率は、全体で48.5％（同2.0pt低下）であり、既決では53.1％（同2.0pt低下）、未決では30.2％（同1.8pt低下）であった（CD-ROM参照）。

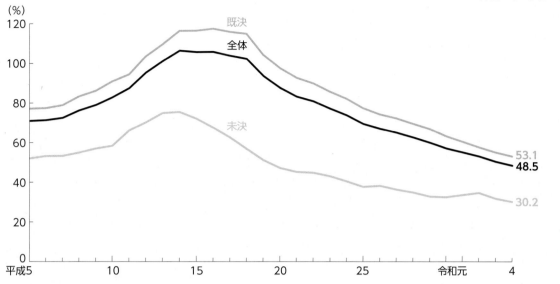

2-4-2-2図 刑事施設の収容率の推移

（平成5年〜令和4年）

注　1　法務省矯正局の資料による。
　　2　「収容率」は、各年末現在における収容人員の収容定員に対する比率をいう。
　　3　「既決」は、労役場留置者及び被監置者を含む。
　　4　「未決」は、死刑確定者、引致状による留置者及び観護措置の仮収容者を含む。

3　入所受刑者

（1）人員

　入所受刑者の人員及び人口比の推移（昭和21年以降）は、**2-4-2-3図**のとおりである。その人員は、平成19年から減少し続け、令和4年は1万4,460人（前年比10.5％減）と戦後最少を更新した（CD-ROM参照。女性については**4-7-2-4図**、年齢層別及び高齢者率については**4-8-2-2図**をそれぞれ参照）。

2-4-2-3図 入所受刑者の人員・人口比の推移

（昭和21年〜令和4年）

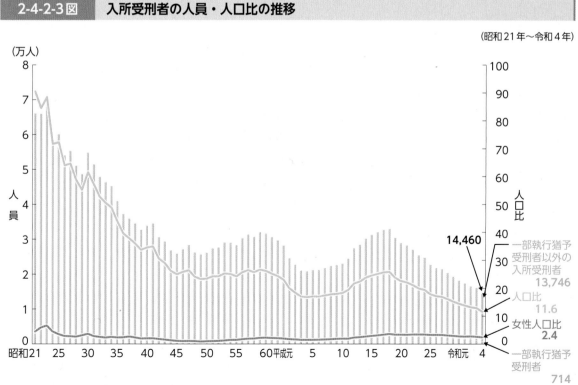

注　1　行刑統計年報、矯正統計年報及び総務省統計局の人口資料による。
　　2　「人口比」は、人口10万人当たりの入所受刑者人員であり、「女性人口比」は、女性の人口10万人当たりの女性の入所受刑者人員である。

令和4年における受刑者の入所事由別人員は、**2-4-2-4表**のとおりである。

2-4-2-4表 受刑者の入所事由別人員

(令和4年)

総　　　数	新入所	仮釈放の取消し		一部執行猶予の取消し	仮釈放及び一部執行猶予の取消し	刑執行停止の取消し	労役場からの移行	逃走者の連戻し	留置施設等からの移送
		一部執行猶予なし	一部執行猶予あり						
15,477	14,460	296	11	60	8	5	450	－	187
(100.0)	(93.4)	(1.9)	(0.1)	(0.4)	(0.1)	(0.0)	(2.9)		(1.2)

注　1　矯正統計年報による。
　　2　「新入所」は、裁判が確定し、その執行を受けるため新たに入所した者をいう。死刑の執行を受けた者を含み、国際受刑者移送法（平成14年法律第66号）による受入受刑者及び少年処遇から成人処遇に移行した受刑者を含まない。
　　3　「仮釈放の取消し」の「一部執行猶予あり」は、実刑期に係る仮釈放の取消しにより復所等した者（入所時に刑の一部執行猶予の取消しがなされている者を除く。）、「仮釈放及び一部執行猶予の取消し」は、実刑期に係る仮釈放及び刑の一部執行猶予の取消しにより復所等した者をいう。
　　4　（　）内は、構成比である。

（2）特徴

令和4年における入所受刑者の年齢層別構成比を男女別に見ると、**2-4-2-5図**のとおりである（女性入所受刑者の年齢層別構成比の推移については、**4-7-2-5図**参照）。

2-4-2-5図 入所受刑者の年齢層別構成比（男女別）

(令和4年)

20歳未満 0.1

	20～29歳	30～39歳	40～49歳	50～64歳	65歳以上
男性 (12,906)	16.3	19.6	23.3	27.6	13.1
女性 (1,554)	10.2	17.6	24.4	26.4	21.4

注　1　矯正統計年報による。
　　2　入所時の年齢による。ただし、少年時に刑の言渡しを受けた者は、言渡し時の年齢によることとし、入所時に20歳以上であっても、20歳未満に計上している。
　　3　（　）内は、実人員である。

令和4年における入所受刑者の罪名別構成比を男女別に見ると、**2-4-2-6図**のとおりである（高齢入所受刑者の罪名別構成比（男女別）については、**4-8-2-3図**参照）。

2-4-2-6図 入所受刑者の罪名別構成比（男女別）

(令和4年)

道路交通法　強制性交等 2.2

	窃盗	覚醒剤取締法	詐欺	傷害	その他
男性 (12,906)	34.6	22.0	9.4	5.7 / 3.8	22.3

横領・背任 1.5
殺人 1.6

	窃盗	覚醒剤取締法	殺人	横領・背任	その他
女性 (1,554)	51.3	27.2	8.5	3.0	6.9

注　1　矯正統計年報による。
　　2　「横領」は、遺失物等横領を含む。
　　3　（　）内は、実人員である。

令和4年の入所受刑者について、刑の種類を見ると、懲役1万4,410人（99.7%）、禁錮44人（0.3%）、拘留5人であった（矯正統計年報による。）。懲役受刑者の刑期別構成比を男女別に見ると、**2-4-2-7図**のとおりである（懲役受刑者の刑期別の年末収容人員の推移については、CD-ROM資料**2-5**を参照）。

2-4-2-7図　入所受刑者（懲役）の刑期別構成比（男女別）

（令和4年）

	1年以下	2年以下	3年以下	5年以下	5年を超える
男　性（12,856）	21.0	33.3	25.0	14.3	6.3
女　性（1,554）	24.4	40.7	23.4	8.9	2.5

注　1　矯正統計年報による。
　　2　不定期刑は、刑期の長期による。
　　3　一部執行猶予の場合は、実刑部分と猶予部分を合わせた刑期による。
　　4　「5年を超える」は、無期を含む。
　　5　（　）内は、実人員である。

4　出所受刑者

（1）人員

令和4年における受刑者の出所事由別人員は、**2-4-2-8表**のとおりである。出所受刑者（仮釈放又は満期釈放等により刑事施設を出所した者に限る。以下この項において同じ。）に占める満期釈放者等（満期釈放等により刑事施設を出所した者をいう。）の比率は、37.9%（前年比1.3pt低下）であった（CD-ROM参照）。

2-4-2-8表　受刑者の出所事由別人員

（令和4年）

総　　数	満期釈放等	満期釈放	一部執行猶予の実刑部分の刑期終了	仮釈放	一部執行猶予なし	一部執行猶予あり	不定期刑終了	恩赦	刑執行停止	労役場への移行	留置施設等への移送	逃走	死亡
17,973	6,479 (37.9)	6,292	187	10,636 (62.1)	9,635	1,001	－	－	15	399	181	－	263 [1]

注　1　矯正統計年報による。
　　2　（　）内は、満期釈放等と仮釈放の合計に対する比率である。
　　3　［　］内は、死刑の執行を受けた者であり、内数である。

（2）特徴

令和4年における出所受刑者の年齢層別構成比を出所事由別に見ると、**2-4-2-9図**のとおりである。

2-4-2-9図 **出所受刑者の年齢層別構成比（出所事由別）**

(令和4年)

① 仮釈放

	20～29歳	30～39歳	40～49歳	50～64歳	65歳以上
仮釈放（全部実刑）(9,635)	15.0	21.8	24.7	27.1	11.4
仮釈放（一部執行猶予）(1,001)	6.5	24.0	38.8	26.8	4.0

② 満期釈放等

	20～29歳	30～39歳	40～49歳	50～64歳	65歳以上
満期釈放(6,292)	7.1	14.2	22.1	33.5	23.2
一部執行猶予の実刑部分の刑期終了(187)	8.6	18.2	29.9	38.5	4.8

注　1　法務省大臣官房司法法制部の資料による。
　　2　出所時の年齢による。
　　3　（　）内は、実人員である。

令和4年における出所受刑者の帰住先別構成比を出所事由別に見ると、**2-4-2-10図**のとおりである（男女別については、**4-7-2-6図**参照）。

2-4-2-10図 **出所受刑者の帰住先別構成比（出所事由別）**

(令和4年)

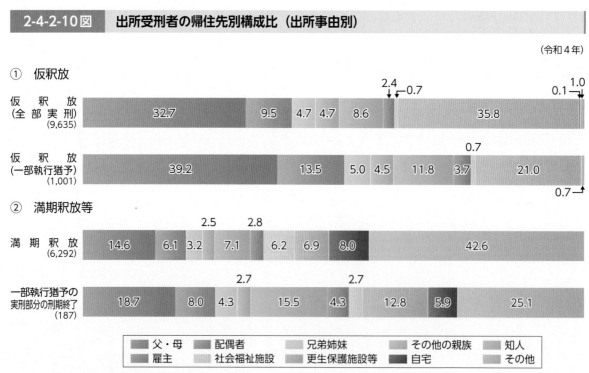

① 仮釈放

仮釈放（全部実刑）(9,635)	32.7	9.5	4.7	4.7	8.6	2.4 / 0.7	35.8	0.1 / 1.0
仮釈放（一部執行猶予）(1,001)	39.2	13.5	5.0	4.5	11.8	3.7 / 0.7	21.0	0.7

② 満期釈放等

満期釈放(6,292)	14.6	6.1	3.2	7.1	2.5 / 2.8	6.2	6.9	8.0	42.6
一部執行猶予の実刑部分の刑期終了(187)	18.7	8.0	4.3	15.5	2.7 / 2.7	4.3	12.8	5.9	25.1

凡例：父・母　配偶者　兄弟姉妹　その他の親族　知人　雇主　社会福祉施設　更生保護施設等　自宅　その他

注　1　矯正統計年報による。
　　2　「帰住先」は、刑事施設出所後に住む場所である。
　　3　「配偶者」は、内縁関係にある者を含む。
　　4　「更生保護施設等」は、更生保護施設、就業支援センター、自立更生促進センター及び自立準備ホーム（NPO法人などで、「自立準備ホーム」の指定を受けた場合も含む。）である。
　　5　「自宅」は、帰住先が父・母、配偶者等以外で、かつ、自宅に帰住する場合である。
　　6　「その他」は、帰住先が不明、暴力団関係者、刑終了後引き続き被告人として勾留、出入国在留管理庁への身柄引渡し等である。
　　7　（　）内は、実人員である。

第3節 受刑者の処遇等

1 処遇の概要

　受刑者の処遇は、刑事収容施設法に基づき、受刑者の人権を尊重しつつ、その者の資質及び環境に応じ、その自覚に訴え、改善更生の意欲の喚起及び社会生活に適応する能力の育成を図ることを目的として行う。その流れは、**2-4-3-1図**のとおりである。

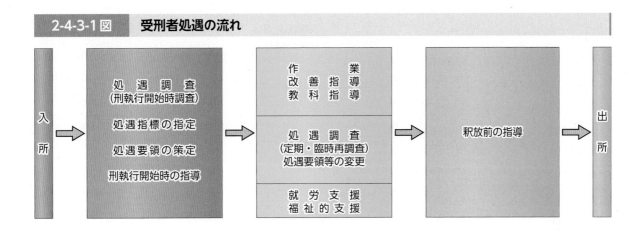

2-4-3-1図　受刑者処遇の流れ

（1）処遇指標及び処遇要領

　受刑者の処遇の中核となるのは、矯正処遇として行う作業（次項参照）、改善指導及び教科指導（本節3項参照）である。矯正処遇は、個々の受刑者の資質及び環境に応じて適切な内容と方法で実施しなければならない（**個別処遇の原則**）。

　そのため、各刑事施設では、医学、心理学、教育学、社会学その他の専門的知識及び技術を活用し、受刑者の資質及び環境の調査（**処遇調査**）を行っている。また、新たに刑が確定した受刑者で、26歳未満の者及び特別改善指導（本節3項（2）参照）の受講に当たり特に調査を必要とする者等には、**調査センター**として指定されている特定の刑事施設で精密な処遇調査が行われている。また、受刑者の再犯の可能性等を客観的、定量的に把握するために開発を進めている**受刑者用一般リスクアセスメントツール（Gツール）**のうち、一部機能の運用を開始し、原則として、全受刑者を対象に、刑の執行開始時に行う処遇調査においてGツールを実施し、それによって得られる結果や情報を処遇の参考としている。

　刑事施設では、刑の執行開始時に処遇調査（調査センターでの処遇調査を含む。）を行い、その調査結果を踏まえ、受刑者に**処遇指標**を指定する。処遇指標は、矯正処遇の種類・内容、受刑者の属性及び犯罪傾向の進度から構成される。処遇指標の区分及び令和4年末現在の符号別の人員は**2-4-3-2表**のとおりである。処遇指標は、その指定がなされるべきものは、重複して指定され、処遇指標を指定されることで、受刑者の収容される刑事施設と矯正処遇の重点方針が定まる。令和4年9月からは、若年受刑者に対する処遇の充実のため、新たに女性の若年受刑者に対する精密な処遇調査を行う調査センターを美祢社会復帰促進センターに設置したほか、受刑者の属性に新たな属性を追加するなどの一部改正がなされた処遇指標による運用が開始された。

2-4-3-2表　処遇指標の区分・符号別人員

① 矯正処遇の種類及び内容

種　　類	内　　　容		符　号
作業	一般作業		V0
	職業訓練		V1
改善指導	一般改善指導		R0
	特別改善指導	薬物依存離脱指導	R1
		暴力団離脱指導	R2
		性犯罪再犯防止指導	R3
		被害者の視点を取り入れた教育	R4
		交通安全指導	R5
		就労支援指導	R6
教科指導	補習教科指導		E1
	特別教科指導		E2

② 受刑者の属性及び犯罪傾向の進度

（令和4年末現在）

属性及び犯罪傾向の進度	符　号	人　員
拘留受刑者	D	1
少年院への収容を必要とする16歳未満の少年	Jt	－
精神上の疾病又は障害を有するため医療を主として行う刑事施設等に収容する必要があると認められる者	M	175
身体上の疾病又は障害を有するため医療を主として行う刑事施設等に収容する必要があると認められる者	P	255
女子	W	2,780
日本人と異なる処遇を必要とする者	F	1,169
禁錮受刑者	I	97
おおむね26歳未満の者のうち、小集団を編成して、少年院における矯正教育の手法や知見等を活用した矯正処遇を実施する必要があると認められるもの	U	18
少年院への収容を必要としない少年	J	1
執行すべき刑期が10年以上である者	L	4,091
少年審判で検察官送致となった時に20歳未満であった者のうち、可塑性に期待した矯正処遇を重点的に行うことが相当と認められる20歳以上26歳未満のもの	Yj	47
可塑性に期待した矯正処遇を重点的に行うことが相当と認められる20歳以上26歳未満の者のうち、Yjに該当しないもの	Y	1,410
犯罪傾向が進んでいない者	A	8,098
犯罪傾向が進んでいる者	B	13,992

注　1　矯正統計年報及び法務省矯正局の資料による。
　　2　F指標が指定される受刑者は、令和4年3月31日以前は「日本人と異なる処遇を必要とする外国人」である。
　　3　U指標が指定される受刑者は、令和4年9月から、Yj指標が指定される受刑者は、令和4年4月から、それぞれ計上している。
　　4　Y指標が指定される受刑者は、令和4年3月31日以前は「可塑性に期待した矯正処遇を重点的に行うことが相当と認められる26歳未満の成人」である。
　　5　複数の処遇指標が指定されている場合は、符号の欄において上に掲げられているものに計上している。

　受刑者には、刑の執行開始時の処遇調査の結果に基づいて、矯正処遇の目標並びにその基本的な内容及び方法（例えば、具体的にどのような方法や期間・回数で薬物依存離脱指導を行うかなど）が**処遇要領**として定められ、矯正処遇はこの処遇要領に沿って計画的に実施される。

　また、矯正処遇の進展に応じて、定期的に又は臨時に処遇調査を行い、その結果に基づき、必要に応じ処遇指標及び処遇要領を変更する。

コラム4　若年受刑者に対する処遇の充実

　刑事施設においては、法制審議会による諮問第103号に対する答申（令和2年10月）を踏まえ、若年受刑者の特性に応じた処遇の充実が図られてきているところ、本コラムでは、令和4年版犯罪白書コラム2において取り上げた「若年受刑者ユニット型処遇」（4年9月運用開始）に引き続き、「若年受刑者少年院転用型処遇」（5年11月運用開始。以下「少年院転用型処遇」という。）について紹介する。

1　「少年院転用型処遇」の基本的枠組み

　少年院転用型処遇においては、特に手厚い処遇が必要な者について、少年院と同様の建物・設備を備えた施設に収容し、社会生活に必要な生活習慣、生活技術、対人関係等を習得させるための指導を中心とした処遇を実施することとされており、以下の基本的枠組みが定められている。

（1）少年院を転用した刑事施設に収容し、少年院の処遇環境を活用した少人数の寮単位での処遇を実施する。

（2）少年院の知見を活用し、個々の受刑者の特性に応じたきめ細かな矯正処遇、社会復帰支援を展開する。

（3）刑務官、教育専門官、調査専門官、福祉専門官等、多職種の職員が高密度に連携する。

2　対象者

　おおむね26歳未満で、犯罪傾向の進んでいない男子受刑者のうち、知的障害、情緒障害若しくは発達障害を有し、又はこれらに準ずる者であって、社会適応のための訓練を要する者等を対象者として選定する。

　以上が少年院転用型処遇の概要であるが、対象施設となった市原青年矯正センターは、元々は市原学園という少年院であった建物を転用していることから、建物・設備は、一般の刑事施設とは大きく異なる半開放的な処遇環境となっており、少年院ならではの寮舎の構造は更生的風土を醸成するものである。

　また、実施される処遇の内容については、若年受刑者ユニット型処遇における「対話ベース・モデル」に準じたものとされ、①明るく規則正しい環境の下、受刑者との信頼関係の構築に努めつつ、受刑者の特性、社会復帰上の課題等に応じたきめ細かな矯正処遇を科学的・計画的に実施すること、②刑務官、教育専門官、調査専門官、福祉専門官、就労支援専門官、作業専門官、医療職等の多職種の職員が協働し、受刑者の特性等に応じた矯正処遇等を実施すること、③更生保護官署を

市原青年矯正センター外観【法務省矯正局提供】

始めとする関係機関との連携を含め、受刑者の出所後の生活設計や進路選択の意向を踏まえた社会復帰支援の実施に配意するものとすることが、基本的方針とされている。

　今回対象となる受刑者については、これまでも手厚い処遇が実施されてきたところではあるが、新たに整えられた環境及び方針の下で、集団で行う矯正処遇と並行して、個別面接や日記指導、生活状況等に応じた個別課題の選定など、個に応じた処遇にも重点が置かれるこ

ととなる。少年院において培われてきた知見を最大限に活用し、若年であることや各々の有する障害の特性等を踏まえたきめ細かな改善指導、教科指導、作業・職業訓練等が展開されていくことが期待される。

さらに、社会復帰支援の側面においては、個々の障害特性等に応じ、関係機関との早期かつ緊密な連携の下に支援を進めていくことに加え、新たに、出所者本人又は出所者の支援に関係する者（引受人、親族、雇用主、福祉施設の職員、医療機関の職員等）から出所

多職種の職員による打合せの様子【法務省矯正局提供】

後の対人関係、就労等に関して相談を受け付けることについての体制も整えられることとなった。少年院においては、少年院法の規定に基づき、退院・仮退院した者やその保護者等から相談を求められた場合において、少年院の職員がその相談に応じてきたところであり、この点においても、少年院において培われてきた知見が生かされることが期待される。関係機関との連携の体制や出所者等からの相談に応じる体制が構築されることなどにより、知的障害、情緒障害又は発達障害を有する若年受刑者に対する処遇について、施設内処遇から社会内処遇へ円滑に移行し、また、その充実化が図られ、促進されていくことが期待される。

（2）制限の緩和と優遇措置

受刑者の自発性や自律性を涵養するため、受刑者処遇の目的（改善更生の意欲の喚起及び社会生活に適応する能力の育成）を達成する見込みが高まるに従い、順次、規律・秩序維持のための制限を緩和することとし、その制限が緩和された順に第1種から第4種までの区分を指定し、定期的に、及び随時、前記の見込みを評価し、その評価に応じて、制限区分の指定を変更している。各区分に指定された受刑者の制限の内容は、第4種では、原則として居室棟内で矯正処遇等を行うこと、第3種では、主として刑事施設内の居室棟外（工場等）で矯正処遇等を行うこと、第2種では、刑事施設外での矯正処遇等が可能となること、第1種では、居室に施錠をしないことなどである。令和5年4月10日現在、刑事施設本所74庁並びに刑務支所8庁及び大規模拘置支所4庁（札幌、横浜、さいたま及び小倉）合計86庁の施設における受刑者の制限区分別人員は、第1種287人（0.8%）、第2種5,553人（15.8%）、第3種2万4,985人（71.1%）、第4種684人（1.9%）、指定なし3,608人（10.3%）であった（法務省矯正局の資料による。）。

また、受刑者に改善更生の意欲を持たせるため、刑事施設では、定期的に受刑態度を評価し、良好な順に第1類から第5類までの優遇区分に指定し、良好な区分に指定された受刑者には、外部交通の回数を増やしたり、自弁（自費購入又は差入れを受けること。以下この章において同じ。）で使用できる物品の範囲を広げたりするなどの優遇をした処遇を行っている。令和5年4月10日現在、前記86庁の施設における受刑者の優遇区分別人員は、第1類751人（2.1%）、第2類5,988人（17.1%）、第3類1万5,584人（44.4%）、第4類2,868人（8.2%）、第5類2,698人（7.7%）、指定なし7,228人（20.6%）であった（法務省矯正局の資料による。）。

なお、受刑者の自発性や自律性を涵養し、社会適応性を向上させ、その改善更生及び円滑な社会復帰を目指すため、開放的施設として6施設（旭川刑務所西神楽農場、網走刑務所二見ヶ岡農場、市原刑務所、広島刑務所尾道刑務支所有井作業場、松山刑務所大井造船作業場及び鹿児島刑務所（農場区））が指定されている。

（3）外出・外泊

受刑者は、受刑者処遇の目的を達成する見込みが高く、開放的施設で処遇を受けているなど、一定の要件を備えている場合において、円滑な社会復帰を図る上で、釈放後の住居又は就業先の確保、家族関係の維持・調整等のために外部の者を訪問し、あるいは保護司その他の更生保護関係者を訪問するなどの必要があるときに、刑事施設の職員の同行なしに、刑事施設から外出し、又は７日以内の期間で外泊することを許されることがある。令和４年度の実績は、外出18件、外泊０件であった（法務省矯正局の資料による。）。

2　作業

（1）概況

懲役受刑者には、法律上、作業が義務付けられている（労役場留置者も同様である。）。このほか、禁錮受刑者及び拘留受刑者も希望により作業を行うことができる。令和４年度における作業の一日平均就業人員は、３万4,514人であった。また、禁錮受刑者は、５年３月末現在で、86.5％が作業に従事していた（法務省矯正局の資料による。）。

（2）作業の内容等

受刑者は、作業として職業訓練を受けることがあるほか、生産作業（物品を製作する作業及び労務を提供する作業で、木工、印刷、洋裁、金属等の業種がある。）、**社会貢献作業**（労務を提供する作業であって、公園等の除草作業等社会に貢献していることを受刑者が実感することにより、その改善更生及び円滑な社会復帰に資すると刑事施設の長が特に認める作業）、自営作業（刑事施設における炊事、清掃、介助、矯正施設の建物の修繕等の作業）の中から、受刑者の希望も参酌し、適性に応じて指定される。なお、令和４年度において社会貢献作業を実施した施設数及び対象受刑者数は、37庁、437人であった（法務省矯正局の資料による。）。

作業は、刑事施設内で行うものが大部分であるが、刑事施設が管理する構外作業場で行うものもあり、さらに、刑事施設の外の事業所の協力を得て、受刑者を職員の同行なしに、その事業所に通勤させて業務に従事させる（職業訓練を受けさせることを含む。）こともある（**外部通勤作業**）。令和５年３月末現在、外部通勤作業を実施しているのは、３庁４人であった（法務省矯正局の資料による。）。なお、前記の外出、外泊及び外部通勤作業の運用に当たっては、GPS機器が活用されている。

作業の収入は、全て国庫に帰属する。令和４年度における作業による歳入額は、約21億4,600万円であった（法務省矯正局の資料による。）。

他方、受刑者には、従事した作業に応じ、作業報奨金が原則として釈放時に支給される。作業報奨金に充てられる金額（予算額）は、令和５年度は一人１か月当たり平均で4,578円である（法務省矯正局の資料による。）。また、４年の出所受刑者が出所時に支給された作業報奨金の金額を見ると、５万円を超える者が35.0％、１万円以下の者が18.8％であった（矯正統計年報による。）。

（3）職業訓練

刑事施設では、受刑者に職業に関する免許や資格を取得させ、又は職業上有用な知識や技能を習得させるために、**職業訓練**を実施している。職業訓練には、総合訓練、集合訓練及び自庁訓練の三つの方法がある。総合訓練は全国の刑事施設から、集合訓練は主に各矯正管区単位で、自庁訓練は刑事施設ごとに、それぞれ適格者を選定して実施している。男性受刑者に対する総合訓練は、同施設として指定された７庁（山形、福井、山口及び松山の各刑務所並びに函館、川越及び佐賀の各少年刑務所）で実施している。女性受刑者に対する職業訓練は、各女性施設で実施している一部の職業訓練種目について、他の女性施設からも希望者を募集して実施している。

刑事施設では、令和4年度には、ビジネススキル科、溶接科、フォークリフト運転科、情報処理技術科等のほか、同年度に新たに開講された販売戦略科、在宅ワーカー育成科、普通救命科等を合わせ合計57種目の職業訓練が実施され、1万165人がこれを修了し、溶接技能者、ボイラー技士、情報処理技術者等の資格又は免許を取得した者は、総数で6,491人であった（法務省矯正局の資料による。）。

刑事施設では、出所後の就労先への定着を図り、再犯防止につなげていくことを目的として、在所中に内定を受けた者等を対象に、内定を受けた事業所等において一定期間就労を体験させる職場体験制度が職業訓練の一環として位置付けられた上で実施されている。

3 矯正指導

刑執行開始時の指導、改善指導、教科指導及び釈放前の指導の四つを総称して**矯正指導**という。

（1）刑執行開始時の指導

受刑者には、入所直後、原則として2週間の期間で、受刑等の意義や心構え、矯正処遇を受ける上で前提となる事項（処遇制度、作業上の留意事項、改善指導等の趣旨・概要等）、刑事施設における生活上の心得、起居動作の方法等について指導が行われる。

（2）改善指導

改善指導は、受刑者に対し、犯罪の責任を自覚させ、健康な心身を培わせ、社会生活に適応するのに必要な知識及び生活態度を習得させるために行うもので、一般改善指導及び特別改善指導がある。

一般改善指導は、講話、体育、行事、面接、相談助言その他の方法により、①被害者及びその遺族等の感情を理解させ、罪の意識を培わせること、②規則正しい生活習慣や健全な考え方を付与し、心身の健康の増進を図ること、③生活設計や社会復帰への心構えを持たせ、社会適応に必要なスキルを身に付けさせることなどを目的として行う。また、高齢又は障害を有する受刑者のうち、特別調整等の福祉的支援を必要とする者又は受講させることにより改善更生及び円滑な社会復帰に資すると見込まれる者を対象に、出所後の円滑な社会生活を見据えた多様な指導を実施することを目的とした「社会復帰支援指導プログラム」が策定され、全国的に展開されている。

特別改善指導は、薬物依存があったり、暴力団員であるなどの事情により、改善更生及び円滑な社会復帰に支障があると認められる受刑者に対し、その事情の改善に資するよう特に配慮して行う。現在、①「**薬物依存離脱指導**」（薬物使用に係る自己の問題性を理解させた上で、再使用に至らないための具体的な方法を考えさせるなど。令和4年度の実施指定施設数は72庁、受講開始人員は7,418人。）、②「**暴力団離脱指導**」（警察等と協力しながら、暴力団の反社会性を認識させる指導を行い、離脱意志の醸成を図るなど。同35庁、374人。）、③「**性犯罪再犯防止指導**」（性犯罪につながる認知の偏り、自己統制力の不足等の自己の問題性を認識させ、その改善を図るとともに、再犯に至らないための具体的な方法を習得させるなど。性犯罪者調査、各種プログラムの実施、メンテナンスの順に行われる。同20庁、553人。）、④「**被害者の視点を取り入れた教育**」（罪の大きさや被害者等の心情等を認識させるなどし、被害者等に誠意をもって対応するための方法を考えさせるなど。同73庁、530人。）、⑤「**交通安全指導**」（運転者の責任と義務を自覚させ、罪の重さを認識させるなど。同53庁、1,621人。）及び⑥「**就労支援指導**」（就労に必要な基本的スキルとマナーを習得させ、出所後の就労に向けての取組を具体化させるなど。同63庁、2,868人。）の6類型の特別改善指導を実施している。薬物依存離脱指導については、標準プログラムを複線化した必修プログラム（麻薬、覚醒剤その他の薬物に対する依存があると認められる者全員に対して実施するもの）、専門プログラム（より専門的・体系的な指導を受講させる必要性が高いと認められる者に対して実施するもの）、選択プロ

グラム（必修プログラム又は専門プログラムに加えて補完的な指導を受講させる必要性が高いと認められる者に対して実施するもの）を受刑者個々の問題性やリスク、刑期の長さ等に応じ、組み合わせて実施している（特別改善指導の受講開始人員の推移は、CD-ROM資料**2-6**参照）。

（3）教科指導

　教科指導とは、学校教育の内容に準ずる指導である。社会生活の基礎となる学力を欠くことにより改善更生及び円滑な社会復帰に支障があると認められる受刑者に対して行う教科指導（補習教科指導）のほか、学力の向上を図ることが円滑な社会復帰に特に資すると認められる受刑者に対しても、その学力に応じた教科指導（特別教科指導）を行っており、令和4年度の教科指導の受講開始人員は、補習教科指導が701人、特別教科指導が382人であった（法務省矯正局の資料による。）。

　法務省と文部科学省の連携により、刑事施設内において、高等学校卒業程度認定試験を実施し、また、指定された4庁の刑事施設において、同試験の受験に向けた指導を積極的かつ計画的に実施している。令和4年度の受験者数は366人であり、合格者数は、高卒認定試験合格者が170人、一部科目合格者が167人であった（文部科学省総合教育政策局の資料による。）。

　松本少年刑務所には、我が国において唯一、公立中学校の分校が刑事施設内に設置されており、全国の刑事施設に収容されている義務教育未修了者等のうち希望者を中学3年生に編入させ、地元中学校教諭、職員等が、文部科学省の定める学習指導要領を踏まえた指導を行っているところ、昭和30年度から令和4年度までに773人が卒業している。また、近隣の高等学校の協力の下、当該高等学校の通信制課程に受刑者を編入させ、指導を行う取組を実施している刑事施設も2庁あり、所定の課程を修了したと認められた者には、当該高等学校の卒業証書が授与されている。このうち、全国の刑事施設から希望者を募集して実施している松本少年刑務所では、昭和41年度から令和4年度までに198人が卒業し、盛岡少年刑務所では、昭和51年度から令和4年度までに157人が卒業している。

（4）釈放前の指導

　受刑者には、釈放前に、原則として2週間の期間で、釈放後の社会生活において直ちに必要となる知識の付与や指導が行われる。

4　就労支援

　法務省は、受刑者等の出所時の就労の確保に向けて、厚生労働省と連携し、**刑務所出所者等総合的就労支援対策**を実施している。この施策は、刑事施設、少年院、保護観察所及びハローワークが連携する仕組みを構築した上で、支援対象者の希望や適性等に応じ、計画的に就労支援を行うものであるが、その一環として、刑事施設では、支援対象者に対し、ハローワークの職員による職業相談、職業紹介、職業講話等を実施している（保護観察所における就労支援については、本編第5章第3節2項（9）参照）。

　また、刑務所出所者等の採用を希望する事業者が、矯正施設を指定した上でハローワークに求人票を提出することができる「受刑者等専用求人」が運用されており、事業者と就職を希望する受刑者とのマッチングの促進に努めている。

　さらに、受刑者等の就労先を在所中に確保し、出所後速やかに就労に結び付けるため、全国8か所の全ての矯正管区に設置されている**矯正就労支援情報センター室**（通称「**コレワーク**」）が、受刑者等の帰住地や取得資格等の情報を一括管理し、出所者等の雇用を希望する企業の相談に対応して、企業のニーズに適合する者を収容する施設の情報を提供する（雇用情報提供サービス）などして、広域的な就労支援等に取り組んでいる。また、刑務所出所者等の雇用経験が豊富な事業主等を刑務所出所者等雇用支援アドバイザーとして招へいし、刑務所出所者等の雇用前後における事業主の不安や疑問

等の相談に応じられる体制を整備するとともに、同アドバイザーによる事業主への相談会を実施（令和4年度は11回実施し、延べ53人参加）したほか、事業主等に対する就労支援セミナーを開催（同年度は27回開催し、延べ326人参加）した。

このほか、日本財団及び関西の企業7社が発足させた日本財団職親プロジェクトは、少年院出院者や刑務所出所者に就労先・住まいを提供することで、円滑な社会復帰を支援するとともに、再犯者率の低下の実現を目指しており、令和5年5月末現在で、306社が参加している（日本財団の資料による。）。

なお、刑事施設及び少年院においては、就労支援体制の充実のため、キャリアコンサルティング等の専門性を有する非常勤職員である就労支援スタッフを配置しているほか、キャリアコンサルタント等の資格を有する常勤職員である就労支援専門官を配置している。令和5年度の刑事施設における就労支援スタッフの配置施設数は75庁（刑務支所を含む。）、就労支援専門官の配置施設数は32庁（刑務支所を含む。）である。

5　福祉的支援

法務省は、厚生労働省と連携して、高齢又は障害を有し、かつ、適当な帰住先がない受刑者及び少年院在院者について、釈放後速やかに、適切な介護、医療、年金等の福祉サービスを受けることができるようにするための取組として、矯正施設と保護観察所において**特別調整**を実施している（概要については、本編第5章第2節2項参照）。この取組では、福祉関係機関等との効果的な連携が求められるところ、その中心となるのは、厚生労働省の地域生活定着促進事業により整備が進められ、各都道府県が設置した**地域生活定着支援センター**であり、この取組によって司法と福祉との多機関連携による支援が行われている。

刑事施設においては、特別調整を始めとする福祉的支援を必要とする者に対応するため、社会福祉士又は精神保健福祉士の資格を有する非常勤職員を配置しているほか、**福祉専門官**（社会福祉士、精神保健福祉士又は介護福祉士の資格を有する常勤職員）を配置している。令和5年度の社会福祉士の配置施設数は67庁、精神保健福祉士の配置施設数は8庁、福祉専門官の配置施設数は58庁（刑務支所を含む。）である。また、認知能力や身体機能の低下した高齢受刑者等に対し、専門的な知識・経験を有する者が介助を行うため、介護福祉士及び介護専門スタッフ（介護職員実務者研修又は介護職員初任者研修の修了者等）を配置している。同年度の配置施設数は、介護福祉士が8庁、介護専門スタッフが40庁であった（法務省矯正局の資料による。）。

さらに、女性の受刑者を収容する刑事施設における医療・福祉等の問題に対処するため、これらの施設が所在する地域の医療・福祉等の各種団体の協力を得て、**女子施設地域連携事業**を行っている（第4編第7章第2節2項（1）イ参照）。

コラム5　知的障害受刑者処遇・支援モデル事業

　令和2年度に法務省矯正局が実施した特別調査により、全国で1,345名の知的障害又はその疑いがある受刑者がおり、そのうち療育手帳を取得している者は414名（30.8％）であることが判明した。また、平成24年に法務総合研究所が実施した調査（法務総合研究所研究部報告52）においても、知的障害又はその疑いがある受刑者は、入所受刑者総数と比べて、再犯期間が短い者の構成比が高く、平均入所度数も多いことなどが明らかになっており、再犯を防止する上で支援の充実化が望まれていた。

　そこで、令和4年10月から、刑事施設では全国で唯一の社会復帰支援部門が設置され、社会福祉関係機関との連携実績のあった長崎刑務所において、九州各県所在の刑事施設から知的障害又はその疑いのある受刑者50名程度を集約・収容し、障害者福祉の専門的知見を有する社会福祉法人（南高愛隣会）と業務委託契約を締結し、知的障害受刑者処遇・支援モデル事業を開始した。

　この事業では、在所中から出所後の生活安定に向け一貫性のある処遇・支援を実施し、出所した後もそれぞれの帰住先において息の長い寄り添い型の福祉サービスに移行できる体制の構築を目指し、①特性に応じたアセスメントと処遇計画の立案、②処遇計画に基づく訓練・指導、③療育手帳等の取得に向けた調整、④息の長い寄り添い型支援を可能とする調整の四つの取組を行っている。四つの取組の詳細は以下のとおりである。

1　特性に応じたアセスメントと処遇計画の立案

　対象者と個別に面接を行ったり、対象者の様子を観察したり、各種記録を調査したりして、職業面や生活面からアセスメントを行い、出所後の社会生活も見据えて、処遇計画を立案する。

2　処遇計画に基づく訓練・指導

　就労意欲、協調性やコミュニケーション能力の向上を図るための農園芸作業、社会生活を見据えたスキルを身に付けさせるための対人関係プログラムや生活スキルアップ学習等を行う。

3　療育手帳等の取得に向けた調整

　出所後に必要となる療育手帳等の在所中の取得に向け調整・手続を行う。調整に際し、対象者に障害の自覚が乏しい場合には、障害受容に向けたカウンセリングを実施する。

4　息の長い寄り添い型支援を可能とする調整

　対象者の意欲・能力に応じ、一般企業や福祉事業所での就業を目指して就労支援を実施し、又は福祉的支援を要する者には必要なサービスへの引継ぎを行う。令和5年1月、モデル事業の取組推進のため、長崎刑務所所在地の地方公共団体である長崎県及び諫早市と長崎刑務所との間で、地域連携協定を締結した。

　また、令和5年1月、矯正局と日本福祉大学との間で効果検証に関する連携協定が締結された。この事業の効果を検証し、得られた知見をその後の知的障害又はその疑いがある受刑者の処遇にいかしていくことが求められる。その効果によっては、全国的な展開についても考えられよう。

　このモデル事業に限らず、外部の有識者や専門家と協力し、その知見を積極的に取り入れることで、受刑者処遇を進化させ、一層の改善更生・再犯防止に努めることが求められていると言えるであろう。

6 受刑者の釈放等に関する情報の提供

法務省は、警察において、犯罪の防止や犯罪が生じた場合の対応を迅速に行うことができるようにするための協力として、次のとおり、警察庁に対し、重大事犯者を中心に一定の罪を犯した受刑者に関する情報を提供している。

平成17年6月から、刑事施設等の長は、警察庁に対し、13歳未満の者に対する強制わいせつ、強制性交等（強姦）、わいせつ目的略取誘拐、強盗・強制性交等（強盗強姦）等に係る受刑者について、釈放予定日のおおむね1か月前に、釈放予定年月日、入所年月日、帰住予定地等の情報を提供している。令和5年5月31日までに情報提供した対象者数は、2,546人であった（法務省矯正局の資料による。）。なお、同年7月13日からは、情報提供の対象罪名に不同意わいせつ、不同意性交等等が追加されたほか、対象となる被害者が16歳未満の者に改められた（強制わいせつ罪、強制性交等罪等の要件の改正等に関する刑法等の改正等については、第2編第1章1項（5）参照）。

これに加え、平成17年9月から、法務省は、警察庁に対し、殺人、強盗等の重大な犯罪やこれらの犯罪に結び付きやすいと考えられる侵入窃盗、薬物犯罪等に係る受刑者について、毎月、釈放（予定）年月日、入所年月日、出所事由等の情報を提供している。令和5年5月31日までに情報提供した対象者数は、延べ約41万人であった（法務省矯正局の資料による。）。

第4節 刑事施設の運営等

1 刑事施設視察委員会

各刑事施設（本所）には、法務大臣が任命する10人以内の外部の委員で構成される刑事施設視察委員会が設置されており、同委員会は、刑事施設を視察するなどして、その運営に関し、刑事施設の長に対して意見を述べるものとされている。令和4年度の活動状況は、会議の開催430回、刑事施設の視察177回、被収容者との面接400件であり、委員会が刑事施設の長に対して提出した意見は457件であった（法務省矯正局の資料による。）。

2 給養・医療・衛生等

被収容者には、食事及び飲料（湯茶等）が支給される。令和5年度の20歳以上の受刑者一人一日当たりの食費（予算額）は543.21円（主食費97.09円、副食費446.12円）である。高齢者、妊産婦、体力の消耗が激しい作業に従事している者や、宗教上の理由等から通常の食事を摂取できない者等に対しては、食事の内容や支給量について配慮している。また、被収容者には、日常生活に必要な衣類、寝具、日用品等も貸与又は支給されるが、日用品等について自弁のものを使用することも認めている。なお、同年度の刑事施設の被収容者一人一日当たりの収容に直接必要な費用（予算額）は、2,249円である（法務省矯正局の資料による。）。

刑事施設には、医師その他の医療専門職員が配置されて医療及び衛生関係業務に従事している。さらに、専門的に医療を行う刑事施設として、医療専門施設4庁（東日本成人矯正医療センター並びに岡崎、大阪及び北九州の各医療刑務所）を設置しているほか、医療重点施設9庁（札幌、宮城、府中、名古屋、大阪、広島、高松及び福岡の各刑務所並びに東京拘置所）を指定し、これら13庁には、医療機器や医療専門職員を集中的に配置している。

矯正医官の人員は、令和5年4月1日現在で285人（前年比10人減）であり、定員の約9割にとどまっている（法務省矯正局の資料による。）。

3 民間協力

（1）篤志面接

刑事施設では、必要があるときは、**篤志面接委員**に、被収容者と面接し、専門的知識や経験に基づいて助言指導を行うことを依頼している。その助言指導の内容は、被収容者の種々の悩みや、家庭、職業及び将来の生活に関するものから、趣味・教養に関するものまで様々である。令和4年末現在、篤志面接委員は、1,020人であり、その内訳は、教育・文芸関係者323人、更生保護関係者104人、法曹関係者81人、宗教・商工・社会福祉関係者235人、その他277人である。同年における篤志面接の実施回数は、5,991回であり、その内訳は、趣味・教養の指導3,071回、家庭・法律・職業・宗教・保護に関する相談1,125回、悩み事相談671回、その他1,124回であった（法務省矯正局の資料による。）。

（2）宗教上の儀式行事・教誨

刑事施設では、**教誨師**（民間の篤志の宗教家）に宗教上の儀式行事や教誨（読経や説話等による精神的救済）の実施を依頼し、被収容者がその希望に基づいてその儀式行事に参加し、教誨を受けられるように努めている。令和4年末現在、教誨師数は、1,635人であり、同年における宗教上の儀式行事・教誨の実施回数は、集団に対して、4,617回であり、個人に対して、3,098回であった（法務省矯正局の資料による。）。

4 規律・秩序の維持

被収容者の収容を確保し、刑事施設内における安全で平穏な生活と適切な処遇環境を維持するためには、刑事施設の規律・秩序が適正に維持されなければならない。そのために、刑事施設では、被収容者が遵守すべき事項を定めており、被収容者がこれを遵守せず、又は刑事施設の規律・秩序を維持するために職員が行った指示に従わないときは、懲罰を科することがある。令和4年に懲罰を科せられた被収容者は、延べ2万4,258人であり、懲罰理由別に見ると、怠役（正当な理由なく作業を怠ること。31.9％）が最も高い比率を占め、次いで、抗命（5.7％）、物品不正授受（4.7％）及び被収容者に暴行（4.2％）の順となっている（矯正統計年報による。）。

令和4年に刑事施設で発生した逃走、殺傷等の事故の発生状況は、**2-4-4-1表**のとおりである。

2-4-4-1表　刑事施設における事故発生状況

（令和4年）

| 総　数 | 逃　走 | | 自　殺 | 被収容者殺　傷 | 作業上死　亡 | 事故死 | 火　災 | その他 |
	件数	人員						
18（13）	－	－	13（13）	4（－）	－	－	－	1（－）

注　1　法務省矯正局の資料による。
　　2　「逃走」については、事故発生件数及び人員であり、「逃走」以外については、事故発生件数である。また、（　）内は、死亡人員である。
　　3　「被収容者殺傷」の傷害は、全治1か月以上のものである。
　　4　「その他」は、職員傷害である。

5 不服申立制度

　刑事施設の処置に対する被収容者の不服申立制度としては、一般的な制度として、民事・行政訴訟、告訴・告発、人権侵犯申告等がある。また、被収容者は、刑事収容施設法に基づき、刑事施設の長による一定の措置（信書の発受の差止めや懲罰等の処分等）については、その取消し等を求める審査の申請・再審査の申請を、刑事施設の職員による一定の事実行為（被収容者の身体に対する違法な有形力の行使等）については、その事実の確認を求める事実の申告をすることができる（いずれも、まず、矯正管区の長に対して申請・申告を行い、その判断に不服があるときは、法務大臣に対して、申請（再審査の申請）・申告を行うことができる。）ほか、自己が受けた処遇全般について、法務大臣、監査官及び刑事施設の長に対し苦情の申出をすることができる。被収容者の不服申立件数の推移（最近5年間）は、**2-4-4-2表**のとおりである。

2-4-4-2表 被収容者の不服申立件数の推移

（平成30年～令和4年）

年 次	審査の申　請	再審査の申請	事実の申告		法務大臣に対する苦情の申出	訴 訟	告訴・告　発	その他
			管区長	大臣				
30年	4,063	1,292	973	342	3,872	164	477	1,023
元	5,424	2,232	1,017	476	4,922	199	477	1,070
2	5,591	2,489	1,415	504	4,560	170	685	990
3	4,117	1,729	1,393	606	4,040	168	623	827
4	5,657	1,580	1,858	885	5,252	124	595	904

注　1　法務省矯正局の資料による。
　　2　「告訴・告発」の件数は、被収容者が捜査機関宛てに発信した告訴・告発状と題する信書の通数である。
　　3　「その他」は、人権侵犯申告、付審判請求等であり、監査官及び刑事施設の長に対する苦情の申出は含まない。

第5節　未決拘禁者等の処遇

　未決拘禁者の処遇は、逃走及び罪証隠滅を防止するとともに、被疑者又は被告人としての防御権を尊重しつつ、適正な収容を確保するよう配慮しながら行っている。昼夜、居室内で処遇を行うのが原則であり、居室は、できる限り単独室としている。

　未決拘禁者は、受刑者と異なり、衣類・寝具は自弁のものを使用するのが一般的であり、飲食物・日用品も、規律・秩序の維持その他管理運営上の支障を及ぼすおそれがない限り、広範囲に自弁のものの摂取・使用が認められている。書籍等（新聞紙及び雑誌を含む。）の閲覧は、懲罰として書籍等の閲覧を停止されている場合のほか、これを禁止し、又は制限してはならず、罪証隠滅の結果を生ずるおそれがなく、かつ、刑事施設の規律・秩序を害する結果を生ずるおそれがない限り許される。面会及び信書の発受は、刑事訴訟法上の制限があるほか、懲罰として面会及び信書の発受の停止をされている場合、被収容者において負担すべき外国語の翻訳・通訳の費用を負担しない場合、罪証隠滅の結果を生ずるおそれがある場合又は刑事施設の規律・秩序の維持上やむを得ない場合にも、制限を受けることがある。また、面会は、弁護人等との場合を除いて、原則として職員が立ち会い、信書の内容については検査が行われる。

　なお、被勾留者等は、刑事施設に収容することに代えて留置施設に留置することができるとされており（代替収容）、被勾留者は、起訴前においては留置施設に収容される場合が多い。令和4年度に留置施設に代替収容された者の一日平均収容人員は、7,222人であった（法務省矯正局の資料による。）。

　死刑の判決が確定した者は、その執行に至るまで他の被収容者と分離して刑事施設に拘置される。死刑確定者の処遇においては、必要に応じ、民間の篤志家の協力を求め、その心情の安定に資すると認められる助言、講話等を実施している。令和4年末現在、死刑確定者の収容人員は、106人であった（矯正統計年報による。）。

　民間資金等の活用による公共施設等の整備等の促進に関する法律（平成11年法律第117号）に基づき、刑事施設の整備・運営に**PFI**（Private Finance Initiative）手法（公共施設等の建築、維持管理、運営等を民間の資金・ノウハウを活用して行う手法）の活用が図られ、令和5年8月現在、美祢社会復帰促進センター（収容定員1,296人、うち女性796人）及び島根あさひ社会復帰促進センター（収容定員2,000人）がPFI手法により運営されている。

　これらの社会復帰促進センターにおいては、民間のノウハウとアイデアを活用した各種の特色あるプログラムに基づく職業訓練や改善指導を実施している。

　これらに加えて、矯正研修所、東日本成人矯正医療センター、東日本少年矯正医療・教育センター、東京西少年鑑別所等が集約されている国際法務総合センターでは、それらの維持管理及び運営業務の一部について、PFI手法を活用した民間委託を行っている。さらに、横浜刑務所、川越少年刑務所等では、被収容者の給食業務に係る運営事業について、PFI手法を活用して民間委託することが決定している。

　このほか、競争の導入による公共サービスの改革に関する法律（平成18年法律第51号）に基づき、令和5年8月現在、大阪拘置所、加古川刑務所及び高知刑務所では被収容者に対する給食業務の民間委託を、静岡刑務所、笠松刑務所、喜連川社会復帰促進センター及び播磨社会復帰促進センターでは刑事施設の運営業務の一部の民間委託を、それぞれ行っている。

第5章 更生保護

第1節 概説

1 更生保護における処遇

　保護観察付全部・一部執行猶予者は、執行猶予の期間中、保護観察に付される。また、受刑者は、地方更生保護委員会の決定により、刑期の満了前に仮釈放が許されることがあるが、仮釈放者は、仮釈放の期間中、保護観察に付される。保護観察付一部執行猶予者が仮釈放された場合は、仮釈放期間中の保護観察が終了した後、執行猶予期間中の保護観察が開始される。保護観察に付された者は、保護観察所の保護観察官及び民間のボランティアである保護司の指導監督・補導援護を受ける。

　犯罪をした者及び非行のある少年に対する更生保護における処遇は、更生保護法に基づいて行われている。

　なお、令和4年6月、刑法等の一部を改正する法律（令和4年法律第67号）が成立し、更生保護法（平成19年法律第88号）及び更生保護事業法（平成7年法律第86号）の一部改正が行われた。更生保護法については、①保護観察対象者が守らなければならない**遵守事項**（本章第3節3項参照）のうち、個々の保護観察対象者ごとに定められる**特別遵守事項**の類型に、更生保護事業を営む者等が行う特定の犯罪的傾向を改善するための専門的援助を受けることを追加すること、②保護観察対象者が被害の回復・軽減に努めるよう必要な指示等の措置を執ることを**指導監督**（本章第3節参照）の方法に明記すること、③**更生緊急保護**（本章第4節参照）について、対象の拡大、期間延長等により充実させること、④勾留中の被疑者に対し、その同意を得て、必要な**生活環境の調整**を行うことができることとすること、⑤刑執行終了者等に対し、その意思に反しないことを確認した上で、更生保護に関する専門的知識を活用し、情報提供や助言等の援助を行うことができることとすること、⑥地域社会における犯罪をした者及び非行のある少年の改善更生並びに犯罪の予防に寄与するため、地域住民や関係機関等からの相談に応じ、情報提供や助言等の援助を行うものとすることなどに係る部分の規定が、5年12月1日に施行される。また、更生保護事業法については、更生保護事業の枠組み等を整理し、同事業のうち、宿泊を伴わない一時保護事業に関して、特定の犯罪的傾向を改善するための専門的援助や生活指導等の継続的な保護を実施できることを明確にし、その名称を通所・訪問型保護事業に改めることなどに係る規定が、同日に施行される。

2 更生保護の機関

　更生保護の機関には、法務省に置かれている**中央更生保護審査会**（委員長と委員4人で組織する合議制の機関）、高等裁判所の管轄区域ごとに置かれている**地方更生保護委員会**（3人以上15人以内の委員で組織する合議制の機関）及び地方裁判所の管轄区域ごとに置かれている**保護観察所**がある。中央更生保護審査会は、法務大臣への個別恩赦の申出等の権限を有し、地方更生保護委員会は、矯正施設の長からの申出等に基づき、仮釈放・仮退院の許否を決定するなどの権限を有している。保護観察所は、保護観察、生活環境の調整、更生緊急保護の実施、犯罪予防活動の促進等の業務を行っている。

第2節　仮釈放等と生活環境の調整

1　仮釈放等

仮釈放は、「改悛の状」があり、改善更生が期待できる懲役又は禁錮の受刑者を刑期満了前に仮に釈放し、仮釈放の期間（残刑期間）が満了するまで保護観察に付することにより、再犯を防止し、その改善更生と円滑な社会復帰を促進することを目的とするものであり、その審理は地方更生保護委員会が行う。

仮釈放は、懲役又は禁錮の受刑者について、有期刑については刑期の3分の1、無期刑については10年の法定期間を経過した後、許すことができる。仮釈放を許すかどうかについては、①悔悟の情及び改善更生の意欲があるかどうか、②再び犯罪をするおそれがないかどうか、③保護観察に付することが改善更生のために相当であるかどうかを順に判断し、それらの基準を満たした者について、④社会の感情が仮釈放を許すことを是認するかどうかを最終的に確認して判断される。

また、地方更生保護委員会は、保護処分の執行のため少年院に収容されている者について、処遇の最高段階に達し、仮に退院させることが改善更生のために相当であると認めるとき、その他仮に退院させることが改善更生のために特に必要であると認めるときは、仮退院を許す。

地方更生保護委員会において、被害者等から申出があったときは、仮釈放等審理において、その意見等を聴取している（第6編第2章第1節5項参照）。

（1）仮釈放審理等

仮釈放審理を開始した人員（平成28年以降は一部執行猶予者の人員を含む。）は、20年から減少傾向にあり、令和4年は1万1,523人（前年比4.7％減）であった。このうち一部執行猶予者の人員は、952人（同19.3％減）であった（CD-ROM資料**2-7**参照）。

令和4年に、仮釈放が許可された人員と許可されなかった人員（仮釈放の申出が取り下げられた者を除く。）の合計に占める後者の比率は、4.5％（前年比0.7pt上昇）であったところ、このうち一部執行猶予者について見ると0.5％であった（CD-ROM資料**2-7**参照）。

少年院からの仮退院を許可された人員は、平成15年以降減少傾向にあり、令和4年は1,325人（前年比13.1％減）であった（CD-ROM資料**2-7**参照）。少年院入院者の人員の減少傾向が続いている（第3編第2章第4節2項参照）ことが要因と考えられる。

（2）仮釈放者の人員

出所受刑者（仮釈放、一部執行猶予の実刑部分の刑期終了、又は満期釈放により刑事施設を出所した者に限る。）の人員及び仮釈放率の推移（昭和24年以降）は、**2-5-2-1図**のとおりである。仮釈放率は、平成17年から6年連続で低下していたが、23年に上昇に転じて再び50％を超え、令和4年は62.1％（前年比1.3pt上昇）であった。これを男女別に見ると、男性が60.8％（同1.3pt上昇）、女性が74.0％（同0.0pt低下）であった（CD-ROM参照）。

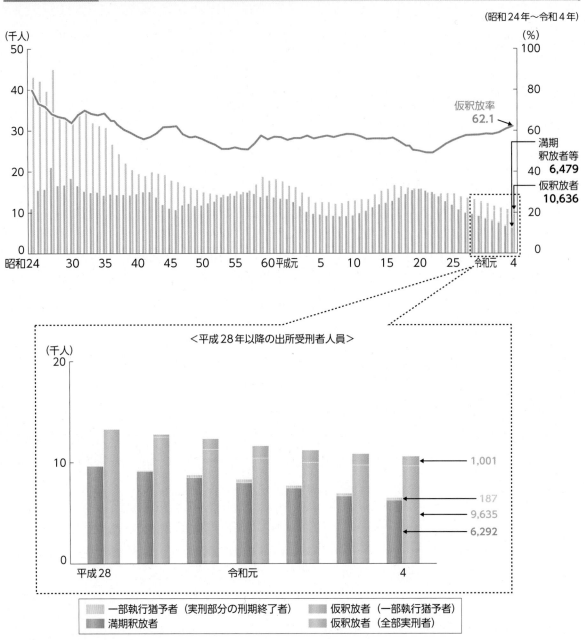

2-5-2-1図 　出所受刑者人員・仮釈放率の推移

（昭和24年～令和4年）

<＜平成28年以降の出所受刑者人員＞>

一部執行猶予者（実刑部分の刑期終了者）　　仮釈放者（一部執行猶予者）
満期釈放者　　仮釈放者（全部実刑者）

注　1　行刑統計年報及び矯正統計年報による。
　　2　「一部執行猶予者（実刑部分の刑期終了者）」及び「仮釈放者（一部執行猶予者）」は、刑の一部執行猶予制度が開始された平成28年から計上している。
　　3　女性の満期釈放者等及び仮釈放者の人員の推移等については、CD-ROM参照。

（3）刑の執行率

　2-5-2-2図は、定期刑受刑者の仮釈放許可人員について、**刑の執行率**（執行すべき刑期に対する出所までの執行期間の比率）の区分別構成比の推移（平成4年・14年・24年・30年～令和4年）を見るとともに、同年の同人員の刑の執行率を刑期別に見たものである。

2-5-2-2図　定期刑の仮釈放許可人員の刑の執行率の区分別構成比の推移等

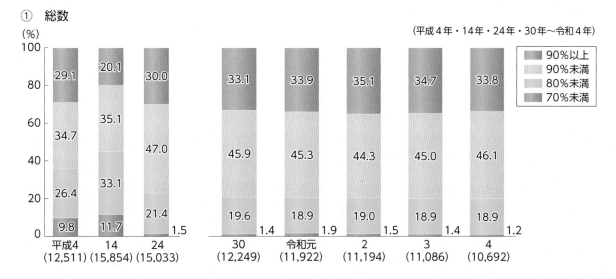

① 総数

（平成4年・14年・24年・30年〜令和4年）

凡例：
- 90%以上
- 90%未満
- 80%未満
- 70%未満

② 刑期別

（令和4年）

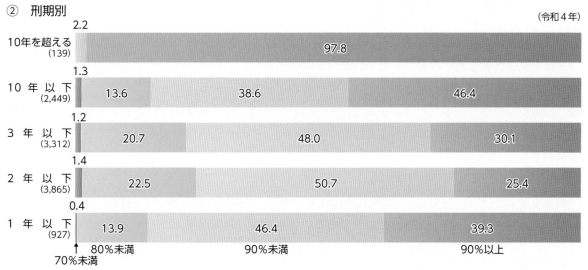

	70%未満	80%未満	90%未満	90%以上
10年を超える（139）	2.2			97.8
10 年 以 下（2,449）	1.3	13.6	38.6	46.4
3 年 以 下（3,312）	1.2	20.7	48.0	30.1
2 年 以 下（3,865）	1.4	22.5	50.7	25.4
1 年 以 下（927）	0.4	13.9	46.4	39.3

注　1　保護統計年報による。
　　2　定期刑の仮釈放許可人員のうち、一部執行猶予の実刑部分についての仮釈放許可人員は、刑の一部執行猶予制度が開始された平成28年から計上している。
　　3　一部執行猶予の場合、実刑部分の刑期に基づく。
　　4　（　）内は、実人員である。

（4）無期刑受刑者の仮釈放

　2-5-2-3表は、無期刑の仮釈放許可人員の推移（最近10年間）を刑の執行期間別に見たものである。

2-5-2-3表　無期刑仮釈放許可人員の推移（刑の執行期間別）

（平成25年〜令和4年）

刑の執行期間	25年	26年	27年	28年	29年	30年	元年	2年	3年	4年
総　　　　　数	8	4	11	6	9	10	15	9	6	5
20 年 以 内	－	－	－	－	－	－	－	－	－	－
25 年 以 内	－	－	－	－	－	－	－	－	－	－
30 年 以 内	－	1	－	－	－	－	－	－	－	－
35 年 以 内	8	2	11	5	7	10	9	3	3	3
35年を超える	－	1	－	1	2	－	6	6	3	2

注　1　法務省大臣官房司法法制部の資料による。
　　2　無期刑の仮釈放が取り消された後、再度仮釈放を許された者を除く。

2 生活環境の調整

　受刑者の帰住予定地を管轄する保護観察所は、刑事施設から受刑者の身上調査書の送付を受けるなどした後、保護観察官又は保護司が引受人等と面接するなどして、帰住予定地の状況を確かめ、住居、就労先等の生活環境を整えて改善更生に適した環境作りを働き掛ける**生活環境の調整**を実施している。この結果は、仮釈放審理における資料となるほか、受刑者の社会復帰の基礎となる。

　また、地方更生保護委員会は、保護観察所が行う生活環境の調整について、必要な指導・助言を行うほか、調整が複数の保護観察所において行われる場合には当該保護観察所相互間の連絡調整を行う。加えて、これらの指導、助言、連絡調整の措置をとるに当たって必要があると認めるときは、受刑者に対する調査を行うことが可能である。さらに、地方更生保護委員会は、保護観察付一部執行猶予者について、猶予期間に先立って仮釈放がない場合、実刑部分の執行から猶予期間中の保護観察へ円滑に移行できるよう、生活環境の調整の結果を踏まえて審理し（**住居特定審理**）、その者が居住すべき住居を釈放前に特定することができる。令和4年に住居特定審理を経て住居が特定された保護観察付一部執行猶予者は、120人（前年比119人減）であった（保護統計年報による。）。

　令和4年に生活環境の調整を開始した受刑者の人員は、2万8,648人（前年比10.1％減）であり、このうち保護観察付一部執行猶予者の人員は1,806人であった（保護統計年報による。）。

　高齢者又は障害を有する者で、かつ、適当な帰住先がない受刑者等について、釈放後速やかに、必要な介護、医療、年金等の福祉サービスを受けることができるようにするための取組として、**特別調整**（本編第4章第3節5項参照）を実施している。具体的には、福祉サービス等を受ける必要があると認められること、その者が支援を希望していることなどの特別調整の要件を全て満たす矯正施設の被収容者を矯正施設等及び保護観察所が選定し、各都道府県が設置する**地域生活定着支援センター**（厚生労働省の地域生活定着促進事業により設置）に依頼して、適当な帰住先の確保を含め、出所後の福祉サービス等について特別に調整を行っている。特別調整の終結人員（少年を含む。）の推移（最近10年間）は、**2-5-2-4図**のとおりである。特別調整の終結人員は、平成24年度から増加傾向にあったが、令和4年度は減少し、752人であった（CD-ROM参照）。

2-5-2-4図　特別調整の終結人員の推移

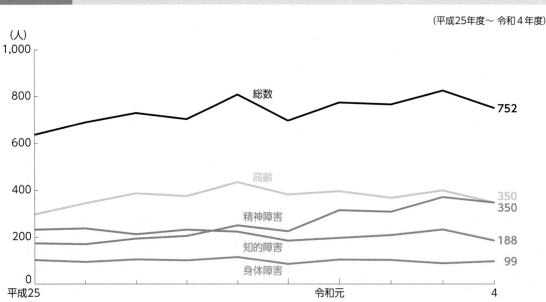

（平成25年度〜 令和4年度）

注　1　法務省保護局の資料による。
　　2　終結人員は、少年を含む。
　　3　終結人員は、特別調整の希望の取下げ及び死亡によるものを含む。
　　4　内訳は重複計上による。

第3節　保護観察

　保護観察は、保護観察対象者の再犯・再非行を防ぎ、その改善更生を図ることを目的として、その者に通常の社会生活を営ませながら、保護観察官と、法務大臣から委嘱を受けた民間のボランティアである保護司が協働して実施する（事案に応じて、複数の保護観察官又は保護司が担当する場合もある。）。保護観察官及び保護司は、面接等の方法により接触を保ち行状を把握することや、遵守事項及び生活行動指針を守るよう必要な指示、措置を執るなどの**指導監督**を行い、また、自立した生活ができるように住居の確保や就職の援助等の**補導援護**を行う。

　保護観察対象者は、家庭裁判所の決定により保護観察に付されている者（**保護観察処分少年**）、少年院からの仮退院を許されて保護観察に付されている者（**少年院仮退院者**）、仮釈放を許されて保護観察に付されている者（**仮釈放者**）、刑の執行を猶予されて保護観察に付されている者（**保護観察付全部執行猶予者**及び**保護観察付一部執行猶予者**）及び婦人補導院からの仮退院を許されて保護観察に付されている者（**婦人補導院仮退院者**）の５種類である。なお、令和４年法律第52号による売春防止法の改正により、６年４月１日に、婦人補導院は廃止される（本編第４章第１節参照）。

　保護観察対象者は、保護観察期間中、**遵守事項**を遵守しなければならず、これに違反した場合には、仮釈放の取消し等のいわゆる不良措置が執られることがある。遵守事項には、全ての保護観察対象者が守るべきものとして法律で規定されている**一般遵守事項**と、個々の保護観察対象者ごとに定められる**特別遵守事項**とがあり、特別遵守事項は、主として次の五つの類型、すなわち、①犯罪又は非行に結び付くおそれのある特定の行動をしないこと、②健全な生活態度を保持するために必要と認められる特定の行動を実行又は継続すること、③指導監督を行うため事前に把握しておくことが特に重要と認められる生活上又は身分上の特定の事項について、あらかじめ、保護観察官又は保護司に申告すること、④特定の犯罪的傾向を改善するための専門的処遇を受けること（本節２項（３）参照）、⑤社会貢献活動を一定の時間行うこと（本節２項（10）参照）の中から、保護観察対象者の改善更生のために特に必要と認められる範囲内で具体的に定められる。また、保護観察対象者には、遵守事項のほか、改善更生に資する生活又は行動の指針となる**生活行動指針**が定められることがあり、遵守事項と共に、指導の基準とされる。

1　保護観察対象者の人員等

（1）保護観察開始人員の推移

　2-5-3-1図は、仮釈放者（全部実刑者及び一部執行猶予者）及び保護観察付全部・一部執行猶予者の保護観察開始人員の推移（昭和24年以降）並びに**全部執行猶予者の保護観察率**の推移（32年以降）を見たものである。なお、仮釈放者（全部実刑者及び一部執行猶予者）及び保護観察付全部・一部執行猶予者の保護観察開始人員は、事件単位の延べ人員である（特に断らない限り、以下この項において同じ。）。

　令和４年の保護観察開始人員については、仮釈放者（全部実刑者及び一部執行猶予者）及び保護観察付全部・一部執行猶予者のいずれも前年より減少した（前年比1.1％減、同8.2％減、同16.0％減、同6.9％減）。全部執行猶予者の保護観察率は、平成20年までの低下傾向が21年に上昇に転じた後、25年から27年まで10.0％が続いていたが、28年以降再び低下し、令和４年は6.2％と前年より0.4pt低下した（一部執行猶予者の保護観察率についてはCD-ROM資料**2-8**参照）。

　なお、令和４年には、婦人補導院からの仮退院を許されて保護観察に付された者はいなかった（CD-ROM資料**2-8**参照）。

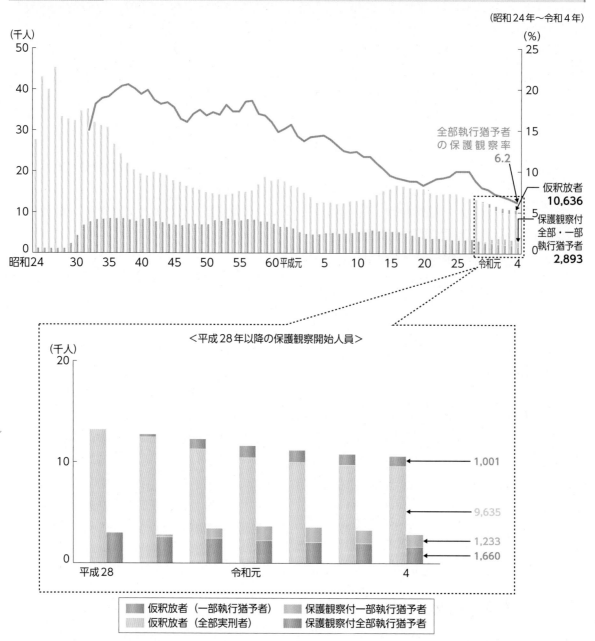

2-5-3-1図　保護観察開始人員・全部執行猶予者の保護観察率の推移

（昭和24年〜令和4年）

全部執行猶予者
の保護観察率
6.2

仮釈放者
10,636

保護観察付
全部・一部
執行猶予者
2,893

＜平成28年以降の保護観察開始人員＞

1,001

9,635

1,233

1,660

■ 仮釈放者（一部執行猶予者）　■ 保護観察付一部執行猶予者
■ 仮釈放者（全部実刑者）　　　■ 保護観察付全部執行猶予者

注　1　法務統計年報、保護統計年報及び検察統計年報による。
　　2　「全部執行猶予者の保護観察率」については、検察統計年報に全部執行猶予者の保護観察の有無が掲載されるようになった昭和32年
　　　以降の数値を示した。
　　3　「仮釈放者（一部執行猶予者）」及び「保護観察付一部執行猶予者」は、刑の一部執行猶予制度が開始された平成28年から計上して
　　　いる。

　令和4年末の保護観察対象者の人員は、仮釈放者（全部実刑者）が3,692人（前年末比4.3％減）、
仮釈放者（一部執行猶予者）が281人（同19.3％減）、保護観察付全部執行猶予者が6,313人（同
9.5％減）、保護観察付一部執行猶予者が2,359人（同9.5％減）であった（保護統計年報による。）。

（2）保護観察対象者の特徴

ア　年齢

　2-5-3-2図は、仮釈放者（全部実刑者及び一部執行猶予者）及び保護観察付全部・一部執行猶予者
について、令和4年における保護観察開始人員の年齢層別構成比を見たものである。

2-5-3-2図　保護観察開始人員の年齢層別構成比

（令和4年）

① 仮釈放者

	20～29歳	30～39歳	40～49歳	50～64歳	65歳以上
仮釈放者（全部実刑者）(9,635)	15.0	21.8	24.7	27.1	11.4
仮釈放者（一部執行猶予者）(1,001)	6.5	24.0	38.8	26.8	4.0

② 保護観察付全部・一部執行猶予者

	20～29歳	30～39歳	40～49歳	50～64歳	65歳以上
保護観察付全部執行猶予者(1,660)	29.8	19.7	20.5	18.9	10.9
保護観察付一部執行猶予者(1,233)	6.3	22.7	37.1	30.3	3.6

└ 20歳未満0.2

注 1 法務省大臣官房司法法制部の資料による。
　 2 保護観察に付された日の年齢による。
　 3 （ ）内は、実人員である。

イ　罪名

2-5-3-3図は、仮釈放者（全部実刑者及び一部執行猶予者）及び保護観察付全部・一部執行猶予者について、令和4年における保護観察開始人員の罪名別構成比を見たものである。

2-5-3-3図　保護観察開始人員の罪名別構成比

（令和4年）

① 仮釈放者
ア　全部実刑者

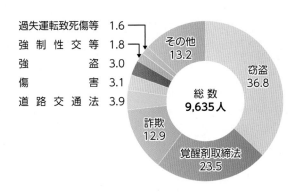

過失運転致死傷等 1.6
強制性交等 1.8
強盗 3.0
傷害 3.1
道路交通法 3.9
その他 13.2
窃盗 36.8
詐欺 12.9
覚醒剤取締法 23.5
総数 9,635人

イ　一部執行猶予者

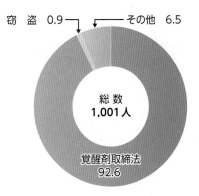

窃盗 0.9
その他 6.5
覚醒剤取締法 92.6
総数 1,001人

② 保護観察付全部・一部執行猶予者
ア　全部執行猶予者

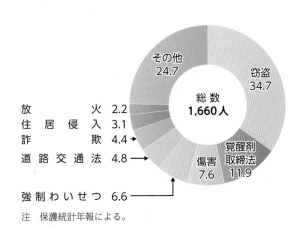

その他 24.7
窃盗 34.7
放火 2.2
住居侵入 3.1
詐欺 4.4
道路交通法 4.8
強制わいせつ 6.6
傷害 7.6
覚醒剤取締法 11.9
総数 1,660人

イ　一部執行猶予者

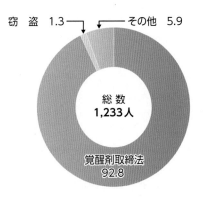

窃盗 1.3
その他 5.9
覚醒剤取締法 92.8
総数 1,233人

注 保護統計年報による。

ウ 保護観察期間

2-5-3-4図は、仮釈放者（全部実刑者及び一部執行猶予者）及び保護観察付全部・一部執行猶予者について、令和4年における保護観察開始人員の保護観察期間別構成比を見たものである。

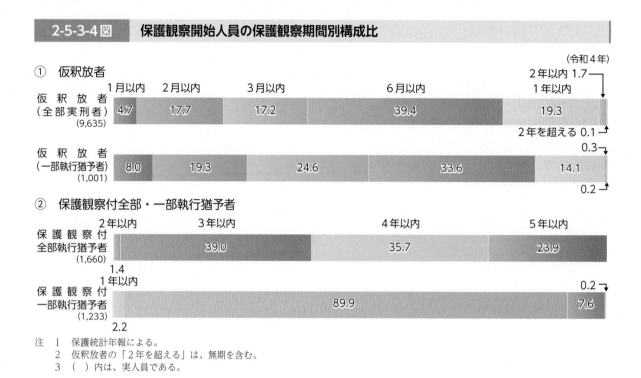

2-5-3-4図　保護観察開始人員の保護観察期間別構成比

（令和4年）

① 仮釈放者

② 保護観察付全部・一部執行猶予者

注　1　保護統計年報による。
　　2　仮釈放者の「2年を超える」は、無期を含む。
　　3　（　）内は、実人員である。

エ 居住状況

2-5-3-5図は、仮釈放者（全部実刑者及び一部執行猶予者）及び保護観察付全部・一部執行猶予者について、令和4年における保護観察開始人員の居住状況別構成比を見たものである。

2-5-3-5図　保護観察開始人員の居住状況別構成比

（令和4年）

① 仮釈放者

② 保護観察付全部・一部執行猶予者

注　1　保護統計年報による。
　　2　保護観察開始時の居住状況による。
　　3　「配偶者」は、内縁関係にある者を含む。
　　4　「その他」は、居住状況が不詳の者を含む。
　　5　（　）内は、実人員である。

2 保護観察対象者に対する処遇

保護観察対象者の処遇は、原則として、保護観察官と保護司が協働して実施するほか、定期駐在制度（保護観察官が、市町村や公的機関、各更生保護施設等、あらかじめ定められた場所に、毎週又は毎月等定期的に出張し、保護観察対象者やその家族等関係者との面接等を行うもの）を併せて実施している。

（1）アセスメントに基づく保護観察の実施

保護観察対象者に対するより効果的な処遇を実施するため、令和3年1月から、**CFP**（Case Formulation in Probation/Parole）を活用した**アセスメントに基づく保護観察**を実施している。

CFPは、理論的かつ実証的な根拠を基盤とし、再犯リスクの程度の評価や処遇方針の決定に資する情報の収集及び分析の方法を構造化したアセスメントツールであり、平成30年10月からの試行期間を経て導入したものである。

具体的には、保護観察対象者の属性、犯罪・非行歴等に基づいて再犯リスクの程度を評定するとともに、家庭、家庭以外の対人関係、就労・就学、物質使用、余暇、経済状態、犯罪・非行等の状況、心理・精神状態の8つの領域ごとに犯罪や非行に結び付く要因及び改善更生に資する事項（強み）を抽出し、これらの相互作用、因果関係等について分析して図示することなどにより、犯罪や非行に至る過程や、処遇による介入対象とすべき要因を明らかにするものである。

保護観察の実施に当たっては、これらの分析結果等を踏まえて保護観察対象者ごとに接触頻度等の処遇密度（処遇区分）を定めるとともに、保護観察の実施計画を作成するなどして、指導監督・補導援護その他の措置を適期適切に行い、処遇の実効性を高めている。

（2）類型別処遇

類型別処遇は、保護観察対象者の問題性その他の特性を、その犯罪・非行の態様等によって類型化して把握し、類型ごとに共通する問題性等に焦点を当てた処遇を実施するものである。令和3年1月に、保護観察の実効性を一層高めることを目的として、類型に新たに「ストーカー」、「特殊詐欺」、「嗜癖的窃盗」及び「就学」を加え、「暴力団等」及び「薬物」について認定対象を拡大するなどしたほか、各類型が着目する領域にまとめられ、全体の構造が体系化された。4年末における仮釈放者（全部実刑者及び一部執行猶予者）及び保護観察付全部・一部執行猶予者の類型認定状況は、**2-5-3-6表**のとおりである。

2-5-3-6表 保護観察対象者の類型認定状況

(令和4年末現在)

領域区分	類型	仮釈放者（全部実刑者）		仮釈放者（一部執行猶予者）		保護観察付全部執行猶予者		保護観察付一部執行猶予者	
関係性領域	児童虐待	10	(0.3)	–		97	(1.5)	1	(0.0)
	配偶者暴力	15	(0.4)	–		84	(1.3)	10	(0.4)
	家庭内暴力	10	(0.3)	–		104	(1.6)	2	(0.1)
	ストーカー	9	(0.2)	–		147	(2.3)	3	(0.1)
不良集団領域	暴力団等	32	(0.9)	1	(0.4)	38	(0.6)	67	(2.8)
	暴走族	–		–		3	(0.0)	1	(0.0)
	特殊詐欺	531	(14.4)	–		248	(3.9)	4	(0.2)
社会適応領域	就労困難	1,035	(28.0)	44	(15.7)	967	(15.3)	302	(12.8)
	就学	–		–		9	(0.1)	–	
	精神障害	515	(13.9)	58	(20.6)	1,215	(19.2)	467	(19.8)
	発達障害	25	(0.7)	3	(1.1)	200	(3.2)	24	(1.0)
	知的障害	71	(1.9)	2	(0.7)	254	(4.0)	18	(0.8)
	高齢	475	(12.9)	6	(2.1)	588	(9.3)	85	(3.6)
嗜癖領域	薬物	977	(26.5)	262	(93.2)	1,100	(17.4)	2,145	(90.9)
	アルコール	381	(10.3)	5	(1.8)	633	(10.0)	112	(4.7)
	性犯罪	245	(6.6)	7	(2.5)	982	(15.6)	38	(1.6)
	ギャンブル	441	(11.9)	9	(3.2)	369	(5.8)	51	(2.2)
	嗜癖的窃盗	118	(3.2)	11	(3.9)	329	(5.2)	11	(0.5)

注 1 保護統計年報及び法務省保護局の資料による。
　　2 複数の類型に認定されている者については、該当する全ての類型について計上している。
　　3 発達障害及び知的障害は、精神障害の内数である。
　　4 （　）内は、令和4年末現在、保護観察中の仮釈放者（全部実刑者）、仮釈放者（一部執行猶予者）、保護観察付全部執行猶予者又は保護観察付一部執行猶予者の各総数（類型が認定されていない者を含む。）のうち、各類型に認定された者の占める比率である。

（3）専門的処遇プログラム

　ある種の犯罪的傾向を有する保護観察対象者に対しては、指導監督の一環として、その傾向を改善するために、心理学等の専門的知識に基づき、認知行動療法（自己の思考（認知）のゆがみを認識させて行動パターンの変容を促す心理療法）を理論的基盤とし、体系化された手順による処遇を行う**専門的処遇プログラム**が実施されている。

　専門的処遇プログラムとしては、**性犯罪再犯防止プログラム、薬物再乱用防止プログラム、暴力防止プログラム**及び**飲酒運転防止プログラム**の4種があり、その処遇を受けることを特別遵守事項として義務付けて実施している。

　性犯罪再犯防止プログラムは、自己の性的欲求を満たすことを目的とする犯罪に当たる行為を反復する傾向を有する者に対し、性犯罪に当たる行為に結び付くおそれのある認知の偏り及び自己統制力の不足等の自己の問題性について理解させるとともに、再び性犯罪に当たる行為をしないようにするための具体的な方法を習得させ、前記傾向を改善するものであり、コアプログラムを中核として、導入プログラム、メンテナンスプログラム及び家族プログラムを内容とする。このうちコアプログラムを受けることを特別遵守事項として義務付けている。

　薬物再乱用防止プログラムは、依存性薬物（規制薬物等（薬物使用等の罪を犯した者に対する刑の一部の執行猶予に関する法律2条1項に規定する規制薬物等）、指定薬物（医薬品医療機器等法2条15項に規定する指定薬物）及び危険ドラッグ（その形状、包装、名称、販売方法、商品種別等に照らして、過去に指定薬物が検出された物品と類似性があり、指定薬物と同等以上に精神毒性を有する蓋然性が高い物である疑いのある物品）をいう。以下（3）及び（6）において同じ。）の使用を反復する傾向を有する者に対し、依存性薬物の悪影響と依存性を認識させ、依存性薬物を乱用するに至った自己の問題性について理解させるとともに、再び依存性薬物を乱用しないようにするための具体的な方法を習得させ、実践させるものであり、コアプログラム、コアプログラムの内容を定着・応

用又は実践させるためのステップアッププログラム及び**簡易薬物検出検査**を内容とする。なお、薬物使用等の罪を犯した者に対する刑の一部の執行猶予に関する法律の規定により保護観察に付された者については、原則として、薬物再乱用防止プログラムを受けることを猶予期間中の保護観察における特別遵守事項として定めている。

　暴力防止プログラムは、身体に対する有形力の行使により、他人の生命又は身体の安全を害する犯罪に当たる行為を反復する傾向を有する者に対し、怒りや暴力につながりやすい考え方の変容や暴力の防止に必要な知識の習得を促すとともに、同種の再犯をしないようにするための具体的な方法を習得させ、前記傾向を改善するものである。なお、令和元年10月から、児童に対する虐待行為をした者について、暴力防止プログラムの対象者には当たらない場合であっても、その問題性に適合し、かつ改善更生に資する処遇を行うことを目的として、同プログラム（児童虐待防止版）が試行されている。

　飲酒運転防止プログラムは、飲酒運転を反復する傾向を有する者に対し、アルコールが心身及び自動車等の運転に与える影響を認識させ、飲酒運転に結び付く自己の問題性について理解させるとともに、再び飲酒運転をしないようにするための具体的な方法を習得させ、前記傾向を改善するものである。

　これらの専門的処遇プログラムは、特別遵守事項として義務付けて実施する以外に、必要に応じて生活行動指針として定めるなどして実施することもある。専門的処遇プログラムによる処遇の開始人員の推移（最近10年間）は、**2-5-3-7図**のとおりである。

2-5-3-7図　専門的処遇プログラムによる処遇の開始人員の推移

（平成25年～令和4年）

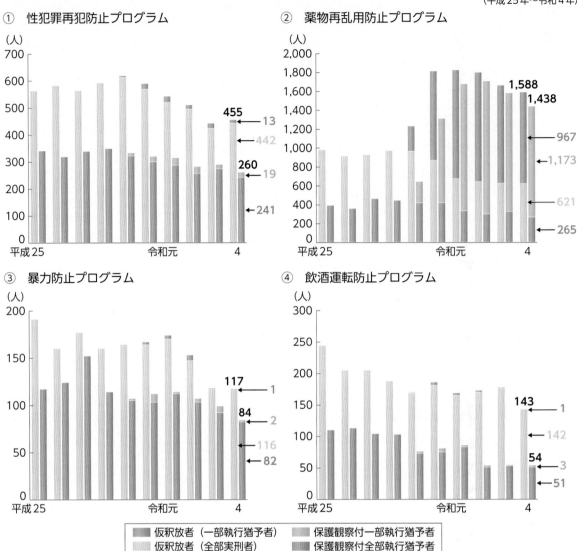

① 性犯罪再犯防止プログラム
② 薬物再乱用防止プログラム
③ 暴力防止プログラム
④ 飲酒運転防止プログラム

仮釈放者（一部執行猶予者）　　保護観察付一部執行猶予者
仮釈放者（全部実刑者）　　保護観察付全部執行猶予者

注　1　法務省保護局の資料による。
　　2　「性犯罪再犯防止プログラム」については、平成25年から令和4年3月までは、「性犯罪者処遇プログラム」による処遇の開始人員を計上している。
　　3　「薬物再乱用防止プログラム」については、平成25年から28年5月までは、「覚せい剤事犯者処遇プログラム」による処遇の開始人員を計上している。
　　4　「暴力防止プログラム」及び「飲酒運転防止プログラム」については、プログラムによる処遇を特別遵守事項によらずに受けた者を含む。
　　5　「仮釈放者（一部執行猶予者）」及び「保護観察付一部執行猶予者」は、刑の一部執行猶予制度が開始された平成28年から計上している。
　　6　仮釈放期間満了後、一部執行猶予期間を開始した保護観察付一部執行猶予者については、「仮釈放者（一部執行猶予者）」及び「保護観察付一部執行猶予者」の両方に計上している。

（4）しょく罪指導プログラム等

　自己の犯罪により被害者を死亡させ若しくは重大な傷害を負わせた事件又は被害者に重大な財産的損失を与えた事件による保護観察対象者には、**しょく罪指導プログラム**による処遇を行うとともに、被害者等の意向にも配慮して、誠実に慰謝等の措置に努めるように指導している。令和4年にしょく罪指導プログラムの実施が終了した人員は、373人であった（法務省保護局の資料による。）。

　なお、平成25年4月から、法テラス（本編第1章2項及び第6編第2章第1節7項参照）と連携し、一定の条件に該当する保護観察対象者が被害弁償等を行うに当たっての法的支援に関する手続が実施されている（令和4年度までの処理件数は27件であった（法テラスの資料による。）。）。

（5）特定暴力対象者に対する処遇等

　仮釈放者及び保護観察付全部・一部執行猶予者のうち、暴力的性向があり処遇上特に注意を要する者で、児童虐待、配偶者暴力、家庭内暴力、ストーカー、暴力団等、精神障害、薬物、アルコールのいずれかの類型に認定された者等を**特定暴力対象者**とし（なお、令和３年１月の類型別処遇の一部改正に伴い、対象となる類型が変更された。）、保護観察官が直接、又は直接的関与を強化した保護司との協働態勢で、処遇を実施している。４年に特定暴力対象者として認定された人員（受理人員）は、仮釈放者（全部実刑者）が190人、仮釈放者（一部執行猶予者）が７人、保護観察付全部執行猶予者が33人、保護観察付一部執行猶予者が４人であった（法務省保護局の資料による。）。

　このほか、保護観察所と警察との間において、ストーカー行為等に係る仮釈放者及び保護観察付全部・一部執行猶予者について、保護観察実施上の特別遵守事項及びそれぞれが把握した当該対象者の問題行動等の情報を共有し、再犯を防止するための連携強化を図っている。

（6）薬物事犯者に対する処遇

　保護観察所においては、薬物事犯者の保護観察対象者に対し、薬物依存に関する専門的な知見に基づいて、薬物依存に関する専門的な処遇を実施する体制を整備し、薬物再乱用防止プログラム（本項（３）参照）に加えて、以下の処遇も行っている。

ア　自発的意思に基づく簡易薬物検出検査

　依存性薬物の所持・使用により保護観察に付された者であって、薬物再乱用防止プログラム（本項（３）参照）に基づく指導が義務付けられず、又はその指導を受け終わった者等に対し、必要に応じて、断薬意志の維持等を図るために、その者の自発的意思に基づいて**簡易薬物検出検査**を実施することがある。令和４年における実施件数は5,507件であった（法務省保護局の資料による。）。

イ　他機関等との連携による地域での薬物事犯者処遇

　保護観察所は、依存性薬物に対する依存がある保護観察対象者等について、民間の薬物依存症リハビリテーション施設等に委託し、依存性薬物の使用経験のある者のグループミーティングにおいて、当該依存に至った自己の問題性について理解を深めるとともに、依存性薬物に対する依存の影響を受けた生活習慣等を改善する方法を習得することを内容とする**薬物依存回復訓練**を実施している。令和４年度に同訓練を委託した施設数は65施設であり（前年度比15施設増）、委託した実人員は、531人（同97人減）であった（法務省保護局の資料による。）。

　また、保護観察所は、規制薬物等に対する依存がある保護観察対象者の改善更生を図るための**指導監督**（本節参照）の方法として、医療・援助を受けることの指示等（**通院等指示**）を行っているところ、一定の要件を満たした者について、コアプログラムの開始を延期若しくは一部免除し、又はステップアッププログラムの開始を延期若しくは一時的に実施しないことができる。令和４年において、コアプログラムの開始を延期した件数は71件、ステップアッププログラムを一時的に実施しないこととした件数は89件であった（法務省保護局の資料による。）。

　さらに、薬物犯罪の保護観察対象者が、保護観察終了後も薬物依存からの回復のための必要な支援を受けられるよう、保護観察の終了までに、精神保健福祉センター等が行う薬物依存からの回復プログラムや薬物依存症リハビリテーション施設等におけるグループミーティング等の支援につなげるなどしている。令和４年度において、保健医療機関等による治療・支援を受けた者は481人であった（法務省保護局の資料による。）。

（7）窃盗事犯者に対する処遇

　窃盗事犯者は、保護観察対象者の多くを占め、再犯率が高いことから、嗜癖的な窃盗事犯者に対しては、その問題性に応じ、令和２年３月から、「窃盗事犯者指導ワークブック」や自立更生促進センターが作成した処遇プログラムを活用して保護観察を実施している（女性の保護観察対象者のうち、

窃盗事犯者に対する処遇については、第4編第7章第2節3項参照）。

（8）中間処遇制度

無期刑又は長期刑の仮釈放者は、段階的に社会復帰させることが適当な場合があるため、本人の意向も踏まえ、必要に応じ、仮釈放後1か月間、更生保護施設で生活させて指導員による生活指導等を受けさせる**中間処遇**を行っており、令和4年は32人に対して実施した（法務省保護局の資料による。）。

（9）就労支援

出所受刑者等の社会復帰には、就労による生活基盤の安定が重要な意味を持つため、従来から保護観察の処遇において就労指導に重きを置いているが、法務省は、厚生労働省と連携し、出所受刑者等の就労の確保に向けて、**刑務所出所者等総合的就労支援対策**を実施している（本章第6節4項（3）参照）。また、令和4年度は、保護観察所25庁が**更生保護就労支援事業**を実施している（法務省保護局の資料による。）。

なお、令和4年度に刑務所出所者等総合的就労支援対策を実施した保護観察所において、就職活動支援が終了した者は延べ2,390人であり、そのうち延べ1,750人（73.2％）が就職に至った（法務省保護局の資料による。）。

（10）社会貢献活動

保護観察対象者による**社会貢献活動**は、自己有用感の涵養、規範意識や社会性の向上を図るため、公共の場所での清掃活動や、福祉施設での介護補助活動といった地域社会の利益の増進に寄与する社会的活動を継続的に行うことを内容とするものである。活動の実施においては、他者とコミュニケーションを図ることによって処遇効果が上がることを期待し、更生保護女性会員やBBS会員等の協力者を得て行われることが多い。令和元年に実施要領が改訂され、実施回数や対象者の選定がより柔軟に行われるようになった。

令和5年3月末現在、活動場所として2,085か所（うち、福祉施設1,029か所、公共の場所813か所）が登録されている。また、実施回数、参加延べ人数について、4年度は、362回（前年度比40回増）、570人（同16人増）であった。同年度の参加延べ人数の内訳は、保護観察処分少年253人、少年院仮退院者42人、仮釈放者123人、保護観察付全部・一部執行猶予者152人であった（法務省保護局の資料による。）。

（11）自立更生促進センター

親族等や民間の更生保護施設では円滑な社会復帰のために必要な環境を整えることができない仮釈放者、少年院仮退院者等を対象とし、保護観察所に併設した宿泊施設に宿泊させながら、保護観察官による濃密な指導監督や充実した就労支援を行うことで、対象者の再犯防止と自立を図ることを目的に設立された国立の施設を**自立更生促進センター**といい、全国に四つの施設がある。北九州自立更生促進センター（平成21年6月開所、定員男性14人）及び福島自立更生促進センター（22年8月開所、定員男性20人）は、仮釈放者等を対象とし、犯罪傾向等の問題性に応じた重点的・専門的な処遇を行っている。自立更生促進センターのうち、主として農業の職業訓練を実施する施設を**就業支援センター**といい、少年院仮退院者等を対象とする北海道の沼田町就業支援センター（19年10月開所、定員男性12人）、仮釈放者等を対象とする茨城就業支援センター（21年9月開所、定員男性12人）が、それぞれ運営されている。各施設における開所の日から令和5年3月末までの入所人員は、北九州自立更生促進センターが376人、福島自立更生促進センターが170人、沼田町就業支援センターが82人、茨城就業支援センターが208人である（法務省保護局の資料による。）。

3　保護観察対象者に対する措置等

（1）良好措置

　保護観察対象者が健全な生活態度を保持し、善良な社会の一員として自立し、改善更生することができると認められる場合に執られる措置として、不定期刑の仮釈放者について刑の執行を受け終わったものとする**不定期刑終了**及び保護観察付全部・一部執行猶予者について保護観察を仮に解除する**仮解除**がある（少年の保護観察対象者に対する良好措置については、第3編第2章第5節4項（1）参照）。令和4年に、不定期刑終了が決定した仮釈放者はなく、仮解除が決定した保護観察付全部執行猶予者は76人、保護観察付一部執行猶予者は2人であった（保護統計年報による。）。

（2）不良措置

　保護観察対象者に遵守事項違反又は再犯等があった場合に執られる措置として、仮釈放者に対する**仮釈放の取消し**、保護観察付全部・一部執行猶予者に対する**刑の執行猶予の言渡しの取消し**及び婦人補導院仮退院者に対する婦人補導院に再収容する**仮退院の取消し**がある（少年の保護観察対象者に対する不良措置については、第3編第2章第5節4項（2）参照）。

　保護観察対象者が出頭の命令に応じない場合等には、保護観察所の長は、裁判官が発する引致状により引致することができ、さらに、引致された者のうち、仮釈放者、婦人補導院仮退院者及び少年院仮退院者については地方更生保護委員会が、保護観察付全部・一部執行猶予者については保護観察所の長が、それぞれ一定の期間留置することもできる。令和4年中に引致された者（保護観察処分少年及び少年院仮退院者を含む。）は139人で、そのうち留置された者は129人であった（保護統計年報による。）。

　なお、所在不明になった仮釈放者については、刑期の進行を止める**保護観察の停止**をすることができるところ、令和4年にこの措置が決定した仮釈放者は142人であった（保護統計年報による。）。また、所在不明となった仮釈放者及び保護観察付全部・一部執行猶予者の所在を迅速に発見するために、保護観察所の長は、警察からその所在に関する情報の提供を受けているが、同年に、この情報提供により74人（仮釈放者（保護観察付一部執行猶予者であって仮釈放中の者を含む。）49人、保護観察付全部執行猶予者12人、保護観察付一部執行猶予者（仮釈放中の者を除く。）13人）、当該情報提供によらない保護観察所の調査により40人（同22人、15人、3人）の所在が、それぞれ判明した（法務省保護局の資料による。）。

4　保護観察の終了

　2-5-3-8図は、仮釈放者（全部実刑者及び一部執行猶予者）及び保護観察付全部・一部執行猶予者について、令和4年における保護観察終了人員の終了事由別構成比を見たものである。仮釈放者のうち、一部執行猶予者1,068人については、1,041人が仮釈放の期間を満了（うち1,040人が引き続き保護観察付一部執行猶予者として保護観察を開始）し、23人が仮釈放の取消しで終了した。一方、保護観察付一部執行猶予者で執行猶予の期間を満了して保護観察を終了した者は1,121人で、刑の執行猶予の言渡しの取消しで終了した者は337人であった（CD-ROM参照）。

　取消しで保護観察が終了した者の割合について見ると、仮釈放者（仮釈放の取消し）よりも保護観察付全部執行猶予者（刑の執行猶予の言渡しの取消し）の方が著しく高い。しかしながら、仮釈放者は、保護観察期間が6月以内である者が4分の3以上を占めている一方、保護観察付全部執行猶予者は、2年を超えて長期間にわたる者がほとんどである（**2-5-3-4図**CD-ROM参照）という保護観察期間の違いに留意する必要がある。

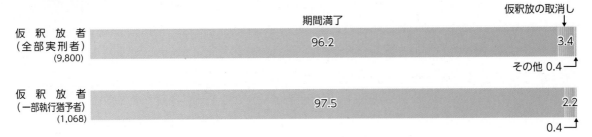

2-5-3-8図　**保護観察終了人員の終了事由別構成比**

(令和4年)

① 仮釈放者

仮 釈 放 者
（全部実刑者）
(9,800)

期間満了　96.2　｜　仮釈放の取消し 3.4　｜　その他 0.4

仮 釈 放 者
（一部執行猶予者）
(1,068)

97.5　｜　2.2　｜　0.4

② 保護観察付全部・一部執行猶予者

保 護 観 察 付
全部執行猶予者
(2,319)

期間満了　74.6　｜　刑の執行猶予の取消し 21.4　｜　4.1　｜　その他

保 護 観 察 付
一部執行猶予者
(1,485)

75.5　｜　22.7　｜　1.8

注　1　保護統計年報による。
　　2　仮釈放者の「その他」は、不定期刑終了、保護観察停止中時効完成及び死亡等であり、保護観察付全部執行猶予者及び保護観察付一部執行猶予者の「その他」は、死亡等である。
　　3　（　）内は、実人員である。

第4節　応急の救護・更生緊急保護の措置等

　保護観察所では、保護観察対象者が、適切な医療、食事、住居その他の健全な社会生活を営むために必要な手段を得ることができないため、その改善更生が妨げられるおそれがある場合は、医療機関、福祉機関等から必要な援助を得るように助言・調整を行っているが、その援助が直ちに得られないなどの場合、保護観察対象者に対して、食事、衣料、旅費等を給与若しくは貸与し、又は宿泊場所等の供与を更生保護施設に委託するなどの緊急の措置（**応急の救護**）を講じている。

　また、満期釈放者、保護観察に付されない全部又は一部執行猶予者、起訴猶予者、罰金又は科料の言渡しを受けた者、労役場出場者、少年院退院者・仮退院期間満了者等に対しても、その者の申出に基づいて、応急の救護と同様の措置である**更生緊急保護**の措置を講じている。更生緊急保護は、刑事上の手続等による身体の拘束を解かれた後6月を超えない範囲内（特に必要があると認められるときは、更に6月を超えない範囲内）において行うことができる。

　2-5-4-1表は、令和4年における応急の救護等（補導援護としての措置を含む。以下この章において同じ。）及び更生緊急保護の措置の実施状況を見たものである。

2-5-4-1表　応急の救護等・更生緊急保護の措置の実施状況

(令和4年)

対象者の種類	保護観察所において直接行う保護								更生保護施設等へ宿泊を伴う保護の委託	護へを護託（委託）
	総数	主な措置別人員								
		宿泊	食事給与	衣料給与	医療援助	旅費給与	一時保護事業を営む者へのあっせん			
応急の救護等	4,700	19	137	565	3	78	707		5,880	(684)
仮釈放者	4,161	16	72	489	1	31	418		4,959	(361)
全部実刑	3,921	16	68	468	1	29	390		4,665	(310)
一部執行猶予	240	–	4	21	–	2	28		294	(51)
保護観察付全部・一部執行猶予者	334	–	45	34	2	30	167		617	(210)
一部執行猶予	141	–	26	7	–	18	52		337	(94)
全部執行猶予	193	–	19	27	2	12	115		280	(116)
保護観察処分少年	102	2	12	17	–	11	69		98	(43)
少年院仮退院者	103	1	8	25	–	6	53		206	(70)
更生緊急保護	4,990	14	167	573	1	229	1,531		4,280	(1,264)
全部実刑の刑の執行終了	3,193	14	73	164	–	110	475		2,655	(643)
全部執行猶予	741	–	30	165	–	42	435		701	(256)
一部執行猶予	5	–	–	1	–	–	–		–	–
起訴猶予	667	–	41	168	1	45	430		599	(234)
罰金・科料	266	–	17	58	–	26	156		218	(90)
労役場出場・仮出場	106	–	6	17	–	6	33		77	(34)
少年院退院・仮退院期間満了	12	–	–	–	–	–	2		30	(7)

注　1　保護統計年報による。
　　2　「主な措置別人員」は、1人について2以上の保護の措置を実施した場合は、実施した保護の措置別にそれぞれ計上している。
　　3　「更生保護施設等へ宿泊を伴う保護の委託」は、前年から委託中の人員を含む。
　　4　（　）内は、自立準備ホーム等の更生保護施設以外への委託であり、内数である。
　　5　「応急の救護等」は、補導援護としての措置を含む。
　　6　婦人補導院仮退院、刑の執行停止、刑の執行免除及び補導処分終了による対象者は、令和4年はいなかった。

　起訴猶予者、保護観察に付されない全部執行猶予者、罰金又は科料の言渡しを受けた者については、検察庁等と保護観察所が連携し、必要性や相当性が認められる者を対象として、一定の期間重点的な生活指導等を行い、福祉サービス等に係る調整や就労支援等の社会復帰支援を内容とする「起訴猶予者等に係る更生緊急保護の重点実施等」を行っている。令和4年度において、保護観察所が検察庁から事前協議を受け、更生緊急保護の重点実施等を行った対象者は、473人であった（法務省保護局の資料による。）。

　地域生活定着支援センター（本章第2節2項参照）により、高齢又は障害のある被疑者・被告人の福祉サービス等の利用調整や釈放後の継続的な援助等を行う「被疑者等支援業務」が実施されていることを踏まえ、保護観察所は、更生緊急保護の重点実施等の対象者のうち、高齢又は障害により福祉サービス等を必要とする者については、本人が支援を希望する場合に、地域生活定着支援センターと連携した支援を行っている。

　また、満期釈放者については、再犯防止対策の充実強化に向けて、更生保護施設等の一時的な居場所の確保、更生保護施設を退所した者に対する相談支援の充実（本章第6節2項参照）等の取組を進めている。さらに、保護観察所に社会復帰対策官を配置するなどして、帰住先の確保や地域への定住等に困難が見込まれる矯正施設被収容者に対して、生活環境の調整、出所後の保護観察及び満期釈放となった場合の更生緊急保護における継続的支援を行っている。

第5節　恩赦

　恩赦は、憲法及び恩赦法（昭和22年法律第20号）の定めに基づき、内閣の決定によって、刑罰権を消滅させ、又は裁判の内容・効力を変更若しくは消滅させる制度であり、大赦、特赦、減刑、刑の執行の免除及び復権の5種類がある。恩赦を行う方法については、恩赦法において、政令で一定の要件を定めて一律に行われる政令恩赦と、特定の者について個別に恩赦を相当とするか否かを審査する個別恩赦の2種類が定められている。また、個別恩赦には、常時行われる常時恩赦と、内閣の定める基準により一定の期間を限って行われる特別基準恩赦とがある。個別恩赦の審査は、中央更生保護審査会が行っている。

　令和4年中に行われた恩赦は、常時恩赦だけであり、同年に恩赦となった者は、刑の執行の免除が2人、復権が10人であった（保護統計年報による。）。

第6節　保護司、更生保護施設、民間協力者等と犯罪予防活動

1　保護司

　保護司は、犯罪をした者や非行のある少年の立ち直りを地域で支えるボランティアであり、保護司法（昭和25年法律第204号）に基づき、法務大臣の委嘱を受け、民間人としての柔軟性と地域性をいかし、保護観察官と協働して保護観察や生活環境の調整を行うほか、地方公共団体と連携して犯罪予防活動等を行っている。その身分は、非常勤の国家公務員である。

　令和5年1月1日現在、保護司は、全国を886の区域に分けて定められた保護区に配属されている。保護司の人員、女性比及び平均年齢の推移（最近20年間）を見ると、2-5-6-1図のとおりである。保護司の定数は、保護司法により5万2,500人を超えないものと定められているところ、保護司の人員は、減少傾向にあったが、5年は前年に引き続き増加し、4万6,956人であった（CD-ROM参照）。

2-5-6-1図　保護司の人員・女性比・平均年齢の推移

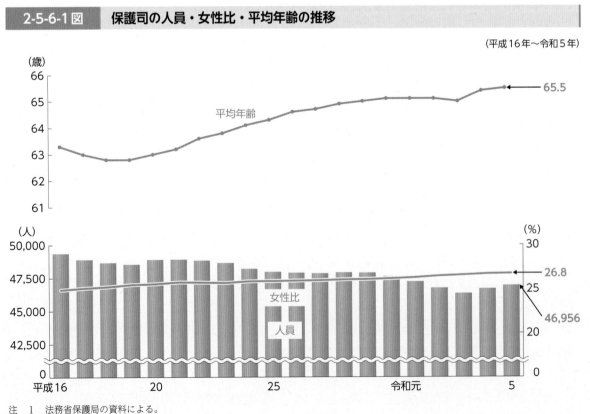

（平成16年〜令和5年）

注　1　法務省保護局の資料による。
　　2　各年1月1日現在の数値である。

2-5-6-2図は、令和5年1月1日現在における保護司の年齢層別・職業別構成比を見たものである。

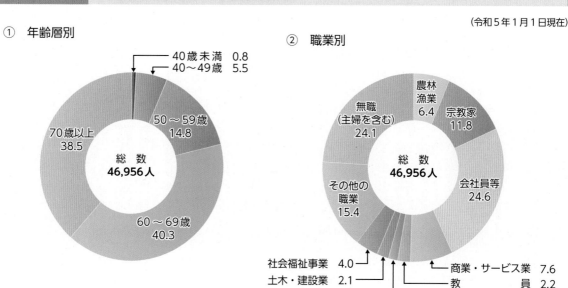

2-5-6-2図　保護司の年齢層別・職業別構成比

（令和5年1月1日現在）

① 年齢層別

40歳未満　0.8
40〜49歳　5.5
50〜59歳　14.8
70歳以上　38.5
総　数　46,956人
60〜69歳　40.3

② 職業別

農林漁業　6.4
宗教家　11.8
無職（主婦を含む）24.1
総　数　46,956人
会社員等　24.6
その他の職業　15.4
社会福祉事業　4.0
土木・建設業　2.1
商業・サービス業　7.6
教　員　2.2
製造・加工業　1.7

注　1　法務省保護局の資料による。
　　2　「その他の職業」は、貸家・アパート経営、医師等である。

　保護司会（保護司が職務を行う区域ごとに構成する組織であり、保護司の研修や犯罪予防活動等を行う。）がより組織的に個々の保護司の処遇活動に対する支援や地域の関係機関・団体と連携した更生保護活動を行う拠点として、全国全ての保護司会に**更生保護サポートセンター**が設置されており、令和4年度の利用回数は8万9,764回であった（法務省保護局の資料による。）。

2　更生保護施設

　更生保護施設は、主に保護観察所から委託を受けて、住居がなかったり、頼るべき人がいないなどの理由で直ちに自立することが難しい保護観察又は更生緊急保護の対象者を宿泊させ、食事を給与するほか、就職援助、生活指導等を行ってその円滑な社会復帰を支援している施設である。

　令和5年4月1日現在、全国に102施設があり、更生保護法人により99施設が運営されているほか、社会福祉法人、特定非営利活動法人及び一般社団法人により、それぞれ1施設が運営されている。その内訳は、男性の施設87、女性の施設7及び男女施設8である。収容定員の総計は、2,399人であり、男性が2,202人（うち少年318人）、女性が197人（うち少年47人）である（法務省保護局の資料による。）。

　令和4年における更生保護施設への委託実人員は、6,742人（うち新たに委託を開始した人員5,236人）であった（保護統計年報による。）。更生保護施設へ新たに委託を開始した人員の推移（最近20年間）は、**2-5-6-3図**のとおりである。

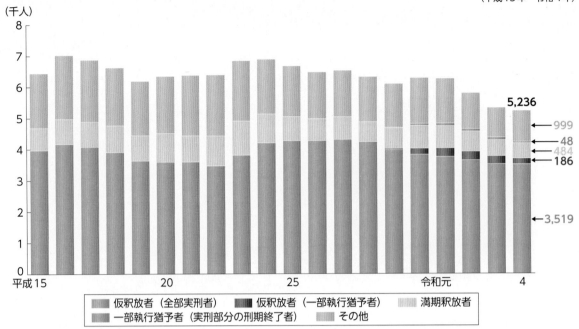

2-5-6-3図　更生保護施設への収容委託開始人員の推移

（平成15年〜令和4年）

注　1　保護統計年報による。
　　2　種別異動の場合（仮釈放者（全部実刑者）において、仮釈放期間の満了後も引き続き刑の執行終了者として収容の委託を継続する場合等）を除く。
　　3　「その他」は、保護観察処分少年、少年院仮退院者、保護観察付全部執行猶予者、婦人補導院仮退院者、保護観察付全部執行猶予の言渡しを受けたが裁判の確定していない者、保護観察の付かない全部執行猶予者、起訴猶予者等である。
　　4　「仮釈放者（一部執行猶予者）」及び「一部執行猶予者（実刑部分の刑期終了者）」は、刑の一部執行猶予制度が開始された平成28年から計上している。

　令和3年度における更生保護施設退所者（応急の救護等及び更生緊急保護並びに家庭裁判所からの補導委託のほか、任意保護（更生緊急保護の期間を過ぎた者に対する保護等、国からの委託によらず、被保護者の申出に基づき、更生保護事業を営む者が任意で保護すること）による者を含む。）の更生保護施設における在所期間は、3月未満の者が48.4%、3月以上6月未満の者が38.8%、6月以上1年未満の者が12.1%、1年以上の者が0.7%であり、平均在所日数は81.5日であった。退所先については、借家（34.6%）、就業先（16.6%）の順であった。退所時の職業については、労務作業（41.4%）、サービス業（7.9%）の順であり、無職は38.4%であった（法務省保護局の資料による。）。

　更生保護施設では、生活技能訓練（SST）、酒害・薬害教育等を取り入れるなど、処遇の強化に努めており、令和4年度においては、SSTが27施設、酒害・薬害教育が35施設で実施されている（法務省保護局の資料による。）。

　また、更生保護施設では、適当な帰住先がなく、かつ、高齢又は障害を有する者を一時的に受け入れ、その特性に配慮しつつ、社会生活に適応するための指導や退所後円滑に福祉サービスを受けるための調整等を行うことを内容とする**特別処遇**を実施している。特別処遇を行う施設（**指定更生保護施設**）として、全国で77施設が指定されており（令和5年4月1日現在）、そのうち3施設は、主に少年を受け入れる更生保護施設として、発達障害等の特性に配慮した専門的な処置を行うなど少年処遇の充実を図っている。4年度に特別処遇の対象となったのは、1,861人（前年度比58人（3.2%）増）であった（法務省保護局の資料による。）。

　さらに、依存性薬物に対する依存からの回復に重点を置いた処遇を実施する更生保護施設（**薬物処遇重点実施更生保護施設**）として、全国で25施設が指定されており（令和5年4月1日現在。法務省保護局の資料による。）、薬物処遇に関する専門職員が配置されている。

　平成29年度からは、更生保護施設を退所するなどして地域に生活基盤を移した者に対し、更生保

護施設に通所させて、継続的に生活相談に乗り、必要な指導や助言を実施したり、薬物依存からの回復支援などを実施したりする**フォローアップ事業**が行われている。令和3年度からは、施設退所者等の自宅を訪問するなどして継続的な支援を行う**訪問支援事業**が開始され、令和5年4月1日現在、全国11施設で行われている。4年度におけるフォローアップ事業の委託実人員は905人、訪問支援事業の委託実人員は345人であった（法務省保護局の資料による。）。

このほか、従前の運用では仮釈放期間が比較的短期間である薬物依存のある受刑者について、早期に仮釈放し、一定の期間、更生保護施設等に居住させた上で、地域における支援を自発的に受け続けるための習慣を身に付けられるよう、地域の社会資源と連携した濃密な保護観察処遇を実施する**薬物中間処遇**が試行されており、9施設で実施されている（令和5年4月1日現在。法務省保護局の資料による。）。

3　自立準備ホーム

適当な住居の確保が困難な者について、更生保護施設だけでは定員に限界があることなどから、社会の中に更に多様な受皿を確保する方策として、「緊急的住居確保・自立支援対策」が実施されている。これは、あらかじめ保護観察所に登録した民間法人・団体等の事業者に、保護観察所が、宿泊場所の供与と自立のための生活指導（自立準備支援）のほか、必要に応じて食事の給与を委託するものである。この宿泊場所を**自立準備ホーム**と呼ぶ。令和5年4月1日現在の登録事業者数は、506（前年同日比33（7.0％）増）となっている。自立準備ホームへの委託実人員の推移（最近10年間）は、**2-5-6-4図**のとおりである。4年度の委託実人員は1,868人、委託延べ人員は12万7,486人であった。自立準備ホームには、薬物依存症リハビリテーション施設も登録されており、薬物依存のある保護観察対象者を委託するなどしているところ、同年度の同施設への委託実人員は318人、委託延べ人員は2万2,002人であった（法務省保護局の資料による。）。

2-5-6-4図　自立準備ホームへの委託実人員の推移

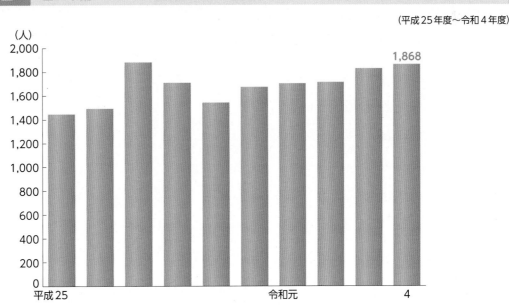

（平成25年度〜令和4年度）

注　1　法務省保護局の資料による。
　　2　前年度からの繰越しを含む。

4 **民間協力者及び団体**

（1）更生保護女性会

　更生保護女性会は、地域の犯罪予防や青少年の健全育成、犯罪者・非行少年の改善更生に協力する女性のボランティア団体である。地域住民を対象に、子ども食堂の実施や子育て支援地域活動、近隣の更生保護施設に対する食事作り等の援助、社会貢献活動（本章第3節2項（10）参照）等の保護観察処遇への協力等を行っている。令和5年4月1日現在における更生保護女性会の地区会数は1,276団体、会員数は12万7,307人であった（法務省保護局の資料による。）。

（2）BBS会

　BBS会は、非行のある少年や悩みを持つ子供たちに、兄や姉のような立場で接しながら、その立ち直りや成長を支援する活動等（BBS運動（Big Brothers and Sisters Movement））を行う青年のボランティア団体であり、近年は学習支援等も行っている。令和5年1月1日現在におけるBBS会の地区会数は446団体、会員数は4,404人であった（法務省保護局の資料による。）。

（3）協力雇用主

　協力雇用主は、犯罪をした者等の自立及び社会復帰に協力することを目的として、犯罪をした者等を雇用し、又は雇用しようとする事業主である。

　令和4年10月1日現在における協力雇用主は、2万5,202社（前年同日比537社（2.2%）増）であり、その業種は、建設業が過半数（56.3%）を占め、次いで、サービス業（16.0%）、製造業（9.0%）の順である（法務省保護局の資料による。）。

　2-5-6-5図は、実際に刑務所出所者等を雇用している協力雇用主数及び協力雇用主に雇用されている刑務所出所者等の人員の推移（最近10年間）を見たものである。実際に刑務所出所者等を雇用している協力雇用主数は、令和4年10月1日現在、1,024社であり、平成25年4月（380社）と比べて約2.7倍であった。

2-5-6-5図　**実際に刑務所出所者等を雇用している協力雇用主数・被雇用者人員の推移**

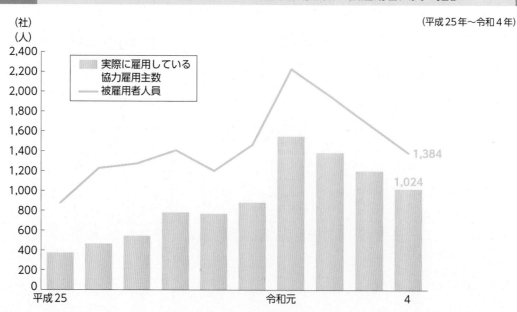

（平成25年～令和4年）

注　1　法務省保護局の資料による。
　　2　平成30年までは各年4月1日現在の数値であり、令和元年以降は10月1日現在の数値である。

保護観察対象者又は更生緊急保護対象者を雇用し、就労継続に必要な技能及び生活習慣等を習得させるための指導及び助言を行う協力雇用主に対して、平成27年4月から、**刑務所出所者等就労奨励金**を支給する制度が実施されている。令和4年度に刑務所出所者等就労奨励金を新たに適用した件数は2,919件であった（法務省保護局の資料による。）。なお、4年4月から、18、19歳の保護観察対象者等の就労・職場定着を促進するため、協力雇用主が勤務時間外に職場定着に必要なフォローアップを実施した場合等の要件を満たす場合に、就労・職場定着強化加算金を支給する制度が開始され、5年4月から、保護観察対象者等の対象年齢が20歳未満に拡充された。

5 更生保護協会等

各都道府県等に置かれた更生保護協会等の連絡助成事業者（令和5年4月1日現在、全国で67事業者（法務省保護局の資料による。））は、保護司、更生保護女性会、BBS会、協力雇用主、更生保護施設等の円滑な活動を支えるための助成、研修のほか、更生保護に関する広報活動等も推進している。

6 犯罪予防活動

更生保護における**犯罪予防活動**は、世論の啓発、社会環境の改善等多岐にわたる。具体的な活動として、地域社会での講演会、非行相談、非行問題を地域住民と考えるミニ集会等、住民が参加する様々な行事や、学校との連携強化のための取組等が行われている。これらの活動は、保護観察所、保護司会、更生保護女性会、BBS会、更生保護協会等が年間を通じて地域の様々な関連機関・団体と連携しながら実施している。

また、犯罪予防等を目的として、法務省の主唱により、毎年7月を強調月間として、「**社会を明るくする運動〜犯罪や非行を防止し、立ち直りを支える地域のチカラ〜**」が展開されており、全国各地で街頭広報、ポスターの掲出、新聞やテレビ等の広報活動に加えて、様々なイベントが実施されている。令和4年の「社会を明るくする運動」の行事参加人数は、約128万人であった。同年は、2年及び3年に引き続き新型コロナウイルス感染症の影響により、例年同様の取組を行うことが困難なところもあったが、対面に限らない多様な発信方法による広報啓発活動が展開された。

なお、再犯防止推進法においては、再犯の防止等についての国民の関心と理解を深めるため、7月を**再犯防止啓発月間**に定めるとともに、国及び地方公共団体は再犯防止啓発月間の趣旨にふさわしい事業が実施されるよう努めなければならないとされており、「社会を明るくする運動」においても、再犯防止啓発月間の趣旨の周知徹底を図り、かつ、その趣旨を踏まえた活動の実施を推進することとしている。

第73回社会を明るくする運動ポスター
【画像提供：法務省保護局】

第6章 刑事司法における国際協力

第1節 刑事司法における国際的な取組の動向

　国際連合（以下この章において「国連」という。）においては、国連犯罪防止刑事司法会議（コングレス）が昭和30年（1955年）から5年ごとに開催されている。コングレスは、犯罪防止及び刑事司法分野における国連最大の国際会議であり、この分野に関する政策の大綱の決定、意見交換等を目的として開催されているところ、令和3年（2021年）3月には、京都において第14回コングレス（京都コングレス）が開催され、我が国がホスト国を務めた。

　また、平成4年（1992年）に国連経済社会理事会の下に機能委員会として犯罪防止刑事司法委員会（コミッション）が設置され、毎年開かれる会合において犯罪防止及び刑事司法分野の政策決定が行われているところ、我が国は、コミッションの設立当初からメンバー国として、毎年の会合に決議案の提出などにより積極的に関与している。

　さらに、法務省は、令和5年（2023年）7月、東京において、司法外交閣僚フォーラムを主催した。同フォーラムは、日ASEAN特別法務大臣会合、G7司法大臣会合及びASEAN・G7法務大臣特別対話の三つの閣僚級会合で構成され、法の支配を通じたASEAN及びG7との連携の強化、司法外交の一層の推進が図られた（コラム6参照）。

コラム6　司法外交閣僚フォーラム

　法務省は、司法外交閣僚フォーラムとして、令和5年（2023年）7月6日及び同月7日の2日間にわたり、東京にて、「日ASEAN特別法務大臣会合」、「G7司法大臣会合」及び「ASEAN・G7法務大臣特別対話」の3つの閣僚級会合を主催した。また、関連イベントとして、日本とASEAN各国等の若者を対象とした「法の支配推進のための日ASEAN特別ユースフォーラム」や、法務省の各局部課や外部機関による特別イベント・展示も実施された。

1　司法外交閣僚フォーラム開催の背景

　法務省では、法の支配や基本的人権の尊重といった価値を国際社会に発信し、浸透させていくための取組である司法外交に取り組んできた。ロシアによるウクライナ侵略等、国際社会が力による一方的現状変更の試みに直面する中、国際社会の平和と安全の礎となるこうした価値を掲げる司法外交の重要性は一層高まっている。こうした中、令和5年（2023年）は、日ASEAN友好協力50周年という重要な節目に当たり、また、G7との関係では我が国が議長国という地位にあることから、法務省では、ASEAN、G7双方との連携を強化して司法外交を展開するべく、司法外交閣僚フォーラムを開催するに至った。

2　日ASEAN特別法務大臣会合

　日ASEAN特別法務大臣会合は、自由で開かれたインド太平洋（FOIP）の要となる重要なパートナーであるASEAN各国との法務・司法分野における初めての閣僚級会合である。法務省では、長年にわたってASEAN各国に対して法制度整備支援等を行い、法の支配の推進に貢献するとともに強固な信頼関係を構築してきたところ、本会合では、「法の支配を推進するための日ASEANの連携強化：友好協力関係50周年後の新たなフェーズへ」との全体テー

マの下、法務・司法分野における日ASEANの協力を一層深化させるべく、今後の協力の在り方等について議論し、成果文書として閣僚による共同声明を採択した。共同声明では、法の支配等の価値の維持・促進に共にコミットすることや、我が国とASEANがイコールパートナーシップの精神に基づき協力関係を深めていくことなどが確認された。

3　G7司法大臣会合

　G7司法大臣会合は、ロシアによるウクライナ侵略を受けて、G7として法の支配等の重要性を確認して国際社会に発信し、また、ウクライナ情勢に関する対応等について協議するため、令和4年（2022年）11月にドイツ（当時の議長国）において13年ぶりに開催された。そして、同会合において、G7から次期議長国である我が国のリーダーシップへの期待が表明されたことなどを受けて令和5年（2023年）の開催に至った。法務省では、この機運を引き継ぎ、また、同年5月に開催されたG7広島サミットにおいて、ウクライナの復旧・復興に向けた支援や同国の汚職との闘いに関する取組の必要性や、法の支配等を堅持するためにASEANを含むパートナーとの連携を強化していくことなどが確認されたことを受けて、「司法インフラ整備を通じたウクライナ復興支援」、「法の支配の推進に向けたG7の法務・司法分野での協力体制構築」、「インド太平洋における「法の支配」推進に向けたG7とASEAN等との法務・司法分野での連携」との各テーマを設定して議論を牽引し、成果文書として「東京宣言」を採択した。東京宣言では、法の支配に基づくG7の強固な連帯を確認するとともに、ウクライナの汚職との戦いをG7として支援するため「ウクライナ汚職対策タスクフォース」を設置し、関係国・機関と連携して、汚職対策を通じたウクライナの復興を支援する取組を行うことが確認された。また、ASEANとの対話を継続することも確認された。

4　ASEAN・G7法務大臣特別対話

　国際社会が力による一方的な現状変更の試みに直面し続けている中、G7からは、アジア唯一のG7メンバーであり、ASEANと独自の信頼関係を構築してきた我が国に対して、ASEAN各国を始めとするインド太平洋地域との法務・司法分野における連携強化にリーダーシップを発揮することへの強い関心が示され、また、ASEANからもG7との法務・司法分野での連携強化に向けた強い関心が示された。そこで、ASEANとG7の法務大臣等が一堂に会する機会を捉え、法務省は、「ASEAN・G7法務大臣特別対話」を主催し、「インド太平洋における「法の支配」推進に向けたG7とASEAN等との法務・司法分野での連携」というテーマの下、ASEANとG7双方の法務大臣等が法の支配の推進などについて意見交換し、連携を強化することができる場を設けた。法務・司法分野のASEANとG7の閣僚級が一堂に会する会合は史上初であり、本会合では、ASEANとG7による更なる対話の道を開くことで一致するとともに、我が国の提案により、ASEANとG7の法務・司法分野の次世代を担う人材を対象とした「ネクスト・リーダーズ・フォーラム」を創設することにつき各国から賛同が得られた。

5　法の支配推進のための日ASEAN特別ユースフォーラム

　法務省は、司法外交閣僚フォーラムの開催に合わせて、タイ法務研究所（TIJ）との共催で、令和5年（2023年）7月5日及び同月6日の2日間にわたり、東京において、日本とASEAN各国等の若者が法の支配について議論する「法の支配推進のための日ASEAN特別ユースフォーラム」を開催した。日本、ASEAN加盟国及び東ティモールから60名以上の若者が会場に集まり、「司法へのアクセスを強化するためのリテラシーの構築－デジタル時代に

おける法の支配への鍵－」をテーマとして、活発で実りある議論が行われた。議論の成果は「勧告」として取りまとめられ、日ASEAN特別法務大臣会合に提出された。また、同勧告は、同年9月に行われた国連犯罪防止刑事司法委員会（コミッション）においても提出されるとともに、同委員会ではユースフォーラムの共同議長による若者代表としてのスピーチが行われた。

6 特別イベント・展示

司法外交閣僚フォーラム開催を記念し、本フォーラムと合わせて、法務省の各局部課や関係機関による特別イベントが来場参加とオンライン参加のハイブリッド方式で開催された。ASEAN地域における司法アクセスや法教育、ビジネスと人権、法遵守の文化、国際仲裁・国際調停、社会内処遇の技術支援、アジア矯正建築会議、出入国管理等の特別イベントに、2日間で来場者延べ413人、オンライン延べ935人が参加した。また、法務省の各局部課や関係機関の施策等を紹介する展示ブースも設置された。

1 京都コングレスの成果の具体化

我が国は、京都コングレスで採択された「京都宣言」の実施にリーダーシップを発揮すべく、「国際協力の促進のための各地域における実務家ネットワークの創設」、「刑事司法分野における次世代を担う若者の育成」及び「世界各国における再犯防止の推進」の三つを柱とした取組を積極的に進め、法の支配に裏打ちされた新たな国際秩序形成を主導している。

（1）アジア太平洋刑事司法フォーラム

ア 意義

「京都宣言」では、国際協力及び法執行機関等を対象とした地域ネットワーク構築等の重要性が確認された。もっとも、我が国が属するアジア太平洋地域においては、捜査共助の制度・運用に対する各国相互の理解不足等により、同分野における国際協力にはなお改善の余地があるほか、我が国が積極的に進めている東南アジア諸国における刑事司法分野の技術支援についても、効率的な国際協力を推進するため、他の支援国との情報共有や意見交換をすることが有効である。

そこで、法務省は、アジア太平洋地域における刑事司法実務家による情報共有課題解決型プラットフォームとして国連薬物・犯罪事務所（UNODC）との共催で「アジア太平洋刑事司法フォーラム（英語名：Criminal Justice Forum for Asia and the Pacific 略称：Crim-AP）」を定期開催することとし、各国の刑事司法実務家による相互理解・信頼を促進し、知見を共有することなどにより、アジア太平洋地域における一層の国際協力を進めている。

イ これまでの実績

令和4年（2022年）2月14日及び同月15日に第1回を、令和5年（2023年）2月13日及び同月14日に第2回をいずれも東京において開催した。

第2回は、23の国・機関から閣僚・次官級を含む代表団の参加があり（来場参加とオンライン参加のハイブリッド方式）、開会式では、我が国の法務大臣による開会挨拶の後、UNODCの事務局長からメッセージがあった。

また、全体会合では、「京都宣言の実施に向けて：犯罪と戦うためのアジア太平洋における国際協力の強化」という全体テーマに関し、各国・機関の代表団長がステートメントを行い、我が国からは法務事務次官がステートメントを行った。

その後、捜査共助と矯正保護分野の国際協力に関する二つの分科会に分かれ、「捜査共助要請の種類（電子証拠及び証人の供述）」、「非拘禁措置及び犯罪者処遇に係る課題並びに進展」のテーマの下、各国・機関の実務家が情報共有や意見交換を行った。

（2）法遵守の文化のためのグローバルユースフォーラム

ア　意義

令和3年（2021年）2月に実施された京都コングレス・ユースフォーラムでは、安全・安心な社会の実現に向けた40項目の勧告が採択され、京都コングレスに提出された。同勧告は、京都コングレスの議論に若者ならではの新鮮な視点を提供するものであり、各国から高い評価の声が寄せられた。また、「京都宣言」では、ユースフォーラムの開催などを通じた若者のエンパワーメントの重要性が指摘された。

そこで、法務省では、国連薬物・犯罪事務所（UNODC）の協力の下、「法遵守の文化のためのグローバルユースフォーラム」を定期開催することとした。「法遵守の文化」とは、国民が、一般に、法及びその執行が公正・公平であると信頼し、それゆえこれらを尊重する文化をいい、「法の支配」を支えるものである。法務省は、同ユースフォーラムが、若者が法の支配や司法をめぐる現代の課題に関する理解を深め、互いのバックグラウンドや価値観を理解・共有し、多様性を許容してネットワークや友情を育む場となるよう、また、若者の声を国連に届けることができる場となるよう努めている。

イ　これまでの実績

令和3年（2021年）10月9日及び同月10日に東京において第1回を、令和4年（2022年）12月3日及び同月4日に京都において第2回を開催した。

第2回は、来場参加とオンライン参加を合わせて約50の国・地域から約100名の若者が参加し、開会式では、我が国の法務大臣による開会挨拶（法務大臣政務官代読）の後、承子女王殿下の御臨席を賜り、若者の未来を創造する力に対する期待のお言葉をいただいた。また、オープニングアクト兼基調講演では、ダンサー・女優の甲田真理氏に、「A Life of Dance～From Hollywood to Correctional Facilities～」のテーマで講演をしていただいた。

その後、「多様性と包摂性のある社会に向けた若者の役割」という全体テーマの下、「インターネット上の誹謗中傷のない社会を目指して」及び「組織的な犯罪への若者の関与と組織からの離脱・更生、組織的な犯罪への対処のための若者の役割」を議題とする分科会に分かれ、熱心に議論が行われた。

この議論の結果は「勧告」として採択され、令和4年（2022年）12月に行われた犯罪防止刑事司法委員会（コミッション）において提出されるとともに、ユースフォーラムの議長が若者代表としてスピーチを行った。

（3）再犯防止国連準則策定の主導

「京都宣言」では、マルチステークホルダー・パートナーシップをはじめとする再犯防止施策の充実について詳細な記載が設けられるなど、同分野に対する高い関心が示された。

そこで、法務省においては、外務省と連携し、京都コングレスの成果の一つとして、再犯防止に関する国連準則の策定を主導していくこととした。

国連準則は、各国における立法や施策立案の際に参照されることを通じ、各国の施策を充実させるために重要な役割を果たすものである。我が国は、再犯防止推進計画を策定し、国、地方公共団体、民間の団体等が相互に連携協力して取組を進め、着実にその効果を上げてきているところ、このような官民連携による社会復帰支援など、日本の強みを準則に最大限反映させるべく、再犯防止に関する準則策定に向けてリーダーシップを発揮している。

2 国際組織犯罪対策及びテロ対策

（1）国連における取組

　国際組織犯罪対策について、国連は、平成12年（2000年）、**国際的な組織犯罪の防止に関する国際連合条約**（国際組織犯罪防止条約）を採択した。この条約は、組織的な犯罪集団への参加、マネー・ローンダリング及び腐敗行為の犯罪化、犯罪収益の没収、犯罪人の引渡し、捜査共助等について定めたものである。また、平成13年（2001年）までに、この条約を補足する「人（特に女性及び児童）の取引を防止し、抑止し及び処罰するための議定書」（人身取引議定書）、「陸路、海路及び空路により移民を密入国させることの防止に関する議定書」（密入国議定書）及び「銃器並びにその部品及び構成部分並びに弾薬の不正な製造及び取引の防止に関する議定書」（銃器議定書）も採択された。我が国は、平成15年（2003年）に国際組織犯罪防止条約、平成17年（2005年）に人身取引議定書及び密入国議定書の締結について、それぞれ国会の承認を受け、同年6月に刑法等を、平成29年（2017年）6月に組織的犯罪処罰法等を改正して、国内担保法を整備し、同年7月、同条約及び両議定書を締結した。

　テロ対策については、従来から、国連等様々な国際機関において、テロリストをいずれかの国で処罰できるようにすることなどを目的とした国際条約等が作成され、我が国は、テロ防止対策に関する13の国際条約について締結済みである。

（2）G7／G8における取組

　G7（フランス、米国、英国、ドイツ、日本、イタリア及びカナダ（議長国順）の総称。なお、平成10年（1998年）から平成26年（2014年）までは、前記7か国にロシアを加えた8か国について、「G8」と総称された。）において、昭和53年（1978年）、テロ対策専門家会合（通称ローマ・グループ）が発足し、国際テロの動向等について意見交換が行われてきた。また、平成7年（1995年）のG7サミットにおいて、国際組織犯罪に取り組む上級専門家会合（通称リヨン・グループ）の設立が決定され、リヨン・グループでは、国際組織犯罪に対処するための捜査手法や法制等について議論等が行われている。平成13年（2001年）の米国における同時多発テロ事件以降は、これらは統合され、ローマ／リヨン・グループとなり、年数回程度継続的に会合が開催されている。

3 薬物犯罪対策

　国連は、昭和36年（1961年）の「1961年の麻薬に関する単一条約」、昭和46年（1971年）の「向精神薬に関する条約」に引き続き、昭和63年（1988年）、**麻薬及び向精神薬の不正取引の防止に関する国際連合条約**を作成した。我が国は、これらの条約を締結し、国内法を整備している。

　さらに、平成2年（1990年）、平成10年（1998年）及び平成28年（2016年）には、国連麻薬特別総会が開催されたほか、国連経済社会理事会の下部機関として設立された麻薬委員会（CND：Commission on Narcotic Drugs）が毎年開催され、我が国は、昭和36年（1961年）以降、平成22年（2010年）から平成23年（2011年）までを除き、継続して委員国を務めている。

　平成3年（1991年）には、国連の麻薬関連部局等の機能を統合した国連薬物統制計画が設置された。国連薬物統制計画は、平成9年（1997年）、犯罪防止刑事司法計画と統合され、国連薬物統制犯罪防止事務所が設立された後、平成14年（2002年）に改称して現在のUNODCとなった。我が国は、UNODCが中心となって取り組んでいる国際的な薬物犯罪対策への協力にも力を入れている。

4 マネー・ローンダリング対策

　平成元年（1989年）にＧ７サミットの宣言を受けて設立された**金融活動作業部会**（**FATF**：Financial Action Task Force）は、平成２年（1990年）にマネー・ローンダリング対策に関する40の勧告（平成８年（1996年）及び平成15年（2003年）に改訂）を、平成13年（2001年）にテロ資金供与に関する８の特別勧告（平成16年（2004年）に改訂され、９の特別勧告となった。）をそれぞれ採択し、平成24年（2012年）には、大量破壊兵器の拡散、公務員による贈収賄や財産の横領等の脅威にも的確に対処することなどを目的として、従来の40の勧告及び９の特別勧告を一本化し、新「40の勧告」を採択した。

　我が国も、FATF参加国の一員として、**犯罪収益移転防止法**に基づき、金融機関等の特定事業者による顧客の身元等の確認や疑わしい取引の届出制度等の対策を実施し、国家公安委員会が疑わしい取引に関する情報を外国関係機関に提供するなどしているほか、金融庁が共同議長を務めるFATFの政策企画部会やその他の作業部会において、暗号資産を始めとする新たな規範の策定及びその実施に向けた議論・検討において主導的な役割を果たすなどしており、マネー・ローンダリング対策及びテロ資金供与対策における国際的な連携に積極的に参加している。

　FATFは、各国における勧告の遵守状況の相互審査を行っている。令和３年（2021年）６月には、FATFの全体会合において、第４次対日相互審査報告書が採択され、同年８月30日に公表された。国内では、同報告書で指摘された事項に対応するべく、同月にマネロン・テロ資金供与・拡散金融対策政策会議が設置され、「マネロン・テロ資金供与・拡散金融対策の推進に関する行動計画」が策定され、同行動計画に基づき、令和４年（2022年）５月に「マネロン・テロ資金供与・拡散金融対策の推進に関する基本方針」が決定された。同基本方針では、我が国を取り巻くリスク情勢と我が国のマネロン・テロ資金供与・拡散金融対策の方向性を確認することで、一層の関係省庁間の連携強化を図り、対策の効果を高めていくこととしている。

　さらに、令和４年（2022年）12月には、前記FATF第４次対日審査報告書において、資産凍結措置の強化、暗号資産等への対応の強化及びマネー・ローンダリング対策等の強化のための法改正に取り組むべきであると勧告を受けたことなどを踏まえた、いわゆるFATF勧告対応法（令和４年法律第97号）が成立し、①国際連合安全保障理事会決議第1267号等を踏まえ我が国が実施する国際テロリストの財産の凍結等に関する特別措置法（平成26年法律第124号）の改正により、大量破壊兵器関連計画等関係者について財産の凍結等の措置の対象とされるなどし（令和５年（2023年）６月１日施行）、②外国為替及び外国貿易法（昭和24年法律第228号）の改正により、電子決済手段等取引業者等に顧客の本人確認義務及び資産凍結措置に係る確認義務が課されるなどし（令和６年（2024年）４月１日までに段階的に施行）、③組織的犯罪処罰法及び麻薬特例法の改正により、犯罪収益等隠匿罪、薬物犯罪収益等隠匿罪等の法定刑が引き上げられるとともに、犯罪収益等として没収することができる財産の範囲を拡大し（令和４年（2022年）12月施行）、④公衆等脅迫目的の犯罪行為等のための資金等の提供等の処罰に関する法律（平成14年法律第67号）の改正により、各処罰規定について、国際的に保護される者を殺害する行為その他の一定の犯罪行為のための資金等の提供等が処罰対象に加えられるとともに、法定刑が引き上げられ（令和４年（2022年）12月施行）、⑤犯罪収益移転防止法の改正により、㋐外国為替取引及び電子決済手段の移転に係る通知事項に支払又は移転の相手方の本人特定事項等を加えるなどの規定が整備されたほか、㋑法律・会計等の専門家が顧客等との間で特定取引を行う際の確認事項に取引目的等の事項が追加されるとともに、これらの専門家が行う疑わしい取引の届出に関する規定が整備された（㋐については令和５年（2023年）６月１日、㋑については令和６年（2024年）６月までにそれぞれ施行）。

5 汚職・腐敗対策

平成9年（1997年）、経済協力開発機構（OECD：Organisation for Economic Co-operation and Development）において、**国際商取引における外国公務員に対する贈賄の防止に関する条約**が採択された。我が国は、この条約を締結済みであり、その国内担保法として、平成10年（1998年）、不正競争防止法（平成5年法律第47号）の改正により外国公務員等に対する不正の利益の供与等の罪が新設され（平成11年2月施行）、同罪については、その後、国民の国外犯処罰規定の追加等を経て、令和5年（2023年）、不正競争防止法等の一部を改正する法律（令和5年法律第51号）により、自然人・法人に対する罰則強化等の改正がなされている（令和5年（2023年）7月3日施行）。

国連は、平成15年（2003年）、自国及び外国の公務員等に係る贈収賄や公務員による財産の横領等の腐敗行為の犯罪化のほか、腐敗行為により得られた犯罪収益の他の締約国への返還の枠組み等について定めた**腐敗の防止に関する国際連合条約**を採択した。我が国は、平成18年（2006年）に同条約の締結について国会の承認を受け、平成29年（2017年）に同条約を締結した。

令和3年（2021年）には、国連腐敗特別総会が開催され、腐敗対策に関する政治宣言が採択された。

6 サイバー犯罪対策

平成13年（2001年）に欧州評議会において採択された**サイバー犯罪に関する条約**は、①コンピュータ・システムに対する違法なアクセス、コンピュータ・ウイルスの製造等の行為の犯罪化、②コンピュータ・データの捜索・押収手続の整備等、③捜査共助・犯罪人引渡し等について定めたものである。我が国は、平成24年（2012年）、同条約を締結した。この条約の国内担保法として、平成23年（2011年）、情報処理の高度化等に対処するための刑法等の一部を改正する法律（平成23年法律第74号）が成立し、不正指令電磁的記録作成等の罪が新設されるなどした。さらに、我が国は、令和5年（2023年）8月、個人情報等の保護のための保障措置、条件等を規定する同条約の第二追加議定書を締結した。

7 国際刑事裁判所

平成10年（1998年）、国連主催の外交会議において、**国際刑事裁判所に関するローマ規程**が作成され、平成14年（2002年）の発効を経て、オランダのハーグに国際刑事裁判所（ICC：International Criminal Court）が設置された。我が国は、平成19年（2007年）に国際刑事裁判所の加盟国となり、これまで通算3人の日本人が裁判官に就任している。

また、令和4年（2022年）2月、ロシアがウクライナへの侵略を開始した。我が国は、国際刑事裁判所に事態を付託するとともに、検事2人を派遣するなどして、国際社会とともに、ロシアの戦争犯罪等を捜査している国際刑事裁判所へ協力している。

第2節　犯罪者の国外逃亡・逃亡犯罪人の引渡し

1　犯罪者の国外逃亡

　日本国内で犯罪を行い、国外に逃亡している者及びそのおそれのある者であって、主として警察が捜査対象としているものの人員の推移（最近10年間）を日本人と外国人の別に見ると、**2-6-2-1図**のとおりである。

2-6-2-1図　国外逃亡被疑者等の人員の推移

(平成25年～令和4年)

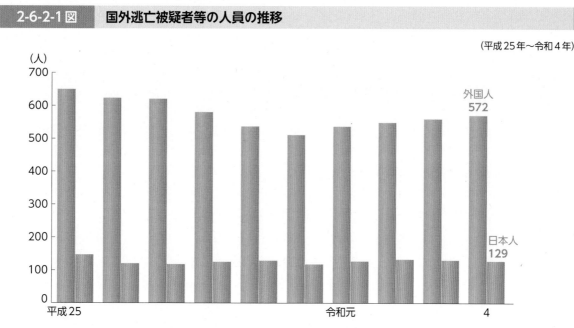

注　1　警察庁刑事局の資料による。人員は、各年末現在のものである。
　　2　「外国人」は、無国籍・国籍不明の者を含む。

2　逃亡犯罪人の引渡し

　我が国は、逃亡犯罪人引渡条約を締結していない外国との間で、**逃亡犯罪人引渡法**（昭和28年法律第68号）に基づき、相互主義の保証の下で、逃亡犯罪人の引渡しの請求に応ずることができるとともに、その国の法令が許す限り、逃亡犯罪人の引渡しを受けることもできる。これに加えて、**逃亡犯罪人引渡条約**を締結することで、締約国間では、一定の要件の下に逃亡犯罪人の引渡しを相互に義務付けることになるほか、我が国の逃亡犯罪人引渡法で原則として禁止されている自国民の引渡しを被要請国の裁量により行うことを認めることにより、締約国との間の国際協力の強化を図ることができる。我が国は、アメリカ合衆国（昭和55年（1980年）発効）及び大韓民国（平成14年（2002年）発効）との間で、逃亡犯罪人引渡条約を締結している。

外国との間で逃亡犯罪人の引渡しを受け、又は引き渡した人員の推移（最近10年間）は、**2-6-2-2表**のとおりである。なお、我が国から外国に逃亡犯罪人の引渡しを要請する際には、検察庁が依頼する場合と警察等が依頼する場合とがある。

このほか、国外逃亡被疑者等に関し、逃亡先国に対する退去強制や国外犯処罰規定の適用の要請等の取組を進めている。

2-6-2-2表　逃亡犯罪人引渡人員の推移

（平成25年～令和4年）

区　　分	25年	26年	27年	28年	29年	30年	元年	2年	3年	4年
外国から引渡しを受けた逃亡犯罪人	3	2	－	－	2	－	－	－	2	－
外国に引き渡した逃亡犯罪人	1	1	1	－	1	2	5	－	－	－

注　法務省刑事局及び警察庁刑事局の資料による。

第3節　捜査・司法に関する国際協力

1　捜査共助

我が国は、**国際捜査共助等に関する法律**（昭和55年法律第69号）に基づき、相互主義の保証の下で、外交ルートを通じて刑事事件の捜査・公判に必要な証拠の提供等の共助を行い、逆に、相手国・地域の法令が許す範囲で、我が国の捜査・公判に必要な証拠の提供等を受けているほか、アメリカ合衆国（平成18年（2006年）発効）、大韓民国（平成19年（2007年）発効）、中華人民共和国（平成20年（2008年）発効）、中華人民共和国香港特別行政区（平成21年（2009年）発効）、欧州連合（平成23年（2011年）発効）、ロシア連邦（平成23年（2011年）発効）及びベトナム社会主義共和国（令和4年（2022年）発効）との間で、それぞれ刑事共助条約又は協定を締結し、現在30以上の国・地域との間で円滑な捜査共助体制を構築している。

外国・地域との間で、我が国が捜査共助等を要請し、又は要請を受託した件数の推移（最近10年間）は、**2-6-3-1表**のとおりである。なお、捜査共助等について、我が国から要請する際には、検察庁からの依頼に基づく場合と警察等からの依頼に基づく場合とがある。

2-6-3-1表　捜査共助等件数の推移

（平成25年～令和4年）

区　　分	25年	26年	27年	28年	29年	30年	元年	2年	3年	4年
捜査共助等を要請した件数	17 (6) 138 (101)	17 (10) 78 (60)	12 (6) 54 (44)	12 (8) 85 (67)	8 (4) 110 (95)	24 (9) 156 (125)	12 (7) 186 (160)	13 (6) 169 (137)	7 (4) 199 (187)	4 (1) 208 (178)
捜査共助等の要請を受託した件数	76 (61)	62 (49)	70 (46)	79 (67)	54 (45)	94 (83)	64 (61)	81 (74)	113 (93)	70 (56)

注　1　法務省刑事局及び警察庁刑事局の資料による。
　　2　「捜査共助等を要請した件数」欄の上段は検察庁の依頼によるもの、下段は警察等の依頼によるもの（警察が依頼した捜査共助の要請件数並びに特別司法警察職員が所属する行政庁及び裁判所が法務省刑事局を経由して依頼した捜査共助等の要請件数）である。
　　3　（　）内は、当該年に発効し、又は既に発効している刑事共助条約又は協定の締約国・地域との間における共助の要請・受託の件数で、内数である。

2　司法共助

司法共助とは、我が国と外国との間で、裁判所の嘱託に基づいて、裁判関係書類の送達や証拠調べに関して協力することをいい、我が国の裁判所が外国の裁判所に対して協力する場合は、外国裁判所ノ嘱託ニ因ル共助法（明治38年法律第63号）に基づいてなされる。令和3年（2021年）において、我が国の裁判所から外国の裁判所又は在外領事等に対する刑事司法共助の嘱託はなく、外国の裁判所から我が国の裁判所に対する刑事司法共助の嘱託は、書類の送達が22件、証拠調べが4件であった（最高裁判所事務総局の資料による。）。

3　刑事警察に関する国際協力

　国際刑事警察機構（**ICPO**：International Criminal Police Organization）は、加盟警察機関間での迅速かつ確実な情報交換を行うための独自の通信網を運用するほか、指紋、DNA、国外逃亡被疑者・国際犯罪者、紛失・盗難旅券、盗難車両等の各種データベースを整備し、国際的なデータバンクとしての機能を果たしている。また、ICPOの枠組みで発展してきた各種の国際手配制度を通じ、被手配者である国外逃亡被疑者等の所在発見を求めたり（青手配書）、被手配者の犯罪行為につき警告を発し、各国警察に注意を促す（緑手配書）など、全加盟警察機関の組織力を活用して犯罪防止活動や捜査の進展を図っている。

　ICPO経由での国際協力件数の推移（最近10年間）は、**2-6-3-2表**のとおりである。

2-6-3-2表　ICPO経由の国際協力件数の推移

（平成25年～令和4年）

① ICPOルートによる捜査協力件数

区　　　　　分	25年	26年	27年	28年	29年	30年	元年	2年	3年	4年
捜査協力を要請した件数	473	371	318	294	327	445	424	385	414	472
捜査協力の要請を受けた件数	2,920	3,021	1,993	1,698	1,815	1,693	1,545	1,277	1,181	981

② ICPOを通じた国際手配書の受理数

区　　　　　分	25年	26年	27年	28年	29年	30年	元年	2年	3年	4年
国 際 手 配 書 の 受 理 数	13,782	17,432	19,513	20,926	21,562	21,179	21,140	18,687	18,357	19,184

注　警察庁刑事局の資料による。

第4節 矯正・更生保護分野における国際協力

1 国際受刑者移送

　我が国は、外国の刑務所等で拘禁されている者等をその本国に移送してその刑の執行の共助を行うため、平成15年（2003年）に多国間条約である**刑を言い渡された者の移送に関する条約**に加入したほか、タイ王国（平成22年（2010年）発効）、ブラジル連邦共和国（平成28年（2016年）発効）、イラン・イスラム共和国（平成28年（2016年）発効）及びベトナム社会主義共和国（令和2年（2020年）発効）との間で二国間条約を締結している。我が国は、これらの条約の下、締約国との間で、**国際受刑者移送法**（平成14年法律第66号）に基づき、受刑者移送を行っている。

　令和4年（2022年）における我が国からの送出移送人員（執行国別、罪名別）は、**2-6-4-1表**のとおりである。なお、同年における我が国への受入移送はなかった（法務省矯正局の資料による。）。令和2年（2020年）には、新型コロナウイルス感染症に関する水際対策の強化に係る措置（検疫の強化等）、航空旅客便の減便等の影響により、外国の官憲への引渡しが困難となり、送出移送人員が前年より大幅に減少したものの、水際対策の一部緩和、関係省庁等との連携強化により、令和3年（2021年）には14人（前年比6人増）、令和4年（2022年）には27人の引渡しを実施した。

2-6-4-1表　受刑者送出移送人員（執行国別、罪名別）

（令和4年）

執行国	人員	犯人隠避	現住建造物等放火	住居侵入	電磁的公正証書原本不実記録・同供用	逮捕監禁	窃盗	強盗致傷	強盗殺人	麻薬取締法	大麻取締法	覚醒剤取締法	関税法	入管法
総　　数	27	2	1	2	1	1	2	2	1	4	2	19	22	2
韓　　国	1	–	1	1	–	–	2	1	1	–	–	–	–	–
イ　ラ　ン	3	–	–	1	1	1	–	1	–	1	1	2	1	2
英　　国	2	–	–	–	–	–	–	–	–	–	–	2	2	–
エストニア	1	–	–	–	–	–	–	–	–	–	–	1	–	–
オーストリア	1	–	–	–	–	–	–	–	–	–	–	1	1	–
オ　ラ　ン　ダ	1	–	–	–	–	–	–	–	–	1	–	–	–	–
ド　イ　ツ	2	–	–	–	–	–	–	–	–	–	–	2	2	–
フ　ラ　ン　ス	1	–	–	–	–	–	–	–	–	1	–	–	–	–
ポ　ー　ラ　ン　ド	1	–	–	–	–	–	–	–	–	–	–	1	1	–
リ　ト　ア　ニ　ア	1	–	–	–	–	–	–	–	–	1	–	–	1	–
米　　国	8	2	–	–	–	–	–	–	–	–	–	6	6	–
カ　ナ　ダ	2	–	–	–	–	–	–	–	–	–	1	1	2	–
メ　キ　シ　コ	3	–	–	–	–	–	–	–	–	–	–	3	3	–

注　1　法務省矯正局の資料による。
　　2　1人の受刑者につき数罪ある場合には、それぞれの罪名に計上している。

2 矯正・更生保護に関する国際会議

（1）アジア太平洋矯正局長等会議

　アジア太平洋矯正局長等会議（**APCCA**：Asian and Pacific Conference of Correctional Administrators）は、アジア太平洋地域の矯正行政の責任者等が、意見交換及び情報共有を行う国際会議である。我が国は、過去3回（昭和57年（1982年）、平成7年（1995年）及び平成23年（2011年））にわたり会議を主催している。令和2年（2020年）及び令和3年（2021年）は、新型コロナウイルス感染症の世界的流行により開催されなかった。令和4年（2022年）は、シンガポールにおいて、APCCAとしては初めてオンライン会議システムを用いた方法により開催された。令和5年（2023年）は、ベトナムで開催された。

（2）世界保護観察会議等

世界保護観察会議は、社会内処遇の発展や国際ネットワークの拡大を期して、世界各国の実務家や研究者等が意見交換等を行う会議である。我が国は、平成29年（2017年）に会議を主催した。第5回会議は、令和4年（2022年）、カナダで開催された。また、令和5年（2023年）、第1回アジア太平洋保護観察会議が韓国で開催された。この会議は、アジア太平洋地域での社会内処遇の当局間の情報交換と相互交流を目的とするものである。

第5節　刑事司法分野における国際研修・法制度整備支援等

1　国連アジア極東犯罪防止研修所における協力

国連アジア極東犯罪防止研修所（**UNAFEI**：United Nations Asia and Far East Institute for the Prevention of Crime and the Treatment of Offenders）は、日本国政府と国連の協定に基づき、昭和37年（1962年）に設置された国連の地域研修所で、現在では、国連薬物・犯罪事務所（UNODC）を中核とする国連犯罪防止・刑事司法プログラム・ネットワーク機関（PNI：The United Nations Crime Prevention and Criminal Justice Programme Network of Institutes）の一つであり、法務総合研究所国際連合研修協力部により運営されている。UNAFEIは、刑事司法分野における研修、研究及び調査を実施することにより、世界各国の刑事司法の健全な発展と相互協力の強化に努めており、その活動は「持続可能な開発目標（SDGs：Sustainable Development Goals）」の実現に寄与している。

UNAFEIは、その主要な活動として、世界中の開発途上国の警察官、検察官、裁判官、矯正職員、保護観察官等を対象とした国際研修を毎年実施している。具体的には、刑事司法や犯罪者処遇分野の実務家を対象とした国際研修、政策形成に関与する高官を対象とした国際高官セミナー及び汚職犯罪対策に特化した「汚職防止刑事司法支援研修」である。また、世界各国や国連等の要請を受け、特定の地域や国を対象とする研修や共同研究等も行っており、現在は、東南アジア諸国のためのグッドガバナンスに関する地域セミナー、仏語圏アフリカ諸国を対象とした刑事司法研修及びカンボジア、ネパール、東ティモール、フィリピン、ベトナム等の刑事司法関係機関を対象とした研修・共同研究等を実施している。令和2年（2020年）からの新型コロナウイルス感染症の世界的流行により、対面での研修・セミナーの実施が困難な時期が続き、オンライン会議システムに頼らざるを得なかったが、令和3年度（2021年度）からは、段階的に対面での研修の実施を再開した。

これまで、UNAFEIの研修には、日本を含めて143の国・地域から、6,300人以上の刑事司法関係者（日本人を含む。）が参加している（令和5年（2023年）3月現在）。

また、UNAFEIは、PNIの一員として、毎回コミッションやコングレス（本章第1節参照）に出席するとともに、他のPNIとも緊密な連携を取りながら、犯罪防止や刑事司法に関する国連の政策の立案・実施に協力しており、令和4年度（2022年度）には、再犯防止のためのPNI専門家会合を主催した。

UNAFEIは、京都コングレスにおいて採択された京都宣言の内容、特に再犯防止施策の推進に向けた取組を積極的に実施しており、令和3年度（2021年度）から、新たな二つの研修を始めている。一つは、「包摂的な社会に向けた再犯者、児童・女性等を含む弱者に対する刑事司法的対処」をテーマとした国際研修であり、もう一つは、日本の大学生や大学院生、海外からの留学生を対象とした「ユース国際研修」である。また、同年度及び令和4年度（2022年度）には、再犯防止の国連準則策定に向けた国連主催の専門家会合にも出席した。

2 法制度整備支援

　我が国による法制度整備支援は、その多くが政府開発援助（ODA）の枠組みで、法務省、外務省、最高裁判所、**独立行政法人国際協力機構（JICA）**や学識経験者等の関係者の協力により行われてきた。法務省は、平成13年（2001年）、これを所管する部署として法務総合研究所内に**国際協力部**（ICD：International Cooperation Department）を設置し、JICAプロジェクトへの専門家派遣、現地セミナーや支援対象国関係者の本邦における研修等の実施を通じ、支援対象国の実情を踏まえ、基本法令の起草、法律実務の運用改善、法律実務家の人材育成等の支援活動を活発に展開している。我が国は、平成6年（1994年）にベトナムに対する支援を開始して以来、カンボジア、ラオス、インドネシア、ウズベキスタン、モンゴル、中国、東ティモール、ネパール、ミャンマー、バングラデシュ等のアジア諸国に対して支援を行ってきている。支援に係る法律分野は、民商事法分野を中心としているが、近時は支援対象国の要請に基づいて刑事法分野及び行政法分野の支援も行っており、支援は多様化している。

　また、法務総合研究所は、近年、複数の国の研究機関等との間で協力覚書を交換しており、ラオス国立司法研修所（平成30年（2018年）12月）、ウズベキスタン最高検察庁アカデミー（令和元年（2019年）7月）、カンボジア王立司法学院（令和2年（2020年）1月）、モンゴル国立法律研究所（令和3年（2021年）8月）等との間でそれぞれ協力覚書を交換し、ICDが中心となり、同覚書に基づく共同研究活動を積極的に実施している。

　さらに、共通の課題について複数国で共に学ぶという視点から、令和5年（2022年）3月には、ICDは、法務総合研究所研究部と協力し、モンゴルとウズベキスタンを対象とした司法統計を題材とする共同研究を実施した。

3 矯正建築分野における協力

　アジア矯正建築会議（ACCFA：Asian Conference of Correctional Facilities Architects and Planners）は、アジア諸国における矯正建築分野での最新技術の情報共有や技術協力を図ることを目的として、平成24年（2012年）に東京で開催された第1回会議以降、毎年、アジア各国で開催されており、我が国は、法務省大臣官房施設課において、会議の設立及びその後の会議運営について中心的・主導的な役割を果たしている。

　令和元年（2019年）10月から11月にかけて再び東京で開催された第8回会議には、13か国及びUNAFEI等4機関が参加し、矯正施設整備における設計者、企画者及び利用者の協働、矯正施設が処遇プログラムの遂行に果たす役割、矯正施設の維持管理等のための持続可能な環境の実現、矯正施設の特殊性に対応する技術等について議論がなされた。

ホゴちゃんの更生ものがたり
【画像提供：法務省保護局】

第3編

少年非行の動向と非行少年の処遇

第1章　少年非行の動向

第2章　非行少年の処遇

第3章　少年の刑事手続

第1章 少年非行の動向

　この編において、非行少年とは、家庭裁判所の審判に付すべき少年、すなわち、①犯罪少年、②触法少年及び③ぐ犯少年をいう（少年法3条1項）。

第1節　少年による刑法犯

1　検挙人員

　少年による刑法犯、危険運転致死傷及び過失運転致死傷等の検挙人員（触法少年の補導人員を含む。特に断らない限り、以下この節において同じ。）並びに人口比の推移（昭和21年以降）は、3-1-1-1図①のとおりである（CD-ROM資料3-1参照）。少年による刑法犯、危険運転致死傷及び過失運転致死傷等の検挙人員の推移には、昭和期において、26年の16万6,433人をピークとする第一の波、39年の23万8,830人をピークとする第二の波、58年の31万7,438人をピークとする第三の波という三つの大きな波が見られる。平成期においては、平成8年から10年及び13年から15年にそれぞれ一時的な増加があったものの、全体としては減少傾向にあり、24年以降戦後最少を記録し続けていた。令和に入ってからも戦後最少を更新し続けていたが、令和4年は前年からわずかに増加し、2万9,897人（前年比0.3%増）であった（非行少年の動向等については第7編第2章2項及び7-2-1表参照）。

　3-1-1-1図②は、少年による刑法犯の検挙人員及び人口比の推移（昭和41年以降）を20歳以上の者と比較して見たものである。少年による刑法犯の検挙人員は、平成16年以降、減少し続けていたが、令和4年は19年ぶりに前年から増加し、2万912人（前年比2.5%増）であった。少年の人口比についても、4年は前年と比べて上昇し、193.3（同6.8pt上昇）であったが、全体としては低下傾向が見られ、最も高かった昭和56年（1,432.2）の約7分の1になっている。20歳以上の者の人口比と比較すると依然として約1.3倍と高いものの、20歳以上の者の人口比にそれほど大きな変動がないため、その差は縮小傾向にある。

3-1-1-1図　少年による刑法犯等 検挙人員・人口比の推移

① 刑法犯・危険運転致死傷・過失運転致死傷等

（昭和21年〜令和4年）

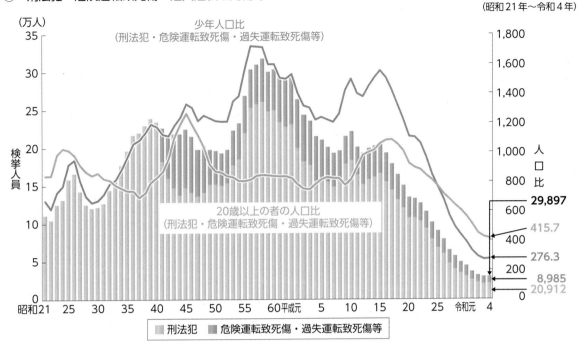

刑法犯　　危険運転致死傷・過失運転致死傷等

② 刑法犯

（昭和41年〜令和4年）

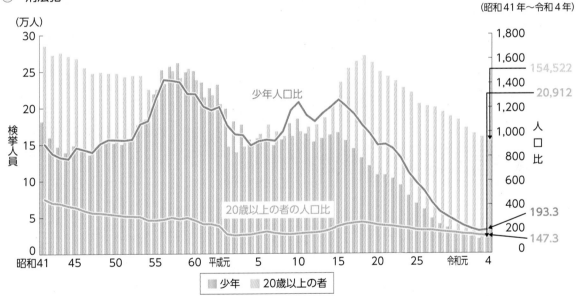

少年　　20歳以上の者

注　1　警察庁の統計、警察庁交通局の資料及び総務省統計局の人口資料による。
　　2　犯行時の年齢による。ただし、検挙時に20歳以上であった者は、20歳以上の者として計上している。
　　3　触法少年の補導人員を含む。
　　4　「少年人口比」は、10歳以上の少年10万人当たりの、「20歳以上の者の人口比」は、20歳以上の者10万人当たりの、それぞれの検挙人員である。
　　5　昭和40年以前は、道路上の交通事故に係らない業務上（重）過失致死傷はもとより、道路上の交通事故に係る業務上（重）過失致死傷についても、「刑法犯」に含めて計上している。
　　6　①において、昭和45年以降は、過失運転致死傷等による触法少年を除く。

2 属性による動向

（1）年齢層別動向

ア 年齢層別検挙人員・人口比の推移

少年による刑法犯の検挙人員及び人口比の推移（昭和41年以降）を年齢層別に見ると、**3-1-1-2図**のとおりである（CD-ROM資料**3-2**参照）。年少少年の人口比は、昭和46年から平成27年までは中間少年及び年長少年の人口比を上回っていたが、28年以降は中間少年のそれを下回り、令和元年以降は、年長少年のそれを下回っている。

3-1-1-2図 少年による刑法犯 検挙人員・人口比の推移（年齢層別）

（昭和41年～令和4年）

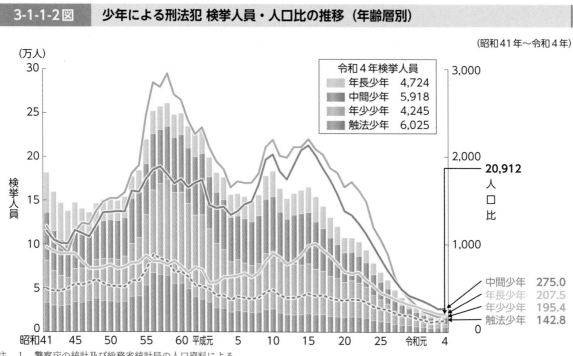

注 1 警察庁の統計及び総務省統計局の人口資料による。
　 2 犯行時の年齢による。ただし、検挙時に20歳以上であった者を除く。
　 3 検挙人員中の「触法少年」は、補導人員である。
　 4 「人口比」は、各年齢層の少年10万人当たりの刑法犯検挙（補導）人員である。なお、触法少年の人口比算出に用いた人口は、10歳以上14歳未満の人口である。

イ 非行少年率

3-1-1-3図は、少年の成長に伴う非行率の変化を知るために、出生年（推計）が昭和55年から平成15年までの者について、6年ごとに世代を区分し、各世代について、12歳から19歳までの各年齢時における**非行少年率**（各年齢の者10万人当たりの刑法犯検挙（補導）人員をいう。以下この項において同じ。）の推移を見たものである。昭和55年～60年生まれの世代は、ピークが16歳の2,281.2となっている。昭和61年～平成3年生まれの世代も、ピークは16歳であるが、2,303.0とわずかに上昇している。平成4年～9年生まれの世代は、ピークが15歳になり、1,656.2に低下している。平成10年～15年生まれの世代は、ピークが14歳と更に下がり、750.6に低下している。同世代の非行少年率は、12歳から19歳までの各年齢時において、全世代の中で一貫して最も低い。

3-1-1-3図 少年による刑法犯 非行少年率の推移

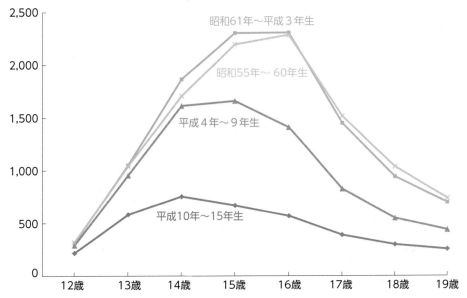

注 1 警察庁の統計及び総務省統計局の人口資料による。
　 2 犯行時の年齢による。ただし、検挙時に20歳以上であった者を除く。
　 3 「非行少年率」は、各世代について、当時における各年齢の者10万人当たりの刑法犯検挙（補導）人員をいう。

（2）男女別動向

　3-1-1-4図は、犯罪少年による刑法犯の検挙人員及び人口比の推移（昭和41年以降）を男女別に見たものである（なお、20歳以上の女性と少年女子の検挙人員及び女性比の推移は、4-7-1-1図参照）。

　女子比は、平成20年以降低下し続け、29年からは上昇に転じていたが、令和4年は前年と比べて低下し14.7％（前年比1.2pt低下）であった（CD-ROM参照）。

3-1-1-4図 少年による刑法犯 検挙人員・人口比の推移（男女別）

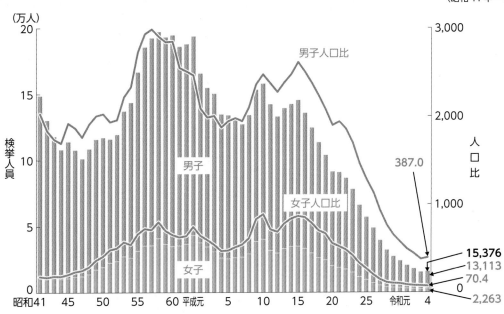

注 1 警察庁の統計及び総務省統計局の人口資料による。
　 2 犯行時の年齢による。
　 3 触法少年の補導人員を含まない。
　 4 「男子人口比」は、14歳以上の男子少年10万人当たりの、「女子人口比」は、14歳以上の女子少年10万人当たりの、それぞれ刑法犯検挙人員である。

（3）就学・就労状況

令和4年における犯罪少年による刑法犯の検挙人員の就学・就労状況別構成比を見ると、**3-1-1-5図**のとおりである。

3-1-1-5図　少年による刑法犯 検挙人員の就学・就労状況別構成比

（令和4年）

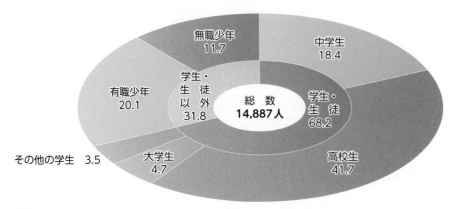

注　1　警察庁の統計による。
　　2　犯行時の就学・就労状況による。
　　3　犯行時の年齢による。ただし、検挙時に20歳以上であった者を除く。
　　4　触法少年の補導人員を含まない。

3　罪名別動向

令和4年における少年による刑法犯の検挙人員（男女別）及び少年比を罪名別に見ると、**3-1-1-6表**のとおりである（CD-ROM資料**3-3**、**3-4**及び**3-5**参照）。

なお、特殊詐欺（第1編第1章第2節3項（4）参照）による少年の検挙人員について見ると、令和4年は473人（前年比40人（9.2％）増）であり、特殊詐欺による検挙人員全体の19.2％を占めている（警察庁刑事局の資料による。）。

3-1-1-6表　少年による刑法犯 検挙人員・少年比（罪名別、男女別）

（令和4年）

罪　名	総　数		男　子	女　子	女子比	少年比
総　　　　数	21,401	(100.0)	17,927	3,474	16.2	12.2
殺　　人	55	(0.3)	36	19	34.5	7.0
強　　盗	245	(1.1)	231	14	5.7	18.5
放　　火	79	(0.4)	68	11	13.9	13.8
強制性交等	220	(1.0)	217	3	1.4	16.0
暴　　行	1,461	(6.8)	1,299	162	11.1	5.9
傷　　害	1,942	(9.1)	1,754	188	9.7	10.8
恐　　喝	320	(1.5)	276	44	13.8	27.0
窃　　盗	11,159	(52.1)	8,766	2,393	21.4	13.5
詐　　欺	836	(3.9)	676	160	19.1	7.9
横　　領	1,372	(6.4)	1,224	148	10.8	14.5
遺失物等横領	1,356	(6.3)	1,211	145	10.7	15.9
強制わいせつ	485	(2.3)	481	4	0.8	15.1
住居侵入	933	(4.4)	888	45	4.8	26.3
器物損壊	956	(4.5)	854	102	10.7	18.8
そ の 他	1,338	(6.3)	1,157	181	13.5	10.2

注　1　警察庁の統計による。
　　2　犯行時の年齢による。
　　3　触法少年の補導人員を含む。
　　4　「遺失物等横領」は、横領の内数である。
　　5　（　）内は、構成比である。

4 共犯事件

　令和4年における刑法犯の検挙事件（触法少年の補導件数を含まない。また、捜査の結果、犯罪が成立しないこと又は訴訟条件・処罰条件を欠くことが確認された事件を除く。）のうち、少年のみによる事件（少年の単独犯又は少年のみの共犯による事件）での共犯率（共犯による事件数（共犯事件であるものの、共犯者の人数が明らかでないものを含む。）の占める比率をいう。）・共犯者数別構成比を主な罪名別に見ると、**3-1-1-7図**のとおりである。総数では、少年のみによる事件での共犯率は26.9%であり、20歳以上の者のみによる事件（20歳以上の者の単独犯又は20歳以上の者のみの共犯による事件）での共犯率（12.5%）と比べて高い（CD-ROM参照）。

3-1-1-7図　少年のみによる刑法犯 検挙事件の共犯率・共犯者数別構成比（罪名別）

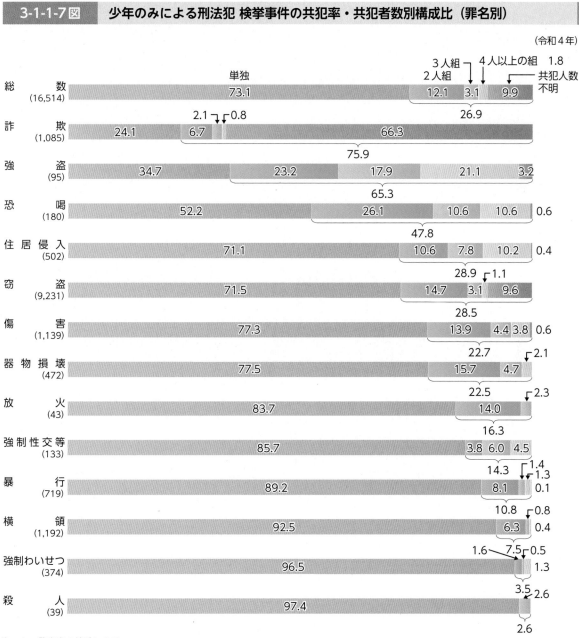

（令和4年）

注　1　警察庁の統計による。
　　2　検挙時の年齢による。
　　3　触法少年の補導件数は含まない。
　　4　捜査の結果、犯罪が成立しないこと又は訴訟条件・処罰条件を欠くことが確認された事件を除く。
　　5　「共犯人数不明」は、共犯事件であるものの、共犯者の人数が明らかでないものを計上している。
　　6　「横領」は、遺失物等横領を含む。
　　7　（　）内は、件数である。

第2節 少年による特別法犯

1 検挙人員

　犯罪少年による特別法犯（平成15年までは交通関係４法令違反（昭和36年までは道路交通取締法（昭和22年法律第130号）違反を含む。）を除き、平成16年以降は交通法令違反を除く。以下この項において同じ。）の検挙人員の推移（昭和31年以降）は、**3-1-2-1図**のとおりである（罪名別検挙人員については、CD-ROM資料**3-6**参照）。その総数は、38年（１万8,967人）と58年（３万9,062人）をピークとする大きな波が見られた後、平成３年から18年にかけて大きく減少した。19年に増加に転じ、24年から再び減少し続けたが、令和元年以降は増減し、４年は4,639人（前年比6.1％減）であった。罪名別に見ると、薬物犯罪（覚醒剤取締法、大麻取締法、麻薬取締法、あへん法及び毒劇法の各違反をいう。以下この節において同じ。）の人員は、昭和57年（３万2,129人）をピークとする大きな波が見られた後、平成26年（190人）を底として、翌年からは増加し続けていたが、令和４年（1,050人）は８年ぶりに減少した。

3-1-2-1図 少年による特別法犯 検挙人員の推移

（昭和31年〜令和４年）

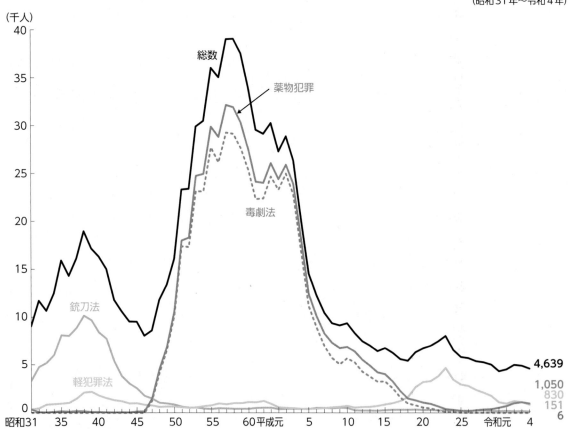

注　1　警察庁の統計による。
　　2　犯行時の年齢による。
　　3　触法少年を含まない。
　　4　「薬物犯罪」は、覚醒剤取締法、大麻取締法、麻薬取締法、あへん法及び毒劇法の各違反をいう。
　　5　平成15年までは交通関係４法令違反（昭和36年までは道路交通取締法違反を含む。）を除き、平成16年以降は交通法令違反を除く。

令和4年における犯罪少年による特別法犯の検挙人員の罪名別構成比は、**3-1-2-2図**のとおりである。平成18年から令和3年までは軽犯罪法違反の人員が最も多かったが（**3-1-2-1図**及びCD-ROM資料**3-6**参照）、4年は児童買春・児童ポルノ禁止法違反が最も多く、次いで、大麻取締法違反、軽犯罪法違反の順であった。

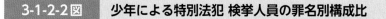

3-1-2-2図　少年による特別法犯 検挙人員の罪名別構成比

(令和4年)

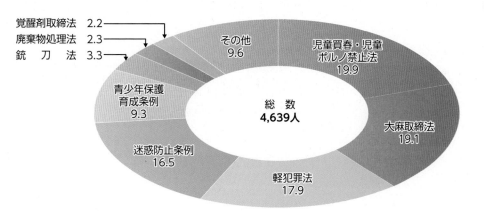

覚醒剤取締法 2.2
廃棄物処理法 2.3
銃刀法 3.3
青少年保護育成条例 9.3
迷惑防止条例 16.5
その他 9.6
児童買春・児童ポルノ禁止法 19.9
大麻取締法 19.1
軽犯罪法 17.9
総数 4,639人

注　1　警察庁の統計による。
　　2　犯行時の年齢による。
　　3　触法少年を含まない。
　　4　交通法令違反を除く。

2　薬物犯罪

犯罪少年の薬物犯罪においては、昭和47年に毒劇法が改正されてシンナーの乱用行為等が犯罪とされた後、同法違反が圧倒的多数を占め、その検挙人員は、57年にピーク（2万9,254人）を迎え、その後は大きく減少し、令和4年は6人であった（**3-1-2-1図**及びCD-ROM資料**3-6**参照）。

犯罪少年による覚醒剤取締法、大麻取締法及び麻薬取締法の各違反の検挙人員の推移（昭和50年以降）は、**3-1-2-3図**のとおりである。覚醒剤取締法違反は、57年（2,750人）及び平成9年（1,596人）をピークとする波が見られた後、大きく減少し、令和4年は103人（前年比11人減）であった。大麻取締法違反は、平成6年（297人）をピークとする波が見られた後、増減を繰り返していたが、26年から令和3年までは増加し続け、平成27年以降は薬物犯罪の中で最多を占めており、令和4年は884人（前年比71人（7.4％）減）であった。麻薬取締法違反は、昭和50年以降、おおむね横ばいないしわずかな増減を繰り返しており、令和4年は57人（前年比14人増）であった。

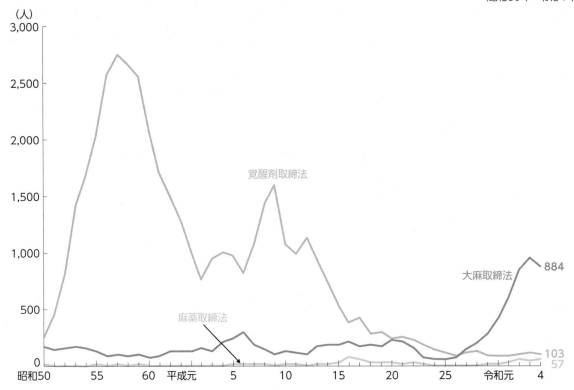

3-1-2-3図 少年による覚醒剤取締法違反等 検挙人員の推移（罪名別）

（昭和50年〜令和4年）

注　1　警察庁の統計による。
　　2　犯行時の年齢による。
　　3　触法少年を含まない。

3　交通犯罪

　犯罪少年による道路交通法違反の取締件数（軽車両以外の車両等の運転によるものに限る。ただし、教唆・幇助犯は除く。）は、昭和60年に193万8,980件を記録した後、減少傾向が続き、令和4年は10万280件（前年比13.0％減）であった（警察庁交通局の資料による。）。

　令和4年における犯罪少年による危険運転致死傷の検挙人員は72人（前年比15人増）であり、そのうち、致死事件の検挙人員は5人（同7人減）であった（警察庁の統計による。）。

　暴走族の構成員数及びグループ数の推移（最近20年間）は、**3-1-2-4図**のとおりである。

3-1-2-4図 暴走族の構成員数・グループ数の推移

（平成15年〜令和4年）

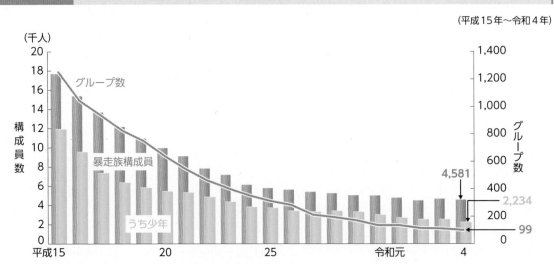

注　1　警察庁交通局の資料による。
　　2　共同危険型暴走族（爆音を伴う暴走等を集団で行う暴走族をいう。）に限る。

第3節　ぐ犯少年

　ぐ犯について、家庭裁判所終局処理人員及び女子比の推移（最近20年間）を見ると、**3-1-3-1図**のとおりである（CD-ROM資料**3-7**参照）。令和4年におけるぐ犯の家庭裁判所終局処理人員（児童福祉法27条の3に規定する強制的措置許可申請を含み、所在不明等による審判不開始及び不処分を除く。）は159人、女子比は39.6％であった。なお、令和3年法律第47号による少年法等の一部改正により、4年4月以降、年齢満18歳以上20歳未満の特定少年に係る保護事件について、ぐ犯がその対象から除外されたことに留意が必要である（同改正の詳細につき、本編第2章第1節1及び3項参照）。

　令和4年4月から12月までにおけるぐ犯の家庭裁判所終局処理総人員について、少年法3条1項3号に規定されるぐ犯事由別に見ると、「保護者の正当な監督に服しない性癖のあること」（同号イ）、「正当の理由がなく家庭に寄り附かないこと」（同号ロ）、「犯罪性のある人若しくは不道徳な人と交際し、又はいかがわしい場所に出入すること」（同号ハ）及び「自己又は他人の徳性を害する行為をする性癖のあること」（同号ニ）のうち、同号イ及びニのみに該当する者が26人で最も多かった。また、行為時の年齢別に見ると、14歳未満の者は13人であった（司法統計年報による。）。

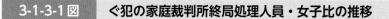

3-1-3-1図　ぐ犯の家庭裁判所終局処理人員・女子比の推移

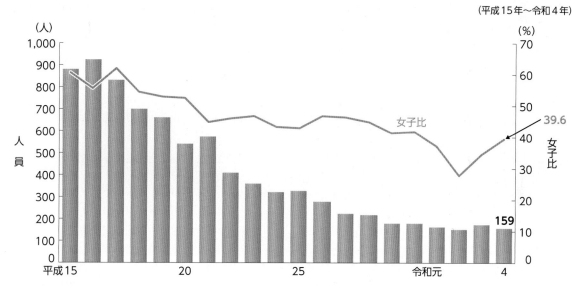

（平成15年～令和4年）

注　1　司法統計年報による。
　　2　児童福祉法27条の3に規定する強制的措置許可申請を含み、所在不明等による審判不開始及び不処分を除く。

第4節 不良行為少年

　不良行為少年（犯罪少年、触法少年及びぐ犯少年には該当しないが、飲酒、喫煙、深夜はいかいその他自己又は他人の徳性を害する行為をしている少年をいう。）の補導人員及び人口比の推移（最近20年間）を見ると、**3-1-4-1図**のとおりである。令和4年における補導人員は29万7,078人（前年比3.7％減）、人口比は4,500.0（同131.4低下）であった。

　また、令和4年における補導人員を態様別に見ると、深夜はいかい15万948人（50.8％）、喫煙8万7,165人（29.3％）の順に多く、この2態様で補導人員総数の8割を占めた（警察庁生活安全局の資料による。）。

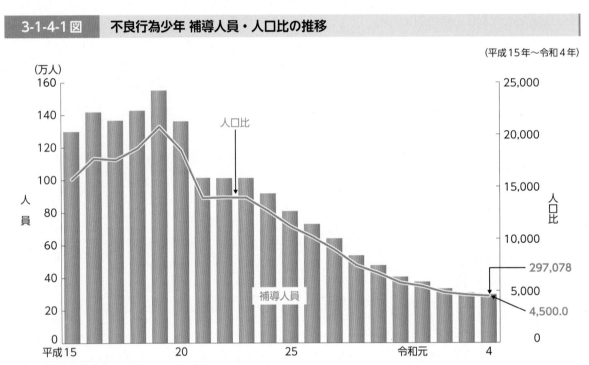

3-1-4-1図　**不良行為少年 補導人員・人口比の推移**

（平成15年〜令和4年）

注　1　警察庁生活安全局の資料及び総務省統計局の人口資料による。
　　2　「不良行為少年」は、犯罪少年、触法少年及びぐ犯少年には該当しないが、飲酒、喫煙、深夜はいかいその他自己又は他人の徳性を害する行為をしている少年をいう。
　　3　「人口比」は、少年10万人当たりの補導人員である。なお、人口比算出に用いた人口は、14歳以上20歳未満の人口である。

第5節　家庭と学校における非行

1　家庭内暴力

　少年による家庭内暴力事案の認知件数の推移（最近20年間）を就学・就労状況別に見ると、**3-1-5-1図**のとおりである。認知件数の総数は、平成24年から増加し続け、令和3年は減少したものの、4年は再び増加し、4,551件（前年比9.9％増）であった。特に、近年、小学生が大きく増加しており、3年は減少したものの、4年は881件（同15.6％増）であった。

| 3-1-5-1図 | 少年による家庭内暴力 認知件数の推移（就学・就労状況別） |

（平成15年～令和4年）

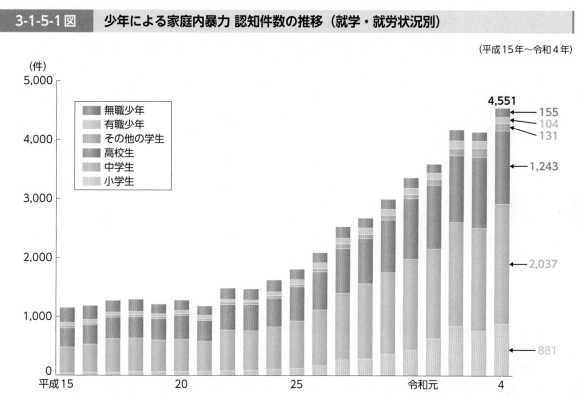

注　1　警察庁生活安全局の資料による。
　　2　行為時の就学・就労状況による。
　　3　一つの事案に複数の者が関与している場合は、主たる関与者の就学・就労状況について計上している。
　　4　「その他の学生」は、浪人生等である。

　令和4年における家庭内暴力事案の対象について、同居している家族の内訳を見ると、母親が2,594件と最も多く、次いで、父親が598件、兄弟姉妹が456件、同居の親族が174件の順であり、同居している家族以外では、家財道具等が699件、その他が30件であった（警察庁生活安全局の資料による。）。

2 校内暴力

　校内暴力事件の事件数及び検挙・補導人員は、事件数では昭和58年に2,125件を、検挙・補導人員では56年に1万468人を、それぞれ記録した後は大きく減少し、その後の増減を経て、平成26年以降減少し続けていたが、令和3年に増加に転じ、4年は593件（前年比1.0％増）、636人（同1.8％増）であった。検挙・補導された者の就学状況を見ると、かつては、中学生が圧倒的に多い状況が続いていたが、平成26年以降、中学生の総数に占める構成比が低下し続け、令和4年は、中学生が352人（55.3％）、小学生が203人（31.9％）、高校生が81人（12.7％）であった。中学生の検挙・補導人員は、平成26年以降減少傾向にあり、4年は、減少が始まる直前の平成25年（1,569人）と比べると約2割となった。一方、小学生の補導人員は、24年から増加傾向にあり、28年以降は高校生の検挙人員を上回っている（警察庁生活安全局の資料による。）。

3 いじめ

　警察において取り扱ったいじめに起因する事件の事件数及び検挙・補導人員の推移（最近20年間）を見ると、**3-1-5-2図**のとおりである。事件数及び検挙・補導人員は、昭和60年に638件、1,950人を記録して以降、63年の97件、279人まで大きく減少し、その後の増減を経て、令和4年は176件（前年比26.6％増）、223人（同12.6％増）と、いずれも増加した（CD-ROM参照）。

3-1-5-2図　いじめに起因する事件 事件数・検挙・補導人員の推移

（平成15年〜令和4年）

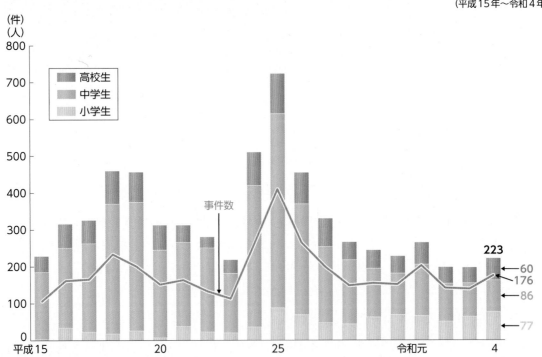

注　1　警察庁生活安全局の資料による。
　　2　「いじめに起因する事件」とは、いじめによる事件及びいじめの仕返しによる事件をいう。

第**2**章 非行少年の処遇

第**1**節 概要

非行少年に対する手続の流れは、**3-2-1-1図**のとおりである（少年に対する刑事処分に係る手続（同図の緑色部分）については、本編第3章参照）。

3-2-1-1図 非行少年処遇の概要

（令和4年）

注 1 検察統計年報、司法統計年報、矯正統計年報、少年矯正統計年報及び保護統計年報による。
2 「検察庁」の人員は、事件単位の延べ人員である。例えば、1人が2回送致された場合には、2人として計上している。
3 「児童相談所長等送致」は、知事・児童相談所長送致である。
4 「児童自立支援施設等送致」は、児童自立支援施設・児童養護施設送致である。
5 「出院者」の人員は、出院事由が退院又は仮退院の者に限る。
6 「保護観察開始」の人員は、保護観察処分少年及び少年院仮退院者に限る。
7 本図及び数値は、令和4年3月までは少年法の一部を改正する法律（令和3年法律第47号）施行前の手続により、同年4月以降は同法施行後の手続による。

1 少年法等の改正について

　令和3年5月、**少年法等の一部を改正する法律**（令和3年法律第47号。以下この編において「改正法」という。）が成立し、4年4月から施行された。改正法は、選挙権年齢や成年年齢が20歳から18歳に引き下げられ、18・19歳の者が社会において責任ある主体として積極的な役割を果たすことが期待される立場になった一方で、成長途上にあり可塑性を有する存在であることなどに鑑み、18・19歳の者が罪を犯した場合に、その立場に応じた取扱いとするため、少年法を改正し、これらの者を「特定少年」として、17歳以下の少年とは異なる特例を定めるなど、所要の規定を整備したものである。

　具体的には、18歳以上の少年を**特定少年**と呼称することとした上で、①家庭裁判所が原則として検察官に送致しなければならない事件に、死刑又は無期若しくは短期1年以上の懲役若しくは禁錮に当たる事件を加え、②保護処分は、犯罪の軽重を考慮して相当な限度を超えない範囲内においてしなければならないこととするとともに、ぐ犯をその対象から除外するなどの規定の整備が行われた（本節3項及び4項参照）。また、③特定少年について、刑事事件の特例に関する規定のうち、不定期刑、換刑処分（労役場留置の言渡し）の禁止の規定等を適用しないものとするなどの規定が設けられ（本編第3章第1節1項参照）、さらに、特定少年のときに犯した罪により公訴を提起された場合には、略式手続による場合を除き、記事等の掲載の禁止に関する規定を適用しないこととされた。

　また、改正法により、更生保護法が改正され、前記②の保護処分に係る保護観察に付された特定少年を保護観察処分少年（本章第5節2項（1）参照）に加えるなどの規定の整備が行われた。さらに、改正法により、少年院法が改正され、少年院の種類として新たに第5種を追加する（本章第4節3項（1）参照）などの規定の整備が行われた。

2 家庭裁判所送致までの手続の流れ

（1）犯罪少年

　警察等は、少年（特定少年を除く。）の被疑事件について捜査を遂げた結果、犯罪の嫌疑があると思料するときは、交通反則通告制度に基づく反則金の納付があった道路交通法違反を除き、罰金以下の刑に当たる犯罪の被疑事件は家庭裁判所に送致し、それ以外の刑に当たる犯罪の被疑事件は検察官に送致する。検察官は、捜査を遂げた結果、犯罪の嫌疑があると思料するとき、又は家庭裁判所の審判に付すべき事由があると思料するときは、事件を家庭裁判所に送致する。そのため、検察官は、少年が満20歳に達した場合や、犯罪の嫌疑がなく、家庭裁判所の審判に付すべき事由もない場合などを除き、事件を家庭裁判所に送致しなければならない。

　他方、特定少年の被疑事件については、警察等は、捜査を遂げた結果、犯罪の嫌疑があると思料するときは、罰金以下の刑に当たる犯罪であっても、交通反則通告制度に基づく反則金の納付があった道路交通法違反を除き、検察官に送致する。

（2）触法少年及びぐ犯少年

　触法少年及び14歳未満のぐ犯少年については、家庭裁判所は、都道府県知事又は児童相談所長から送致を受けたときに限り、審判に付することができる。

　保護者のない児童又は保護者に監護させることが不適当であると認められる児童（要保護児童）を発見した者は、これを都道府県等の福祉事務所又は児童相談所に通告しなければならないこととされており、触法少年及び14歳未満のぐ犯少年が要保護児童である場合には、この通告対象となる。都道府県知事又は児童相談所長は、通告を受けた少年について、家庭裁判所の審判に付することが適当であると認めた場合には、家庭裁判所に送致する。

　警察官は、触法少年であると疑うに足りる相当の理由のある者を発見した場合に、事件の調査をすることができるが、その結果、少年の行為が、一定の重大な罪に係る刑罰法令に触れるものであると思料する場合等には、事件を児童相談所長に送致しなければならない。都道府県知事又は児童相談所長は、送致を受けた少年のうち一定の重大な罪に係る刑罰法令に触れる行為を行った触法少年については、原則として、家庭裁判所に送致しなければならず、それ以外の少年についても、家庭裁判所の審判に付することが適当であると認めた場合は、家庭裁判所に送致する。

　他方、14歳以上のぐ犯少年（特定少年を除く。）を発見した者は、これを家庭裁判所に通告しなければならない。ただし、警察官又は保護者は、ぐ犯少年について、家庭裁判所に送致・通告するよりも、まず児童福祉法（昭和22年法律第164号）による措置に委ねるのが適当であると認めるときは、児童相談所に通告することができる。

3　家庭裁判所における手続の流れ

（1）家庭裁判所の調査

　家庭裁判所は、検察官等から事件の送致等を受けたときは、事件について調査しなければならず、家庭裁判所調査官に命じて必要な調査を行わせることができる。

（2）少年鑑別所の鑑別

　家庭裁判所は、審判を行うため必要があるときは、観護措置の決定により、少年を少年鑑別所に送致する。この場合、少年鑑別所は、送致された少年を収容して、医学、心理学、教育学、社会学その他の専門的知識及び技術に基づいて、収容審判鑑別を行うとともに、必要な観護処遇を行う。

（3）家庭裁判所の審判等

　家庭裁判所は、調査の結果に基づき、審判不開始、審判開始等の決定をする。

　少年やその保護者等は、付添人を選任することができるが、弁護士以外の者を選任するには、家庭裁判所の許可を要する。

　審判は、非公開で行われるが、家庭裁判所は、一定の重大事件の被害者等から審判の傍聴の申出があった場合、少年の健全な育成を妨げるおそれがなく相当と認めるときは、傍聴を許すことができる（第6編第2章第1節6項参照）。

　また、家庭裁判所は、犯罪少年の一定の重大犯罪に係る事件において、その非行事実を認定するための審判の手続に検察官が関与する必要があると認めるときは、決定をもって、審判に検察官を出席させることができる。家庭裁判所は、この場合において、少年に弁護士である付添人がないときは、弁護士である付添人（国選付添人）を付さなければならない。

　他方、家庭裁判所は、保護処分を決定するため必要があると認めるときは、相当の期間、少年を家庭裁判所調査官に直接観察させる試験観察に付することができる。

　家庭裁判所は、審判の結果、保護処分に付することができず、又はその必要がないと認めるときは、不処分の決定をする。他方、調査又は審判の結果、児童福祉法上の措置を相当と認めるときは、事件を都道府県知事又は児童相談所長に送致し、本人が20歳以上であることが判明したときは、事件を検察官に送致する。また、調査又は審判の結果、死刑、懲役又は禁錮に当たる罪の事件について、刑事処分を相当と認めるときは、事件を検察官に送致するが、故意の犯罪行為により被害者を死亡させた罪の事件であって犯行時に16歳以上の少年に係るもののほか、死刑又は無期若しくは短期1年以上の懲役若しくは禁錮に当たる罪の事件であって犯行時に特定少年に係るもの及び選挙の公正の確保に重大な支障を及ぼす連座制に係る事件であって犯行時に特定少年に係るものについては、原則として事件を検察官に送致しなければならず（いわゆる**原則逆送**）、送致を受けた検察官は、原則

として当該事件を起訴しなければならない。家庭裁判所は、これらの場合以外は、**保護処分**をしなければならず、保護観察、児童自立支援施設・児童養護施設送致（18歳未満の少年に限る。）又は少年院送致（おおむね12歳以上の少年に限る。）のいずれかの決定を行う。

特定少年に対する保護処分については、特例が設けられている。具体的には、ぐ犯を理由として保護処分をすることができず、保護処分をするときは、犯罪の軽重を考慮して相当な限度を超えない範囲内において、6月の保護観察、2年の保護観察又は少年院送致のいずれかをしなければならない（罰金以下の刑に当たる罪の事件については、6月の保護観察に限る。）。2年の保護観察においては、保護観察の遵守事項に違反した場合に、一定の要件の下で少年院に収容することができ、その場合に収容することができる期間は、裁判所が、保護観察の決定と同時に、1年以下の範囲内において犯罪の軽重を考慮して定める。また、少年院送致の決定をするときは、その決定と同時に、3年以下の範囲内において犯罪の軽重を考慮して収容する期間を定める。

少年、その法定代理人又は付添人は、保護処分の決定に対し、決定に影響を及ぼす法令の違反、重大な事実の誤認又は処分の著しい不当を理由とするときに限り、高等裁判所に抗告をすることができる。他方、検察官は、検察官関与の決定があった事件について、保護処分に付さない決定又は保護処分の決定に対し、非行事実の認定に関し、決定に影響を及ぼす法令の違反又は重大な事実の誤認があることを理由とするときに限り、高等裁判所に抗告審として事件を受理すべきことを申し立てることができる。

4 保護処分に係る手続の流れ

（1）家庭裁判所の決定による保護観察

家庭裁判所の決定により保護観察に付された少年は、保護観察官又は保護司から、改善更生のために必要な指導監督及び補導援護を受ける。

保護観察に付された者（特定少年を除く。）の保護観察期間は、原則として20歳に達するまで（その期間が2年に満たない場合には2年間）又は保護観察が解除されるまでである（特定少年の保護観察期間については本節3項（3）、保護観察の概要については本章第5節をそれぞれ参照）。

（2）児童自立支援施設・児童養護施設送致

児童自立支援施設・児童養護施設送致の決定を受けた少年は、児童福祉法による施設である児童自立支援施設又は児童養護施設に入所措置される。

（3）少年院収容と仮退院後の保護観察

家庭裁判所の決定により少年院送致とされた少年（以下（3）において、家庭裁判所の決定により少年院送致とされ、少年院に収容された者を「在院者」という。）は、少年院に収容され、矯正教育、社会復帰支援等を受ける。

在院者（特定少年を除く。）の収容期間は、原則として20歳に達するまでであるが、家庭裁判所は、一定の場合には、少年院の長の申請により、23歳を超えない期間を定めて、収容を継続する決定をする。さらに、家庭裁判所は、在院者の精神に著しい障害があり、医療に関する専門的知識及び技術を踏まえて矯正教育を継続して行うことが特に必要な場合には、少年院の長の申請により、26歳を超えない期間を定めて、収容を継続する決定を行い、同決定を受けた在院者は、第3種の指定を受けた少年院に収容される（特定少年の収容期間については本節3項（3）、少年院処遇の概要については本章第4節3項をそれぞれ参照）。

他方、在院者については、生活環境の調整を行い、地方更生保護委員会の決定により、収容期間の満了前に**仮退院**を許される（第5種少年院（本章第4節3項（1）参照）に収容された者を除く。）ことがある。この場合、仮退院を許された者は、仮退院の期間中、保護観察に付される。

第2節 検察・裁判

1 検察（家庭裁判所送致まで）

（1）受理状況

令和4年における犯罪少年の検察庁新規受理人員は、4万1,148人（少年比5.6％）であった。その内訳は、刑法犯が1万9,524人（同10.7％）、過失運転致死傷等が8,147人（同2.9％）、特別法犯が1万3,477人（同4.9％）であり、道交違反を除いた特別法犯は4,221人（同5.3％）であった（検察統計年報による。）。

3-2-2-1図は、令和4年における犯罪少年の検察庁新規受理人員の罪名別構成比を年齢層別に見たものである。犯罪少年の検察庁新規受理人員・人口比の推移については、CD-ROM資料3-8参照。

3-2-2-1図 犯罪少年の検察庁新規受理人員の罪名別構成比（年齢層別）

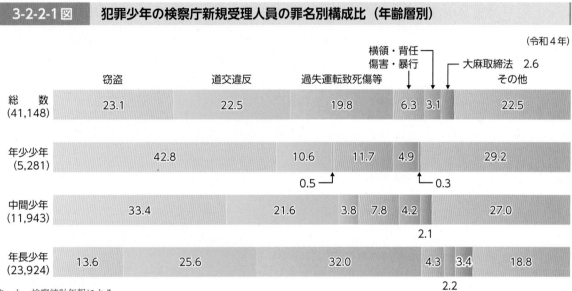

注 1 検察統計年報による。
　 2 受理時の年齢による。
　 3 「横領」は、遺失物等横領を含む。
　 4 （ ）内は、人員である。

（2）家庭裁判所への送致

検察官は、少年事件を家庭裁判所に送致するとき、どのような処分が相当であるかについて意見を付けることができる。令和4年における家庭裁判所の終局処理人員（過失運転致死傷等及び道交違反を除く。）のうち年長少年（7,729人）について、検察官が刑事処分相当との意見を付けた割合は6.0％、家庭裁判所が検察官送致（刑事処分相当）の決定をした割合は6.0％であった（法務省刑事局の資料による。）。検察官処遇意見等の状況については、CD-ROM資料3-9参照。

2　家庭裁判所

（1）受理状況

　少年保護事件の家庭裁判所新規受理人員の推移（昭和24年以降）は、**3-2-2-2図**のとおりである。

　一般保護事件（道交違反に係るもの以外の少年保護事件。以下この項において同じ。）の家庭裁判所新規受理人員は、昭和41年及び58年のピークを経て、しばらく減少傾向にあった後、20万人前後で推移していたが、平成16年以降、毎年減少しており、令和4年は3万3,849人（前年比1.8%減）であった。

　道路交通保護事件（道交違反に係る少年保護事件。以下この項において同じ。）の家庭裁判所新規受理人員は、昭和45年の交通反則通告制度の少年への適用拡大、62年の同制度の反則行為の拡大により急減した後、近年も減少傾向にあり、令和4年は1万780人（前年比5.4%減）であった。

3-2-2-2図　**少年保護事件 家庭裁判所新規受理人員の推移**

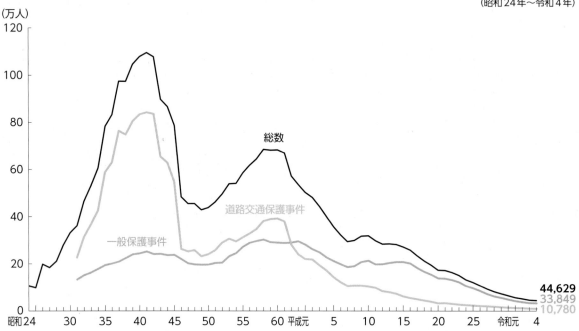

（昭和24年～令和4年）

注　1　司法統計年報による。
　　2　内数である一般保護事件と道路交通保護事件の区分については、統計の存在する昭和31年以降の数値を示した。

（2）処理状況

ア　終局処理の概要

令和４年における少年保護事件について、①一般保護事件（過失運転致死傷等保護事件及びぐ犯を除く。）、②過失運転致死傷等保護事件（過失運転致死傷等（業務上（重）過失致死傷を含む）及び危険運転致死傷に係る少年保護事件）、③道路交通保護事件の別に、家庭裁判所終局処理人員の処理区分別構成比を見ると、**3-2-2-3図**のとおりである（処理区分別・非行名別の終局処理人員については、CD-ROM資料**3-10**参照）。

3-2-2-3図　**少年保護事件 終局処理人員の処理区分別構成比**

（令和４年）

① 一般保護事件（過失運転致死傷等保護事件及びぐ犯を除く）（19,478）

0.5　1.6　6.4　24.4　18.1　48.0　0.9

② 過失運転致死傷等保護事件（7,758）

1.8　0.4　4.8　16.2　38.3　38.5　0.0

③ 道路交通保護事件（9,136）

16.1　4.1　1.1　35.2　7.2　36.3　0.0

凡例：■ 検察官送致（刑事処分相当）　■ 検察官送致（年齢超過）　■ 少年院送致　■ 保護観察　■ 不処分　■ 審判不開始　■ その他

注　1　司法統計年報による。
　　2　「一般保護事件」は、児童福祉法27条の３に規定する強制的措置許可申請を含まない。
　　3　「過失運転致死傷等保護事件」は、過失運転致死傷等（業務上（重）過失致死傷を含む）及び危険運転致死傷に係る少年保護事件である。
　　4　「道路交通保護事件」は、道交違反に係る少年保護事件である。
　　5　「その他」は、児童自立支援施設・児童養護施設送致及び都道府県知事・児童相談所長送致である。
　　6　（　）内は、実人員である。

イ　保護処分に付された特定少年の処理状況

令和4年4月1日から12月末までの間における保護処分に付された特定少年の家庭裁判所終局処理人員の処理区分別構成比を見ると、**3-2-2-4図**のとおりである（特定少年の保護観察期間については本章第1節3項（3）、保護観察の概要については本章第5節をそれぞれ参照）。

3-2-2-4図　保護処分に付された特定少年の家庭裁判所終局処理区分別構成比

（令和4年4月〜12月）

① 一般保護事件（過失運転致死傷等保護事件を除く）（2,065）

② 過失運転致死傷等保護事件（808）

③ 道路交通保護事件（1,565）

凡例：少年院送致（第1種）／少年院送致（第2種）／少年院送致（第3種）／保護観察（施設収容あり）／保護観察（施設収容なし）

注　1　司法統計年報による。
　　2　「過失運転致死傷等保護事件」は、過失運転致死傷等（業務上（重）過失致死傷を含む）及び危険運転致死傷に係る少年保護事件である。
　　3　「道路交通保護事件」は、道交違反に係る少年保護事件である。
　　4　「保護観察（施設収容あり）」は、少年法64条1項2号の決定があった者であり、「保護観察（施設収容なし）」は、同項1号の決定があった者である。
　　5　（　）内は、実人員である。

ウ　原則逆送事件の処理状況

犯行時16歳以上の少年による故意の犯罪行為で被害者を死亡させた罪の事件（以下この節において「故意致死」という。）、及び、令和4年4月1日からは、特定少年に係る事件のうち、死刑又は無期若しくは短期1年以上の懲役若しくは禁錮に当たる罪の事件（ただし、故意致死に該当する事件を除く。）であって、その罪を犯すとき特定少年に係るもの（以下この節において「短期1年以上の罪」という。）については、家庭裁判所は、原則として検察官に送致しなければならないが、これに該当する原則逆送事件の終局処理人員（年齢超過による検察官送致を除く。以下ウにおいて同じ。）の推移（原則逆送制度が開始された平成13年以降）は、**3-2-2-5図①**のとおりである。14年（83人）のピーク後は、おおむね減少傾向にあったが、令和2年以降増減を経て、4年は58人（同33人増）であった。もっとも、前記のとおり、改正法により、同年4月1日から、原則逆送事件の対象が拡大したことに留意する必要がある（改正法及び家庭裁判所における手続の詳細については、それぞれ本章第1節1、3項参照）。

平成13年4月以降令和4年末までの間における原則逆送事件の終局処理人員の合計は850人であり、このうち533人（62.7%）が検察官送致決定を受けている。

令和4年における原則逆送事件の家庭裁判所終局処理人員を処理区分別及び特定少年・特定少年以外の少年等の別に見ると、**3-2-2-5図②**のとおりである。改正法が施行された同年4月1日から12月末までの間において、特定少年は、検察官送致（刑事処分相当）29人、保護処分21人、その他2人であったのに対し、特定少年以外の少年は、保護処分3人であった。

3-2-2-5図 　**原則逆送事件 家庭裁判所終局処理人員の推移（処理区分別）**

（平成13年〜令和４年）

① 総数の推移

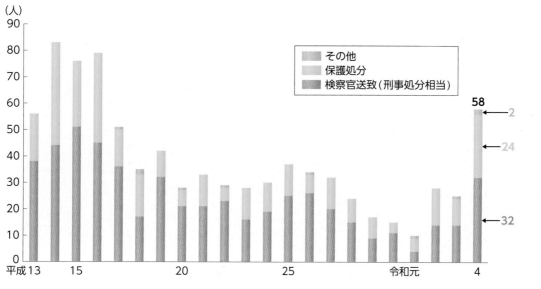

（令和４年）

② 特定少年・特定少年以外の少年等の別

注　1　最高裁判所事務総局の資料及び司法統計年報による。
　　2　令和４年３月31日以前は、少年法55条により地方裁判所から移送されたものを除く。
　　3　年齢超過による検察官送致を除く。
　　4　「その他」は、不処分及び審判不開始である。
　　5　①について、平成13年は、原則逆送制度が開始した同年４月１日以降の人員である。
　　6　②について、「故意致死」とは、原則逆送の対象事件のうち、故意の犯罪行為により被害者を死亡させた事件であって、その罪を犯
　　　すとき16歳以上の少年に係るものをいい、既遂に限る。
　　7　②について、「短期１年以上の罪」とは、原則逆送の対象事件のうち、死刑又は無期若しくは短期１年以上の懲役若しくは禁錮に当
　　　たる罪の事件であって、その罪を犯すとき特定少年に係るものをいう（ただし、「故意致死」に該当するものを除く。）。
　　8　②について、「特定少年」及び「特定少年以外」の人員は、令和４年４月１日から12月末までの人員である。
　　9　②について、「検察官送致（刑事処分相当）（故意致死）」は、令和４年１月１日から３月末までの人員であり、18歳以上の少年を含
　　　む。

令和4年1月1日から3月末までの原則逆送事件の家庭裁判所終局処理人員を罪名別及び処理区分別に見ると3-2-2-6表①のとおりである。

改正法施行後である同年4月1日から12月末までの原則逆送事件の家庭裁判所終局処理人員を故意致死に該当する事件と短期1年以上の罪に該当する事件に分け、罪名別及び処理区分別に見ると、3-2-2-6表②のとおりである。

3-2-2-6表　原則逆送事件 家庭裁判所終局処理人員（罪名別、処理区分別）

（令和4年）

① 1〜3月（故意致死）

罪　名	終局処理人員	検察官送致（刑事処分相当）	保護処分	少年院送致			保護観察	不処分	審判不開始
				第1種少年院	第2種少年院	第3種少年院			
総　　　数	3	3	−	−	−	−	−	−	−
殺　　　人	1	1	−	−	−	−	−	−	−
傷 害 致 死	1	1	−	−	−	−	−	−	−
危険運転致死	1	1	−	−	−	−	−	−	−

② 4〜12月
ア 故意致死（特定少年及び特定少年以外の少年）

罪　名	終局処理人員	検察官送致（刑事処分相当）	保護処分	少年院送致			保護観察			不処分	審判不開始
				第1種少年院	第2種少年院	第3種少年院	施設収容あり	施設収容なし			
総　　　数	14 (11)	9 (9)	5 (2)	4 (2)	−	1 (−)	−	(−)	(−)	−	−
殺　　　人	2 (1)	1 (1)	1 (−)	−	−	1 (−)	−	(−)	(−)	−	−
傷 害 致 死	5 (3)	2 (2)	3 (1)	3 (1)	−	−	−	(−)	(−)	−	−
保護責任者遺棄等致死	1 (1)	−	1 (1)	1 (1)	−	−	−	(−)	(−)	−	−
強 盗 致 死	3 (3)	3 (3)	−	−	−	−	−	(−)	(−)	−	−
危険運転致死	3 (3)	3 (3)	−	−	−	−	−	(−)	(−)	−	−

イ 短期1年以上の罪（特定少年）

罪　名	終局処理人員	検察官送致（刑事処分相当）	保護処分	少年院送致			保護観察		不処分	審判不開始
				第1種少年院	第2種少年院	第3種少年院	施設収容あり	施設収容なし		
総　　　数	41	20	19	13	−	1	5	−	−	2
非現住建造物等放火	3	−	3	1	−	1	1	−	−	−
強 制 性 交 等	15	11	4	3	−	−	1	−	−	−
強制わいせつ致傷	3	1	2	2	−	−	−	−	−	−
営利目的等略取及び誘拐	3	1	2	1	−	−	1	−	−	−
強　　　盗	3	1	2	1	−	−	1	−	−	−
強 盗 致 傷	8	5	3	1	−	−	1	−	−	−
そ の 他	6	1	3	2	−	−	1	−	−	2

注　1　最高裁判所事務総局の資料及び司法統計年報による。
　　2　「故意致死」は、故意の犯罪行為により被害者を死亡させた罪の事件であって、その罪を犯すとき16歳以上の少年に係るものをいい、既遂に限る。
　　3　「短期1年以上の罪」は、死刑又は無期若しくは短期1年以上の懲役若しくは禁錮に当たる罪の事件であって、その罪を犯すとき特定少年に係るものをいい、「故意致死」に該当するものを除く。
　　4　「殺人」は、既遂に限る。
　　5　「強制性交等」及び「強盗」は、結果的加重犯を含まない。
　　6　「強制わいせつ致傷」は、刑法181条1項の非行のうち、被害者を傷害したものをいう。
　　7　年齢超過による検察官送致を除く。
　　8　①は、少年法55条により地方裁判所から移送されたものを除く。
　　9　①は、令和4年1月1日から3月末までの人員であり、18歳以上の少年を含む。
　　10　②は、令和4年4月1日から12月末までの人員である。
　　11　②「ア　故意致死（特定少年及び特定少年以外の少年）」について、（　）内は、内数であり、特定少年の人員である。
　　12　②の「保護観察」のうち、「施設収容あり」は、少年法64条1項2号の決定があった者であり、「施設収容なし」は、同項1号の決定があった者である。

第**3**節　少年鑑別所

1　概説

　少年鑑別所の業務は、①専門的知識及び技術に基づいた鑑別を実施すること、②在所者の情操の保護に配慮し、その者の特性に応じた観護処遇を実施すること、③地域社会における非行及び犯罪の防止に関する援助を実施することである。少年鑑別所は、令和５年４月１日現在、全国に52庁（分所８庁を含む。）が設置されている。

2　入所・退所の状況

（**1**）入所人員の推移

　少年鑑別所の入所者（観護措置（少年鑑別所送致）、勾留に代わる観護措置又はその他の事由（勾留、引致、少年院在院者の鑑別のための収容等）により入所した者をいう。）の人員（男女別）及び女子比の推移（最近20年間）は、**3-2-3-1**図のとおりである。その人員は、平成８年から増加し、15年（２万3,063人）に昭和45年以降最多を記録した後、18年連続で減少していたが、令和４年は前年より増加し、4,658人（前年比2.0％増）であった（CD-ROM資料**3-11**参照）。４年におけるその人員の内訳は、観護措置による者が87.2％、勾留に代わる観護措置による者が6.3％であった（少年矯正統計年報による。）。

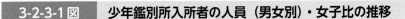

3-2-3-1図　少年鑑別所入所者の人員（男女別）・女子比の推移

（平成15年〜令和４年）

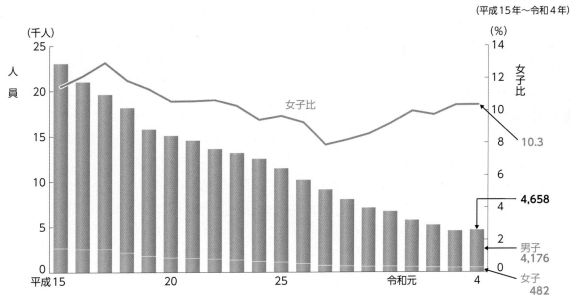

注　1　矯正統計年報及び少年矯正統計年報による。
　　2　「入所者」は、観護措置（少年鑑別所送致）、勾留に代わる観護措置又はその他の事由（勾留、引致、少年院在院者の鑑別のための収容等）により入所した者をいい、逃走者の連戻し、施設間の移送又は仮収容により入所した者は含まない。

（2）被収容者の特徴

3-2-3-2図は、少年鑑別所被収容者（観護措置（少年鑑別所送致）又は勾留に代わる観護措置により入所した者で、かつ、当該年において逃走、施設間の移送又は死亡以外の事由により退所した者をいう。以下同じ。）の年齢層別構成比の推移（最近20年間）を男女別に見たものである。

3-2-3-2図　少年鑑別所被収容者の年齢層別構成比の推移（男女別）

（平成15年～令和4年）

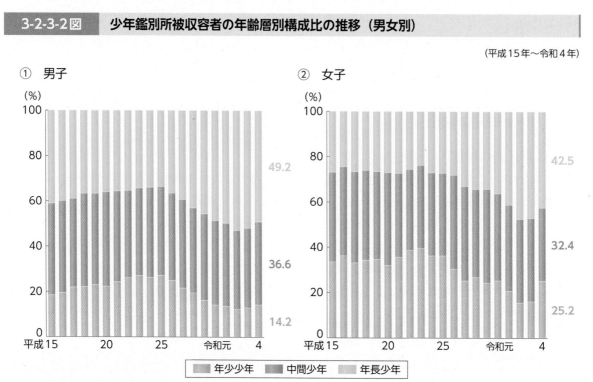

注　1　矯正統計年報及び少年矯正統計年報による。
　　2　「被収容者」は、観護措置（少年鑑別所送致）又は勾留に代わる観護措置により入所した者で、かつ、当該年において逃走、施設間の移送又は死亡以外の事由により退所した者をいう。
　　3　少年鑑別所退所時の年齢による。
　　4　「年少少年」は、14歳未満の者を含み、「年長少年」は、20歳に達している者を含む。

3-2-3-3図は、令和4年における少年鑑別所被収容者の非行名別構成比を男女別に見るとともに、これを年齢層別に見たものである。男子は、いずれの年齢層においても、窃盗が最も高かった。また、ぐ犯及び覚醒剤取締法違反の構成比が、女子と比べて顕著に低い（男子におけるぐ犯は2.0％、覚醒剤取締法違反は1.1％。CD-ROM参照）。女子は、年齢層が上がるにつれて、覚醒剤取締法違反の構成比が高くなっている。なお、令和4年4月以降、特定少年については、ぐ犯を理由として保護処分をすることができなくなったことについて留意が必要である。

3-2-3-3図 少年鑑別所被収容者の非行名別構成比（男女別、年齢層別）

（令和4年）

① 男子

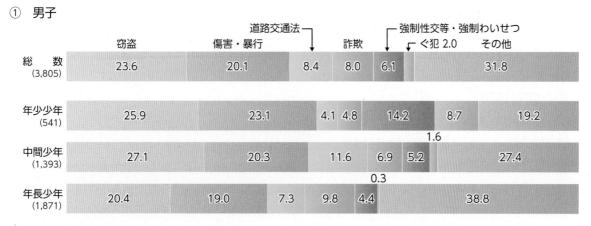

② 女子

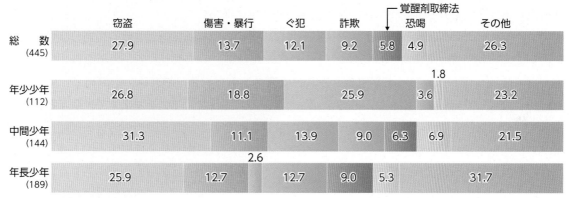

注 1 少年矯正統計年報による。
　 2 「被収容者」は、観護措置（少年鑑別所送致）又は勾留に代わる観護措置により入所した者で、かつ、令和4年において逃走、施設
　　　間の移送又は死亡以外の事由により退所した者をいう。
　 3 少年鑑別所退所時の年齢による。
　 4 「年少少年」は、14歳未満の者を含み、「年長少年」は、20歳に達している者を含む。
　 5 （ ）内は、実人員である。

（3）退所事由

令和4年における少年鑑別所の退所者の退所事由別構成比は、**3-2-3-4図**のとおりである。

3-2-3-4図 少年鑑別所退所者の退所事由別構成比

（令和4年）

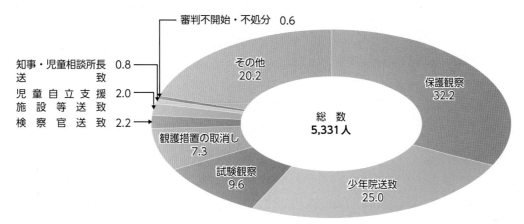

注 1 少年矯正統計年報による。
　 2 「児童自立支援施設等送致」は、児童自立支援施設・児童養護施設送致である。
　 3 「その他」は、施設間の移送、少年院在院者の鑑別のための収容の終了、仮収容の終了、同行指揮等により退所した者である。

3 鑑別

鑑別（非行又は犯罪に影響を及ぼした資質上及び環境上問題となる事情を明らかにした上、その事情の改善に寄与するため、その者の処遇に資する適切な指針を示すことをいう。）は、家庭裁判所の求めに応じて行う**審判鑑別**、家庭裁判所以外の関係機関の求めに応じて行う**処遇鑑別**に大別される。

（1）審判鑑別
ア 収容審判鑑別

審判鑑別のうち、観護措置の決定により少年鑑別所に収容されている者に対して行う鑑別を**収容審判鑑別**という。収容審判鑑別の標準的な流れは、**3-2-3-5図**のとおりである。少年鑑別所では、鑑別面接、心理検査、行動観察、医学的検査及び診察の結果に、外部から得られた情報を加えて検討し、在宅保護（保護観察等）、収容保護（少年院送致等）等の処遇に係る判定を行う。判定の結果は、鑑別対象者の資質の特徴、非行要因、改善更生のための処遇指針等と共に鑑別結果通知書に記載されて家庭裁判所に送付され、審判の資料となる。審判の結果、保護観察や少年院送致の決定がなされた場合には、それぞれ、保護観察を行う保護観察所及び送致先の少年院に送付され、処遇の参考に供される。また、法務省矯正局では、「再犯防止に向けた総合対策」の一環として、少年の再非行防止に資するための調査ツールである**法務省式ケースアセスメントツール（MJCA）**を開発し、少年鑑別所において運用している。MJCAは、心理学、犯罪学等の人間科学の知見を踏まえて、少年鑑別所における実証データに基づき、統計学的な分析を経て開発したもので、対象者の再非行の可能性及び教育上の必要性を定量的に把握するとともに、保護者との関係性の調整や社会適応力の向上等、何を目標とした働き掛けを行えば再非行を防止できるのかを明らかにしようとするものである。なお、令和4年4月から、同ツールの実施適用範囲が拡大され、原則として全ての少年院在院者にも実施されるようになった。

3-2-3-5図　少年鑑別所における収容審判鑑別の流れ

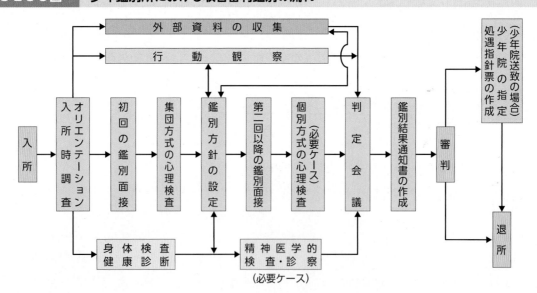

3-2-3-6表は、令和4年に収容審判鑑別を終了した者について、特定少年と特定少年以外の少年等の別に、鑑別の判定と審判における決定等との関係を見たものである。

3-2-3-6表　収容審判鑑別の判定と審判決定等との関係

(令和4年)

① 特定少年以外の少年等

鑑別の判定	総数	審判決定等								
		終局決定						未了		
		保護処分			知事・児童相談所長送致	検察官送致	審判不開始・不処分	観護措置の取消し	試験観察	その他
		保護観察	少年院送致	児童自立支援施設・児童養護施設送致						
総　　　　数	2,389 (100.0)	1,016 (42.5)	784 (32.8)	108 (4.5)	40 (1.7)	9 (0.4)	12 (0.5)	63 (2.6)	357 (14.9)	−
保　護　不　要	15 (100.0)	11 (73.3)	−	−	−	−	2 (13.3)	−	2 (13.3)	−
在　宅　保　護	891 (100.0)	713 (80.0)	15 (1.7)	3 (0.3)	22 (2.5)	−	4 (0.4)	31 (3.5)	103 (11.6)	−
収　容　保　護										
少　年　院	1,332 (100.0)	277 (20.8)	762 (57.2)	15 (1.1)	2 (0.2)	5 (0.4)	4 (0.3)	30 (2.3)	237 (17.8)	−
児童自立支援施設・児童養護施設送致	138 (100.0)	13 (9.4)	3 (2.2)	90 (65.2)	16 (11.6)	−	1 (0.7)	−	15 (10.9)	−
保　護　不　適	13 (100.0)	2 (15.4)	4 (30.8)	−	−	4 (30.8)	1 (7.7)	2 (15.4)	−	−

② 特定少年（4～12月）

鑑別の判定	総数	審判決定等							
		終局決定					未了		
		保護観察	少年院（第1～3種）送致	第5種少年院への収容	検察官送致	審判不開始・不処分	観護措置の取消し	試験観察	その他
総　　　　数	1,476 (100.0)	685 (46.4)	527 (35.7)	−	59 (4.0)	13 (0.9)	39 (2.6)	153 (10.4)	−
保　護　不　要	1 (100.0)	−	−	−	1 (100.0)	−	−	−	−
在　宅　保　護	560 (100.0)	467 (83.4)	5 (0.9)	−	3 (0.5)	11 (2.0)	19 (3.4)	55 (9.8)	−
収　容　保　護									
少年院（第1～3種）	845 (100.0)	211 (25.0)	510 (60.4)	−	14 (1.7)	1 (0.1)	13 (1.5)	96 (11.4)	−
少年院（第5種）	−								
保　護　不　適	70 (100.0)	7 (10.0)	12 (17.1)	−	41 (58.6)	1 (1.4)	7 (10.0)	2 (2.9)	−

注　1　少年矯正統計年報及び法務省大臣官房司法法制部の資料による。
　　2　観護措置（少年鑑別所送致）又は勾留に代わる観護措置により入所し、かつ、令和4年に退所した者（ただし、鑑別の判定が保留、判定未了等の者を除く。）を計上している。
　　3　「その他」は、観護措置変更決定等である（検察官送致決定後在所した者を除く。）。
　　4　①について、「②特定少年（4～12月）」以外の少年に係る数値を計上しており、令和4年3月以前の数値を含む。
　　5　②について、少年法等の一部を改正する法律（令和3年法律第47号）が施行された令和4年4月以降の数値を計上している。
　　6　（　）内は、鑑別の判定ごとの審判決定等別構成比である。

イ　在宅審判鑑別

審判鑑別のうち、少年鑑別所に収容されていない者に対して、少年鑑別所に来所させて行う鑑別等、収容審判鑑別以外のものを**在宅審判鑑別**という。令和4年における在宅審判鑑別の受付人員は235人であった（少年矯正統計年報による。）。

（2）処遇鑑別

地方更生保護委員会、保護観察所の長、児童自立支援施設の長、児童養護施設の長、少年院の長又は刑事施設の長の求めによる鑑別を処遇鑑別という。処遇鑑別では、処遇の経過、課題及びその分析、今後の処遇指針等について鑑別結果通知書を作成し、各機関における対象者の処遇に資することとしている。令和4年における処遇鑑別の受付人員の内訳は、地方更生保護委員会又は保護観察所が2,208人、少年院又は刑事施設が1,171人、児童自立支援施設又は児童養護施設が12人であった（少年矯正統計年報による。）。

なお、令和4年4月から、原則として全ての少年院在院者を対象に処遇鑑別を実施し、その結果を、矯正教育・社会復帰支援に積極的に活用していくこととされた。

4　観護処遇

少年鑑別所では、少年鑑別所法（平成26年法律第59号）に基づき、在所者の法的地位に応じた処遇を行うとともに、その特性に応じた適切な働き掛けによってその健全な育成のための支援を行っている。健全な育成のための支援としては、在所者の自主性を尊重しつつ、健全な社会生活を営むために必要な基本的な生活習慣等に関する助言・指導を行っている。また、在所者の情操を豊かにし、健全な社会生活を営むための知識及び能力を向上させることができるよう、学習や文化活動等に関する助言・援助を行っており、各少年鑑別所の実情に応じて、外部の協力者による学習支援や就労等に関する講話、季節の行事等の機会を設けている。

5 非行及び犯罪の防止に関する援助

少年鑑別所は、「**法務少年支援センター**」という名称で、地域社会における**非行及び犯罪の防止に関する援助**（以下「**地域援助**」という。）を行っている。少年鑑別所が有する非行・犯罪等に関する専門的知識やノウハウを活用し、地域社会における非行及び犯罪に関する各般の問題について、少年、保護者等からの相談に応じるほか、関係機関・団体からの依頼に応じ、情報提供、助言、各種心理検査等の調査、心理的援助、研修・講演等を行うなど、地域社会や関係機関等のニーズに幅広く対応している。

令和4年に実施した地域援助のうち、少年、保護者等の個人からの依頼に基づく援助の実施人員は、延べ6,331人（前年比721人増）であった（少年矯正統計年報による。）。

また、機関・団体からの依頼に基づく援助の実施状況の推移（地域援助が開始された平成27年以降）を依頼元機関等別に見ると、**3-2-3-7図**のとおりである。令和4年においては、依頼元機関等のうち、学校や教育委員会等の「教育関係」の構成比が最も高く、実施件数の約3分の1を占めているほか、児童相談所や地域生活定着支援センター等の「福祉・保健関係」、都道府県警察や検察庁等の「司法関係」といった多様な機関等に対して援助を実施している。実施件数の総数は、元年（9,317件）から2年（8,305件）は減少したものの、3年から再び増加に転じ、4年は、9,409件であった（前年比170件増）。依頼元機関等別では、「更生保護関係」及び「教育関係」は前年より増加した（それぞれ227件増、98件増）一方、「矯正施設」及び「福祉・保健関係」は前年より減少した（それぞれ111件減、54件減）（CD-ROM参照）。

3-2-3-7図　機関等からの依頼に基づく地域援助の実施状況の推移（依頼元機関等別）

（平成27年～令和4年）

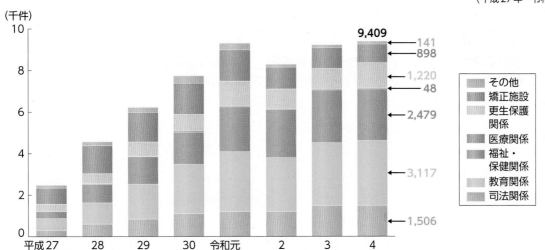

注　1　法務省矯正局の資料による。
　　2　機関又は団体からの依頼に基づく援助に限り、個人からの依頼に基づく相談等への対応は除く。
　　3　「司法関係」は、都道府県警察、検察庁、裁判所その他司法に関する機関又は団体である。
　　4　「教育関係」は、学校教育法（昭和22年法律第26号）1条に定める学校、都道府県及び市町村等の教育委員会その他教育に関する機関又は団体である。
　　5　「福祉・保健関係」は、児童相談所、地域生活定着支援センター、児童自立支援施設、児童養護施設、保健所、精神保健福祉センターその他福祉・保健に関する機関又は団体である。
　　6　「医療関係」は、医療法（昭和23年法律第205号）1条の5に定める病院及び診療所その他医療に関する機関又は団体である。
　　7　「更生保護関係」は、地方更生保護委員会、保護観察所、保護司、更生保護法人その他更生保護に関する機関又は団体である。
　　8　「矯正施設」は、刑事施設、少年院及び婦人補導院である。
　　9　「その他」は、非行及び犯罪の防止に資する活動、青少年の健全育成に資する活動等を実施する機関又は団体である。
　　10　平成27年は、地域援助が開始された同年6月からの実施状況について計上している。

コラム7　法務少年支援センターが実施する「地域援助のいま」

　少年鑑別所法（平成26年法律第59号）が施行され、地域社会における非行及び犯罪の防止に関する援助（以下このコラムにおいて「地域援助」という。）が条文に明記されてから8年が経過した。この間、少年鑑別所は、「法務少年支援センター」の名称で、地域社会における非行・犯罪の防止に向けた様々な支援に力を入れてきた。

　地域援助では、支援体制の充実強化を図る上で、関係機関とのネットワークを構築し、その一端を担いながら専門性を発揮することを重視してきた。このコラムでは、各都道府県庁所在地など全国52か所にある法務少年支援センターが、各々の地域の関係機関と連携を図りながら取り組んでいる「地域援助のいま」について紹介する。

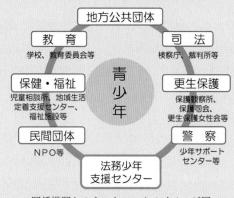

関係機関とのネットワークのイメージ図
【法務省矯正局提供】

更生保護女性連盟会同における講演
【法務省矯正局提供】

　令和4年における関係機関からの依頼を受けて行う援助で、最も多くの割合を占めるのが学校等の教育機関である。校内でのいじめ等の問題行動への対応は、法務少年支援センターの専門的知見・技術の発揮が期待される領域であり、同センターでは、各地域の学校との連携の下に、教師等からの相談に応じるほか、生徒へのカウンセリングや心理検査の実施、問題行動抑止のための心理教育の実施等、多面的なアプローチを行っている。各地域における取組に加え、文部科学省と法務省との間でも連携強化が図られ、同年には、文部科学省において12年ぶりに改訂された「生徒指導提要」において、生徒の学校内外での非行等困難な課題への対応に係る連携先として、法務少年支援センターが挙げられることとなった。同指導提要においては、非行や犯罪行為のみならず、保護者との関係、学校・職場などでのトラブル、交友関係など幅広い課題に対して、法務少年支援センターが対応可能であることや、同センターも地域の関係機関とのネットワークの一翼として、役割を分担して生徒指導上の課題に対応することができる旨明記されており、今後、更に教育機関との連携が密なものとなり、支援体制の充実強化が図られていくことが期待できる。

学校における法教育場面　【法務省矯正局提供】

　また、近年の大きな流れとして、全国の都道府県警察と法務少年支援センター間の協定に基づく連携推進が図られていることが挙げられる。この連携における主たる対象者は、補導された少年や学校での問題行動により保護者又は学校から相談を受けた少年である。これらの少年が立ち直り、再び学校に定着するために、都道府県警察少年サポートセンター等にお

いて立ち直り支援活動が行われているところ、法務少年支援センターにおいては、面接や心理検査等を実施し、専門的知見に基づく指導・助言等を提供する役割を担うことにより、都道府県警察少年サポートセンターとの連携を図り、学校生活で一度はつまずいた少年のコミュニケーション能力や自己肯定感の向上を図り、問題行動の改善や立ち直りを支援することに寄与している。

さらには、社会問題となっている虐待についても、法務少年支援センターでは、要保護児童対策地域協議会等における個別事例に対する心理面からの見立てや支援方針の提案及び児童相談所又は児童家庭支援センター等との連携体制の構築を通じて、虐待の早期発見・早期対応につながる取組を進めている。被虐待経験を持つ児童に対してカウンセリング等の心理的ケアを行うことはもとより、非行・犯罪の専門的知見を有する機関として、被虐待経験を背景に生じている問題行動について、心理検査や面接を通じて的確に把握し、問題行動を抑止するために必要な支援、助言及び心理教育等の一歩踏み込んだアプローチが行われている。また、虐待の加害者である保護者に対しては、保護者自身が抱える問題や悩み等について的確なアセスメントを実施した上で、虐待を抑止するための心理教育を行うとともに、関係機関に対しては、支援方針の提案を行うといった形で、多面的に支援する体制をとっている。

法務少年支援センターへの相談の依頼は、年々増加傾向にあることに加え、コロナ禍においては、在宅時間増加が影響していると思われる悩みや問題に直面した家族からの相談も寄せられるようになった。対面での支援が困難な状況となったことを踏まえ、法務少年支援センターにおいては、いち早くオンラインでの相談体制の構築・整備を行い、相談者が自宅にいながら相談をしたり、ワークブックを活用した心理教育が受けられたりすることを可能とし、コロナ禍を経ても途切れることなく支援を行っている。

法務少年支援センターにおいて使用しているワークブックの一例 【法務省矯正局提供】

今回「地域援助のいま」として紹介した新たな取組は、その時々の社会問題や家族が抱える問題等に関するニーズに応える形で広がりを見せている。今後、関係機関とのネットワークの構築が進み、情報共有や協力体制を構築していくことを通じて、時機を捉えた迅速な対応が可能になることにより、一つの問題に対する多面的なアプローチが可能となり、「地域援助のいま」が更に発展していくことが期待される。

地域援助のシンボルマーク
【法務省矯正局公開のもの】

法務少年支援センター
ホームページリンク

第4節　少年院

1　概説

　少年院は、主として、家庭裁判所が少年院送致の決定をした少年を収容し、その健全な育成を図ることを目的として、矯正教育、社会復帰支援等を行う施設である。令和5年4月10日現在、全国に44庁（分院6庁を含む。）が設置されている。

2　少年院入院者

（1）少年院入院者の人員の推移

　3-2-4-1図は、少年院入院者の男女別の人員及び女子比の推移（昭和24年以降）を見たものである。入院者の人員は、最近25年間では、平成12年（6,052人）をピークに減少傾向が続いており、令和4年は1,332人（前年比3.3%減）であり、昭和24年以降最少であった。また、令和4年の女子比は、前年より1.0pt上昇した。

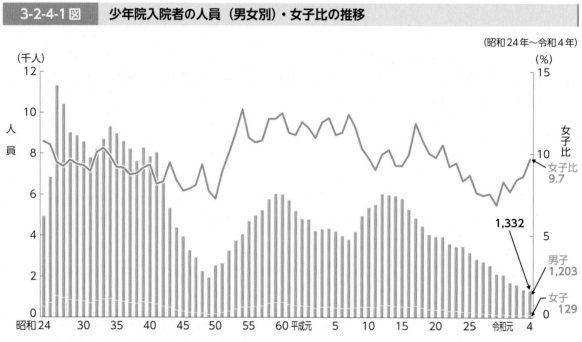

3-2-4-1図　少年院入院者の人員（男女別）・女子比の推移

（昭和24年～令和4年）

注　少年矯正保護統計、少年矯正統計年報及び矯正統計年報による。

（2）少年院入院者の特徴

ア　年齢

　3-2-4-2図は、少年院入院者の人員及び人口比の推移（最近20年間）を年齢層別に見たものである。その人員は、年長少年（入院時に20歳に達している者を含む。以下（2）において同じ。）では、平成13年をピークとして、その後、おおむね減少傾向にあり、令和4年は前年（800人）よりも減少し、688人（前年比14%減）であった。中間少年では、年長少年と同様に平成13年をピークとして、その後、おおむね減少傾向にあったが、令和4年は前年と比べ増加し504人（同11.0%増）であった。年少少年（入院時に14歳未満の者を含む。以下（2）において同じ。）も、平成24年から減少していたが、令和4年は前年と比べ増加し140人（同13.8%増）であった。4年の年齢層別構成比は、年長少年（51.7%）が最も高く、次いで、中間少年（37.8%）、年少少年（10.5%）の順であった（CD-ROM参照）。

　令和4年における年長少年、中間少年及び年少少年の人口比は、前年と比べ、年長少年は低下した

が、中間少年及び年少少年は上昇した。

　なお、令和４年における14歳未満の少年院入院者は、４人（男子２人、女子２人）であった（少年矯正統計年報による。）。

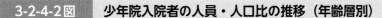

3-2-4-2図　少年院入院者の人員・人口比の推移（年齢層別）

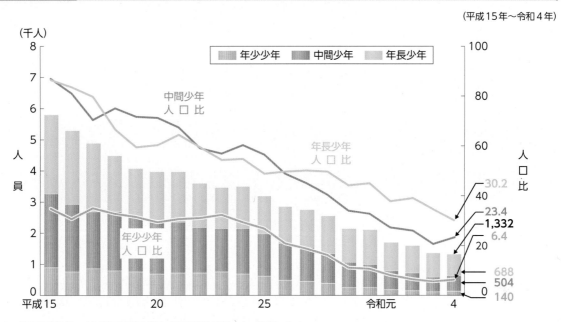

（平成15年〜令和４年）

注　1　矯正統計年報、少年矯正統計年報及び総務省統計局の人口資料による。
　　2　入院時の年齢による。ただし、在宅事件等で少年院送致決定を受けた者は、少年院送致決定時の年齢による。また、「年少少年」は14歳未満の者を含み、「年長少年」は入院時に20歳に達している者を含む。
　　3　「人口比」は、各年齢層10万人当たりの少年院入院者の人員である。

イ　非行名

　3-2-4-3図は、令和４年における少年院入院者の非行名別構成比を男女別に見るとともに、これを年齢層別に見たものである。男子の構成比を見ると、中間少年及び年長少年では窃盗（それぞれ24.8％、22.5％）、傷害・暴行（それぞれ20.9％、15.7％）の順に高く、中間少年では強制性交等・強制わいせつ（8.5％）、年長少年では詐欺（12.9％）がそれぞれ続く。一方、年少少年では傷害・暴行（23.7％）が最も高く、次いで、窃盗（21.1％）、強制性交等・強制わいせつ（15.8％）の順となっている。女子の構成比を見ると、総数では、窃盗（24.0％）が最も高く、次いで、詐欺（14.0％）、ぐ犯（13.2％）の順に高く、年長少年では他の年齢層に比べると詐欺（19.0％）及び覚醒剤取締法違反（15.5％）の構成比が高くなっている。また、女子は、男子と比べ、覚醒剤取締法違反及びぐ犯の構成比が顕著に高い（女子の少年院入院者の特徴については、第４編第７章第２節２項（２）参照）。なお、令和４年４月以降、特定少年については、ぐ犯が保護処分の対象から除かれたことに留意を要する。

3-2-4-3図　少年院入院者の非行名別構成比（男女別、年齢層別）

（令和4年）

① 男子

	窃盗	傷害・暴行	詐欺	強制性交等・強制わいせつ	道路交通法	強盗	恐喝	その他
総　数 (1,203)	23.3	18.5	10.4	6.9	6.8	4.0	4.0	26.2
年少少年 (114)	21.1	23.7	5.3	15.8	3.5	2.6	0.9	27.2
中間少年 (459)	24.8	20.9	8.3	8.5	7.4	4.8	4.1	21.1
年長少年 (630)	22.5	15.7	12.9	4.1	7.0	3.7	4.4	29.7

② 女子

	窃盗	詐欺	ぐ犯	傷害・暴行	覚醒剤取締法	殺人	その他
総　数 (129)	24.0	14.0	13.2	11.6	10.9	6.2	20.2
年少少年 (26)	23.1	3.8	30.8	19.2		11.5	11.5
中間少年 (45)	26.7	13.3	15.6	8.9	11.1	6.7	17.8
年長少年 (58)	22.4	19.0	3.4	10.3	15.5	3.4	25.9

注　1　少年矯正統計年報による。
　　2　入院時の年齢による。ただし、在宅事件等で少年院送致決定を受けた者は、少年院送致決定時の年齢による。また、「年少少年」は14歳未満の者を含み、「年長少年」は入院時に20歳に達している者を含む。
　　3　（　）内は、実人員である。

ウ　教育程度、就学・就労状況

　3-2-4-4図及び3-2-4-5図は、令和4年における少年院入院者の教育程度別構成比及び就学・就労状況別構成比を、いずれも男女別に見たものである。

3-2-4-4図　少年院入院者の教育程度別構成比（男女別）

（令和4年）

	中学在学	中学卒業	高校在学	高校中退	高校卒業・その他
男　子 (1,203)	6.4	20.4	21.0	41.1	11.1
女　子 (129)	16.3	17.1	17.8	38.8	10.1

注　1　少年矯正統計年報による。
　　2　教育程度は、非行時における最終学歴又は就学状況である。
　　3　「その他」は、高等専門学校在学、大学（短期大学を含む。）在学・中退、専修学校在学・中退・卒業等である。
　　4　（　）内は、実人員である。

3-2-4-5図	少年院入院者の就学・就労状況別構成比（男女別）

(令和4年)

	無職	有職	学生・生徒
男　子 (1,201)	27.6	44.9	27.6
女　子 (129)	39.5	27.1	33.3

注　1　少年矯正統計年報による。
　　2　就学・就労状況は、非行時による。
　　3　就学・就労状況が不詳の者を除く。
　　4　（　）内は、実人員である。

エ　不良集団関係

3-2-4-6図は、令和4年における少年院入院者の不良集団関係別構成比を男女別に見たものである。

3-2-4-6図	少年院入院者の不良集団関係別構成比（男女別）

(令和4年)

暴力団 2.3　　　　　不良生徒・学生集団

	暴走族	地域不良集団		不良集団関係なし
男　子 (1,184)	6.5	34.6	3.8	52.8
女　子 (127)	2.4 1.6	18.9	2.4	74.8

注　1　少年矯正統計年報による。
　　2　不良集団関係は、非行時による。
　　3　不良集団関係が不詳の者を除く。
　　4　（　）内は、実人員である。

オ　保護者の状況

3-2-4-7図は、令和4年における少年院入院者の保護者状況別構成比を男女別に見たものである。

3-2-4-7図	少年院入院者の保護者状況別構成比（男女別）

(令和4年)

実父義母 1.0

	実父母	実母	実父	義父実母	その他
男　子 (1,203)	34.1	38.4	8.7	12.3	4.7
女　子 (129)	23.3	42.6	8.5	14.7	3.9	7.0

保護者なし 0.8

注　1　少年矯正統計年報による。
　　2　保護者状況は、非行時による。
　　3　「その他」は、養父（母）等である。
　　4　（　）内は、実人員である。

カ　被虐待経験

3-2-4-8図は、令和4年における少年院入院者の保護者等からの被虐待経験別構成比を男女別に見たものである。ただし、ここでいう被虐待経験の有無・内容は、入院段階における少年院入院者自身の申告等により把握することのできたものに限られている点に留意する必要がある。

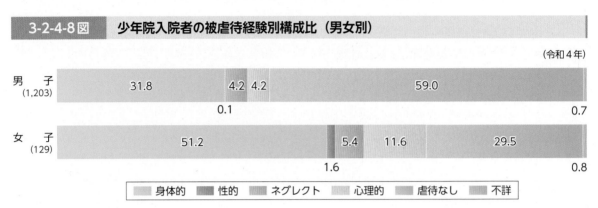

3-2-4-8図　少年院入院者の被虐待経験別構成比（男女別）

（令和4年）

男　子
(1,203)　31.8　4.2　4.2　0.1　59.0　0.7

女　子
(129)　51.2　5.4　11.6　1.6　29.5　0.8

凡例：　身体的　性的　ネグレクト　心理的　虐待なし　不詳

注　1　法務省大臣官房司法法制部の資料による。
　　2　虐待の定義は、児童虐待防止法による。ただし、ここでは保護者以外の家族による少年に対する虐待や、18歳以上の少年に対する虐待も含む。
　　3　「身体的」は、少年の身体に外傷が生じ、又は生じるおそれのある暴行を加えることをいい、「性的」は、少年にわいせつな行為をすること又は少年をしてわいせつな行為をさせることをいい、「ネグレクト」は、少年の心身の正常な発達を妨げるような著しい減食又は長時間の放置その他の保護者としての監護を著しく怠ることをいい、「心理的」は、少年に著しい心理的外傷を与える言動を行うことをいう。
　　4　複数の類型に該当する場合は、主要なもの一つに計上している。
　　5　（　）内は、実人員である。

3　少年院における処遇

改正法により、少年院法が改正され、少年院の種類として新たに第5種を追加する（本章第1節1項参照）などの規定の整備が行われた（令和4年4月施行）ほか、同改正を踏まえて矯正教育に係る規程が見直され、第5種少年院における矯正教育課程や矯正教育の内容が新たに定められた。

（1）少年院の種類及び矯正教育課程

少年院には、次の①から⑤までの種類があり、それぞれ、少年の年齢、犯罪的傾向の程度、心身の状況等に応じて、以下の者を収容している。なお、⑤は、前記少年院法の改正により、新たに設置された種類である。

①　第1種　保護処分の執行を受ける者（⑤の者を除く。②及び③において同じ。）であって、心身に著しい障害がないおおむね12歳以上23歳未満のもの（②の者を除く。）

②　第2種　保護処分の執行を受ける者であって、心身に著しい障害がない犯罪的傾向が進んだ、おおむね16歳以上23歳未満のもの

③　第3種　保護処分の執行を受ける者であって、心身に著しい障害があるおおむね12歳以上26歳未満のもの

④　第4種　少年院において刑の執行を受ける者

⑤　第5種　2年の保護観察に付されている特定少年であって、かつ、当該保護観察中に遵守すべき事項を遵守しなかったと認められる事由があり、その程度が重く、かつ、少年院において処遇を行わなければ本人の改善及び更生を図ることができないと認められ、少年院に収容する旨の決定を受けた者

少年院においては、在院者の特性に応じて体系的・組織的な矯正教育を実施するため、**矯正教育課程**が定められている。矯正教育課程は、在院者の年齢、心身の障害の状況及び犯罪的傾向の程度、在院者が社会生活に適応するために必要な能力その他の事情に照らして一定の共通する特性を有する在院者の類型ごとに、矯正教育の重点的な内容及び標準的な期間を定めたものである。

少年院の種類ごとに指定された矯正教育課程は、**3-2-4-9表**のとおりであり、令和4年における少年院入院者の矯正教育課程別人員は、**同表**の人員欄のとおりである。

3-2-4-9表　少年院入院者の人員（矯正教育課程別）

(令和4年)

少年院の種類	矯正教育課程	符号	在院者の類型	矯正教育の重点的な内容	標準的な期間	人員
第1種	短期義務教育課程	SE	原則として14歳以上で義務教育を終了しない者のうち、その者の持つ問題性が単純又は比較的軽く、早期改善の可能性が大きいもの	中学校の学習指導要領に準拠した、短期間の集中した教科指導	6月以内の期間	4 (0.3)
	義務教育課程Ⅰ	E1	義務教育を終了しない者のうち、12歳に達する日以後の最初の3月31日までの間にあるもの	小学校の学習指導要領に準拠した教科指導	2年以内の期間	－
	義務教育課程Ⅱ	E2	義務教育を終了しない者のうち、12歳に達する日以後の最初の3月31日が終了したもの	中学校の学習指導要領に準拠した教科指導		47 (3.5)
	短期社会適応課程	SA	義務教育を終了した者のうち、その者の持つ問題性が単純又は比較的軽く、早期改善の可能性が大きいもの	出院後の生活設計を明確化するための、短期間の集中した各種の指導	6月以内の期間	149 (11.2)
	社会適応課程Ⅰ	A1	義務教育を終了した者のうち、就労上、修学上、生活環境の調整上等、社会適応上の問題がある者であって、他の課程の類型には該当しないもの	社会適応を円滑に進めるための各種の指導	2年以内の期間	513 (38.5)
	社会適応課程Ⅱ	A2	義務教育を終了した者のうち、反社会的な価値観・行動傾向、自己統制力の低さ、認知の偏り等、資質上特に問題となる事情を改善する必要があるもの	自己統制力を高め、健全な価値観を養い、堅実に生活する習慣を身に付けるための各種の指導		114 (8.6)
	社会適応課程Ⅲ	A3	外国人等で、日本人と異なる処遇上の配慮を要する者	日本の文化、生活習慣等の理解を深めるとともに、健全な社会人として必要な意識、態度を養うための各種の指導		8 (0.6)
	支援教育課程Ⅰ	N1	知的障害又はその疑いのある者及びこれに準じた者で処遇上の配慮を要するもの	社会生活に必要となる基本的な生活習慣・生活技術を身に付けるための各種の指導		68 (5.1)
	支援教育課程Ⅱ	N2	情緒障害若しくは発達障害又はこれらの疑いのある者及びこれに準じた者で処遇上の配慮を要するもの	障害等その特性に応じた、社会生活に適応する生活態度・対人関係を身に付けるための各種の指導		94 (7.1)
	支援教育課程Ⅲ	N3	義務教育を終了した者のうち、知的能力の制約、対人関係の持ち方の稚拙さ、非社会的行動傾向等に応じた配慮を要するもの	対人関係技能を養い、適応的に生活する習慣を身に付けるための各種の指導		272 (20.4)
第2種	社会適応課程Ⅳ	A4	特に再非行防止に焦点を当てた指導及び心身の訓練を必要とする者	健全な価値観を養い、堅実に生活する習慣を身に付けるための各種の指導		13 (1.0)
	社会適応課程Ⅴ	A5	外国人等で、日本人と異なる処遇上の配慮を要する者	日本の文化、生活習慣等の理解を深めるとともに、健全な社会人として必要な意識、態度を養うための各種の指導		－
	支援教育課程Ⅳ	N4	知的障害又はその疑いのある者及びこれに準じた者で処遇上の配慮を要するもの	社会生活に必要となる基本的な生活習慣・生活技術を身に付けるための各種の指導		2 (0.2)
	支援教育課程Ⅴ	N5	情緒障害若しくは発達障害又はこれらの疑いのある者及びこれに準じた者で処遇上の配慮を要するもの	障害等その特性に応じた、社会生活に適応する生活態度・対人関係を身に付けるための各種の指導		3 (0.2)
第3種	医療措置課程	D	身体疾患、身体障害、精神疾患又は精神障害を有する者	心身の疾患、障害の状況に応じた各種の指導		45 (3.4)
第4種	受刑在院者課程	J	受刑在院者	個別的事情を特に考慮した各種の指導	－	－
第5種	保護観察復帰指導課程Ⅰ	P1	保護観察再開に向けた社会適応上の指導を要する者のうち、その者の持つ問題性が比較的軽く、早期改善の可能性が大きいもの	保護観察を再開するための、短期間の集中した各種の指導	3月以内の期間	－
	保護観察復帰指導課程Ⅱ	P2	保護観察再開に向けた社会適応上の指導を要する者（保護観察復帰指導課程Ⅰに該当する者を除く。）	保護観察を再開するための、集中した各種の指導	6月以内の期間	－

注　1　少年矯正統計年報による。
　　2　第5種が指定される在院者は、令和4年4月から計上している。
　　3　（　）内は、矯正教育課程別の構成比である。

（2）矯正教育

少年院における処遇の中核となるのは**矯正教育**であり、在院者には、生活指導、職業指導、教科指導、体育指導及び特別活動指導の五つの分野にわたって指導が行われる。少年院の長は、個々の在院者の特性に応じて行うべき矯正教育の目標、内容、方法、期間等を定めた個人別矯正教育計画を作成し、矯正教育はこれに基づき実施される。

少年院における処遇の段階は、その者の改善更生の状況に応じた矯正教育その他の処遇を行うため、1級、2級及び3級に区分されており、在院者は、まず3級に編入され、その後、改善更生の状況等に応じて上位又は下位の段階に移行し、これに応じて、その在院者にふさわしい処遇が行われる。

前記の五つの分野における指導の主な内容は、以下のとおりである。

ア　生活指導

少年院においては、在院者に対し、善良な社会の一員として自立した生活を営むための基礎となる知識及び生活態度を習得させるために必要な生活指導を行う。生活指導は、①基本的生活訓練、②問題行動指導、③治療的指導、④被害者心情理解指導、⑤保護関係調整指導及び⑥進路指導について、全体講義、面接指導、作文指導、日記指導、グループワーク等の方法を用いて行われている。

また、在院者の抱える特定の事情の改善に資するために、令和3年度までは6種類の**特定生活指導**が実施されていたところ、4年度から、成年に達した者を対象として、成年であることの自覚及び責任を喚起するとともに、社会参加に必要な知識を付与すること等を指導目標とした「成年社会参画指導」が加わり7種類となっている。4年における各指導の受講終了人員は、①**被害者の視点を取り入れた教育**が41人、②**薬物非行防止指導**が299人、③**性非行防止指導**が138人、④**暴力防止指導**が236人、⑤**家族関係指導**が250人、⑥**交友関係指導**が539人、⑦**成年社会参画指導**267人であった（法務省矯正局の資料による。）。

このうち、薬物非行防止指導及び性非行防止指導については、**重点指導施設**が指定され、指導の充実が図られている。令和4年度は、薬物非行防止指導では11庁、性非行防止指導では2庁が重点指導施設に指定されており、これらの施設においては、他の少年院からも対象者を受け入れるなどして、グループワーク等による重点的かつ集中的な指導が実施されている。

また、近年増加傾向が続く大麻使用歴を有する在院者に対し、より効果的な指導を実施するため、令和4年度に、大麻に関する情報をより広く少年院職員に提供することを目的として、少年院職員のために作成された大麻に関する執務参考資料が各少年院に配布された。

さらに、女子少年については、女子少年に共通する処遇ニーズに対応して全在院者を対象に実施する処遇プログラムが行われている（詳細については、第4編第7章第2節2項（2）参照）。

イ　職業指導

少年院においては、在院者に対し、勤労意欲を高め、職業上有用な知識及び技能を習得させるために必要な職業指導を行っている。職業指導は、令和4年度から、「職業生活設計指導」及び「職業能力開発指導」の二つの指導に大別された。「職業生活設計指導」の職業生活設計指導科は、原則として全在院者に対して行うもので、受講者全員に対してビジネスマナー、パソコン操作能力、キャリアカウンセリング等の講座を行う必修プログラムと、受講者個々の必要性に応じて職場の安全衛生、接客の基本知識等の講座を選択的に行う選択プログラムを組み合わせて行うものとなっている。「職業能力開発指導」の職業指導種目は、例えば、新設された種目である**ICT技術科**は、プログラミング教育などICTに係る知識の習得等を、従来の電気工事科、溶接科、土木建築科等が統合された**総合建設科**は、複数の資格取得に向けた知識・技術の習得等を、従来の農園芸科、木工科、手芸科、陶芸科等が統合された**製品企画科**は、製品企画から制作、展示、販売までを体験することをそれぞれねらいとするなど、より実践・社会的視点が考慮されている。

令和4年における出院者（退院又は仮退院により少年院を出院した者に限る。以下この節において同じ。）のうち、在院中に指定された職業指導の種目において、溶接、土木・建築、ICT等の資格・免許を取得した者は延べ人員で1,176人、それ以外の資格取得講座において、小型車両系建設機械運転、フォークリフト運転、危険物取扱者等の資格・免許を取得した者は延べ人員で1,604人であった（法務省矯正局の資料による。）。

ウ　教科指導

少年院においては、義務教育未終了者及び社会生活の基礎となる学力を欠くことにより改善更生及び円滑な社会復帰に支障があると認められる在院者に対しては、小学校又は中学校の学習指導要領に準拠した教科指導を行う。そのほか、高等学校への編入若しくは復学、大学等への進学又は就労等のために高度な学力を身に付けることが必要な者に対しては、その学力に応じた教科指導を行うことができる。令和4年における出院者のうち、中学校又は高等学校への復学が決定した者は、それぞれ11人、50人であり、在院中に中学校の修了証明書を授与された者は、47人であった（少年矯正統計年報及び法務省大臣官房司法法制部の資料による。）。なお、法務省と文部科学省の連携により、少年院内において、高等学校卒業程度認定試験を実施しており、同年度の受験者数は377人、合格者数は、高卒認定試験合格者が151人、一部科目合格者が213人であった（文部科学省総合教育政策局の資料による。）。

エ　体育指導

善良な社会の一員として自立した生活を営むための基礎となる健全な心身を培わせるため必要な体育指導が行われている。体育指導においては、各種スポーツ種目等を通じて、日常生活に必要な体力や技能を高めることのみならず、遵法の精神や協調性を育むような指導に留意している。

オ　特別活動指導

特別活動指導においては、在院者の情操を豊かにし、自主、自律及び協同の精神を養うため、自主的活動、クラブ活動、情操的活動、行事及び社会貢献活動が行われている。このうち、社会貢献活動としては、社会に有用な活動を通じて規範意識、社会性の向上等を図ることを目的として、公共施設における清掃活動等が行われている。

社会貢献活動（泉南学寮）

（3）保護者に対する協力の求め等

少年院においては、在院者の保護者等に対し、在院者の処遇に関する情報の提供、少年院の職員による面接の実施、少年院で実施する教育活動への参加依頼等を通じて、在院者の処遇への理解と協力

を得るよう努めている。令和4年に保護者等の参加を依頼した少年院の主な教育活動としては、保護者等と在院者が共同で活動し、相互理解を深めさせることなどを目的とした**保護者参加型プログラム**を延べ106回（保護者等の参加人員は延べ320人）、保護者等に在院者の処遇や円滑な社会復帰に向けた支援内容に関する理解を深めさせることを目的とした**保護者会**を延べ678回（同1,364人）、家族間のコミュニケーション等に関する**講習会**を延べ123回（同395人）実施した（法務省矯正局の資料による。）。

　また、少年院においては、家族関係を調整する上で必要があると認められる場合のほか、在院者と保護者等との間で、将来の進路や出院後の生活、被害弁償等の重要な問題について話し合う必要があると認められるなどの場合、在院者を少年院の特に区分した場所に収容し、同所にその保護者等を宿泊させる方法により面会をさせることができる（**宿泊面会**）が、令和4年は、新型コロナウイルス感染症の感染拡大の影響もあり、3年に引き続き宿泊面会の実施がなかった（法務省矯正局の資料による。）。

（4）関係機関等に対する協力の求め等

　少年院においては、家庭裁判所等の関係機関を始めとして、学校、病院、民間の篤志家等に対して協力を求め、その専門的な知識・技術を活用して在院者の改善更生を図っている。

　民間の篤志家として、篤志面接委員、教誨師、更生保護女性会員、BBS会員等が支援活動を行っている。**篤志面接委員**は、在院者に対し、種々の悩みについての相談・助言、教養指導等を行っており、令和4年末現在、362人を少年院の篤志面接委員として委嘱している（法務省矯正局の資料による。）。**教誨師**は、在院者の希望に応じて宗教教誨を行っており、同年末現在、297人を少年院の教誨師として依頼している（法務省矯正局の資料による。第2編第4章第4節3項参照）。**更生保護女性会員**、**BBS会員**等は、定期的に少年院を訪問し、様々な形で少年院の処遇を支援している（同編第5章第6節4項（1）及び（2）参照）。

（5）社会復帰支援

　少年院は、出院後に自立した生活を営む上での困難を有する在院者に対しては、その意向を尊重しつつ、保護観察所と連携して、適切な帰住先を確保すること、医療及び療養を受けることを助けること、修学又は就業を助けることなどの社会復帰支援を行っている。

　法務省においては、厚生労働省と連携し、**刑務所出所者等総合的就労支援対策**の一環として、少年院在院者に対してハローワークの職員による職業相談等を実施しており（第2編第4章第3節4項参照）、また、障害を有し、かつ、適当な帰住先がない在院者に対して、出院後速やかに福祉サービスを受けることができるようにするための**特別調整**を実施している（同節5項及び同編第5章第2節2項参照）。

　令和4年における出院者のうち、就労支援の対象者に選定されて支援を受けた者は393人（28.8%）、そのうち就職の内定を得た者は148人（出院者の10.9%、就労支援を受けた者の37.7%）であった（少年矯正統計年報による。出院者の進路については、本節4項（1）参照）。

　さらに、少年院においては、高等学校等への復学等を希望している在院者又は中学校への復学等が見込まれる在院者に対し、出院後の円滑な復学等を図るために行う修学支援についても充実が図られている。全在院者に対し、「学ぶ」ことの意義、学校の種類、学校卒業後の進路等について情報提供することを目的とした**修学支援ハンドブック**が配布されているほか、転学又は入学が可能な学校や利用可能な経済的支援等に係る情報収集と提供を民間の事業者に委託する修学支援情報提供等請負業務（通称「**修学支援デスク**」）が整備され、在院者がこれを利用して転入学に関する具体的な情報を得られる。令和4年度における修学支援デスクの利用状況は、進路希望依頼が265件、調査報告が783件であった（法務省矯正局の資料による。）。

なお、法務省は、令和3年8月から、ソーシャル・インパクト・ボンド（SIB）による非行少年への学習支援事業を開始した。これは、法務省との間で成果連動型民間委託契約を締結した受託者（共同事業体）が、非行少年を対象として、少年院在院中から出院後まで継続して、最長1年間の学習支援を実施するというものである。

第5種少年院在院者について、保護観察所をはじめとする関係機関との連携を強化し、社会内処遇と連続性をもった指導・支援等を効率的に行う必要があることから、令和4年度、全国各地の少年院等に第5種少年院在院者等のケース検討会用端末が整備された。

4 出院者

（1）出院状況・進路

令和4年における少年院の出院者は1,363人であり、このうち1,359人（99.7%）が仮退院によるものであった。仮退院者の平均在院期間を出院時の矯正教育課程別に見ると、短期義務教育課程（SE）又は短期社会適応課程（SA）の対象者では145日、SE及びSA以外の対象者では383日であった（少年矯正統計年報による。）。

出院者の進路は、36.8%が就職決定、1.2%が進学決定、0.8%が中学校復学決定、3.7%が高等学校復学決定、0.4%が短期大学・大学・専修学校復学決定であり、41.4%が就職希望、12.8%が進学希望、1.4%が進路未定であった（法務省大臣官房司法法制部の資料による。）。

（2）帰住先

令和4年における出院者の出院時引受人別構成比を男女別に見ると、**3-2-4-10図**のとおりである。

3-2-4-10図　少年院出院者の出院時引受人別構成比（男女別）

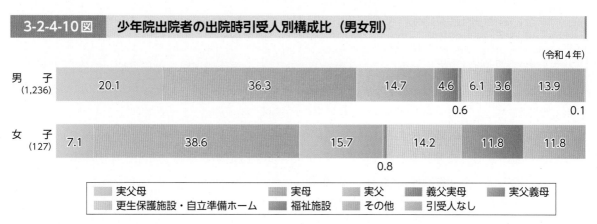

（令和4年）

	実父母	実母	実父	義父実母	実父義母	更生保護施設・自立準備ホーム	福祉施設	その他	引受人なし

男子（1,236）：20.1　36.3　14.7　4.6　6.1　3.6　13.9　0.6　0.1

女子（127）：7.1　38.6　15.7　14.2　11.8　11.8　0.8

注　1　少年矯正統計年報による。
　　2　「その他」は、養父（母）、雇主等である。
　　3　（　）内は、実人員である。

（3）出院者等からの相談

少年院においては、出院者又はその保護者等から、出院者の交友関係、進路選択等について相談を求められた場合において、相当と認めるときは、少年院の職員がその相談に応じている。また、他の機関が対応をすることが適当である場合には、他の適切な機関を紹介するとともに、仮退院した者に係る相談を求められた場合には、保護観察所と連携して対応に当たっている。令和4年における出院者又はその保護者等からの相談件数は802件であり、そのうち主な相談内容の件数（重複計上による。）は、交友関係が122件、家族関係が129件、進路選択が202件であった（法務省矯正局の資料による。）。

5　少年院の運営等

（1）少年院視察委員会

　各少年院には、法務大臣が任命する７人以内の外部の委員で構成される少年院視察委員会が設置されており、同委員会は、少年院を視察するなどして、その運営に関し、少年院の長に対して意見を述べるものとされている。令和４年度における少年院視察委員会の活動状況は、会議の開催196回、少年院の視察61回、在院者との面接381件であり、同委員会が少年院の長に対して提出した意見は270件であった（法務省矯正局の資料による。）。

（2）保健衛生・医療

　在院者には、できる限り戸外で、健全な心身の成長を図るため適切な運動を行う機会が与えられている。運動においては、矯正教育における体育指導とは異なり、在院者の自主性が尊重されている。また、少年院の職員である医師等又は少年院の長が委嘱する医師等が、在院者の診療を行い、必要な医療上の措置を執っている（第２編第４章第４節２項参照）。

　なお、令和５年４月１日現在、専門的に医療を行う少年院（第３種）として、東日本少年矯正医療・教育センター及び京都医療少年院の２庁が設置されている。

（3）規律・秩序の維持

　在院者の処遇の適切な実施を確保し、その改善更生及び円滑な社会復帰を図るのにふさわしい安全かつ平穏な共同生活を保持するためには、少年院の規律及び秩序は適正に維持されなければならない。そのため、少年院においては、少年院法により定められた要件や手続等に基づき、少年院の規律及び秩序を害する反則行為をした在院者に対して、不利益処分である懲戒を行うことがある。懲戒は、少年院の規律及び秩序の維持を主たる目的としつつ、当該在院者の規範意識を喚起する教育的機能を持つものであり、①厳重な訓戒（少年院の長が、反則行為をした在院者にその非を教え、今後を戒めるもの）、②20日以内の謹慎（反則行為をした在院者を集団処遇から離脱させ、居室内で処遇することで反省を促すもの）の２種類がある。令和４年における出院者（1,363人）のうち、在院中に、厳重な訓戒の処分を受けた者は151人、20日以内の謹慎の処分を受けた者は302人であった（法務省大臣官房司法法制部の資料による。）。

　なお、令和５年６月に施行された刑事訴訟法等の一部を改正する法律（令和５年法律第28号）により、逃走罪の主体が「裁判の執行により拘禁された既決又は未決の者」から「法令により拘禁された者」に改められ、これまで逃走罪の主体とされていなかった少年院の保護処分在院者等を含め、少年院を含む矯正施設に収容されている者は全て逃走罪の主体となった（第２編第１章１項（４）参照）。

（4）不服申立制度

　不服申立制度として、救済の申出及び苦情の申出の制度がある。救済の申出は、自己に対する少年院の長の措置その他自己が受けた処遇について苦情があるときに、法務大臣に対して、救済を求める申出をすることができる制度であり、苦情の申出は、自己に対する少年院の長の措置その他自己が受けた処遇について、監査官及び少年院の長に対して申出をすることができる制度である。令和４年における救済の申出件数は、43件であった（法務省矯正局の資料による。）。

コラム8　少年院100年のあゆみ

　大正12年1月、多摩少年院及び浪速少年院の二つの矯正院が誕生した（法律上は「矯正院」であるが、各施設の名称は「少年院」が用いられていた。）。令和5年には、この二つの少年院が誕生して100周年を迎える。そこで、このコラムでは「少年院100年のあゆみ」について紹介したい（少年法制の主な動きについては第7編第2章1項参照）。

創立時の多摩少年院

創立時の浪速少年院

1　矯正院（少年院）の誕生

　少年を20歳以上の者と区別して処遇しようとする制度は、既に明治の初頭から見られ、監獄内において、懲役刑に処せられた少年や、刑罰法令に触れる行為をしたものの罪には問わないとされた少年を収容する「懲治場」で教科教育などの特別な教育が行われていた。一方で、少年犯罪者の矯正を監獄内で行うことに対する批判もあり、少年の矯正については教育によることを重視すべきという観点から、一つの寮で夫婦の指導員が家庭的な雰囲気の中で指導を行う「感化院」における特別な教育も行われていた。

　明治41年、懲治場に留置する制度が廃止されたが、感化院の収容力が極めて小さかったこと、大正初期に入り、当時の少年犯罪の増加・悪質化が進んだことから、非行のある少年に対処するための特別法が必要であるとの機運が生じ、大正11年に旧少年法が制定された。同法では、九つの保護処分が定められたところ、そのうちの一つとして「矯正院への送致」の処分が設けられ、翌12年の同法の施行により、我が国初の矯正院（少年院）である多摩少年院と浪速少年院の運営が開始された。当時、この2施設しか設置されなかったのは、少年の審判を行う少年審判所が東京と大阪だけに設置されていたことによる。以後、少年審判所が全国各地に設置されていくのに併せ、矯正院も次々と設置されていった。

　矯正院の処遇は、性格を矯正するため、厳正な規律の下で教養を施し、生活に必要な実業を練習させることとされ、中学校及び実業学校（第二次世界大戦前の旧学制における旧制中等学校の一つ）以下の学校に準じた教科教育と農業、木工等の実科教育が行われた。また、少年が生活する寮舎における生活指導が教育の中心と考えられており、寮舎においては、寮長等の役割分担を決めるなどの自治的活動も行われた。

　矯正院の処遇は、厳正な規律の下に実施するという面では少年監獄に近く、教育的な処遇を行うという面では現在の児童自立支援施設に当たる感化院と同様の性質を有することから、矯正院は、少年監獄と感化院の中間的な性格を有していたといえる。

　その後、第二次世界大戦下の矯正院においては、保護処分の運用を変え、2か月の短期間で矯正教育を行った後、民間の軍需工場へ出業させる短期錬成を行うこととされた。

2　戦後（昭和）の少年院

　昭和23年、現行の少年法及び旧少年院法が公布され、矯正院は、法律上も少年院という名称が用いられることとなった。旧少年院法の特色としては、①矯正教育を授ける施設として明文化したこと、②年齢、性別、犯罪的傾向の程度及び心身の状況等に応じて、初等、中等、特別及び医療の4種類を設けたこと、③学齢の在院者について普通教育の保障を掲げたこと、④段階処遇を導入したことなどが挙げられる。

　各少年院では、生活指導、教科教育、職業補導、体育といった教育が行われた。その中で、職業補導においては、木工、板金、溶接、電気工事等の種目の職業訓練を実施してきたが、これらの種目は、昭和38年以降、労働省から職業訓練法に基づく公共職業訓練として認められるようになった。

　昭和52年には、それまでの処遇における少年の収容期間が1年程度に固定しがちであったことや処遇内容が画一的になりがちであったことなどに対する反省から、「少年院の運営について」（通達）が発出され、これにより現在の少年院につながる基盤となる制度が整えられた。その内容は、個々の少年のニーズに応じた処遇の個別化の推進のため、①少年院の処遇を短期処遇と長期処遇に区分した上で、短期処遇には一般短期処遇と交通短期処遇が設置され、長期処遇には生活指導、職業訓練、教科教育、特殊教育及び医療措置の各処遇課程（コース）が設置され、②施設ごと処遇課程ごとに基本的処遇計画（施設ごとコースごとの教育計画）を作成し、教育の過程を新入時教育、中間期教育、出院準備教育の3期に分けた上で、それぞれにふさわしい教育内容・方法を発展的・段階的に編成することとし、③個々の少年について個別的処遇計画（少年個々の教育計画）を作成し、個人別に達成させるべき事項を教育目標として定め、この目標を達成するために必要な教育内容・方法を系統的に配置するというものであった。以上の処遇の個別化のほかにも、少年院における施設内処遇と仮退院後の保護観察との有機的一体化を図ること、関係諸機関や地域社会との連絡調整を一層強化することなどを基調とするものであった。さらに、昭和55年には、教育課程の編成・運用、成績評価の運用の基準が定められ、平成8年には、コースごとの教育目標、教育内容・方法等が標準化されるとともに、教育課程の編成、実施及び評価の基準も明らかにされた。

3　平成の少年院

　平成期に入ると、ニーズに対応した処遇の推進など、短期処遇や長期処遇の改編が行われた。また、少年院の在院者も含めた刑務所出所者等に対する国の施策として、再犯防止と改善更生が重要課題として取り上げられるようになると、再犯防止に向けた各種支援制度も充実していった。平成18年度には、法務省（矯正施設、保護観察所等）と厚生労働省（都道府県労働局、公共職業安定所等）が連携し、刑務所出所者等に対し積極的かつきめ細かな就労支援を行う「刑務所出所者等総合的就労支援対策」が開始され、19年度からは、少年院内において、高等学校卒業程度認定試験が実施されるようになり、21年4月からは、矯正施設の被収容者のうち、高齢又は障害を有し、かつ、適当な帰住先がない者について、釈放後速やかに、適切な介護、医療等の福祉サービスが受けられるようにするため、法務省と厚生労働省が連携した「特別調整」が実施されるようになった。

　平成26年6月には少年院法が全面改正され、翌27年6月に施行された。これにより、旧少年院法下で行われていた実務を踏まえつつ、①矯正教育の基本的制度や社会復帰支援の法定化、②在院者の権利義務関係と職員の権限の明確化、③不服申立制度の整備、④施設運営の透明性の確保など、再非行防止に向けた取組の充実及び社会に開かれた施設運営の推進が図られることとなった。

4　これからの少年院

　令和4年の民法上の成年年齢引下げに伴い、少年法の改正が行われ、同法の対象は20歳未満の者としつつも、成年に達した18歳及び19歳については、「特定少年」として、その立場に応じた取扱いをすることとなった（現在の少年院における処遇については、本編第2章第4節参照）。

　再犯防止推進法の下、「誰一人取り残さない」社会の実現に向け、国・地方公共団体は、民間の団体、その他の関係者との緊密な連携協力の確保に努めることとされ、地域との連携を更に進めていく時代となった。矯正施設においては、その有する人的・物的な資源を活用した再犯防止への取組のみならず、地域創生策等の地域の課題解決にまで貢献できる新たな取組が始まっている。少年院においても、介護施設での介護補助、障害児入所施設での児童との交流、地域の清掃・環境美化、点字絵本の製作・寄贈、災害で汚損した写真の洗浄作業補助等、様々な社会貢献活動が行われている。

　少年院は100周年を迎えた。これからの少年院は、地域に支えられるだけでなく、地域を支える施設として、地域社会と共に歩んでいくことが期待される。

多摩少年院創立100周年記念式典　　　　　　　　　　浪速少年院創立100周年記念式典

多摩少年院及び浪速少年院では、開庁100周年を迎え、令和5年に記念式典が行われた。

第5節　保護観察

1　概説

　少年は、家庭裁判所の決定により保護観察に付される場合のほか、保護観察所で生活環境の調整（第2編第5章第2節2項参照）を行い、地方更生保護委員会の決定により少年院からの仮退院が許された場合にも、保護観察に付される。

　家庭裁判所は、少年を保護観察に付する決定をする場合（ただし、令和4年4月に施行された改正法（第3編第2章第1節1項参照）により、特定少年については、2年の保護観察に付する決定をする場合に限る。）、短期保護観察又は交通短期保護観察が相当である旨の処遇勧告をすることがあり、その場合、保護観察はこの勧告に従って行われる。短期保護観察は、交通事件以外の非行少年であって、非行性の進度がそれほど深くなく、短期間の保護観察により更生が期待できる者を対象とするものである。交通短期保護観察は、交通事件による非行少年であって、一般非行性がないか又はその進度が深くなく、交通関係の非行性も固定化していない者を対象とするものであり、通常の処遇に代えて、集団処遇を中心とした処遇を集中的に実施している。特定少年を対象とする更生指導については、本節3項（7）参照。

2　少年の保護観察対象者

（1）保護観察開始人員の推移

　保護観察処分少年（家庭裁判所の決定により保護観察に付されている者）及び**少年院仮退院者**（少年院からの仮退院を許されて保護観察に付されている者）について、保護観察開始人員の推移（最近50年間）及び令和4年における特定少年の保護観察開始人員の保護観察種別構成比を見ると、**3-2-5-1**図のとおりである。保護観察処分少年の保護観察開始人員は、平成11年以降減少し続け、令和4年は9,108人（前年比824人（8.3%）減）であった。少年院仮退院者の保護観察開始人員は、平成9年から14年まで増加していたが、その後、減少傾向にあり、令和4年は1,359人（同201人（12.9%）減）であった（CD-ROM資料**2-8**参照）。また、特定少年について見ると、4年（ただし、同年4月以降の人員である。）は、保護観察処分少年3,850人（うち更生指導1,138人）、少年院仮退院者18人であった。

3-2-5-1図　少年の保護観察開始人員の推移・特定少年の保護観察開始人員の保護観察種別構成比

① 少年の保護観察開始人員

（昭和48年～令和4年）

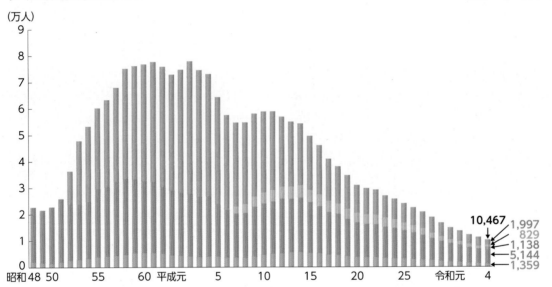

② 特定少年の保護観察開始人員

（令和4年4月～12月）

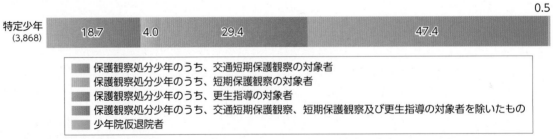

　特定少年
　（3,868）　18.7　4.0　29.4　47.4　0.5

　　　保護観察処分少年のうち、交通短期保護観察の対象者
　　　保護観察処分少年のうち、短期保護観察の対象者
　　　保護観察処分少年のうち、更生指導の対象者
　　　保護観察処分少年のうち、交通短期保護観察、短期保護観察及び更生指導の対象者を除いたもの
　　　少年院仮退院者

注　1　保護統計年報による。
　　2　「交通短期保護観察」、「短期保護観察」及び「更生指導」については、それぞれ制度が開始された昭和52年、平成6年、令和4年以降の数値を計上している。
　　3　「更生指導」とは、少年法64条1項1号の保護処分をいう。
　　4　②は、①のうち、家庭裁判所の決定において、特定少年として保護処分に付された者の構成比である。
　　5　（　）内は実人員である。

（2）保護観察対象者の特徴

ア　年齢

　保護観察処分少年（交通短期保護観察及び更生指導の対象者を除く。以下この項において同じ。）及び少年院仮退院者について、令和4年における保護観察開始人員の年齢層別構成比を見ると、**3-2-5-2図**のとおりである。

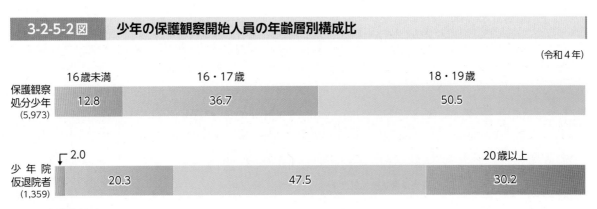

3-2-5-2図　少年の保護観察開始人員の年齢層別構成比

（令和4年）

注　1　保護統計年報による。
　　2　保護観察に付された日の年齢による。
　　3　保護観察処分少年は、交通短期保護観察及び更生指導の対象者を除く。
　　4　（　）内は、実人員である。

イ　非行名

　保護観察処分少年及び少年院仮退院者について、令和4年における保護観察開始人員の非行名別構成比を見ると、**3-2-5-3図**のとおりである。保護観察処分少年では、男女共、窃盗が最も高く、次いで、道路交通法違反、傷害・暴行の順であった。少年院仮退院者では、男子は窃盗が最も高く、次いで、傷害・暴行、大麻取締法違反の順であり、女子は窃盗が最も高く、次いで、傷害・暴行、覚醒剤取締法違反の順であった（CD-ROM参照）。

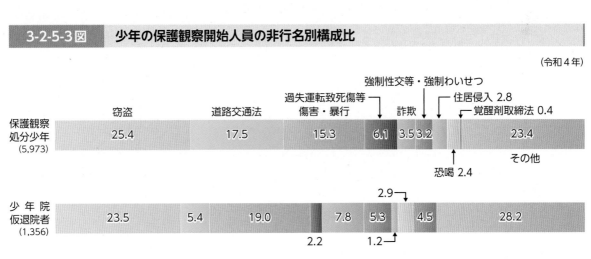

3-2-5-3図　少年の保護観察開始人員の非行名別構成比

（令和4年）

注　1　保護統計年報による。
　　2　保護観察処分少年は、交通短期保護観察及び更生指導の対象者を除く。
　　3　少年院仮退院者は、施設送致申請に基づき少年法26条の4第1項の決定により少年院に収容され仮退院した3人を除く。
　　4　（　）内は、実人員である。

ウ 居住状況

　保護観察処分少年及び少年院仮退院者について、令和4年における保護観察開始人員の居住状況別構成比を見ると、**3-2-5-4図**のとおりである（年齢層別の人員については、CD-ROM参照）。

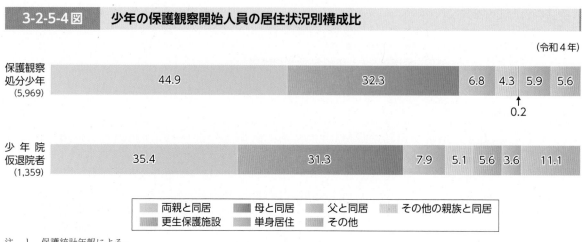

3-2-5-4図　少年の保護観察開始人員の居住状況別構成比

（令和4年）

保護観察処分少年（5,969）：44.9　32.3　6.8　4.3　0.2　5.9　5.6

少年院仮退院者（1,359）：35.4　31.3　7.9　5.1　5.6　3.6　11.1

凡例：両親と同居／母と同居／父と同居／その他の親族と同居／更生保護施設／単身居住／その他

注　1　保護統計年報による。
　　2　保護観察開始時の居住状況による。
　　3　保護観察処分少年は、交通短期保護観察及び更生指導の対象者を除く。
　　4　「その他の親族と同居」は、配偶者（内縁関係にある者を含む。以下同じ。）と同居を含まない。
　　5　「その他」は、配偶者と同居、雇主宅等である。
　　6　居住状況が不詳の者を除く。
　　7　（　）内は、実人員である。

エ 就学・就労状況

　保護観察処分少年及び少年院仮退院者について、令和4年における保護観察開始人員の就学・就労状況別構成比を見ると、**3-2-5-5図**のとおりである（年齢層別の人員については、CD-ROM参照）。

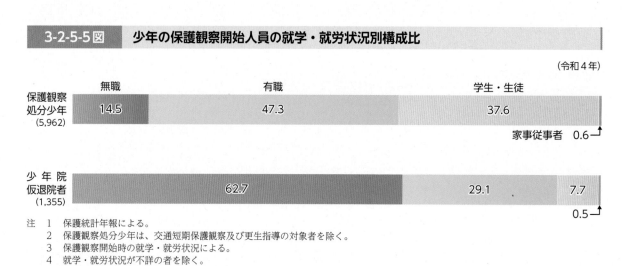

3-2-5-5図　少年の保護観察開始人員の就学・就労状況別構成比

（令和4年）

保護観察処分少年（5,962）：無職 14.5　有職 47.3　学生・生徒 37.6　家事従事者 0.6

少年院仮退院者（1,355）：62.7　29.1　7.7　0.5

注　1　保護統計年報による。
　　2　保護観察処分少年は、交通短期保護観察及び更生指導の対象者を除く。
　　3　保護観察開始時の就学・就労状況による。
　　4　就学・就労状況が不詳の者を除く。
　　5　（　）内は、実人員である。

3 少年の保護観察対象者に対する処遇

　保護観察処分少年及び少年院仮退院者に対する処遇は、基本的に、特定暴力対象者に対する処遇及び中間処遇制度を除き、仮釈放者及び保護観察付全部・一部執行猶予者に対する処遇と同様である（第2編第5章第3節2項参照）。なお、専門的処遇プログラムについては、本項（3）記載のとおりである。

（1）類型別処遇

保護観察処分少年（交通短期保護観察、短期保護観察及び更生指導の対象者を除く。以下（1）において同じ。）及び少年院仮退院者に対しても、**類型別処遇**（第2編第5章第3節2項（2）参照）が実施されている。令和4年末現在における保護観察処分少年及び少年院仮退院者の類型の認定状況を見ると、**3-2-5-6表**のとおりである。

3-2-5-6表　少年の保護観察対象者の類型認定状況

（令和4年末現在）

領域区分	類型	保護観察処分少年		少年院仮退院者	
関係性領域	児童虐待	4	(0.1)	－	
	配偶者暴力	17	(0.2)	2	(0.1)
	家庭内暴力	120	(1.7)	29	(2.0)
	ストーカー	53	(0.8)	5	(0.3)
不良集団領域	暴力団等	27	(0.4)	8	(0.5)
	暴走族	288	(4.2)	73	(4.9)
	特殊詐欺	253	(3.7)	107	(7.2)
社会適応領域	就労困難	658	(9.5)	313	(21.2)
	就学	1,304	(18.9)	139	(9.4)
	中学生	264	(3.8)	12	(0.8)
	精神障害	1,072	(15.5)	443	(30.0)
	発達障害	677	(9.8)	272	(18.4)
	知的障害	326	(4.7)	142	(9.6)
嗜癖領域	薬物	713	(10.3)	339	(23.0)
	アルコール	164	(2.4)	60	(4.1)
	性犯罪	715	(10.4)	186	(12.6)
	ギャンブル	24	(0.3)	18	(1.2)
	嗜癖的窃盗	28	(0.4)	1	(0.1)

注　1　保護統計年報及び法務省保護局の資料による。
　　2　複数の類型に認定されている者については、該当する全ての類型について計上している。
　　3　中学生は、就学の内数である。
　　4　発達障害及び知的障害は、精神障害の内数である。
　　5　（　）内は、令和4年末現在、保護観察中の保護観察処分少年（交通短期保護観察、短期保護観察及び更生指導の対象者を除く。）及び少年院仮退院者の各総数（類型が認定されていない者を含む。）のうち、各類型に認定された者の占める比率である。

（2）凶悪重大な事件を起こした少年に対する処遇

殺人等の凶悪重大な事件を起こして保護観察に付された少年（保護観察処分少年及び少年院仮退院者）は、生活環境の調整及び保護観察の実施において特段の配慮を要するため、重点的な処遇期間（保護観察開始後1年間）を定め、保護観察官の関与を深めるとともに、しょく罪指導プログラム（第2編第5章第3節2項（4）参照）を実施するなど、被害者への対応に関する助言指導も行っている。

（3）専門的処遇プログラム

保護観察処分少年及び少年院仮退院者に対しては、その者の非行事実等に照らして必要と認められる場合、その特性等に十分配慮した上で、**専門的処遇プログラム**を受けることを生活行動指針として定め、当該プログラムが実施されることがある（第2編第5章第3節2項（3）参照）。令和4年4月以降は、各専門的処遇プログラムの対象者のうち、18歳以上で、当該プログラムを受けることを特別遵守事項として定める必要性が認められるものについては、原則として、当該プログラムを受けることを特別遵守事項として定めているところ、その開始人員は、性犯罪再犯防止プログラム77人、薬物再乱用防止プログラム106人、暴力防止プログラム39人、飲酒運転防止プログラム2人であった（法務省保護局の資料による。）。

（4）社会貢献活動

　保護観察処分少年及び少年院仮退院者に対しても、社会性の向上、自己有用感の涵養、規範意識の強化等を図るため、**社会貢献活動**が実施されており、平成27年6月からは、特別遵守事項として定めて義務付けられている。令和4年度は362回（前年度比40回増）実施され、延べ人員として、253人（同28人増）の保護観察処分少年、42人（同16人増）の少年院仮退院者が参加した（法務省保護局の資料による。社会貢献活動の内容等については、第2編第5章第3節2項（10）参照）。

（5）就労支援・修学支援等

　保護観察処分少年及び少年院仮退院者に対しても、法務省と厚生労働省が連携して実施している**刑務所出所者等総合的就労支援対策**に基づく計画的な就労支援及び**更生保護就労支援事業**による寄り添い型の就労支援が行われている（第2編第5章第3節2項（9）参照）。令和4年4月、保護処分時に特定少年であって、就労に係る遵守事項が設定された者のうち、就労意欲に乏しいものや、当面就労の見込みがないものなどに対して、社会的・職業的自立に向けて必要な基盤となる能力や態度を育むことを目的とするジョブキャリア学習を導入した。また、沼田町就業支援センターでは、将来の就農に意欲を持つ保護観察処分少年、少年院仮退院者及び若年仮釈放者を宿泊させて、実習農場等において職業訓練を実施している（同項（11）参照）。

　保護観察所においては、令和5年度から修学支援パッケージを実施している。これは、3年度からの試行期間を経て導入されたものであり、修学の継続等のために支援が必要と認められる保護観察処分少年及び少年院仮退院者に対し、個々の対象者の抱える課題等に応じて、学習支援、学校等の関係機関とのケース会議の実施などを組み合わせた支援を実施している。

（6）保護者に対する措置

　保護観察所においては、少年の保護観察対象者の保護者に対し、少年の生活実態等を把握して適切にその監護に当たるべきことや、少年の改善更生を妨げていると認められる保護者の行状を改めるべきことについて指導又は助言を行うほか、少年の非行に関連する問題の解消に資する知識等の提供を目的とする講習会や、保護者同士が子育てに関する経験、不安や悩みを話し合う**保護者会**を開催するなどしている。令和4年度においては、講習会・保護者会等が36回（前年度比16回増）実施され、158人（同91人増）が参加した（法務省保護局の資料による。）。

（7）更生指導

　令和4年4月以降、保護処分時に特定少年であり、6月の保護観察に付された者については、比較的軽微な罪を犯し、その問題性が比較的小さく、遵守事項違反の場合の収容の仕組みがなくても改善更生を図ることができると想定されることから、不良措置（本節4項（2）参照）を執ることができない枠組みで処遇を行っており、毎月1回、保護観察官に対し自己の生活状況について報告させるとともに、個々の課題に応じて、期間中に1回から数回、交通講習や社会貢献活動等の必要な講習等を受けさせる処遇（**更生指導**）を行っている。ただし、生活環境の改善・調整など補導援護の措置を特に継続して行う必要があると認められ、家庭裁判所からその旨の処遇勧告がなされた場合などには、必要に応じて担当保護司を指名し、毎月1回以上、保護観察官又は保護司を訪問させて生活状況を報告させ、状況に応じて必要な補導援護の措置を行っている。

4 少年の保護観察対象者に対する措置

（1）良好措置

　保護観察処分少年は、原則として、20歳に達するまで（その期間が２年に満たない場合には２年間。令和４年４月以降、保護処分時に特定少年であり、６月又は２年の保護観察に付された者については当該期間。）保護観察を受けるが、保護観察を継続しなくとも確実に改善更生することができると認められるに至ったときは、保護観察所の長の判断により、**解除**の措置が執られて保護観察は終了する。また、保護観察所の長の判断により、一定期間、指導監督、補導援護等を行わず経過を観察する**一時解除**の措置が執られることもある。少年院仮退院者は、少年院の収容期間（収容すべきであった期間）の満了まで保護観察を受けるが、保護観察を継続しなくとも確実に改善更生することができると認められるに至ったときは、保護観察所の長の申出に基づき地方更生保護委員会が退院を決定し、保護観察は終了する。令和４年に解除となった者（交通短期保護観察及び更生指導の対象者を除く。）は4,740人、そのうち特定少年は73人（ただし、同年４月以降の人員である。）であり、一時解除となった者は２人、退院となった者は131人であった（保護統計年報による。）。

（2）不良措置

　保護観察所の長は、保護観察処分少年（令和４年４月以降は、保護処分時に特定少年であり、６月又は２年の保護観察に付された者を除く。）が遵守事項を遵守しなかったときは、これを遵守するよう**警告**を発することができ、なお遵守事項を遵守せず、その程度が重いときは、家庭裁判所に対し、新たな保護処分として児童自立支援施設・児童養護施設送致又は少年院送致の決定をするように申請（**施設送致申請**）することができる。また、保護観察所の長は、新たにぐ犯事由があると認めるときは、家庭裁判所に**通告**することができる。令和４年に警告がなされた者は29人、施設送致申請がなされた者は３人、通告がなされた者は３人であった（保護統計年報及び法務省保護局の資料による。）。

　令和４年４月以降、保護観察所の長は、保護処分時に特定少年であり、２年の保護観察に付された者が遵守事項を遵守せず、その程度が重いと認めるときは、家庭裁判所に対し、少年院に収容する旨の決定（**収容決定**）を申請することができ（ただし、保護観察に付された際に１年以下の範囲内で定められた収容可能期間を満了していないときに限る。）、家庭裁判所の決定により、当該者は収容可能期間の範囲内で少年院に収容される。その場合、家庭裁判所の決定があった時から保護観察は停止し、地方更生保護委員会の決定により退院が許され釈放された時又は収容可能期間が満了した時から保護観察の期間は再び進行する。令和４年に収容決定申請がなされた者はいなかった（保護統計年報による。）。

　少年院仮退院者（令和４年４月以降は、保護処分時に特定少年であり、少年院に送致となった者を除く。）が遵守事項を遵守しなかったときは、保護観察所の長の申出と地方更生保護委員会の申請を経て、家庭裁判所の決定により、少年院に再収容（**戻し収容**）することがある。令和４年に戻し収容となった者は、３人であった（保護統計年報による。）。

　令和４年４月以降、保護処分時に特定少年であり、少年院に送致となった少年院仮退院者が遵守事項を遵守しなかったときは、地方更生保護委員会の**仮退院の取消し**決定により、再び少年院に収容されることがある。令和４年に、仮退院の取消し決定により、再び少年院に収容された者はいなかった（保護統計年報による。）。

5　少年の保護観察の終了

　保護観察処分少年（交通短期保護観察及び更生指導の対象者を除く。以下この項において同じ。）及び少年院仮退院者について、令和4年における保護観察終了人員の終了事由別構成比を総数及び保護観察終了時の就学・就労状況別に見ると、**3-2-5-7図**のとおりである。保護観察終了時に無職である者は、保護観察処分少年では47.6％、少年院仮退院者では25.1％が、保護処分の取消し（競合する新たな処分を受けたことなどにより、保護処分が取り消されること）で終了している（年齢層別の人員については、CD-ROM参照）。

3-2-5-7図　少年の保護観察終了人員の終了事由別構成比（総数、終了時の就学・就労状況別）

(令和4年)

① 保護観察処分少年

② 少年院仮退院者

注　1　保護統計年報による。
　　2　保護観察処分少年は、交通短期保護観察及び更生指導の対象者を除く。
　　3　「総数」は、「無職」、「有職」及び「学生・生徒」のほか、家事従事者、定収入のある無職者及び不詳の者を含む。
　　4　「保護処分の取消し」は、保護観察開始前の非行・犯罪によって、競合する新たな処分を受けたことにより、前の保護処分が取り消される場合等を含む。
　　5　少年院仮退院者のうち、「仮退院の取消し」により保護観察を終了した者は、令和4年はいなかった。
　　6　「その他」は、死亡等である。
　　7　（　）内は、実人員である。

第3章 少年の刑事手続

第1節 概要

1 起訴と刑事裁判

　検察官は、家庭裁判所から刑事処分相当として少年の事件の送致を受けた場合、公訴を提起するに足りる犯罪の嫌疑があると思料するときは、原則として、公訴を提起しなければならない。

　起訴された少年の公判の手続は、20歳以上の者の場合とほぼ同様である。ただし、裁判所は、事実審理の結果、少年の被告人を保護処分に付するのが相当であると認めるときは、決定で、事件を家庭裁判所に移送する。

　少年を有期の懲役又は禁錮をもって処断すべきときは、刑の執行を猶予する場合を除き、処断すべき刑の範囲内において、長期（15年を超えることはできない。）を定めるとともに、長期の2分の1（長期が10年を下回るときは、長期から5年を減じた期間。以下この項において同じ。）を下回らない範囲内において短期（10年を超えることはできない。）を定めて、不定期刑を言い渡す。また、不定期刑の短期は、少年の改善更生の可能性その他の事情を考慮し特に必要があるときは、処断すべき刑の短期の2分の1を下回らず、かつ、長期の2分の1を下回らない範囲内において、処断刑の下限を下回る期間を定めることができる。ただし、改正法により、特定少年に対しては、20歳以上の者と同様に、不定期刑ではなく最長30年以下の範囲で定期刑を言い渡すこととなった（令和4年4月施行。改正法の概要については、本編第2章第1節1項参照）。

　犯行時18歳未満の者には、死刑をもって処断すべきときは無期刑を科さなければならず、無期刑をもって処断すべきときであっても、有期の懲役又は禁錮を科することができる。この場合において、その刑は、10年以上20年以下において言い渡す。

2 刑の執行

　少年の受刑者は、主として少年刑務所に収容され、20歳以上の受刑者と分離し、特に区画した場所でその刑の執行を受ける。ただし、改正法により、特定少年については、この限りでなくなった（令和4年4月施行）が、18歳及び19歳の少年の受刑者と20歳以上の受刑者との接触については、個々の少年の受刑者の情操に配慮し、必要な措置を講ずることとされた。懲役又は禁錮の言渡しを受けた16歳未満の少年に対しては、16歳に達するまでは、少年院で刑の執行をすることができる。

3 仮釈放

　少年のとき懲役又は禁錮の言渡しを受けた者については、無期刑の言渡しを受けた者は7年（ただし、犯行時18歳未満であったことにより死刑をもって処断すべきところを無期刑の言渡しを受けた者については10年）、犯行時18歳未満であったことにより無期刑をもって処断すべきところを有期刑の言渡しを受けた者はその刑期の3分の1、不定期刑の言渡しを受けた者はその刑の短期の3分の1の期間をそれぞれ経過した後、仮釈放を許すことができる。ただし、改正法により、特定少年のときに刑の言渡しを受けた者については、この限りではなくなり、20歳以上のときに懲役又は禁錮の言渡しを受けた者の仮釈放（第2編第5章第2節1項参照）と同様の扱いとなった（令和4年4月施行）。

第2節 起訴と刑事裁判

1 検察庁での処理状況

3-3-2-1表は、令和4年における逆送事件（少年法20条又は62条に基づき家庭裁判所から検察官に送致された事件）の検察庁処理人員を罪名別に見るとともに、これを処理区分別に見たものである。

3-3-2-1表　逆送事件 検察庁処理人員（罪名別、処理区分別）

(令和4年)

罪　　　名	総　数	起　訴	公判請求	家庭裁判所に再　送　致	不起訴・中止
総　　　　　　　　数	1,463	1,437	194	12	14
刑　　法　　犯	105	101	95	2	2
放　　　　　　火	1	1	1	−	−
強制わいせつ・強制性交等	19	17	17	2	−
殺　　　　　　人	6	6	6	−	−
傷　　　　　　害	7	7	6	−	−
窃　　　　　　盗	31	31	30	−	−
強　　　　　　盗	11	11	11	−	−
詐　　　　　　欺	13	13	13	−	−
恐　　　　　　喝	4	4	4	−	−
そ　　の　　他	13	11	7	−	2
危 険 運 転 致 死 傷	9	9	9	−	−
過 失 運 転 致 死 傷 等	62	58	34	4	−
特　　別　　法　　犯	1,287	1,269	56	6	12
道交違反を除く特別法犯	18	18	13	−	−
覚 醒 剤 取 締 法	−	−	−	−	−
そ　　の　　他	18	18	13	−	−
道　交　違　反	1,269	1,251	43	6	12

注　1　検察統計年報による。
　　2　移送及び年齢超過後の処分を除く。

2 通常第一審の科刑状況

3-3-2-2表は、令和4年における少年の通常第一審での科刑状況を罪名別に見るとともに、これを裁判内容別に見たものである。

3-3-2-2表　通常第一審における少年に対する科刑状況（罪名別、裁判内容別）

(令和4年)

罪　名	有罪総数	死刑	無期懲役	有期懲役・禁錮						罰金	家裁移送
				不定期刑	定期刑						
					一部執行猶予		全部執行猶予				
						保護観察付		保護観察付			
総　　　　数	83	−	1	12	70	−	−	64	3	−	3
刑　法　犯	23	−	1	9	13	−	−	7	1	−	3
わいせつ等	9	−	−	2	7	−	−	2	−	−	−
殺　　　人	1	−	−	1	−	−	−	−	−	−	−
傷　　　害	3	−	−	3	−	−	−	−	−	−	2
窃　　　盗	3	−	−	1	2	−	−	1	−	−	−
強　　　盗	3	−	1	1	1	−	−	1	−	−	−
詐　　　欺	3	−	−	1	2	−	−	2	−	−	1
恐　　　喝	−	−	−	−	−	−	−	−	−	−	−
そ　の　他	1	−	−	−	1	−	−	1	1	−	−
特　別　法　犯	60	−	−	3	57	−	−	57	2	−	−
覚醒剤取締法	−	−	−	−	−	−	−	−	−	−	−
道路交通法	30	−	−	−	30	−	−	30	1	−	−
自動車運転死傷処罰法	28	−	−	2	26	−	−	26	1	−	−
そ　の　他	2	−	−	1	1	−	−	1	−	−	−

注　1　司法統計年報による。
　　2　「わいせつ等」は、刑法第2編第22章の罪をいう。
　　3　「傷害」は、刑法第2編第27章の罪をいう。
　　4　裁判時20歳未満の者に限る。

第3節 少年の受刑者

　少年入所受刑者（懲役又は禁錮の言渡しを受けた少年であって、その刑の執行のため入所した受刑者をいう。）の人員は、昭和41年には1,000人を超えていたが、その後、大幅に減少し、63年以降は100人未満で推移し、令和4年は14人（前年比2人減）であった。4年における少年入所受刑者の人員を刑期（不定期刑は、刑期の長期による。）別に見ると、無期が0人、5年を超える者が6人、3年を超え5年以下の者が6人、3年以下の者が2人であった（CD-ROM資料 **3 -12**参照）。なお、同年は、少年入所受刑者中、一部執行猶予受刑者はいなかった（法務省大臣官房司法法制部の資料による。）。

　少年の受刑者については、心身が発達段階にあり、可塑性に富んでいることから、刑事施設ではその特性に配慮した処遇を行っている。すなわち、処遇要領の策定（第2編第4章第3節1項（1）参照）に関しては、導入期、展開期及び総括期に分けられた処遇過程ごとに、矯正処遇の目標及びその内容・方法を定めている。また、矯正処遇の実施に関しては、教科指導を重点的に行い、できる限り職業訓練を受けさせ、一般作業に従事させる場合においても、有用な作業に就業させるなどしている。さらに、令和4年4月以降、改善指導の実施に関しても、犯した罪の大きさや被害者等の心情等を認識させるとともに、出所後の進路選択や生活設計を具体的に検討させ、社会復帰に対する心構えを身に付けさせるよう配慮するほか、民法の一部を改正する法律（平成30年法律第59号）の施行により成年年齢が引き下げられたことを踏まえ、18歳以上の少年の受刑者については、民法上成年として扱われる年齢であることに鑑み、各種法令上の成年としての権利とそれに伴う責任等について理解させ、成年としての自覚を促すよう配慮することとされている。

　加えて、少年の受刑者ごとに1人以上の職員を指定し（個別担任制）、その個別担任において、他の職員と緊密な連携を図りつつ、個別面接、日記指導等の個別に行う指導を継続的に実施している。

　なお、少年院において刑の執行をするときには、少年には、矯正処遇ではなく、矯正教育を行う（**3-2-4-9表**参照）。

刑事施設におけるグループワークの様子
【写真提供：法務省矯正局】

交通安全啓発ポスター
【出典：警察庁HP】

第4編

各種犯罪の動向と各種犯罪者の処遇

第1章　交通犯罪
第2章　薬物犯罪
第3章　組織的犯罪・暴力団犯罪
第4章　財政経済犯罪
第5章　サイバー犯罪
第6章　児童虐待・配偶者からの暴力・ストーカー等に係る犯罪
第7章　女性犯罪・非行
第8章　高齢者犯罪
第9章　外国人犯罪・非行
第10章　精神障害のある者による犯罪等
第11章　公務員犯罪

第1章 交通犯罪

第1節 交通犯罪関係法令の改正状況

1 自動車運転死傷処罰法

平成25年11月、自動車の運転による死傷事件に対して、運転の悪質性や危険性等の実態に応じた処罰ができるようにするため、**自動車運転死傷処罰法**が成立し、26年5月に施行された。この法律において、①従来の危険運転致死傷罪が刑法から移されて規定されるとともに、危険運転致死傷罪の新たな類型として、通行禁止道路において重大な交通の危険を生じさせる速度で自動車を運転して人を死傷させた場合が追加され、②アルコール、薬物又は病気の影響により正常な運転に支障が生じるおそれがある状態で自動車を運転し、アルコール等の影響により正常な運転が困難な状態に陥り、人を死傷させた場合が、従来の危険運転致死傷罪より刑の軽い、新たな危険運転致死傷罪として新設された。また、③従来の自動車運転過失致死傷罪が刑法から移されて過失運転致死傷罪として規定されるとともに、④アルコール又は薬物の影響で正常な運転に支障が生じるおそれがある状態で自動車を運転して過失により人を死傷させ、その運転のときのアルコール又は薬物の影響の有無又は程度が発覚することを免れる行為をした場合が、過失運転致死傷アルコール等影響発覚免脱罪として新設され、⑤危険運転致死傷罪、過失運転致死傷罪及び過失運転致死傷アルコール等影響発覚免脱罪を犯した時に無免許運転であったときは、刑を加重する規定が新設された。

さらに、令和2年法律第47号による改正では、いわゆるあおり運転に関し、自動車運転による死傷事犯の実情等に鑑み、事案の実態に即した対処をするため、①車の通行を妨害する目的で、走行中の車（重大な交通の危険が生じることとなる速度で走行中のものに限る。）の前方で停止し、その他これに著しく接近することとなる方法で自動車を運転して人を死傷させた場合、②高速自動車国道等において、自動車の通行を妨害する目的で、走行中の自動車の前方で停止し、その他これに著しく接近することとなる方法で自動車を運転することにより、走行中の自動車に停止又は徐行をさせて人を死傷させた場合が、危険運転致死傷罪の新たな類型として追加された（令和2年7月施行）。

2 道路交通法

道路交通法については、令和元年法律第20号による改正で、①自動車の自動運転技術の実用化に対応した運転者等の義務に関する規定が整備されるとともに、②自動車等を運転中に携帯電話等を使用する行為等の法定刑が引き上げられた（①は令和2年4月に、②は元年12月にそれぞれ施行）。

令和2年法律第42号による改正では、①他の車両等の通行を妨害する目的で、当該他の車両等に道路における交通の危険を生じさせるおそれのある方法により、一定の違反（通行区分、急ブレーキ禁止、車間距離保持等の規定違反）行為をした者を妨害運転（あおり運転）として処罰する規定や、妨害行為により高速自動車国道等において他の自動車を停止させ、その他道路における著しい交通の危険を生じさせた者を加重処罰する規定等を新設し、②一定の違反行為をした75歳以上の者は、運転免許証の更新を受けようとする場合、運転免許証の更新期間満了日の前6か月以内に、運転技能検査を受けなければならず、公安委員会は、運転技能検査の結果が、一定の基準に達しない者には運転免許証の更新をしないことができるとするなどの高齢運転者対策を充実・強化した（①は令和2年6月に、②は4年5月にそれぞれ施行）。

また、令和4年法律第32号による改正では、①特定自動運行に係る許可制度が創設され、②新たな交通主体である㋐電動キックボード等の特定小型原動機付自転車や㋑自動配送ロボット等の遠隔操作型小型車の交通方法等に関する規定が整備されるとともに、③運転免許証と個人番号カードの一体化に関する規定が整備されるなどした（①及び②㋑は令和5年4月に、②㋐は同年7月に、③は7年4月までにそれぞれ施行）。

第2節　犯罪の動向

1　交通事故の発生動向

　交通事故（道路交通法2条1項1号に規定する道路において、車両等及び列車の交通によって起こされた事故に係るものであり、昭和41年以降は、人身事故に限る。以下この節において同じ。）の発生件数及び交通事故による死傷者数の推移（23年以降）は、**4-1-2-1図**のとおりである（詳細については、CD-ROM資料**4-1**参照）。発生件数及び負傷者数は、平成17年以降減少し続けており、令和4年は、それぞれ30万839件（前年比1.4％減）、35万6,601人（同1.5％減）であった。死亡者数も、平成4年（1万1,452人）をピークに減少傾向にあり、令和4年は2,610人（同26人減）と、6年連続で昭和23年以降最少を更新し続けている（CD-ROM資料**4-1**参照）。

4-1-2-1図　交通事故 発生件数・死傷者数の推移

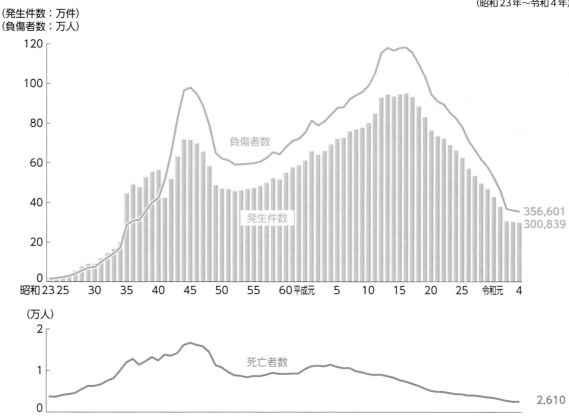

（昭和23年〜令和4年）

注　1　警察庁交通局の統計による。
　　2　「発生件数」は、道路交通法2条1項1号に規定する道路において、車両等及び列車の交通によって起こされた事故に係るものであり、昭和41年以降は、人身事故に限る。
　　3　「発生件数」及び「負傷者数」は、昭和34年以前は、2万円以下の物的損害及び1週間以下の負傷の事故を除く。
　　4　「死亡者」は、交通事故により発生から24時間以内に死亡した者をいう。

　交通事故の発生件数（第一当事者（事故当事者のうち最も過失の重い者をいい、過失が同程度の場合は、人身損傷程度が軽い者をいう。以下この項において同じ。）が自動車、自動二輪車及び原動機付自転車の運転者に係るものに限る。以下この項において同じ。）の推移（最近20年間）を第一当事者の年齢層別に見ると、4-1-2-2図のとおりである。少年が第一当事者の交通事故の発生件数は、平成13年から減少し続けており、令和4年は8,529件（前年比3.8％減）であった。また、20～29歳の者が第一当事者の交通事故の発生件数も、平成13年から減少傾向にあり、令和4年は5万1件（同2.0％減）であった。65～74歳の者が第一当事者の交通事故の発生件数は、平成19年（7万3,609件）まで増加し続けた後は減少傾向にあり、令和4年は4万1,022件（同2.6％減）であった。75歳以上の者が第一当事者の交通事故の発生件数は、平成25年（3万4,759件）まで増加し続けた後は減少傾向にあるが、令和4年は2万6,827件（同5.1％増）であった（CD-ROM参照）。

　交通事故の発生件数における高齢者率（第一当事者が高齢者であるものが占める比率をいう。）は、上昇し続けており、令和4年は24.4％（前年比0.6pt上昇）であった。

　なお、交通事故による死亡者数を年齢層別に見ると、そのうちの高齢者が占める比率は、令和4年は56.4％（前年比1.3pt低下）であった（警察庁交通局の統計による。）。

4-1-2-2図　交通事故 発生件数の推移（第一当事者の年齢層別）

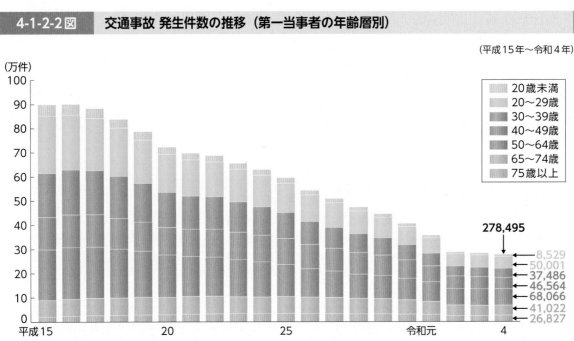

注　1　警察庁交通局の統計及び資料による。
　　2　「第一当事者」とは、事故当事者のうち最も過失の重い者をいい、過失が同程度の場合は、人身損傷程度が軽い者をいう。
　　3　第一当事者が自動車、自動二輪車及び原動機付自転車の運転者に係るものに限る。
　　4　事故発生時の年齢による。

2　過失運転致死傷等・危険運転致死傷

　過失運転致死傷等の検挙人員の推移（最近20年間）及び危険運転致死傷の検挙人員の推移（平成15年以降）を見ると、4-1-2-3図のとおりである。過失運転致死傷等の検挙人員は、16年（90万119人）をピークにその後は減少し続けており、令和4年は28万9,952人（前年比2.4％減）であった。危険運転致死傷の検挙人員は、平成14年から25年まで、270人台から420人台で推移した後、26年5月に自動車運転死傷処罰法の施行により処罰範囲が拡大されるなどすると、27年以降、その検挙人員は590人台から730人台で推移しており、令和4年は737人（同6.2％増）であった。

4-1-2-3図 過失運転致死傷等・危険運転致死傷 検挙人員の推移

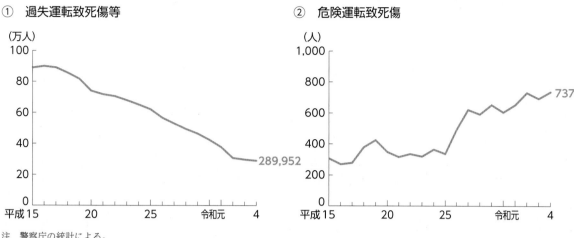

（平成15年〜令和4年）

① 過失運転致死傷等

② 危険運転致死傷

注　警察庁の統計による。

令和4年における危険運転致死傷・過失運転致死傷等の罪名別検挙人員は、**4-1-2-4表** のとおりである。同年の危険運転致死傷の検挙人員737人のうち致死事件は49人（前年比4人増）で、4年の過失運転致死傷等の検挙人員28万9,952人のうち致死事件は2,074人（同182人減）であった（CD-ROM参照）。

なお、犯罪少年による危険運転致死傷の検挙状況については、第3編第1章第2節3項参照。

4-1-2-4表 危険運転致死傷・過失運転致死傷等 検挙人員

（令和4年）

罪　　　　名	検挙人員	致傷	致死
自動車運転死傷処罰法	284,588	282,490	2,098
危険運転致死傷（2条）	430	391	39
危険運転致死傷（3条）	246	236	10
無免許危険運転致傷（6条1項）	48	48	…
無免許危険運転致死傷（6条2項）	8	8	−
過失運転致死傷	282,779	280,741	2,038
過失運転致死傷アルコール等影響発覚免脱	98	95	3
無免許過失運転致死傷	968	961	7
無免許過失運転致死傷アルコール等影響発覚免脱	11	10	1
刑　　　　法	6,101	6,076	25
危険運転致死傷	5	5	−
自動車運転過失致死傷等	186	177	9
重過失致死傷	4,492	4,479	13
過失致死傷	1,418	1,415	3

注　1　警察庁交通局の統計による。
　　2　「過失運転致死傷アルコール等影響発覚免脱」は、自動車運転死傷処罰法4条に規定する罪をいう。
　　3　「無免許過失運転致死傷」は、自動車運転死傷処罰法6条4項に規定する罪をいう。
　　4　「無免許過失運転致死傷アルコール等影響発覚免脱」は、自動車運転死傷処罰法6条3項に規定する罪をいう。
　　5　「刑法」は、道路交通法2条1項1号に規定する道路において、車両等及び列車の交通によって起こされた事故に係る事案に限る。
　　6　「刑法」の「危険運転致死傷」は、平成25年法律第86号による改正前の刑法208条の2に規定する罪をいう。
　　7　「自動車運転過失致死傷等」は、平成25年法律第86号による改正前の刑法211条1項前段及び2項に規定する罪をいう。

3　ひき逃げ事件

　ひき逃げ事件（人の死傷を伴う交通事故に係る救護措置義務違反）の発生件数及び検挙率の推移（最近20年間）は、**4-1-2-5図**のとおりである。発生件数は、平成12年以降急増した後、17年から減少傾向にあったが、令和４年は３年に引き続き増加し、前年比58件（0.8％）増の6,980件であった（CD-ROM参照）。全検挙率は、平成16年に25.9％を記録した後、翌年から上昇し続けていたが、令和４年は69.3％（前年比2.4pt低下）であった。死亡事故に限ると、検挙率は、おおむね90％を超える高水準で推移している。

4-1-2-5図　ひき逃げ事件 発生件数・検挙率の推移

（平成15年〜令和４年）

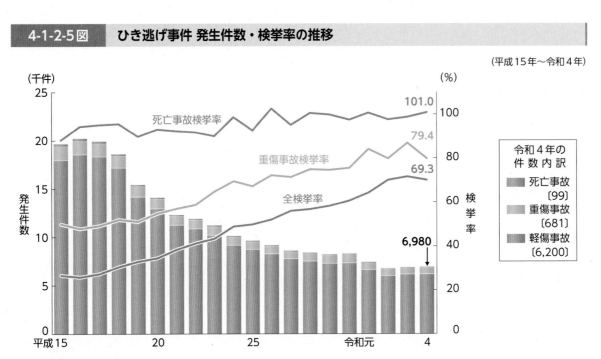

注　1　警察庁交通局の統計による。
　　2　「全検挙率」は、ひき逃げの全事件の検挙率をいう。
　　3　「重傷」は交通事故による負傷の治療を要する期間が１か月（30日）以上のもの、「軽傷」は同未満のものをいう。
　　4　検挙件数には、前年以前に認知された事件に係る検挙事件が含まれることがあるため、検挙率が100％を超える場合がある。

4 道交違反

　道交違反の取締件数は、告知事件（交通反則通告制度に基づき反則事件として告知された事件をいう。以下この項において同じ。）と送致事件（非反則事件として送致される事件をいう。以下この項において同じ。）を合わせた件数であり、平成15年以降800万件台で推移していたが、23年に800万件を下回ると、それ以降は減少傾向を示し、令和4年は508万726件（前年比49万210件（8.8％）減）であった。その取締件数の内訳は、告知事件488万6,106件、送致事件19万4,620件であった（警察庁交通局の統計による。）。

　令和4年における道交違反の告知事件及び送致事件について、違反態様別構成比を見ると、**4-1-2-6図**のとおりである。

　なお、犯罪少年による道路交通法違反の取締状況については、第3編第1章第2節3項参照。

4-1-2-6図　道交違反 取締件数（告知事件・送致事件）の違反態様別構成比

(令和4年)

① 告知事件

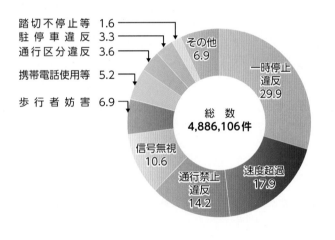

② 送致事件

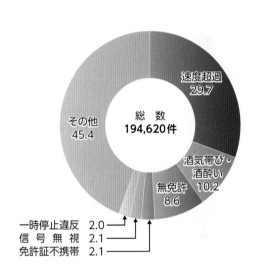

注　1　警察庁交通局の統計による。
　　2　②において、軽車両等による違反は「その他」に計上している。

　告知事件については、平成17年には816万5,633件まで増加したが、22年からは減少傾向にあり、令和4年は、前記のとおり488万6,106件（前年比47万7,531件（8.9％）減）であった（警察庁交通局の統計による。）。

　送致事件の取締件数の推移（最近20年間）を見ると、**4-1-2-7図**のとおりである。その総数は、平成12年から減少し続け、令和4年は前記のとおり19万4,620件（前年比6.1％減）であった。違反態様別に見ると、無免許運転は、平成10年以降、減少傾向にあり、令和4年は1万6,761件（同11.1％減）であった。速度超過は、平成14年以降、減少し続けている。酒気帯び・酒酔いは、9年（34万3,593件）に平成期最多を記録したが、12年以降は、同年、19年及び20年の急減を含み減少傾向にあるところ、令和4年は1万9,820件（同0.1％増）であり、平成9年の約17分の1の水準であった（CD-ROM参照）。令和4年における妨害運転（妨害運転により著しい交通の危険を生じさせた場合の加重処罰規定を含む。）は106件（前年比10件増）であった（警察庁交通局の資料による。）。

　なお、近年、自転車を含む軽車両の違反に係る送致事件が増加傾向にあり、令和4年の送致件数は2万4,545件（前年比12.0％増）であった（警察庁交通局の統計による。）。

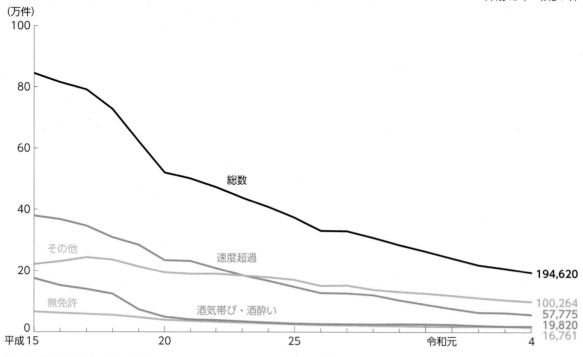

4-1-2-7図　道交違反 取締件数（送致事件）の推移

（平成15年〜令和4年）

（万件）

総数　194,620

その他　速度超過　100,264

無免許　酒気帯び・酒酔い　57,775

19,820

16,761

注　1　警察庁交通局の統計による。
　　2　軽車両等による違反は、「その他」に計上している。

第3節　処遇

1　検察

　4-1-3-1図は、令和4年における交通事件（過失運転致死傷等、危険運転致死傷及び道交違反の事件をいう。以下この節において同じ。）の検察庁終局処理人員の処理区分別構成比を、それ以外の事件（以下この項において「一般事件」という。）と比較して見たものである。

4-1-3-1図　交通事件 検察庁終局処理人員の処理区分別構成比

（令和4年）

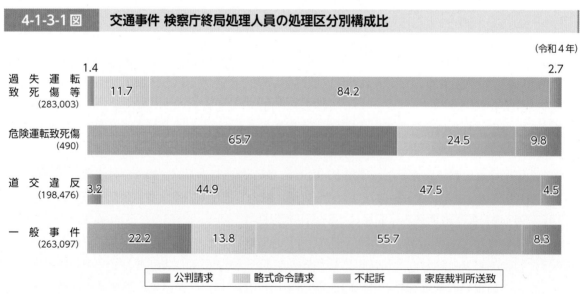

	公判請求	略式命令請求	不起訴	家庭裁判所送致
過失運転致死傷等（283,003）	11.7 / 1.4		84.2	2.7
危険運転致死傷（490）	65.7		24.5	9.8
道交違反（198,476）	3.2	44.9	47.5	4.5
一般事件（263,097）	22.2	13.8	55.7	8.3

注　1　検察統計年報による。
　　2　「一般事件」は、過失運転致死傷等、危険運転致死傷及び道交違反以外の事件である。
　　3　（　）内は、人員である。

4-1-3-2図は、過失運転致死傷等及び道交違反の検察庁終局処理人員について、起訴・不起訴人員（処理区分別）及び起訴率の推移（最近20年間）を見たものである。過失運転致死傷等では、起訴猶予率は90％前後で推移しているが、起訴猶予人員は、平成17年以降減少し続け、令和4年は前年よりも4,114人減少した。また、起訴率は、昭和62年に大幅に低下して以降、平成23年までは低下傾向にあり、24年からは緩やかに上昇していたが、令和4年は13.5％（前年比0.2pt低下）であった。道交違反では、起訴・不起訴人員に占める略式命令請求人員の割合は、平成22年以降低下傾向にあり、令和4年は47.0％（同0.6pt低下）であった。略式命令請求人員は、平成10年以降減少し続けている。起訴率も、昭和60年以降低下傾向にあり、令和4年は50.3％と平成15年（85.3％）と比べて35.0pt低下した（CD-ROM参照）。

4-1-3-2図 過失運転致死傷等・道交違反 起訴・不起訴人員（処理区分別）等の推移

（平成15年〜令和4年）

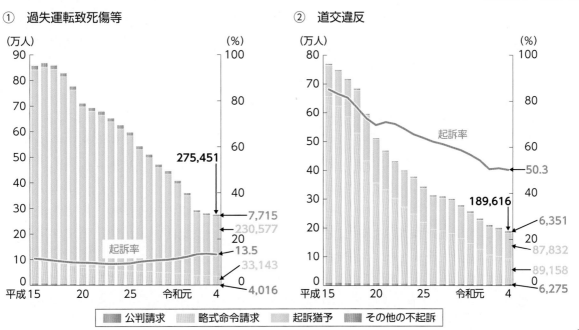

注　検察統計年報による。

令和4年における危険運転致死傷の公判請求人員について、態様別に見ると、**4-1-3-3表**のとおりである。なお、「無免許」の者（18人）については、無免許運転で、「飲酒等影響」（1人）、「高速度等」（4人）、「妨害行為」（1人）、「赤信号無視」（9人）又は「飲酒等影響運転支障等」（3人）の各態様による危険運転致死傷を犯した者である（検察統計年報による。）。

4-1-3-3表　危険運転致死傷による公判請求人員（態様別）

総　数	飲酒等影響	高速度等	妨害行為	赤信号無視	通行禁止 道路進行	飲酒等影響 運転支障等	無免許
322	98	24	11	72	2	97	18

注　1　検察統計年報による。
　　2　「飲酒等影響」は、自動車運転死傷処罰法2条1号に規定する罪及び平成25年法律第86号による改正前の刑法208条の2第1項前段に規定する罪をいう。
　　3　「高速度等」は、自動車運転死傷処罰法2条2号及び3号に規定する罪並びに平成25年法律第86号による改正前の刑法208条の2第1項後段に規定する罪をいう。
　　4　「妨害行為」は、自動車運転死傷処罰法2条4号、5号及び6号に規定する罪並びに平成25年法律第86号による改正前の刑法208条の2第2項前段に規定する罪をいう。
　　5　「赤信号無視」は、自動車運転死傷処罰法2条7号に規定する罪、令和2年法律第47号による改正前の自動車運転死傷処罰法2条5号に規定する罪及び平成25年法律第86号による改正前の刑法208条の2第2項後段に規定する罪をいう。
　　6　「通行禁止道路進行」は、自動車運転死傷処罰法2条8号に規定する罪及び令和2年法律第47号による改正前の自動車運転死傷処罰法2条6号に規定する罪をいう。
　　7　「飲酒等影響運転支障等」は、自動車運転死傷処罰法3条に規定する罪をいう。
　　8　「無免許」は、自動車運転死傷処罰法6条1項及び2項に規定する罪をいう。

2　裁判

　令和4年に交通事件（保管場所法違反を除く。以下この項において同じ。）により通常第一審で懲役又は禁錮を言い渡された者について、これらの罪名ごとの科刑状況を見ると、4-1-3-4表のとおりである。危険運転致死傷（自動車運転死傷処罰法2条及び3条並びに平成25年法律第86号による改正前の刑法208条の2に規定する罪に限る。）事件について見ると、言渡しを受けた者のうち実刑の者の割合は、同致傷事件では9.6％（無免許危険運転致傷（自動車運転死傷処罰法6条1項及び2項に規定する罪）事件では52.6％）だったのに対し、同致死事件では100％であった。同致死事件では、言渡しを受けた者21人のうち19人の刑は5年を超えている。過失運転致死傷（自動車運転死傷処罰法5条及び平成25年法律第86号による改正前の刑法211条2項に規定する罪に限る。）事件について見ると、言渡しを受けた者のうち実刑の者の割合は、同致傷事件では1.8％（無免許過失運転致傷事件では17.7％）だったのに対し、同致死事件では3.9％（無免許過失運転致死事件では63.6％）であった。道路交通法違反について見ると、言渡しを受けた者のうち実刑の者の割合は17.0％であった。道路交通法違反では、言渡しを受けた者のうち1年未満の刑の者の割合は76.6％であったが、3年を超える刑の者も6人いた。

　令和4年に交通事件で一部執行猶予付判決の言渡しを受けた者は、道路交通法違反につき4人、無免許危険運転致傷につき1人であった（司法統計年報及び最高裁判所事務総局の資料による。）。

　なお、自動車運転死傷処罰法違反及び道交違反について、第一審における罰金・科料の科刑状況は、2-3-3-4表参照。

4-1-3-4表　交通事件 通常第一審における有罪人員（懲役・禁錮）の科刑状況

(令和4年)

罪名	総数	10年を超える	10年以下	7年以下	5年以下	3年 実刑	3年 全部執行猶予	2年以上 実刑	2年以上 全部執行猶予	1年以上 実刑	1年以上 全部執行猶予	6月以上 実刑	6月以上 全部執行猶予	6月未満 実刑	6月未満 全部執行猶予
危険運転致傷	250	－	－	－	8	2 (－)	9	2 (－)	44	8 (－)	145	4 (－)	28	－	－
危険運転致死	21	4	10	5	1	－	－	1 (－)	－	－	－	－	－	－	－
無免許危険運転致傷（6条1項）	15	－	－	－	5	2 (1)	2	2 (－)	3	1 (－)	－	－	－	－	－
無免許危険運転致傷（6条2項）	4	－	－	－	－	－	1	－	2	－	1	－	－	－	－
無免許危険運転致死（6条2項）	－	－	－	－	－	－	－	－	－	－	－	－	－	－	－
過失運転致傷	2,135	－	－	－	2	2 (－)	18	7 (－)	114	13 (－)	1,359	12 (－)	601	3 (－)	4
過失運転致死	1,002	－	－	1	2	3 (－)	92	22 (－)	249	11 (－)	615	－	7	－	－
過失運転致傷アルコール等影響発覚免脱	44	－	－	－	2	－	2	1 (－)	1	－	37	1 (－)	－	－	－
過失運転致死アルコール等影響発覚免脱	3	－	－	－	1	2 (－)	－	－	－	－	－	－	－	－	－
無免許過失運転致傷	464	－	－	－	1	3 (－)	3	11 (－)	25	41 (－)	180	26 (－)	168	－	6
無免許過失運転致死	11	－	－	1	4	1 (－)	3	1 (－)	1	－	－	－	－	－	－
無免許過失運転致傷アルコール等影響発覚免脱	－	－	－	－	－	－	－	－	－	－	－	－	－	－	－
無免許過失運転致死アルコール等影響発覚免脱	－	－	－	－	－	－	－	－	－	－	－	－	－	－	－
道路交通法	4,826	－	－	－	6	4 (－)	19	13 (－)	48	127 (1)	910	454 (3)	2,371	215 (－)	659

注　1　司法統計年報及び最高裁判所事務総局の資料による。
　　2　「危険運転致傷」及び「危険運転致死」は、自動車運転死傷処罰法2条及び3条並びに平成25年法律第86号による改正前の刑法208条の2に規定する罪に限る。
　　3　「過失運転致傷」及び「過失運転致死」は、自動車運転死傷処罰法5条及び平成25年法律第86号による改正前の刑法211条2項に規定する罪に限る。
　　4　罪名区分の（　）内は、自動車運転死傷処罰法の該当条文である。
　　5　刑期区分の（　）内は、一部執行猶予付判決の言渡しを受けた人員で、内数であり、実刑部分と猶予部分を合わせた刑期による。

3　矯正

　令和4年における交通犯罪（危険運転致死傷、過失運転致死傷等及び道路交通法違反をいう。以下この節において同じ。）の入所受刑者人員は1,030人（前年比3.7％減）であり、その内訳は危険運転致死傷が49人、過失運転致死傷等が194人、道路交通法違反が787人であった。なお、4年における交通犯罪の入所受刑者人員のうち、懲役受刑者の占める比率は96.2％であった。禁錮受刑者は39人であり、その内訳は全て過失運転致死傷等であった（矯正統計年報による。）。

4 保護観察

令和4年における交通犯罪の保護観察開始人員は、保護観察処分少年が3,426人（なお、交通短期保護観察の対象者（交通犯罪以外の非行名（保管場所法、道路運送法、道路運送車両法及び自動車損害賠償保障法の各違反）による者を含む。以下この項において同じ。）は1,997人（**3-2-5-1図**参照））、少年院仮退院者が107人、仮釈放者が571人、保護観察付全部・一部執行猶予者が116人（うち一部執行猶予者が2人）であった。同年の保護観察開始人員について、罪名・非行名が危険運転致死傷の者は、保護観察処分少年（交通短期保護観察の対象者を除く。）が19人、少年院仮退院者が4人、仮釈放者が35人、保護観察付全部・一部執行猶予者が10人（うち一部執行猶予者はいなかった。）であった（保護統計年報による。）。

第1節 犯罪の動向

1 覚醒剤取締法違反

　覚醒剤取締法（昭和26年法律第252号）違反（覚醒剤に係る麻薬特例法違反を含む。以下この項において同じ。）の検挙人員（特別司法警察員が検挙した者を含む。）の推移（昭和50年以降）は、**4-2-1-1**図のとおりである。29年（5万5,664人）をピークとして減少した後、増減を繰り返していたが、45年から増加傾向となり、59年には31年以降最多となる2万4,372人を記録した。その後、減少傾向にあったが、平成7年から増加に転じ、9年には1万9,937人に達した。13年からは、減少傾向にあり、令和4年は6,289人（前年比21.1％減）で、4年連続で1万人を下回った（CD-ROM参照。なお、検察庁新規受理人員については、CD-ROM資料**1-4**参照）。

　なお、覚醒剤取締法違反の20歳以上の検挙人員に占める同一罪名再犯者の比率については、**5-1-4**図①参照。

4-2-1-1図 覚醒剤取締法違反 検挙人員の推移

（昭和50年〜令和4年）

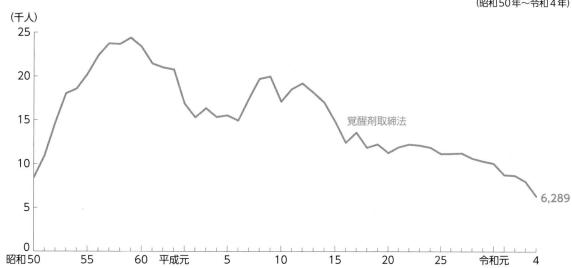

注　1　厚生労働省医薬・生活衛生局の資料による。ただし、平成19年までは、厚生労働省医薬食品局、警察庁刑事局及び海上保安庁警備
　　　　救難部の各資料により、20年から27年までは、内閣府の資料による。
　　2　覚醒剤に係る麻薬特例法違反の検挙人員を含む。
　　3　警察のほか、特別司法警察員が検挙した者を含む。

　覚醒剤取締法違反の年齢層別の検挙人員（警察が検挙した者に限る。）の推移（最近20年間）は、**4-2-1-2**図のとおりである。20歳未満、20歳代及び30歳代の検挙人員は、減少傾向にある。令和4年の検挙人員の年齢層別構成比を見ると、40歳代が最も多く（32.9％）、次いで、50歳以上（31.2％）、30歳代（21.7％）、20歳代（12.6％）、20歳未満（1.7％）の順であった。

　なお、令和4年の覚醒剤取締法違反の検挙人員（就学者に限る。）を就学状況別に見ると、大学生が12人（前年比6人減）であり、高校生が12人（同2人増）、中学生は1人（前年と同じ）であった（警察庁刑事局の資料による。）。

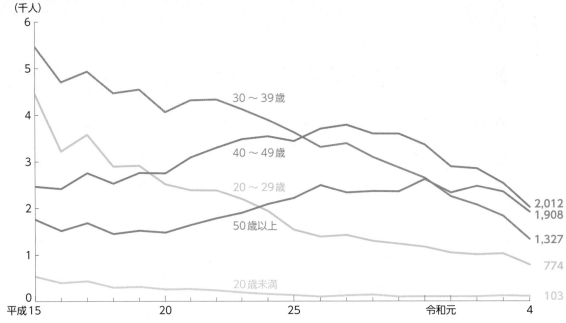

4-2-1-2図 覚醒剤取締法違反 検挙人員の推移（年齢層別）

（平成15年〜令和4年）

注　1　警察庁刑事局の資料による。
　　2　犯行時の年齢による。
　　3　覚醒剤に係る麻薬特例法違反の検挙人員を含み、警察が検挙した人員に限る。

4-2-1-3表は、令和4年に覚醒剤取締法違反により検挙された者（警察が検挙した者に限る。）のうち、営利犯で検挙された者及び暴力団構成員等（暴力団構成員及び準構成員その他の周辺者をいう。以下この項において同じ。）の各人員を違反態様別に見たものである。同年の営利犯で検挙された者の比率は7.3％であり、暴力団構成員等の比率は35.7％であった。

4-2-1-3表 覚醒剤取締法違反 営利犯・暴力団構成員等の検挙人員（違反態様別）

（令和4年）

区　　　分	総　数	密輸入	所　持	譲渡し	譲受け	使　用	その他
総　　　　　　　数	6,124	175	1,945	258	116	3,438	192
営　　利　　犯	450 (7.3)	166 (94.9)	195 (10.0)	81 (31.4)	4 (3.4)	−	4 (2.1)
暴 力 団 構 成 員 等	2,186 (35.7)	37 (21.1)	708 (36.4)	124 (48.1)	27 (23.3)	1,240 (36.1)	50 (26.0)

注　1　警察庁刑事局の資料による。
　　2　覚醒剤に係る麻薬特例法違反の検挙人員を含み、警察が検挙した人員に限る。
　　3　「暴力団構成員等」は、暴力団構成員及び準構成員その他の周辺者をいう。
　　4　（　）内は、各違反態様による検挙人員に「営利犯」又は「暴力団構成員等」の人員がそれぞれ占める比率である。

　覚醒剤取締法違反の検挙人員（警察が検挙した者に限る。）のうち、外国人の比率は、平成20年以降、5％台から8％台で推移しており、令和4年は7.5％（459人）であった。国籍等別に見ると、韓国・朝鮮（90人、19.6％）が最も多く、次いで、ブラジル（85人、18.5％）、フィリピン（56人、12.2％）、ベトナム（51人、11.1％）の順であった（警察庁刑事局の資料による。）。なお、これら国籍等別の検挙人員を見るに当たっては、各国籍等別の新規入国者数・在留者数に違いがあることに留意する必要がある（本編第9章第1節参照）。

2 大麻取締法違反等

大麻取締法（昭和23年法律第124号）及び麻薬取締法の各違反（それぞれ、大麻及び麻薬・向精神薬に係る麻薬特例法違反を含む。以下この項において同じ。）の検挙人員（特別司法警察員が検挙した者を含む。）の推移（昭和50年以降）は、**4-2-1-4図**のとおりである（検察庁新規受理人員については、CD-ROM資料**1-4**参照）。大麻取締法違反は、平成6年（2,103人）と21年（3,087人）をピークとする波が見られ、26年から8年連続で増加し、29年から令和3年までは、昭和46年以降における最多を記録し続けていたが、令和4年はやや減少し、5,546人（前年比4.1％減）であった（CD-ROM参照）。

なお、大麻取締法違反の20歳以上の検挙人員に占める同一罪名再犯者の比率については、**5-1-4図②**参照。

4-2-1-4図 大麻取締法違反等 検挙人員の推移（罪名別）

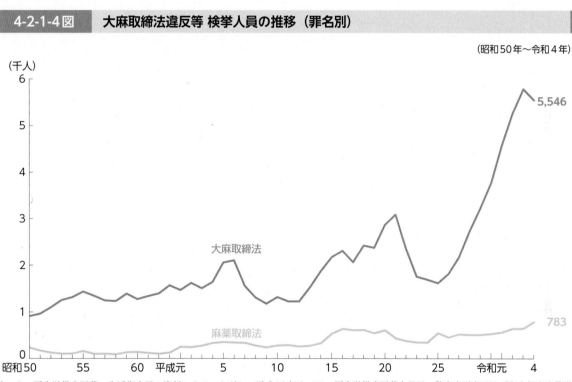

（昭和50年～令和4年）

注 1 厚生労働省医薬・生活衛生局の資料による。ただし、平成19年までは、厚生労働省医薬食品局、警察庁刑事局及び海上保安庁警備救難部の各資料により、20年から27年までは、内閣府の資料による。
　　2 大麻及び麻薬・向精神薬に係る各麻薬特例法違反の検挙人員を含む。
　　3 警察のほか、特別司法警察員が検挙した者を含む。
　　4 「大麻取締法」は、大麻リキッドに係る検挙人員を含む。

大麻取締法違反の年齢層別の検挙人員（警察が検挙した者に限る。）の推移（最近10年間）は、**4-2-1-5図**のとおりである。平成25年以降、20歳代及び30歳代で全検挙人員の約7～8割を占める状況が続いているが、30歳代の検挙人員が令和元年以降4年連続で減少したのに対し、20歳代の検挙人員は、平成26年から増加し続けており、令和4年は2,853人（前年比1.1％増）であった。一方、20歳未満の検挙人員は、平成26年から令和3年までは増加し続けていたが、4年は912人（同8.2％減）とやや減少した。

なお、令和4年の大麻取締法違反の検挙人員（就学者に限る。）を就学状況別に見ると、中学生が11人（前年比3人増）、高校生が150人（前年比36人減）、大学生が160人（同72人減）であった（警察庁刑事局の資料による。）。

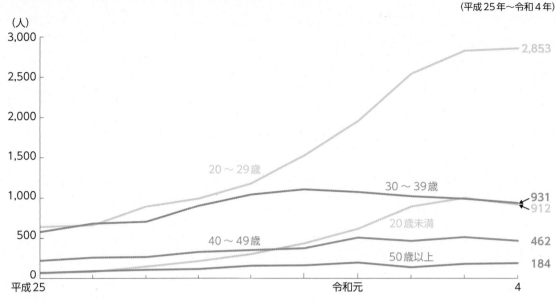

4-2-1-5図　大麻取締法違反 検挙人員の推移（年齢層別）

（平成25年〜令和4年）

注　1　警察庁刑事局の資料による。
　　2　犯行時の年齢による。
　　3　大麻に係る麻薬特例法違反の検挙人員を含み、警察が検挙した人員に限る。
　　4　大麻リキッドに係る検挙人員を含む。

　毒劇法違反の検挙人員（警察が検挙した者に限る。）は、昭和50年代後半は3万人台で推移し、60年代以降も2万7,000人台から3万1,000人台で推移していたが、平成3年からは減少傾向が続き、令和4年は127人（前年比23.0％減）であった（警察庁の統計による。）。

　あへん法（昭和29年法律第71号）違反（あへんに係る麻薬特例法違反を含む。）の検挙人員（特別司法警察員が検挙した者を含む。）は、昭和46年以降、100人台から400人台で推移していたが、60年（443人）をピークとして、その後大きく減少し、平成20年以降は30人未満で推移しており、令和4年は3人（前年比13人減）であった（**4-2-1-4図** CD-ROM参照）。

3 危険ドラッグに係る犯罪

　いわゆる**危険ドラッグ**（規制薬物（覚醒剤、大麻、麻薬・向精神薬、あへん及びけしがらをいう。以下この項において同じ。）又は指定薬物（医薬品医療機器等法2条15項に規定する指定薬物をいう。以下この項において同じ。）に化学構造を似せて作られ、これらと同様の薬理作用を有する物品をいい、規制薬物及び指定薬物を含有しない物品であることを標ぼうしながら規制薬物又は指定薬物を含有する物品を含む。以下この項において同じ。）に係る犯罪の検挙人員（警察が検挙した者に限る。以下この項において同じ。）の推移（最近5年間）を適用法令別に見ると、**4-2-1-6表**のとおりである。

　令和4年の指定薬物に係る医薬品医療機器等法違反の検挙人員は242人で、前年（111人）の2倍以上に増加した。そのうち193人（前年比133人増）は、指定薬物の単純所持・使用等の検挙人員（同法84条28号に規定される所持・使用・購入・譲受けに係る罪による検挙人員のうち、販売目的等の供給者側の検挙人員を除く。）であった（警察庁刑事局の資料による。）。

4-2-1-6表 危険ドラッグに係る犯罪の検挙人員の推移（適用法令別）

(平成30年～令和4年)

適 用 法 令	30年	元年	2年	3年	4年
総　　　　　　　　　数	396	182	150	145	279
医薬品医療機器等法（薬事法）	346	165	131	111	242
麻 薬 取 締 法	48	17	19	34	37
交 通 関 係 法 令	1	－	－	－	－
そ　　　の　　　他	1	－	－	－	－

注　1　警察庁刑事局の資料による。
　　2　警察が検挙した人員に限る。
　　3　複数罪名で検挙した場合は、法定刑が最も重い罪名に計上している。
　　4　「危険ドラッグ」は、規制薬物（覚醒剤、大麻、麻薬・向精神薬、あへん及びけしがらをいう。）又は指定薬物（医薬品医療機器等法
　　　　2条15項に規定する指定薬物をいう。）に化学構造を似せて作られ、これらと同様の薬理作用を有する物品をいい、規制薬物及び指定
　　　　薬物を含有しない物品であることを標ぼうしながら規制薬物又は指定薬物を含有する物品を含む。
　　5　「医薬品医療機器等法（薬事法）」は、危険ドラッグから指定薬物が検出された場合の検挙人員である。
　　6　「麻薬取締法」は、危険ドラッグから麻薬が検出された場合の検挙人員である。
　　7　「交通関係法令」は、危険運転致死傷、過失運転致死傷等、道路交通法違反の検挙人員である。
　　8　「その他」は、各都道府県の薬物防止に関する条例違反等である。

　令和4年における危険ドラッグ乱用者の検挙人員（危険ドラッグに係る犯罪の検挙人員のうち、危険ドラッグの販売等により検挙された供給者側の検挙人員を除いたものをいう。）は、264人であり、年齢層別では、20歳代（136人、51.5%）が最も多かった（警察庁刑事局の資料による。）。

第2節　取締状況

1　覚醒剤等の押収量の推移

　覚醒剤等の薬物の押収量（警察、税関、海上保安庁及び麻薬取締部がそれぞれ押収した薬物の合計量）の推移（最近5年間）は、**4-2-2-1表**のとおりである（あへんについては、CD-ROM参照）。覚醒剤の押収量は、令和元年に過去最多の2,649.7kgを記録したが、令和2年（824.4kg）に前年の3分の1以下に急減して以降、1000kg未満で推移しており、4年は475.3kgで前年の2分の1以下であった（CD-ROM参照）。

4-2-2-1表 覚醒剤等の押収量の推移

(平成30年～令和4年)

年 次	覚醒剤	乾燥大麻	大麻樹脂	コカイン	ヘロイン	MDMA等錠剤型 合 成 麻 薬
30年	1206.7	337.3	3.1	157.4	0.0	12,307
元	2649.7	430.1	14.8	639.9	16.7	73,915
2	824.4	299.1	3.6	821.7	14.8	106,308
3	998.7	377.2	2.9	15.1	0.0	80,623
4	475.3	330.7	5.6	42.8	0.0	95,614

(単位は、kg。ただし、MDMA等錠剤型合成麻薬は錠)

注　1　厚生労働省医薬・生活衛生局の資料による。
　　2　押収量は、警察、税関、海上保安庁及び麻薬取締部がそれぞれ押収した合計量である。
　　3　「乾燥大麻」は、大麻たばこを含み、「大麻樹脂」は、大麻リキッドを含まない。
　　4　「MDMA等錠剤型合成麻薬」は、1錠未満切捨てである。

2 密輸入事案の摘発の状況

　覚醒剤（覚醒剤原料を含む。以下この項において同じ。）及び大麻の密輸入事案（税関が関税法（昭和29年法律第61号）違反で摘発した事件に限る。ただし、警察等他機関が摘発した事件で、税関が当該事件に関与したものを含む。以下この項において同じ。）の摘発件数の推移（最近5年間）を形態別に見ると、**4-2-2-2表**のとおりである。覚醒剤の「航空機旅客（航空機乗組員を含む。以下この項において同じ。）による密輸入」は、前年の約10分の1に急減した令和2年（23件）に引き続き、3年も大きく減少したが、4年は増加に転じ、43件（前年比38件増）であった。同年においては、覚醒剤の「国際郵便物を利用した密輸入」は127件（同94件増）、「航空貨物（別送品を含む。）を利用した密輸入」は127件（同77件増）といずれも増加した。大麻の「航空機旅客による密輸入」も、前年の約3分の1に急減した2年（21件）に引き続き、3年も大きく減少したが、4年は増加に転じ、26件（前年比20件増）であった。大麻の「国際郵便物を利用した密輸入」は、平成30年以降高止まりの状況にあったが、令和4年は83件（同76件減）に減少した。

　航空機旅客による覚醒剤及び大麻の密輸入事案の摘発件数は、コロナ禍において入国者数が減少した影響を受けて、2年に急減した可能性が考えられるが、4年はいずれも増加に転じており、今後の動向に留意する必要がある。

4-2-2-2表　覚醒剤等の密輸入事案の摘発件数の推移（形態別）

（平成30年〜令和4年）

① 覚醒剤

形　態	30年	元年	2年	3年	4年
総　　数	169 (1,159)	425 (2,587)	72 (811)	95 (1,014)	300 (567)
航空機旅客による密輸入	91 (160)	229 (427)	23 (54)	5 (35)	43 (101)
国際郵便物を利用した密輸入	52 (50)	85 (188)	23 (14)	33 (62)	127 (119)
商業貨物を利用した密輸入	23 (948)	109 (367)	26 (743)	57 (917)	130 (347)
航　空　貨　物	13 (22)	107 (325)	20 (103)	50 (266)	127 (319)
海　上　貨　物	10 (926)	2 (43)	6 (639)	7 (650)	3 (28)
船員等による密輸入	3 (0)	2 (1,605)	－ (－)	－ (－)	－ (－)

② 大麻

形　態	30年	元年	2年	3年	4年
総　　数	218 (156)	242 (82)	204 (126)	199 (153)	148 (431)
航空機旅客による密輸入	49 (92)	60 (28)	21 (0)	6 (10)	26 (3)
国際郵便物を利用した密輸入	148 (45)	167 (49)	144 (77)	159 (80)	83 (44)
商業貨物を利用した密輸入	19 (19)	11 (5)	39 (48)	34 (63)	39 (385)
航　空　貨　物	19 (19)	10 (5)	36 (48)	27 (63)	34 (84)
海　上　貨　物	－ (－)	1 (0)	3 (0)	7 (0)	5 (301)
船員等による密輸入	2 (0)	4 (0)	－ (－)	－ (－)	－ (－)

注　1　財務省関税局の資料による。
　　2　税関が関税法違反で摘発した事件である。ただし、警察等他機関が摘発した事件で、税関が当該事件に関与したものを含む。
　　3　「覚醒剤」は、その原料を含み、「大麻」は、大麻リキッド等の大麻製品を含む。
　　4　（　）内は押収量であり、単位はkgである。
　　5　「航空機旅客」は、航空機乗組員を含む。
　　6　「商業貨物」は、別送品を含む。
　　7　「船員等」は、洋上取引及び船舶旅客を含む。

令和4年における覚醒剤の密輸入事犯の摘発件数を仕出地別に見ると、地域別では、アジア（101件）が最も多く、次いで、北米（83件）、ヨーロッパ（40件）の順であり、国・地域別では、米国（58件）が最も多く、次いで、カナダ（25件）、タイ（22件）の順であった（財務省関税局の資料による。）。

3 麻薬特例法の運用

麻薬特例法違反の検挙件数及び第一審における没収・追徴金額の推移（最近10年間）は、**4-2-2-3図**のとおりである。

4-2-2-3図　**麻薬特例法違反 検挙件数・没収・追徴金額の推移**

（平成25年〜令和4年）

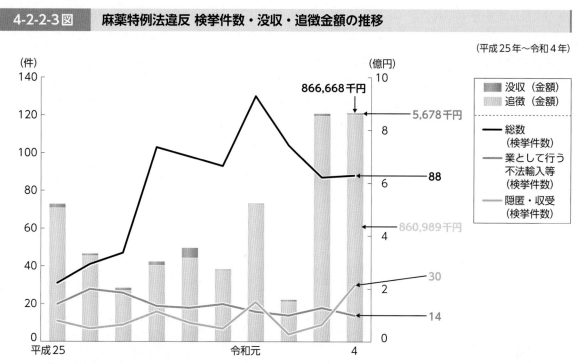

注　1　検挙件数は、厚生労働省医薬・生活衛生局の資料による。
　　2　没収・追徴金額は、法務省刑事局の資料による。
　　3　警察のほか、特別司法警察員が検挙した者を含む。
　　4　「総数」は、麻薬特例法5条（業として行う不法輸入等）、6条（薬物犯罪収益等隠匿）、7条（薬物犯罪収益等収受）及び9条（あおり又は唆し）の各違反の検挙件数の合計である。
　　5　「没収」及び「追徴」は、第一審における金額の合計であり、千円未満切捨てである。
　　6　共犯者に重複して言い渡された没収・追徴は、重複部分を控除した金額を計上している。
　　7　外国通貨は、判決日現在の為替レートで日本円に換算している。

第3節　処遇

1　検察・裁判

　令和4年における起訴率及び起訴猶予率は、それぞれ覚醒剤取締法違反では70.3％、11.0％、大麻取締法違反では45.4％、38.2％、麻薬取締法違反では61.1％、13.9％であり、覚醒剤取締法違反及び麻薬取締法違反の起訴猶予率は、道交違反を除く特別法犯全体（令和4年は48.1％。**2-2-4-4図**参照）と比較して顕著に低かった（起訴・不起訴人員等については、CD-ROM資料**4-2**参照）。なお、同年における麻薬特例法違反の起訴率は35.8％、起訴猶予率は49.3％であった。もっとも、同法違反のうち、「業として行う不法輸入等」について見ると、起訴率は76.7％（起訴23人、起訴猶予0人及びその他の不起訴7人）であった。同年において、あへん法違反で起訴された者はいなかった（検察統計年報による。）。

　覚醒剤取締法違反及び大麻取締法違反について、令和4年の地方裁判所における有期の懲役の科刑状況別構成比を見ると、**4-2-3-1図**のとおりである（地方裁判所における罪名別の科刑状況についてはCD-ROM資料**2-3**を、覚醒剤取締法違反の科刑状況の推移についてはCD-ROM資料**4-3**をそれぞれ参照）。

4-2-3-1図　覚醒剤取締法違反等 地方裁判所における有期刑（懲役）科刑状況別構成比

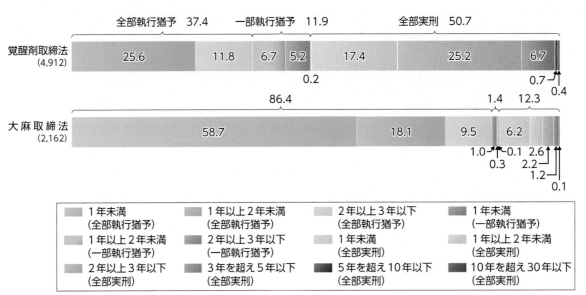

（令和4年）

注　1　司法統計年報による。
　　2　一部執行猶予は、実刑部分と猶予部分を合わせた刑期による。
　　3　（　）内は、実人員である。

　令和4年における覚醒剤取締法違反の少年保護事件について、家庭裁判所終局処理人員を処理区分別に見ると、少年院送致が34人（53.1％）と最も多く、次いで、保護観察24人（37.5％）、審判不開始3人（4.7％）、検察官送致（年齢超過）2人（3.1％）、不処分1人（1.6％）の順であった。なお、検察官送致（刑事処分相当）、児童自立支援施設・児童養護施設送致及び都道府県知事・児童相談所長送致はいなかった（司法統計年報による。）。

2 矯正

　覚醒剤取締法違反の入所受刑者人員の推移（最近20年間）は、**4-2-3-2図**のとおりである。令和4年における同法違反の入所受刑者人員は、3,266人（前年比805人減）であり、そのうち一部執行猶予受刑者は627人（同295人減）であった（CD-ROM参照）。

4-2-3-2図 **覚醒剤取締法違反 入所受刑者人員の推移**

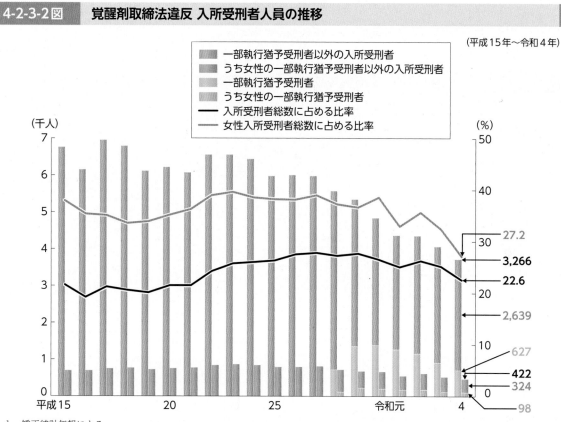

注　1　矯正統計年報による。
　　2　「一部執行猶予受刑者」は、刑の一部執行猶予制度が開始された平成28年から計上している。

　令和4年における覚醒剤取締法違反の入所受刑者の年齢層別構成比を男女別に見ると、**4-2-3-3図**のとおりである。

4-2-3-3図 **覚醒剤取締法違反 入所受刑者の年齢層別構成比（男女別）**

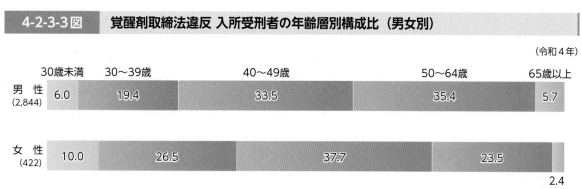

注　1　矯正統計年報による。
　　2　入所時の年齢による。
　　3　（　）内は、実人員である。

　覚醒剤取締法違反の入所受刑者人員の推移（最近20年間）を男女別に見るとともに、これを入所度数別に見ると、**4-2-3-4図**のとおりである。令和４年の男性の入所受刑者は、2,844人（前年比686人減）であり、３度以上の者が61.3％を占め、同年の女性の入所受刑者は、422人（同119人減）であり、３度以上の者が40.5％を占めた。男性は、入所受刑者全体のうち入所度数が３度以上の者の割合が一貫して最も高いのに対し、女性は、３年までは初入者の割合が一貫して最も高かったが、４年は３度以上の者の割合が最も高かった（CD-ROM参照）。

　なお、覚醒剤取締法違反の出所受刑者の出所事由別５年以内再入率については**5-3-8図⑧**を、２年以内再入率の推移については**5-3-10図③**をそれぞれ参照。

4-2-3-4図 　覚醒剤取締法違反 入所受刑者人員の推移（男女別、入所度数別）

（平成15年～令和４年）

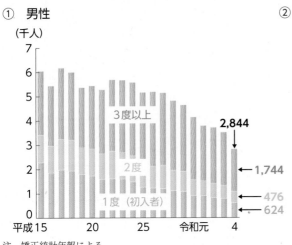

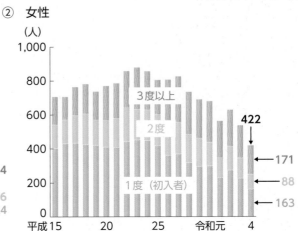

注　矯正統計年報による。

3 保護観察

　覚醒剤取締法違反の仮釈放者（全部実刑者・一部執行猶予者）及び保護観察付全部・一部執行猶予者の保護観察開始人員等の推移（最近20年間）は、**4-2-3-5図**のとおりである。平成30年から、仮釈放者（全部実刑者・一部執行猶予者）の保護観察開始人員は減少していたが、令和4年は3,194人（前年比24人増）であった。仮釈放率は、平成21年から上昇傾向が続き、令和4年は平成14年以降最も高い71.0％（前年比2.8pt上昇）であり、出所受刑者全体の仮釈放率（**2-5-2-1図**参照）と比べると8.8pt高かった。保護観察付全部執行猶予者の保護観察開始人員は、28年から減少傾向にあり、令和4年は198人（前年比54人減）であった。全部執行猶予者の保護観察率は、8％台から13％台で推移しており、4年は10.0％であった。保護観察付一部執行猶予者は、刑の一部執行猶予制度が開始された翌年の平成29年（208人）から増加し続けていたが、令和3年から減少に転じ、4年は1,144人（同62人減）であった。

　令和4年の保護観察終了者のうち、覚醒剤取締法違反の仮釈放者（全部実刑者・一部執行猶予者）及び保護観察付全部・一部執行猶予者の取消率（再犯又は遵守事項違反により仮釈放又は保護観察付全部・一部執行猶予が取り消された者の占める比率をいう。）は、それぞれ3.8％、2.0％、25.0％、23.4％であった（法務省大臣官房司法法制部の資料による。）。なお、取消・再処分率の推移等については、**5-4-3図**CD-ROM参照）。

4-2-3-5図　覚醒剤取締法違反 保護観察開始人員等の推移

（平成15年～令和4年）

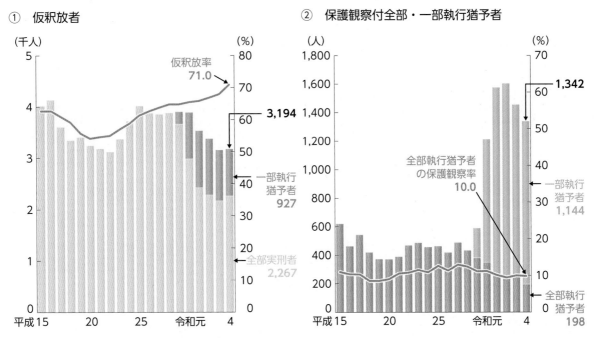

① 仮釈放者

② 保護観察付全部・一部執行猶予者

注　1　保護統計年報、検察統計年報及び法務省大臣官房司法法制部の資料による。
　　2　「一部執行猶予者」は、刑の一部執行猶予制度が開始された平成28年から計上している。

第3章 組織的犯罪・暴力団犯罪

第1節 組織的犯罪

　組織的犯罪処罰法違反の検察庁新規受理人員及び通常第一審における没収・追徴金額の推移（最近10年間）は、**4-3-1-1図**のとおりである。

　令和4年における組織的犯罪処罰法違反の検察庁新規受理人員のうち、暴力団関係者（集団的に又は常習的に暴力的不法行為を行うおそれがある組織の構成員及びこれに準ずる者をいう。）は37人（6.3%）であった（検察統計年報及び法務省大臣官房司法法制部の資料による。）。

　なお、平成29年法律第67号による組織的犯罪処罰法の改正により、テロ等準備罪が新設された（平成29年7月施行）が、同罪の新設から令和4年まで、同罪の受理人員はない。

4-3-1-1図　組織的犯罪処罰法違反 検察庁新規受理人員・没収・追徴金額の推移

（平成25年〜令和4年）

① 検察庁新規受理人員

② 没収・追徴金額

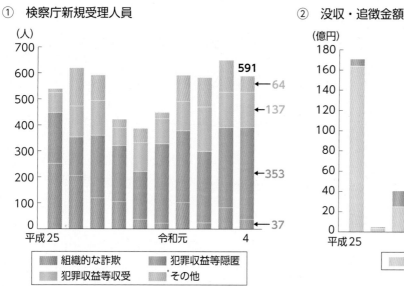
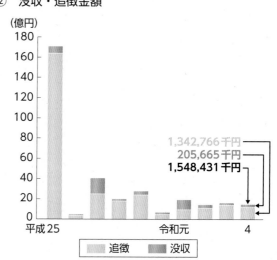

注　1　検察統計年報及び法務省刑事局の資料による。
　　2　「没収」及び「追徴」は、通常第一審における金額の合計であり、千円未満切捨てである。共犯者に重複して言い渡された没収・追徴については、重複部分を控除した金額を計上している。
　　3　外国通貨は、判決日現在の為替レートで日本円に換算している。

第2節 暴力団犯罪

1 組織の動向

　暴力団構成員及び準構成員等（暴力団構成員以外の暴力団と関係を有する者であって、暴力団の威力を背景に暴力的不法行為等を行うおそれがあるもの、又は暴力団若しくは暴力団構成員に対し資金、武器等の供給を行うなど暴力団の維持若しくは運営に協力し、若しくは関与するものをいう。）の人員の推移（最近20年間）は、**4-3-2-1図**のとおりである。

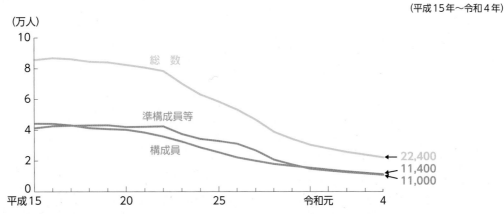

4-3-2-1図　暴力団構成員・準構成員等の人員の推移

（平成15年～令和4年）

注　1　警察庁刑事局の資料による。
　　2　人員は、各年末現在の概数であり、「構成員」と「準構成員等」の合計は「総数」と必ずしも一致しない。
　　3　「準構成員等」は、暴力団構成員以外の暴力団と関係を有する者であって、暴力団の威力を背景に暴力的不法行為等を行うおそれが
　　　あるもの、又は暴力団若しくは暴力団構成員に対し資金、武器等の供給を行うなど暴力団の維持若しくは運営に協力し、若しくは関与
　　　するものをいう。

　暴力団対策法により、令和4年末現在、25団体が**指定暴力団**として指定されており、六代目山口組、神戸山口組、絆會、池田組、住吉会及び稲川会に所属する暴力団構成員は、同年末現在、約8,500人（前年末比約600人減）であり、全暴力団構成員の約4分の3を占めている（警察庁刑事局の資料による。）。

　令和4年に暴力団対策法に基づき発出された中止命令は877件（前年比11件増）、再発防止命令は32件（同5件減）であった（警察庁刑事局の資料による。）。

　また、平成24年法律第53号による暴力団対策法の改正により導入された特定抗争指定暴力団等の指定や特定危険指定暴力団等の指定を含む市民生活に対する危険を防止するための規定に基づき、令和5年6月1日現在、合計3団体が特定抗争指定暴力団等に指定され、1団体が特定危険指定暴力団等として指定されている（官報による。）。

2　犯罪の動向

（1）検挙人員

　暴力団構成員等（暴力団構成員及び準構成員その他の周辺者をいう。以下（1）において同じ。）の検挙人員等の推移（最近20年間）を刑法犯と特別法犯（交通法令違反を除く。）の別に見ると、**4-3-2-2図**のとおりである。

4-3-2-2図　暴力団構成員等 検挙人員等の推移（刑法犯・特別法犯別）

（平成15年～令和4年）

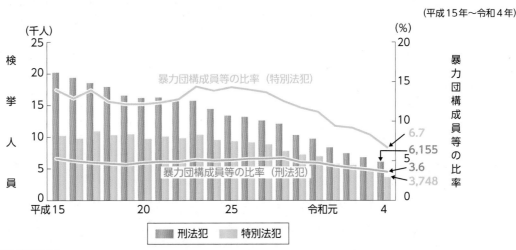

注　1　警察庁の統計による。
　　2　特別法犯は、交通法令違反を除く。
　　3　「暴力団構成員等」は、暴力団構成員及び準構成員その他の周辺者をいう。
　　4　「暴力団構成員等の比率」は、検挙人員総数に占める暴力団構成員等の比率である。

令和４年における暴力団構成員等の検挙人員及び全検挙人員に占めるその比率を罪名別に見ると、4-3-2-3表のとおりである。

4-3-2-3表　暴力団構成員等 検挙人員（罪名別）

（令和４年）

罪　　　　　　名	全検挙人員	暴力団構成員等	
総　　　　　　数	225,048	9,903	(4.4)
刑　　法　　犯	169,409	6,155	(3.6)
殺　　　　　人	785	79	(10.1)
強　　　　　盗	1,322	146	(11.0)
強　制　性　交　等	1,339	29	(2.2)
暴　　　　　行	23,964	602	(2.5)
傷　　　　　害	17,532	1,142	(6.5)
脅　　　　　迫	2,993	370	(12.4)
恐　　　　　喝	1,159	453	(39.1)
窃　　　　　盗	79,234	847	(1.1)
詐　　　　　欺	10,507	1,424	(13.6)
賭　　　　　博	542	153	(28.2)
公　務　執　行　妨　害	1,654	112	(6.8)
逮　　捕　　監　　禁	325	93	(28.6)
器　　物　　損　　壊	4,520	160	(3.5)
暴力行為等処罰法	26	9	(34.6)
特　　別　　法　　犯	55,639	3,748	(6.7)
暴　力　団　対　策　法	5	3	(60.0)
暴　力　団　排　除　条　例	43	42	(97.7)
競　　　馬　　　法	11	－	
風　営　適　正　化　法	959	111	(11.6)
売　　春　　防　　止　　法	366	5	(1.4)
児　　童　　福　　祉　　法	114	9	(7.9)
銃　　　刀　　　法	4,552	79	(1.7)
麻　　薬　　取　　締　　法	647	78	(12.1)
大　　麻　　取　　締　　法	5,184	619	(11.9)
覚　醒　剤　取　締　法	5,944	2,141	(36.0)
職　　業　　安　　定　　法	112	33	(29.5)

注　1　警察庁の統計による。
　　2　「暴力団構成員等」は、暴力団構成員及び準構成員その他の周辺者をいう。
　　3　特別法犯は、交通法令違反を除く。
　　4　（　）内は、全検挙人員に占める暴力団構成員等の比率である。

（2）銃器犯罪

ア　対立抗争事件

　暴力団相互の対立抗争事件数及び銃器（拳銃、小銃、機関銃、砲、猟銃その他金属性弾丸を発射する機能を有する装薬銃砲及び空気銃。以下（2）において同じ。）の使用率（対立抗争事件数に占める銃器が使用された事件数の比率）の推移（最近10年間）は、**4-3-2-4表**のとおりである。

4-3-2-4表　暴力団対立抗争事件 事件数・銃器使用率の推移

（平成25年〜令和4年）

年　　次	対立抗争事件数	銃器使用事件数	銃器使用率
25年	27	20	74.1
26	18	9	50.0
27	−	−	…
28	42	6	14.3
29	9	1	11.1
30	8	1	12.5
元	14	3	21.4
2	10	5	50.0
3	3	1	33.3
4	17	2	11.8

注　1　警察庁刑事局の資料による。
　　2　「対立抗争事件数」は、暴力団間の対立抗争に起因するとみられる事件を計上している。
　　3　「銃器使用率」は、対立抗争事件数に占める銃器が使用された事件数の比率である。

イ　銃器使用事件

　銃器発砲事件数及びこれによる死亡者数の推移（最近10年間）は、**4-3-2-5図**のとおりである。

4-3-2-5図　銃器発砲事件 事件数・死亡者数の推移

（平成25年〜令和4年）

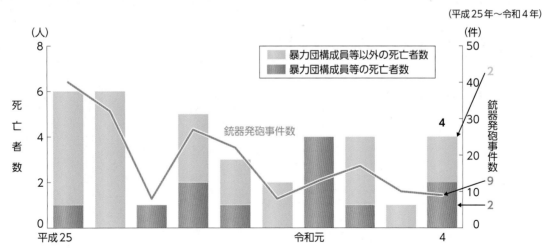

注　1　警察庁刑事局の資料による。
　　2　「暴力団構成員等」は、暴力団構成員及び準構成員その他の周辺者をいう。

銃器使用犯罪の検挙件数の推移（最近10年間）を拳銃とそれ以外の銃器の別に見ると、**4-3-2-6表**のとおりである。

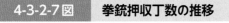

4-3-2-6表　　**銃器使用犯罪 検挙件数の推移（使用銃器別）**

（平成25年〜令和4年）

年次	総数	暴力団構成員等によるもの	拳銃使用	暴力団構成員等によるもの	その他の銃器使用	暴力団構成員等によるもの
25年	37	18	15	14	22	4
26	64	14	25	14	39	−
27	25	13	15	13	10	−
28	27	11	14	11	13	−
29	28	14	16	14	12	−
30	22	8	12	8	10	−
元	25	12	14	12	11	−
2	21	12	10	9	11	3
3	20	10	14	9	6	1
4	18	9	9	8	9	1

注　1　警察庁刑事局の資料による。
　　2　犯罪供用物として銃器を使用した事件を計上している。ただし、模造拳銃等によるものを除く。
　　3　「暴力団構成員等」は、暴力団構成員及び準構成員その他の周辺者をいう。

ウ　拳銃の押収状況

　拳銃の押収丁数の推移（最近10年間）は、**4-3-2-7図**のとおりである。

4-3-2-7図　　**拳銃押収丁数の推移**

（平成25年〜令和4年）

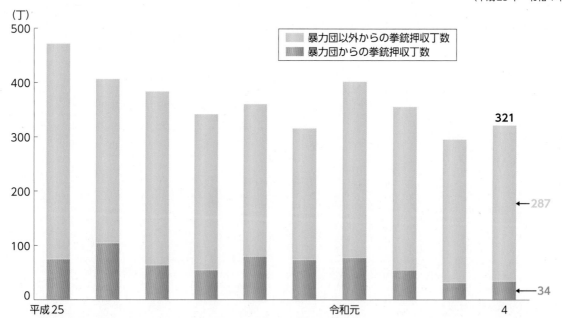

注　1　警察庁刑事局の資料による。
　　2　「暴力団からの拳銃押収丁数」は、暴力団の管理と認められる拳銃の押収丁数をいう。
　　3　「暴力団以外からの拳銃押収丁数」には、被疑者が特定できないものを含む。

3 処遇

（1）検察

令和4年における暴力団関係者（集団的に又は常習的に暴力的不法行為を行うおそれがある組織の構成員及びこれに準ずる者をいう。）の起訴率を罪名別に見ると、**4-3-2-8図**のとおりである。

4-3-2-8図 暴力団関係者の起訴率（罪名別）

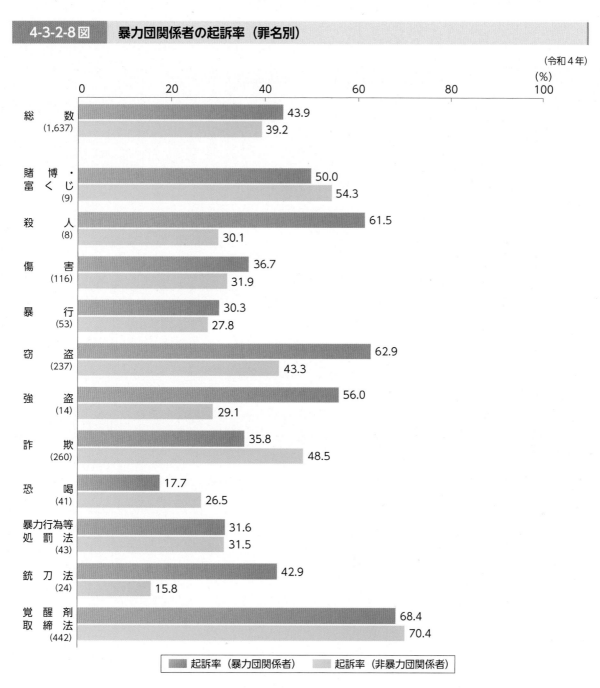

注 1 検察統計年報及び法務省大臣官房司法法制部の資料による。
　 2 「暴力団関係者」は、集団的に又は常習的に暴力的不法行為を行うおそれがある組織の構成員及びこれに準ずる者をいう。
　 3 「総数」は、過失運転致死傷等及び道交違反を除く。
　 4 （　）内は、暴力団関係者に係る起訴人員である。

（2）矯正

ア 暴力団関係者の入所受刑者人員の推移

暴力団関係者（犯行時に暴力団対策法に規定する指定暴力団等に加入していた者及びこれに準ずる者をいう。以下（2）において同じ。）の入所受刑者人員及び暴力団関係者率（入所受刑者人員に占める暴力団関係者の比率をいう。）の推移（最近20年間）は、**4-3-2-9図**のとおりである。令和4年の入所受刑者中の暴力団関係者について、その地位別内訳を見ると、幹部196人、組員338人、地位不明の者70人であった（矯正統計年報による。）。

| 4-3-2-9図 | 暴力団関係者の入所受刑者人員・暴力団関係者率の推移 |

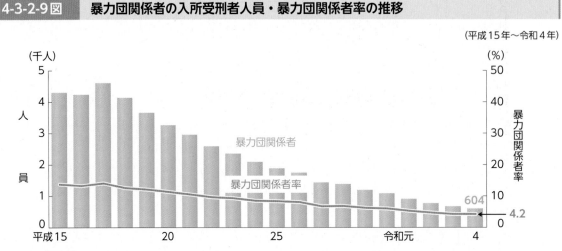

注 1 矯正統計年報による。
  2 「暴力団関係者」は、犯行時に暴力団対策法に規定する指定暴力団等に加入していた者及びこれに準ずる者をいう。
  3 「暴力団関係者率」は、入所受刑者人員に占める暴力団関係者の比率である。

イ 入所受刑者中の暴力団関係者の特徴

令和4年における入所受刑者のうち、暴力団関係者の年齢層別構成比を見ると、40歳代が34.4%と最も高く、次いで、50歳代（30.1%）、30歳代（17.7%）、60歳代（7.9%）、20歳代（7.0%）の順であった（矯正統計年報による。）。

令和4年における入所受刑者の罪名別・刑期別・入所度数別の構成比を暴力団関係者とそれ以外の者とに分けて見ると、**4-3-2-10図**のとおりである。

4-3-2-10図　入所受刑者の構成比（暴力団関係者・非関係者別）

（令和4年）

① 罪名別

	覚醒剤取締法	窃盗	詐欺	傷害	暴力行為等処罰法 2.6	強盗 2.3	その他
暴力団関係者 (604)	46.4	9.1	8.6	7.5			21.0

道路交通法 2.5

						1.8	
非関係者 (13,856)	21.6	37.6	9.3	3.3	5.6		20.3

0.6

② 刑期別

	1年以下	2年以下	3年以下	5年以下	5年を超える
暴力団関係者 (604)	13.9	29.1	25.5	21.2	10.3
非関係者 (13,806)	21.7	34.3	24.8	13.4	5.7

③ 入所度数別

	1度	2度	3度	4度	5度	6～9度	10度以上
暴力団関係者 (604)	12.9	16.4	15.1	12.6	12.6	23.8	6.6
非関係者 (13,856)	44.8			15.5	9.9	7.7	6.2	11.4	4.5

注　1　矯正統計年報による。
　　2　「暴力団関係者」は、犯行時に暴力団対策法に規定する指定暴力団等に加入していた者及びこれに準ずる者をいう。
　　3　「②刑期別」について、入所受刑者は、懲役刑の者に限る。
　　4　「②刑期別」について、不定期刑は、刑の長期による。
　　5　「②刑期別」について、一部執行猶予の場合、実刑部分と猶予部分を合わせた刑期による。
　　6　「②刑期別」について、「5年を超える」は、無期を含む。
　　7　（　）内は、実人員である。

（3）保護観察

　令和4年の仮釈放者の保護観察開始人員のうち、暴力団関係者（保護観察開始時までに暴力団対策法に規定する指定暴力団等との交渉があったと認められる者をいう。以下（3）において同じ。）の人員及び仮釈放者の総数に占める比率は、799人、7.5％（前年比0.2pt低下）であり、そのうち、一部執行猶予者の暴力団関係者は107人であった。4年の保護観察付全部・一部執行猶予者の保護観察開始人員のうち、暴力団関係者の人員及び保護観察付全部・一部執行猶予者の総数に占める比率は、201人、6.9％（同0.3pt上昇）であり、そのうち、保護観察付一部執行猶予者の暴力団関係者は169人であった（保護統計年報による。）。

第4章 財政経済犯罪

　この章で取り上げる財政経済犯罪の起訴・不起訴の人員は、CD-ROM資料**4-4**参照。通常第一審での懲役刑の科刑状況は、CD-ROM資料**4-5**参照。令和4年に財政経済犯罪により一部執行猶予付判決の言渡しを受けた者はいなかった（司法統計年報及び最高裁判所事務総局の資料による。）。

第1節　税法違反

　相続税法（昭和25年法律第73号）、地方税法（昭和25年法律第226号）、所得税法（昭和40年法律第33号）、法人税法（昭和40年法律第34号）及び消費税法（昭和63年法律第108号）の各違反について、検察庁新規受理人員の推移（最近20年間）を見ると、**4-4-1-1図**のとおりである。消費税法違反については、平成17年以降、おおむね50人前後で推移した後、金の密輸入事件の増加の影響もあり、28年から30年にかけて急増した後、令和元年以降減少していたが、4年は73人（前年比58.7%増）と再び増加した。

4-4-1-1図　税法違反 検察庁新規受理人員の推移

（平成15年～令和4年）

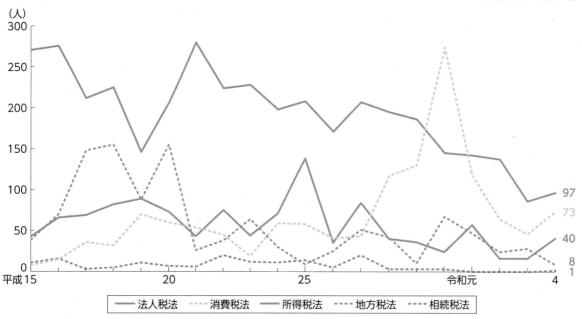

注　検察統計年報による。

国税当局から検察官に告発された税法違反事件の件数及び1件当たりの脱税額の推移（最近5年間）を見ると、**4-4-1-2表**のとおりである。

4-4-1-2表	税法違反 告発件数・1件当たりの脱税額の推移

（平成30年度〜令和4年度）

年　　度	所得税法		法人税法		相続税法		消費税法	
	件　　数	1件当たりの脱税額	件　　数	1件当たりの脱税額	件　　数	1件当たりの脱税額	件　　数	1件当たりの脱税額
30年度	24	107.13	55	81.27	1	241.00	41	94.98
元	20	83.25	64	88.06	－	…	32	61.72
2	10	106.90	55	69.56	－	…	18	112.83
3	11	81.82	43	81.84	－	…	21	78.81
4	20	122.30	47	90.96	2	144.00	34	88.53

（金額の単位は、百万円）

注　1　国税庁の資料による。
　　2　「脱税額」は、加算税額を含む。
　　3　「所得税法」は、源泉所得税に係る違反を含む。

　近年、金の密輸入事件が急増傾向にあったことから、金の密輸入に対する抑止効果を高めるために、平成30年3月、関税法が改正され（平成30年法律第8号）、無許可輸出入罪等に対する罰則が強化されるとともに、消費税法が改正され（平成30年法律第7号）、不正の行為により保税地域から引き取られる課税貨物に対する消費税を免れた者等に対する罰則の強化が行われた（いずれも同年4月施行）。金の密輸入事件について、令和3事務年度（令和3年7月1日から4年6月30日まで）における処分（税関長による通告処分又は税関長等による告発）件数は、前事務年度（20件）から更に減少し、13件であった（財務省関税局の資料による。）。

第2節	経済犯罪

　強制執行妨害（刑法96条の2、96条の3及び96条の4に規定する罪をいい、平成23年法律第74号による改正前の刑法96条の2に規定する罪を含む。）、**公契約関係競売入札妨害**（刑法96条の6第1項に規定する罪をいい、平成23年法律第74号による改正前の刑法96条の3第1項に規定する罪を含む。）、**談合、破産法**（平成16年法律第75号による廃止前の大正11年法律第71号を含む。）違反及び**入札談合等関与行為防止法**違反について、検察庁新規受理人員の推移（最近20年間）を見ると、**4-4-2-1図**のとおりである。

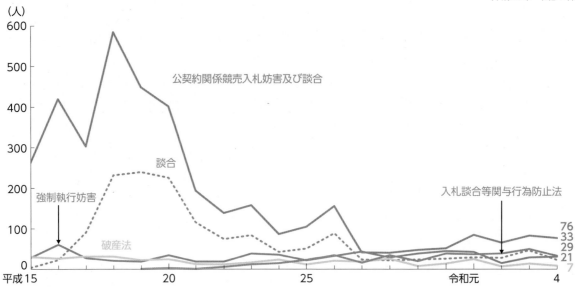

4-4-2-1図　強制執行妨害等 検察庁新規受理人員の推移

（平成15年～令和4年）

注　1　検察統計年報による。
　　2　「公契約関係競売入札妨害」は、刑法96条の6第1項に規定する罪をいい、平成23年法律第74号による改正前の刑法96条の3第1項に規定する罪を含む。
　　3　「談合」は、「公契約関係競売入札妨害及び談合」の内数である。
　　4　「強制執行妨害」は、刑法96条の2、96条の3及び96条の4に規定する罪をいい、平成23年法律第74号による改正前の刑法96条の2に規定する罪を含む。
　　5　「破産法」（平成16年法律第75号）は、同法による廃止前の破産法（大正11年法律第71号）違反を含む。

　会社法（平成17年法律第86号）・平成17年法律第87号による改正前の**商法**（明治32年法律第48号）、**独占禁止法**及び**金融商品取引法**（昭和23年法律第25号。平成19年9月30日前の題名は「証券取引法」）の各違反について、検察庁新規受理人員の推移（最近20年間）を見ると、**4-4-2-2図**のとおりである。

　令和元年6月、独占禁止法が改正され（令和元年法律第45号）、事業者による調査協力を促進し、適切な課徴金を課することができるものとすることなどにより、不当な取引制限等を一層抑止し、公正で自由な競争による我が国経済の活性化と消費者利益の増進を図るため、①課徴金減免制度の改正（減免申請による課徴金の減免に加えた、事業者が事件の解明に資する資料の提出等をした場合に、**公正取引委員会**が課徴金の額を減額する仕組み（調査協力減算制度）の導入、減額対象事業者数の上限の廃止等）、②課徴金の算定方法の見直し（課徴金の算定基礎の追加、算定期間の延長等）、③罰則規定の見直し（検査妨害等の罪に係る法人等に対する罰金の上限額の引上げ等）等が行われた（①及び②は2年12月、③は元年7月にそれぞれ施行）。なお、4年度における公正取引委員会による独占禁止法違反の告発は、1件・13人（法人を含む。）であった（公正取引委員会の資料による。）。

　平成29年5月、金融商品取引法が改正され（平成29年法律第37号。30年4月施行）、株式等の高速取引行為を行う者に対する登録制が導入されるとともに、登録をしないで高速取引行為を行った者や自己の名義をもって他人に高速取引行為を行わせた者等に係る罰則が新設された。なお、令和4年度における**証券取引等監視委員会**による金融商品取引法違反の告発は、8件・17人（法人を含む。）であり、その内訳は、「インサイダー取引」7件・12人、「相場操縦」1件・5人であった（証券取引等監視委員会の資料による。）。

　また、不正競争防止法も、平成30年5月の改正により、不正競争行為として規制されている技術的制限手段（ID、パスワード等）の効果を妨げる装置の提供等の行為について、規制対象行為として、装置・プログラム等の提供等に加えて、新たにサービスの提供等を追加するとともに、保護対象として、音楽・映像の視聴やプログラムの実行に加えて、新たに情報の処理を追加するなどの規律の強化等が行われた（平成30年法律第33号。同年11月施行）。

4-4-2-2図　会社法・商法違反等 検察庁新規受理人員の推移

（平成15年〜令和4年）

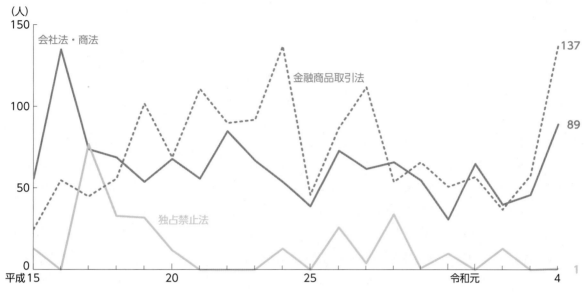

会社法・商法
金融商品取引法
独占禁止法

（人）
150
100
50
0

平成15　　20　　25　　令和元　　4

137
89
1

注　1　検察統計年報による。
　　2　「会社法・商法」は、会社法（平成17年法律第86号）違反及び平成17年法律第87号による改正前の商法（明治32年法律第48号）違反である。

　出資法及び**貸金業法**（昭和58年法律第32号。平成19年12月19日前の題名は「貸金業の規制等に関する法律」）の各違反について、検察庁新規受理人員の推移（最近20年間）を見ると、**4-4-2-3図**のとおりである。

4-4-2-3図　出資法違反等 検察庁新規受理人員の推移

（平成15年〜令和4年）

（人）
1,200
1,000
800
600
400
200
0

出資法
貸金業法

平成15　　20　　25　　令和元　　4

143
88

注　検察統計年報による。

第3節 知的財産関連犯罪

商標法（昭和34年法律第127号）及び**著作権法**（昭和45年法律第48号）の各違反について、検察庁新規受理人員の推移（最近20年間）を見ると、**4-4-3-1図**のとおりである。

なお、令和2年6月、著作権法が改正され（令和2年法律第48号）、インターネット上のいわゆる海賊版対策の強化として、いわゆるリーチサイト・リーチアプリにおいて侵害コンテンツ（違法にアップロードされた著作物等）へのリンクを提供する行為やリーチサイトの運営行為・リーチアプリの提供行為に対する罰則が新設された（同年10月施行）。また、同改正により、違法にアップロードされた著作物のダウンロード規制について、その対象を著作物全般に拡大し、違法にアップロードされたものと知りながら侵害コンテンツをダウンロードする行為を、一定の要件の下で私的使用目的であっても違法とし、このうち正規版が有償提供されている侵害コンテンツのダウンロードを継続的に又は反復して行う行為に対する罰則が新設された（3年1月施行）。

4-4-3-1図 商標法違反等 検察庁新規受理人員の推移

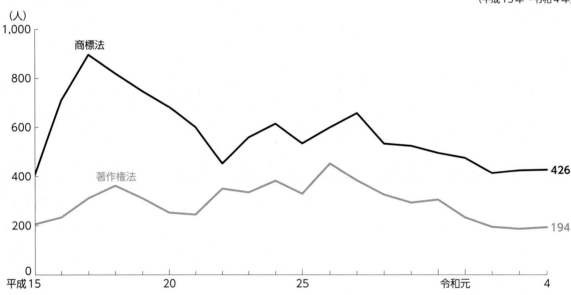

（平成15年～令和4年）

注　検察統計年報による。

第5章 サイバー犯罪

第1節 概説

　サイバー犯罪（不正アクセス禁止法違反、コンピュータ・電磁的記録対象犯罪その他犯罪の実行に不可欠な手段として高度情報通信ネットワークを利用する犯罪をいう。）の検挙件数の推移（最近20年間）は、4-5-1-1図のとおりである（不正アクセス禁止法違反、コンピュータ・電磁的記録対象犯罪については、本章第2節参照。その他のサイバー犯罪については、本章第3節参照。）。サイバー犯罪の検挙件数は、最近20年間では、平成16年以降増加傾向にあり、令和4年は1万2,369件（前年比160件（1.3%）増）であった。

　令和4年は、ランサムウェア（感染すると端末等に保存されているデータを暗号化して使用できない状態にした上で、そのデータを復号する対価（金銭又は暗号資産）を要求するプログラムをいう。）の感染被害が拡大するとともに、我が国の暗号資産関連事業者、学術関係者等を標的としたサイバー攻撃が明らかになり、また、インターネットバンキングに係る不正送金被害が下半期に急増するなど、サイバー空間をめぐる脅威は極めて深刻な情勢が続いている（警察庁サイバー警察局の資料による。）。

4-5-1-1図　サイバー犯罪の検挙件数の推移

（平成15年～令和4年）

注　1　警察庁サイバー警察局の資料による。
　　2　「コンピュータ・電磁的記録対象犯罪」は、電磁的記録不正作出・毀棄等（支払用カード電磁的記録不正作出を含む）、電子計算機損壊等業務妨害、電子計算機使用詐欺及び刑法第2編第19章の2の罪をいう。
　　3　「その他のサイバー犯罪」は、詐欺、児童買春・児童ポルノ禁止法違反等のサイバー犯罪である。

第2節 不正アクセス行為等

4-5-2-1図は、**不正アクセス行為**（不正アクセス禁止法11条に規定する罪をいう。）の認知件数の推移（同法が施行された平成12年以降）を見たものである。不正アクセス行為の認知件数については、増減を繰り返しながら推移し、令和4年は2,200件（前年比684件（45.1％）増）であった。

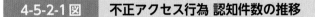

4-5-2-1図　不正アクセス行為 認知件数の推移

（平成12年〜令和4年）

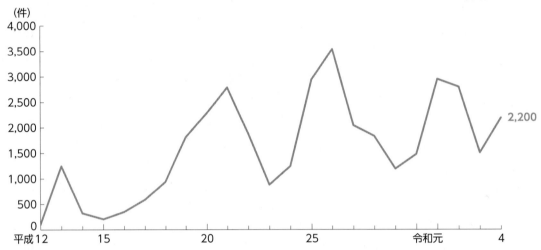

注　1　警察庁サイバー警察局、総務省サイバーセキュリティ統括官及び経済産業省商務情報政策局の資料による。
　　2　認知件数は、不正アクセス被害の届出を受理して確認した事実のほか、余罪として新たに確認した不正アクセス行為の事実、報道を踏まえて事業者等から確認した不正アクセス行為の事実その他関係資料により確認した不正アクセス行為の事実中、犯罪構成要件に該当する被疑者の行為の数である。
　　3　平成12年は、不正アクセス禁止法の施行日である同年2月13日以降の件数である。

令和4年の不正アクセス行為の認知件数について、不正アクセス後に行われた行為別に内訳を見ると、「インターネットバンキングでの不正送金等」が最も多く（1,096件、49.8％）、次いで、「インターネットショッピングでの不正購入」（227件、10.3％）、「メールの盗み見等の情報の不正入手」（215件、9.8％）、「オンラインゲーム・コミュニティサイトの不正操作」（63件、2.9％）の順であった。「インターネットバンキングでの不正送金等」は、前年と比較して403件（前年比58.2％）増加した（警察庁サイバー警察局、総務省サイバーセキュリティ統括官及び経済産業省商務情報政策局の資料による。）。

コンピュータ・電磁的記録対象犯罪（電磁的記録不正作出・毀棄等、電子計算機損壊等業務妨害、電子計算機使用詐欺及び不正指令電磁的記録作成等）、不正アクセス禁止法違反等の検挙件数の推移（最近5年間）は、**4-5-2-2表**のとおりである。不正アクセス禁止法違反の検挙件数は、近年、増減を繰り返しており、令和4年は522件（前年比21.7％増）であった。

なお、罪名ごと（罪名別の統計が存在するものに限る。）の検察庁終局処理人員は、CD-ROM資料**4-6**参照。

4-5-2-2表　コンピュータ・電磁的記録対象犯罪等 検挙件数の推移

（平成30年〜令和4年）

年　次	コンピュータ・電磁的記録対象犯罪	電磁的記録不正作出・毀棄等	電子計算機損壊等業務妨害	電子計算機使用詐欺	不正指令電磁的記録作成等	支払用カード電磁的記録に関する罪	不正アクセス禁止法
30年	349	84	9	188	68	405	564
元	436	83	12	325	16	286	816
2	563	15	17	511	20	91	609
3	729	14	13	692	10	61	429
4	948	12	11	918	7	－	522

注　1　警察庁の統計及び警察庁サイバー警察局の資料による。
　　2　「電磁的記録不正作出・毀棄等」は、「支払用カード電磁的記録に関する罪」の検挙件数のうち、支払用カード電磁的記録不正作出の検挙件数を含めて計上している。
　　3　「不正指令電磁的記録作成等」は、刑法第2編第19章の2の罪をいう。

第3節　その他のサイバー犯罪

　サイバー犯罪のうち、不正アクセス禁止法違反及びコンピュータ・電磁的記録対象犯罪以外の犯罪（インターネットを利用した詐欺や児童買春・児童ポルノ禁止法違反等、犯罪の実行に不可欠な手段として高度情報通信ネットワークを利用する犯罪）の検挙件数の推移（最近5年間）は、**4-5-3-1表**のとおりである。検挙件数は、平成29年から増加し続け、令和3年は1万1,051件（前年比27.0%増）と、前年に比べ大きく増加したが、4年は前年より減少し、1万899件（前年比1.4%減）であった（CD-ROM参照）。4年の検挙件数を罪名別に見ると、詐欺は前年より減少した（同4.4%減）。性的な事件のうち、児童買春・児童ポルノ禁止法違反のうちの児童ポルノ所持、提供等は前年より6.5%増加し、青少年保護育成条例違反は前年より18.0%減少した。

4-5-3-1表　その他のサイバー犯罪 検挙件数の推移（罪名別）

（平成30年〜令和4年）

区　　分	30年	元年	2年	3年	4年
総　　数	8,127	8,267	8,703	11,051	10,899
詐　欺	972	977	1,297	3,457	3,304
脅　迫	310	349	408	387	410
名　誉　毀　損	240	230	291	315	286
わいせつ物頒布等	793	792	803	859	782
児童買春・児童ポルノ禁止法	2,057	2,281	2,015	2,009	2,113
児　童　買　春	672	706	577	544	553
児童ポルノ所持、提供等	1,385	1,575	1,438	1,465	1,560
青少年保護育成条例	926	1,038	1,013	952	781
商　標　法	375	327	306	344	297
著　作　権　法	691	451	363	…	…
ストーカー規制法	269	325	347	325	364
犯罪収益移転防止法	…	…	…	350	584
そ　の　他	1,494	1,497	1,860	2,053	1,978

注　1　警察庁サイバー警察局の資料による。
　　2　「その他」は、売春防止法違反等であり、令和2年以前は犯罪収益移転防止法違反を、3年以降は著作権法違反を含む。

　令和4年におけるSNS（ソーシャル・ネットワーキング・サービス。ただし、インターネット異性紹介事業（出会い系サイト）を除く。）に起因する事犯の被害児童数の総数は1,732人であり、主な罪名別に見ると、児童買春・児童ポルノ禁止法違反のうちの児童ポルノ所持、提供等（658人）が最も多く、次いで、青少年保護育成条例違反が583人、児童買春・児童ポルノ禁止法違反のうちの児童買春（321人）の順であった（警察庁生活安全局の資料による。）。

第6章　児童虐待・配偶者からの暴力・ストーカー等に係る犯罪

第1節　児童虐待に係る犯罪

児童虐待（保護者によるその監護する18歳未満の児童に対する虐待の行為。児童虐待防止法2条参照）については、従来から、**児童虐待防止法**を始めとする関係法令の整備等によって、これを防止するための制度の充実が図られてきた。児童虐待防止法について、平成29年法律第69号による改正では、都道府県知事等が、保護者に対し、児童の身辺につきまとったりしてはならないことなどを命ずる、いわゆる接近禁止命令の対象が拡大された（平成30年4月施行）。また、令和元年法律第46号による改正では、親権者が児童のしつけに際して体罰を加えてはならないことなどが明記された（令和2年4月施行）。

児童相談所における児童虐待に関する相談対応件数は、統計を取り始めた平成2年度から一貫して増加しており、令和3年度も過去最高を記録し、20万7,660件（前年度比1.3%増）となった（厚生労働省子ども家庭局（当時）の資料による。児童虐待の内容別相談対応件数の推移については、7-3-5図参照）。

4-6-1-1図は、児童虐待に係る事件（刑法犯等として検挙された事件のうち、児童虐待防止法2条に規定する児童虐待が認められたものをいう。以下この節において同じ。）について、罪名別の検挙件数及び検挙人員総数の推移を見たものである（罪名別の検挙人員については、CD-ROM参照）。検挙件数及び検挙人員は、平成26年以降大きく増加し、令和4年は2,181件（前年比0.3%増）、2,222人（同1.0%増）であり、それぞれ平成15年（212件、242人）と比べると、約10.3倍、約9.2倍であった。罪名別では、特に、暴行や強制わいせつが顕著に増加している。なお、強制わいせつについては、平成29年法律第72号による刑法の改正により、監護者わいせつ等が新設され、処罰対象が拡大した点に留意する必要がある。

4-6-1-1図　児童虐待に係る事件 検挙件数・検挙人員の推移（罪名別）

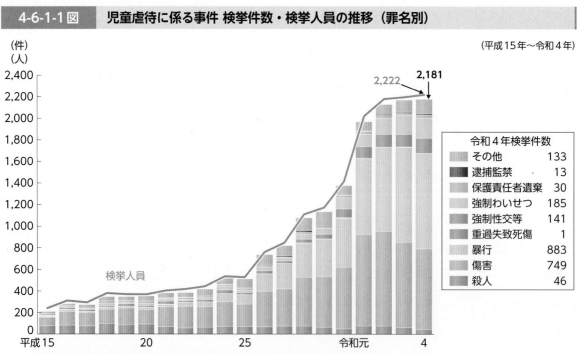

（平成15年～令和4年）

令和4年検挙件数
その他	133
逮捕監禁	13
保護責任者遺棄	30
強制わいせつ	185
強制性交等	141
重過失致死傷	1
暴行	883
傷害	749
殺人	46

注　1　警察庁生活安全局の資料による。
　　2　「殺人」は、無理心中及び出産直後の事案を含む。
　　3　「保護責任者遺棄」及び「重過失致死傷」は、いずれも出産直後の事案を含む。
　　4　「傷害」は、暴力行為等処罰法1条の2及び1条の3に規定する加重類型を、「暴行」は、同法1条及び1条の3に規定する加重類型を、それぞれ含まない。
　　5　「その他」は、未成年者拐取、児童福祉法違反、児童買春・児童ポルノ禁止法違反等である。

4-6-1-2表は、令和4年の児童虐待に係る事件の検挙人員について、被害者と加害者の関係別及び罪名別に見たものである。総数では、父親等の割合が71.6%を占めたが、殺人及び保護責任者遺棄では、母親等の割合がそれぞれ80.9%、66.7%であった。また、母親等のうち、実母の割合が93.7%とほとんどを占めるのに対し、父親等のうち、実父の割合は60.3%であった。さらに、加害者別に罪名の内訳を見ると、父親等のうち、実父では傷害及び暴行が8割強を占め、強制性交等及び強制わいせつは1割強であったが、実父以外では傷害及び暴行が6割弱にとどまり、強制性交等及び強制わいせつが3割強を占めた。

4-6-1-2表　**児童虐待に係る事件 検挙人員（被害者と加害者の関係別、罪名別）**

(令和4年)

加害者	総数	殺人	傷害	傷害致死	暴行	逮捕監禁	捕禁	強制性交等	強制わいせつ	児童買春・児童ポルノ禁止法	保護責任者遺棄	未成年者拐取	その他
総　数	2,222	47	766	7	884	19		142	187	32	39	15	91
父　親　等	1,592	9	553	3	601	9		139	178	26	13	11	53
実　父	960	8	345	－	435	4		53	58	12	6	9	30
養父・継父	405	－	137	－	107	－		56	79	9	4	－	13
母親の内縁の夫	129	－	46	2	37	3		16	16	1	2	1	7
その他（男性）	98	1	25	1	22	2		14	25	4	1	1	3
母　親　等	630	38	213	4	283	10		3	9	6	26	4	38
実　母	590	38	199	3	263	8		2	8	6	25	4	37
養母・継母	12	－	7	－	4	－		1	－	－	－	－	－
父親の内縁の妻	2	－	1	－	1	－		－	－	－	－	－	－
その他（女性）	26	－	6	1	15	2		－	1	－	1	－	1

注　1　警察庁生活安全局の資料による。
　　2　「殺人」は、無理心中及び出産直後の事案を含む。
　　3　「保護責任者遺棄」は、出産直後の事案を含む。
　　4　「傷害」は、暴力行為等処罰法1条の2及び1条の3に規定する加重類型を、「暴行」は、同法1条及び1条の3に規定する加重類型を、それぞれ含まない。
　　5　加害者の「その他」は、祖父母、伯（叔）父母、父母の友人・知人等で保護者と認められる者である。
　　6　罪名の「その他」は、児童福祉法違反、重過失致死傷等である。

配偶者暴力防止法は、被害者からの申立てを受けて裁判所が加害者に対して発した、被害者の身辺へのつきまといをすることなどを禁止する保護命令に違反する行為（保護命令違反行為）等に対して罰則を設けている。令和元年法律第46号による改正では、被害者保護のために相互に連携・協力すべき関係機関として児童相談所が明記された（令和2年4月施行）。また、令和5年法律第30号による改正では、保護命令制度が拡充されるとともに、保護命令違反行為に対する法定刑の引上げが行われた。具体的には、①接近禁止命令等の申立てをすることができる被害者として、配偶者からの身体に対する暴力や生命又は身体に対する加害の告知による脅迫を受けた者に加え、自由、名誉又は財産に対する加害の告知による脅迫を受けた者を追加するとともに、②接近禁止命令及び電話等禁止命令による対象行為の禁止期間を6か月間から1年間に伸長し、③電話等禁止命令の対象行為に、緊急時以外の連続した文書の送付・SNS等の送信、緊急時以外の深夜早朝のSNS等の送信、性的羞恥心を害する電磁的記録の送信、位置情報の無承諾取得等を追加し、④被害者と同居する未成年の子への電話等禁止命令を可能とするなど、所要の規定が整備された（一部を除き令和6年4月施行）。

なお、令和5年法律第66号による刑法の一部改正では、配偶者間において不同意性交等罪などが成立することが明確化された（令和5年7月13日施行。同改正の詳細については、第2編第1章1項（5）参照）。

配偶者からの暴力事案等の検挙件数の推移（平成22年以降）を見ると、**4-6-2-1図**のとおりである。配偶者暴力防止法に係る保護命令違反の検挙件数は、27年以降減少傾向にあり、令和4年は46件（前年比23件減）であった。その一方、他法令による検挙件数の総数は、平成23年以降増加しており、令和2年に減少に転じ、4年は8,535件（同99件減）であったものの、平成22年と比較すると約3.6倍であった。特に、暴行及び暴力行為等処罰法違反の検挙件数が大きく増加している。また、令和4年における強制性交等の検挙件数は、10件（同3件増）であった（警察庁生活安全局の資料による。）。

なお、令和4年における配偶者からの暴力事案等に関する相談等件数（配偶者からの身体に対する暴力又は生命等に対する脅迫を受けた被害者の相談等を受理した件数をいう。）は、8万4,496件（前年比1.8％増）であり、被害者の性別の内訳を見ると、男性が2万2,714件（26.9％）、女性が6万1,782件（73.1％）であった。被害者と加害者の関係別に見ると、婚姻関係が6万2,215件（73.6％）と最も多く、次いで、生活の本拠を共にする交際（婚姻関係における共同生活に類する共同生活を営んでいないものを除く。）をする関係1万6,355件（19.4％）、内縁関係（婚姻の届出をしていないが、事実上婚姻関係と同様の事情にある場合をいう。）5,926件（7.0％）の順であった（いずれも、元々その関係にあったものを含む。警察庁生活安全局の資料による。）。

4-6-2-1図 　　**配偶者からの暴力事案等の検挙件数の推移（罪名別）**

① 配偶者暴力防止法（保護命令違反に限る）

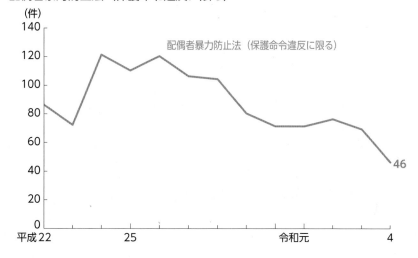

② 他法令

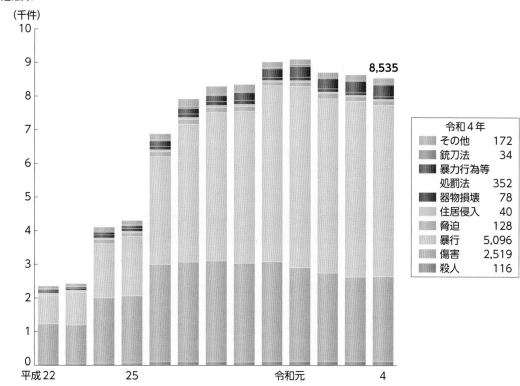

注　1　警察庁生活安全局の資料による。
　　2　「①配偶者暴力防止法（保護命令違反に限る）」による検挙件数は、同法に係る保護命令違反で検挙した件数全てを計上している。
　　3　「②他法令」による検挙件数は、刑法犯及び特別法犯（配偶者暴力防止法を除く。）の検挙件数であり、複数罪名で検挙した場合には
　　　最も法定刑が重い罪名で計上している。
　　4　「②他法令」について、未遂のある罪は未遂を含む。
　　5　「傷害」は、暴力行為等処罰法1条の2及び1条の3に規定する加重類型を、「暴行」、「脅迫」及び「器物損壊」は、同法1条及び1
　　　条の3に規定する加重類型を、それぞれ含まない。
　　6　「その他」は、公務執行妨害、逮捕監禁等である。

ストーカー犯罪等には、加害者と被害者とが配偶者や交際相手等の一定の関係にない事案も含まれるが、再被害の防止等に特段の配慮を要するなどの配偶者からの暴力に係る犯罪等との共通点に鑑み、この章で取り上げる。

1 ストーカー犯罪

ストーカー規制法は、ストーカー行為（同一の者に対し、恋愛感情その他の好意の感情又はそれが満たされなかったことに対する怨恨の感情を充足する目的で、恋愛感情等の対象者又はその配偶者等に対し、同法に規定された「つきまとい等」又は「位置情報無承諾取得等」を反復してすること）を処罰するなどストーカー行為等について必要な規制を行うとともに、その相手方に対する援助の措置等を定めている。

警察署長等は、申出を受けた場合に、つきまとい等をして相手方に不安を覚えさせる行為があり、かつ、更に反復のおそれがあると認めるときには、当該行為をした者に対し、更に反復して当該行為をしてはならない旨を**警告**することができる。また、平成28年法律第102号による改正により、急に加害者の行為が激化して重大事件に発展するおそれがあるなどのストーカー事案の特徴を踏まえて、都道府県公安委員会は、警告の存在を要件とせずに**禁止命令等**をすることなどが可能となった（警告前置の廃止及び緊急禁止命令等。平成29年6月施行）。同改正では、住居等の付近をみだりにうろつく行為、拒まれたにもかかわらず連続してSNSを利用してメッセージを送信する行為、ブログ等の個人ページにコメント等を書き込む行為等が「つきまとい等」に追加されるとともに、ストーカー行為罪の非親告罪化、ストーカー行為罪等についての法定刑の引上げがなされた（同年1月施行）。

令和3年法律第45号による改正では、相手方が現に所在する場所の付近における見張り等や拒まれたにもかかわらず連続して文書を送付する行為が「つきまとい等」に追加される（令和3年6月施行）とともに、相手方の承諾なく、その所持する位置情報記録・送信装置（GPS機器等）に係る位置情報を取得する行為及び相手方の承諾なく、その所持する物にGPS機器等を取り付けるなどの行為が「位置情報無承諾取得等」として規制対象行為に加えられるなどした（同年8月施行）。

ストーカー規制法による警告等の件数の推移（最近20年間）は、**4-6-3-1図**のとおりである。警告の件数は、平成30年から2,000件台で推移していたが、令和4年は1,868件（前年比9.1％減）であった。禁止命令等の件数は、前記平成28年法律第102号が施行されたことにより、平成29年から急増し、令和4年は1,744件（同4.4％増。うち緊急禁止命令等は946件）であった。なお、前記令和3年法律第45号による改正により新たに規制対象に加えられた行為への警告等の4年における件数は、相手方が現に所在する場所の付近における見張り等や拒まれたにもかかわらず連続して文書を送付する行為については、警告が62件、禁止命令等が69件、位置情報無承諾取得等の行為については、警告が12件、禁止命令等が21件であった（警察庁生活安全局の資料による。）。

4-6-3-1図 ストーカー規制法による警告等の件数の推移

（平成15年〜令和4年）

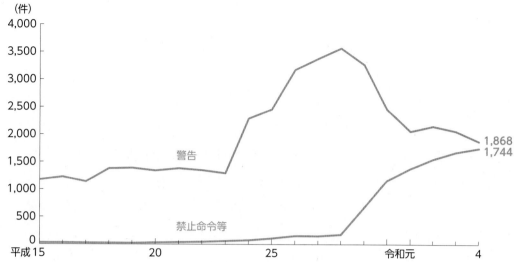

注　警察庁生活安全局の資料による。

　ストーカー規制法違反として、ストーカー行為又は禁止命令等違反行為が処罰対象であるほか、ストーカー行為をしている者による行為が殺人、傷害等の刑法その他の法律上の犯罪に該当する場合は、それらによっても処罰されることになる。ストーカー事案の検挙件数の推移（資料を入手し得た平成16年以降）を罪名別に見ると、**4-6-3-2図**のとおりである。

　ストーカー規制法違反の検挙件数は、平成24年から著しく増加し、30年以降は860〜980件台で推移していたが、令和4年は1,028件（前年比9.7％増）で、著しく増加した平成24年の前年である23年と比べると約5.0倍であった。また、他法令による検挙件数の総数も、24年に著しく増加し、同年以降は1,490〜1,910件台で推移しており、令和4年は1,650件（同4.4％増）で、同様に平成23年と比べると約2.1倍であった。

4-6-3-2図　ストーカー事案の検挙件数の推移（罪名別）

（平成16年〜令和4年）

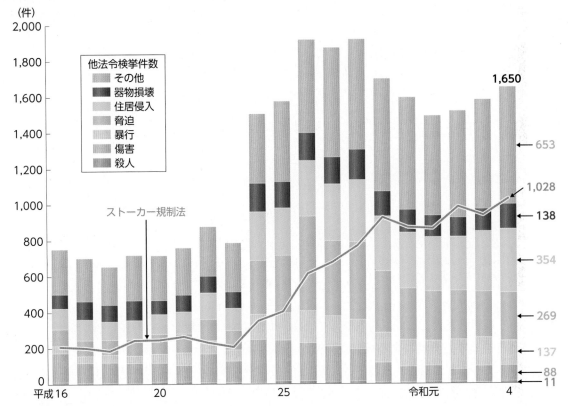

注　1　警察庁生活安全局の資料による。
　　2　本図は、資料を入手し得た平成16年以降の数値で作成した。
　　3　「ストーカー規制法」による検挙件数は、同法違反で検挙した件数全てを計上している。
　　4　「他法令検挙件数」は、刑法犯及び特別法犯（ストーカー規制法を除く。）の検挙件数であり、複数罪名で検挙した場合には最も法定刑が重い罪名で計上している。
　　5　未遂のある罪は未遂を含む。
　　6　「傷害」は、暴力行為等処罰法1条の2及び1条の3に規定する加重類型を、「暴行」、「脅迫」及び「器物損壊」は、同法1条及び1条の3に規定する加重類型を、それぞれ含まない。
　　7　「その他」は、迷惑防止条例違反、窃盗、強制わいせつ、銃刀法違反等である。

　なお、令和4年におけるストーカー事案に関する相談等件数（ストーカー規制法その他の刑罰法令に抵触しないものも含む。）は、1万9,131件（前年比3.0％減）であり、被害者と加害者の関係別に見ると、交際相手（元交際相手を含む。）が7,115件（37.2％）と最も多く、次いで、勤務先同僚・職場関係2,532件（13.2％）、知人・友人2,420件（12.6％）、面識なし1,804件（9.4％）、関係（行為者）不明1,767件（9.2％）、配偶者（内縁・元配偶者を含む。）1,345件（7.0％）の順であった（警察庁生活安全局の資料による。）。

2 私事性的画像被害に係る犯罪（リベンジポルノ等）

　私事性的画像被害に係る事案は、**私事性的画像被害防止法**違反で処罰されるほか、脅迫、強要等の刑法その他の法律上の犯罪に該当する場合は、それらによっても処罰されることになる。平成27年以降の私事性的画像被害に係る事案の検挙件数の推移を罪名別に見ると、**4-6-3-3図**のとおりである。

4-6-3-3図 私事性的画像被害に係る事案の検挙件数の推移（罪名別）

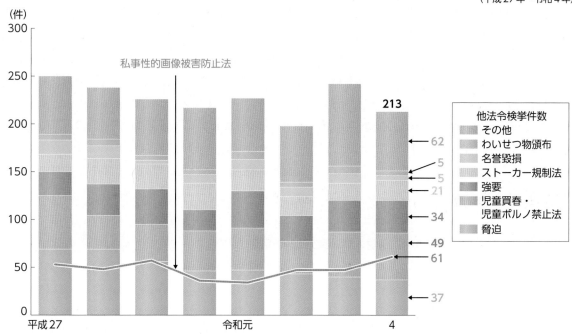

（平成27年〜令和4年）

注　1　警察庁生活安全局の資料による。
　　2　「私事性的画像被害防止法」による検挙件数は、同法違反で検挙した件数全てを計上している。
　　3　「他法令検挙件数」は、刑法犯及び特別法犯（私事性的画像被害防止法違反を除く。）の検挙件数であり、複数罪名で検挙した場合には最も法定刑が重い罪名で計上している。
　　4　「脅迫」は、強要を含まない。また、暴力行為等処罰法1条及び1条の3に規定する加重類型を含まない。
　　5　「その他」は、暴行、傷害、恐喝、強制性交等である。
　　6　私事性的画像被害防止法は、平成26年11月27日に施行され、同法3条の規定（第三者が撮影対象者を特定することができる方法で私事性的画像記録を不特定又は多数の者に提供する行為等に対する罰則）は同年12月17日に施行されており、同年における検挙件数は、同法違反0件、他法令7件であった。

　なお、令和4年における私事性的画像被害に係る事案に関する相談等件数（私事性的画像被害防止法その他の刑罰法令に抵触しないものも含む。）は、1,728件であり、被害者と加害者の関係別に見ると、交際相手（元交際相手を含む。）が895件（51.8％）と最も多く、次いで、知人・友人（インターネット上のみの関係）394件（22.8％）、知人・友人（インターネット上のみの関係以外）223件（12.9％）、関係（行為者）不明87件（5.0％）、配偶者（元配偶者を含む。）60件（3.5％）、職場関係者30件（1.7％）の順であった（警察庁生活安全局の資料による。）。

第7章　女性犯罪・非行

第1節　犯罪・非行の動向

　4-7-1-1図は、女性の刑法犯について、検挙人員及び女性比の推移（昭和21年以降）を見たものである（罪名別の刑法犯検挙人員及び女性比については、**1-1-1-6表**参照）。女性の検挙人員は、平成17年に戦後最多の８万4,162人を記録した後、18年から減少傾向にあり、令和４年は３万7,021人（前年比2,218人（5.7％）減）であった。女性の検挙人員の人口比も、平成18年から低下傾向にある（CD-ROM参照）。検挙人員の女性比は、近年20〜22％で推移しており、令和４年は21.9％であった。

　女性の検挙人員の少年比は、平成10年に55.2％を記録した後、低下傾向にあり、令和４年は6.1％（前年比0.1pt低下）であった（CD-ROM参照。なお、少年による刑法犯の検挙人員の女子人口比については**3-1-1-4図**、少年による刑法犯の罪名別検挙人員及び女子比については**3-1-1-6表**をそれぞれ参照）。

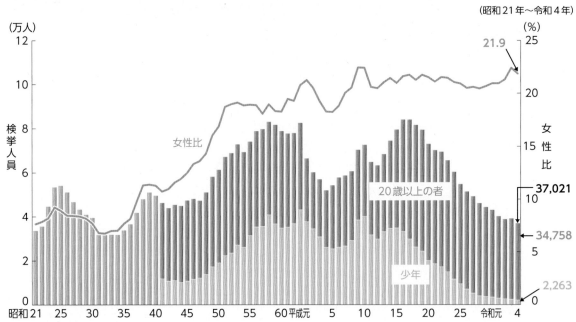

4-7-1-1図　**女性の刑法犯 検挙人員・女性比の推移**

注　1　警察庁の統計による。
　　2　犯行時の年齢による。
　　3　昭和30年以前は、14歳未満の少年による触法行為を含む。
　　4　昭和40年以前は、業務上（重）過失致死傷を含まない。
　　5　20歳以上の者と少年の区分については、統計の存在する昭和41年以降の数値を示した。

4-7-1-2図は、女性の刑法犯の検挙人員について、年齢層別構成比の推移（最近20年間）を見たものである。65歳以上の高齢者の構成比は、平成14年（10.9%）以降、急激に上昇し続け、29年に34.3%に達した後、30年からやや低下傾向にあり、令和4年は33.2%（前年比0.3pt低下）であった。これは、男性（20.3%）と比べて顕著に高く、高齢者の刑法犯検挙人員（3万9,144人）の約3人に1人が女性であった。なお、全年齢では、女性は約5人に1人であった（**1-1-1-5図**CD-ROM参照）。

4-7-1-2図 女性の刑法犯 検挙人員の年齢層別構成比の推移

（平成15年〜令和4年）

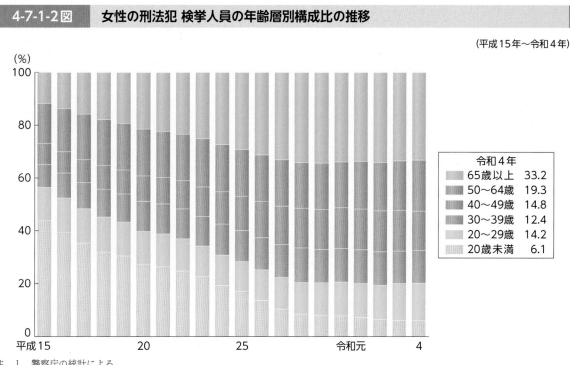

令和4年
65歳以上	33.2
50〜64歳	19.3
40〜49歳	14.8
30〜39歳	12.4
20〜29歳	14.2
20歳未満	6.1

注 1 警察庁の統計による。
  2 犯行時の年齢による。

4-7-1-3図は、令和4年における刑法犯の検挙人員について、罪名別構成比を男女別に見たものである。男女共に、窃盗の構成比が最も高いが、女性は約7割を占め、男性と比べて顕著に高く、特に、万引きによる者の構成比が高い。なかでも、女性高齢者については、その傾向が顕著である（高齢者の刑法犯検挙人員の罪名別構成比については、**4-8-1-3図**参照）。

4-7-1-3図 刑法犯 検挙人員の罪名別構成比（男女別）

（令和4年）

	窃盗		傷害・暴行	詐欺	横領	その他
	万引き	万引き以外の窃盗				
男 性 (132,388)	20.2	20.6	27.3	6.3	6.1	19.5
女 性 (37,021)	51.6		16.6	14.4	5.7 / 3.5	8.2

注 1 警察庁の統計による。
  2 「横領」は、遺失物等横領を含む。
  3 （ ）内は、人員である。

第2節 処遇

1 検察

4-7-2-1図は、令和4年における検察庁終局処理人員（過失運転致死傷等及び道交違反を除く。以下この項において同じ。）の罪名別構成比を、男女別に見たものである。

4-7-2-1図	検察庁終局処理人員の罪名別構成比（男女別）

（令和4年）

横領 2.8
過失傷害 2.2
覚醒剤取締法

	窃盗	傷害・暴行	詐欺	その他の刑法犯		その他の特別法犯
男 性 (210,249)	25.1	14.1	6.5		16.5	3.6	29.3
女 性 (37,065)	40.2		9.1	7.2	6.1	10.1	4.5	20.5

2.4

注 1 検察統計年報による。
　 2 過失運転致死傷等及び道交違反を除く。
　 3 「横領」は、遺失物等横領を含む。
　 4 （ ）内は、人員である。

4-7-2-2図は、令和4年における検察庁終局処理人員の処理区分別構成比を、男女別に見たものである。同年の起訴猶予率は、男性が50.0%、女性が60.9%であった（CD-ROM参照）。

4-7-2-2図	検察庁終局処理人員の処理区分別構成比（男女別）

（令和4年）

	起訴	起訴猶予	その他の 不起訴	家庭裁判所 送致
男 性 (210,249)	39.4	39.3	12.2	9.0
女 性 (37,065)	30.5	47.4	14.0	8.1

注 1 検察統計年報による。
　 2 過失運転致死傷等及び道交違反を除く。
　 3 （ ）内は、人員である。

2 矯正

（1）受刑者

ア　女性受刑者の収容状況

　令和5年4月1日現在、女性の受刑者の収容施設として指定されている刑事施設（医療刑務所及び拘置所を除く。以下（1）において「女性刑事施設」という。）は、栃木、笠松、和歌山、岩国及び麓の各刑務所、札幌、福島、豊橋及び西条の各刑務支所並びに喜連川社会復帰促進センター、加古川刑務所及び美祢社会復帰促進センターの各女性収容棟である。

　4-7-2-3図は、刑事施設における女性被収容者の年末収容人員及び**収容率**（年末収容人員の収容定員に対する比率）の推移（最近20年間）を見たものである。女性被収容者の年末収容人員は、平成23年まで増加傾向にあったが、24年からは減少し続けている。収容率は、13年から18年までは100％を超えていたが、女性の収容定員が拡大されたこともあって、23年以降低下傾向にあり、令和4年末現在において、女性の収容定員は6,577人（このうち既決の収容定員は4,893人、未決の収容定員は1,684人）であるところ、その収容率は56.2％（既決65.2％、未決29.8％）であった（なお、男女総数の収容率については、**2-4-2-2図**参照）。

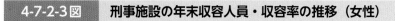

4-7-2-3図　刑事施設の年末収容人員・収容率の推移（女性）

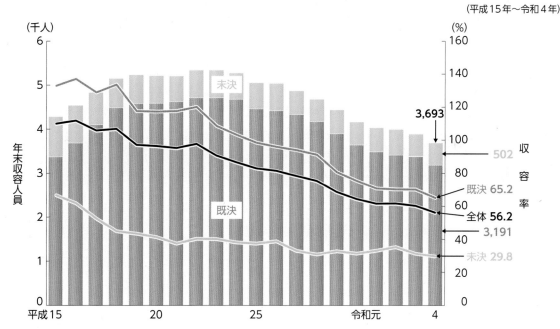

（平成15年～令和4年）

注　1　法務省矯正局の資料による。
　　2　「年末収容人員」は、各年末現在における収容人員である。
　　3　「収容率」は、各年末現在における収容人員の収容定員に対する比率をいう。
　　4　「既決」は、労役場留置者及び被監置者を含む。
　　5　「未決」は、死刑確定者、引致状による留置者及び観護措置の仮収容者を含む。

　4-7-2-4図は、女性入所受刑者の人員（罪名別）及び女性比の推移（最近20年間）を見たものである。女性入所受刑者の人員は、平成18年（2,333人）まで増加し続け、19年に若干減少した後はおおむね横ばいで推移した後、28年から減少傾向にあり、令和4年は1,554人（前年比112人（6.7％）減）であった。罪名別に見ると、24年以降は、窃盗が覚醒剤取締法違反を上回っており、令和4年（797人）は、平成15年（457人）の約1.7倍であった。女性比は、27年（9.9％）まで上昇し続け、28年から横ばいとなっていたが、令和2年（10.6％）に再び上昇して以降、10％台が続いており、4年は10.7％であった（なお、入所受刑者の女性人口比については、**2-4-2-3図**参照）。

4-7-2-4図 女性入所受刑者の人員（罪名別）・女性比の推移

（平成15年～令和4年）

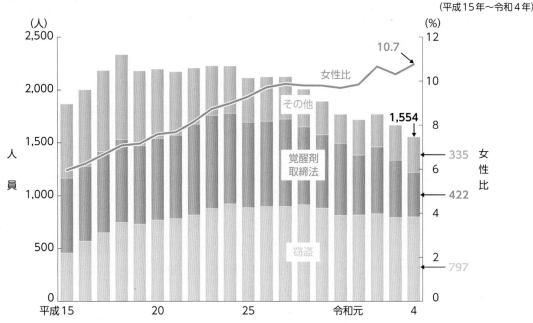

注 矯正統計年報による。

4-7-2-5図は、女性入所受刑者の年齢層別構成比の推移（最近20年間）を見たものである（入所受刑者の男女別の年齢層別構成比については、2-4-2-5図参照）。30歳未満の若年者層の構成比は、平成25年以降は他の年齢層と比べて構成比が最も低い。40歳代の年齢層の構成比は、24年から令和2年までは他の年齢層と比べて構成比が最も高かったが、3年以降は50～64歳の年齢層の方が高い。同年齢層の構成比は、平成29年から上昇傾向にあり、令和3年以降は他の年齢層と比べて構成比が最も高く、4年は26.4%であった。65歳以上の高齢者層の構成比は、平成17年以降上昇傾向にあり、令和4年（21.4%）は平成15年（5.5%）の約3.9倍であった（CD-ROM参照）。なお、令和4年における女性高齢者の罪名別構成比を見ると、窃盗が8割以上を占めている（4-8-2-3図参照）。

4-7-2-5図 女性入所受刑者の年齢層別構成比の推移

（平成15年～令和4年）

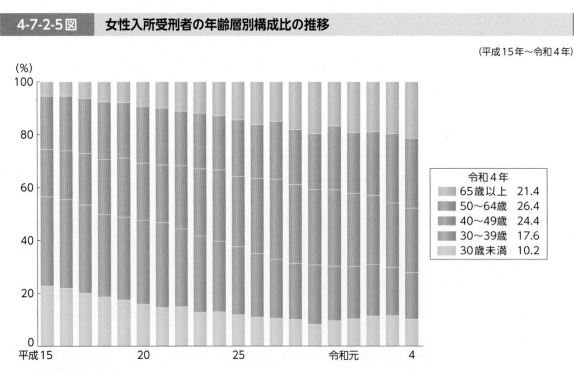

注 1 矯正統計年報による。
　 2 入所時の年齢による。

4-7-2-6図は、令和4年における出所受刑者（出所事由が満期釈放等又は仮釈放の者に限る。）の帰住先別構成比を男女別に見たものである。

4-7-2-6図　出所受刑者の帰住先別構成比（男女別）

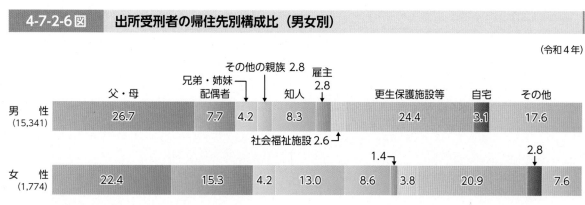

（令和4年）

注　1　矯正統計年報による。
　　2　出所事由が満期釈放等又は仮釈放の者に限る。
　　3　「帰住先」は、刑事施設出所後に住む場所である。
　　4　「配偶者」は、内縁関係にある者を含む。
　　5　「更生保護施設等」は、就業支援センター、自立更生促進センター及び自立準備ホームを含む。
　　6　「自宅」は、帰住先が父・母、配偶者等以外で、かつ、自宅に帰住する場合である。
　　7　「その他」は、帰住先が不明、暴力団関係者、刑終了後引き続き被告人として勾留、出入国在留管理庁への身柄引渡し等である。
　　8　（　）内は、実人員である。

イ　女性受刑者の処遇

女性受刑者については、その特性に応じた処遇の充実を図るため、地域の医療・福祉等の専門家と連携する「**女子施設地域連携事業**」が推進されているほか、女性受刑者特有の課題に係る処遇プログラムが策定・実施されるなどしている。

女子施設地域連携事業は、地方公共団体、看護協会、助産師会、社会福祉協議会等の協力の下、女性刑事施設が所在する地域の医療、福祉、介護等の専門職種とネットワークを作り、専門職種の助言・指導を得て、女性受刑者特有の問題に着目した処遇の充実等を図るものであり、令和5年1月1日現在、喜連川社会復帰促進センター及び美祢社会復帰促進センターを除く女性刑事施設において事業が展開されている。

女性受刑者特有の課題に係る処遇プログラムとしては、一般改善指導の枠組みの中で、①窃盗防止指導、②自己理解促進指導（関係性重視プログラム）、③自立支援指導、④高齢者指導及び⑤家族関係講座の5種類のプログラムが実施されている。

また、薬物犯罪の女性受刑者に対する処遇の新たな取組として、札幌刑務所札幌刑務支所において、令和元年度から5か年の事業計画により、「女子依存症回復支援モデル」が試行されている。同事業では、同刑務支所に設置された「女子依存症回復支援センター」において、グループワーク等の集団処遇が実施されており、そのプログラムは、自己の薬物使用の背景への気付きを促し、身体・精神・感情の回復を図るとともに、再使用に至らないための具体的な方策について考えさせるもので、子を持つ女性受刑者に対応した内容、女性特有の精神状態の変化や不定愁訴に関する事項等も盛り込まれ、出所後も継続実施できる構成となっている。

（2）少年院入院者

　女子の少年院入院者は、女子のみを収容する少年院（9庁（分院4庁を含む。））又は男女を分隔する施設がある第3種少年院（2庁）のいずれかに収容される。

　4-7-2-7図は、女子少年院入院者の人員（非行名別）及び女子比の推移（最近20年間）を見たものである。女子の少年院入院者の人員は、平成18年から減少傾向にあるところ、令和4年は129人（前年比10人（8.4%）増）であった。女子比は、平成18年以降、緩やかな低下傾向にあったが、平成30年以降上昇傾向にあり、令和4年は9.7%（同1.0pt上昇）であった（男子の少年院入院者の人員については、**3-2-4-1図**参照）。非行名別に見ると、平成17年までは覚醒剤取締法違反の人員が他の非行名と比べて最も多かったが、その人員は15年以降減少傾向にあり、令和4年（14人）は平成15年（143人）の約1割であった（少年院入院者の非行名別構成比については、**3-2-4-3図**参照）。

　なお、女子の少年院入院者は、男子と比べ、保護者等からの被虐待経験があるとする者の割合が高い（**3-2-4-8図**参照）。

　女子の少年院入院者の処遇に関しては、平成28年度以降試行されてきた「女子少年院在院者の特性に配慮した処遇プログラム」が、令和4年11月から本格的に運用されている。同プログラムは、女子少年に共通する処遇ニーズに対応して全在院者を対象に指導を行う「基本プログラム」（自己開示・他者理解の態度を育て、自尊感情を高めるとともに、状況に適した対応が取れるようにすることを目的とした「アサーション・トレーニング」及びマインドフルネス瞑想を体験的に理解させることで衝動性の低減や統制力の向上等を目指す「マインドフルネス」）に、特に自己を害する程度の深刻な問題行動を有する在院者を対象に個々の処遇ニーズに応じて指導を行う「特別プログラム」（性、摂食障害及び自傷行為に関するプログラム）を選択・組み合わせて実施している。

4-7-2-7図　**女子少年院入院者の人員（非行名別）・女子比の推移**

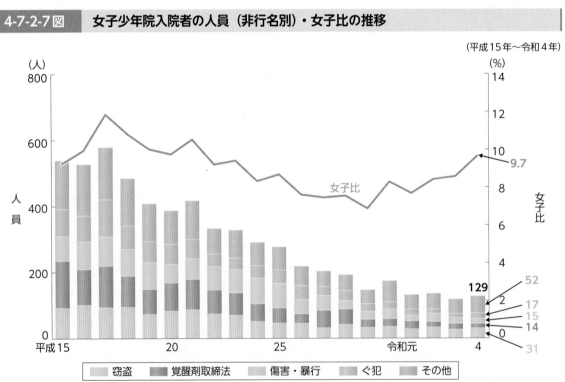

注　矯正統計年報及び少年矯正統計年報による。

3 保護観察

　4-7-2-8図は、女性の保護観察開始人員及び女性比の推移（最近20年間）を、保護観察の種別ごとに見たものである。保護観察処分少年（交通短期保護観察及び更生指導の対象者を除く。以下この項において同じ。）及び少年院仮退院者の人員は、いずれも近年は減少傾向にある。いずれの女子比も、近年は低下傾向にあったが、保護観察処分少年については、平成28年に10%を下回った後、29年からは10～11%台で推移している。少年院仮退院者については、30年に6.9%まで低下した後、令和元年からは7～9%台で推移している。仮釈放者の人員は、平成20年まで増加し続けた後、若干の増減を経て、26年から減少傾向にある。女性比は、29年（12.5%）まで上昇傾向にあり、その後は、12%前後で推移しており、令和4年は12.3%（前年比0.7pt上昇）であった。保護観察付全部・一部執行猶予者の人員は、平成22年からの緩やかな増加と28年からの減少を経て、30年に保護観察付一部執行猶予者の増加を受けて増加し、令和2年まで500人台で推移していたが、3年以降減少し、4年は426人（前年比62人減）であった。女性比は、平成23年以降14～15%台で推移している（CD-ROM参照）。

　なお、女性の仮釈放率は、令和4年は74.0%であり、平成15年（79.9%）と比べて6.0pt低下しているが、男性の仮釈放率（令和4年は60.8%）と比べて相当に高い（**2-5-2-1図**CD-ROM参照）。

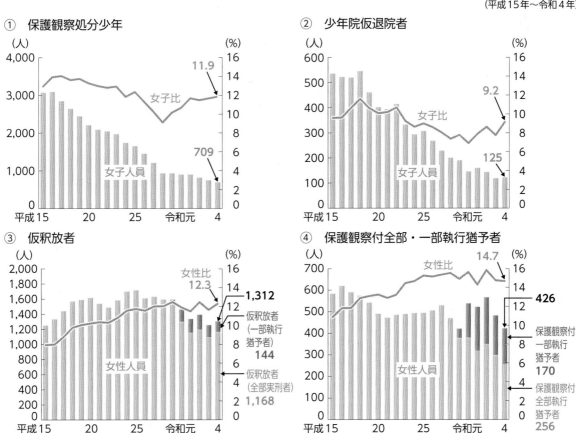

4-7-2-8図　女性の保護観察開始人員・女性比の推移

（平成15年～令和4年）

① 保護観察処分少年

② 少年院仮退院者

③ 仮釈放者

④ 保護観察付全部・一部執行猶予者

注　1　保護統計年報及び法務省大臣官房司法法制部の資料による。
　　2　保護観察処分少年は、交通短期保護観察及び更生指導の対象者を除く。
　　3　「仮釈放者（一部執行猶予者）」及び「保護観察付一部執行猶予者」は、刑の一部執行猶予制度が開始された平成28年から計上している。

　女性の保護観察対象者のうち、その多くを窃盗事犯者が占めている（CD-ROM資料**2-9**参照）ところ、令和2年に嗜癖的な窃盗事犯者を対象とした「窃盗事犯者指導ワークブック」が作成され、それらの者の保護観察の実施に活用されている（第2編第5章第3節2項（7）参照）。特に女性の嗜癖的窃盗事犯者については、過去の傷付き体験から心理的な問題や対人関係の葛藤を抱え、社会不適応状態に陥って、窃盗を繰り返すに至った者が少なくないことから、窃盗に至った要因のアセスメントを行い、適切な処遇を行うことが有用であるとされる。

第8章　高齢者犯罪

我が国の総人口は、令和4年10月1日現在、1億2,495万人で、高齢者人口は65歳以上では3,624万人（総人口に占める割合は29.0％）であり、70歳以上では2,870万人（同23.0％）である（総務省統計局の人口資料のうち、人口推計による。）。

第1節　犯罪の動向

年齢層別の刑法犯検挙人員及び高齢者率（刑法犯検挙人員に占める高齢者の比率をいう。以下この節において同じ。）の推移（最近20年間）を総数・女性別に見ると、**4-8-1-1図**のとおりである。高齢者の検挙人員は、平成20年にピーク（4万8,805人）を迎え、その後高止まりの状況にあったが、28年から減少し続けており、令和4年は3万9,144人（前年比5.1％減）であった。このうち、70歳以上の者は、平成23年以降高齢者の検挙人員の65％以上を占めるようになり、令和4年は77.4％に相当する3万283人（同3.9％減）となった。高齢者率は、他の年齢層の多くが減少傾向にあることから、ほぼ一貫して上昇し、平成28年以降20％を上回り、令和4年は23.1％（同0.5pt低下）であった。

女性高齢者の検挙人員は、平成24年にピーク（1万6,503人）を迎え、その後高止まり状況にあったが、28年から減少し続けており、令和4年は1万2,289人（前年比6.6％減）であった。このうち、70歳以上の女性は、平成23年以降女性高齢者の検挙人員の7割を超えるようになり、令和4年は82.5％に相当する1万136人（同6.4％減）となった。女性の高齢者率は、平成10年から平成29年（34.3％）まで上昇し続けた後は横ばいで推移し、令和4年は33.2％（同0.3pt低下）であった。

4-8-1-1図　刑法犯 検挙人員（年齢層別）・高齢者率の推移（総数・女性別）

（平成15年～令和4年）

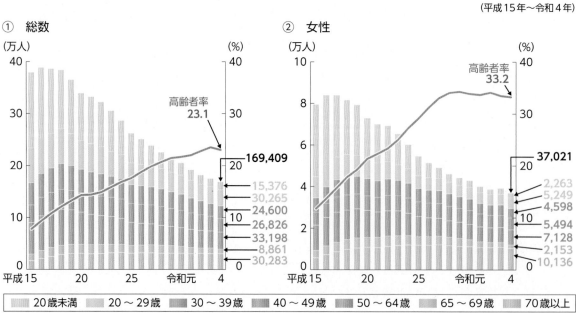

注　1　警察庁の統計による。
　　2　犯行時の年齢による。
　　3　「高齢者率」は、総数及び女性の各刑法犯検挙人員に占める高齢者の比率をいう。

刑法犯検挙人員の人口比の推移（最近20年間）を総数・女性別に見るとともに、これを年齢層別に見ると、**4-8-1-2図**のとおりである。

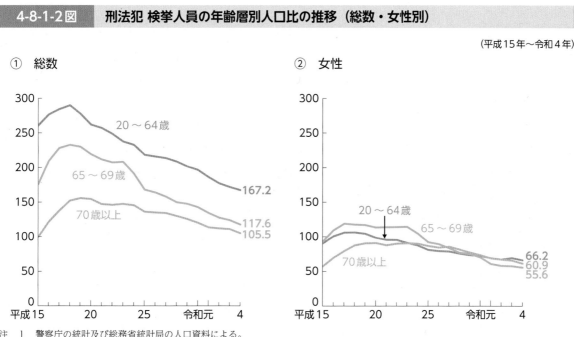

4-8-1-2図　刑法犯 検挙人員の年齢層別人口比の推移（総数・女性別）

（平成15年～令和4年）

① 総数

② 女性

注　1　警察庁の統計及び総務省統計局の人口資料による。
　　2　犯行時の年齢による。
　　3　「人口比」は、各年齢層10万人当たりの刑法犯検挙人員をいう。

4-8-1-3図は、令和4年における高齢者の刑法犯検挙人員の罪名別構成比を男女別に見たものである。全年齢層と比べて、高齢者は窃盗の構成比が高いが、特に、女性高齢者は、約9割が窃盗であり、そのうち万引きによるものの構成比が約8割と顕著に高い。

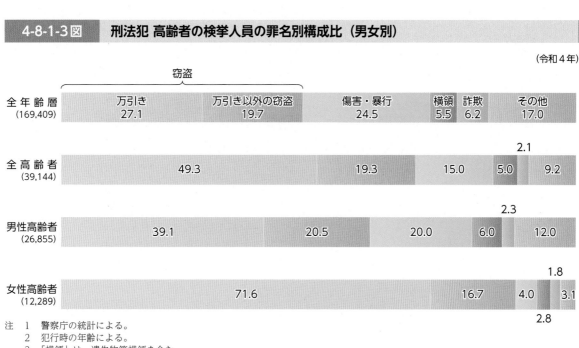

4-8-1-3図　刑法犯 高齢者の検挙人員の罪名別構成比（男女別）

（令和4年）

注　1　警察庁の統計による。
　　2　犯行時の年齢による。
　　3　「横領」は、遺失物等横領を含む。
　　4　（ ）内は、人員である。

　刑法犯検挙人員の人口比の推移（最近20年間）を主な罪名別で見るとともに、これを年齢層別で見ると、**4-8-1-4図**のとおりである。

刑法犯 検挙人員の年齢層別人口比の推移（罪名別）

（平成15年～令和4年）

① 殺人

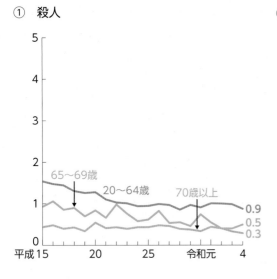

② 傷害

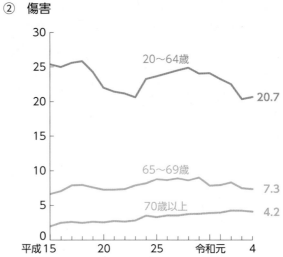

③ 暴行

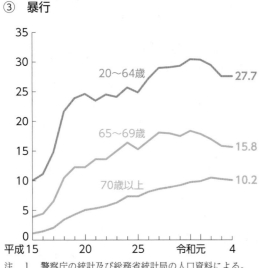

④ 窃盗

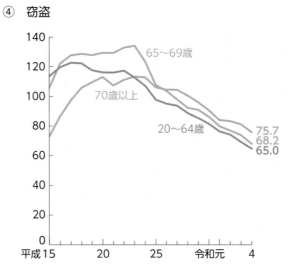

注　1　警察庁の統計及び総務省統計局の人口資料による。
　　2　犯行時の年齢による。
　　3　「人口比」は、各年齢層10万人当たりの各罪名の検挙人員をいう。

第2節 処遇

1 検察

　令和4年の起訴猶予率を罪名別に見るとともに、これを年齢層別に見ると、**4-8-2-1図**のとおりである。

　刑法犯及び特別法犯（道交違反を除く。）における65〜69歳の者及び70歳以上の者の起訴猶予率は、他の年齢層より高く、特に70歳以上の者では全体の起訴猶予率よりも12.0pt高い。

　このうち刑法犯で見ると、件数の多い窃盗の後記の状況を受けて、高齢者の起訴猶予率は、全体で他の年齢層より高く、特に70歳以上の者では全体の起訴猶予率よりも11.5pt高い。

　罪名別で見ると、65〜69歳の者の起訴猶予率は、傷害、暴行共に他の年齢層と比べて低かった。70歳以上の者の起訴猶予率は、傷害では、他の年齢層よりも高かったが、暴行では、65〜69歳、50〜64歳の者に次いで低かった。窃盗について、更に男女別に見ると、70歳以上の男性の起訴猶予率は、他の年齢層よりも顕著に高く、女性の起訴猶予率は、年齢層による差が男性ほど大きくないものの、70歳以上の者は他の年齢層よりも高い。

4-8-2-1図　起訴猶予率（罪名別、年齢層別）

（令和4年）

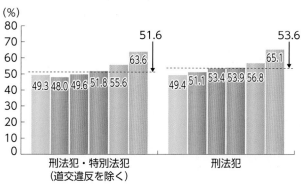

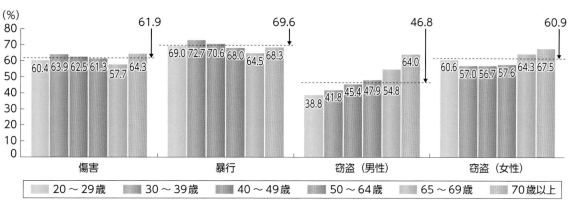

注　1　検察統計年報による。
　　2　犯行時の年齢による。
　　3　被疑者が法人である事件を除く。
　　4　年齢が不詳の者を除く。
　　5　各グラフ上の点線は、全体（20歳未満の者を含む。）の起訴猶予率である。

2　矯正

　4-8-2-2図は、年齢層別の入所受刑者人員及び高齢者率（入所受刑者に占める高齢者の比率をいう。以下この項において同じ。）の推移（最近20年間）を見たものである。

　高齢入所受刑者の人員は、平成28年（2,498人）に元年以降で最多となった後、29年以降は2,100人～2,200人台で推移していたが、令和4年は2,025人（前年比9.3％減）で、平成15年と比べると約1.5倍であった。70歳以上の入所受刑者人員は、同年と比べて約2.8倍と、増加が顕著である。他の年齢層の多くが減少傾向にあることから、高齢者率は、上昇傾向にあり、令和4年は14.0％で、平成15年と比べて9.7pt上昇した。

　女性の高齢入所受刑者の人員も、増加傾向にあったが、平成29年（373人）をピークとして、30年以降は290～330人台で推移しており、令和4年は333人（前年比1.5％増）で、平成15年と比べると約3.3倍であった。70歳以上の女性の入所受刑者人員は、20年以降に大きく増加し、22年以降は一貫して65～69歳の女性の入所受刑者人員を上回り、25年以降は180～240人台で推移していたが、令和4年は256人（前年比8.5％増）で平成元年以降最多となり、平成15年の約5.4倍であった。女性の高齢者率も、上昇傾向にあり、令和4年は21.4％で、平成15年と比べて16.0pt上昇している（CD-ROM参照）。

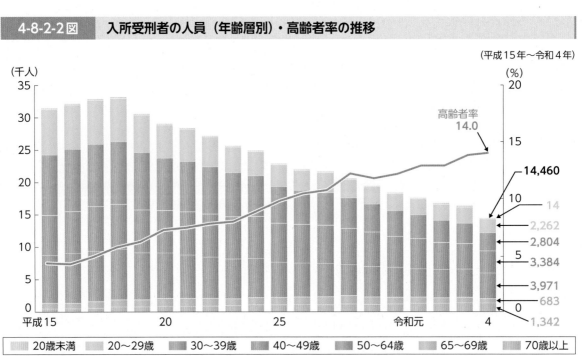

4-8-2-2図　入所受刑者の人員（年齢層別）・高齢者率の推移

（平成15年～令和4年）

注　1　矯正統計年報による。
　　2　入所時の年齢による。ただし、少年時に刑の言渡しを受けた者は、言渡し時の年齢によることとし、入所時に20歳以上であっても、20歳未満に計上している。
　　3　「高齢者率」は、入所受刑者総数に占める高齢者の比率をいう。

令和4年における入所受刑者の人口比を年齢層別に見ると、20～64歳が18.1であったのに対し、65～69歳は9.1、70歳以上は4.7であった。同年における女性の入所受刑者の人口比を年齢層別に見ると、20～64歳が3.6であったのに対し、65～69歳は2.0、70歳以上は1.5であった（矯正統計年報及び総務省統計局の人口資料による。）。

4-8-2-3図は、令和4年における高齢の入所受刑者の罪名別構成比を男女別に見たものである。罪名別構成比について全高齢者で見ると、窃盗が最も高く、次いで覚醒剤取締法違反と道路交通法違反が同率であった。女性高齢者は、男性高齢者と比べて、窃盗の構成比が顕著に高い（女性入所受刑者の罪名別人員の推移については、4-7-2-4図参照）。

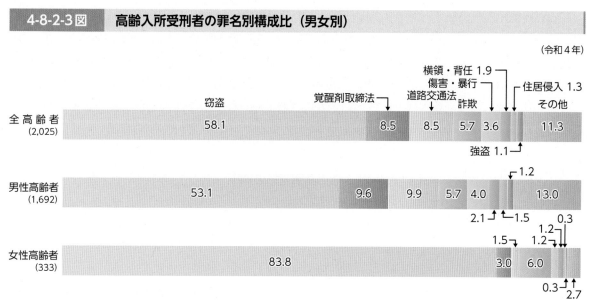

4-8-2-3図　高齢入所受刑者の罪名別構成比（男女別）

（令和4年）

注　1　矯正統計年報による。
　　2　入所時の年齢による。
　　3　「横領」は、遺失物等横領を含む。
　　4　（　）内は、実人員である。

平成30年度から、各矯正管区の基幹施設（札幌刑務所、宮城刑務所、府中刑務所、名古屋刑務所、大阪刑務所、広島刑務所、高松刑務所及び福岡刑務所）において、入所受刑者のうち、入所時の年齢が60歳以上の者などに対して、認知症スクリーニング検査を実施し、認知症が疑われると判定された受刑者に対して、医師による診察を実施する取組を行っている。令和元年から実施対象施設に栃木刑務所及び和歌山刑務所が追加され、4年においては、744人に対して検査を実施し、そのうち、医師による診察を受けた者が145人、認知症と診断された者が28人であった（法務省矯正局の資料による。）。

3 保護観察

　高齢の仮釈放者及び保護観察付全部・一部執行猶予者について、保護観察開始人員及び高齢者率（保護観察開始人員に占める高齢者の比率をいう。以下この項において同じ。）の推移（最近20年間）を見ると、**4-8-2-4図**のとおりである（仮釈放者及び保護観察付全部・一部執行猶予者のうち、一部執行猶予者の人員の動向については、CD-ROM参照）。

　仮釈放者では、高齢者の保護観察開始人員及び高齢者率は増加・上昇傾向にある。令和4年の高齢者の保護観察開始人員は、平成15年と比べて約2.6倍に増加し、1,134人（前年比16人減）であり、特に、70歳以上は約4.9倍に増加し、30年以降、65〜69歳の人員を上回っている。

　保護観察付全部・一部執行猶予者では、高齢者の保護観察開始人員は増減を繰り返しており、高齢者率については、平成26年及び28年に9.2%に達した後は低下傾向にあり、令和4年は7.8%（前年比0.7pt上昇）であった。4年の高齢者の保護観察人員は、平成15年と比べて約1.4倍に増加した。特に、70歳以上は約2.3倍に増加し、23年以降、65〜69歳の人員を上回っている。

　令和4年における保護観察付一部執行猶予者の保護観察開始人員を年齢層別に見ると、20〜64歳は1,188人、65〜69歳は31人、70歳以上は14人となっている（CD-ROM参照）。

4-8-2-4図　高齢者の保護観察開始人員・高齢者率の推移

（平成15年〜令和4年）

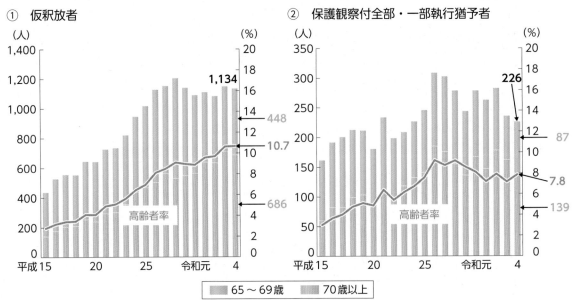

注　1　保護統計年報及び法務省大臣官房司法法制部の資料による。
　　2　保護観察に付された日の年齢による。
　　3　「高齢者率」は、保護観察開始人員に占める高齢者の比率をいう。
　　4　「仮釈放者」のうち一部執行猶予の実刑部分について仮釈放となった者及び「保護観察付全部・一部執行猶予者」のうち保護観察付一部執行猶予者は、刑の一部執行猶予制度が開始された平成28年から計上している。

　令和4年における仮釈放による出所受刑者の人口比を年齢層別に見ると、20〜64歳が13.8であったのに対し、65〜69歳は5.9、70歳以上は2.4であった（保護統計年報及び総務省統計局の人口資料による。）。

　令和4年の高齢出所受刑者の仮釈放率は、43.6%であり、出所受刑者全体の仮釈放率（62.1%）よりも18.6pt低い（出所受刑者全体の仮釈放率については、**2-5-2-1図**CD-ROM参照）。年齢層別に見ると、65〜69歳は47.8%（前年比2.7pt上昇）、70歳以上は41.2%（同1.6pt低下）であった。4年の女性の高齢出所受刑者の仮釈放率は、66.9%であり、高齢出所受刑者全体の仮釈放率よりも23.3pt高く、年齢層別に見ると、65〜69歳は72.3%（同4.2pt上昇）であり、70歳以上は65.4%（同2.0pt低下）であった（法務省大臣官房司法法制部の資料による。）。

第9章 外国人犯罪・非行

第1節 外国人の在留状況等

1 外国人新規入国者等

外国人新規入国者数は、平成25年以降急増し、令和元年には約2,840万人に達したが、2年2月以降、新型コロナウイルス感染症の感染拡大防止のため、入管法に基づき入国拒否を行う対象地域の指定を始めとした水際対策が開始されたことにより、同年は約358万人（前年比87.4％減）、3年は約15万人（同95.8％減）と2年連続で大幅に減少したが、4年3月以降、水際対策の段階的な緩和等により、同年は342万3,531人と前年の約22.6倍に増加した。もっとも、元年と比べると、約8分の1の水準であった。4年における外国人新規入国者数を国籍・地域別に見ると、韓国が95万2,743人と最も多く、次いで、台湾31万7,293人、米国30万2,382人の順であった。在留資格別の構成比は、観光等を目的とする短期滞在が83.6％と最も高く、次いで、技能実習（5.2％）、留学（4.9％）の順であった（出入国在留管理庁の資料による。）。

在留外国人の年末人員（中長期在留者と特別永住者の合計数）は、平成27年以降過去最多を更新し続けた後、令和2年から2年連続で減少したが、4年は307万5,213人（前年比11.4％増）となり、過去最多を更新した。同年における在留外国人の人員を国籍・地域別に見ると、中国（台湾を除く。76万1,563人）が最も多く、次いで、ベトナム（48万9,312人）、韓国（41万1,312人）の順であった（出入国在留管理庁の資料による。）。

2 不法残留者

我が国の不法残留者（在留期間を経過して我が国に滞在している者）数（平成3年から8年までは各年5月1日現在の、9年以降は各年1月1日現在の各推計値）は、5年に過去最多の29万8,646人を記録した後、徐々に減少し、その後も厳格な入国審査や関係機関の連携による摘発等の総合的対策の効果もあって、26年には6万人を下回り、5年の5分の1未満にまで減少した。27年からは6年連続で増加した後、令和3年から2年連続で減少したが、5年は7万491人（前年比5.6％増）であった（出入国在留管理庁の資料による。）。

3 退去強制

不法残留等の入管法違反者に対しては、我が国から退去させる退去強制手続（平成16年12月2日以降は出国命令手続を含む。以下この項において同じ。）が執られることになる。令和4年に入管法違反により退去強制手続が執られた外国人は、1万300人（前年比42.8％減）であった。これを違反事由別に見ると、不法残留が9,137人（88.7％）と最も多く、次いで、刑罰法令違反527人（5.1％）、不法入国176人（1.7％）の順であった（出入国在留管理庁の資料による。）。

第2節 犯罪の動向

1 刑法犯

　外国人による刑法犯の検挙件数は、平成３年以降増加傾向にあり、17年に４万3,622件を記録したが、18年からは減少傾向にあり、令和４年は１万2,947件（前年比7.9％減）であった。また、外国人による刑法犯の検挙人員は、平成11年から増加し、17年に１万4,786人を記録した後、18年からは減少傾向にあり、令和４年は8,702人（同7.5％減）であった（**4-9-2-1図**CD-ROM参照）。４年における刑法犯検挙人員総数（16万9,409人）に占める外国人の比率は、5.1％であった（警察庁の統計による。）。

　4-9-2-1図は、外国人による刑法犯の検挙件数及び検挙人員の推移（平成元年以降）を、来日外国人とその他の外国人の別に見たものである。来日外国人による刑法犯の検挙件数は、５年からその他の外国人を上回って、17年（３万3,037件）のピーク後に減少し続け、29年に一旦増加に転じ、30年から再び減少に転じた後は、9,000件台で増減を繰り返していたが、令和４年は前年より557件減少し、8,548件（前年比6.1％減）であった。来日外国人による刑法犯の検挙人員は、平成16年（8,898人）をピークに24年まで減少傾向にあったが、25年からは増減を繰り返しており、令和４年は5,014人（同10.0％減）であった。

4-9-2-1図　外国人による刑法犯 検挙件数・検挙人員の推移

（平成元年〜令和４年）

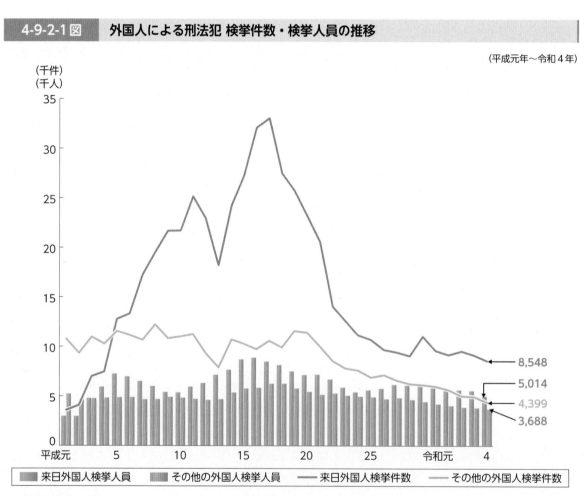

注　警察庁の統計による。

4-9-2-2図は、令和4年における来日外国人による刑法犯の検挙件数の罪名別構成比を見たものである。なお、強盗は0.7%（57件）、殺人は0.5%（45件）であった（警察庁の統計による。）。

4-9-2-2図　来日外国人による刑法犯 検挙件数の罪名別構成比

（令和4年）

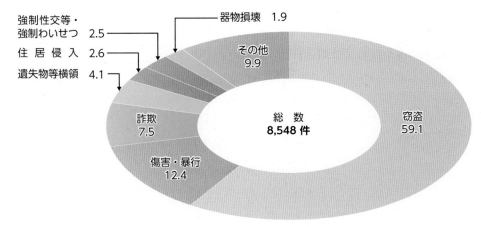

強制性交等・強制わいせつ　2.5
住居侵入　2.6
遺失物等横領　4.1
器物損壊　1.9
その他　9.9
詐欺　7.5
傷害・暴行　12.4
総数　8,548件
窃盗　59.1

注　警察庁の統計による。

4-9-2-3図は、来日外国人による窃盗、強盗、傷害・暴行等について、検挙件数の推移（最近20年間）を見たものである。

令和4年における来日外国人による窃盗及び傷害・暴行の検挙件数を国籍別に見ると、窃盗は、ベトナムが2,620件（検挙人員770人）と最も多く、次いで、中国1,068件（同468人）、ブラジル233件（同123人）の順であった。傷害・暴行は、中国が266件（同327人）と最も多く、次いで、ベトナム146件（同160人）、ブラジル99件（同106人）の順であった（警察庁の統計による。）。なお、これら国籍別の検挙件数等を見るに当たっては、各国籍別の新規入国者数・在留者数に違いがあることに留意する必要がある。

4-9-2-3図　来日外国人による刑法犯 検挙件数の推移（罪名別）

（平成15年～令和4年）

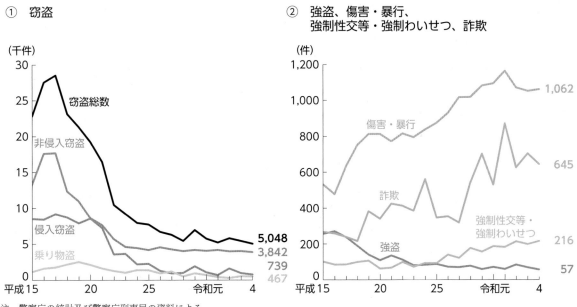

① 窃盗

（千件）
窃盗総数
非侵入窃盗
侵入窃盗
乗り物盗
5,048
3,842
739
467

② 強盗、傷害・暴行、
　強制性交等・強制わいせつ、詐欺

（件）
傷害・暴行
詐欺
強制性交等・強制わいせつ
強盗
1,062
645
216
57

注　警察庁の統計及び警察庁刑事局の資料による。

2 特別法犯

4-9-2-4図は、外国人による特別法犯（交通法令違反を除く。以下この項において同じ。）の検挙件数及び検挙人員の推移（平成元年以降）を、来日外国人とその他の外国人の別に見たものである。来日外国人による特別法犯の検挙件数及び検挙人員は、いずれも、16年をピークに24年まで減少した後、25年からの増減を経て、28年から5年連続で増加していたが、令和3年から減少に転じ、4年は、検挙件数6,114件（前年比9.9%減）、検挙人員4,534人（同11.2%減）であった。

4-9-2-4図	外国人による特別法犯 検挙件数・検挙人員の推移

（平成元年〜令和4年）

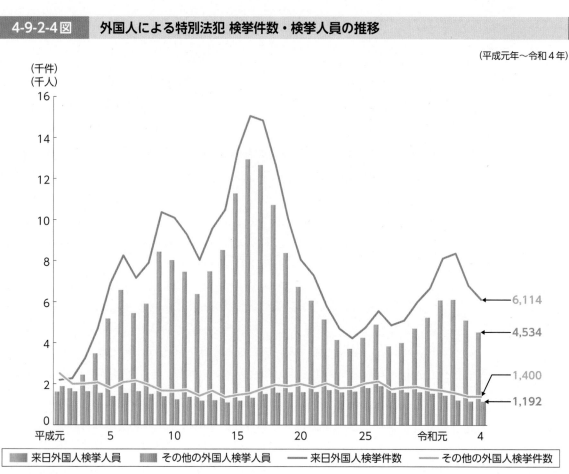

注　1　警察庁の統計による。
　　2　交通法令違反を除く。

4-9-2-5図は、来日外国人による特別法犯の主な罪名・罪種について、検挙件数の推移（最近20年間）を見たものである。

入管法違反の検挙件数は、平成17年から減少していたところ、25年から27年までの増減を経て、28年から増加し続けていたが、令和3年から減少に転じ、4年は3,970件（前年比13.0%減）であった。4年における入管法違反の検挙件数を違反態様別に見ると、不法残留が2,458件と最も多く、次いで、旅券等不携帯・提示拒否（在留カード不携帯・提示拒否及び特定登録者カード不携帯・提示拒否を含む。）620件、偽造在留カード所持等（偽造在留カード行使及び提供・収受を含む。）402件の順であった（警察庁刑事局の資料による。）。

令和4年における来日外国人による入管法違反及び覚醒剤取締法違反の検挙件数を国籍別に見ると、入管法違反は、ベトナムが1,884件（検挙人員1,289人）と最も多く、次いで、中国756件（同490人）、タイ305件（同241人）の順であった。覚醒剤取締法違反は、総数が346件（同285人）であり、ブラジルが77件（同58人）と最も多く、次いで、ベトナム55件（同43人）、タイ49件（同32人）の順であった（警察庁の統計による。）。なお、これら国籍別の検挙件数等を見るに当たっては、各国籍別の新規入国者数・在留者数に違いがあることに留意する必要がある。

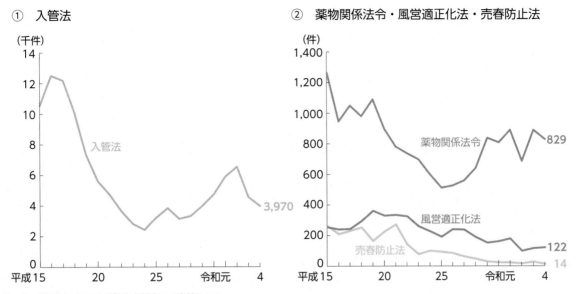

4-9-2-5図 来日外国人による主な特別法犯 検挙件数の推移

（平成15年～令和4年）

① 入管法

② 薬物関係法令・風営適正化法・売春防止法

注　1　警察庁の統計及び警察庁刑事局の資料による。
　　2　「薬物関係法令」は、覚醒剤取締法、大麻取締法、麻薬取締法、あへん法及び麻薬特例法の各違反である。

第3節　処遇

1　検察

（1）受理状況

　令和4年における来日外国人被疑事件（過失運転致死傷等及び道交違反を除く。以下この項において同じ。）の検察庁新規受理人員の地域・国籍別構成比は、**4-9-3-1**図のとおりである。統計の存在する平成5年以降一貫して最も高かった中国の構成比を、令和元年にベトナムが上回り、4年も引き続き、ベトナムが35.8％と最も高く、次いで、中国（23.4％）、フィリピン（5.7％）の順であった。罪名を国籍別に見ると、ベトナムは、入管法違反が2,022人と最も多く、次いで、窃盗（986人）、麻薬及び向精神薬取締法違反（217人）の順であり、中国は、入管法違反が784人と最も多く、次いで、窃盗（724人）、詐欺（362人）の順であり、フィリピンは、入管法違反が226人と最も多く、次いで、窃盗（167人）、傷害（86人）の順であった（検察統計年報による。）。なお、これら地域・国籍別の検察庁新規受理人員を見るに当たっては、各地域・国籍別の新規入国者数・在留者数に違いがあることに留意する必要がある。

4-9-3-1図 来日外国人被疑事件 検察庁新規受理人員の地域・国籍別構成比

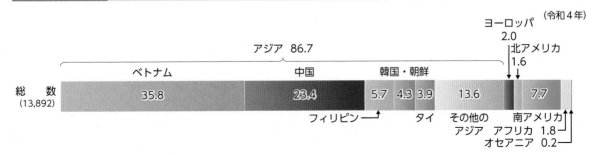

（令和4年）

注　1　検察統計年報による。
　　2　過失運転致死傷等及び道交違反を除く。
　　3　無国籍の者を含み、国籍不詳の者を含まない。
　　4　（　）内は、実人員である。

（2）処理状況

4-9-3-2図は、来日外国人被疑事件の検察庁終局処理人員の推移（最近20年間）を処理区分別に見たものである。その人員は、平成17年から減少傾向にあった後、23年以降はおおむね横ばいで推移し、29年から増加していたが、令和4年は1万3,748人と前年比で8.2％減少した（CD-ROM資料4-7参照）。なお、4年における来日外国人被疑事件の検察庁終局処理人員は、日本人を含めた全終局処理人員総数（26万3,587人）の5.2％、外国人被疑事件の終局処理人員（1万7,975人）の76.5％を占めている（CD-ROM資料4-8参照）。

| 4-9-3-2図 | 来日外国人被疑事件 検察庁終局処理人員（処理区分別）の推移 |

（平成15年〜令和4年）

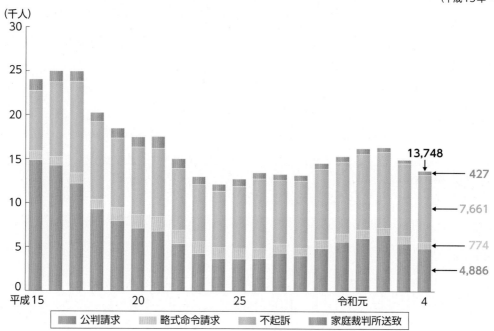

注　1　検察統計年報による。
　　2　過失運転致死傷等及び道交違反を除く。
　　3　無国籍の者を含み、国籍不詳の者を含まない。

令和４年における来日外国人被疑事件の検察庁終局処理状況を罪名別に見ると、**4-9-3-3表**のとおりである。来日外国人の起訴率は、日本人を含めた全終局処理人員と比較すると、刑法犯では4.2pt高く、特別法犯では1.5pt低く、入管法違反を除いた特別法犯では2.2pt低い（CD-ROM資料**2-2**及び**4-8**参照）。

4-9-3-3表	来日外国人被疑事件 検察庁終局処理状況（罪名別）

(令和４年)

罪　　名	全 終 局 処 理 人 員	[起訴率]	来日外国人終局処理人員		[起訴率]
総　　　　　数	263,587	[39.3]	13,748	(100.0)	[42.5]
刑　法　犯	181,474	[36.2]	6,564	(47.7)	[40.4]
住　居　侵　入	5,787	[40.4]	247	(1.8)	[36.0]
文　書　偽　造	2,463	[28.6]	102	(0.7)	[60.0]
強制わいせつ	4,126	[32.8]	178	(1.3)	[34.1]
強　制　性　交　等	1,597	[32.1]	48	(0.3)	[38.6]
殺　　　　　人	942	[30.5]	30	(0.2)	[63.3]
傷　　　　　害	33,560	[30.1]	1,191	(8.7)	[24.3]
窃　　　　　盗	72,359	[43.4]	2,710	(19.7)	[48.6]
強　　　　　盗	1,418	[29.6]	55	(0.4)	[44.2]
詐　　　　　欺	16,833	[48.0]	650	(4.7)	[62.6]
横　　　　　領	6,743	[21.5]	186	(1.4)	[6.8]
毀　棄・隠　匿	7,377	[22.9]	194	(1.4)	[20.6]
特　別　法　犯	82,113	[45.8]	7,184	(52.3)	[44.3]
風　営　適　正　化　法	1,345	[45.6]	159	(1.2)	[44.7]
銃　刀　法	5,512	[16.1]	198	(1.4)	[19.3]
売　春　防　止　法	440	[32.2]	14	(0.1)	[46.2]
大　麻　取　締　法	7,749	[45.4]	309	(2.2)	[47.9]
覚　醒　剤　取　締　法	9,697	[70.3]	439	(3.2)	[63.2]
関　税　法	368	[69.0]	162	(1.2)	[73.9]
入　管　法	4,669	[44.3]	4,169	(30.3)	[44.8]

注　1　検察統計年報による。
　　2　過失運転致死傷等及び道交違反を除く。
　　3　「来日外国人」は、無国籍の者を含み、国籍不詳の者を含まない。
　　4　「文書偽造」は、刑法第２編第17章の罪をいい、「毀棄・隠匿」は、同編第40章の罪をいう。また、「傷害」は、暴行及び凶器準備集合を含み、「横領」は、遺失物等横領を含む。
　　5　（　）内は、構成比である。

2　裁判

令和４年における外国人事件（外国人が被告人となった事件）の通常第一審での有罪人員は、4,077人（前年比14.7％減）であり、有罪人員総数に占める比率は、9.4％であった（司法統計年報及び最高裁判所事務総局の資料による。）。

令和４年における被告人通訳事件（被告人に通訳・翻訳人の付いた外国人事件をいう。以下この項において同じ。）の終局人員は、3,471人（前年比15.9％減）であった。通訳言語は31に及び、内訳を見ると、ベトナム語が1,209人（34.8％）と最も多く、次いで、中国語691人（19.9％）、タイ語259人（7.5％）、タガログ語239人（6.9％）、ポルトガル語188人（5.4％）、英語162人（4.7％）、シンハラ語129人（3.7％）の順であった（最高裁判所事務総局の資料による。）。

令和４年における被告人通訳事件の通常第一審での有罪人員（懲役・禁錮に限る。）は、3,162人（前年比16.2％減）であり、全部執行猶予率は、全罪名では86.3％、入管法違反を除くと77.9％であった（最高裁判所事務総局の資料による。）。なお、４年における被告人通訳事件で、一部執行猶予付判決の言渡しを受けた人員は、２人であった（CD-ROM資料**4-9**参照）。

3　矯正

　令和４年における外国人の入所受刑者は、687人（前年比1.2％減）であった（矯正統計年報による。）。

　日本人と異なる処遇を必要とする者は、**Ｆ指標受刑者**として、その文化、生活習慣等に応じた処遇を行っている（**2-4-3-2表**参照）。Ｆ指標入所受刑者人員の推移（最近20年間）は、**4-9-3-4図**のとおりである。その人員は、平成17年から減少傾向にあったが、近年は400人前後で推移しており、令和４年は400人（前年比3.6％減）であった。４年におけるＦ指標入所受刑者を国籍別に見ると、ベトナムが100人と最も多く、次いで、中国75人、ブラジル53人の順であった（CD-ROM資料**4-10**参照）。罪名別に見ると、覚醒剤取締法違反が93人と最も多く、次いで、窃盗の87人であった（矯正統計年報による。）。なお、これらＦ指標入所受刑者人員を国籍別に見るに当たっては、各国籍別の新規入国者数・在留者数に違いがあることに留意する必要がある。

　令和４年末現在、Ｆ指標受刑者の収容人員は、1,401人（男性1,169人、女性232人）であり、前年末比で4.3％増加した（矯正統計年報による。）。

4-9-3-4図 **Ｆ指標入所受刑者人員の推移（男女別）**

（平成15年～令和４年）

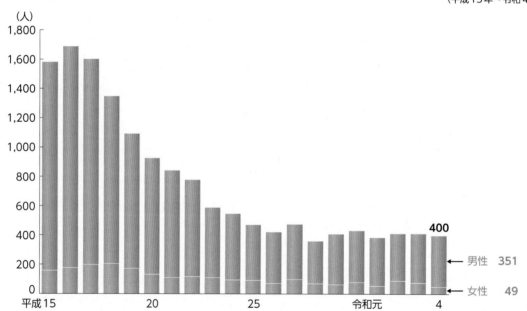

注　矯正統計年報による。

4　保護観察

　令和４年における外国人の仮釈放者及び保護観察付全部・一部執行猶予者の保護観察開始人員は、379人（前年比15.4％減）であった（うち、保護観察付一部執行猶予者の保護観察開始人員は29人であった。）。国籍別に見ると、韓国・朝鮮が178人と最も多く、次いで、中国50人、ブラジル33人の順であった（CD-ROM資料**4-11**参照）。来日外国人に限ると、166人（同22.1％減）であり、その内訳は、仮釈放者が153人、保護観察付全部執行猶予者が８人、保護観察付一部執行猶予者が５人であった（保護統計年報による。）。なお、外国人の仮釈放者及び保護観察付全部・一部執行猶予者の保護観察開始人員を国籍別に見るに当たっては、各国籍別の新規入国者数・在留者数に違いがあることに留意する必要がある。

令和4年末現在、外国人（永住者及び特別永住者を除く。）の保護観察係属人員は、仮釈放者85人、保護観察付全部執行猶予者30人、保護観察付一部執行猶予者10人の合計125人（前年末比33.5％減）であった（法務省保護局の資料による。）。なお、外国人の保護観察係属人員については、仮釈放者のうち、64人は退去強制事由に該当し、国外退去済みの者が49人、退去強制手続により収容中の者が9人、仮放免中の者が6人であった（法務省保護局の資料による。）。

第4節　外国人非行少年の動向と処遇

1　外国人犯罪少年の動向

4-9-4-1図は、検察庁における外国人犯罪少年の家庭裁判所送致人員（過失運転致死傷等及び道交違反を除く。以下この項において同じ。）の推移（最近20年間）を来日外国人少年とその他の外国人少年の別に見たものである。

4-9-4-1図　外国人犯罪少年の家庭裁判所送致人員の推移

（平成15年～令和4年）

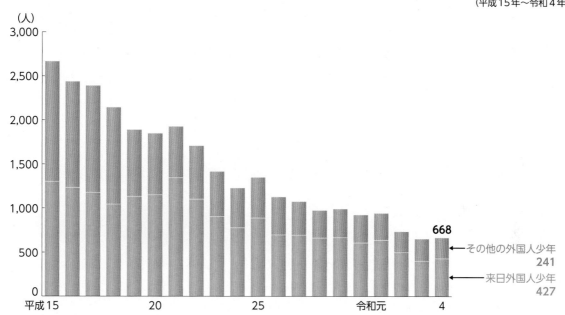

注　1　検察統計年報による。
　　2　検察官の送致に係るものに限る。
　　3　過失運転致死傷等及び道交違反を除く。
　　4　無国籍の者を含み、国籍不詳の者を含まない。

令和4年における来日外国人犯罪少年の家庭裁判所送致人員を国籍別に見ると、ブラジルが111人（26.0％）と最も多く、次いで、フィリピン96人（22.5％）、中国93人（21.8％）、ペルー20人（4.7％）、ベトナム17人（4.0％）の順であった。また、罪名別に見ると、窃盗が201人（53.5％）と最も多く、次いで、傷害（暴行及び凶器準備集合を含む。）57人（15.2％）、横領（遺失物等横領を含む。）25人（6.6％）の順であった（検察統計年報による。）。なお、これら来日外国人犯罪少年の家庭裁判所送致人員を国籍別に見るに当たっては、各国籍別の新規入国者数・在留者数に違いがあることに留意する必要がある。

2 外国人非行少年の処遇

（1）矯正

　外国人の少年院入院者の人員の推移（最近20年間）を見ると、**4-9-4-2図**のとおりである。令和4年における外国人の少年院入院者を国籍別に見ると、フィリピンが20人と最も多く、次いで、ブラジル13人、中国及び韓国・朝鮮いずれも3人の順であった（CD-ROM参照）。なお、これら外国人の少年院入院者の人員を国籍別に見るに当たっては、各国籍別の新規入国者数・在留者数に違いがあることに留意する必要がある。

4-9-4-2図　外国人の少年院入院者の人員の推移

（平成15年～令和4年）

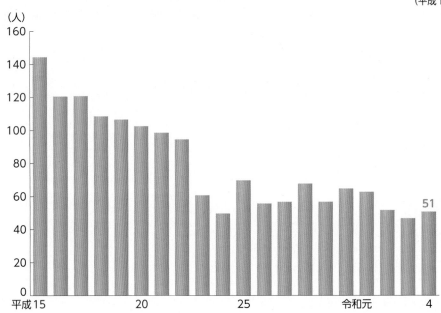

注　矯正統計年報及び少年矯正統計年報による。

　少年院では、日本人と異なる処遇上の配慮を要する者を、社会適応課程Ⅲ（Ａ3）又は社会適応課程Ⅴ（Ａ5）に編入し、日本の文化、生活習慣等の理解を深めるとともに、健全な社会人として必要な意識、態度を養うための各種指導を行っている（**3-2-4-9表**参照）。

（2）保護観察

　令和4年における外国人の保護観察処分少年（交通短期保護観察及び更生指導の対象者を除く。）及び少年院仮退院者の保護観察開始人員は、220人であった。その内訳は、保護観察処分少年182人、少年院仮退院者38人であった。国籍別に見ると、ブラジルが69人と最も多く、次いで、中国40人、フィリピン36人の順であった（CD-ROM資料**4-11**参照）。なお、これら外国人の保護観察処分少年及び少年院仮退院者の保護観察開始人員を国籍別に見るに当たっては、各国籍別の新規入国者数・在留者数に違いがあることに留意する必要がある。

　令和4年末現在、外国人少年（永住者及び特別永住者を除く。）の保護観察係属人員は、保護観察処分少年98人、少年院仮退院者23人であった（法務省保護局の資料による。）。

第10章　精神障害のある者による犯罪等

第1節　犯罪の動向

4-10-1-1表は、令和4年における精神障害者等（精神障害者及び精神障害の疑いのある者をいう。以下この節において同じ。）による刑法犯の検挙人員と、検挙人員総数に占める精神障害者等の比率を罪名別に見たものである。同年における刑法犯の検挙人員総数のうち、精神障害者等の比率は、0.8％であったが、罪名別で見ると、放火（12.6％）及び殺人（6.2％）において高かった。

4-10-1-1表　精神障害者等による刑法犯 検挙人員（罪名別）

（令和4年）

区　　　　　　　分	総　　　数	殺　　人	強　　盗	放　　火	強制性交等・強制わいせつ	傷　害・暴　　行	脅　　迫	窃　　盗	詐　　欺	その他
検挙人員総数（A）	169,409	785	1,322	532	4,406	41,496	2,993	79,234	10,507	28,134
精神障害者等（B）	1,344	49	16	67	33	446	76	251	26	380
精 神 障 害 者	1,039	29	13	55	25	350	67	180	20	300
精神障害の疑いのある者	305	20	3	12	8	96	9	71	6	80
B／A（％）	0.8	6.2	1.2	12.6	0.7	1.1	2.5	0.3	0.2	1.4

注　1　警察庁の統計による。
　　2　「精神障害者等」は、「精神障害者」（統合失調症、精神作用物質による急性中毒若しくはその依存症、知的障害、精神病質又はその他の精神疾患を有する者をいい、精神保健指定医の診断により医療及び保護の対象となる者に限る。）及び「精神障害の疑いのある者」（精神保健福祉法23条の規定による都道府県知事への通報の対象となる者のうち、精神障害者以外の者）をいう。

第2節　処遇

1　検察・裁判

令和4年に検察庁において心神喪失を理由に不起訴処分に付された被疑者（過失運転致死傷等及び道交違反を除く。）は、370人であった（2-2-4-3表参照）。また、同年に、通常第一審において心神喪失を理由に無罪となった者は、4人であった（最高裁判所事務総局の資料による。）。

2 矯正

令和4年における入所受刑者及び少年院入院者の人員のうち、精神障害を有すると診断された者の人員と、入所受刑者及び少年院入院者の人員の総数に占める比率を精神障害の種別ごとに見ると、**4-10-2-1表**のとおりである（矯正施設被収容者に対する福祉的支援については、第2編第4章第3節5項及び第3編第2章第4節3項（5）参照）。

4-10-2-1表　精神障害を有すると診断された入所受刑者・少年院入院者の人員

(令和4年)

種　別	総　数	うち精神障害を有する者	知的障害	人格障害	神経症性障害	発達障害	その他の精神障害
入所受刑者	14,460	2,435 (16.8)	313 (2.2)	103 (0.7)	314 (2.2)	…	1,705 (11.8)
少年院入院者	1,332	459 (34.5)	106 (8.0)	4 (0.3)	21 (1.6)	237 (17.8)	91 (6.8)

注　1　矯正統計年報及び少年矯正統計年報による。
　　2　「精神障害を有する者」は、刑事施設等において、知的障害、人格障害、神経症性障害、発達障害及びその他の精神障害（精神作用物質使用による精神及び行動の障害、統合失調症、気分障害等を含む。）を有すると診断された者をいう。
　　3　「入所受刑者」の「その他の精神障害」は、発達障害を含む。
　　4　（　）内は、総数に占める精神障害を有する者の比率である。

3 保護観察

保護観察対象者のうち、類型別処遇（第2編第5章第3節2項（2）及び第3編第2章第5節3項（1）参照）における「精神障害」の類型に認定された者は、令和4年末現在、3,770人（このうち、「発達障害」は1,201人、「知的障害」は813人）であり、保護観察対象者全体（交通短期保護観察、短期保護観察及び更生指導の対象者を除く。）に占める比率は17.9%である（**2-5-3-6表**CD-ROM及び**3-2-5-6表**CD-ROM参照）。保護観察所では、この類型の保護観察対象者について、必要に応じ適切な医療や福祉上の措置が受けられるように、対象者に助言するほか、医療・福祉機関や家族との連携も図っている（保護観察対象者等に対する福祉的支援については、第2編第5章第2節2項及び第6節2項参照）。

4 精神保健福祉法による通報

精神保健福祉法により、精神障害者に適時適切な医療及び保護を提供する趣旨から、警察官、検察官、保護観察所の長及び矯正施設の長に対し、通報義務が課せられている。すなわち、①警察官は、職務を執行するに当たり、異常な挙動その他周囲の事情から判断して、精神障害のために自身を傷つけ又は他人に害を及ぼすおそれがあると認められる者を発見したときは、直ちに、その旨を、②検察官は、精神障害者又はその疑いのある被疑者又は被告人について、不起訴処分をしたとき、又は裁判（懲役若しくは禁錮の刑を言い渡し、その刑の全部の執行猶予の言渡しをせず、又は拘留の刑を言い渡す裁判を除く。）が確定したときは、心神喪失者等医療観察制度（本章第3節参照）の申立てをしない限り、速やかに、その旨を、③保護観察所の長は、保護観察に付されている者が精神障害者又はその疑いのある者であることを知ったときは、速やかに、その旨を、④矯正施設の長は、精神障害者又はその疑いのある収容者を釈放、退院又は退所させようとするときは、あらかじめ、本人の帰住地、氏名等を、それぞれ都道府県知事に（警察官は最寄りの保健所長を経て。矯正施設の長は本人の帰住地（帰住地がない場合は当該矯正施設の所在地）の都道府県知事に。）通報しなければならない。

令和3年度における精神保健福祉法に基づく都道府県知事への通報件数は、警察官の通報が1万7,609件、検察官の通報が2,731件、保護観察所の長の通報が8件、矯正施設の長の通報が5,059件であった（厚生労働省政策統括官の資料による。）。

第3節　心神喪失者等医療観察制度

　心神喪失者等医療観察制度は、心神喪失等の状態で重大な他害行為を行った者に対し、継続的かつ適切な医療及びその確保のために必要な観察・指導を行うことによって、病状の改善とこれに伴う同様の行為の再発の防止を図り、その社会復帰を促進することを目的として、心神喪失者等医療観察法に基づいて運用されている。その手続の流れは、**4-10-3-1図**のとおりである。

4-10-3-1図　心神喪失者等医療観察法による手続の流れ

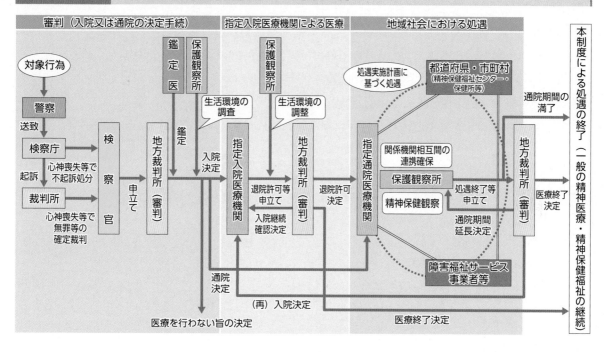

1 審判

　心神喪失者等医療観察制度の対象となるのは、①対象行為（放火、不同意わいせつ及び不同意性交等（監護者わいせつ及び監護者性交等並びに令和5年法律第66号による改正前の強制わいせつ及び強制性交等を含む。）、殺人、強盗（これらの未遂を含む。）並びに傷害）を行い、心神喪失又は心神耗弱であることが認められ、不起訴処分となった者、②対象行為について、心神喪失を理由に無罪の確定裁判を受けた者、又は、心神耗弱を理由に刑を減軽する旨の確定裁判（懲役又は禁錮の刑を言い渡し、その刑の全部の執行猶予の言渡しをしない裁判であって、執行すべき刑期があるものを除く。）を受けた者である。これらの対象者については、原則として、検察官の申立てにより審判が行われる。その審判は、地方裁判所において、裁判官と精神保健審判員（精神科医）の合議体により行われ、心神喪失者等医療観察法に基づく医療の要否・内容が決定される。審判に当たり、裁判所は、保護観察所の長に対し、対象者の**生活環境の調査**を求めることができる。令和4年における生活環境の調査の開始件数は、283件であった（保護統計年報による。）。

　令和4年における検察官申立人員及び審判の終局処理人員を対象行為別に見ると、**4-10-3-2表**のとおりである。

4-10-3-2表　検察官申立人員・地方裁判所の審判の終局処理人員（対象行為別）

（令和4年）

対象行為	検察官申立人員				終局処理人員							
	総数	不起訴	確定裁判		総数	入院決定	通院決定	医療を行わない旨の決定	却下		取下げ	申立て不適法による却下
			無罪	全部執行猶予等					対象行為を行ったとは認められない	心神喪失者等ではない		
総　　数	278	258	2	18	313	248	24	37	1	3	－	－
放　　火	88	80	－	8	100	76	12	11	－	1	－	－
強制性交等	13	12	－	1	14	10	1	3	－	－	－	－
殺　　人	79	72	1	6	84	66	7	9	－	2	－	－
傷　　害	90	87	1	2	106	88	4	13	1	－	－	－
強　　盗	8	7	－	1	9	8	－	1	－	－	－	－

注　1　司法統計年報、法務省刑事局及び最高裁判所事務総局の各資料による。
　　2　「対象行為」は、一定の刑法の罰条に規定する行為に当たるものをいう（心神喪失者等医療観察法2条1項参照）。
　　3　「放火」は、現住建造物等放火、非現住建造物等放火及び建造物等以外放火に当たる行為（ただし、予備に当たる行為を除く。）をいい、消火妨害に当たる行為を含まない。
　　4　「強制性交等」は、強制わいせつに当たる行為を含む。
　　5　「殺人」は、殺人予備に当たる行為を含まない。
　　6　「傷害」は、現場助勢に当たる行為を含まない。
　　7　「強盗」は、強盗及び事後強盗に当たる行為（ただし、予備に当たる行為を除く。）をいい、昏酔強盗に当たる行為を含まない。
　　8　「全部執行猶予等」は、懲役又は禁錮の実刑判決であって、執行すべき刑期がないものを含む。
　　9　複数の対象行為が認められた事件は、法定刑の最も重いものに、複数の対象行為の法定刑が同じ場合には対象行為の欄において上に掲げられているものに計上している。

2 指定入院医療機関による医療

（1）入院による医療

　裁判所の入院決定を受けた者は、指定入院医療機関（厚生労働大臣が指定する。令和5年4月1日現在、全国に35の機関がある（厚生労働省社会・援護局の資料による。）。）に入院し、心神喪失者等医療観察制度に基づく専門的で手厚い医療を受ける。

　保護観察所は、対象者の円滑な社会復帰を図るため、入院当初から、退院に向けた**生活環境の調整**を行う。令和4年における生活環境の調整の開始件数（移送によるものを除く。）は259件、同年末現在の生活環境の調整の係属件数は834件であった（保護統計年報による。）。

（2）退院又は入院継続

　指定入院医療機関の管理者は、対象者について、入院を継続させて医療を行う必要があると認める場合は、6月ごとに、入院継続の確認の申立てをしなければならず、他方、入院を継続させて医療を行う必要があると認めることができなくなった場合は、直ちに退院の許可の申立てをしなければならない。対象者又はその保護者若しくは弁護士である付添人は、いつでも、退院の許可又は医療の終了の申立てをすることができる。これらの申立てを受けて、裁判所は、医療継続の要否等を審判により決定する。令和4年には、指定入院医療機関の管理者による退院許可の申立て（回付によるものを除く。）が248件、対象者等による退院許可・医療終了の申立て（回付によるものを除く。）が106件受理された。また、同年における退院許可決定（退院を許可するとともに入院によらない医療を受けさせる旨の決定をいう。以下この節において同じ。）は206件、医療終了決定は36件であった（司法統計年報による。）。

3 地域社会における処遇

　裁判所の通院決定（入院によらない医療を受けさせる旨の決定）又は退院許可決定を受けた者は、原則として3年間、指定通院医療機関（厚生労働大臣が指定する。令和5年4月1日現在、全国に4,069の機関がある（厚生労働省社会・援護局の資料による。）。）による、入院によらない医療を受けるとともに、その期間中、継続的な医療を確保することを目的として、保護観察所による**精神保健観察**に付される。

　精神保健観察の実施に当たって、保護観察所は、指定通院医療機関や都道府県、市町村等の精神保健福祉関係機関の関係者と協議の上、対象者ごとに処遇の実施計画を定める。各関係機関は、これに基づき、相互に連携を図りながら地域社会における処遇を実施する。処遇の経過に応じて、保護観察所は、処遇に携わる関係機関の参加を得て「ケア会議」を開催し、処遇の実施状況等の情報を共有して処遇方針の統一を図るとともに、処遇の実施計画についても必要な見直しを行う。

　令和4年における精神保健観察の開始件数（移送によるものを除く。）は227件（このうち退院許可決定によるものは203件）、終結件数（移送によるものを除く。）は199件（このうち通院期間の満了によるものは131件）、同年末現在の精神保健観察の係属件数は584件であった（保護統計年報による。）。入院によらない医療を受けている者の医療の終了（ただし、通院期間の満了を除く。）や指定入院医療機関への（再）入院についても、裁判所が審判により決定する。同年における医療終了決定は53件、（再）入院決定は10件であった（司法統計年報による。）。

　なお、保護観察所に社会復帰調整官が置かれ、生活環境の調査及び調整、精神保健観察の実施、関係機関相互の連携確保等の事務に従事している。

第11章 公務員犯罪

公務員による犯罪には、収賄のように公務員の職務に関してなされるものと、勤務時間外における過失運転致死傷等のように職務に関係なくなされるものとがあるが、この章では、両者を併せて扱う。

令和4年における公務員による犯罪の罪名別の検察庁新規受理人員及び終局処理人員は、**4-11-1表**のとおりである。

4-11-1表 **公務員による犯罪 検察庁新規受理・終局処理人員（罪名別）**

(令和4年)

区　分	新規受理			終局処理								
	総数	司法警察員から	検察官認知・直受	総数	起訴	公判請求	略式命令請求	不起訴	起訴猶予	その他	家庭裁判所送致	
総　数	13,339	11,647	1,692	13,612	1,900	448	1,452	11,597	8,153	3,444	115	
窃　盗	385	376	9	402	80	58	22	309	264	45	13	
詐　欺	182	145	37	189	29	29	－	158	36	122	2	
横　領	73	72	1	70	4	3	1	65	44	21	1	
収　賄	130	120	10	137	25	25	－	112	－	112	－	
偽　造	639	301	338	627	10	8	2	616	54	562	1	
職権濫用	914	146	768	964	3	3	－	961	6	955	－	
その他の刑法犯	2,125	1,668	457	2,150	313	128	185	1,813	574	1,239	24	
過失運転致死傷等	7,844	7,844	－	7,831	933	35	898	6,836	6,687	149	62	
特別法犯	1,047	975	72	1,242	503	159	344	727	488	239	12	

注　1　法務省刑事局の資料による。
　　2　法令により公務に従事する職員とみなされる者は含まない。
　　3　道交違反を除く。
　　4　「横領」は、遺失物等横領を含む。

令和4年における収賄の検察庁新規受理人員及び終局処理人員は、**4-11-2表**のとおりである。

4-11-2表 **収賄 検察庁新規受理・終局処理人員**

(令和4年)

区　分	新規受理			終局処理								
	総数	司法警察員から	検察官認知・直受	総数	起訴	公判請求	判求 略式命令請求	不起訴	起訴猶予	その他	家庭裁判所送致	
総　数	150	130	20	158	40	40	－	118	－	118	－	
国会議員	1	－	1	1	－	－	－	1	－	1	－	
地方公共団体の議会の議員	5	3	2	5	4	4	－	1	－	1	－	
国家公務員	7	－	7	7	－	－	－	7	－	7	－	
地方公共団体職員	117	117	－	124	21	21	－	103	－	103	－	
みなす公務員	20	10	10	21	15	15	－	6	－	6	－	

注　1　法務省刑事局の資料による。
　　2　罪名に「収賄」を含む全ての事件を計上している。
　　3　「地方公共団体職員」は、地方公共団体の首長を含む。
　　4　警察職員は、国家公務員である者も含め「地方公共団体職員」に計上している。
　　5　「みなす公務員」は、法令により公務に従事する職員とみなされる者をいう。

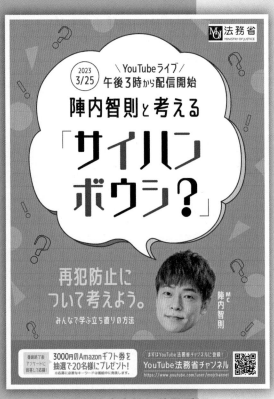

再犯防止広報・啓発番組
【画像提供：法務省大臣官房秘書課】

令和4年版再犯防止推進白書の表紙
【画像提供：法務省大臣官房秘書課】

再犯防止推進白書特設ページ

第5編

再犯・再非行

第1章　検挙

第2章　検察・裁判

第3章　矯正

第4章　保護観察

第5章　少年の再非行・再犯

第1章 検挙

　政府は、平成28年12月に成立した**再犯防止推進法**やこれを受けた「**再犯防止推進計画**」等に基づき、これまで様々な再犯防止施策を実施してきたところ、今後も、国・地方公共団体・民間協力者等の連携が進み、より機能し始めた再犯の防止等に向けた取組を更に深化させ、推進していくため、令和5年3月、「第二次再犯防止推進計画」を閣議決定した。この編では、我が国における再犯の現状を把握するため、警察、検察、裁判、矯正及び更生保護の各段階における再犯・再非行の動向について概観する。

【再犯防止推進計画
特設ページ】

1　刑法犯により検挙された再犯者

　刑法犯により検挙された者のうち、再犯者（前に道路交通法違反を除く犯罪により検挙されたことがあり、再び検挙された者をいう。以下この項において同じ。）の人員及び**再犯者率**（刑法犯検挙人員に占める再犯者の人員の比率をいう。以下この項において同じ。）の推移（最近20年間）は、**5-1-1図**のとおりである（再非行少年については、本編第5章1項参照）。再犯者の人員は、平成8年（8万1,776人）を境に増加し続けていたが、18年（14万9,164人）をピークとして、その後は漸減状態にあり、令和4年は平成18年と比べて45.6%減であった。他方、初犯者の人員は、12年（20万5,645人）を境に増加し続けていたが、16年（25万30人）をピークとして、その後は減少し続けており、令和4年は平成16年と比べて64.7%減であった。再犯者の人員が減少に転じた後も、それを上回るペースで初犯者の人員が減少し続けたこともあり、再犯者率は、9年以降上昇傾向にあったが、令和4年は47.9%（前年比0.7pt低下）であった（CD-ROM参照）。

5-1-1図　刑法犯 検挙人員中の再犯者人員・再犯者率の推移

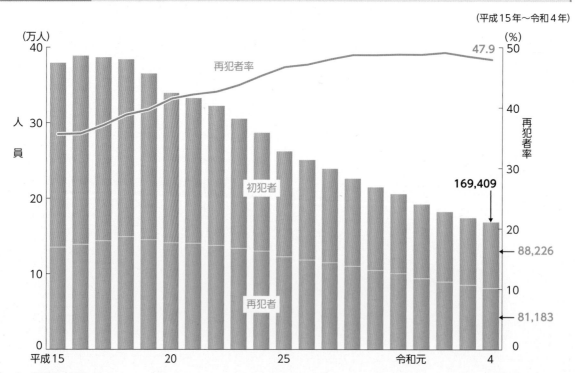

（平成15年～令和4年）

注　1　警察庁の統計による。
　　2　「再犯者」は、刑法犯により検挙された者のうち、前に道路交通法違反を除く犯罪により検挙されたことがあり、再び検挙された者をいう。
　　3　「再犯者率」は、刑法犯検挙人員に占める再犯者の人員の比率をいう。

2 刑法犯により検挙された20歳以上の有前科者

　刑法犯により検挙された20歳以上の者のうち、有前科者（道路交通法違反を除く犯罪の前科を有する者をいう。以下この項において同じ。）の人員（前科数別）及び有前科者率（20歳以上の刑法犯検挙人員に占める有前科者の人員の比率をいう。以下この項において同じ。）の推移（最近20年間）は、**5-1-2図**のとおりである。有前科者の人員は、平成18年（7万7,832人）をピークに減少し続けているが（令和4年は前年比4.5％減）、20歳以上の刑法犯検挙人員総数が減少し続けていることもあり、有前科者率は、平成9年以降27～29％台でほぼ一定している。令和4年の有前科者を見ると、前科数別では、有前科者人員のうち、前科1犯の者の構成比が最も高いが、前科5犯以上の者も21.4％を占め、また、同一前科の有無別では、有前科者のうち、同一罪名の前科を有する者は51.3％であった（CD-ROM参照）。

　暴力団構成員等（暴力団構成員及び準構成員その他の周辺者をいう。）について、令和4年における20歳以上の刑法犯検挙人員の有前科者率を見ると、70.8％と相当高い（警察庁の統計による。）。なお、暴力団関係者・非関係者別に見た入所受刑者の入所度数別構成比については、**4-3-2-10図③**参照。

5-1-2図　刑法犯 20歳以上の検挙人員中の有前科者人員（前科数別）・有前科者率等の推移

（平成15年～令和4年）

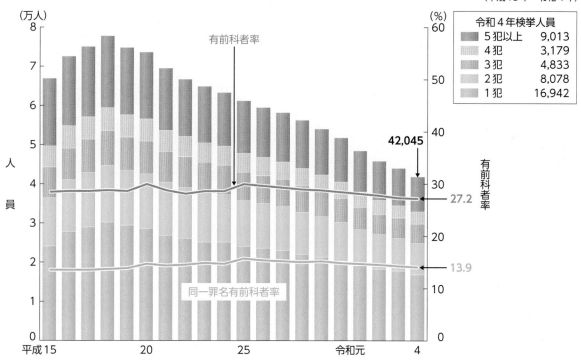

注　1　警察庁の統計による。
　　2　検挙時の年齢による。
　　3　「有前科者」は、道路交通法違反を除く犯罪の前科を有する者をいう。
　　4　「有前科者率」は、20歳以上の刑法犯検挙人員に占める有前科者の人員の比率をいう。
　　5　「同一罪名有前科者率」は、20歳以上の刑法犯検挙人員に占める、同一罪名の前科を有する者の人員の比率をいう。

5-1-3図は、令和4年における20歳以上の刑法犯検挙人員の前科の有無別構成比を罪名別に見たものである。

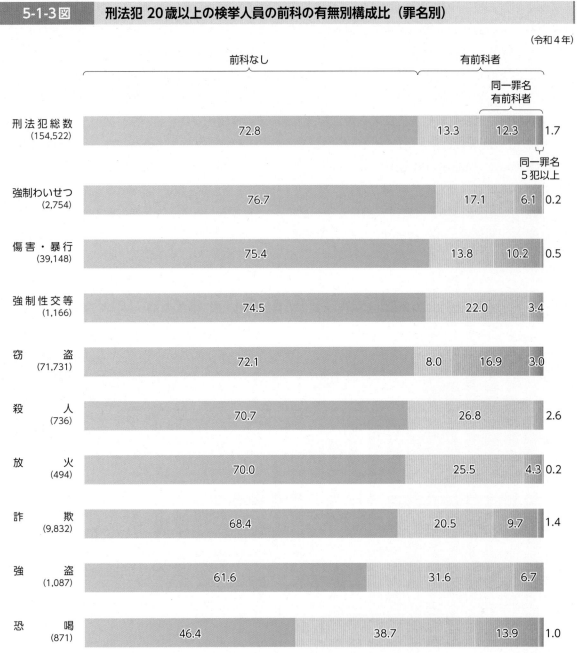

5-1-3図　刑法犯 20歳以上の検挙人員の前科の有無別構成比（罪名別）

（令和4年）

	前科なし	有前科者	同一罪名 有前科者	同一罪名 5犯以上
刑法犯総数 (154,522)	72.8	13.3	12.3	1.7
強制わいせつ (2,754)	76.7	17.1	6.1	0.2
傷害・暴行 (39,148)	75.4	13.8	10.2	0.5
強制性交等 (1,166)	74.5	22.0	3.4	
窃盗 (71,731)	72.1	8.0	16.9	3.0
殺人 (736)	70.7	26.8	2.6	
放火 (494)	70.0	25.5	4.3	0.2
詐欺 (9,832)	68.4	20.5	9.7	1.4
強盗 (1,087)	61.6	31.6	6.7	
恐喝 (871)	46.4	38.7	13.9	1.0

注　1　警察庁の統計による。
　　2　検挙時の年齢による。
　　3　「有前科者」は、道路交通法違反を除く犯罪の前科を有する者をいう。
　　4　「同一罪名有前科者」は、同一罪名の前科を有する者をいい、「同一罪名5犯以上」は、同一罪名の前科を5犯以上有する者をいう。
　　5　（　）内は、人員である。

3　薬物犯罪により検挙された20歳以上の同一罪名再犯者

（1）覚醒剤取締法違反により検挙された20歳以上の同一罪名再犯者

　5-1-4図①は、20歳以上の覚醒剤取締法違反（覚醒剤に係る麻薬特例法違反を含む。以下（1）において同じ。）検挙人員のうち、同一罪名再犯者（前に覚醒剤取締法違反で検挙されたことがあり、再び同法違反で検挙された者をいう。以下（1）において同じ。）の人員及び同一罪名再犯者率（20歳以上の覚醒剤取締法違反検挙人員に占める同一罪名再犯者の人員の比率をいう。以下（1）において同じ。）の推移（最近20年間）を見たものである。同一罪名再犯者率は、平成24年以降上昇傾向にあり、令和4年は前年比で1.1pt上昇した69.2％であった。

（2）大麻取締法違反により検挙された20歳以上の同一罪名再犯者

　5-1-4図②は、20歳以上の大麻取締法違反（大麻に係る麻薬特例法違反を含む。以下（2）において同じ。）検挙人員のうち、同一罪名再犯者（前に大麻取締法違反で検挙されたことがあり、再び同法違反で検挙された者をいう。以下（2）において同じ。）の人員及び同一罪名再犯者率（20歳以上の大麻取締法違反検挙人員に占める同一罪名再犯者の人員の比率をいう。以下（2）において同じ。）の推移（最近20年間）を見たものである。同一罪名再犯者率は、平成16年（10.0％）を底として、翌年から上昇傾向に転じ、27年以降はおおむね横ばい状態で推移していたが、令和4年は前年比で2.0pt上昇した26.3％であった。

5-1-4図　薬物犯罪 20歳以上の検挙人員中の同一罪名再犯者人員等の推移

（平成15年～令和4年）

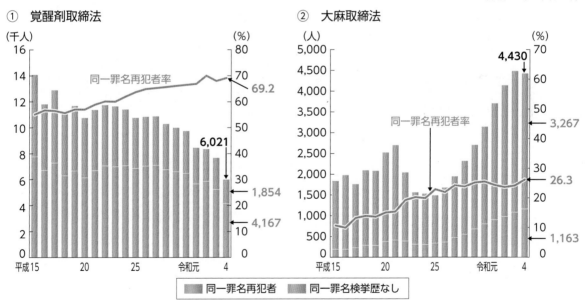

① 覚醒剤取締法

② 大麻取締法

凡例：同一罪名再犯者　同一罪名検挙歴なし

注　1　警察庁刑事局の資料による。
　　2　検挙時の年齢による。
　　3　①の「同一罪名再犯者」は、前に覚醒剤取締法違反（覚醒剤に係る麻薬特例法違反を含む。以下同じ。）で検挙されたことがあり、再び覚醒剤取締法違反で検挙された者をいい、「同一罪名再犯者率」は、20歳以上の同法違反検挙人員に占める同一罪名再犯者の人員の比率をいう。
　　4　②の「同一罪名再犯者」は、前に大麻取締法違反（大麻に係る麻薬特例法違反を含む。以下同じ。）で検挙されたことがあり、再び大麻取締法違反で検挙された者をいい、「同一罪名再犯者率」は、20歳以上の同法違反検挙人員に占める同一罪名再犯者の人員の比率をいう。

コラム9　特別法犯の再犯者率

　　本編第2章では、起訴人員中の有前科者の人員及び有前科者率に言及しているところ、令和4年における刑法犯及び特別法犯（道交違反を除く。）の起訴人員中の有前科者率は、それぞれ45.7%、38.2%であり（**5-2-1表**参照）、特別法犯の起訴人員中の有前科者率の方が刑法犯のそれよりも若干低く、最近5年間を見ても、同様の傾向が続いている。本章では、刑法犯により検挙された者のうち、再犯者の人員及び再犯者率（令和4年は47.9%）に言及しているところ（**5-1-1図**参照）、特別法犯の再犯者率には言及していないことから、本コラムでは特別法犯の再犯者率について概観しつつ、その意味するところを考察する。

　　刑法犯及び特別法犯（交通法令違反を除く。）により検挙された者のうち、再犯者の各人員及び各再犯者率の推移（最近5年間）は図5のとおりである。特別法犯（交通法令違反を除く。）により検挙された者の再犯者率は、おおむね横ばいであり、いずれの年においても、刑法犯により検挙された者の再犯者率よりも若干低く、有前科者率と同様の傾向を示している。

| 図5 | | (平成30年〜令和4年) |

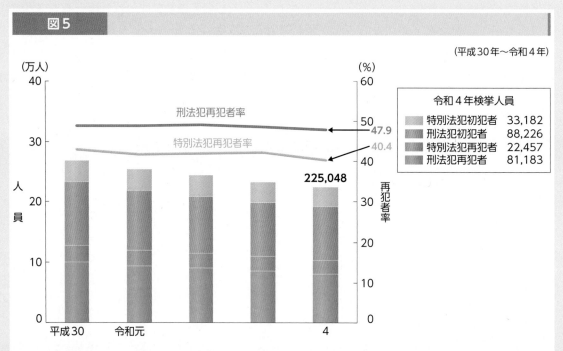

　　注　1　警察庁の統計及び警察庁刑事局の資料による。
　　　　2　「刑法犯再犯者」は、刑法犯により検挙された者のうち、前に道路交通法違反を除く犯罪により検挙されたことがあり、再び検挙された者をいう。
　　　　3　「特別法犯再犯者」は、交通法令違反を除く特別法犯により検挙された者のうち、前に道路交通法違反を除く犯罪により検挙されたことがあり、再び検挙された者をいう。
　　　　4　各「再犯者率」は、各検挙人員に占める再犯者の人員の比率をいう。

　　これらを見ると、全体として特別法犯により検挙あるいは起訴された者は、刑法犯により検挙あるいは起訴された者よりも検挙歴や前科がない者が多いといえる。もっとも、道交違反を除く特別法犯の中で、令和4年の検察庁新規受理人員が罪名別で最も多い覚醒剤取締法違反について、同法違反で検挙された20歳以上の者の同一罪名による再犯者率を見ると69.2%（**5-1-4図①**参照）と非常に高い数値となっているほか、同年に同法違反で起訴された者の有前科者率も77.2%（**5-2-1表**参照）と同様に非常に高い数値となっているとおり、同法違反については、検挙歴や前科を有している者による犯行が特に多い。これに対し、道交違反を除く特別法犯（条例違反を除く。）のうち、覚醒剤取締法違反に次いで検察庁新規受理人員が多い大麻取締法違反、軽犯罪法違反で起訴された者の有前科者率は、それぞれ33.0%、33.2%と特別法犯全体のそれ（38.2%）を下回っている（CD-ROM資料**1-4**、

5-2-1表参照）。同年における覚醒剤取締法違反の検察庁新規受理人員は、道交違反を除く特別法犯全体の12.3％を占めている（1-2-1-2図参照）ことからすると、その高い再犯者率が、特別法犯全体の再犯者率を押し上げている可能性が考えられる。これらの点は、覚醒剤取締法違反にかかる再犯防止対策の重要性を裏付けるものといえよう。このように、再犯者率等の各指標を評価するに当たっては、全体の推移に着目しつつ、個別の特徴を見ていくことも重要である。

第2章 検察・裁判

1 起訴人員中の有前科者

5-2-1表は、令和4年に起訴された者（過失運転致死傷等及び道交違反を除く。以下この節において同じ。）のうち、有前科者（前に罰金以上の有罪の確定裁判を受けた者に限る。）の人員及び有前科者率（起訴人員に占める有前科者の人員の比率をいう。）を起訴罪名別に見たものである。

5-2-1表　起訴人員中の有前科者の人員・有前科者率（罪名別）

(令和4年)

罪　名	起訴人員	有前科者の人員	前科の処分内容				有前科者率
			懲役・禁錮			罰金	
			実刑	一部執行猶予	全部執行猶予		
総　　　　　数	94,135	40,371	16,774	139	11,356	12,102	42.9
刑　　法　　犯	59,121	27,000	11,372	30	7,773	7,825	45.7
放　　　　火	220	94	39	－	31	24	42.7
住　居　侵　入	1,991	818	365	1	203	249	41.1
強制わいせつ	1,251	416	147	1	113	155	33.3
強　制　性　交　等	481	138	43	－	33	62	28.7
贈　　収　　賄	108	21	2	－	4	15	19.4
殺　　　　人	281	77	27	－	26	24	27.4
傷　　　　害	5,429	2,223	821	5	593	804	40.9
暴　　　　行	3,900	1,592	481	－	425	686	40.8
脅　　　　迫	765	375	138	－	104	133	49.0
窃　　　　盗	27,412	14,883	6,804	17	4,363	3,699	54.3
強　　　　盗	383	163	90	－	32	41	42.6
詐　　　　欺	7,669	2,608	1,120	1	835	652	34.0
恐　　　　喝	324	157	85	1	39	32	48.5
横　　　　領	1,189	455	153	1	159	142	38.3
暴力行為等処罰法	552	316	181	－	58	77	57.2
そ　　の　　他	7,166	2,664	876	3	755	1,030	37.2
道交違反以外の特別法犯	35,014	13,371	5,402	109	3,583	4,277	38.2
公　職　選　挙　法	313	47	1	－	18	28	15.0
軽　　犯　　罪　　法	996	331	59	1	79	192	33.2
風　営　適　正　化　法	534	165	23	－	42	100	30.9
銃　　刀　　法	860	371	146	－	87	138	43.1
売　春　防　止　法	121	27	11	－	5	11	22.3
児　童　福　祉　法	81	27	4	－	15	8	33.3
医薬品医療機器等法	101	24	8	－	9	7	23.8
大　麻　取　締　法	3,195	1,054	308	9	505	232	33.0
麻　薬　取　締　法	779	234	75	－	115	44	30.0
覚　醒　剤　取　締　法	6,755	5,212	3,589	94	1,270	259	77.2
毒　　劇　　法	117	105	59	－	21	25	89.7
そ　　の　　他	21,162	5,774	1,119	5	1,417	3,233	27.3

注　1　検察統計年報による。
　　2　過失運転致死傷等又は道交違反により起訴された者、法人及び前科の有無が不詳の者を除く。
　　3　「有前科者」は、前に罰金以上の有罪の確定裁判を受けた者に限る。
　　4　「有前科者率」は、起訴人員に占める有前科者の人員の比率をいう。
　　5　複数の前科がある場合は、懲役・禁錮（実刑）、懲役・禁錮（一部執行猶予）、懲役・禁錮（全部執行猶予）、罰金の順序により、最初に該当する刑名をその者の前科として計上している。
　　6　「実刑」には「一部執行猶予」を含まない。
　　7　「横領」は、遺失物等横領を含む。

5-2-2表は、令和4年に起訴された者のうち、犯行時に全部執行猶予中、一部執行猶予中、仮釈放中又は保釈中であった者の人員を起訴罪名別に見たものである。全部執行猶予中の犯行により起訴された者の人員は、5,253人（前年比702人減）であり、その45.9％を窃盗が占めた。保釈中の犯行により起訴された者の人員は、128人（同50人減）であった（CD-ROM参照）。

5-2-2表　起訴人員中の犯行時の身上別人員（罪名別）

(令和4年)

罪　名	犯行時の身上 全部執行猶予中		保護観察中	一部執行猶予中		保護観察中	仮釈放中		保釈中
総　　　数	5,253	(13.0)	725	448	(1.1)	445	482	(1.2)	128
刑　法　犯	3,751	(13.9)	541	111	(0.4)	109	337	(1.2)	79
放　火	10	(10.6)	1	－		－	－		－
住　居　侵　入	89	(10.9)	20	3	(0.4)	3	10	(1.2)	1
強制わいせつ	44	(10.6)	9	1	(0.2)	1	2	(0.5)	1
強　制　性　交　等	11	(8.0)	2	－		－	－		－
贈　収　賄	－		－	－		－	－		－
殺　人	11	(14.3)	－	1	(1.3)	1	－		－
傷　害	187	(8.4)	28	12	(0.5)	12	10	(0.4)	3
暴　行	122	(7.7)	18	4	(0.3)	4	5	(0.3)	3
脅　迫	44	(11.7)	6	1	(0.3)	1	1	(0.3)	1
窃　盗	2,411	(16.2)	366	63	(0.4)	61	257	(1.7)	53
強　盗	15	(9.2)	1	2	(1.2)	2	3	(1.8)	1
詐　欺	403	(15.5)	44	4	(0.2)	4	28	(1.1)	6
恐　喝	25	(15.9)	1	－		－	4	(2.5)	1
横　領	74	(16.3)	8	1	(0.2)	1	3	(0.7)	1
暴力行為等処罰法	19	(6.0)	3	1	(0.3)	1	1	(0.3)	－
そ　の　他	286	(10.7)	34	18	(0.7)	18	13	(0.5)	8
道交違反以外の特別法犯	1,502	(11.2)	184	337	(2.5)	336	145	(1.1)	49
公　職　選　挙　法	－		－	－		－	－		－
軽　犯　罪　法	23	(6.9)	2	2	(0.6)	2	1	(0.3)	－
風　営　適　正　化　法	8	(4.8)	－	－		－	－		－
銃　刀　法	21	(5.7)	5	1	(0.3)	1	1	(0.3)	1
売　春　防　止　法	2	(7.4)	－	－		－	－		－
児　童　福　祉　法	8	(29.6)	－	－		－	－		－
医薬品医療機器等法	5	(20.8)	－	－		－	－		1
大　麻　取　締　法	237	(22.5)	25	20	(1.9)	20	6	(0.6)	3
麻　薬　取　締　法	72	(30.8)	4	3	(1.3)	3	1	(0.4)	2
覚　醒　剤　取　締　法	687	(13.2)	80	295	(5.7)	294	120	(2.3)	37
毒　劇　法	14	(13.3)	2	1	(1.0)	1	－		－
そ　の　他	425	(7.4)	66	15	(0.3)	15	16	(0.3)	5

注　1　検察統計年報による。
　　2　過失運転致死傷等又は道交違反により起訴された者及び法人を除く。
　　3　「横領」は、遺失物等横領を含む。
　　4　（　）内は、犯行時に全部若しくは一部執行猶予中又は仮釈放中であった者の人員の、有前科者（前に罰金以上の有罪の確定裁判を受けた者に限る。）の人員に対する比率である。

2 全部及び一部執行猶予の取消し

5-2-3表は、全部執行猶予を言い渡された者について、保護観察の有無別の人員及び取消事由別の取消人員等の推移（最近10年間）を見たものである。再犯により禁錮以上の実刑に処せられたことを理由に全部執行猶予を取り消された者は、平成５年以降毎年増加していたが、19年から減少に転じ、令和４年は2,800人（全部執行猶予取消人員の94.9％）であった（CD-ROM参照）。同年における再犯を事由とする全部執行猶予取消人員の全部執行猶予言渡人員に対する比率は、10.5％であった（なお、取消人員は、当該年に全部執行猶予を取り消された者であり、当該年よりも前に全部執行猶予の言渡しを受けた者も含まれる。このため、厳密には取消人員の言渡人員に対する比率は、実際の全部執行猶予の取消しの比率を意味しないが、そのおおよその傾向を見ることができる。）。

5-2-3表 全部執行猶予の言渡人員（保護観察の有無別）・取消人員（取消事由別）の推移

（平成25年～令和４年）

年 次	全部執行猶予の言渡人員(A)	保護観察付(B)	単純執行猶予(C)	全部執行猶予の取消人員(D)	取消事由 再犯 保護観察中(E)	取消事由 再犯 その他(F)	取消事由 余罪	取消事由 遵守事項違反	取消事由 その他	D/A(%)	E/B(%)	F/C(%)
25年	32,527	3,259	29,268	4,580	706	3,634	154	82	4	14.1	21.7	12.4
26	33,208	3,337	29,871	4,559	713	3,600	158	82	6	13.7	21.4	12.1
27	34,692	3,462	31,230	4,478	763	3,490	163	52	10	12.9	22.0	11.2
28	33,975	3,023	30,952	4,346	696	3,397	162	73	18	12.8	23.0	11.0
29	32,266	2,591	29,675	4,135	689	3,222	155	59	10	12.8	26.6	10.9
30	31,937	2,484	29,453	3,957	600	3,160	127	63	7	12.4	24.2	10.7
元	31,068	2,244	28,824	3,695	541	2,950	117	73	14	11.9	24.1	10.2
2	29,858	2,086	27,772	3,458	494	2,768	121	68	7	11.6	23.7	10.0
3	29,531	1,967	27,564	3,357	451	2,731	117	49	9	11.4	22.9	9.9
4	26,650	1,661	24,989	2,949	436	2,364	99	45	5	11.1	26.2	9.5

注 1 検察統計年報による。
2 懲役、禁錮及び罰金の全部執行猶予に関するものである。
3 「全部執行猶予の言渡人員」は、裁判が確定したときの人員であり、控訴審又は上告審におけるものを含む。
4 「単純執行猶予」は、全部執行猶予のうち、保護観察の付かないものをいう。
5 「保護観察」は、売春防止法17条１項の規定による補導処分を含む。
6 「取消事由」の「再犯」は刑法26条１号に、「余罪」は同条２号に、「遵守事項違反」は同法26条の２第２号に、「その他」は同法26条３号、26条の２第１号若しくは第３号又は26条の３のいずれかに、それぞれ該当する事由である。
7 「全部執行猶予の取消人員」は、同一人について一つの裁判で２個以上の刑の全部執行猶予の言渡しが同時に取り消された場合も１人として計上している。
8 「取消事由」の「再犯」の「その他」は、単純執行猶予中の者のほか、仮解除中の者等を含む。

一部執行猶予を言い渡された者のうち、令和４年に同猶予を取り消された者は、358人（前年比54人減）であった。このうち、再犯により禁錮以上の実刑に処せられたことを理由に同猶予を取り消された者は、289人（同32人減。うち保護観察中の者は275人（同29人減））、余罪により禁錮以上の実刑に処せられたことを理由に同猶予を取り消された者は、２人（同10人減）であった（検察統計年報による。）。

1 再入者

5-3-1図は、入所受刑者人員のうち、再入者の人員及び**再入者率**（入所受刑者人員に占める再入者の人員の比率をいう。以下同じ。）の推移（最近20年間）を総数・女性別に見たものである。再入者の人員は、平成11年から毎年増加した後、18年をピークにその後は減少傾向にあり、令和4年は8,180人（前年比11.1％減）であった。再入者率は、平成16年から28年まで毎年上昇し続けた後、低下傾向にあり、令和4年は56.6％（同0.4pt低下）であった（CD-ROM参照）。

女性について見ると、再入者の人員は、平成11年以降増加傾向にあったが、26年（996人）をピークにその後は一貫して減少し、令和4年は748人（前年比6.6％減）であった（CD-ROM参照）。4年における再入者率は、48.1％（同0.1pt上昇）であり、男性と比べると低い（罪名別・男女別の再入者人員については、CD-ROM資料5-1参照）。

5-3-1図　入所受刑者人員中の再入者人員・再入者率の推移（総数・女性別）

（平成15年〜令和4年）

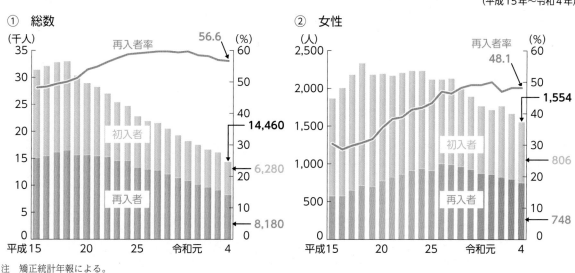

注　矯正統計年報による。

5-3-2図は、令和4年における入所受刑者の入所度数別構成比を総数・男女別に見たものである（罪名別・入所度数別の入所受刑者の人員については、CD-ROM資料5-2参照）。

5-3-2図　入所受刑者の入所度数別構成比（総数・男女別）

（令和4年）

	1度	2度	3度	4度	5度以上
総　数 (14,460)	43.4	15.5	10.1	7.9	23.0
男　性 (12,906)	42.4	15.4	9.9	7.9	24.3
女　性 (1,554)	51.9	16.6	12.0	7.3	12.2

注　1　矯正統計年報による。
　　2　（　）内は、実人員である。

5-3-3図は、令和4年における入所受刑者の保護処分歴別構成比を初入者・再入者別に見るとともに、これを年齢層別に見たものである。

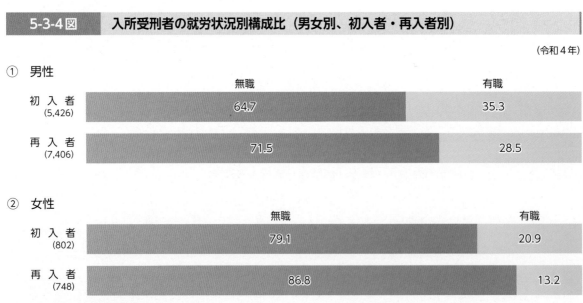

5-3-3図　入所受刑者の保護処分歴別構成比（初入者・再入者別、年齢層別）

（令和4年）

① 初入者

保護観察等 6.5
少年院送致　　保護処分歴なし

総　数 (6,280)	7.9		85.6
30歳未満 (1,965)	17.6	10.9	71.5
30～39歳 (1,456)	6.4 / 7.9		85.7
40～49歳 (1,156)	2.8 / 4.1		93.2
50～64歳 (1,092)	2.1 / 2.4		95.5
65歳以上 (611)	0.5 / 1.1		98.4

② 再入者

保護観察等
少年院送致　　保護処分歴なし

総　数 (8,180)	21.1	10.9	68.0
30歳未満 (311)	47.6	13.2	39.2
30～39歳 (1,348)	32.9	13.0	54.1
40～49歳 (2,228)	19.6	12.7	67.7
50～64歳 (2,879)	18.0	10.9	71.1
65歳以上 (1,414)	12.6	5.6	81.8

注　1　法務省大臣官房司法法制部の資料による。
　　2　入所時の年齢による。
　　3　「保護観察等」は、保護観察及び児童自立支援施設・児童養護施設送致である。
　　4　複数の保護処分歴を有する場合、少年院送致歴がある者は「少年院送致」に、それ以外の者は「保護観察等」に計上している。
　　5　（　）内は、実人員である。

5-3-4図は、令和4年における入所受刑者の就労状況別構成比を男女別に見るとともに、これを初入者・再入者別に見たものである。

5-3-4図　入所受刑者の就労状況別構成比（男女別、初入者・再入者別）

（令和4年）

① 男性

	無職	有職
初入者 (5,426)	64.7	35.3
再入者 (7,406)	71.5	28.5

② 女性

	無職	有職
初入者 (802)	79.1	20.9
再入者 (748)	86.8	13.2

注　1　法務省大臣官房司法法制部の資料による。
　　2　犯行時の就労状況による。
　　3　「無職」は、定収入のある無職者を含む。
　　4　学生・生徒、家事従事者及び就労状況が不詳の者を除く。
　　5　（　）内は、実人員である。

5-3-5図は、令和4年における入所受刑者の居住状況別構成比を男女別に見るとともに、これを初入者・再入者別に見たものである。

5-3-5図	入所受刑者の居住状況別構成比（男女別、初入者・再入者別）

（令和4年）

① 男性

② 女性

注　1　法務省大臣官房司法法制部の資料による。
　　2　犯行時の居住状況による。
　　3　来日外国人及び居住状況が不詳の者を除く。
　　4　（　）内は、実人員である。

2　出所受刑者の再入所状況

　この項では、出所受刑者（平成27年以前は、満期釈放又は仮釈放により刑事施設を出所した者に限り、28年以降は、満期釈放若しくは一部執行猶予の実刑部分の刑期終了又は仮釈放により刑事施設を出所した者に限る。以下この節において同じ。）の再入所状況について概観する。ここで、出所受刑者の**再入率**とは、各年の出所受刑者人員のうち、出所後の犯罪により、受刑のため刑事施設に再入所した者の人員の比率をいう（以下同じ。）。また、**2年以内再入率**とは、各年の出所受刑者人員のうち、出所年を1年目として、2年目、すなわち翌年の年末までに再入所した者の人員の比率をいう（以下同じ。）。5年以内及び10年以内の各再入率も、同様に、各年の出所受刑者人員のうち、出所年を1年目として、それぞれ5年目及び10年目の各年の年末までに再入所した者の人員の比率をいう（以下同じ。）。なお、同一の出所受刑者について、出所後、複数回の刑事施設への再入所がある場合には、その最初の再入所を計上している。

　5-3-6図は、平成30年及び25年の各出所受刑者について、5年以内又は10年以内の再入率を出所事由別（満期釈放等又は仮釈放の別をいう。以下この節において同じ。）に見たものである。いずれの出所年の出所受刑者においても、満期釈放者等（満期釈放等により刑事施設を出所した者をいう。以下この節において同じ。）は、仮釈放者よりも再入率が高い。また、30年の出所受刑者について見ると、総数の2年以内再入率は16.1％、5年以内再入率は34.8％と、3割を超える者が5年以内に再入所し、そのうち約半数の者が2年以内に再入所している。25年の出所受刑者について見ると、10年以内再入率は、満期釈放者では54.0％、仮釈放者では37.0％であるが、そのうち5年以内に再入所した者が、10年以内に再入所した者のそれぞれ約9割、約8割を占めている。

5-3-6図　出所受刑者の出所事由別再入率

① ５年以内

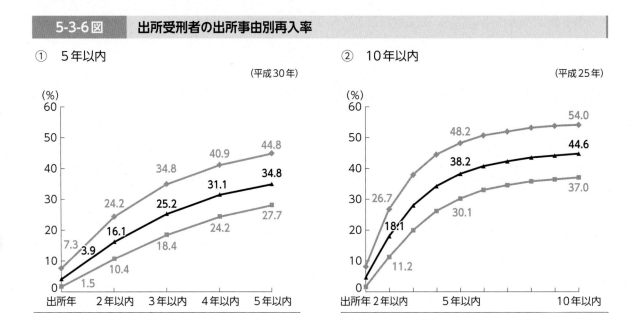

② 10年以内

注　1　法務省大臣官房司法法制部の資料による。
　　2　前刑出所後の犯罪により再入所した者で、かつ、前刑出所事由が満期釈放等又は仮釈放の者を計上している。
　　3　「再入率」は、①では平成30年の、②では25年の、各出所受刑者の人員に占める、それぞれ当該出所年から令和４年までの各年の年末までに再入所した者の人員の比率をいう。

5-3-7図は、平成30年及び25年の各出所受刑者について、５年以内又は10年以内の再入率を入所度数別に見たものである。入所度数が多いほど再入率は高く、特に入所度数が１度の者（初入者）と２度の者の差が顕著である。

5-3-7図　出所受刑者の入所度数別再入率

① ５年以内

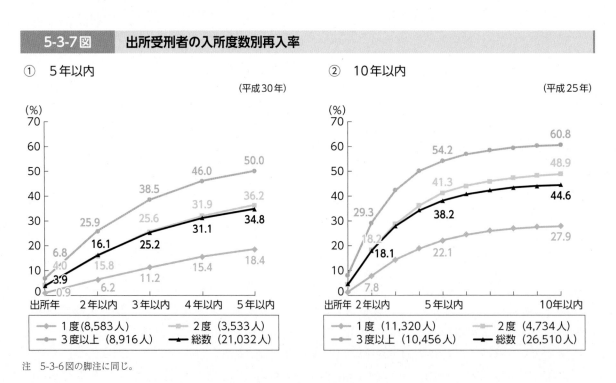

② 10年以内

注　5-3-6図の脚注に同じ。

5-3-8図は、平成30年の出所受刑者について、出所事由別の５年以内再入率を罪名別に見たものである。満期釈放者等は、窃盗、覚醒剤取締法違反、詐欺、傷害・暴行、強制性交等・強制わいせつの順に、仮釈放者は、覚醒剤取締法違反、窃盗、傷害・暴行、強制性交等・強制わいせつ、詐欺の順に、５年以内再入率が高い。

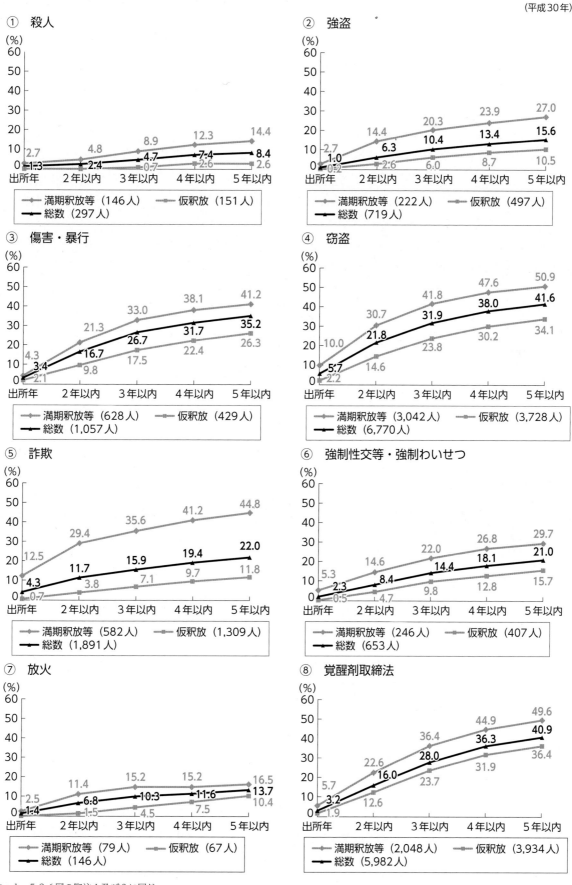

① 殺人

（%）
満期釈放等（146人）　　仮釈放（151人）
総数（297人）

② 強盗

（%）
満期釈放等（222人）　　仮釈放（497人）
総数（719人）

③ 傷害・暴行

（%）
満期釈放等（628人）　　仮釈放（429人）
総数（1,057人）

④ 窃盗

（%）
満期釈放等（3,042人）　　仮釈放（3,728人）
総数（6,770人）

⑤ 詐欺

（%）
満期釈放等（582人）　　仮釈放（1,309人）
総数（1,891人）

⑥ 強制性交等・強制わいせつ

（%）
満期釈放等（246人）　　仮釈放（407人）
総数（653人）

⑦ 放火

（%）
満期釈放等（79人）　　仮釈放（67人）
総数（146人）

⑧ 覚醒剤取締法

（%）
満期釈放等（2,048人）　　仮釈放（3,934人）
総数（5,982人）

注　1　5-3-6図の脚注1及び2に同じ。
　　2　「再入率」は、平成30年の出所受刑者の人員に占める、同年から令和4年までの各年の年末までに再入所した者の人員の比率をいう。
　　3　殺人については、平成30年に仮釈放により出所した者のうち、令和元年末までに再入所した者はいなかった。また、放火については、平成30年に仮釈放により出所した者のうち、同年末までに再入所した者はいなかった。

3 出所受刑者の再入率の推移

5-3-9図①は、平成14年から令和3年の各年の出所受刑者について、2年以内再入率の推移を出所事由別に見たものである。総数の2年以内再入率は、平成11年に23.4%を記録した後、低下傾向にあり、令和元年に15.7%と初めて16%を下回り、3年は14.1%（前年比1.0pt低下）であった。満期釈放者等も、平成11年に33.9%を記録した後、低下傾向にあり、20年以降は30%を下回り、令和3年は21.6%（同1.0pt低下）であった。仮釈放者の2年以内再入率は、平成23年以降わずかながら上昇し、25年から28年までは11%台で推移していたが、29年から低下し続け、令和3年は9.3%（同0.9pt低下）であった。3年の出所受刑者の2年以内再入率を、平成14年の出所受刑者と比べると、総数では7.4pt、満期釈放者等では11.1pt、仮釈放者では4.0pt、いずれも低下している。なお、令和3年の出所受刑者のうち一部執行猶予受刑者は1,377人であり、そのうち2年以内再入者は142人であった（CD-ROM参照）。

5-3-9図②は、平成11年から30年の各年の出所受刑者について、5年以内再入率の推移を出所事由別に見たものである。30年の出所受刑者の5年以内再入率は、11年の出所受刑者と比べて、総数では12.2pt、満期釈放者等では14.5pt、仮釈放者では10.1pt、いずれも低下している。

5-3-9図　出所受刑者の出所事由別再入率の推移

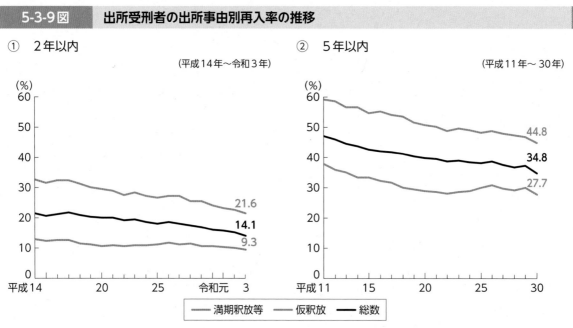

① 2年以内　　（平成14年〜令和3年）

② 5年以内　　（平成11年〜 30年）

満期釈放等　　仮釈放　　総数

注　1　法務省大臣官房司法法制部の資料による。
　　2　前刑出所後の犯罪により再入所した者で、かつ、前刑出所事由が満期釈放等又は仮釈放の者を計上している。
　　3　「再入率」は、各年の出所受刑者の人員に占める、出所年を1年目として、①では2年目（翌年）の、②では5年目の、それぞれ年末までに再入所した者の人員の比率をいう。

5-3-10図は、平成14年から令和3年の各年の出所受刑者について、2年以内再入率の推移を男女別、年齢層別及び罪名別に見たものである。

男性の2年以内再入率は、女性と比べて一貫して高いものの、平成14年以降緩やかに低下しており、令和3年は14.4%と、平成14年と比べて7.8pt低下している。一方、女性の2年以内再入率は、21年に14年以降で最も高い14.4%を記録したものの、令和3年は12.1%と、平成21年に次いで高かった28年（14.2%）と比べて2.1pt低下しており、出所年によって変動がある。

年齢層別の2年以内再入率は、30歳未満の年齢層が一貫して最も低い。50〜64歳の年齢層及び65歳以上の高齢者層は、30歳未満及び30〜49歳の年齢層と比べると一貫して高いものの、高齢者層は、出所年によって変動が大きく、令和3年は19.7%と、前年と比べて1.0pt、平成14年と比べて10.0pt、それぞれ低下している（なお、30〜39歳、40〜49歳、50〜59歳、60〜64歳の各年齢

層の２年以内再入率の推移については、CD-ROM参照）。

　罪名別の２年以内再入率は、平成14年以降、窃盗が他の罪名と比べて一貫して最も高いものの、低下傾向にあり、令和３年は19.8％と、平成14年と比べて10.2pt低下している。詐欺は、出所年によって変動があるものの、おおむね低下傾向にあり、令和３年は8.5％と、平成14年と比べて21.2pt低下している。傷害・暴行は、出所年によって変動が大きく、令和３年は14.0％と、平成14年と比べて5.9pt低下している。覚醒剤取締法違反は、27年まで20％前後で推移していたが、以降は低下傾向を示し、令和３年は12.8％と、前年と比べて2.7pt、平成14年と比べて7.1pt、それぞれ低下している。なお、令和３年は、傷害・暴行が窃盗に次いで高くなっている。

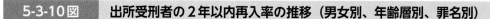

5-3-10図 出所受刑者の２年以内再入率の推移（男女別、年齢層別、罪名別）

（平成14年～令和３年）

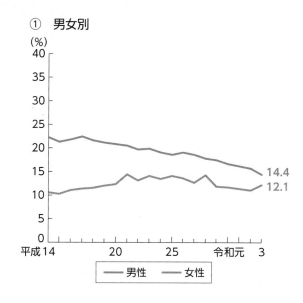

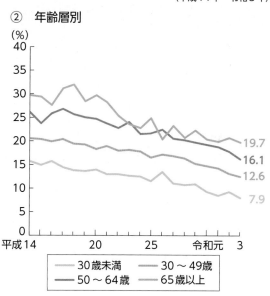

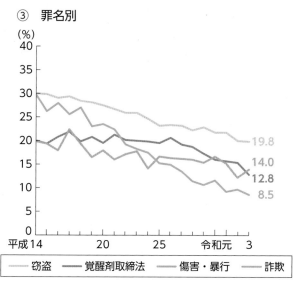

注　1　5-3-9図の脚注１及び２に同じ。
　　2　「２年以内再入率」は、各年の出所受刑者の人員に占める、出所年の翌年の年末までに再入所した者の人員の比率をいう。
　　3　②の「年齢層」は、前刑出所時の年齢による。再入者の前刑出所時の年齢は、再入所時の年齢及び前刑出所年から算出した推計値である。

4 再入者の再犯期間

5-3-11図は、令和４年の入所受刑者のうち、再入者の**再犯期間**（前回の刑の執行を受けて出所した日から再入に係る罪を犯した日までの期間をいう。）別の構成比を見たものである。再入者のうち、前刑出所日から２年未満で再犯に至った者が５割以上を占めている。出所から１年未満で再犯に至った者は35.4％であり、３月未満というごく短期間で再犯に至った者も9.5％いる。また、再入者のうち、前回の刑において一部執行猶予者で仮釈放となった者は327人、実刑部分の刑期終了により出所した者は100人であり、そのうち出所から１年未満で再犯に至った者は、それぞれ117人、42人であった（矯正統計年報による。）。

なお、再入者の再犯期間別人員（前刑罪名別）については、CD-ROM資料**5-3**参照。

5-3-11図　再入者の再犯期間別構成比

（令和４年）

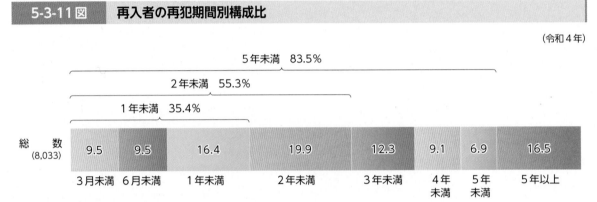

注　1　矯正統計年報による。
　　2　前刑出所後の犯罪により再入所した者で、かつ、前刑出所事由が満期釈放等又は仮釈放の者を計上している。
　　3　「再犯期間」は、前回の刑の執行を受けて出所した日から再入に係る罪を犯した日までの期間をいう。
　　4　（　）内は、実人員である。

第4章 保護観察

1 保護観察開始人員中の有前科者

　平成15年から令和4年までの間に保護観察を開始した仮釈放者（全部実刑者・一部執行猶予者）及び保護観察付全部・一部執行猶予者について、有前科者（今回の保護観察に係る処分を除き、保護観察開始前に罰金以上の刑に処せられたことがある者をいう。以下この項において同じ。）と前科のない者を別にしつつ、保護観察開始人員の推移を見るとともに、有前科者率（保護観察開始人員に占める有前科者の人員の比率をいう。）の推移を見ると、**5-4-1図**のとおりである。

5-4-1図 　保護観察開始人員（前科の有無別）・有前科者率の推移

（平成15年〜令和4年）

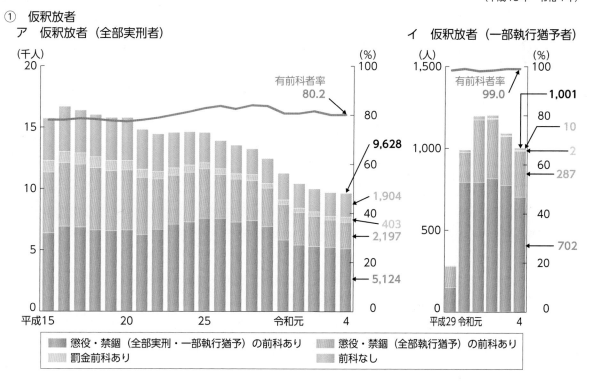

① 仮釈放者

ア　仮釈放者（全部実刑者）

イ　仮釈放者（一部執行猶予者）

　凡例：
　懲役・禁錮（全部実刑・一部執行猶予）の前科あり　　懲役・禁錮（全部執行猶予）の前科あり
　罰金前科あり　　前科なし

② 保護観察付全部・一部執行猶予者
　ア　保護観察付全部執行猶予者　　　　　　　　　　　　　　　イ　保護観察付一部執行猶予者

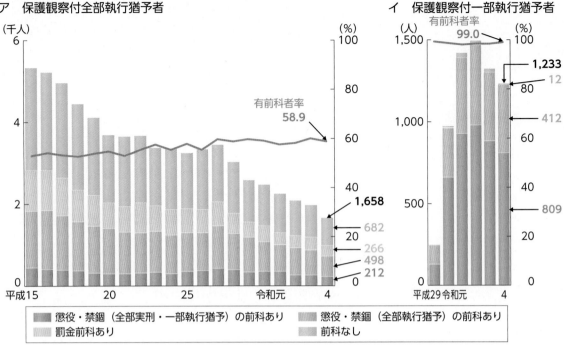

注　1　保護統計年報及び法務省大臣官房司法法制部の資料による。
　　2　「有前科者」は、今回の保護観察に係る処分を除き、保護観察開始前に罰金以上の刑に処せられたことがある者をいう。
　　3　「有前科者率」は、保護観察開始人員に占める有前科者の人員の比率をいう。
　　4　前科の有無が不詳の者を除く。
　　5　複数の前科を有する場合、懲役・禁錮（全部実刑・一部執行猶予）の前科がある者は「懲役・禁錮（全部実刑・一部執行猶予）の前
　　　　科あり」に、懲役・禁錮（全部実刑・一部執行猶予）の前科がなく、かつ懲役・禁錮（全部執行猶予）の前科がある者は「懲役・禁錮
　　　　（全部執行猶予）の前科あり」に、罰金の前科のみがある者は「罰金前科あり」に、それぞれ計上している。
　　6　「仮釈放者（一部執行猶予者）」及び「保護観察付一部執行猶予者」は、刑の一部執行猶予制度が開始された平成28年はいなかった。

2　保護観察対象者の再処分等の状況

　平成15年から令和4年までの間に保護観察が終了した仮釈放者（全部実刑者）及び保護観察付全部執行猶予者について、①**再処分率**（保護観察期間中に再犯により刑事処分（起訴猶予の処分を含む。刑事裁判については、その期間中に確定したものに限る。）を受けた者の占める比率をいう。）、②**取消率**（再犯又は遵守事項違反により仮釈放又は保護観察付全部執行猶予を取り消された者の占める比率をいう。）及び③**取消・再処分率**（取消又は再処分のいずれかに該当する者（双方に該当する場合は1人として計上される。）の占める比率をいう。）の推移を見ると、**5-4-2図**のとおりである。

　取消率は、仮釈放者（全部実刑者）、保護観察付全部執行猶予者共に、平成15年以降低下傾向にあるが、近年、仮釈放者（全部実刑者）は、4％前後で推移しており、令和4年は3.4％であり、保護観察付全部執行猶予者は、平成30年に20.5％に低下した後、21％台で推移しており、令和4年は21.2％であった。なお、仮釈放者の再処分率が極めて低いのは、仮釈放者が再犯に及んで刑事裁判を受けることになった場合であっても、仮釈放期間中には刑事裁判が確定しないことが多いことなどが関係していると考えられる。

　令和4年に保護観察が終了した仮釈放者（一部執行猶予者）の取消率は2.2％であり、保護観察付一部執行猶予者の取消率は22.7％であった（CD-ROM参照）。

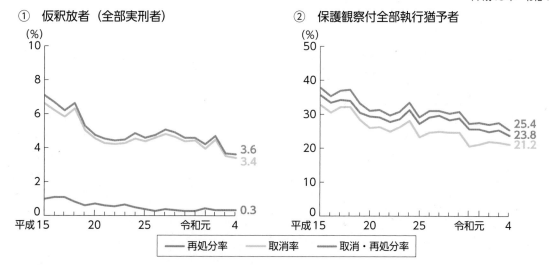

5-4-2図　保護観察終了者の再処分率・取消率等の推移

（平成15年～令和4年）

① 仮釈放者（全部実刑者）

② 保護観察付全部執行猶予者

凡例：再処分率　取消率　取消・再処分率

注　1　保護統計年報及び法務省大臣官房司法法制部の資料による。
　　2　「再処分率」は、保護観察終了人員のうち、保護観察期間中に再犯により刑事処分（起訴猶予の処分を含む。刑事裁判については、その期間中に確定したものに限る。）を受けた者の人員の占める比率をいう。
　　3　「取消率」は、保護観察終了人員のうち、再犯又は遵守事項違反により仮釈放又は保護観察付全部執行猶予を取り消された者の人員の占める比率をいう。
　　4　「取消・再処分率」は、保護観察終了人員のうち、再犯若しくは遵守事項違反により仮釈放若しくは保護観察付全部執行猶予を取り消された者、又は保護観察期間中に再犯により刑事処分（起訴猶予の処分を含む。刑事裁判については、その期間中に確定したものに限る。）を受けた者の人員（双方に該当する場合は1人として計上される。）の占める比率をいう。

　仮釈放者（全部実刑者）及び保護観察付全部執行猶予者の取消・再処分率の推移を、男女別・年齢層別・罪名別・就労状況別に見ると、**5-4-3図**のとおりである（仮釈放者（一部執行猶予者）及び保護観察付一部執行猶予者についてはCD-ROM参照）。

　仮釈放者（全部実刑者）を男女別に見ると、男性は、近年低下傾向にあり、令和4年（3.6%）は平成10年以降で最も低かったのに対し、女性は、近年上昇低下を繰り返しており、令和4年（3.7%）は15年ぶりに男性を上回った（CD-ROM参照）。年齢層別に見ると、近年いずれも同程度の水準で推移していたが、4年は、30歳未満（2.7%）が他の年齢層に比べて最も低く、平成10年以降で初めて3%を下回った。また、罪名別に見ると、窃盗は、近年7%前後で推移していたが、令和4年（5.4%）は前年に引き続き6%を下回った。覚醒剤取締法違反は、近年4%前後で推移しており、4年は4.0%であった。

　保護観察付全部執行猶予者は、男女別に見ると、近年おおむね同程度の水準で推移しており、令和4年は男性が25.3%、女性が25.4%であった（保護観察付一部執行猶予者について見ると、4年は男性が26.7%、女性が22.8%であった（CD-ROM参照）。）。年齢層別に見ると、30歳未満の取消・再処分率が一貫して高い。

5-4-3図　**保護観察終了者の取消・再処分率の推移（男女別、年齢層別、罪名別、就労状況別）**

（平成15年～令和4年）

① 仮釈放者（全部実刑者）

ア　男女別

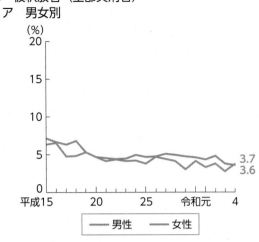

イ　年齢層別

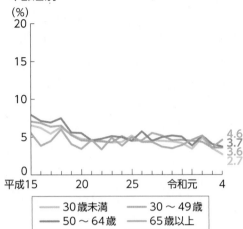

ウ　罪名別

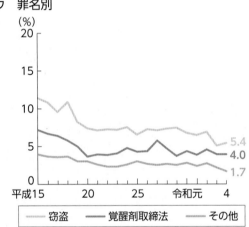

エ　就労状況別

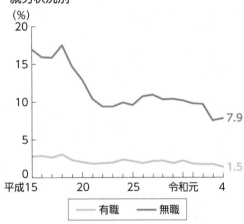

② 保護観察付全部執行猶予者

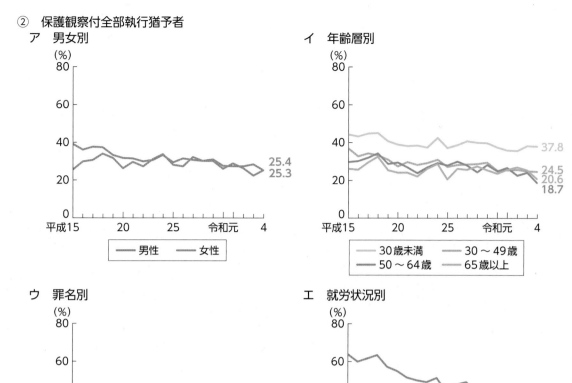

ア　男女別
(%)

凡例: 男性　女性

イ　年齢層別
(%)

37.8
24.5
20.6
18.7

凡例: 30歳未満　30〜49歳　50〜64歳　65歳以上

25.4
25.3

ウ　罪名別
(%)

31.0
28.6
21.3

凡例: 窃盗　覚醒剤取締法　その他

エ　就労状況別
(%)

39.2

16.1

凡例: 有職　無職

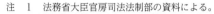

注　1　法務省大臣官房司法法制部の資料による。
　　2　「取消・再処分率」は、保護観察終了人員のうち、再犯若しくは遵守事項違反により仮釈放若しくは保護観察付全部執行猶予を取り消された者、又は保護観察期間中に再犯により刑事処分（起訴猶予の処分を含む。刑事裁判については、その期間中に確定したものに限る。）を受けた者の人員（双方に該当する場合は1人として計上される。）の占める比率をいう。
　　3　イの「年齢層」は、保護観察終了時の年齢による。
　　4　エの「就労状況」は、保護観察終了時の就労状況により、就労状況が不詳の者を除く。「無職」は、学生・生徒、家事従事者及び定収入のある無職者を除く。

　5-4-4表は、平成25年から令和4年に保護観察が開始された仮釈放者（全部実刑者・一部執行猶予者）及び保護観察付全部・一部執行猶予者について、保護観察が開始された年ごとに、保護観察が開始された日から5年以内に再犯又は遵守事項違反により仮釈放又は刑の執行猶予の言渡しを取り消された者の人員を見たものである。平成25年から29年の各年に保護観察が開始された仮釈放者（全部実刑者）及び保護観察付全部執行猶予者について見ると、各年とも、保護観察が開始された日から5年以内に仮釈放又は刑の全部執行猶予の言渡しを取り消された者の比率は、それぞれ4％台、24〜25％台であった。

5-4-4表　仮釈放・保護観察付全部・一部執行猶予の取消状況

（平成25年～令和4年）

① 仮釈放者
ア　仮釈放者（全部実刑者）

年次	保護観察開始人員(A)	仮釈放を取り消された者の人員										計(B)	B/A(%)
		25年	26年	27年	28年	29年	30年	元年	2年	3年	4年		
25年	14,623	418	212	17	6	2	−	…	…	…	…	655	4.5
26	13,925	…	402	189	23	7	4	1	…	…	…	626	4.5
27	13,570	…	…	445	176	11	6	−	2	…	…	640	4.7
28	13,260	…	…	…	416	172	12	3	1	−	…	604	4.6
29	12,477	…	…	…	…	364	148	13	5	3	1	534	4.3
30	11,307	…	…	…	…	…	341	136	11	1	−	[489]	[4.3]
元	10,442	…	…	…	…	…	…	267	152	10	2	[431]	[4.1]
2	9,994	…	…	…	…	…	…	…	281	116	9	[406]	[4.1]
3	9,740	…	…	…	…	…	…	…	…	211	97	[308]	[3.2]
4	9,635	…	…	…	…	…	…	…	…	…	223	[223]	[2.3]

イ　仮釈放者（一部執行猶予者）

年次	保護観察開始人員(A)	仮釈放を取り消された者の人員										計(B)	B/A(%)
		25年	26年	27年	28年	29年	30年	元年	2年	3年	4年		
28年	−	…	…	…	−	−	−	−	−	−	…	−	…
29	283	…	…	…	…	3	1	−	−	−	−	4	1.4
30	992	…	…	…	…	…	20	9	−	−	1	[30]	[3.0]
元	1,198	…	…	…	…	…	…	16	9	−	−	[25]	[2.1]
2	1,201	…	…	…	…	…	…	…	29	8	1	[38]	[3.2]
3	1,090	…	…	…	…	…	…	…	…	20	8	[28]	[2.6]
4	1,001	…	…	…	…	…	…	…	…	…	13	[13]	[1.3]

② 保護観察付全部・一部執行猶予者
ア　保護観察付全部執行猶予者

年次	保護観察開始人員(A)	全部執行猶予を取り消された者の人員										計(B)	B/A(%)
		25年	26年	27年	28年	29年	30年	元年	2年	3年	4年		
25年	3,255	98	315	231	116	54	16	…	…	…	…	830	25.5
26	3,348	…	103	320	200	148	37	13	…	…	…	821	24.5
27	3,460	…	…	112	331	232	130	53	14	…	…	872	25.2
28	3,034	…	…	…	106	303	198	116	51	5	…	779	25.7
29	2,595	…	…	…	…	70	236	159	115	46	15	641	24.7
30	2,481	…	…	…	…	…	66	232	170	110	46	[624]	[25.2]
元	2,248	…	…	…	…	…	…	69	181	141	84	[475]	[21.1]
2	2,088	…	…	…	…	…	…	…	48	172	153	[373]	[17.9]
3	1,976	…	…	…	…	…	…	…	…	51	161	[212]	[10.7]
4	1,660	…	…	…	…	…	…	…	…	…	33	[33]	[2.0]

イ　保護観察付一部執行猶予者

年次	保護観察開始人員(A)	一部執行猶予を取り消された者の人員										計(B)	B/A(%)
		25年	26年	27年	28年	29年	30年	元年	2年	3年	4年		
28年	−	…	…	…	−	…	−	−	−	−	…	−	…
29	248	…	…	…	…	−	34	25	−	−	−	59	23.8
30	974	…	…	…	…	…	24	141	113	9	−	[287]	[29.5]
元	1,419	…	…	…	…	…	…	46	163	148	12	[369]	[26.0]
2	1,496	…	…	…	…	…	…	…	45	186	136	[367]	[24.5]
3	1,325	…	…	…	…	…	…	…	…	46	157	[203]	[15.3]
4	1,233	…	…	…	…	…	…	…	…	…	32	[32]	[2.6]

注　1　保護統計年報及び法務省大臣官房司法法制部の資料による。
　　2　保護観察が開始された日から5年以内に、仮釈放、保護観察付全部執行猶予又は保護観察付一部執行猶予を取り消された者（仮釈放者については、刑法29条2項の規定により、仮釈放中に一部執行猶予の言渡しを取り消され、仮釈放が失効した人員は含まない。）の人員を年次別に計上している。なお、[　]内は、開始された日から5年に満たない各年の累積人員及び比率である。
　　3　余罪（刑法29条1項2号・3号）により仮釈放を取り消された者を除く。
　　4　余罪（刑法26条2号・3号、26条の2第3号又は27条の4第2号・3号）により保護観察付全部執行猶予又は保護観察付一部執行猶予を取り消された者を除く。

第5章 少年の再非行・再犯

1 少年の再非行

　刑法犯により検挙された少年のうち、再非行少年（前に道路交通法違反を除く非行により検挙（補導）されたことがあり、再び検挙された少年をいう。）の人員及び**再非行少年率**（少年の刑法犯検挙人員に占める再非行少年の人員の比率をいう。）の推移（最近20年間）は、**5-5-1図**のとおりである。再非行少年の人員は、平成9年から増加傾向にあったが、16年以降は毎年減少している。再非行少年率は、10年から28年まで上昇し続けた後、29年以降は低下傾向にあり、令和4年は31.7％（前年比2.1pt低下）であった（CD-ROM参照）。

| 5-5-1図 | 少年の刑法犯 検挙人員中の再非行少年の人員・再非行少年率の推移 |

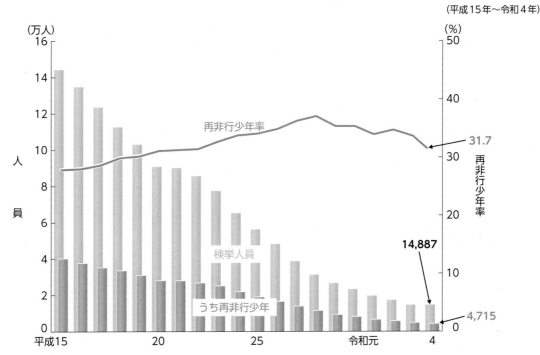

注　1　警察庁の統計による。
　　2　犯行時の年齢による。ただし、検挙時に20歳以上であった者を除く。
　　3　触法少年の補導人員を含まない。
　　4　「再非行少年」は、前に道路交通法違反を除く非行により検挙（補導）されたことがあり、再び検挙された少年をいう。
　　5　「再非行少年率」は、少年の刑法犯検挙人員に占める再非行少年の人員の比率をいう。

5-5-2図①は、20歳未満の覚醒剤取締法違反（覚醒剤に係る麻薬特例法違反を含む。以下この段落において同じ。）検挙人員のうち、同一罪名再非行少年（前に覚醒剤取締法違反で検挙されたことがあり、再び同法違反で検挙された少年をいう。以下この段落において同じ。）の人員及び同一罪名再非行少年率（20歳未満の覚醒剤取締法違反検挙人員に占める同一罪名再非行少年の人員の比率をいう。以下この段落において同じ。）の推移（最近20年間）を見たものである。同一罪名再非行少年率は、平成15年以降増減を繰り返しており、令和4年は前年比で1.4pt低下した20.4%であった。

5-5-2図②は、20歳未満の大麻取締法違反（大麻に係る麻薬特例法違反を含む。以下この段落において同じ。）検挙人員のうち、同一罪名再非行少年（前に大麻取締法違反で検挙されたことがあり、再び同法違反で検挙された少年をいう。以下この段落において同じ。）の人員及び同一罪名再非行少年率（20歳未満の大麻取締法違反検挙人員に占める同一罪名再非行少年の人員の比率をいう。以下この段落において同じ。）の推移（最近20年間）を見たものである。同一罪名再非行少年率は、平成21年までおおむね上昇傾向にあった後、24年まで低下し、その後は再び上昇傾向にあり、令和4年は前年比で2.2pt上昇した13.7%であった。

5-5-2図　薬物犯罪 20歳未満の検挙人員中の同一罪名再非行少年の人員等の推移

（平成15年〜令和4年）

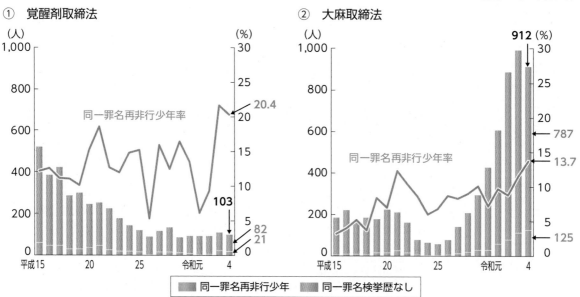

注　1　警察庁刑事局の資料による。
　　2　検挙時の年齢による。
　　3　①の「同一罪名再非行少年」は、前に覚醒剤取締法違反（覚醒剤に係る麻薬特例法違反を含む。以下同じ。）で検挙されたことがあり、再び覚醒剤取締法違反で検挙された少年をいい、「同一罪名再非行少年率」は、20歳未満の同法違反検挙人員に占める同一罪名再非行少年の人員の比率をいう。
　　4　②の「同一罪名再非行少年」は、前に大麻取締法違反（大麻に係る麻薬特例法違反を含む。以下同じ。）で検挙されたことがあり、再び大麻取締法違反で検挙された少年をいい、「同一罪名再非行少年率」は、20歳未満の同法違反検挙人員に占める同一罪名再非行少年の人員の比率をいう。

2 保護観察処分少年及び少年院入院者の保護処分歴

　令和4年における保護観察処分少年（同年中に保護観察が開始された者に限り、交通短期保護観察及び更生指導の対象者を除く。）及び少年院入院者の保護処分歴別構成比を男女別に見ると、5-5-3図のとおりである。

5-5-3図　保護観察処分少年・少年院入院者の保護処分歴別構成比（男女別）

（令和4年）

① 保護観察処分少年

② 少年院入院者

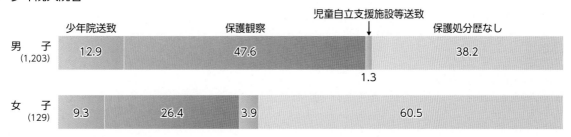

注　1　法務省大臣官房司法法制部の資料による。
　　2　保護観察処分少年は、交通短期保護観察及び更生指導の対象者を除く。
　　3　「児童自立支援施設等送致」は、児童自立支援施設・児童養護施設送致である。
　　4　複数の保護処分歴を有する場合、少年院送致歴がある者は「少年院送致」に、それ以外の者のうち保護観察歴がある者は「保護観察」に、児童自立支援施設等送致歴のみがある者は「児童自立支援施設等送致」に計上している。
　　5　（　）内は、実人員である。

3　少年院出院者の再入院等の状況

　この項では、少年院出院者の再入院又は刑事施設への入所の状況について概観する。ここで、**再入院率**とは、各年の少年院出院者人員のうち、一定の期間内に、新たな少年院送致の決定により再入院した者の人員の比率をいい、**再入院・刑事施設入所率**とは、各年の少年院出院者人員のうち、一定の期間内に、新たな少年院送致の決定により再入院した者と初入者として刑事施設に入所した者の合計人員の比率をいう（以下この項において同じ。）。例えば、2年以内再入院・刑事施設入所率とは、各年の少年院出院者人員のうち、出院年を1年目として、2年目、すなわち翌年の年末までに再入院した者又は初入者として刑事施設に入所した者の人員の比率をいい、このうち再入院した者に限ったものを2年以内再入院率という。なお、同一の出院者について、出院後、複数回再入院した場合又は再入院した後に刑事施設への入所がある場合には、その最初の再入院を計上している。

　5-5-4図は、平成30年の少年院出院者について、令和4年までの各年における再入院率及び再入院・刑事施設入所率を見たものである。再入院率は、2年以内では9.7％、5年以内では14.0％であり、5年以内に再入院した者のうち、約7割の者が2年以内に再入院している（CD-ROM参照）。もっとも、一定の期間が経過した後の再入院率に関しては、出院後の期間の経過に伴い、20歳に達する者が多くなり、そのような者が再犯（再非行）に及んだとしても、通常は保護処分ではなく、刑事処分の対象となるため、再入院には至らないことがある点に留意する必要がある。そこで、再入院・刑事施設入所率を見ると、2年以内では10.9％であるが、その後も上昇しており、5年以内では21.8％であった。

5-5-4図　少年院出院者　5年以内の再入院率と再入院・刑事施設入所率

（平成30年）

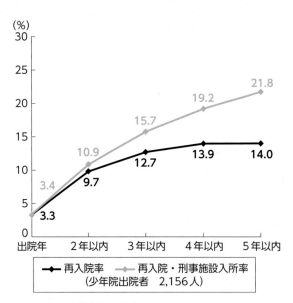

凡例：
- 再入院率
- 再入院・刑事施設入所率
（少年院出院者　2,156人）

注　1　少年矯正統計年報及び法務省大臣官房司法法制部の資料による。
　　2　「再入院率」は、平成30年の少年院出院者の人員に占める、同年から令和4年までの各年の年末までに、新たな少年院送致の決定により再入院した者の人員の比率をいう。
　　3　「再入院・刑事施設入所率」は、平成30年の少年院出院者の人員に占める、同年から令和4年までの各年の年末までに、新たな少年院送致の決定により再入院した者又は受刑のため刑事施設に初めて入所した者の人員の比率をいう。なお、同一の出院者について、出院後、複数回再入院した場合又は再入院した後に刑事施設への入所がある場合には、その最初の再入院を計上している。

5-5-5図①は、平成14年から令和３年までの各年の少年院出院者について、２年以内の再入院率及び再入院・刑事施設入所率の推移を見たものである。再入院率は７～12％台で、再入院・刑事施設入所率は８～13％台でそれぞれ推移している。なお、３年の少年院出院者について、２年以内の再入院率及び再入院・刑事施設入所率を男女別に見ると、それぞれ、男子が7.7％、8.9％、女子が8.1％、8.1％であった（矯正統計年報、少年矯正統計年報及び法務省大臣官房司法法制部の資料による。）。

　5-5-5図②は、平成11年から30年までの各年の少年院出院者について、５年以内の再入院率及び再入院・刑事施設入所率の推移を見たものである。再入院率は13～17％台で、再入院・刑事施設入所率は21～24％台でそれぞれ推移している。なお、30年の少年院出院者について、５年以内の再入院率及び再入院・刑事施設入所率を男女別に見ると、それぞれ、男子が14.3％、22.3％、女子が10.0％、14.0％であった（矯正統計年報、少年矯正統計年報及び法務省大臣官房司法法制部の資料による。）。

5-5-5図　少年院出院者　再入院率と再入院・刑事施設入所率の推移

① ２年以内　（平成14年～令和３年）　② ５年以内　（平成11年～30年）

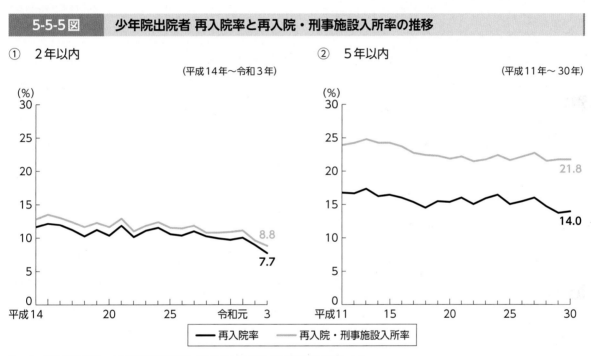

注　1　矯正統計年報、少年矯正統計年報及び法務省大臣官房司法法制部の資料による。
　　2　「再入院率」は、各年の少年院出院者の人員に占める、出院年を１年目として、①では２年目（翌年）の、②では５年目の、それぞれ年末までに新たな少年院送致の決定により再入院した者の人員の比率をいう。
　　3　「再入院・刑事施設入所率」は、各年の少年院出院者の人員に占める、出院年を１年目として、①では２年目（翌年）の、②では５年目の、それぞれ年末までに新たな少年院送致の決定により再入院した者又は受刑のため刑事施設に初めて入所した者の人員の比率をいう。なお、同一の出院者について、出院後、複数回再入院した場合又は再入院した後に刑事施設への入所がある場合には、その最初の再入院を計上している。

4 少年の保護観察対象者の再処分の状況

5-5-6表は、平成25年から令和4年までの間に保護観察が終了した保護観察処分少年（交通短期保護観察及び更生指導の対象者を除く。以下この項において同じ。）及び少年院仮退院者について、**再処分率**（保護観察終了人員のうち、保護観察期間中に再非行・再犯により新たな保護処分又は刑事処分（施設送致申請による保護処分及び起訴猶予の処分を含む。刑事裁判については、その期間中に確定したものに限る。）を受けた者の人員の占める比率をいう。以下同じ。）の推移を見たものである。保護観察処分少年の再処分率は、16～17％台で推移しており、令和4年は17.8％（前年比1.7pt上昇）であった。他方、少年院仮退院者の再処分率は、16～22％台で推移していたところ、4年は16.8％（同0.7pt低下）となり、昭和50年以降で最も低かった（CD-ROM参照）。

5-5-6表　保護観察対象少年の再処分率の推移

（平成25年～令和4年）

① 保護観察処分少年

年次	保護観察終了人員	再処分率	実刑	一部執行猶予	全部執行猶予	一般	交通	少年院送致	保護観察	その他
25年	14,333	17.6	0.1	…	0.4	0.3	0.6	8.6	7.5	0.1
26	13,782	16.4	0.2	…	0.4	0.2	0.6	8.1	6.8	0.1
27	13,213	17.1	0.2	…	0.6	0.2	0.6	8.1	7.3	0.1
28	11,728	17.5	0.2	－	0.6	0.3	0.7	8.0	7.7	0.1
29	10,584	17.2	0.2	－	0.5	0.2	0.7	8.3	7.1	0.2
30	9,533	16.5	0.2	0.0	0.6	0.3	0.6	8.1	6.5	0.2
元	8,556	16.8	0.2	0.0	0.8	0.2	0.7	7.6	7.1	0.2
2	7,659	16.3	0.2	0.0	0.6	0.3	0.7	7.9	6.3	0.2
3	7,570	16.1	0.2	－	0.9	0.4	0.9	7.3	6.3	0.2
4	6,566	17.8	0.3	0.0	1.0	0.3	0.8	8.5	6.7	0.2

② 少年院仮退院者

年次	保護観察終了人員	再処分率	実刑	一部執行猶予	全部執行猶予	一般	交通	少年院送致	保護観察	その他
25年	3,354	21.2	0.2	…	0.2	0.1	0.4	14.2	5.8	0.1
26	3,312	20.8	0.3	…	0.4	0.2	0.6	13.7	5.7	－
27	3,250	20.4	0.1	…	0.3	0.1	0.8	12.8	6.2	0.1
28	3,169	22.0	0.1	－	0.4	0.2	0.6	13.9	6.6	0.2
29	2,859	20.1	－	－	0.2	－	0.8	13.4	5.5	0.1
30	2,672	20.4	0.1	－	0.3	0.0	0.6	12.8	6.3	0.3
元	2,292	18.8	0.1	－	0.1	－	0.4	12.1	5.9	0.1
2	2,144	19.5	0.2	－	0.2	0.0	0.4	13.5	5.0	0.0
3	1,808	17.5	－	－	0.1	0.1	0.6	11.8	5.0	－
4	1,677	16.8	0.2	－	0.2	0.2	0.7	10.1	5.1	0.2

注　1　保護統計年報による。
　　2　保護観察処分少年は、交通短期保護観察及び更生指導の対象者を除く。
　　3　「再処分率」は、保護観察終了人員のうち、保護観察期間中に再非行・再犯により新たな保護処分又は刑事処分（施設送致申請による保護処分及び起訴猶予の処分を含む。刑事裁判については、その期間中に確定したものに限る。）を受けた者の人員の占める比率をいう。「処分内容」の数値は、各処分内容別の再処分率である。
　　4　「罰金」のうち、「交通」は、過失運転致死傷等（刑法211条に規定する罪については、車両の運転によるものに限る。）並びに交通関係4法令及び道路運送法の各違反によるものであり、「一般」は、それ以外の罪によるものである。
　　5　「その他」は、拘留、科料、起訴猶予、児童自立支援施設・児童養護施設送致等である。

令和４年に保護観察が終了した保護観察処分少年及び少年院仮退院者について、再処分率を保護観察終了時の就学・就労状況別に見ると、**5-5-7図**のとおりである。保護観察処分少年は、無職（52.6％）が最も高く、次いで、有職（17.0％）、学生・生徒（8.5％）の順であった。少年院仮退院者も、無職（30.0％）が最も高く、次いで、有職（14.1％）、学生・生徒（12.4％）の順であった。

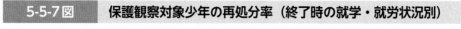

5-5-7図　保護観察対象少年の再処分率（終了時の就学・就労状況別）

(令和４年)

① 保護観察処分少年

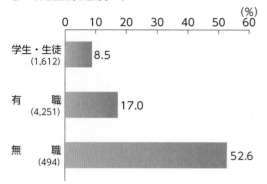

② 少年院仮退院者

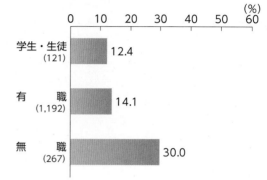

注　1　法務省大臣官房司法法制部の資料による。
　　2　保護観察処分少年は、交通短期保護観察及び更生指導の対象者を除く。
　　3　保護観察終了時の就学・就労状況による。ただし、犯罪又は非行により身柄を拘束されたまま保護観察が終了した者については、身柄を拘束される直前の就学・就労状況による。
　　4　「再処分率」は、保護観察終了人員のうち、保護観察期間中に再非行・再犯により新たな保護処分又は刑事処分（施設送致申請による保護処分及び起訴猶予の処分を含む。刑事裁判については、その期間中に確定したものに限る。）を受けた者の人員の占める比率をいう。
　　5　家事従事者、定収入のある無職者及び不詳の者を除く。
　　6　（　）内は、実人員である。

法テラスの犯罪被害者支援
「カプセルガチャの部屋」（YouTube動画）
【画像提供：法務省大臣官房司法法制部】

法テラスの犯罪被害者支援専用Webページ
【画像提供：法務省大臣官房司法法制部】

第6編

犯罪被害者

第1章　統計上の犯罪被害

第2章　刑事司法における被害者への配慮

第1章 統計上の犯罪被害

　この章において、「被害者」とは、犯罪により害を被った者をいうが、放火や公務執行妨害等の社会的・国家的法益が保護法益である犯罪については、家屋の放火により害を被った所有者や居住者等、公務執行妨害罪では暴行を受けた公務員等を「被害者」として扱う。

第1節 被害件数

　6-1-1-1図は、人が被害者となった刑法犯の認知件数及び男女別の被害発生率（人口10万人当たりの認知件数をいう。以下この章において同じ。）の推移（最近30年間）を見たものである。平成14年（認知件数248万6,055件、被害発生率1,950.1）までは増加・上昇傾向にあった後、同年をピークとして、それ以降は減少・低下し続けていた。令和4年は、20年ぶりに増加・上昇したが、いずれも令和2年の水準には至らず、共に平成14年の約5分の1以下であった。

6-1-1-1図　**人が被害者となった刑法犯 認知件数・被害発生率（男女別）の推移**

（平成5年〜令和4年）

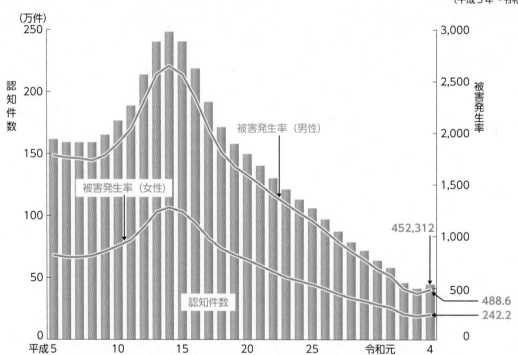

注　1　警察庁の統計及び総務省統計局の人口資料による。
　　2　被害者が法人その他の団体である場合を除く。
　　3　「被害発生率」は、人口10万人当たりの認知件数（男女別）をいう。
　　4　一つの事件で複数の被害者がいる場合は、主たる被害者について計上している。

6-1-1-2表は、令和4年における、人が被害者となった刑法犯の認知件数を主な罪名別に見るとともに、これを主たる被害者の年齢層別に見たものである。総数（この表に掲げた主な罪名の犯罪によって人が被害者となった認知件数の合計）に占める65歳以上の割合は、16.0％であり、これを罪名別に見ると、詐欺（49.1％）、殺人（29.1％）、横領（18.4％）の順に高い。

各年齢層別に女性被害者が占める割合が最も高いのは、65歳以上であった。年齢層ごとに女性が被害者となった認知件数を見ると、全ての年齢層において、窃盗が最も多く、次いで、13歳未満及び13～19歳では強制わいせつ、50～64歳及び65歳以上では詐欺、それ以外の年齢層では暴行の順であった。

6-1-1-2表　人が被害者となった刑法犯 認知件数（主な罪名別、被害者の年齢層別）

(令和4年)

罪名	総数	女子・女性	13歳未満	女子	13～19歳	女子	20～29歳	女性	30～39歳	女性	40～49歳	女性	50～64歳	女性	65歳以上	女性
総数	383,232 (100.0)	134,725 [35.2]	9,163 (2.4)	3,501 [38.2]	60,383 (15.8)	19,198 [31.8]	79,274 (20.7)	29,888 [37.7]	54,791 (14.3)	17,857 [32.6]	55,144 (14.4)	17,131 [31.1]	63,189 (16.5)	19,017 [30.1]	61,288 (16.0)	28,133 [45.9]
殺人	842	373	44	25	41	19	129	51	100	36	123	43	160	62	245	137
強盗	1,061	364	4	3	84	26	258	92	166	48	179	54	207	76	163	65
強制性交等	1,655	1,591	216	183	473	462	647	631	198	194	79	79	33	33	9	9
暴行	27,849	12,267	1,115	368	2,563	1,121	6,032	3,165	5,199	2,365	5,042	2,131	4,902	1,787	2,996	1,330
傷害	19,514	7,296	891	281	1,990	537	4,444	1,968	3,523	1,385	3,195	1,221	3,386	1,067	2,085	837
脅迫	4,004	1,846	62	26	441	281	775	472	667	293	785	316	811	278	463	180
恐喝	1,268	237	8	4	303	47	416	78	173	34	152	34	158	27	58	13
窃盗	293,151	90,092	5,929	1,843	52,445	14,979	62,097	20,237	41,474	11,855	41,973	11,696	48,011	13,490	41,222	15,992
詐欺	28,302	15,712	4	3	497	274	2,731	1,516	2,689	1,123	3,257	1,294	5,220	2,023	13,904	9,479
横領	488	122	1	1	13	5	50	21	81	12	106	18	147	26	90	39
強制わいせつ	4,708	4,503	769	676	1,318	1,250	1,652	1,628	513	505	249	244	154	148	53	52
略取誘拐・人身売買	390	322	120	88	215	197	43	29	8	7	4	1	－	－	－	－

注　1　警察庁の統計による。
　　2　一つの事件で複数の被害者がいる場合は、主たる被害者について計上している。
　　3　罪名の「総数」は、この表に掲げた主な罪名の犯罪によって人が被害者となった認知件数の合計である。
　　4　「殺人」は、年齢不明のもの5件（うち女子・女性1件）を除く。
　　5　（　）内は、各年齢層の構成比である。
　　6　〔　〕内は、女子比又は女性比である。

第2節　生命・身体への被害

6-1-2-1図は、生命・身体に被害をもたらした刑法犯について、被害者（死傷者）の人員及び人口比の推移（最近20年間）を見たものである。死傷者総数は平成16年（4万8,190人）をピークに翌年から減少傾向にあったが、令和4年は2万3,117人と前年に比べて1,515人増加した。死亡者数は平成15年（1,432人）をピークに、翌年から減少傾向にある。令和4年の死傷者総数は平成16年と比べて、令和4年の死亡者数は平成15年と比べて、それぞれ2分の1以下であった。死傷者総数に占める女性の比率は、上昇傾向にあり、令和4年は38.0％（平成15年比9.0pt上昇）であった。

6-1-2-1図　生命・身体に被害をもたらした刑法犯 被害者数・人口比の推移（総数・女性別）

（平成15年〜令和4年）

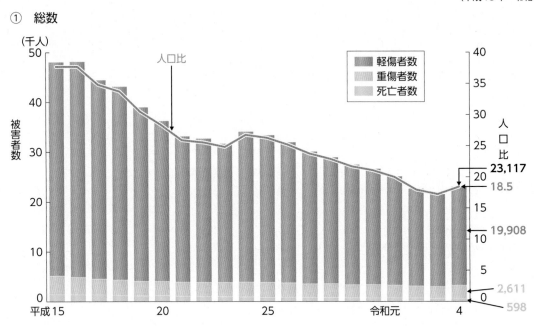

① 総数

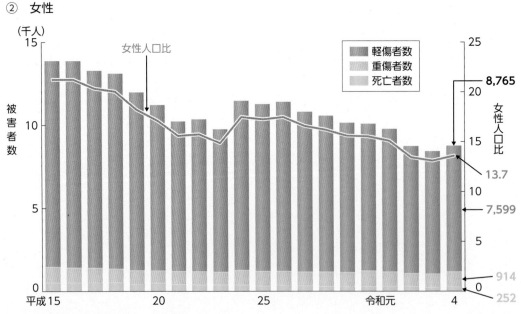

② 女性

注　1　警察庁の統計及び総務省統計局の人口資料による。
　　2　「重傷者」は、全治1か月以上の負傷者をいい、「軽傷者」は、全治1か月未満の負傷者をいう。
　　3　「人口比」は、人口10万人当たりの死傷者総数であり、「女性人口比」は、女性の人口10万人当たりの女性の死傷者総数である。

第**3**節　性犯罪被害

6-1-3-1表は、強制性交等・強制わいせつの認知件数及び被害発生率の推移（最近10年間）を見たものである（なお、強制性交等・強制わいせつの構成要件等に係る刑法改正のうち、平成29年法律第72号によるものについては第1編第1章第2節2項を、令和5年法律第66号によるものについては第2編第1章1項（5）をそれぞれ参照）。

6-1-3-1表　強制性交等・強制わいせつ 認知件数・被害発生率の推移

（平成25年〜令和4年）

年　次	強　制　性　交　等				強　制　わ　い　せ　つ			
	女　　性		男　　性		女　　性		男　　性	
	認知件数	被害発生率	認知件数	被害発生率	認知件数	被害発生率	認知件数	被害発生率
25年	1,409	2.2	…	…	7,446	11.4	208	0.3
26	1,250	1.9	…	…	7,186	11.0	214	0.3
27	1,167	1.8	…	…	6,596	10.1	159	0.3
28	989	1.5	…	…	5,941	9.1	247	0.4
29	1,094	1.7	15	0.0	5,610	8.6	199	0.3
30	1,251	1.9	56	0.1	5,152	7.9	188	0.3
元	1,355	2.1	50	0.1	4,761	7.3	139	0.2
2	1,260	1.9	72	0.1	3,995	6.2	159	0.3
3	1,330	2.1	58	0.1	4,111	6.4	172	0.3
4	1,591	2.5	64	0.1	4,503	7.0	205	0.3

注　1　警察庁の統計及び総務省統計局の人口資料による。
　　2　「被害発生率」は、人口10万人当たりの認知件数（男女別）をいう。
　　3　一つの事件で複数の被害者がいる場合は、主たる被害者について計上している。
　　4　男性の「強制性交等」は、刑法の一部を改正する法律（平成29年法律第72号）が施行された平成29年7月13日以降のものである。

第**4**節　財産への被害

6-1-4-1表は、強盗、窃盗、詐欺、恐喝、横領及び遺失物等横領（被害者が法人その他の団体である場合を含む。以下この節において「財産犯」と総称する。）について、認知件数（被害者がない場合を含む。）及び被害額の推移（最近10年間）を見たものである。令和4年の被害総額は、約1,608億円（現金被害額は約1,065億円）であり、これを罪名別に見ると、詐欺によるものが財産犯による被害総額全体の54.5%を占め、次いで、窃盗によるものが36.4%であった。同年の現金被害額は、詐欺によるものが最も多く、財産犯による現金被害総額の7割以上を占めた（CD-ROM参照。特殊詐欺の被害総額等の推移については、**1-1-2-10**図参照）。

6-1-4-1表　財産犯 認知件数・被害額（罪名別）の推移

（平成25年〜令和4年）

年　次	強　盗			窃　盗			詐　欺			恐　喝			横　領			遺失物等横領		
	認知件数	被　害　額	現金被害額	認知件数	被　害　額	現金被害額	認知件数	被　害　額	現金被害額	認知件数	被　害　額	現金被害額	認知件数	被　害　額	現金被害額	認知件数	被　害　額	現金被害額
25年	3,324	8.0	6.1	981,233	965.2	201.0	38,302	775.4	745.2	3,621	10.2	9.3	1,714	111.0	101.3	33,114	3.4	1.3
26	3,056	6.8	5.4	897,259	814.6	176.2	41,523	846.3	810.4	3,041	7.0	6.5	1,723	142.2	132.0	29,534	3.5	1.4
27	2,426	4.5	2.3	807,560	766.6	184.7	39,432	760.9	687.4	2,614	14.2	8.6	1,536	63.2	55.1	26,500	3.5	1.6
28	2,332	8.4	4.0	723,148	706.0	186.1	40,990	665.3	639.3	2,162	9.2	7.0	1,513	80.6	73.4	22,979	3.6	1.7
29	1,852	9.6	7.1	655,498	666.6	182.1	42,571	609.8	570.8	1,946	7.9	7.2	1,413	54.6	46.7	20,408	3.1	1.5
30	1,787	7.3	5.7	582,141	579.7	167.5	38,513	622.9	463.4	1,753	11.2	8.7	1,449	77.3	55.3	18,522	3.6	2.0
元	1,511	4.0	3.0	532,565	633.2	191.3	32,207	469.5	426.0	1,629	9.9	9.1	1,397	72.7	63.6	15,857	3.9	2.5
2	1,397	3.8	2.2	417,291	501.6	167.8	30,468	640.1	592.5	1,446	4.9	3.9	1,388	113.4	102.0	14,154	3.2	1.7
3	1,138	4.9	2.9	381,769	474.0	154.7	33,353	763.0	707.7	1,237	5.8	5.3	1,282	75.5	65.9	11,746	3.3	1.9
4	1,148	10.0	3.6	407,911	585.3	159.9	37,928	876.8	779.9	1,290	5.8	5.0	1,432	126.1	114.1	12,335	4.0	2.1

（金額の単位は、億円）

注　1　警察庁の統計による。
　　2　被害者が法人その他の団体である場合を含む。
　　3　「認知件数」は、被害者がない場合を含む。

第5節 被害者と被疑者の関係

6-1-5-1図は、令和4年における検挙件数（捜査の結果、犯罪が成立しないこと又は訴訟条件・処罰条件を欠くことが確認された事件を除く。）について、主な罪名ごとに、被害者と被疑者との関係別の構成比を見たものである。

6-1-5-1図 刑法犯 被害者と被疑者の関係別検挙件数構成比（罪名別）

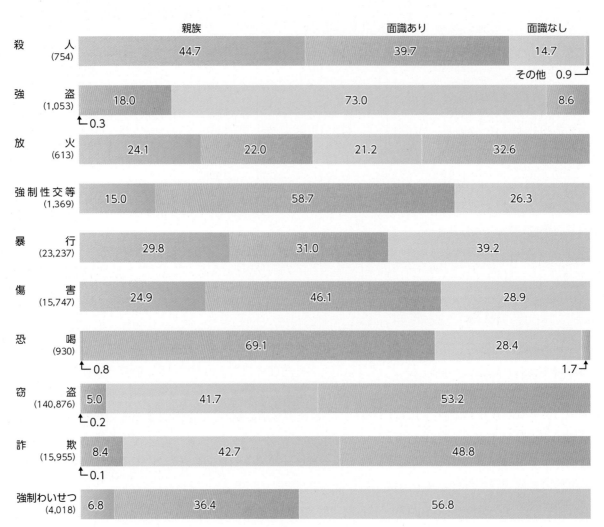

（令和4年）

罪名	親族	面識あり	面識なし	その他
殺 人 (754)	44.7	39.7	14.7	その他 0.9
強 盗 (1,053)	18.0 / 0.3	73.0	8.6	
放 火 (613)	24.1	22.0 / 21.2	32.6	
強制性交等 (1,369)	15.0	58.7	26.3	
暴 行 (23,237)	29.8	31.0	39.2	
傷 害 (15,747)	24.9	46.1	28.9	
恐 喝 (930)	0.8	69.1	28.4	1.7
窃 盗 (140,876)	5.0 / 0.2	41.7	53.2	
詐 欺 (15,955)	8.4 / 0.1	42.7	48.8	
強制わいせつ (4,018)	6.8	36.4	56.8	

注　1　警察庁の統計による。
　　2　捜査の結果、犯罪が成立しないこと又は訴訟条件・処罰条件を欠くことが確認された事件を除く。
　　3　「その他」は、被害者が法人その他の団体である場合及び被害者がない場合である（殺人の「その他」は、全て殺人予備におけるものである。）。
　　4　（　）内は、件数である。

第6節 国外における日本人の犯罪被害

在外公館が邦人援護事務を通じて把握した国外における日本人の犯罪被害件数は、令和3年（2021年）は713件（前年比45.5％減）で、その被害者数は815人（同43.6％減）であり、いずれも令和2年（2020年）に引き続き前年より大きく減少した（外務省領事局の資料による。）。罪名別に令和3年(2021年)までの最近3年間の推移を見ると、**6-1-6-1表**のとおりであり、令和3年（2021年）は、窃盗（前年比63.6％減）、強盗（同33.8％減）、脅迫・恐喝（同33.3％減）の順に減少幅が大きく、令和2年（2020年）に引き続き新型コロナウイルス感染症の感染拡大の影響で出国者数が大幅に減少したこともその一因と考えられる。

6-1-6-1表 国外における日本人の犯罪被害件数

（令和元年（2019年）〜令和3年（2021年））

年次	総数	殺人	傷害・暴行	強制性交等・強制わいせつ	脅迫・恐喝	強盗	窃盗	詐欺	誘拐	その他
元年	4,823 (100.0)	11 (0.2)	69 (1.4)	25 (0.5)	61 (1.3)	215 (4.5)	4,039 (83.7)	320 (6.6)	－ 	83 (1.7)
2	1,309 (100.0)	5 (0.4)	53 (4.0)	10 (0.8)	24 (1.8)	80 (6.1)	942 (72.0)	154 (11.8)	－ 	41 (3.1)
3	713 (100.0)	11 (1.5)	60 (8.4)	9 (1.3)	16 (2.2)	53 (7.4)	343 (48.1)	187 (26.2)	1 (0.1)	33 (4.6)

注 1 外務省領事局の資料による。
　 2 「その他」は、テロを含む。
　 3 （ ）内は、構成比である。

令和3年（2021年）における国外での日本人の犯罪被害による死亡者数は12人（前年比7人増）、負傷者数は57人（同15人減）であった（外務省領事局の資料による。）。

国外においてテロの被害に遭った日本人の死傷者数の推移（最近10年間）は、**6-1-6-2表**のとおりである。

6-1-6-2表 国外における日本人のテロ被害死傷者数の推移

（平成24年（2012年）〜令和3年（2021年））

区分	24年	25年	26年	27年	28年	29年	30年	元年	2年	3年
総数	－	11	－	10	10	－	－	6	－	－
死亡者数	－	10	－	6	7	－	－	2	－	－
負傷者数	－	1	－	4	3	－	－	4	－	－

注 外務省領事局の資料による。

第2章 刑事司法における被害者への配慮

刑事司法の各分野においては、**犯罪被害者等基本法**（平成16年法律第161号）に基づき、令和3年3月に策定された**第4次犯罪被害者等基本計画**を踏まえながら、犯罪被害者等のための各種の施策・取組を実施している。

第4次犯罪被害者等基本計画における五つの重点課題

1	損害回復・経済的支援等への取組	37施策
2	精神的・身体的被害の回復・防止への取組	87施策
3	刑事手続への関与拡充への取組	41施策
4	支援等のための体制整備への取組	84施策
5	国民の理解の増進と配慮・協力の確保への取組	30施策

【第4次犯罪被害者等基本計画】

第1節 刑事手続における被害者の関与

1 被害申告及び告訴

被害者は、捜査機関に対して被害届を提出するなどして被害を申告することができるほか、検察官又は司法警察員に対して、犯罪事実を申告し、犯人の処罰を求めて告訴をすることができる。被害の申告及び告訴は、いずれも捜査機関等にとって捜査の端緒となるものであるが、名誉毀損、器物損壊等の親告罪については、告訴が訴訟条件とされており、告訴がなされない場合又は告訴がなされた後に取り消された場合は、検察官は、公訴を提起することができない。親告罪の告訴については、原則として犯人を知った日から6か月の期間を経過したときはこれをすることができないと定められている。

2 起訴・不起訴等に関する被害者等への通知

検察官は、告訴等があった事件について、公訴を提起し、又はこれを提起しない処分（不起訴処分）をしたときは、速やかにその旨を告訴人等に通知しなければならず、また、不起訴処分をした場合において、告訴人等から請求があるときは、速やかにその理由を告げなければならない。

さらに、検察官等は、被害者が死亡した事件又はこれに準ずる重大な事件や検察官等が被害者等の取調べ等を実施した事件において、被害者等が希望する場合には、事件の処理結果、公判期日及び裁判結果に関する事項について通知を行っている（**被害者等通知制度**）。また、被害者等が特に希望し、相当と認めるときは、公訴事実の要旨、不起訴理由の骨子、公判経過等についても通知を行っている。令和4年においては、事件の処理結果について延べ5万7,762件、公判期日について延べ2万3,208件、裁判結果について延べ3万9,768件の各通知が行われた（目撃者等に対する通知を含む。法務省刑事局の資料による。）。

3 不起訴処分に対する不服申立制度

公訴権は、原則として検察官に付与されているが、検察官の不起訴処分に対する不服申立制度として、検察審査会に対する審査申立て及び管轄地方裁判所に対する付審判請求（「準起訴手続」ともいう。）の制度がある。

（1）検察審査会に対する審査申立て

検察審査会（現在、全国に165か所が設置されている。）は、選挙人名簿に基づきくじで選定された11人の検察審査員（任期6か月）により組織され、申立てにより又は職権で、検察官の不起訴処分の審査を行い、「起訴相当」、「不起訴不当」又は「不起訴相当」の議決を行う。

検察審査会法（昭和23年法律第147号）の改正（平成16年法律第62号。平成21年5月施行）により、検察審査会が「起訴相当」の議決を行った事件につき、検察官が再度不起訴処分にした場合又は一定期間内に公訴を提起しなかった場合には、検察審査会は、再審査を行わなければならず、その結果、「起訴をすべき旨の議決」（起訴議決）を行ったときは、公訴が提起されることとなる。この場合、公訴の提起及びその維持に当たる弁護士（指定弁護士）が裁判所により指定され、この指定弁護士が、起訴議決に係る事件について、検察官の職務を行う。

検察審査会における事件（再審査に係るものを含まない。）の受理・処理人員の推移（最近5年間）は、**6-2-1-1表**のとおりである。令和4年における受理人員のうち、刑法犯（平成25年法律第86号による改正前の刑法211条2項に規定する自動車運転過失致死傷を含む。）は3,554人であり、罪名別に見ると、業務上横領が1,349人と最も多く、次いで、職権濫用（551人）、文書偽造（345人）、傷害（284人）の順であった。特別法犯（自動車運転死傷処罰法違反を含む。）は486人であり、同法違反が134人と最も多かった（いずれも延べ人員。最高裁判所事務総局の資料による。）。

6-2-1-1表　検察審査会の事件の受理・処理人員の推移

（平成30年～令和4年）

年　次	受　　理			処　　理					未　済
	総　数	申立て	職　権	総　数	起訴相当	不起訴不当	不起訴相当	その他	
30年	2,242	2,215	27	2,329	3	81	1,958	287	867
元	1,797	1,733	64	2,068	9	134	1,640	285	596
2	2,141	2,116	25	1,742	11	104	1,400	227	995
3	3,862	3,835	27	3,511	140	242	2,821	308	1,346
4	4,086	4,041	45	4,405	30	137	2,555	1,683	1,027

注　1　最高裁判所事務総局の資料による。
　　2　被疑者数による延べ人員であり、再審査に係るものを除く。
　　3　「その他」は、審査打切り、申立却下及び移送である。
　　4　「未済」は、各年末現在の人員である。

検察審査会において起訴相当又は不起訴不当の議決がされた事件について、検察官が執った事後措置の推移（最近5年間）を、原不起訴処分の理由別に見ると、**6-2-1-2表**のとおりである。

6-2-1-2表　起訴相当・不起訴不当議決事件　事後措置状況の推移（原不起訴処分の理由別）

（平成30年～令和4年）

| 年次 | 措置済総人員 | | | | 原不起訴処分 | | | | | | | | | | | |
| | | | | | 起訴猶予 | | | | 嫌疑不十分 | | | | その他 | | | |
	総数	起訴	不起訴維持	起訴率	総数	起訴	不起訴維持	起訴率	総数	起訴	不起訴維持	起訴率	総数	起訴	不起訴維持	起訴率
30年	84	21	63	25.0	14	5	9	35.7	67	16	51	23.9	3	－	3	－
元	110	21	89	19.1	13	4	9	30.8	92	17	75	18.5	5	－	5	－
2	102	24	78	23.5	18	9	9	50.0	84	15	69	17.9	－	－	－	…
3	136	34	102	25.0	37	15	22	40.5	97	19	78	19.6	2	－	2	－
4	421	151	270	35.9	290	137	153	47.2	130	14	116	10.8	1	－	1	－

注　1　最高裁判所事務総局の資料による。
　　2　「総数」、「起訴」及び「不起訴維持」は、被疑者数による延べ人員である。
　　3　「起訴猶予」、「嫌疑不十分」及び「その他」は、原不起訴処分の理由である。「その他」は、嫌疑なし、罪とならず、刑事未成年、心神喪失、時効完成等である。

検察審査会法施行後の昭和24年から令和4年までの間、検察審査会では、合計で延べ18万7,063人の処理がされ、延べ1万9,256人（10.3%）について起訴相当又は不起訴不当の議決がされており、このうち、検察官により起訴された人員は、延べ1,831人であった（最高裁判所事務総局の資料による。）。

検察審査会の起訴相当の議決がされた後、検察官が不起訴維持の措置を執り、検察審査会が再審査した事件のうち、平成21年から令和4年までに再審査が開始されたのは、延べ60人であり、起訴議決に至ったものは延べ15人、起訴議決に至らなかった旨の議決は延べ18人であった（最高裁判所事務総局の資料による。）。

昭和24年から令和4年までの間、検察審査会の議決後起訴された人員（指定弁護士による公訴提起を含む。）の第一審裁判では、1,527人が有罪（自由刑544人、罰金刑983人）、106人が無罪（免訴及び公訴棄却を含む。）を言い渡された（最高裁判所事務総局の資料による。）。このうち、平成21年から令和4年までの間、検察審査会の起訴議決があり、指定弁護士による公訴提起がなされて裁判が確定した事件の人員は、11人（有罪2人（自由刑1人、財産刑1人）、無罪（免訴及び公訴棄却を含む。）9人）であった（法務省刑事局の資料による。）。

（2）付審判請求

付審判請求は、公務員による各種の職権濫用等の罪について告訴又は告発をした者が、不起訴処分に不服があるときに、事件を裁判所の審判に付するよう管轄地方裁判所に請求することを認める制度である。地方裁判所は、その請求に理由があるときは、事件を裁判所の審判に付する旨の決定を行い、この決定により、その事件について公訴の提起があったものとみなされ、公訴の維持に当たる弁護士（指定弁護士）が裁判所により指定され、この指定弁護士が、その事件について検察官の職務を行う。

令和4年における付審判請求の新規受理人員は1,075人、処理人員は915人であり、付審判決定があった者はいなかった（司法統計年報及び最高裁判所事務総局の資料による。）。

また、刑事訴訟法施行後の昭和24年から令和4年までの間に付審判決定があり、公訴の提起があったとみなされた事件の裁判が確定した件数は22件であり、うち13件が無罪（免訴を含む。）であった（最高裁判所事務総局の資料による。）。

4 公判段階における被害者等の関与

（1）被害者参加制度

被害者参加制度により、一定の犯罪に係る被告事件の被害者等は、裁判所の決定により被害者参加人として刑事裁判に参加し、公判期日に出席できるほか、検察官の訴訟活動に意見を述べること、情状事項に関して証人を尋問すること、自らの意見陳述のために被告人に質問すること、事実・法律適用に関して意見を述べることなどができる。そして、被害者参加人が公判期日等に出席する場合において、裁判所は、被害者参加人と被告人や傍聴人との間を遮へいする措置を採ったり、適当と認める者を被害者参加人に付き添わせたりすることができる。

被害者参加人は、刑事裁判への参加を弁護士に委託する場合、資力に応じて、法テラスを経由して裁判所に国選被害者参加弁護士の選定を請求することができる。また、公判期日等に出席した被害者参加人は、被害者参加旅費等の支給を受けることができる（同旅費等に関する事務は法テラスが行う。）。

通常第一審における被害者参加制度の実施状況の推移（最近5年間）は、**6-2-1-3表**のとおりである。

6-2-1-3表　通常第一審における被害者参加制度の実施状況の推移

（平成30年〜令和4年）

年　次	被　害　者　参　加		証人尋問	被告人質問	論告・求刑	遮へい	付添い	弁護士への委託	国選弁護士への委託
30年	1,485	(363)	221	605	698	361	149	1,184	649
元	1,466	(320)	204	623	723	318	106	1,157	602
2	1,378	(301)	205	569	688	337	135	1,116	614
3	1,523	(356)	241	681	783	407	149	1,246	697
4	1,476	(324)	246	610	651	432	151	1,175	655

注　1　司法統計年報及び最高裁判所事務総局の資料による。
　　2　「被害者参加」は、通常第一審において被害者参加の申出があった終局人員のうち、それぞれの被害者参加制度において、被害者参加が許可された被害者等の数（延べ人員）である。（　）内は、そのうち、裁判員の参加する合議体において審理及び裁判された事件におけるものである。
　　3　「論告・求刑」は、刑事訴訟法316条の38に規定された事実・法律適用に関する意見陳述をした被害者等の数（延べ人員）である。

（2）被害者等・証人に配慮した制度

ア　被害者等の意見陳述・証人の保護等

被害者等は、公判期日において、被害に関する心情その他の被告事件に関する意見を陳述し、又は、これに代えて意見を記載した書面を提出することができる。

公判廷における証人を保護するための制度としては、証人尋問の際に、証人と被告人や傍聴人との間を遮へいする措置を採る制度、証人を別室に在席させ、映像と音声の送受信により相手の状態を相互に認識しながら通話する方法（ビデオリンク方式）によって尋問する制度、適当と認める者を証人に付き添わせる制度がある。これらの制度は、被害者等が公判期日において意見を陳述する場合においても適用される。

刑事手続において被害者の氏名等の情報を保護するための制度としては、**被害者特定事項秘匿決定**及び証拠開示の際の被害者特定事項の秘匿要請がある。

被害者特定事項秘匿決定は、性犯罪に係る事件や犯行の態様、被害の状況その他の事情により、氏名及び住所その他の当該事件の被害者を特定させることとなる事項（以下アにおいて「被害者特定事項」という。）が公開の法廷で明らかにされることにより被害者等の名誉等が著しく害されるおそれがあると認められる事件について、被害者等からの申出があり、裁判所が、それを相当と認めるとき

に、被害者特定事項を公開の法廷で明らかにしない旨を決定するものである。証拠開示の際の被害者特定事項の秘匿要請は、被害者特定事項が明らかにされることにより、被害者等の名誉等が著しく害されるおそれがあると認められるなどの場合に、検察官が、証拠を開示する際に、弁護人に対し、その旨を告げ、被害者特定事項が被告人の防御に関し必要がある場合を除き、被告人等に知られないように求めるものである。

また、平成28年法律第54号による刑事訴訟法の改正により、①**証人等特定事項秘匿決定**（証人等からの申出により、裁判所が、証人等の氏名、住所等の証人等特定事項を公開の法廷で明らかにしないこととする決定）の制度、②証人等の氏名等の開示について、証人等の身体又は財産に対する加害行為等のおそれがあるときは、防御に実質的な不利益を生ずるおそれがある場合を除き、検察官が弁護人に当該氏名等を開示した上で、これを被告人に知らせてはならない旨の条件を付することができ、特に必要があるときは、弁護人にも開示せず、代替的な呼称等を知らせることができるとする制度が導入された上、③一定の場合には、証人を同一構内（裁判官等の在席する場所と同一の構内）以外の場所に出頭させてビデオリンク方式により証人尋問を行うことができるようになった（①及び②は平成28年12月施行、③は30年6月施行）。

さらに、令和5年法律第28号による刑事訴訟法等の改正（第2編第1章1項（4）参照）により、犯罪被害者等の個人特定事項の記載がない起訴状抄本等を被告人に送達する措置等が導入された（同措置等に係る規定は令和6年2月までに施行）。

意見陳述、意見陳述に代えた書面の提出、証人の保護（遮へい、ビデオリンク及び付添い）、被害者特定事項秘匿決定及び証人等特定事項秘匿決定の実施状況の推移（最近5年間）は、**6-2-1-4表**のとおりである。

イ　刑事和解及び損害賠償命令制度

刑事被告事件の被告人と被害者等は、両者間の当該被告事件に関連する民事上の争いについて合意が成立した場合には、共同して、その合意の内容を当該被告事件の公判調書に記載することを求める申立てができる。これが公判調書に記載された場合には、その記載は裁判上の和解と同一の効力を有し（**刑事和解**）、被告人がその内容を履行しないときは、被害者等はこの公判調書を利用して強制執行の手続を執ることができる。

また、一定の重大犯罪について、被害者等が刑事事件の係属している裁判所に損害賠償命令の申立てを行い、裁判所が有罪判決の言渡しを行った後に引き続き審理を行い、刑事裁判の訴訟記録を取り調べるなどして申立てに対する決定を行う制度（**損害賠償命令制度**）が実施されている。

刑事和解及び損害賠償命令制度の実施状況の推移（最近5年間）は、**6-2-1-4表**のとおりである。

ウ　記録の閲覧・謄写

裁判所は、被害者等には原則として公判記録の閲覧・謄写を認めることとされている上、いわゆる同種余罪の被害者等についても、損害賠償請求権の行使のために必要があり、相当と認めるときは、閲覧・謄写を認めることとされている。被害者等が公判記録の閲覧・謄写をした事例数の推移（最近5年間）は、**6-2-1-4表**のとおりである。

不起訴事件の記録については、原則として非公開であるが、被害者等が民事訴訟において損害賠償請求権その他の権利を行使するために実況見分調書等の客観的証拠が必要と認められる場合等には、検察官は、関係者のプライバシーを侵害するなど相当でないと認められる場合を除き、これらの証拠の閲覧・謄写を許可している。また、被害者参加制度の対象事件については、被害者等が「事件の内容を知ること」等を目的とする場合であっても、不起訴事件の記録中の客観的証拠については、原則として、閲覧が認められている。

6-2-1-4表　被害者等・証人に配慮した制度の実施状況の推移

（平成30年〜令和4年）

年　次	意見陳述	意見陳述に代えた書面の提出	証　人　の　保　護			被害者特定事項秘匿決定	証人等特定事項秘匿決定	刑事和解	損害賠償命令	公判記録の閲覧・謄写
			遮へい	ビデオリンク	付添い					
30年	1,169	546	1,461	317　(15)	144	3,846	174	18	309	1,281
元	1,130	544	1,505	341　(23)	118	4,025	240	18	318	1,180
2	920	536	1,237	302　(38)	107	3,923	156	25	289	1,140
3	995	638	1,335	412　(92)	133	4,266	182	19	344	1,333
4	947	679	1,370	417　(85)	139	4,081	192	21	281	1,178

注　1　司法統計年報及び最高裁判所事務総局の資料による。
　　2　「意見陳述」、「意見陳述に代えた書面の提出」、「証人の保護」、「被害者特定事項秘匿決定」、「刑事和解」及び「公判記録の閲覧・謄写」の数値については、当該事件の終局日を基準に計上している。
　　3　「意見陳述」、「意見陳述に代えた書面の提出」、「証人の保護」、「被害者特定事項秘匿決定」及び「証人等特定事項秘匿決定」は、いずれも高等裁判所、地方裁判所及び簡易裁判所における被害者等又は証人の数（延べ人員）である。
　　4　「証人等特定事項秘匿決定」の数値については、当該事件の終局日を基準に計上している。
　　5　「刑事和解」は、高等裁判所、地方裁判所及び簡易裁判所において、被告人と被害者等の間で成立した民事上の争いについての合意内容を公判調書に記載した事例数である。
　　6　「損害賠償命令」は、地方裁判所において、被害者等からの損害賠償命令の申立てを受けた事件の終局件数である。
　　7　「公判記録の閲覧・謄写」は、高等裁判所、地方裁判所及び簡易裁判所において、被害者等が公判記録の閲覧・謄写をした事例数である。
　　8　「ビデオリンク」内の（　）は、証人を同一構内以外の場所に出頭させ証人尋問が行われた証人の数であり、内数である。なお、制度が開始した平成30年6月からの数値を計上している。

5　矯正・更生保護段階等における被害者等の関与

　被害者等が加害者たる受刑者の処遇状況等の通知を希望し、これが相当と認められる場合には、検察官は、刑事施設の長からの通知に基づき、受刑者の処遇状況等に関する事項を当該被害者等に通知している（**被害者等通知制度**）。令和4年は、刑の執行終了予定時期について延べ1万6,108件（目撃者等に対する通知を含む。）、刑事施設における処遇状況について延べ1万7,949件、受刑者の釈放について延べ2,645件（目撃者等に対する通知を含む。）、全部又は一部執行猶予の言渡しの取消しについて延べ159件の通知がそれぞれ行われた（法務省刑事局の資料による。）。

　また、再被害防止の観点から転居等の措置を講じる必要があるため、被害者等が特に通知を希望する場合で、検察官が相当と認めるときには、受刑者の釈放予定時期及び帰住予定地等についての通知を行う制度も実施されており、令和4年は、410人に対して通知が行われた（目撃者等に対する通知を含む。法務省刑事局の資料による。）。さらに、被害者等通知制度の一環として、令和2年10月21日から、被害者等からの希望に基づき、それらの者に対し、死刑を執行した事実を通知することとされた。

　なお、令和4年法律第67号による刑事収容施設法の改正（第2編第1章1項（2）参照）により、被害者等の心情等の考慮に係る規定が整備された（令和5年12月1日施行）。これにより、刑事施設の長は、①被害者等から被害に関する心情等を述べたい旨の申出があったときは、当該心情等を聴取すること、②受刑者の処遇要領（同編第4章第3節1項（1）参照）を策定するに当たっては、被害者等の心情等を考慮すること、③被害者等から聴取した心情等を受刑者に伝達することを希望する旨の申出があったときは、改善指導（同節3項（2）参照）を行うに当たり、当該心情等を受刑者に伝達すること、などとされた。

　更生保護においては、①地方更生保護委員会が、仮釈放審理の開始・結果に関する事項について、保護観察所の長が、仮釈放者及び保護観察付全部・一部執行猶予者の保護観察の開始・処遇状況・終了に関する事項について、それぞれ被害者等に通知を行っている（**被害者等通知制度**）。また、②地方更生保護委員会が、刑事施設からの仮釈放及び少年院からの仮退院の審理において、被害者等から仮釈放・仮退院に関する意見等を聴取する**意見等聴取制度**、③保護観察所が、被害者等から被害に関する心情等を聴取し、保護観察中の加害者に伝達する**心情等伝達制度**、④主に保護観察所が、被害者

等からの相談に応じ、関係機関等の紹介等を行う**相談・支援**の制度が実施されている。

　令和4年における運用状況は、①のうち、仮釈放審理に関する事項について延べ3,851件、保護観察状況に関する事項について延べ6,328件（保護処分を受けた少年の仮退院審理・保護観察状況に関する通知については、本節6項参照）、②が延べ310件（うち仮退院の審理における件数23件）、③が延べ170件（うち加害者が保護処分のものの件数31件）、④が延べ1,563件であった（法務省保護局の資料による。）。

　なお、令和4年4月以降、地方更生保護委員会は、保護処分時に特定少年であり、2年の保護観察に付された者が少年院に収容された場合の退院の審理においても、被害者等からの申出に応じて、当該退院に関する意見等を聴取することとしている。

　さらに、令和4年法律第67号による更生保護法の改正（第2編第1章1項（2）参照）により、被害者等の心情等を踏まえた処遇等についての規定が整備された（令和5年12月1日施行）。これにより、①更生保護法の規定により執る措置は、被害者等の被害に関する心情、被害者等の置かれている状況等を十分に考慮して行うこととされた。また、②地方更生保護委員会が行う被害者等からの意見等の聴取事項として、対象者の仮釈放中の保護観察及び生活環境の調整に関する意見を加えること等や、③心情等伝達制度に、被害者等から被害に関する心情等を述べたい旨の申出があったときは、当該心情等を聴取することを追加する（心情等聴取・伝達制度とする）こと、④指導監督の方法として、被害者等の被害の回復又は軽減に誠実に努めるよう必要な指示等の措置を執ることを追加することなどとされた。

　心神喪失者等医療観察法に定める対象行為（第4編第10章第3節1項参照）の被害者等については、平成30年7月から、保護観察所において、当該被害者等が希望する場合には、被害者等に対し、対象者の処遇段階等に関する情報を提供しており、令和4年における情報提供件数は22件であった（法務省保護局の資料による。）。

6　少年事件における被害者等への配慮

　少年事件については、少年法により、被害者等による少年事件記録の閲覧・謄写の制度、被害者等からの意見の聴取の制度、被害者等に対する審判結果等の通知の制度、一定の重大事件の被害者等が少年審判を傍聴することができる制度及び家庭裁判所が被害者等に対して審判の状況を説明する制度がある。令和4年に、被害者等から申出がなされた人員は、少年事件記録の閲覧・謄写が延べ772人（うち相当と認められた人員747人）、意見の聴取が延べ248人（同236人）、審判結果等の通知が延べ748人（同741人）であった。また、同年に、少年審判の傍聴が認められた件数・人員は29件・60人であり、審判状況の説明が認められた被害者等の人員は275人であった（最高裁判所事務総局の資料による。）。

　このほか、保護処分を受けた少年の処遇状況等に関する事項についても、被害者等が通知を希望し、これが相当と認められる場合には、少年院の長は、加害少年が収容されている少年院の名称、少年院における教育状況、出院年月日・出院事由等について、地方更生保護委員会は、仮退院審理の開始・結果に関する事項について、保護観察所の長は、保護観察処分少年及び少年院仮退院者の保護観察の開始・処遇状況・終了に関する事項について、それぞれ通知を行っている。令和4年においては、少年院での処遇に関する事項について202件、仮退院審理に関する事項について延べ82件、保護観察状況に関する事項について延べ462件の各通知が行われた（法務省矯正局及び保護局の資料による。）。なお、令和4年4月以降、保護処分時に特定少年であり、2年の保護観察に付された者が少年院に収容された場合にも、それぞれ同様の通知を行うこととしている。また、少年事件においても、意見等聴取、心情等伝達及び相談・支援の各制度が実施されている（制度の概要及び運用状況については、本節5項参照）。

なお、令和4年法律第67号による少年院法の改正（第2編第1章1項（2）参照）により、被害者等の心情等の考慮に係る規定が整備された（令和5年12月1日施行）。これにより、少年院の長は、①被害者等から被害に関する心情等を述べたい旨の申出があったときは、当該心情等を聴取すること、②在院者の個人別矯正教育計画（第3編第2章第4節3項（2）参照）を策定するに当たっては、被害者等の心情等を考慮すること、③被害者等から聴取した心情等を在院者に伝達することを希望する旨の申出があったときは、生活指導（同章第4節3項（2）ア参照）を行うに当たり、当該心情等を在院者に伝達すること、などとされた。

また、前記更生保護法の改正（本節5項参照）によって整備された規定の内容は、少年についても同様に適用される（ただし、②について、「対象者の仮釈放中」は、「対象者の少年院からの仮退院・退院後」となる。）。

7 法テラスによる被害者等に対する支援

法テラス（第2編第1章2項参照）は、被害者等に対する支援業務を行っている。その業務内容は、コールセンター及び各地方事務所を通じて、刑事手続への適切な関与、損害の回復や苦痛の軽減を図るための制度に関する情報提供を行うほか、被害者等の支援を行っている機関・団体の支援内容や相談窓口を案内し、被害者等の支援について経験や理解のある弁護士の紹介等を行うものである。また、法テラスは、被害者参加制度が開始されてからは、被害者参加人が法テラスを経由して裁判所に国選被害者参加弁護士の選定請求をするに当たり、法テラスと契約している弁護士を国選被害者参加弁護士の候補に指名して裁判所に通知するなどの業務も行っている。

法テラスにおける被害者等に対する支援の実施状況の推移（最近10年間）については、**6-2-1-5図**のとおりであり、令和4年度における犯罪被害者支援ダイヤルでの受電件数は2万889件（前年比4,981件増）、地方事務所での犯罪被害・刑事手続等の問合せ件数は1万4,644件（同2,536件増）であり、犯罪被害者支援の経験や理解のある弁護士を紹介した件数は1,529件（同348件増）であった。また、4年度の被害者参加人からの国選被害者参加弁護士選定請求件数は、691件（請求人員延べ812人）であり、罪名別にその件数を見ると、強制性交等・強制わいせつ等378件（54.7％）、傷害129件（18.7％）、殺人（自殺関与・同意殺人を含まない。）57件（8.2％）、過失運転致死傷等（業務上（重）過失致死傷を含む。）55件（8.0％）であった（法テラスの資料による。）。

6-2-1-5図　法テラスにおける被害者等に対する支援の実施状況の推移

（平成25年度～令和4年度）

① 被害者等支援業務

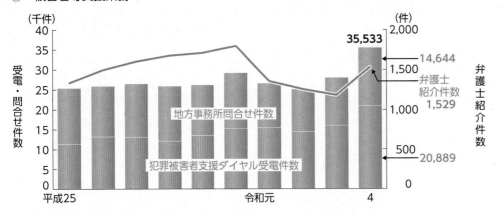

② 国選被害者参加弁護士選定請求件数（罪名別）・請求延べ人員

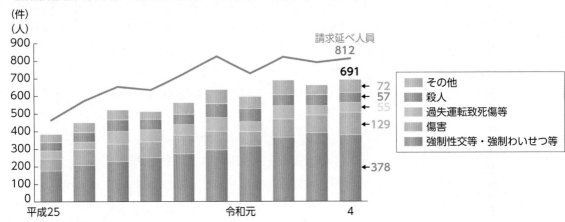

注　1　法テラスの資料による。
　　2　「殺人」は、自殺関与・同意殺人を含まない。
　　3　「過失運転致死傷等」は、業務上（重）過失致死傷を含む。

　また、平成28年法律第53号による総合法律支援法（平成16年法律第74号）の改正により、平成30年1月から、法テラスにおいて、ストーカー規制法上の「つきまとい等」、児童虐待防止法上の「児童虐待」及び配偶者暴力防止法上の「配偶者からの暴力」の被害者に対し、必要な法律相談を実施することを内容とする「DV等被害者法律相談援助」が実施されている（児童虐待・配偶者からの暴力・ストーカー等に係る犯罪については、第4編第6章参照）。令和4年度におけるDV等被害者法律相談援助の実施件数は1,292件（前年比320件増）であった（法テラスの資料による。）。

8　地方公共団体における被害者支援に向けた取組

　令和3年度以降、第4次犯罪被害者等基本計画の下、地方公共団体に設置された、犯罪被害者等に適切な情報提供等を行う総合的対応窓口の充実・周知の促進や、犯罪被害者等支援を目的とした条例等の制定及び計画・指針の策定が行われている。令和5年4月1日現在、全ての地方公共団体に総合的対応窓口が設置されている上、46都道府県、13指定都市及び606市区町村（指定都市を除き、特別区を含む。以下この章において同じ。）において、犯罪被害者等支援を目的とした条例等の犯罪被害者等支援のための実効的な事項を盛り込んだ条例が制定され、46都道府県、13指定都市及び186市区町村において、犯罪被害者等支援に関する計画・指針が策定されている（警察庁長官官房の資料による。）。

1 犯罪被害給付制度

　犯罪被害者等給付金の支給等による犯罪被害者等の支援に関する法律（昭和55年法律第36号）に基づき、通り魔殺人等の故意の犯罪行為により不慮の死亡、重傷病又は障害という重大な被害を受けたにもかかわらず、公的救済や損害賠償を得られない犯罪被害者及びその遺族に対し、**犯罪被害者等給付金**が支給される。令和4年度の犯罪被害者等給付金の支給裁定に係る犯罪被害者数は368人（裁定件数441件）であり、裁定総金額は14億8,447万円であった（警察庁長官官房の資料による。）。

2 国外犯罪被害弔慰金等の支給制度

　国外犯罪被害弔慰金等の支給に関する法律（平成28年法律第73号）に基づき、日本国外において行われた人の生命又は身体を害する故意の犯罪行為により死亡した日本国籍を有する者（日本国外の永住者を除く。以下同じ。）の遺族　（日本国籍を有せず、かつ、日本国内に住所を有しない者を除く。）に対し、**国外犯罪被害弔慰金**として被害者一人当たり200万円が、当該犯罪行為により障害等級第1級相当の障害が残った日本国籍を有する者に対し、**国外犯罪被害障害見舞金**として一人当たり100万円が、それぞれ支給される。令和4年度において、国外犯罪被害弔慰金等の支給裁定に係る国外犯罪被害者数は、5人（裁定件数7件）であり、裁定総金額は800万円であった（警察庁長官官房の資料による。）。

3 被害回復給付金支給制度

　組織的犯罪処罰法により、財産犯等の犯罪行為により犯人が被害者から得た財産等（犯罪被害財産）について、一定の場合にその没収・追徴を行うことができ、また、犯罪被害財産等による被害回復給付金の支給に関する法律（平成18年法律第87号）により、没収・追徴した犯罪被害財産や外国から譲与を受けたこれに相当する財産を用いて、被害者等に対し、**被害回復給付金**が支給される。令和4年に被害回復給付金支給手続の開始決定が行われたのは16件であり、開始決定時における給付資金総額は約2億2,449万円であった（官報による。）。

4 被害回復分配金支払制度

　犯罪利用預金口座等に係る資金による被害回復分配金の支払等に関する法律（平成19年法律第133号）は、預金口座等への振込を利用して行われた詐欺等の犯罪行為の被害者に対する**被害回復分配金**の支払等のため、預金等債権の消滅手続及び被害回復分配金の支払手続等を定めており、これにより、特殊詐欺等による財産的被害の迅速な回復が図られている。令和4年度に金融機関から被害者に対して支払われた被害回復分配金の総額は、約17億5,539万円であった（預金保険機構の資料による。）。

5 自動車損害賠償保障制度

　自動車損害賠償保障法（昭和30年法律第97号）は、自動車の運行によって人の生命又は身体が害された場合における損害賠償を保障する制度を確立することにより、被害者の保護を図ることなどを目的としている。自動車損害賠償保障制度の中核となっているのは、自動車損害賠償責任保険及び自

動車損害賠償責任共済（以下この項において「自賠責保険等」という。）である。

さらに、自賠責保険等を補完するものとして、政府が行っている自動車損害賠償保障事業がある。これは、加害者を特定できない「ひき逃げ事故」や有効な自賠責保険等が締結されていない「無保険」（無共済を含む。以下この項において同じ。）の自動車による事故の場合には、自賠責保険等による救済を受けられないため、政府が被害者に対して損害額をてん補するものであり、その保障金は、同事業が行う損害のてん補の基準に基づき支払われる。令和4年度の自動車損害賠償保障事業による保障金は、ひき逃げ事故について206人、無保険車による事故について69人に支払われた。支払額は、死亡者一人当たり平均約1,583万円、負傷者一人当たり平均約69万円であった（国土交通省自動車局の資料による。）。

なお、政府においては、自動車損害賠償保障事業のほか、自動車事故対策事業として、被害者支援及び事故防止に関する事業を実施しており、これまで有限の積立金を財源に、「当分の間」実施することとされていたものであるところ、令和4年6月、自動車損害賠償保障法及び特別会計に関する法律の一部を改正する法律（令和4年法律第65号）により、同事業が「被害者保護増進等事業」として新たに位置付けられた。これにより、自動車損害賠償保障事業と被害者保護増進等事業を、一体として新たな自動車事故対策事業として実施することとし、その財源として賦課金が拡充するなど、安定的・持続的に事業を実施できる仕組みへの転換が図られた（5年4月1日全面施行）。

6 地方公共団体による見舞金制度等

一部の地方公共団体は、犯罪被害者等に対する見舞金支給制度や生活資金の貸付制度を導入している。令和5年4月1日時点で、犯罪被害者等を対象とする見舞金支給制度を導入している地方公共団体は、16都県、14指定都市及び631市区町村であり、貸付制度を導入している地方公共団体は、3県、1指定都市及び10市区町であった（警察庁長官官房の資料による。）。

第3節 人身取引被害者保護

人身取引は重大な人権侵害であり、令和4年12月、犯罪対策閣僚会議において、近年の人身取引対策に係る情勢に適切に対処し、政府一体となった総合的かつ包括的な人身取引対策を更に推進するため、人身取引対策行動計画2014を改定した**人身取引対策行動計画2022**が策定され、潜在的被害者に対する被害申告先、被害者保護施策の周知、外国語による窓口対応の強化、技能実習生等に対する労働搾取を目的とした人身取引の取締りの徹底等の施策が掲げられた。

発見された女性の人身取引被害者については、必要に応じ、婦人相談所が一時保護を行い、又は民間シェルター等に一時保護を委託するなどして、その保護を行っており、令和3年度においては、婦人相談所が一時保護を行った被害者数は11人であり、婦人相談所が民間シェルター等に一時保護を委託した被害者は1人であった。なお、婦人相談所が民間シェルター等に人身取引被害者の一時保護委託を実施するようになった平成17年度から令和3年度までに一時保護された人身取引被害者は、累計446人である（厚生労働省社会・援護局の資料による。）。また、外国人の人身取引被害者については、被害者が不法残留等の入管法違反の状態にあっても、在留特別許可による法的地位の安定化を図っており、令和4年には、入管法違反の状態にあった人身取引被害者1人（平成17年以降の累計で195人）に在留特別許可がなされた（出入国在留管理庁の資料による。）。

このほか、**国際移住機関（IOM）**は、警察、出入国在留管理庁、婦人相談所等と連携し、人身取引被害者に対する帰国支援等の事業を行っており、令和4年には1か国1人（同事業が開始された平成17年5月以降の累計で9か国355人）に対する帰国・社会復帰支援が行われた（国際移住機関の資料による。）。

少年院の職業指導製品（製品企画科）
【写真提供：法務省矯正局】

旧奈良監獄とボンネットバスを用いた
社会を明るくする運動のイベント
【写真提供：法務省保護局】

第7編

非行少年と生育環境

第1章　はじめに

第2章　非行少年への対応（戦後少年法制等の変遷）

第3章　少年を取り巻く生育環境及び生活状況の変化

第4章　昨今の少年非行の動向等

第5章　特別調査

第6章　おわりに

　少年による刑法犯の検挙人員は、平成16年以降減少し続け、令和4年は19年ぶりに前年と比較して増加したものの、前々年と比較すると減少しているほか、少年人口比で見ても、最も高かった昭和56年と比較すると、令和4年では約7分の1となっているなど、中長期的に見ると、同検挙人員は減少傾向にある。しかし、少年による凶悪重大な事件や、非行に及んだ動機等が不可解な事件など、近年においても社会の耳目を集めるような事件は後を絶たないほか、少年院出院者の5年以内再入院・刑事施設入所率は、近年おおむね横ばい（20％台前半）で推移しているなど、少年非行をめぐる情勢については、決して楽観視できる状況にはない。また、昭和期以降を見ても、各時代の社会情勢や世相（以下「社会情勢等」という。）の変化に伴い、少年非行についても、その時々で量的にも質的にも変化を繰り返しており、今後、現在の情勢が更に変化していくことも十分想定される。加えて、我が国では、戦後、少年法等が全面改正され、少年の健全な育成を期した処遇等が展開されているところ、この少年法制についても、少年非行や社会情勢等の変化に合わせ、非行少年の処遇等をめぐる制度改正が繰り返されてきたものであり、今後の制度改正等の在り方を検討するに当たっても、少年非行の動向等については、引き続き注視していく必要がある（戦後の少年法制の変遷や少年による刑法犯及び特別法犯の動向については、本編第2章参照）。

　一方、犯罪をした者等に対する指導及び支援の在り方については、再犯防止推進法によると、「犯罪又は非行の内容、犯罪及び非行の経歴その他の経歴、性格、年齢、心身の状況、家庭環境、交友関係、経済的な状況その他の特性を踏まえて行うものとする」（同法11条1項）とされ、その特性を踏まえた多角的な観点からの指導及び支援が欠かせない。取り分け、非行少年については、例えば、少年院法において、「在院者の処遇に当たっては、医学、心理学、教育学、社会学その他の専門的知識及び技術を活用するとともに、個々の在院者の性格、年齢、経歴、心身の状況及び発達の程度、非行の状況、家庭環境、交友関係その他の事情を踏まえ、その者の最善の利益を考慮して、その者に対する処遇がその特性に応じたものとなるようにしなければならない」（同法15条2項）とされているなど、その特性に応じた処遇の重要性等が明記されている。

　非行少年の特性に関し、法務総合研究所では、これまで平成2年、10年、17年、23年及び令和3年の計5回にわたり、少年鑑別所入所者等に対する生活意識と価値観に関する特別調査を実施しており、それぞれ平成2年版、10年版、17年版、23年版及び令和4年版犯罪白書等において分析結果等を紹介した。これらにより、非行少年等の生活意識や価値観という主観面からその特性について把握することを試みてきたが、他方で、非行少年の主観面の形成に対しては、保護者との関係やその経済状況といった生育環境が少なからず影響を与えていると考えられるところ、それら生育環境と関連付けて非行少年の特性を理解するための知見については、これまで十分に明らかにされてきたとは言い難い。

　この点、非行少年の生育環境について概観すると、例えば、少年院在院者のうち保護者が父又は母の一方である世帯の比率は、全国の同様の世帯の比率と比べて顕著に高いほか、少年院入院者のうち男子の約4割、女子の約7割が保護者等からの被虐待経験を有している（3-2-4-8図参照）など、非行少年の背景には厳しい生育環境があることもうかがえる。そこで、法務総合研究所では、非行少年の生育環境に着目し、その違いから非行少年の特性について分析することが必要かつ有益であると考え、少年院在院者及び保護観察処分少年並びにその保護者を対象として特別調査（以下この編において「特別調査」という。）を実施した。

　本特集では、まず、現代の少年非行の実情について理解を深める前提として、少年法制等に係る歴

史的な経緯・動向のほか、少年を取り巻く社会情勢等の変遷・変化などについて概観する。その上で、特別調査における分析結果等から明らかになった非行少年とその生育環境に関する特徴等、非行少年の特性を踏まえた効果的な処遇を検討する上で有益な基礎資料を提供することを目指した。本編の構成は、以下のとおりである。

第2章においては、非行少年への対応をめぐり、戦後少年法制の変遷を概観するとともに、戦後の少年非行の大まかな傾向について概観する。少年法制については、少年法に加え、保護処分を執行する関係機関等を規律する法令等の変遷についても紹介し、戦後の少年非行の大まかな傾向については、少年による刑法犯及び特別法犯の検挙人員の推移や年代ごとの特徴等を紹介する。

第3章においては、各種統計資料等に基づき、少年を取り巻く生育環境や生活状況の変化を概観する。ここでは、取り分け、家族の形態・状況の変化を見るため、平均世帯人員や婚姻・離婚等件数のほか、児童虐待相談対応件数の推移等について紹介するとともに、少年の生活状況の変化の一例としてテレビ・インターネット利用率の変化等について紹介する（なお、令和4年版犯罪白書第8編第2章「近年の社会情勢や国民の意識の変化」において、少年を取り巻く生育環境や生活状況の変化・推移等に関連する項目も取り上げている。）。

第4章においては、各種統計資料等に基づき、刑事司法の各段階における昨今の少年非行の動向等について、第3編で取り上げた内容を更に深掘りして紹介する。具体的には、刑法犯及び特別法犯に係る罪名別検挙人員の推移、少年審判における終局処理人員の推移、少年院入院者及び保護観察処分少年の非行名や保護者状況等の推移等について紹介する。

第5章においては、特別調査の分析結果を踏まえ、非行少年（少年院在院者及び保護観察処分少年）と一般の少年（他機関等が実施した調査結果）との比較のほか、生育環境の違い、すなわち、世帯状況の違い、経済状況の違い及び小児期逆境体験（Adverse Childhood Experiences。以下本編において「ACE」という。）の有無に係る三つの視点から比較・分析を行った結果等について紹介する。

以上を踏まえ、第6章において、現代の非行少年の特性等を踏まえた処遇の更なる充実に向けた課題や展望等について総括する。

第2章 非行少年への対応（戦後少年法制等の変遷）

この章では、非行少年への対応をめぐり、戦後少年法制等の変遷について見ていくこととする。7-2-1表は、戦後の少年法制に係る主な動き並びに少年による刑法犯及び特別法犯の動向をまとめたものである。

1 戦後の少年法制に係る主な動き

（1）昭和期における主な動き

現行の少年法制は、第二次世界大戦後の昭和20年代に従来の諸法制が抜本的に改革されたことによって成立した。まず、22年に児童福祉法（昭和22年法律第164号）が制定され、従来、少年教護法（昭和8年法律第55号）や旧児童虐待防止法（昭和8年法律第40号）の対象であった14歳未満の少年や被虐待児童の取扱いは、全児童を対象とした健全育成・福祉政策の中に包含されることとなり、少年教護法及び旧児童虐待防止法は廃止された。そして、23年には、旧少年法（大正11年法律第42号）が全面的に改正されて、現行の少年法（昭和23年法律第168号）が公布され、翌24年に施行された。同法における主な改正点は、①少年法の適用年齢を18歳未満から20歳未満に引き上げたこと、②新たに家庭裁判所を設け、司法機関である家庭裁判所が、非行に及んだ少年を保護処分にするか、刑事処分にするかを決定するとともに、保護処分の種類を保護観察、教護院又は養護施設送致、少年院送致の3種類としたこと、③保護処分に対し、少年の側からの高等裁判所への抗告を認めたこと、④刑事処分を16歳以上の少年に残し、死刑と無期刑の言渡しの制限を犯行時16歳未満から、犯行時18歳未満に引き上げたことなどである。

少年法の施行と同時に旧少年院法（昭和23年法律第169号）が施行され、矯正院法（大正11年法律第43号）は廃止された。少年院は、初等、中等、特別及び医療の4種別の少年院が設置され、旧少年法下で民間の矯正施設として機能していた少年保護団体は、昭和24年3月限りで廃止された。また、少年法の規定により観護措置が採られた少年を送致する施設として、新たに少年観護所が設置され、少年の資質鑑別を行うための少年鑑別所が附置された。少年観護所と少年鑑別所は、25年に統合されて少年保護鑑別所となり、27年には名称が変更されて少年鑑別所となったが、審判決定前の科学的調査を重視し、少年鑑別所や家庭裁判所調査官制度を設けたことは、現行少年法の大きな特色の一つであった。その後、52年には、少年院における処遇を短期処遇と長期処遇とに分けることなどを盛り込んだ少年院運営改善に関する方策が実施された（少年院100年のあゆみについては、コラム8参照）。

保護観察の新法制は、少年法の施行よりやや遅れて成立し、昭和24年から犯罪者予防更生法（昭和24年法律第142号）が施行された。旧少年法の少年保護司の観察は保護観察所の保護観察に改められ、保護観察の対象は、家庭裁判所の決定により保護観察に付された者、少年院から仮退院を許されている者、仮出獄を許されている者、18歳に満たないとき懲役又は禁錮につき刑の執行猶予の言渡しを受けて猶予中の者の4種類となった。なお、その後の28年及び29年、2度にわたり刑法の一部が改正され、18歳以上で刑の執行を猶予された者にも保護観察を付することができることとなり、更にその範囲が拡大された。また、52年には、激増する道交違反保護事件の少年の処遇として、交通短期保護観察制度が全国的に開始された。

（2）平成期における主な動き

　平成期に入ると、少年による凶悪重大事件が相次いで発生するなどしたため、少年事件の処分及び審判手続の適正化並びに被害者等の保護の必要性等が認識されるようになり、法改正の気運が高まった。こうしたことを背景に、平成12年に約半世紀ぶりの大規模な改正が行われるに至り、同年11月に少年法等の一部を改正する法律（平成12年法律第142号）が成立し、13年4月に施行された。同法による改正は、①少年事件の処分等の在り方の見直し、②少年審判の事実認定手続の適正化、③被害者等への配慮の充実の三点を柱としている。このうち、少年事件の処分等の在り方の見直しについては、刑事処分可能年齢を16歳以上から14歳以上に引き下げ、少年院において懲役又は禁錮の刑の執行ができることとされたほか、故意の犯罪行為によって被害者を死亡させた罪の事件であってその罪を犯すとき16歳以上の少年に係るものについては、原則として検察官に送致する決定をしなければならないこととされた（いわゆる**原則逆送**）。また、家庭裁判所による保護者に対する訓戒・指導等の措置等についても定められた。少年審判の事実認定手続の適正化については、裁定合議制度の導入、検察官及び弁護士である付添人（国選付添人）が関与する審理の導入、観護措置期間の延長、抗告受理申立制度の導入、保護処分終了後における救済手続の整備がなされた。

　平成19年5月には、当時の少年非行の状況に適切に対処するため、少年法等の一部を改正する法律（平成19年法律第68号）が成立し、同年11月に施行された。同法により、①触法少年に係る事件の調査手続が整備され、②14歳未満（おおむね12歳以上）の少年についても、家庭裁判所が特に必要と認める場合には少年院送致が可能となり、③保護観察の保護処分を受けた者に対する指導を一層効果的にするため、保護観察の保護処分を受けた者が遵守事項を守らなかった場合の措置が設けられるなどするとともに、④一定の重大事件について、少年の身柄を少年鑑別所に収容する観護措置が採られている場合に、家庭裁判所が職権で少年に弁護士である国選付添人を付することができる制度が導入された。

　平成20年6月には、**犯罪被害者等基本法**（平成16年法律第161号）等を踏まえ、少年審判における被害者等の権利利益の一層の保護を図るため、少年法の一部を改正する法律（平成20年法律第71号）が成立し、被害者等の申出による意見の聴取の対象者の拡大や被害者等による少年審判傍聴制度の導入等が行われた。

　平成26年4月には、少年審判手続のより一層の適正化及び少年に対する刑事事件における科刑の適正化を図るため、少年法の一部を改正する法律（平成26年法律第23号）が成立し、同法により、不定期刑を科することとなる事件の範囲の拡大、不定期刑の長期と短期の上限の引上げ、犯行時18歳未満であったことにより無期刑をもって処断すべきところを有期刑を科する場合における刑の上限の引上げ等がなされた。また、検察官が少年審判に関与することができる事件及び少年に弁護士である国選付添人を付することができる事件の範囲が、それぞれ、死刑又は無期若しくは長期3年を超える懲役若しくは禁錮に当たる罪の事件にまで拡大された。

　他方、少年法以外の動きとして、平成9年には、児童福祉法等の一部を改正する法律（平成9年法律第74号）が成立し（10年4月施行）、教護院について、児童自立支援施設に名称が変更されるなどした。

　平成19年6月には、更生保護の基本的な枠組みを定めていた犯罪者予防更生法と執行猶予者保護観察法（昭和29年法律第58号）の内容を整理統合し、新たな一つの法律とした更生保護法（平成19年法律第88号）が成立し、20年6月に全面施行された。これに伴い、犯罪者予防更生法及び執行猶予者保護観察法は廃止され、更生保護法では、①目的規定において、再犯及び再非行をなくすことを明記し、②遵守事項の内容を整理し、充実させるとともに、特別遵守事項の付加・変更を可能とし、③生活環境の調整の規定を整備し、④被害者等の意見等聴取制度と心情等伝達制度を新設し、⑤保護観察官と保護司の役割についての規定が整備されるなどした。

　平成26年6月には、**少年院法**（平成26年法律第58号）及び**少年鑑別所法**（平成26年法律第59

号）が成立し（27年6月施行）、これまで旧少年院法の一部において規定されていた少年鑑別所については、新たに独立した法律において規定されることとなった。これらの法律によって、①少年院における矯正教育の基本的制度の法定化及び社会復帰支援の実施並びに少年鑑別所機能の強化による再非行防止に向けた取組の充実、②少年の権利義務関係・職員の権限の明確化、保健衛生・医療の充実及び不服申立制度の整備による適切な処遇の実施、③施設運営の透明性の確保による社会に開かれた施設運営の推進が図られることとなった。

（3）令和期における主な動き

　令和3年5月、少年法等の一部を改正する法律（令和3年法律第47号）が成立し、4年4月から施行された。同法により、18・19歳の者は「特定少年」として、17歳以下の少年とは異なる特例が定められるなど、所要の規定が整備された（詳細については、第3編第2章第1節1項参照）。

7-2-1表　戦後少年法制等の変遷

年　次	少年法制に係る主な動き	少年による刑法犯・特別法犯の動向
昭和23年	児童福祉法（昭和22年法律第164号）の施行	少年による強盗の検挙人員（3,878人）戦後最多
昭和24年	現行少年法（昭和23年法律第168号）の施行 　旧少年法（大正11年法律第42号）の全部改正 旧少年院法（昭和23年法律第169号）の施行 　矯正院法（大正11年法律第43号）の廃止 犯罪者予防更生法（昭和24年法律第142号）の施行	
昭和25年		少年による詐欺の検挙人員（6,368人）戦後最多
昭和26年		少年による刑法犯の検挙人員　戦後第一のピーク（166,433人） 少年による殺人の検挙人員（448人）戦後最多①
昭和33年		少年による強制性交等の検挙人員（4,649人）戦後最多
昭和35年	道路交通法の施行	
昭和36年		少年による殺人の検挙人員（448人）戦後最多② 少年による傷害の検挙人員（17,197人）戦後最多 少年による放火の検挙人員（694人）戦後最多
昭和38年		少年による恐喝の検挙人員（15,829人）戦後最多
昭和39年		少年による刑法犯の検挙人員　戦後第二のピーク（238,830人）
昭和41年		少年による暴行の検挙人員（13,881人）戦後最多 少年による強制わいせつ等の検挙人員（1,772人）戦後最多
昭和52年	少年院運営改善方策の実施 　短期処遇と長期処遇の区分の設置 交通短期保護観察制度の開始	
昭和57年		少年による覚醒剤取締法違反の検挙人員（2,750人）施行以降最多 少年による毒劇法違反の検挙人員（29,254人）施行以降最多
昭和58年		少年による刑法犯の検挙人員　戦後第三のピーク（261,634人） 戦後最多
		少年による特別法犯の検挙人員のピーク（39,062人） 少年による窃盗の検挙人員（202,028人）戦後最多
平成 4 年	少年の保護事件に係る補償に関する法律（平成4年法律第84号）の施行	
平成 6 年	短期保護観察制度の開始	
平成 9 年	少年院の長期処遇における収容期間等の見直し	（少年による凶悪重大事件が社会問題化） 平成期における少年による殺人の検挙人員 の増加時のピーク（117人）
平成10年	児童福祉法等の一部を改正する法律（平成9年法律第74号）の施行 　教護院が児童自立支援施設に名称変更	
平成12年		平成期における少年による傷害の検挙人員 の増加時のピーク（11,502人）
平成13年	少年法等の一部を改正する法律（平成12年法律第142号）の施行 　①少年事件の処分等の在り方の見直し 　　刑事処分可能年齢の引下げ（14歳以上） 　　原則逆送制度の導入 　②少年審判の事実認定手続の適正化 　　観護措置期間の延長 　③被害者等への配慮の充実	
平成15年		少年による刑法犯の検挙人員（165,973人）が以後減少傾向 少年による横領の検挙人員（42,157人）戦後最多 平成期における少年による強盗の検挙人員 の増加時のピーク（1,800人）
平成18年	刑事訴訟法等の一部を改正する法律（平成16年法律第62号）の施行 　少年の被疑者に国選弁護人が付された場合の規定の新設	少年による住居侵入の検挙人員（3,554人）戦後最多
平成19年	少年法等の一部を改正する法律（平成19年法律第68号）の施行 　少年院送致可能年齢の引下げ（おおむね12歳以上） 　保護観察における遵守事項違反に対する措置の導入	
平成20年	少年法の一部を改正する法律（平成20年法律第71号）の施行 　少年審判傍聴制度の導入 更生保護法（平成19年法律第88号）の施行 　犯罪者予防更生法及び執行猶予者保護観察法（昭和29年法律第58号） 　の廃止	少年による器物損壊の検挙人員（2,694人）戦後最多
平成22年	「少年矯正を考える有識者会議提言」法務大臣宛て提出	
平成23年		少年による軽犯罪法違反の検挙人員（4,672人）戦後最多
平成26年	少年法の一部を改正する法律（平成26年法律第23号）の施行 　不定期刑の長期と短期の上限の引上げ 　検察官関与可能事件の拡大	
平成27年	少年院法（平成26年法律第58号）及び少年鑑別所法（平成26年法律 第59号）の施行 　旧少年院法の廃止	
令和 2 年		少年による児童買春・児童ポルノ禁止法違反の検挙人員（939人） 施行以降最多
令和 3 年		少年による大麻取締法違反の検挙人員（955人）戦後最多
令和 4 年	少年法等の一部を改正する法律（令和3年法律第47号） による改正少年法及び少年院法等の施行 　特定少年の新設 　第5種少年院の設置	

注　1　検挙人員は警察庁の統計による。
　　2　犯行時の年齢による。ただし、刑法犯の検挙人員は、検挙時に20歳以上であった者を除く。
　　3　昭和40年以前の刑法犯の検挙人員は、過失運転致死傷等を含む。
　　4　刑法犯の検挙人員は触法少年の補導人員を含み、特別法犯の検挙人員は触法少年の補導人員を含まない。
　　5　「住居侵入」及び「器物損壊」の検挙人員については、統計の存在する昭和47年以降の数値による。
　　6　「強制わいせつ等」は、公然わいせつ及びわいせつ物頒布等を含む。

2　戦後の少年による刑法犯及び特別法犯の動向

　昭和期における少年による刑法犯の検挙人員（昭和40年以前は過失運転致死傷等を含む。）は、26年の16万6,433人をピークとする第一の波、39年の23万8,830人をピークとする第二の波、58年の26万1,634人をピークとする第三の波という三つの大きな波があり、いずれもその頃、殺人、強盗、放火、強制性交等、強制わいせつ等、暴行、傷害、恐喝、窃盗、詐欺など刑法犯の多くの罪名において、戦後最多を記録した（少年による刑法犯、危険運転致死傷及び過失運転致死傷等の検挙人員並びに人口比の推移は、**3-1-1-1図①**及びCD-ROM資料**3-1**参照）。少年による特別法犯の検挙人員を見ても、覚醒剤取締法違反及び毒劇法違反の各検挙人員が前記第三の波の頃に法施行以降最多を記録した。

　昭和期の少年非行の動向について、20年代の非行の増加は、敗戦による社会秩序の乱れ、経済的困窮、家族生活の崩壊などの社会的混乱を背景とするものであり、30年代から40年代の非行の増加は、戦中・戦後の困難な時代に成長期を過ごした10代後半の少年人口の増加や我が国経済の高度成長過程における工業化、都市化等の急激な社会変動に伴う社会的葛藤等の増大などを背景とするものであり、50年代以降の非行の増加は、豊かな社会における価値観の多様化、家庭や地域社会などの保護的・教育的機能の低下、犯罪の機会の増大などの社会的諸条件の変化に関係するものと考えられる。

　平成期以降を見ると、少年による刑法犯及び特別法犯の検挙人員は、一時的な増加はありつつも、全体としては減少傾向にあるが（**3-1-1-1図①**及び**3-1-2-1図**参照）、前記1項（2）のとおり、平成期には少年による凶悪重大事件が相次いで発生し、少年法制の大規模な改正がされるなどした。また、横領や住居侵入、器物損壊、軽犯罪法違反など刑法犯及び特別法犯のいくつかの罪名において戦後最多の検挙人員を記録したものがあるほか、児童買春・児童ポルノ禁止法違反や大麻取締法違反など法施行以降最多や戦後最多の検挙人員を記録し、現在も高止まりや増加傾向が続いている罪名もある。そのため、少年非行の動向を見る場合、全体の検挙人員の増減推移とは異なる動きをする罪名も多い点には、特に留意が必要である（本章で言及した刑法犯及び特別法犯18罪名について、近時における、少年の検挙人員の推移は**7-4-1-2図**参照）。

第3章 少年を取り巻く生育環境及び生活状況の変化

　この章では、各種統計資料等に基づき、少年を取り巻く生育環境や生活状況の変化について概観する。

　7-3-1図は、人口の推移（最近30年間）を年齢層別に見たものである。少子高齢化が進行し、平成5年から令和4年までの間に、19歳以下の人口は33.5％、20歳代の人口は30.7％、それぞれ減少した。その一方で、65歳以上の高齢者の人口が約2.1倍に増加しており、このような年齢層別人口の大きな変化は、この章で概観する少年の生育環境及び生活状況にも影響を及ぼすことが考えられる。

7-3-1図　人口の推移（年齢層別）

（平成5年～令和4年）

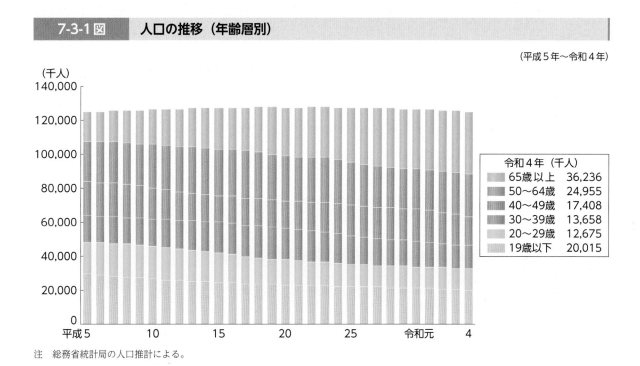

令和4年（千人）	
65歳以上	36,236
50～64歳	24,955
40～49歳	17,408
30～39歳	13,658
20～29歳	12,675
19歳以下	20,015

注　総務省統計局の人口推計による。

　7-3-2図は、平均世帯人員及び児童の有無別世帯数の推移（最近30年間）を見たものである。令和4年の全国の世帯総数は約5,431万世帯であり、平成5年の約1.3倍に増加している一方、平均世帯人員は、減少傾向にある（令和4年は2.25人）。また、児童のいる世帯は、平成5年には全世帯の34.9％であったところ、令和4年には全世帯の18.3％まで低下した。

7-3-2図 平均世帯人員・児童の有無別世帯数の推移

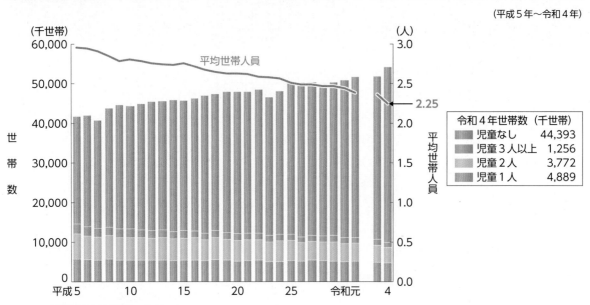

（平成5年〜令和4年）

令和4年世帯数（千世帯）
児童なし	44,393
児童3人以上	1,256
児童2人	3,772
児童1人	4,889

注　1　厚生労働省政策統括官の資料による。
　　2　令和2年は、調査を実施していない。
　　3　各数値は、平成7年の兵庫県、23年の岩手県・宮城県・福島県、24年の福島県及び28年の熊本県の数値を除いたものである。
　　4　「児童」とは、18歳未満の未婚の者をいう。

　7-3-3図は、婚姻（初婚・再婚）、離婚件数及び再婚の割合の推移（平成5年以降）を見たものである。5年に17.4%であった婚姻件数に占める再婚件数の割合は、毎年上昇していたが、17年に25%を超え、それ以降は25〜26%台で推移している。また、5年に18万組台であった離婚件数は、14年（28万9,836組）をピークとして、その後は減少傾向にあり、令和3年には再び18万組台まで減少した。

7-3-3図 婚姻（初婚・再婚）・離婚件数、再婚の割合の推移

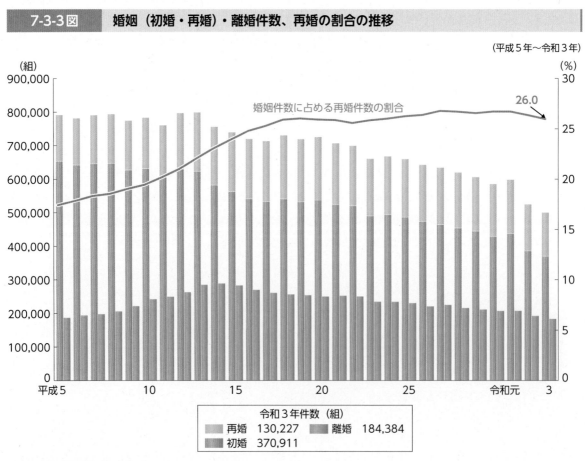

（平成5年〜令和3年）

令和3年件数（組）
再婚	130,227	離婚	184,384
初婚	370,911		

注　厚生労働省政策統括官の資料による。

7-3-4図は、親が離婚した20歳未満の未婚の子の数の推移（平成12年以降）を見たものである。14年（29万9,525人（20歳未満人口比12.0％））をピークとして、その後は減少傾向にあり、令和3年は18万3,228人（20歳未満人口比9.1％）であった。

| 7-3-4図 | 親が離婚した20歳未満の未婚の子の数の推移 |

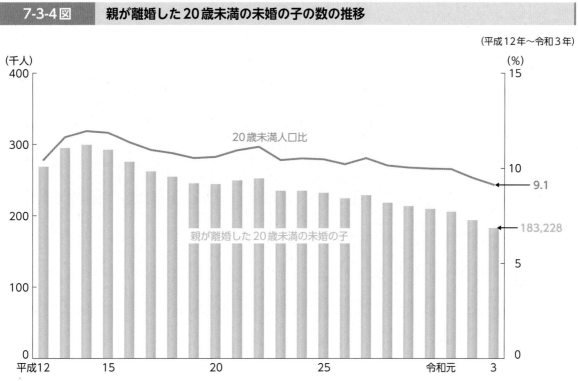

注　1　厚生労働省政策統括官の資料による。
　　2　「20歳未満人口比」は、20歳未満人口1,000人当たりの親が離婚した20歳未満の未婚の子の数である。

　7-3-5図は、児童虐待の内容別相談対応件数の推移（平成21年度以降）を見たものである。児童虐待の相談対応件数は、統計を取り始めた2年度から増加し続けており、令和3年度も過去最高を記録し、20万7,660件となった（厚生労働省子ども家庭局（当時）の資料による。）。内容別では、心理的虐待（3年度は12万4,724件）が、平成21年度の約12.1倍であり、身体的虐待（令和3年度は4万9,241件）が、平成21年度の約2.8倍であった。

　ただし、この数値は、相談対応件数であり、児童虐待の件数そのものが増加していることを直接的に示すものではないことに留意する必要がある。

7-3-5図　児童虐待の内容別相談対応件数の推移

（平成21年度〜令和3年度）

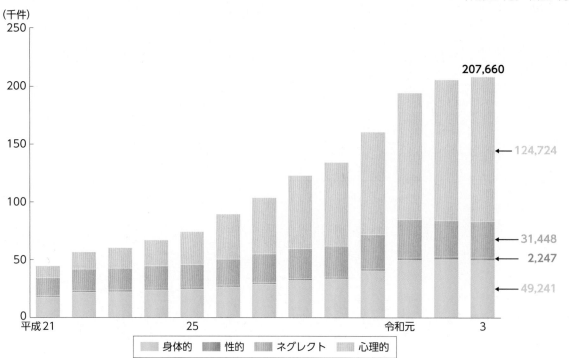

注　1　厚生労働省子ども家庭局（当時）の資料による。
　　2　平成22年度は、東日本大震災の影響により、福島県を除いて集計した数値である。

　7-3-6図は、高等学校における中途退学者数及び中途退学率の推移（平成5年度以降）を見たものである。中途退学者数については、13年度以降減少傾向にあり、中途退学率については、14年度以降低下傾向にあり、令和2年度には、中途退学者数3万4,965人、中途退学率1.1％といずれも調査開始以来最低を記録したが、3年度はやや増加・上昇し、中途退学者数3万8,928人、中途退学率1.2％であった。

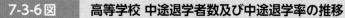

7-3-6図　高等学校 中途退学者数及び中途退学率の推移

（平成5年度〜令和3年度）

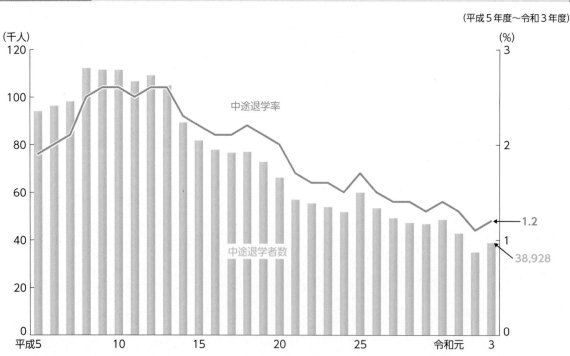

注　1　文部科学省初等中等教育局の資料による。
　　2　「高等学校」は、中等教育学校後期課程を含む。
　　3　「中途退学率」は、在籍者数に占める中途退学者数の比率である。
　　4　公私立高等学校のほか、平成17年度からは国立高等学校、25年度からは高等学校通信制課程を計上している。

7-3-7図は、通信制高等学校の生徒数の推移（最近30年間）を見たものである。公立の通信制高等学校の生徒数は、平成13年度（10万9,686人）をピークとして、その後は減少傾向にあり、令和4年度はピーク時の約半数（5万4,621人）であった。一方、私立の通信制高等学校の生徒数は、平成8年度（5万7,762人）から毎年増加し続けており、令和4年度は、平成5年度以降最多の18万3,646人であった。通信制高等学校の生徒数全体は、令和4年度は23万8,267人であり、平成5年度（15万7,003人）の約1.5倍であった。

7-3-7図　通信制高等学校の生徒数の推移

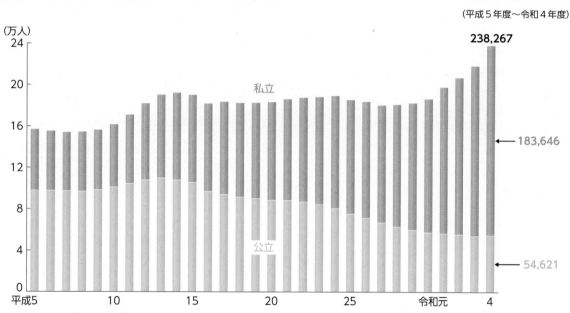

（平成5年度〜令和4年度）

注　文部科学省総合教育政策局の資料による。

7-3-8図は、15歳以上19歳以下の完全失業率（労働力人口（就業者と完全失業者（仕事をしておらず、仕事があればすぐ就くことができる者で、調査時に仕事を探す活動等をしていた者）の合計）に占める完全失業者の比率）の推移（最近30年間）を見たものである。平成15年以降、低下傾向を示し、リーマンショック後の21・22年は上昇したが、その後、再び低下傾向にあり、28年以降は5％以下で推移している（令和4年は2.8％）。

7-3-8図　15歳以上19歳以下の完全失業率の推移

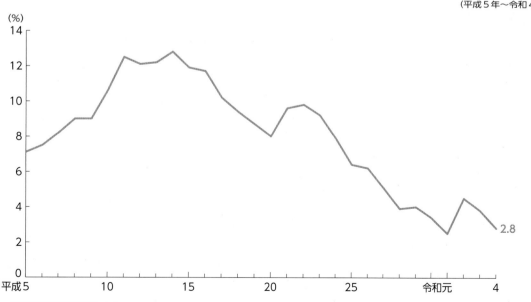

（平成5年〜令和4年）

注　1　総務省統計局の資料による。
　　2　「完全失業率」は、15-19歳の労働力人口（就業者と完全失業者（仕事をしておらず、仕事があればすぐ就くことができる者で、調査時に仕事を探す活動等をしていた者）の合計）に占める完全失業者の比率である。
　　3　平成23年の数値は、補完的に推計した値である。

7-3-9図は、13歳から19歳までの者について、テレビ・インターネットの平日の視聴・利用時間（調査日1日当たりの調査対象者のテレビ（リアルタイム）視聴時間の合計、インターネット利用時間の合計をそれぞれ調査対象者数で除した時間）及び行為者率（調査日2日間の1日ごとに、調査対象者に占めるテレビ（リアルタイム）視聴又はインターネット利用を行った者の比率を求めた上で、それを平均した比率）の推移（平成24年度以降）を見たものである。27年度まで70％を超えていたテレビ行為者率は、令和4年度は50.7％まで低下しており、テレビ視聴時間も、平成24年度の102.9時間から大幅に減少した（令和4年度は46.0時間）。一方、インターネット行為者率は、平成30年度までは70〜80％台で推移していたが、令和元年度以降90％を超えている。インターネット利用時間は、2年度に224.2時間（前年度比33.5％増）と大幅に増加したが、4年度は減少した（195.0時間）。ただし、利用時間等の推移については、調査時期の違いによる影響や単年の一時的な傾向の可能性があることに留意する必要がある。

7-3-9図　テレビ・インターネット 平日の視聴・利用時間及び行為者率の推移

（平成24年度〜令和4年度）

注　1　総務省情報通信政策研究所の資料による。
　　2　「テレビ視聴時間」、「インターネット利用時間」は、平日の調査日1日当たりの調査対象者（13〜19歳の者に限る。）のテレビ（リアルタイム）視聴時間の合計、インターネット利用時間の合計をそれぞれ調査対象者数で除した時間である。
　　3　「行為者率」は、平日の調査日2日間の1日ごとに、調査対象者（13〜19歳の者に限る。）に占めるテレビ（リアルタイム）視聴又はインターネット利用を行った者の比率を求めた上で、それを平均した比率である。

第3編では、各種統計資料等に基づき、少年非行の動向、非行少年の処遇及び少年の刑事手続について、全体像を示しつつ、主として刑法犯と特別法犯といった大まかな分類についての推移や令和4年の状況を見てきたところであるが、少年非行の動向を罪名ごとに見てみると、全体の検挙人員の増減推移とは異なる動きをする罪名も多く、実際に、平成期以降を見ても、少年による刑法犯及び特別法犯の検挙人員は、一時的な増加はありつつも、全体としては減少傾向にある一方、個別の罪名では、法施行以降最多や戦後最多の検挙人員を記録し、その中には現在も高止まりや増加傾向が続いている罪名もある（本編第2章2項参照）。そこで、この章では、昨今の少年非行の動向等をよりきめ細かく見るため、各種統計資料等に基づき、罪名ごとの推移や少年の状況等について調査した検挙、裁判、少年矯正（少年院・少年鑑別所）及び保護観察の各段階における最近30年間の少年非行の動向等について概観する。

第1節 検挙

1 少年による刑法犯及び特別法犯の検挙人員の動向

少年による刑法犯及び特別法犯の検挙人員総数の推移（最近30年間）を見ると、**7-4-1-1図**のとおりである。少年による刑法犯及び特別法犯の検挙人員総数は、平成10年（16万6,753人）をピークに減少傾向が続いており、令和4年（1万9,526人）は平成10年と比較して大きく減少している（同年比88.3％減）。

7-4-1-1図 少年による刑法犯・特別法犯 検挙人員総数の推移

（平成5年〜令和4年）

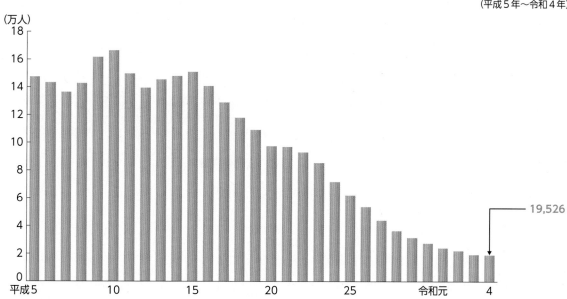

注 1 警察庁の統計による。
　 2 犯行時の年齢による。ただし、刑法犯については、検挙時に20歳以上であった者を除く。
　 3 触法少年の補導人員を含まない。
　 4 特別法犯は、平成15年までは交通関係4法令違反を除き、16年以降は交通法令違反を除く。

少年による刑法犯及び特別法犯のうち、**7-2-1表**において取り上げた18罪名について、検挙人員及び構成比（少年による刑法犯及び特別法犯の検挙人員総数に占める各罪名の検挙人員の比率をい

う。以下この項において同じ。）の推移（最近30年間）を罪名別に見ると、**7-4-1-2図**のとおりである。罪名別では、殺人、放火、強制性交等、暴行、傷害、恐喝、窃盗、毒劇法違反及び覚醒剤取締法違反の9罪名は平成5年から14年の間に、強盗、詐欺、横領、住居侵入、器物損壊及び軽犯罪法違反の6罪名は15年から24年の間に、強制わいせつ、大麻取締法違反及び児童買春・児童ポルノ禁止法違反の3罪名は25年から令和4年の間に、それぞれ最多を記録しており、罪名によって検挙人員のピークとなった時期が異なっており、傾向に違いが認められる。同年の検挙人員を少年による刑法犯及び特別法犯の検挙人員総数がピークであった平成10年の検挙人員と比較すると、強制わいせつ、詐欺、大麻取締法違反及び軽犯罪法違反は、いずれも令和4年は平成10年と比較して増加している（それぞれ同年比4.0％増、同5.3％増、同607.2％増、同15.9％増）。なお、令和4年における児童買春・児童ポルノ禁止法違反の検挙人員も同法が施行された平成11年の翌年である12年と比較して著しく増加している（同年比2331.6％増）が、例えば、平成26年法律第79号による同法改正では、自己の性的好奇心を満たす目的での児童ポルノ所持が新たに処罰の対象となるなど、その間の法改正により処罰範囲が大幅に拡大されていることに留意が必要である。

　罪名別の構成比の推移を見ると、窃盗が一貫して最も高いものの、平成22年以降は低下傾向にあり、令和4年は平成10年と比較して大きく低下している（同年比21.4pt低下）。窃盗以外では、恐喝、横領、毒劇法違反及び覚醒剤取締法違反は、令和4年は平成10年と比較して低下している（それぞれ同年比2.2pt低下、同14.0pt低下、同3.4pt低下、同0.1pt低下）のに対し、残りの12罪名（児童買春・児童ポルノ禁止法違反を除く）は、令和4年は平成10年と比較して上昇しており、大麻取締法違反（同4.4pt上昇）の構成比が最も大きく上昇した。

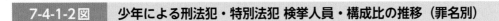

7-4-1-2図　**少年による刑法犯・特別法犯 検挙人員・構成比の推移（罪名別）**

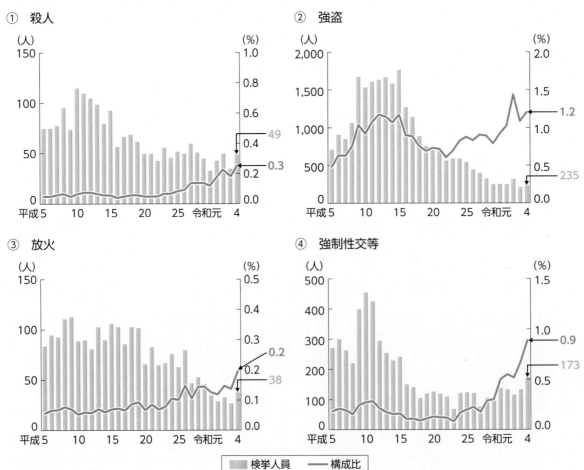

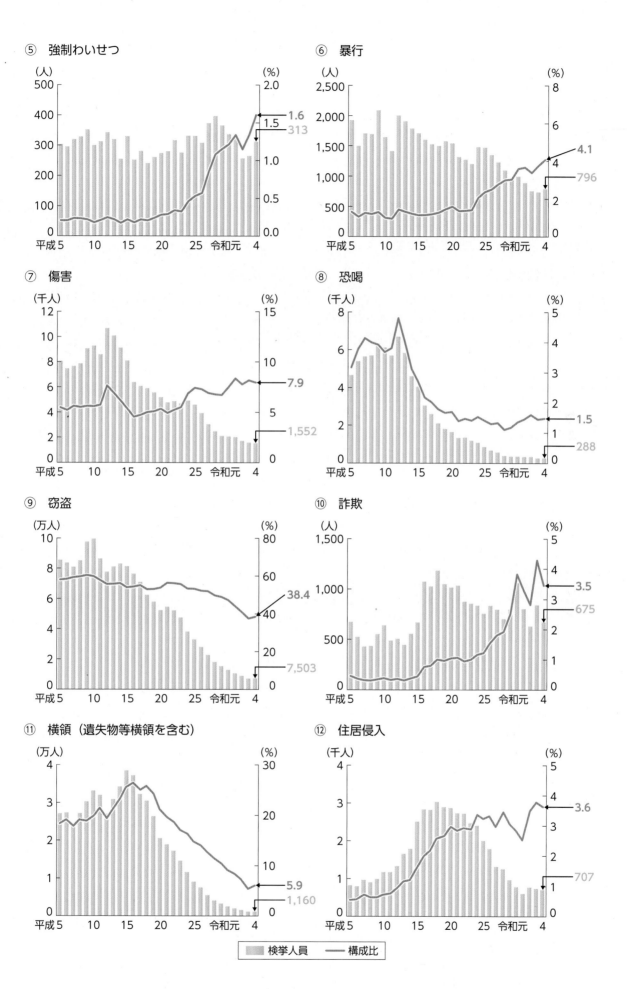

⑤　強制わいせつ

⑥　暴行

⑦　傷害

⑧　恐喝

⑨　窃盗

⑩　詐欺

⑪　横領（遺失物等横領を含む）

⑫　住居侵入

凡例：■ 検挙人員　― 構成比

非行少年と生育環境

⑬　器物損壊

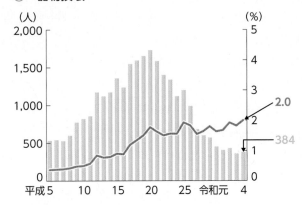

⑭　毒劇法

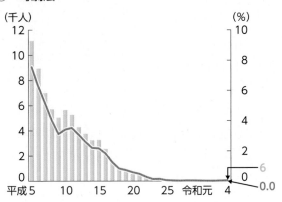

⑮　覚醒剤取締法

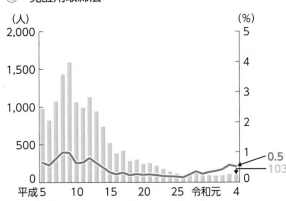

⑯　大麻取締法

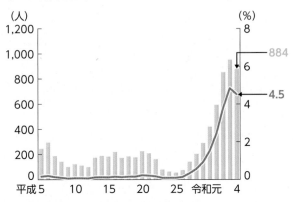

⑰　軽犯罪法

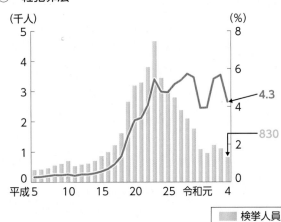

⑱　児童買春・児童ポルノ禁止法

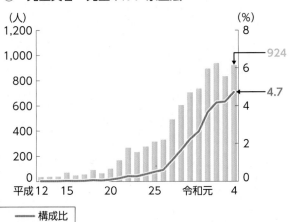

■ 検挙人員　― 構成比

注　1　警察庁の統計による。
　　2　犯行時の年齢による。ただし、刑法犯については、検挙時に20歳以上であった者を除く。
　　3　触法少年の補導人員を含まない。
　　4　「構成比」は、少年による刑法犯検挙人員総数と少年による特別法犯検挙人員総数の合計に占める①～⑱それぞれの検挙人員の比率
　　　である。
　　5　児童買春・児童ポルノ禁止法については、統計の存在する平成12年以降の数値を示した。

　少年による「初発型非行」（万引き、オートバイ盗、自転車盗及び遺失物等横領）について、その検挙人員総数並びに少年による刑法犯及び特別法犯の検挙人員総数に占める比率の推移（最近30年間）を見ると、**7-4-1-3図①**のとおりであり、初発型非行検挙人員総数に占める各態様の検挙人員の比率（以下この項において「構成比」という。）の推移（最近30年間）を見ると、**7-4-1-3図②**のとおりである。

　初発型非行の検挙人員総数は、平成10年（11万9,033人）に5年以降で最多を記録したが、11年以降は減少傾向にあるところ、その少年による刑法犯及び特別法犯の検挙人員総数に占める比率も低下傾向にあり、令和4年は平成10年と比較して大きく低下しており（同年比36.6pt低下）、近年、初発型非行を含む少年非行の態様が多様化している状況がうかがえる。

　少年による初発型非行の検挙人員を態様別に見ると、万引き及び自転車盗の検挙人員は、いずれも平成10年（それぞれ5万944人、1万6,675人）が5年以降で最多、遺失物等横領は、15年（3万8,547人）が5年以降で最多であったのに対し、オートバイ盗は、同年（2万3,305人）が最多であった。構成比について、10年と令和4年を比較すると、平成10年では、万引き（42.8%）、遺失物等横領（27.9%）、オートバイ盗（15.3%）、自転車盗（14.0%）の順に高かったのに対し、令和4年では、万引き（49.4%）、自転車盗（24.5%）、遺失物等横領（16.9%）、オートバイ盗（9.1%）の順に高かった。

7-4-1-3図 少年による「初発型非行」検挙人員・構成比の推移

（平成5年～令和4年）

① 初発型非行の検挙人員総数の推移

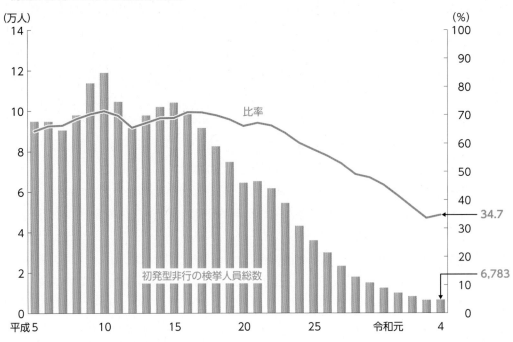

② 態様別構成比の推移

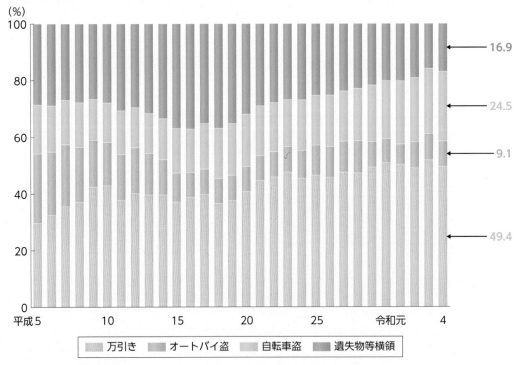

万引き　オートバイ盗　自転車盗　遺失物等横領

注　1　警察庁の統計による。
　　2　犯行時の年齢による。ただし、検挙時に20歳以上であった者を除く。
　　3　触法少年の補導人員を含まない。
　　4　「初発型非行」は、万引き、オートバイ盗、自転車盗及び遺失物等横領をいう。
　　5　「比率」は、少年による刑法犯及び特別法犯の検挙人員総数に占める初発型非行の検挙人員の比率をいう。
　　6　「構成比」は、少年による初発型非行の検挙人員総数に占める各態様の検挙人員の比率をいう。

第2節　裁判

　一般保護事件（過失運転致死傷等（業務上（重）過失致死傷を含む。）、危険運転致死傷及び道交違反に係る少年保護事件並びにぐ犯（児童福祉法27条の3に規定する強制的措置許可申請を含む。）を除く。以下この節において同じ。）の家庭裁判所における終局処理人員の推移（最近30年間）は、**7-4-2-1図①**のとおりである。平成5年以降、10年（15万3,474人）をピークに、12万人台から15万人台の間で増減を繰り返していたが、16年から減少し続け、20年には10万人を下回り、令和4年は1万9,478人（前年比5.7％減）であった（CD-ROM参照）。

　一般保護事件の家庭裁判所における終局処理人員の処理区分別構成比の推移（最近30年間）は、**7-4-2-1図②**のとおりである。平成5年以降、一貫して審判不開始が最も高く、22年までは70％台で推移していたが、その翌年から低下傾向にあり、令和4年は48.0％であった。検察官送致（刑事処分相当及び年齢超過）は、平成5年から24年までは0.4～0.7％台で推移していたが、25年には0.9％を超え、令和4年は2.1％（平成10年の約4.5倍）であった。少年院送致及び保護観察は、いずれも上昇傾向にあり、令和4年はそれぞれ6.4％（同約2.1倍）、24.4％（同約2.4倍）であった。不処分は、平成15年まで低下傾向にあったが、16年から上昇傾向にあり、令和4年は18.1％（同約1.7倍）であった（処理区分別の終局処理人員については、CD-ROM参照。）。

　なお、令和4年における少年保護事件の家庭裁判所終局処理人員の処理区分別構成比については、**3-2-2-3図**参照。

（平成5年～令和4年）

① 総数

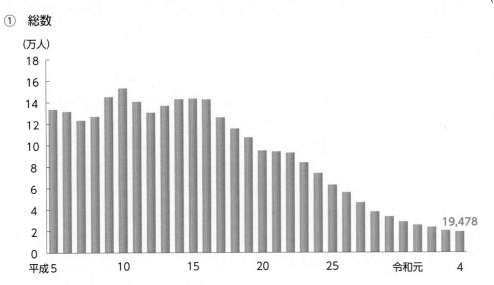

② 処理区分別構成比

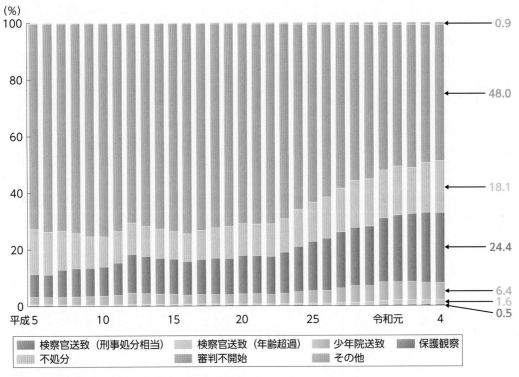

注 1 司法統計年報による。
2 過失運転致死傷等（業務上（重）過失致死傷を含む。）、危険運転致死傷及び道交違反に係る少年保護事件並びにぐ犯（児童福祉法
27条の3に規定する強制的措置許可申請を含む。）を除く。
3 「その他」は、児童自立支援施設・児童養護施設送致及び都道府県知事・児童相談所長送致である。なお、児童自立支援施設・児童
養護施設送致には、平成10年3月31日までの教護院・養護施設送致を含む。

第**3**節　少年矯正

1　少年院入院者の状況の推移

　7-4-3-1図は、少年院入院者の非行名別構成比の推移（最近30年間）を男女別に見たものである。男子では、少年院入院者の人員がピークであった平成12年は、「窃盗」（31.7%）の構成比が最も高く、17年（43.2%）のピーク後上昇・低下を繰り返しながら低下傾向にあり、令和4年は23.3%であった。一方、「詐欺」（平成12年は0.4%）の構成比は、上昇傾向にあり、30年（16.2%）のピーク後上昇・低下を繰り返しており、令和4年は10.4%であった。女子では、平成12年は、「覚醒剤取締法違反」（33.9%）の構成比が最も高かったが、29年以降は20%を下回っており、令和4年は10.9%であった。一方、「詐欺」（平成12年は0.8%）の構成比は、24年以降上昇・低下を繰り返しながら上昇傾向にあり、令和4年は14.0%であった。

7-4-3-1図　少年院入院者 非行名別構成比の推移（男女別）

（平成5年～令和4年）

① 男子

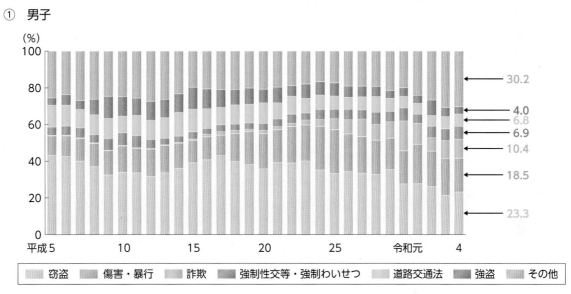

② 女子

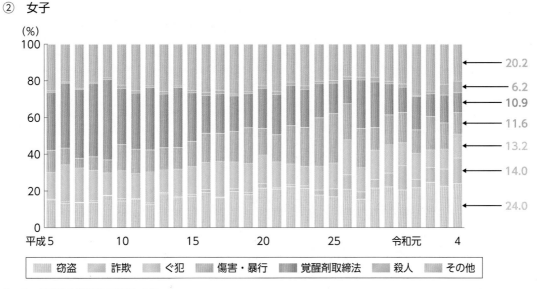

注　1　法務総合研究所の調査による。
　　2　矯正統計年報、少年矯正統計年報及び法務省大臣官房司法法制部の資料から算出した。

　7-4-3-2図は、少年院入院者の教育程度別構成比の推移（最近30年間）を男女別に見たものである。男子では、構成比が最も高かったのは、平成5年以降22年まで「中学卒業」、23年から令和4年まで「高校中退」であり、最も低かったのは、平成5年以降28年まで「高校卒業・その他」、29年から令和4年まで「中学在学」であった。「中学卒業」の構成比は、平成5年から7年まで50％を超えていたが、低下傾向にあり、25年以降20％台で推移している（令和4年は20.4％）。一方、「高校中退」、「高校在学」及び「高校卒業・その他」の構成比は、平成6年以降上昇傾向にあり、特に、「高校中退」の構成比は、30年以降40％を超えている（令和4年は41.1％）。女子では、構成比が最も高かったのは、平成5年以降16年まで「中学卒業」、17年から令和4年まで「高校中退」であり、最も低かったのは、平成5年以降令和元年は「高校卒業・その他」、2年から3年は「中学在学」、4年は再び「高校卒業・その他」であった。「中学卒業」の構成比は、平成5年は50％を超えていたが、上昇・低下を繰り返しながら低下傾向にあり、令和4年は17.1％であった。一方、「高校在学」（同年17.8％）及び「高校卒業・その他」（同年10.1％）は、平成5年以降上昇・低下を繰り返しながら上昇傾向にある。

　ただし、少年院入院者の教育程度については、あくまでも非行時点での最終学歴又は就学状況を示しており、少年院送致された際の年齢に大きく左右されることや、少年院出院後に、更に上の学校に進学する場合もあり得ることに留意する必要がある。

7-4-3-2図　　少年院入院者 教育程度別構成比の推移（男女別）

（平成5年～令和4年）

① 男子

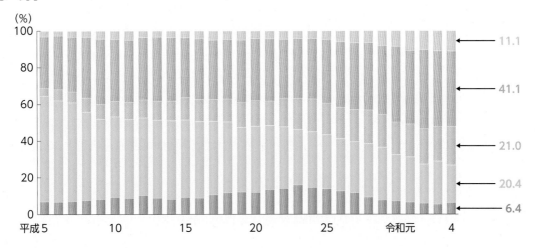

② 女子

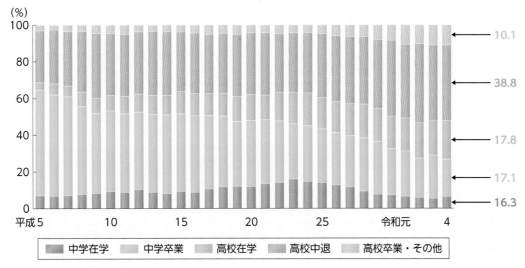

■ 中学在学　■ 中学卒業　■ 高校在学　■ 高校中退　■ 高校卒業・その他

注　1　法務総合研究所の調査による。
　　2　矯正統計年報、少年矯正統計年報及び法務省大臣官房司法法制部の資料から算出した。
　　3　教育程度は、非行時における最終学歴又は就学状況である。
　　4　「その他」は、高等専門学校在学・中退・卒業、大学（短期大学を含む。）在学・中退、専修学校（平成27年以降に限る。）在学・中
　　　退・卒業等である。

7-4-3-3図は、少年院入院者の就学・就労状況別構成比の推移（最近30年間）を男女別に見たものである。男子では、構成比が最も高かったのは、平成5年以降18年まで及び21年から23年まで「無職」、19年、20年及び24年から令和4年まで「有職」であり、最も低かったのは、平成5年以降令和2年まで「学生・生徒」、3年は「無職」であったが、4年は「無職」と「学生・生徒」が同じ構成比であった。「無職」の構成比は低下傾向にあり、平成24年には「無職」（33.6％）、「有職」（35.2％）及び「学生・生徒」（31.2％）がほぼ同じ構成比になった。同年以降は「有職」の構成比が最も高いまま推移し、令和4年は44.9％であった。女子では、構成比が最も高かったのは、平成5年以降24年まで及び26年から令和4年まで「無職」、平成25年は「無職」と「学生・生徒」が同じ構成比であり、最も低かったのは、5年及び6年は「学生・生徒」、7年以降令和4年まで「有職」であった。「無職」の構成比は、平成8年（65.2％）をピークに低下傾向にあり、令和4年は39.5％であった。

7-4-3-3図 少年院入院者 就学・就労状況別構成比の推移（男女別）

（平成5年～令和4年）

① 男子

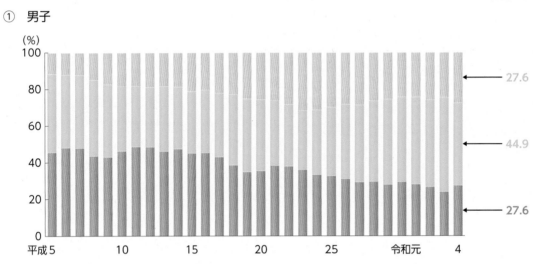

② 女子

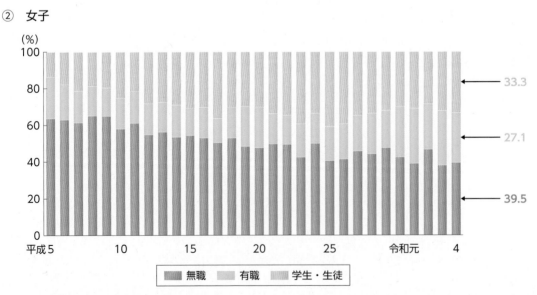

凡例: 無職　有職　学生・生徒

注　1　矯正統計年報及び少年矯正統計年報による。
　　2　就学・就労状況は、非行時による。
　　3　就学・就労状況が不詳の者を除く。

7-4-3-4図は、少年院入院者の保護者状況別構成比の推移（最近30年間）を男女別に見たものである。男子では、構成比が最も高かったのは、平成5年以降20年まで「実父母」、21年から令和4年まで「実母」であり、最も低かったのは、平成5年以降令和4年まで「保護者なし」であった。「実父母」の構成比は、平成9年の54.0％をピークに低下傾向にあり、令和4年は34.1％であった。女子では、構成比が最も高かったのは、平成5年以降14年まで「実父母」、15年から令和4年まで「実母」であり、最も低かったのは、平成5年以降令和4年まで「保護者なし」であった。「実父母」の構成比は、平成5年及び8年の47.0％をピークに低下傾向にあり、令和4年は23.3％であった。

7-4-3-4図 　**少年院入院者 保護者状況別構成比の推移（男女別）**

（平成5年〜令和4年）

① 男子

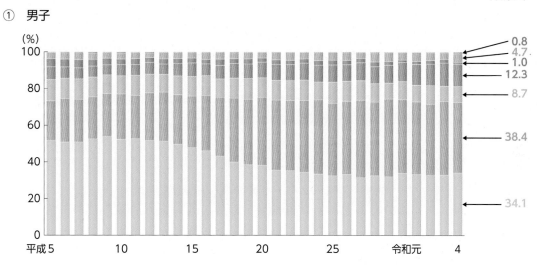

② 女子

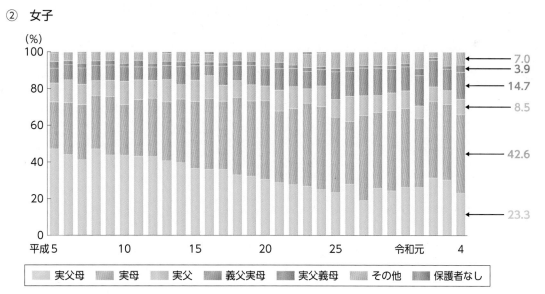

凡例：実父母　実母　実父　義父実母　実父義母　その他　保護者なし

注　1　法務総合研究所の調査による。
　　2　矯正統計年報、少年矯正統計年報及び法務省大臣官房司法法制部の資料から算出した。
　　3　保護者状況は、非行時による。
　　4　「その他」は、養父（母）等である。
　　5　本図を見るに当たっては、社会一般における夫婦と未婚の子のみの世帯やひとり親と未婚の子のみの世帯の数及びこれらの世帯が全世帯に占める割合の推移等に留意が必要である。

2 少年鑑別所入所者の意識の変化

　この項では、少年の意識の変化について、その一例として、一部令和4年版犯罪白書（第8編第4章第5節）からの再掲となるが、少年鑑別所入所者を対象とした調査の結果のうち、特徴的な傾向について紹介する。

　ただし、あくまでも（審判を目前に控えた）少年鑑別所入所中の少年の主観による回答であることに留意する必要がある。

　家庭生活に対する満足度を調査年別（平成2年調査、10年調査、17年調査、23年調査及び令和3年調査の別。以下この項において同じ。）に見ると、7-4-3-5図のとおりである。「満足」の構成比は、平成10年調査以降一貫して上昇しており、令和3年調査では、8割近くに達した。「どちらとも言えない」及び「不満」の構成比は、いずれも一貫して低下している。

7-4-3-5図　少年鑑別所入所者 家庭生活に対する満足度（調査年別）

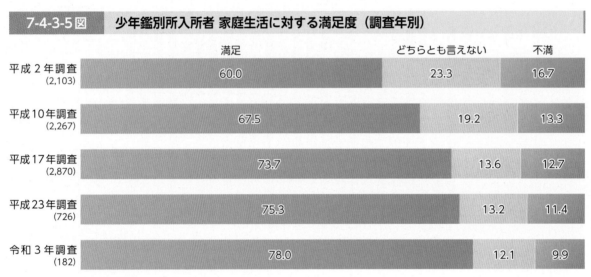

	満足	どちらとも言えない	不満
平成2年調査 (2,103)	60.0	23.3	16.7
平成10年調査 (2,267)	67.5	19.2	13.3
平成17年調査 (2,870)	73.7	13.6	12.7
平成23年調査 (726)	75.3	13.2	11.4
令和3年調査 (182)	78.0	12.1	9.9

注　1　令和4年版犯罪白書第8編第4章第5節からの再掲である。
　　2　家庭生活に対する満足度が不詳の者を除く。
　　3　「満足」は、「満足」及び「やや満足」を合計した構成比であり、「不満」は、「不満」及び「やや不満」を合計した構成比である。
　　4　（　）内は、実人員である。

7-4-3-6図は、家庭生活を「不満」とする者の理由についての該当率（重複計上による。）を調査年別に見たものである。「家庭に収入が少ない」の該当率は、平成10年調査以降上昇し、23年調査では、47.0％であったが、令和3年調査では、11.1％に低下した。一方、「親が自分を理解してくれない」は、平成10年調査以降低下し続け、23年調査では、42.2％であったが、令和3年調査では、55.6％に上昇した。

7-4-3-6図 少年鑑別所入所者 家庭生活に対する不満の理由（調査年別）

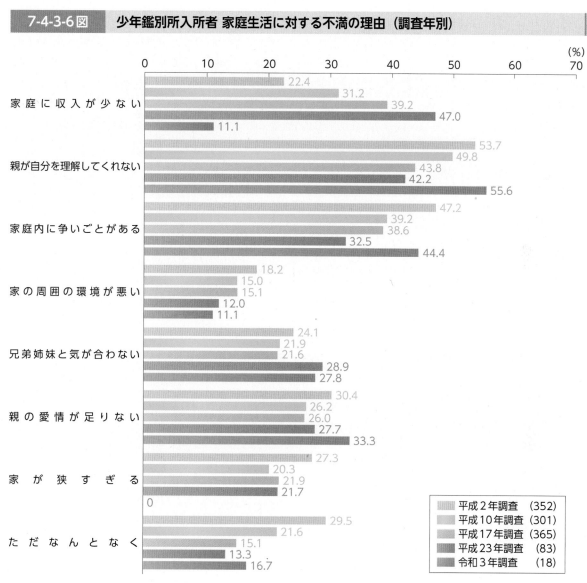

注 1 法務総合研究所の調査による。
　 2 家庭生活について「不満」（「不満」又は「やや不満」）と回答した者に占める各項目に該当した者（重複計上による。）の比率である。
　 3 凡例の（　）内は、調査年別の実人員である。
　 4 他の調査年との比較が困難なものは、除外した。

7-4-3-7図は、家族との関係に関する各項目について、「ある」（「よくある」又は「ときどきある」）と回答した者の該当率を調査年別に見たものである。「家族との話を楽しいと感じる」の該当率は、令和３年調査が最も高く、91.3％であった。一方、「自分が何をしていても、親があまり気にしていないと感じる」、「親がきびしすぎると感じる」、「親のいうことは、気まぐれであると感じる」及び「親が自分のいいなりになりすぎると感じる」の該当率は、同調査が最も低かった。

7-4-3-7図　少年鑑別所入所者 家族との関係（調査年別）

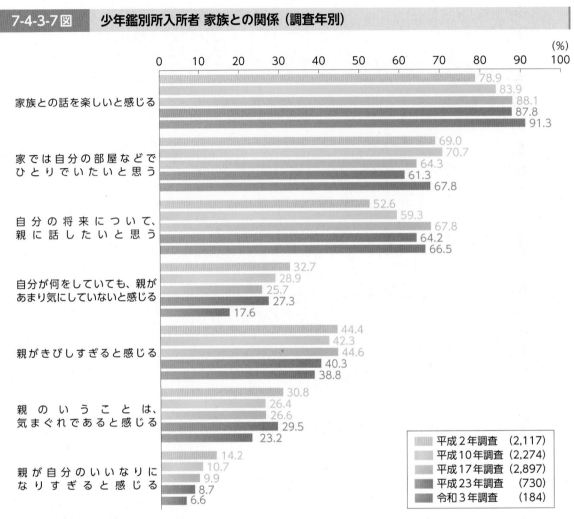

注　1　法務総合研究所の調査による。
　　2　家族との関係の各項目が不詳の者を除く。
　　3　各項目について、「よくある」又は「ときどきある」に該当した者の比率である。
　　4　凡例の（　）内は、調査年別の実人員である。

社会に対する満足度を調査年別に見ると、**7-4-3-8図**のとおりである。平成10年調査では、「満足」の構成比が低下し、「どちらとも言えない」及び「不満」の構成比がいずれも上昇したが、その後の調査においては、「満足」の構成比が一貫して上昇しており（令和3年調査では42.9％）、「どちらとも言えない」及び「不満」の構成比がいずれも一貫して低下している。

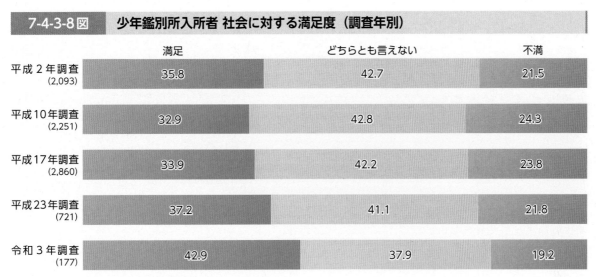

7-4-3-8図　少年鑑別所入所者　社会に対する満足度（調査年別）

	満足	どちらとも言えない	不満
平成2年調査 (2,093)	35.8	42.7	21.5
平成10年調査 (2,251)	32.9	42.8	24.3
平成17年調査 (2,860)	33.9	42.2	23.8
平成23年調査 (721)	37.2	41.1	21.8
令和3年調査 (177)	42.9	37.9	19.2

注　1　令和4年版犯罪白書第8編第4章第5節からの再掲である。
　　2　社会に対する満足度が不詳の者を除く。
　　3　「満足」は、「満足」及び「やや満足」を合計した構成比であり、「不満」は、「不満」及び「やや不満」を合計した構成比である。
　　4　（　）内は、実人員である。

　7-4-3-9図は、社会を「不満」とする者の理由についての該当率（重複計上による。）を調査年別に見たものである。令和3年調査では、「金持ちと貧乏な人との差が大きすぎる」及び「若者の意見が反映されない」の該当率（それぞれ55.9％）が最も高かったが、平成23年調査と比べると、「若者の意見が反映されない」を除く全ての項目で該当率が低下した。

7-4-3-9図　少年鑑別所入所者 社会に対する不満の理由（調査年別）

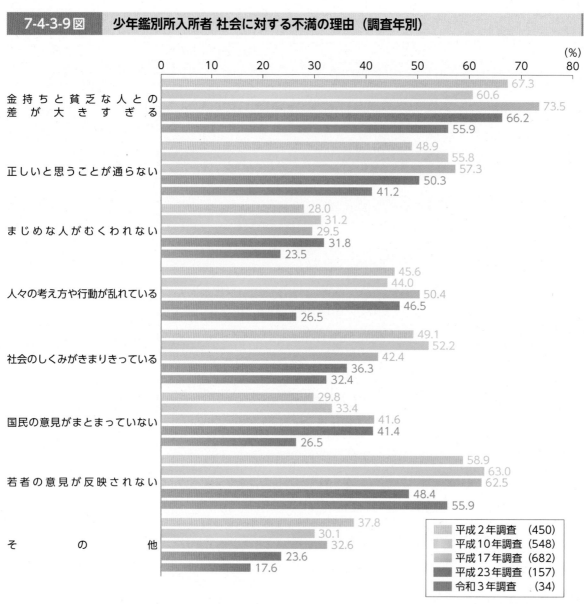

注　1　法務総合研究所の調査による。
　　2　社会について「不満」（「不満」又は「やや不満」）と回答した者に占める各項目に該当した者（重複計上による。）の比率である。
　　3　（　）内は、調査年別の実人員である。

第4節　保護観察

　保護観察処分少年（交通短期保護観察及び更生指導の対象者を除く。以下この節において同じ。）について、保護観察開始人員の年齢層別構成比の推移（最近30年間）を見ると、**7-4-4-1図**のとおりである。平成5年に54.6%であった18歳以上の構成比は、23年（33.8%）まで低下傾向にあったが、その後上昇し続け、令和4年は低下したものの、50.5%であった。一方、平成5年に8.4%であった16歳未満の構成比は、25年（26.3%）まで上昇傾向にあったが、その後低下し続け、令和4年は上昇したものの、12.8%であった。

　なお、少年の保護観察開始人員の推移（最近50年間）については、第3編第2章第5節2項参照。

7-4-4-1図　保護観察処分少年　保護観察開始人員の年齢層別構成比の推移

（平成5年～令和4年）

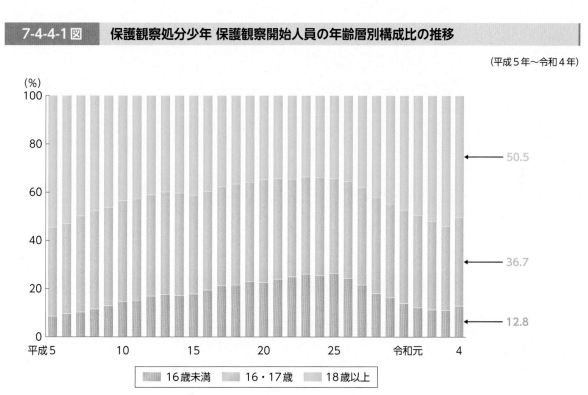

注　1　保護統計年報による。
　　2　保護観察に付された日の年齢による。なお、「18歳以上」には、20歳以上の者を含む。
　　3　交通短期保護観察及び更生指導の対象者を除く。

保護観察処分少年について、保護観察開始人員の非行名別構成比の推移（最近30年間）を見ると、**7-4-4-2図**のとおりである。平成9年までは、道路交通法違反の構成比が最も高く、10年から令和4年までは、窃盗の構成比が最も高かった。道路交通法違反の構成比は、平成25年（12.9％）まで低下傾向にあったものの、その後上昇し、29年以降17％台で推移している。窃盗の構成比は、22年（42.2％）まで上昇傾向にあったものの、その後低下傾向にあり、令和4年は25.4％であった。また、構成比としては低い水準にあるものの、平成5年と比較して最も増加率が高かったのは、詐欺であり、同年に0.2％であったところ、令和4年は3.5％であった。

7-4-4-2図 　保護観察処分少年 保護観察開始人員の非行名別構成比の推移

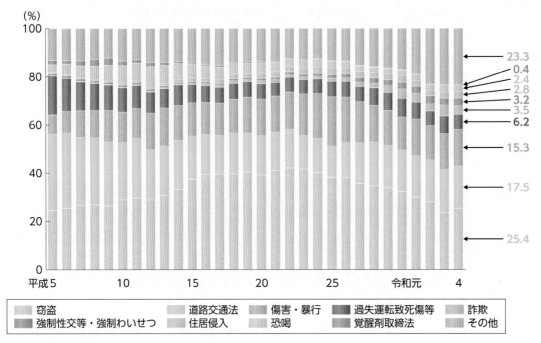

（平成5年〜令和4年）

注 1 保護統計年報による。
　 2 交通短期保護観察及び更生指導の対象者を除く。
　 3 「過失運転致死傷等」は、業務上（重）過失致死傷を含む。

保護観察処分少年について、保護観察開始人員の居住状況別構成比の推移（最近30年間）を見ると、**7-4-4-3図**のとおりである。平成14年までは「両親と同居」の構成比が60％前後であったが、19年には50％を下回り、令和4年は44.9％であった。一方、「母と同居」の構成比は、平成9年までは10％台後半で推移していたが、翌年から26年（36.3％）まで上昇し続け、その後若干低下したものの、近年は30％台前半で推移している。

7-4-4-3図 保護観察処分少年 保護観察開始人員の居住状況別構成比の推移

(平成5年～令和4年)

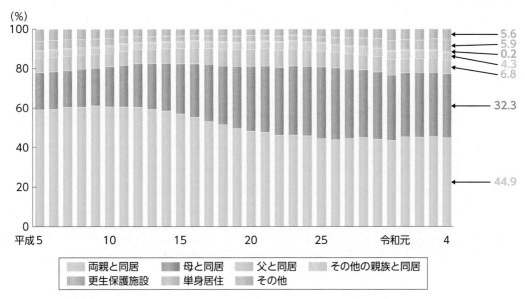

注　1　保護統計年報による。
　　2　保護観察開始時の居住状況による。
　　3　交通短期保護観察及び更生指導の対象者を除く。
　　4　「その他の親族と同居」は、配偶者（内縁関係にある者を含む。以下同じ。）と同居を含まない。
　　5　「その他」は、配偶者と同居、雇主宅等である。
　　6　居住状況が不詳の者を除く。
　　7　本図を見るに当たっては、社会一般における夫婦と未婚の子のみの世帯やひとり親と未婚の子のみの世帯の数及びこれらの世帯が全
　　　世帯に占める割合の推移等に留意が必要である。

　保護観察処分少年について、保護観察開始人員の就学・就労状況別構成比の推移（最近30年間）
を見ると、**7-4-4-4図**のとおりである。平成21年～25年は学生・生徒の構成比が最も高く、それ以
外の年は、有職の構成比が最も高かった。無職の構成比は、5年は20.9%であり、14年（26.3%）
まで上昇傾向にあったが、その後低下傾向に転じ、近年は13～14%台で推移している。学生・生徒
の構成比は、5年は16.3%であり、23年（42.9%）まで上昇し続けたが、近年は35～37%台で推
移している。

7-4-4-4図 保護観察処分少年 保護観察開始人員の就学・就労状況別構成比の推移

(平成5年～令和4年)

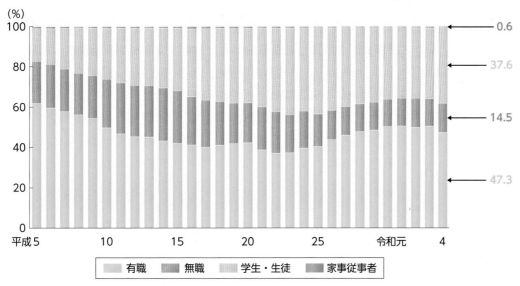

注　1　保護統計年報による。
　　2　交通短期保護観察及び更生指導の対象者を除く。
　　3　保護観察開始時の就学・就労状況による。
　　4　就学・就労状況が不詳の者を除く。

第5章 特別調査

前章までに、戦後の少年法制等の変遷、少年を取り巻く生育環境及び生活状況の変化、昨今の少年非行の動向等について概観した。

さらに、法務総合研究所では、非行少年の生育環境の実態を明らかにし、生育環境に困難を抱える非行少年への効果的な処遇・支援の方策の検討に資する基礎資料を提供することを目的として、非行少年の生育環境の実態に関する特別調査を実施し、その結果を分析した。

この章においては、同調査の内容及び明らかになった事項について紹介する。

第1節 調査の概要

特別調査の対象者は、以下のとおりであり、**7-5-1-1表**は、調査対象者の属性等を示したものである。

1 調査対象者及び調査方法

（1）少年院在院者及びその保護者

少年については、男子は令和3年6月1日から同年9月30日までの間、女子は同年6月1日から同年11月30日までの間に、処遇の段階（第3編第2章第4節3項（2）参照）が1級にあった者を調査対象とした。さらに、それぞれの保護者（6親等以内の親族に限る。）にも調査への協力を依頼した。少年院を通じて、少年及び保護者にそれぞれ質問紙を配布し、少年については、単独室（一人用の居室）等で、保護者については、保護者会や面会等で来院した際などに、適宜の場所で回答を求めた。質問紙には、調査への協力が任意であり、協力の許諾の有無や回答内容によって不利益を被ることはないことを明示して、調査協力に同意が得られた者について無記名で実施し、その回答結果を分析した。

（2）保護観察対象者及びその保護者

少年については、男子は令和3年6月1日から同月30日までの間、女子は同年6月1日から同年11月30日までの間に新たに保護観察を開始した保護観察処分少年（交通短期保護観察の対象者及び移送を除く。）を調査対象とした。さらに、それぞれの保護者（6親等以内の親族に限る。）にも調査への協力を依頼した。少年及び保護者が、保護観察開始時の手続を行うために、保護観察所を最初に訪れた際に、保護観察所を通じて、少年及び保護者にそれぞれ質問紙を配布し、記載内容がお互いの目に触れないよう、可能な限り別室とするなどの配慮をした上で回答を求めた。質問紙には、調査への協力が任意であり、協力の許諾の有無や回答内容によって不利益を被ることはないことを明示して、調査協力に同意が得られた者について無記名で実施し、その回答結果を分析した。

① 少年に対する調査

属性等			総数		少年院在院者		保護観察処分少年	
総数			865	(100.0)	591	(100.0)	274	(100.0)
性別	男	子	678	(78.4)	526	(89.0)	152	(55.5)
	女	子	187	(21.6)	65	(11.0)	122	(44.5)
年齢	13	歳	2	(0.2)	1	(0.2)	1	(0.4)
	14	歳	25	(2.9)	20	(3.4)	5	(1.8)
	15	歳	50	(5.8)	33	(5.6)	17	(6.2)
	16	歳	107	(12.4)	72	(12.2)	35	(12.8)
	17	歳	175	(20.2)	133	(22.5)	42	(15.3)
	18	歳	195	(22.5)	141	(23.9)	54	(19.7)
	19	歳	311	(36.0)	191	(32.3)	120	(43.8)
保護処分歴	な	し	450	(52.0)	215	(36.4)	235	(85.8)
	児童自立支援施設等送致		16	(1.8)	12	(2.0)	4	(1.5)
	保 護 観 察		279	(32.3)	247	(41.8)	32	(11.7)
	少 年 院 送 致		120	(13.9)	117	(19.8)	3	(1.1)
就労・就学状況	有 職		367	(43.3)	285	(49.0)	82	(30.8)
	学 生 ・ 生 徒		238	(28.1)	135	(23.2)	103	(38.7)
	そ の 他		243	(28.7)	162	(27.8)	81	(30.5)

② 保護者に対する調査

属性等			総数		少年院在院者		保護観察処分少年	
総数			700	(100.0)	410	(100.0)	290	(100.0)
回答者の少年から見た続柄	父	親	132	(19.4)	69	(17.4)	63	(22.0)
	母	親	522	(76.5)	313	(79.0)	209	(73.1)
	義 （ 養 ） 父		6	(0.9)	2	(0.5)	4	(1.4)
	義 （ 養 ） 母		3	(0.4)	2	(0.5)	1	(0.3)
	祖 父 母		15	(2.2)	7	(1.8)	8	(2.8)
	そ の 他 の 親 族		4	(0.6)	3	(0.8)	1	(0.3)
婚姻状況	結 婚 し て い る		373	(55.8)	198	(51.4)	175	(61.8)
	離 婚		265	(39.7)	170	(44.2)	95	(33.6)
	死 別		13	(1.9)	8	(2.1)	5	(1.8)
	未 婚		17	(2.5)	9	(2.3)	8	(2.8)
同居者の平均人数			4.1		4.1		4.1	

注　1　法務総合研究所の調査による。
　　2　各属性等が不詳の者を除く。ただし、総数にはそれぞれ不詳の者を含む。
　　3　「年齢」は、少年院入院時又は保護観察開始時の年齢による。
　　4　「児童自立支援施設等送致」は、児童自立支援施設送致・児童養護施設送致である。
　　5　複数の保護処分歴を有する場合、少年院送致歴がある者は「少年院送致」に、それ以外の者のうち保護観察歴がある者は「保護観察」に、児童自立支援施設等送致歴のみがある者は「児童自立支援施設等送致」に計上している。
　　6　「就労・就学状況」は調査時による（少年院在院者は少年院入院前）。「有職」は、職業訓練生・見習の者を含み、「その他」は、専業主婦又は主夫、家事手伝い（家族の育児・介護を含む）及び就職活動中を含む。
　　7　「婚姻状況」は調査時による。「結婚している」は、再婚及び事実婚を含む。
　　8　「同居者の平均人数」は調査時による。保護者、少年本人、単身赴任の者を含む。
　　9　（　）内は、総数又は調査対象者の身分別の人員における構成比である。

2 調査の内容

今回の特別調査では、2種類の調査票を使用した。一つは、少年院在院者及び保護観察処分少年に対する調査（以下「少年に対する調査」という。）のために使用したものであり、もう一つは、少年院在院者及び保護観察処分少年の保護者に対する調査（以下「保護者に対する調査」という。）のために使用したものである。2種類の調査票は、それぞれ、法務総合研究所が作成した、少年に対しては合計28問、保護者に対しては合計31問から成る自記式の質問紙（「生活環境と意識に関する調査」）であり、調査の内容は、養育の状況、世帯状況、経済状況、日常の生活状況、就学・就労の状況、周囲との関わり・社会とのつながり等に関するものであった。

なお、少年院入院時又は保護観察開始時の年齢、性別、保護処分歴等の情報については、別途、把握している統計情報に基づき抽出し、符号化を経た上で使用した。

第2節 特別調査の結果から見た非行少年の状況

この節では、特別調査のうち、少年に対する調査の結果から、少年院在院者と保護観察処分少年との比較を行うとともに、世間一般の少年を対象として他機関等が実施した調査の結果を踏まえ、一般の少年と違いが見られた事項についても紹介し、非行少年（少年院在院者及び保護観察処分少年）の状況を明らかにする。

1 養育の状況

7-5-2-1図は、家族としたことがある経験（重複計上による。以下この章において同じ。）について見たものである。少年院在院者、保護観察処分少年共に、「学校の行事に家族が来る」（それぞれ89.0%、86.4%）の該当率が最も高く、次いで、少年院在院者では、「祖父母や親戚の家に遊びに行く」（84.6%）、「動物園や水族館に行く」（84.3%）の順に、保護観察処分少年では、「動物園や水族館に行く」（85.0%）、「テーマパークや遊園地に行く」（82.1%）の順に、それぞれ高かった。

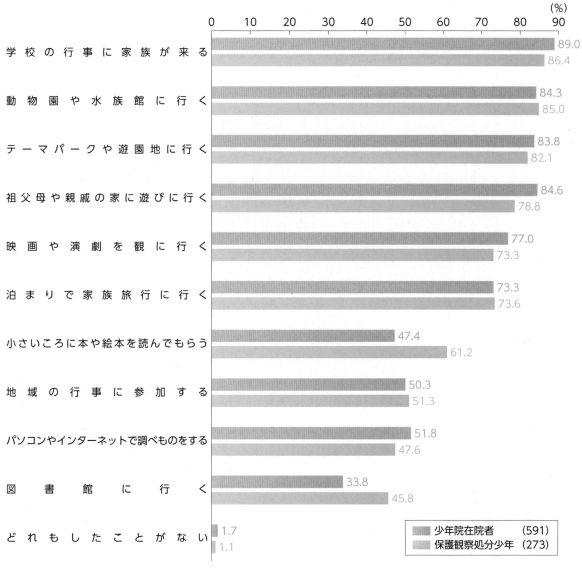

7-5-2-1図　少年に対する調査 家族としたことがある経験

(%)

項目	少年院在院者	保護観察処分少年
学校の行事に家族が来る	89.0	86.4
動物園や水族館に行く	84.3	85.0
テーマパークや遊園地に行く	83.8	82.1
祖父母や親戚の家に遊びに行く	84.6	78.8
映画や演劇を観に行く	77.0	73.3
泊まりで家族旅行に行く	73.3	73.6
小さいころに本や絵本を読んでもらう	47.4	61.2
地域の行事に参加する	50.3	51.3
パソコンやインターネットで調べものをする	51.8	47.6
図書館に行く	33.8	45.8
どれもしたことがない	1.7	1.1

凡例：
　少年院在院者　　　（591）
　保護観察処分少年　（273）

注　1　法務総合研究所の調査による。
　　2　家族としたことがある経験が不詳の者を除く。
　　3　各項目に該当した者（重複計上による。）の比率である。
　　4　（　）内は、区分別の実人員である。

　和歌山県が実施した調査によれば、家庭における文化的な活動や体験について尋ねた項目の中学２年生の結果では、「学校の行事に家族が来る」の該当率が78.6%、「動物園や水族館に行く」が76.5%であり、少年院在院者、保護観察処分少年共に、一般の少年よりも該当率が高かった。一方、同結果では、「小さいころに絵本を読んでもらう」の該当率が73.2%、「パソコンやインターネットで調べものをする」が71.8%、「図書館に行く」が64.9%であり、いずれも少年院在院者、保護観察処分少年共に、一般の少年よりも該当率が低かった（和歌山県「子供の生活実態調査結果報告書」（平成31年３月）による。）。対象者の年齢層等が異なることには留意を要するが、一般の少年と比較すると、少年院在院者及び保護観察処分少年において、家族との外出等のイベントの経験は多い一方、読書や調べもの等の経験は少ないことがうかがえた。

2 日常の生活状況

（1）食事の頻度

　7-5-2-2図は、平日（学校や仕事に行く日。以下この章において同じ。）の食事の頻度について見

たものである。少年院在院者では、「ほぼ毎日２食食べる」（41.9％）の構成比が最も高く、次いで、「ほぼ毎日３食食べる」（32.8％）、「１日３食より多い」（13.3％）の順に高かったのに対し、保護観察処分少年では、「ほぼ毎日３食食べる」（53.5％）の構成比が最も高く、次いで、「ほぼ毎日２食食べる」（35.2％）、「ほぼ毎日１食食べる」（7.0％）の順に高かった。

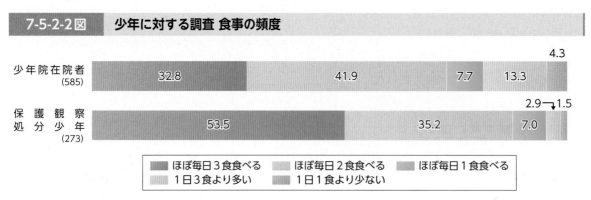

7-5-2-2図　少年に対する調査 食事の頻度

注　1　法務総合研究所の調査による。
　　2　食事の頻度が不詳の者を除く。
　　3　（　）内は、実人員である。

東京都が実施した調査によれば、平日の食事の頻度を尋ねた項目（「ほぼ毎日３食食べる」、「ほぼ毎日２食食べる」及び「ほぼ毎日１食食べる」から選択）の16・17歳の結果では、「ほぼ毎日３食食べる」の構成比が86.1％であり、少年院在院者、保護観察処分少年共に、一般の少年よりも構成比が低かった。一方、同結果では、「ほぼ毎日２食食べる」の構成比が12.5％、「ほぼ毎日１食食べる」の構成比が0.7％であり、いずれも少年院在院者、保護観察処分少年共に、一般の少年よりも構成比が高かった（東京都「子供の生活実態調査」（平成28年度）による。）。回答の選択肢が異なることには留意を要するが、一般の少年と比較すると、少年院在院者及び保護観察処分少年において、１日３食の規則正しい食生活を送っている者は少ないことがうかがえた。

（2）家族との夕食の頻度

7-5-2-3図は、過去１年間に家族と一緒に夕食を食べた頻度（少年院在院者は、少年院に来る前の１年間における頻度。以下この章において同じ。）について見たものである。少年院在院者では、「週に数回」（30.9％）の構成比が最も高く、次いで、「まったくしていない」（15.4％）、「週に１回程度」（14.9％）の順に高かったのに対し、保護観察処分少年では、「ほぼ毎日」（42.2％）の構成比が最も高く、次いで、「週に数回」（33.7％）、「まったくしていない」（7.0％）の順に高かった。

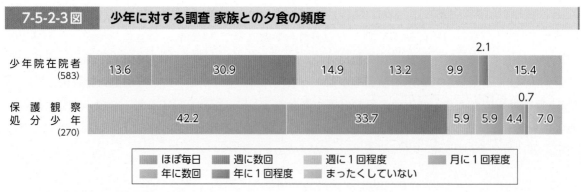

7-5-2-3図　少年に対する調査 家族との夕食の頻度

注　1　法務総合研究所の調査による。
　　2　家族との夕食の頻度が不詳の者を除く。
　　3　（　）内は、実人員である。

法務総合研究所が実施した調査研究において、全国の満16歳以上22歳以下の者に対し、家族と一緒に夕食を食べた頻度について尋ねた項目（「ほぼ毎日」、「週1～数回」及び「月1回以下」から選択）の結果では、「ほぼ毎日」の構成比が58.0％であり、少年院在院者、保護観察処分少年共に、一般の少年よりも構成比が低かった。一方、同結果では、「週1～数回」の構成比が30.6％であり、少年院在院者、保護観察処分少年の「週に1回程度」及び「週に数回」を合計した構成比と比較すると、少年院在院者（45.8％）、保護観察処分少年（39.6％）共に、一般の少年よりも構成比が高かった（法務総合研究所研究部報告58参照）。対象者の年齢層や回答の選択肢が異なることには留意を要するが、一般の少年等と比較すると、少年院在院者及び保護観察処分少年において、家族と一緒に夕食をとる機会が少ないことがうかがえた。

（3）日常の過ごし方

　7-5-2-4図は、日常の過ごし方について見たものである。少年院在院者では、「ゲームをする」（スマートフォンのゲームも含む。以下この章において同じ。）、「テレビ・インターネットで動画などを見たり音楽を聴く」及び「スマートフォン、携帯電話でメールやLINEをする」は「毎日2時間以上」（それぞれ42.5％、83.5％、70.8％）の構成比が最も高く、「家事」（洗濯、掃除、料理、片づけなど。以下この章において同じ。）は「毎日2時間未満」（「毎日1～2時間」及び「毎日1時間以下」を合計した構成比。以下この項において同じ。）（31.2％）の構成比が最も高く、「兄弟姉妹の世話や家族の介護」は「全然しない」（74.2％）の構成比が最も高かった。保護観察処分少年では、「ゲームをする」及び「家事」は「毎日2時間未満」（それぞれ31.6％、37.0％）の構成比が最も高く、「テレビ・インターネットで動画などを見たり音楽を聴く」及び「スマートフォン、携帯電話でメールやLINEをする」は「毎日2時間以上」（それぞれ65.3％、53.7％）の構成比が最も高く、「兄弟姉妹の世話や家族の介護」は「全然しない」（63.9％）の構成比が最も高かった。少年院在院者と保護観察処分少年を比較すると、「ゲームをする」、「テレビ・インターネットで動画などを見たり音楽を聴く」及び「スマートフォン、携帯電話でメールやLINEをする」において、少年院在院者の方が保護観察処分少年よりもこれらの活動に充てている時間が長かった。

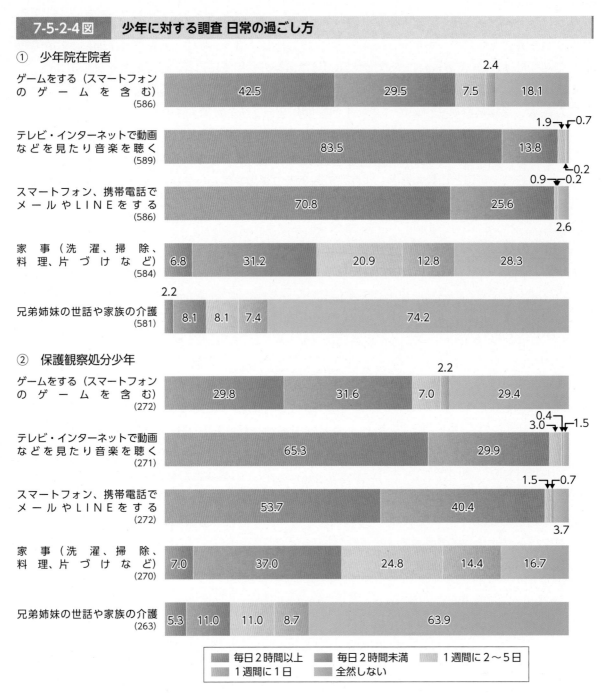

7-5-2-4図　少年に対する調査 日常の過ごし方

① 少年院在院者

ゲームをする（スマートフォンのゲームを含む）(586)
テレビ・インターネットで動画などを見たり音楽を聴く(589)
スマートフォン、携帯電話でメールやLINEをする(586)
家事（洗濯、掃除、料理、片づけなど）(584)
兄弟姉妹の世話や家族の介護(581)

② 保護観察処分少年

ゲームをする（スマートフォンのゲームを含む）(272)
テレビ・インターネットで動画などを見たり音楽を聴く(271)
スマートフォン、携帯電話でメールやLINEをする(272)
家事（洗濯、掃除、料理、片づけなど）(270)
兄弟姉妹の世話や家族の介護(263)

凡例：毎日２時間以上　毎日２時間未満　１週間に２〜５日　１週間に１日　全然しない

注　1　法務総合研究所の調査による。
　　2　各項目について、日常の過ごし方が不詳の者を除く。
　　3　「毎日２時間未満」は、「毎日１〜２時間」及び「毎日１時間以下」を合計した構成比であり、「１週間に２〜５日」は、「１週間に４〜５日」及び「１週間に２〜３日」を合計した構成比である。
　　4　（　）内は、実人員である。

　東京都が実施した調査によれば、ふだんの活動について尋ねた項目の16・17歳の結果では、「ゲーム機で遊ぶ」の「毎日２時間以上」の構成比が15.5％、「テレビ・インターネットを見る」の「毎日２時間以上」の構成比が48.2％であり、少年院在院者、保護観察処分少年共に、一般の少年よりも構成比が高かった。また、同結果では、「兄弟姉妹の世話や祖父母の介護」の「ぜんぜんしない」の構成比が82.6％、「家事」の「ぜんぜんしない」の構成比が33.3％であり、少年院在院者、保護観察処分少年共に、一般の少年よりも構成比が低かった（東京都「子供の生活実態調査」（平成28年度）による。）。質問項目の文言がやや異なることに留意が必要であるが、一般の少年と比較すると、少年院在院者及び保護観察処分少年において、ゲーム、テレビ、インターネット等に充てている時間が長いほか、家事に充てている時間及び家族の世話・介護に充てている時間も長いことがうかがえた。

3 就学、就労の状況

（1）中学2年の頃の勉強の仕方

7-5-2-5図は、中学2年の頃の勉強の仕方（重複計上による。以下この章において同じ。）について見たものである。少年院在院者では、「学校の授業以外で勉強はしなかった」（49.2％）の該当率が最も高く、次いで、「塾で勉強した」（17.8％）、「その他」（17.3％）の順に高かった。保護観察処分少年では、「自分で勉強した」（35.3％）の該当率が最も高く、次いで、「塾で勉強した」（33.5％）、「友達と勉強した」（30.1％）の順に高かった。

7-5-2-5図　少年に対する調査 中学2年の頃の勉強の仕方

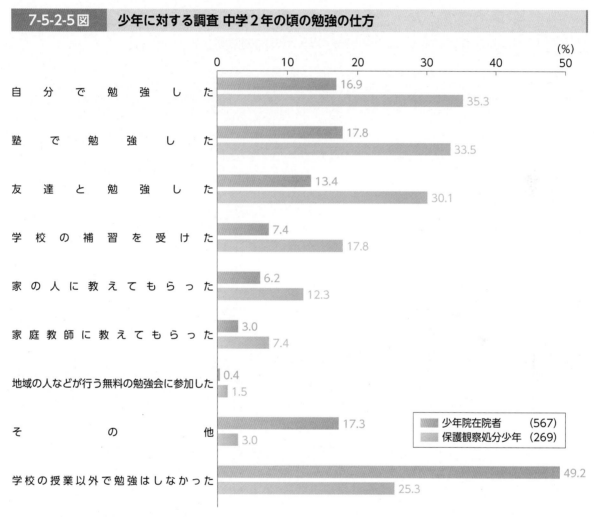

注　1　法務総合研究所の調査による。
　　2　中学2年の頃の勉強の仕方が不詳の者を除く。
　　3　各項目に該当した者（重複計上による。）の比率である。
　　4　（　）内は、区分別の実人員である。

内閣府が実施した調査によれば、中学2年生を対象として、ふだん学校の授業以外で、どのように勉強しているかについて尋ねた項目の結果では、「自分で勉強する」の該当率が76.7％、「塾で勉強する」の該当率が47.2％、「家の人に教えてもらう」の該当率が24.4％であり、いずれも少年院在院者、保護観察処分少年共に、一般の少年よりも該当率が低かった。一方、同結果では、「学校の授業以外で勉強はしない」及び「学校の補習を受ける」の該当率がいずれも4.9％であり、少年院在院者、保護観察処分少年共に、一般の少年よりも該当率が高かったほか、同結果では、「その他」の該当率が4.9％であり、少年院在院者が一般の少年よりも該当率が高かった（内閣府政策統括官「子供の生活状況調査の分析報告書」（令和3年12月）による。）。同結果が中学2年生を対象として調査したものであるのに対し、特別調査が中学2年生の頃について回顧的に調査したものである点には留意を要

するが、一般の少年と比較すると、少年院在院者及び保護観察処分少年において、学校の授業以外での学習への取組は少ないことがうかがえた。

（2）中学2年の頃の授業の理解度

7-5-2-6図は、中学2年の頃の授業の理解度について見たものである。少年院在院者、保護観察処分少年共に、「分からなかった」（「わからないことが多かった」及び「ほとんどわからなかった」の合計。以下この章において同じ。）（それぞれ68.8％、41.6％）の構成比が最も高く、次いで、「教科による」（同21.7％、33.5％）、「分かった」（「いつもわかった」及び「だいたいわかった」の合計。以下この章において同じ。）（同9.5％、24.9％）の順であった。

7-5-2-6図　少年に対する調査　中学2年の頃の授業の理解度

	分かった	教科による	分からなかった
少年院在院者 (580)	9.5	21.7	68.8
保護観察処分少年 (269)	24.9	33.5	41.6

注　1　法務総合研究所の調査による。
　　2　中学2年の頃の授業の理解度が不詳の者を除く。
　　3　「分かった」は、「いつもわかった」及び「だいたいわかった」を合計した構成比であり、「教科による」は、「教科によってはわからないことがあった」であり、「分からなかった」は、「わからないことが多かった」及び「ほとんどわからなかった」を合計した構成比である。
　　4　（　）内は、実人員である。

内閣府が実施した調査によれば、中学2年生を対象として、学校の授業の理解状況について尋ねた項目の結果では、「いつもわかる」の構成比が10.1％、「だいたいわかる」の構成比が34.3％であり、少年院在院者、保護観察処分少年共に、一般の少年よりも構成比が低かった。一方、同結果では、「わからないことが多い」の構成比が8.6％、「ほとんどわからない」の構成比が2.8％であり、少年院在院者、保護観察処分少年共に、一般の少年よりも構成比が高かった（内閣府政策統括官「子供の生活状況調査の分析報告書」（令和3年12月）による。）。同結果が中学2年生を対象として調査したものであるのに対し、特別調査が中学2年生の頃について回顧的に調査したものである点には留意を要するが、一般の少年と比較すると、少年院在院者、保護観察処分少年共に、中学2年生時点で、学校の授業を理解できていない者が多いことがうかがえた。

なお、「教科による」又は「分からなかった」と回答した者について、授業が分からなくなった時期を見ると、少年院在院者、保護観察処分少年共に、中学1・2年の頃と回答した者の構成比が最も高く（それぞれ41.0％、58.0％）、次いで、小学校4年生以前（同34.7％、22.0％）、小学校5・6年生の頃（同24.4％、20.0％）の順であった。

（3）学校を辞めたくなるほど悩んだ経験

7-5-2-7図は、学校を辞めたくなるほど悩んだ経験（重複計上による。以下この章において同じ。）について見たものである。少年院在院者では、「通学するのが面倒」（45.9％）の該当率が最も高く、次いで、「問題のある行動や非行をした」（45.0％）、「勉強についていけない」（34.2％）の順に高かった。保護観察処分少年では、「学校をやめたくなるほど悩んだことはない」（36.7％）の該当率が最も高く、次いで、「通学するのが面倒」（28.1％）、「勉強についていけない」（23.2％）の順に高かった。

7-5-2-7図　少年に対する調査 学校を辞めたくなるほど悩んだ経験

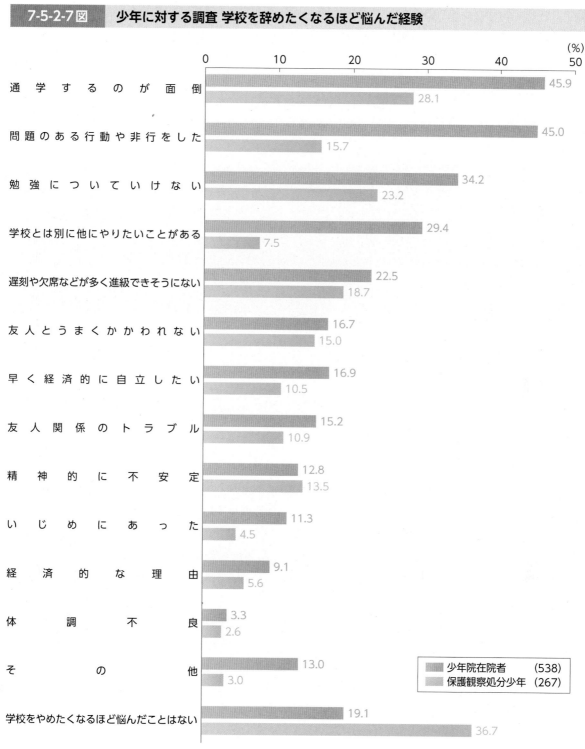

通学するのが面倒　45.9　28.1
問題のある行動や非行をした　45.0　15.7
勉強についていけない　34.2　23.2
学校とは別に他にやりたいことがある　29.4　7.5
遅刻や欠席などが多く進級できそうにない　22.5　18.7
友人とうまくかかわれない　16.7　15.0
早く経済的に自立したい　16.9　10.5
友人関係のトラブル　15.2　10.9
精神的に不安定　12.8　13.5
いじめにあった　11.3　4.5
経済的な理由　9.1　5.6
体調不良　3.3　2.6
その他　13.0　3.0
学校をやめたくなるほど悩んだことはない　19.1　36.7

少年院在院者　（538）
保護観察処分少年　（267）

注　1　法務総合研究所の調査による。
　　2　学校を辞めたくなるほど悩んだ経験が不詳の者を除く。
　　3　各項目に該当した者（重複計上による。）の比率である。
　　4　（　）内は、区分別の実人員である。

　東京都が実施した調査によれば、学校を辞めたくなるほど悩んだ理由について尋ねた項目の16・17歳の結果では、「学校をやめたくなるほど悩んだことはない」の該当率が56.1％であり、少年院在院者、保護観察処分少年共に、一般の少年よりも該当率が低かった。一方、辞めたくなるほど悩んだ理由については、多くの選択肢で少年院在院者及び保護観察処分少年の該当率が高くなっており、特に差が大きかった選択肢では、「問題のある行動や非行をした」（同結果では、1.3％）、「通学するのが面倒」（同9.9％）、「勉強についていけない」（同10.0％）等で、少年院在院者、保護観察処分少年共に、一般の少年よりも該当率が高かった（東京都「子供の生活実態調査」（平成28年度）によ

る。）。一般の少年と比較すると、少年院在院者、保護観察処分少年共に、学校を辞めたくなるほど悩んだ経験がある者が多く、その理由は多岐にわたっていることがうかがえた。

（4）転職歴

7-5-2-8図は、転職歴について見たものである。転職歴がある者の構成比は、少年院在院者が74.6％、保護観察処分少年が48.5％であり、少年院在院者の方が、転職歴がある者の構成比が高かった。

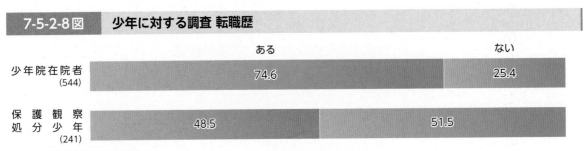

7-5-2-8図　少年に対する調査 転職歴

	ある	ない
少年院在院者 (544)	74.6	25.4
保護観察処分少年 (241)	48.5	51.5

注　1　法務総合研究所の調査による。
　　2　転職歴が不詳の者及び「これまでに仕事をしたことはない」と回答した者を除く。
　　3　（　）内は、実人員である。

4　周囲との関わり、社会とのつながり

（1）他者との関わり方

7-5-2-9図は、他者との関わり方について見たもの（＊1）である。少年院在院者では、「会話やメールなどをよくしている」、「何でも悩みを相談できる」、「楽しく話せるときがある」、「他の人には言えない本音を話せることがある」及び「強いつながりを感じている」は「学校で出会った友人」（それぞれ84.4％、72.5％、90.7％、71.8％、71.6％）の該当率が最も高く、「困ったときは助けてくれる」は「母親」（80.3％）の該当率が最も高かった。保護観察処分少年では、「会話やメールなどをよくしている」、「何でも悩みを相談できる」、「楽しく話せるときがある」、「困ったときは助けてくれる」及び「他の人には言えない本音を話せることがある」は「学校で出会った友人」（それぞれ86.5％、83.8％、92.3％、88.0％、80.3％）の該当率が最も高く、「強いつながりを感じている」は「母親」（82.8％）の該当率が最も高かった。少年院在院者と保護観察処分少年を比較すると、「インターネット上における人やコミュニティ」を除き、全ての項目において保護観察処分少年は少年院在院者よりも該当率が高く、保護観察処分少年の方が少年院在院者よりも、他者との関わり方について全般的に肯定的に捉えていることがうかがえた。一方、「インターネット上における人やコミュニティ」に対しては、「何でも悩みを相談できる」及び「困ったときは助けてくれる」を除き、少年院在院者が保護観察処分少年よりも該当率が高く、少年院在院者の方が保護観察処分少年よりも、インターネット上の交流を肯定的に捉えている傾向がうかがえた。

＊1　「母親」、「父親」、「兄弟など親以外の親族」、「学校で出会った友人」、「職場・アルバイト関係の人」、「地域の人」及び「インターネット上における人やコミュニティ」との各関係において、以下の6項目について、「そう思う」、「どちらかといえばそう思う」、「どちらかといえばそう思わない」及び「そう思わない」の4件法で回答した結果につき、それぞれ「そう思う」又は「どちらかといえばそう思う」と回答した者の該当率を見たものである。

　　　①「会話やメールなどをよくしている」、②「何でも悩みを相談できる」、③「楽しく話せるときがある」、④「困ったときは助けてくれる」、⑤「他の人には言えない本音を話せることがある」及び⑥「強いつながりを感じている」

7-5-2-9図　少年に対する調査 他者との関わり方

① 少年院在院者

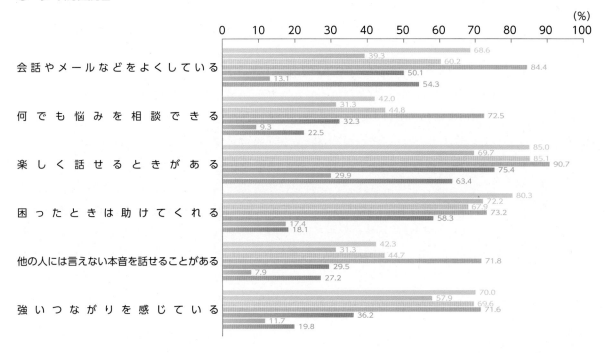

② 保護観察処分少年

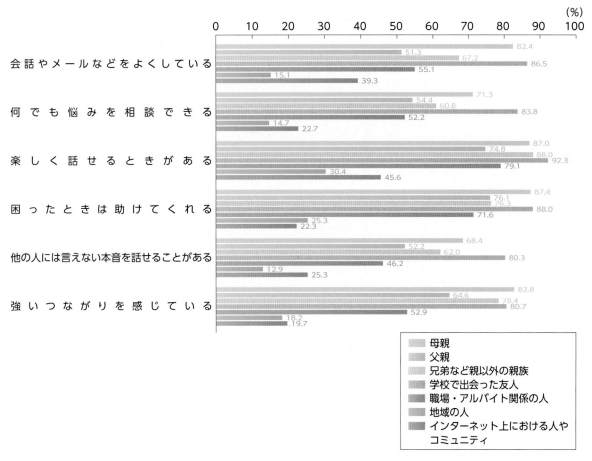

凡例：
- 母親
- 父親
- 兄弟など親以外の親族
- 学校で出会った友人
- 職場・アルバイト関係の人
- 地域の人
- インターネット上における人やコミュニティ

注　1　法務総合研究所の調査による。
　　2　各項目について、他者との関わり方が不詳の者を除く。
　　3　各項目について、「そう思う」又は「どちらかといえばそう思う」に該当した者の比率である。

　内閣府が実施した調査によれば、他者との関わり方について尋ねた項目の15〜19歳の結果では、「家族・親族」に対する各項目の該当率（「そう思う」及び「どちらかといえばそう思う」の合計）

が、「会話やメール等をよくしている」（72.2％）、「何でも悩みを相談できる人がいる」（58.9％）、「楽しく話せる時がある」（80.8％）、「困ったときは助けてくれる」（78.9％）、「他の人には言えない本音を話せることがある」（56.7％）及び「強いつながりを感じている」（70.9％）であった（内閣府政策統括官「子供・若者の意識に関する調査」（令和元年度）による。）。特別調査では、「母親」、「父親」及び「兄弟など親以外の親族」についてそれぞれ尋ねており、厳密な比較はできない点には留意を要するが、一般の少年の「家族・親族」に対する該当率と比較して、「母親」に対し、保護観察処分少年の各項目の該当率が高い傾向、「父親」に対し、少年院在院者、保護観察処分少年共に該当率が低い傾向、「兄弟など親以外の親族」に対し、少年院在院者は該当率が低く、保護観察処分少年は該当率が高い傾向が見られた。また、「学校で出会った友人」及び「職場・アルバイト関係の人」に対しては、少年院在院者、保護観察処分少年共に、一般の少年よりも各項目の該当率が高い傾向が見られ、「地域の人」に対しては、少年院在院者、保護観察処分少年共に、一般の少年よりも各項目の該当率が低かった。「インターネット上における人やコミュニティ」に対しては、「会話やメールなどをよくしている」及び「楽しく話せるときがある」について、少年院在院者で一般の少年よりも該当率が高かったが、その他の項目は、少年院在院者、保護観察処分少年共に、一般の少年よりも該当率が低い傾向にあった。一般の少年と比較すると、少年院在院者及び保護観察処分少年において、学校、職場における他者との関わり方を肯定的に捉えている傾向や、特に保護観察処分少年において、母親との関わり方を肯定的に捉えている傾向がうかがえた。

（2）これから先の自分や家族にとって必要な人や仕組み

7-5-2-10図は、これから先の自分や家族にとって必要な人や仕組みについて見たもの（＊2）である。少年院在院者、保護観察処分少年共に、「自分が気軽に相談したり、ぐちをこぼしたりできる相手」の該当率が最も高く（それぞれ93.7％、82.6％）、次いで、「親とケンカをするなどして家に居づらい時に、安心してのんびり過ごせる場所」（同79.4％、75.2％）、「家庭の事情を分かった上で、保護者や自分以外の家族の相談にも乗ってくれる人」（同73.5％、68.6％）の順に高かった。

＊2　「自分が気軽に相談したり、ぐちをこぼしたりできる相手」、「親とケンカをするなどして家に居づらい時に、安心してのんびり過ごせる場所」、「借金や薬物依存などの問題に、弁護士や医者などの専門家が対応してくれること」、「家庭の事情を分かった上で、保護者や自分以外の家族の相談にも乗ってくれる人」、「保護観察終了後も継続的に支援をしてくれる仕組」及び「どんな内容の相談ごとでも受け付けて、相談に乗ってくれる窓口」の6項目について、「とても必要」、「やや必要」、「あまり必要ない」及び「全く必要ない」の4件法で回答した結果につき、それぞれ「とても必要」又は「やや必要」と回答した者の該当率を見たものである。

7-5-2-10図 少年に対する調査 これから先の自分や家族にとって必要な人や仕組み

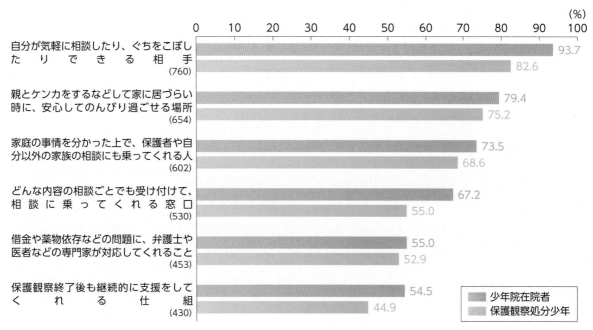

注 1 法務総合研究所の調査による。
　 2 各項目の回答が不詳の者を除く。
　 3 各項目について、「とても必要」又は「やや必要」に該当した者の比率である。
　 4 （　）内は、各項目に該当した者の実人員である。

第3節　世帯状況の違いによる比較

　この節では、少年に対する調査の結果から、まず、世帯状況について概観した上で、その違いによる比較を行う。

1　世帯状況

　7-5-3-1図は、調査対象の少年が、現在（少年院在院者は、少年院入院前）、誰と住んでいるかについて調査した結果を見たものである。調査対象者全体では、「父母と同居」（39.6％）の構成比が最も高く、次いで、「父又は母と同居」（38.3％）、「その他」（22.2％）の順であった（CD-ROM参照）。なお、「その他」は、一人暮らしのほか、父母のいずれとも同居せず、配偶者や祖父母、兄弟姉妹、自分の子供、それ以外の親族、友達等と同居している者である。少年院在院者は、「父又は母と同居」（39.0％）の構成比が「父母と同居」（36.1％）の構成比よりも高く、「その他」（24.8％）の構成比も一定割合あり、父母のいずれとも同居していない者が145人いた。保護観察処分少年は、「父母と同居」（46.9％）の構成比が最も高く、「父又は母と同居」（36.6％）と合わせると、8割以上が父母あるいはそのいずれかと同居していた。

7-5-3-1図 少年に対する調査 世帯状況

注 1 法務総合研究所の調査による。
　 2 （　）内は、実人員である。

2 日常の生活状況

7-5-3-2図は、平日の食事の頻度について世帯状況別に見たものである。少年院在院者、保護観察処分少年のいずれも、「ほぼ毎日３食食べる」と回答した者の構成比は、「父母と同居」が最も高かった。

7-5-3-2図 少年に対する調査 食事の頻度（世帯状況別）

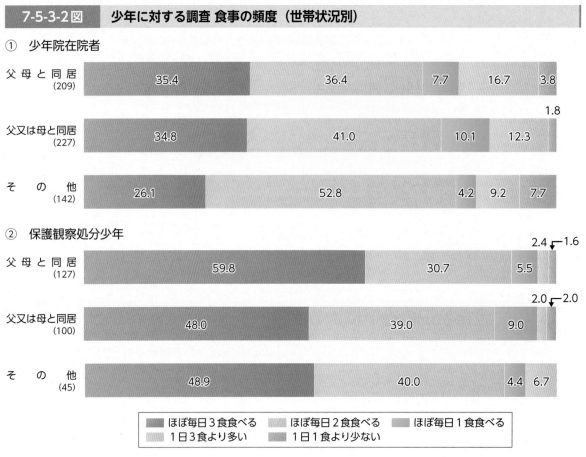

① 少年院在院者

父母と同居 (209)	35.4	36.4	7.7	16.7	3.8
父又は母と同居 (227)	34.8	41.0	10.1	12.3	1.8
その他 (142)	26.1	52.8	4.2	9.2	7.7

② 保護観察処分少年

父母と同居 (127)	59.8	30.7	5.5	2.4	1.6
父又は母と同居 (100)	48.0	39.0	9.0	2.0	2.0
その他 (45)	48.9	40.0	4.4	6.7	

凡例：
- ■ ほぼ毎日３食食べる
- ほぼ毎日２食食べる
- ■ ほぼ毎日１食食べる
- １日３食より多い
- １日１食より少ない

注　1　法務総合研究所の調査による。
　　2　食事の頻度が不詳の者を除く。
　　3　（　）内は、実人員である。

7-5-3-3図は、過去１年間に家族と一緒に夕食を食べた頻度について世帯状況別に見たものである。少年院在院者、保護観察処分少年のいずれも、「ほぼ毎日」と回答した者の構成比は、「父母と同居」が最も高く、次いで、「父又は母と同居」、「その他」の順であった。また、少年院在院者、保護観察処分少年のいずれも、「その他」については、「まったくしていない」と回答した者の構成比が、「父母と同居」の４倍以上、「父又は母と同居」の３倍以上も高かった。

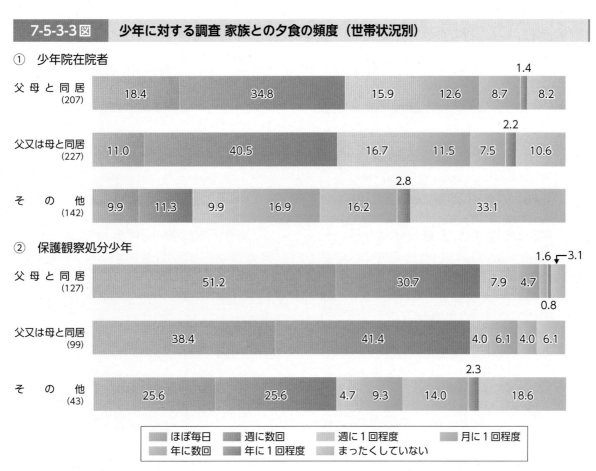

7-5-3-3図　少年に対する調査 家族との夕食の頻度（世帯状況別）

① 少年院在院者

父母と同居
(207)
18.4 ／ 34.8 ／ 15.9 ／ 12.6 ／ 8.7 ／ 1.4 ／ 8.2

父又は母と同居
(227)
11.0 ／ 40.5 ／ 16.7 ／ 11.5 ／ 7.5 ／ 2.2 ／ 10.6

そ　の　他
(142)
9.9 ／ 11.3 ／ 9.9 ／ 16.9 ／ 16.2 ／ 2.8 ／ 33.1

② 保護観察処分少年

父母と同居
(127)
51.2 ／ 30.7 ／ 7.9 ／ 4.7 ／ 1.6 ／ 3.1

父又は母と同居
(99)
38.4 ／ 41.4 ／ 4.0 ／ 6.1 ／ 4.0 ／ 0.8 ／ 6.1

そ　の　他
(43)
25.6 ／ 25.6 ／ 4.7 ／ 9.3 ／ 14.0 ／ 2.3 ／ 18.6

凡例：
■ ほぼ毎日　■ 週に数回　■ 週に1回程度　■ 月に1回程度
■ 年に数回　■ 年に1回程度　■ まったくしていない

注　1　法務総合研究所の調査による。
　　2　家族との夕食の頻度が不詳の者を除く。
　　3　（　）内は、実人員である。

　7-5-3-4図は、日常の過ごし方について世帯状況別に見たものである。少年院在院者、保護観察処分少年のいずれも、「ゲームをする」について、「毎日」（「毎日2時間以上」、「毎日1～2時間」及び「毎日1時間以上」を合計した構成比。以下この項において同じ。）と回答した者の構成比は、「父母と同居」が最も高く、次いで、「父又は母と同居」、「その他」の順であった。他方、「家事」について、「毎日」と回答した者の構成比は、少年院在院者、保護観察処分少年のいずれも、「父母と同居」、「父又は母と同居」の場合は、約3割から約4割であったのに対し、「その他」の場合は、約6割から約7割であった。上記のほか、日常の過ごし方について、「テレビ・インターネットで動画などを見たり音楽を聴く」、「スマートフォン、携帯電話でメールやLINEをする」については、少年院在院者、保護観察処分少年のいずれも、世帯状況にかかわらず、9割前後が「毎日」と回答した（CD-ROM参照）。

7-5-3-4図 **少年に対する調査 日常の過ごし方（世帯状況別）**

① 少年院在院者
ア　ゲームをする（スマートフォンのゲームを含む）

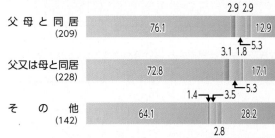

イ　家事（洗濯、掃除、料理、片付けなど）

ウ　兄弟姉妹の世話や家族の介護

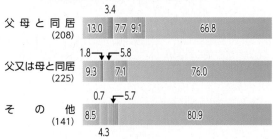

② 保護観察処分少年
ア　ゲームをする（スマートフォンのゲームを含む）

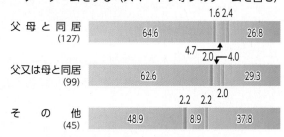

イ　家事（洗濯、掃除、料理、片付けなど）

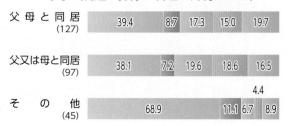

ウ　兄弟姉妹の世話や家族の介護

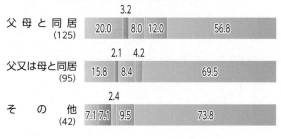

凡例：■ 毎日　■ 1週間に4～5日　■ 1週間に2～3日　■ 1週間に1日　■ 全然しない

注　1　法務総合研究所の調査による。
　　2　日常の過ごし方が不詳の者を除く。
　　3　「毎日」は、「毎日2時間以上」、「毎日1～2時間」及び「毎日1時間以下」を合計した構成比である。
　　4　（　）内は、実人員である。

3 就労の状況

7-5-3-5図は、転職歴について世帯状況別に見たものである。少年院在院者、保護観察処分少年のいずれも、「ある」と回答した者の構成比は、「その他」が最も高く、次いで、「父又は母と同居」、「父母と同居」の順であった。また、少年院在院者、保護観察処分少年のいずれも、「これまでに仕事をしたことはない」（仕事はアルバイトを含む。）と回答した者の構成比は、「その他」が最も低かった。

7-5-3-5図　少年に対する調査 転職歴（世帯状況別）

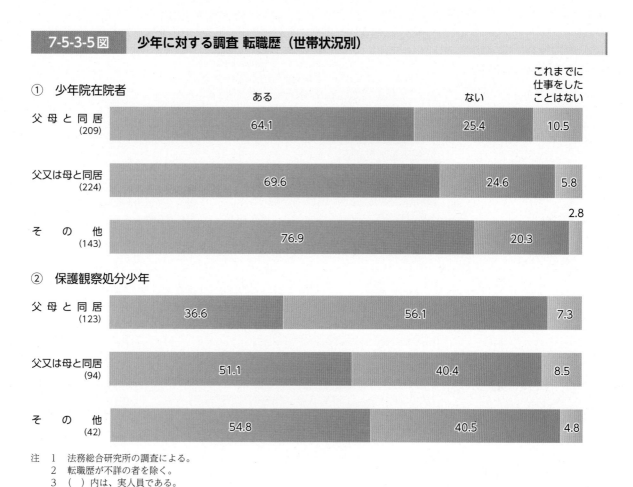

注　1　法務総合研究所の調査による。
　　2　転職歴が不詳の者を除く。
　　3　（　）内は、実人員である。

前記調査において、転職歴が「ある」と回答した者の転職理由について、世帯状況別に見ると、7-5-3-6図のとおりである。

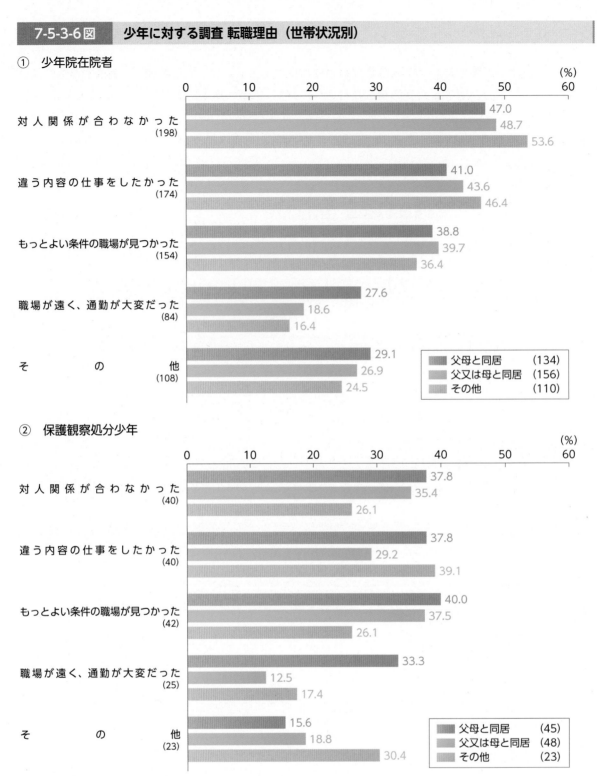

7-5-3-6図 少年に対する調査 転職理由（世帯状況別）

① 少年院在院者

対人関係が合わなかった (198)
違う内容の仕事をしたかった (174)
もっとよい条件の職場が見つかった (154)
職場が遠く、通勤が大変だった (84)
その他 (108)

父母と同居 （134）
父又は母と同居 （156）
その他 （110）

② 保護観察処分少年

対人関係が合わなかった (40)
違う内容の仕事をしたかった (40)
もっとよい条件の職場が見つかった (42)
職場が遠く、通勤が大変だった (25)
その他 (23)

父母と同居 （45）
父又は母と同居 （48）
その他 （23）

注 1 法務総合研究所の調査による。
　 2 転職理由が不詳の者を除く。
　 3 各項目に該当した者（重複計上による。）の比率である。
　 4 （　）内は、各項目に該当した者の実人員である。

4 周囲との関わり、社会とのつながり

　7-5-3-7図は、他者との関わり方について世帯状況別に見たもの（本章第2節4項の＊1参照）である。「母親」及び「父親」との関係において、「会話やメールなどをよくしている」、「何でも悩みを相談できる」といった日常の関わりについて該当率が高かったのは、少年院在院者、保護観察処分少

年のいずれも、「父母と同居」の場合であり、次いで、「父又は母と同居」、「その他」の順であった。また、各項目について、「母親」との関係における該当率と「父親」との関係における該当率とを比べると、少年院在院者、保護観察処分少年のいずれも、世帯状況にかかわらず、全項目について、「母親」との関係における該当率の方が「父親」との関係における該当率よりも高かった。

7-5-3-7図　少年に対する調査 他者との関わり方（世帯状況別）

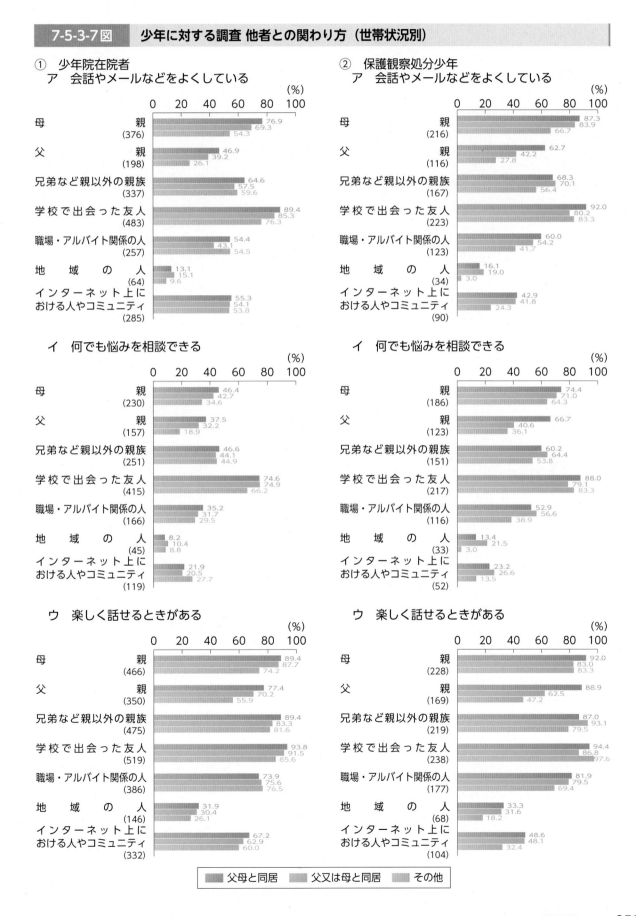

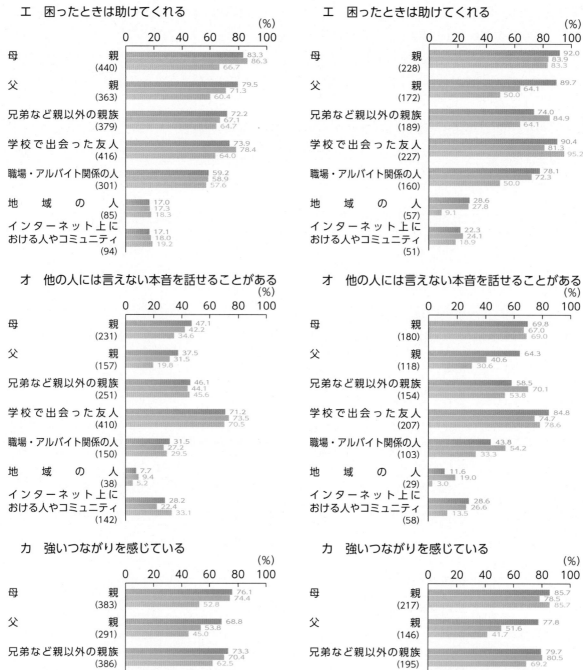

エ　困ったときは助けてくれる

オ　他の人には言えない本音を話せることがある

カ　強いつながりを感じている

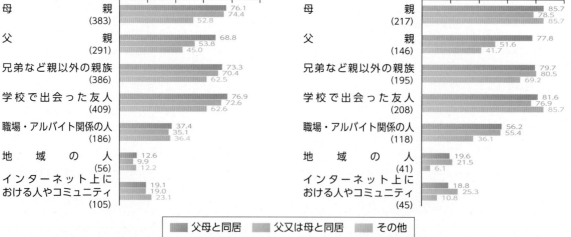

凡例：父母と同居　父又は母と同居　その他

注　1　法務総合研究所の調査による。
　　2　各項目について、他者との関わり方が不詳の者を除く。
　　3　各項目について、「そう思う」又は「どちらかといえばそう思う」に該当した者の比率である。
　　4　（　）内は、各項目に該当した者の実人員である。

　7-5-3-8図は、これから先の自分や家族にとって必要な人や仕組みについて世帯状況別に見たもの（本章第2節4項の＊2参照）である。保護観察処分少年は、全ての項目で「その他」の該当率が「父母と同居」及び「父又は母と同居」よりも高く、少年院在院者も、多くの項目で「その他」の該当率が「父母と同居」及び「父又は母と同居」よりも高かった。

7-5-3-8図　少年に対する調査 これから先の自分や家族にとって必要な人や仕組み（世帯状況別）

① 少年院在院者

(%)

項目			
自分が気軽に相談したり、ぐちをこぼしたりできる相手 (540)	94.3	94.7	91.4
親とケンカをするなどして家に居づらい時に、安心してのんびり過ごせる場所 (453)	81.1	77.1	79.9
借金や薬物依存などの問題に、弁護士や医者などの専門家が対応してくれること (311)	53.9	52.4	59.4
家庭の事情を分かった上で、保護者や自分以外の家族の相談にも乗ってくれる人 (420)	71.6	69.6	82.9
保護観察終了後も継続的に支援をしてくれる仕組 (312)	53.7	53.7	57.6
どんな内容の相談ごとでも受け付けて、相談に乗ってくれる窓口 (384)	68.1	64.3	71.2

② 保護観察処分少年

(%)

項目			
自分が気軽に相談したり、ぐちをこぼしたりできる相手 (214)	86.9	75.5	88.1
親とケンカをするなどして家に居づらい時に、安心してのんびり過ごせる場所 (193)	74.4	73.7	80.5
借金や薬物依存などの問題に、弁護士や医者などの専門家が対応してくれること (135)	53.3	46.8	64.3
家庭の事情を分かった上で、保護者や自分以外の家族の相談にも乗ってくれる人 (177)	68.6	66.0	76.2
保護観察終了後も継続的に支援をしてくれる仕組 (115)	43.8	41.9	56.1
どんな内容の相談ごとでも受け付けて、相談に乗ってくれる窓口 (141)	57.9	47.9	61.9

■ 父母と同居　■ 父又は母と同居　■ その他

注　1　法務総合研究所の調査による。
　　2　各項目の回答が不詳の者を除く。
　　3　各項目について、「とても必要」又は「やや必要」に該当した者の比率である。
　　4　（　）内は、各項目に該当した者の実人員である。

コラム10　年齢層の違いによる比較

　令和４年版犯罪白書では、第８編第４章において、犯罪者・非行少年の生活意識と価値観に関する特別調査の結果を紹介した。同調査では、非行少年（少年鑑別所入所者、保護観察処分少年及び少年院仮退院者）において、犯罪者（刑事施設入所者、仮釈放者及び保護観察付全部・一部執行猶予者）よりも、家庭生活及び友人関係に対する満足度が高かったことや、悩みを打ち明けられる人として「同性の友人」や「母親」を挙げた者の割合が高かったことなど、総じて非行少年が家庭生活や周囲との関係について肯定的に評価していることが明らかになった。

　一方、令和４年４月、少年法等の一部を改正する法律（令和３年法律第47号）が施行され、18歳以上の少年が「特定少年」と呼称されることとなり、保護処分について特例が定められるなど、非行少年の処遇において大きな変化が見られた。このことを踏まえ、同調査の非行少年の結果について、前記「特定少年」に相当する18歳以上の年齢層と18歳未満の年齢層とを比較すると、大きな違いは見られなかった。

　同調査が生活意識・価値観という主観的な側面から調査したものであるのに対し、今回の特別調査は、生育環境という客観的な側面から実態を調査している。そこで、年齢層による違いが見られるかを分析するため、今回の特別調査の対象者を「18歳以上」と「18歳未満」とに分け、日常の過ごし方や他者との関わり方について比較を行ったところ、いくつかの項目で明らかな違いが見られた。このコラムでは、その結果について紹介する。

　なお、18歳以上は506人（少年院在院者332人、保護観察処分少年174人）、18歳未満は359人（少年院在院者259人、保護観察処分少年100人）であった。

1　日常の過ごし方

　日常の過ごし方について年齢層別に見ると、スマートフォンの使用に関連する項目に違いが見られた。

　「ゲームをする」では、いずれの年齢層においても「毎日２時間以上」が最も高い構成比を占めていたが、18歳以上では32.9％であったのに対し、18歳未満では46.3％であり、18歳未満の方がより構成比が高かった。一方、「全然しない」が、18歳以上では25.7％であったのに対し、18歳未満では16.0％であり、18歳以上における構成比が高かった。

　「スマートフォン、携帯電話でメールやLINEをする」では、「毎日１～２時間」が、18歳以上では20.1％であったのに対し、18歳未満では14.1％であり、18歳以上における構成比が高かった。ただし、いずれの年齢層においても「毎日２時間以上」が最も高い構成比を占めており、「毎日１～２時間」と「毎日２時間以上」を合計した構成比を比較すると、18歳以上では83.1％、18歳未満では82.8％であり、両者に大きな違いは見られなかった。

2　他者との関わり方

　他者との関わり方（本章第２節４項の＊１参照）について年齢層別に見ると、「母親」、「兄弟など親以外の親族」、「学校で出会った友人」及び「インターネット上における人やコミュニティ」において、いくつかの項目で違いが見られた。

　「母親」に対する「強いつながりを感じている」の該当率は、18歳以上では77.4％であったのに対し、18歳未満では69.5％であり、18歳以上における該当率が高かった。

　「兄弟など親以外の親族」に対する「何でも悩みを相談できる」の該当率は、18歳以上では46.4％であったのに対し、18歳未満では54.4％であり、18歳未満における該当率が高かった。

「学校で出会った友人」に対する「強いつながりを感じている」の該当率は、18歳以上では77.2%であったのに対し、18歳未満では70.4%であり、18歳以上における該当率が高かった。

「インターネット上における人やコミュニティ」に対する「会話やメールなどをよくしている」の該当率は、18歳以上では44.7%であったのに対し、18歳未満では57.0%であり、「楽しく話せるときがある」の該当率は、18歳以上では53.8%であったのに対し、18歳未満では64.0%であり、いずれも18歳未満における該当率が高かった。

3　年齢層の違いによる比較の結果から

年齢層の違いによる比較の結果からは、18歳以上と18歳未満とで、一部に異なる傾向が見られることが明らかとなった。

日常の過ごし方では、いずれの年齢層においても、ゲームのため、あるいはメールやLINEといったコミュニケーションツールとして、スマートフォン等の使用に長時間を充てていることが明らかとなったが、18歳未満では18歳以上よりもゲームで使用することが多く、両者の間には使用の仕方に違いがあることが推察された。他者との関わり方では、18歳以上は母親や学校の友人とのつながりをより強く感じ、18歳未満では兄弟やインターネット上での交流により親しみを感じていることが推察された。

我が国において、18・19歳という年齢層に関し、民法や少年法上の位置付けが大きく変化しているところ、非行少年の処遇については、このような年齢層の違いを踏まえた指導や支援も重要となるだろう。

第4節　経済状況の違いによる比較

この節では、少年及び保護者に対する調査の結果から、まず、経済状況について概観した上で、その違いによる比較を行う。なお、本節では、少年及び保護者の双方から回答が得られた場合のみを分析対象とした。

1　経済状況

今回の調査では、少年の家庭の経済状況の違いによる比較を行うため、①所得の多寡、②家計の状況、③経済的な理由による子供の体験の欠如の有無について調査し、「低所得」、「家計のひっ迫」及び「子供の体験の欠如」の三つの要素のうち、二つ以上に該当する世帯を「生活困窮層」、一つに該当する世帯を「周辺層」、いずれにも該当しない世帯を「非生活困難層」と分類した。

（1）所得の多寡

保護者を調査対象者として、世帯収入（少年と生計を共にしている世帯全員のおおよその税込の年間収入）を調査した。その結果は、**7-5-4-1図**のとおりである。総数では、「400万円未満」が44.7%、「400万円以上900万円未満」が43.9%、「900万円以上」が11.5%であった。

調査内容が異なるため結果を単純に比較することはできないものの、厚生労働省の調査によれば、令和2年の1世帯当たりの所得は、400万円未満が45.4%、400万円以上900万円未満が38.0%、900万円以上が16.6%であり（厚生労働省「令和3年国民生活基礎調査の概況」（令和4年9月）（以下この節において「国民生活基礎調査」という。）による。）、今回の調査の対象者は、「900万円以

上」の構成比が低い傾向が見られた。また、少年院在院者の世帯と保護観察処分少年の世帯を比較すると、少年院在院者の世帯に係る「900万円以上」の構成比（9.4％）は、保護観察処分少年の世帯に係る「900万円以上」の構成比（14.4％）より低かった。

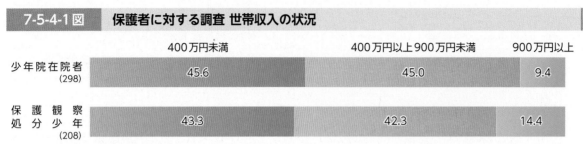

7-5-4-1図　保護者に対する調査 世帯収入の状況

	400万円未満	400万円以上900万円未満	900万円以上
少年院在院者 (298)	45.6	45.0	9.4
保護観察処分少年 (208)	43.3	42.3	14.4

注　1　法務総合研究所の調査による。
　　2　世帯収入が不詳の者を除く。
　　3　（　）内は、実人員である。

今回の調査では、世帯収入を世帯人数の平方根で除した値が、国民生活基礎調査の所得金額の中央値を平均世帯人員の平方根で除した値の2分の1（143万円）未満であった場合を「低所得」に該当するものとした。

（2）家計の状況

保護者を調査対象者として、過去1年間に、家族が必要とする食料・衣服が買えなかった経験の頻度及び公共料金等を滞納した経験を調査した。その結果は、**7-5-4-2図**のとおりである。総数を見ると、買えなかった経験の「よくあった」、「ときどきあった」及び「まれにあった」の該当率は、食料が22.1％、衣服が24.4％であった。各公共料金を滞納した経験の「あった」の構成比は、総数で5.1〜5.3％であった。

調査対象者の年齢層が同一ではないことには留意が必要であるが、内閣府の調査によれば、食料・衣服が買えなかった経験の「よくあった」、「ときどきあった」及び「まれにあった」の該当率を「不明・無回答」を除いて算出すると、食料が11.4％、衣服が16.4％であり、今回の調査の対象者は、買えなかった経験を有する者の比率が高い傾向が見られた。各公共料金を滞納した経験についても、内閣府の調査では、「あった」の該当率は、3.5〜3.8％であり、今回の調査の対象者は、「あった」の該当率が高い傾向が見られた（内閣府政策統括官「子供の生活状況調査の分析報告書」（令和3年12月）による。）。また、少年院在院者の世帯と保護観察処分少年の世帯を比較すると、食料や衣服が買えなかった経験を有する者の比率は、少年院在院者の世帯の方が低かった。

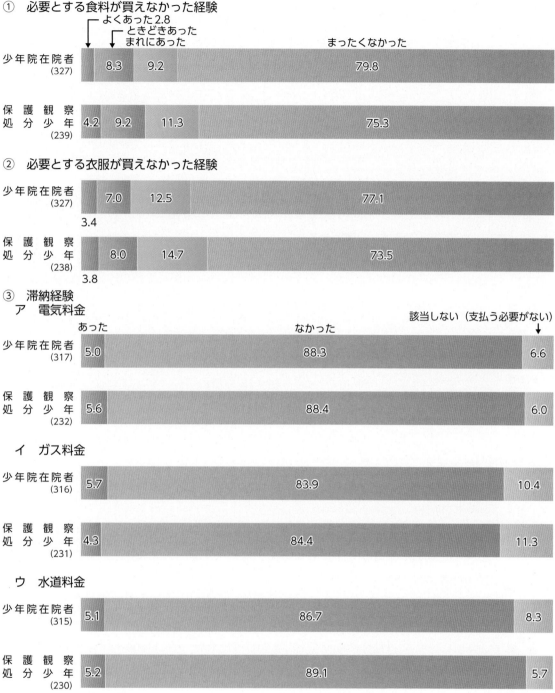

7-5-4-2図 保護者に対する調査 必要とする食料・衣服が買えなかった経験、滞納経験

① 必要とする食料が買えなかった経験

よくあった2.8
ときどきあった
まれにあった
まったくなかった

少年院在院者 (327)	8.3 / 9.2	79.8
保護観察処分少年 (239)	4.2 / 9.2 / 11.3	75.3

② 必要とする衣服が買えなかった経験

少年院在院者 (327)	7.0 / 12.5	77.1
	3.4	
保護観察処分少年 (238)	8.0 / 14.7	73.5
	3.8	

③ 滞納経験
ア 電気料金

あった / なかった / 該当しない（支払う必要がない）

少年院在院者 (317)	5.0	88.3	6.6
保護観察処分少年 (232)	5.6	88.4	6.0

イ ガス料金

少年院在院者 (316)	5.7	83.9	10.4
保護観察処分少年 (231)	4.3	84.4	11.3

ウ 水道料金

少年院在院者 (315)	5.1	86.7	8.3
保護観察処分少年 (230)	5.2	89.1	5.7

注　1　法務総合研究所の調査による。
　　2　各項目の回答が不詳の者を除く。
　　3　（　）内は、実人員である。

　今回の調査では、食料・衣服が買えなかった経験又は公共料金等を滞納した経験（**7-5-4-2図**CD-ROM参照）がある場合に「家計のひっ迫」に該当するものとした。

（3）経済的な理由による子供の体験の欠如の有無

　保護者を調査対象者として、家庭で子供にしていることについて調査した。その結果は、**7-5-4-3図**のとおりである。総数を見ると、「経済的にできない」の構成比は、「１年に１回くらい家族旅行に行く」（17.0％）が最も高く、次いで「学習塾に通わせる（または家庭教師に来てもらう）」（11.5％）、「習い事（音楽、スポーツ、習字等）に通わせる」（9.3％）であった。少年院在院者の家庭と保護観察処分少年の家庭を比較すると、一貫した傾向は見られなかった。

7-5-4-3図 保護者に対する調査 子供にしていることの状況

① 毎月お小遣いを渡す

| | している | していない（方針でしない） | 経済的にできない |

少年院在院者 (312)
| している 39.4 | していない（方針でしない） 54.2 | 6.4 |

保護観察処分少年 (231)
| 31.6 | 60.2 | 8.2 |

② 毎年新しい洋服・靴を買う

少年院在院者 (311)
| 65.9 | 29.6 | 4.5 |

保護観察処分少年 (232)
| 50.0 | 44.4 | 5.6 |

③ 習い事（音楽、スポーツ、習字等）に通わせる

少年院在院者 (307)
| 33.6 | 56.0 | 10.4 |

保護観察処分少年 (229)
| 27.1 | 65.1 | 7.9 |

④ 学習塾に通わせる（または家庭教師に来てもらう）

少年院在院者 (307)
| 25.4 | 62.2 | 12.4 |

保護観察処分少年 (225)
| 19.6 | 70.2 | 10.2 |

⑤ お誕生日のお祝いをする

少年院在院者 (317)
| 93.1 | 5.7 | 1.3 |

保護観察処分少年 (235)
| 83.0 | 14.0 | 3.0 |

⑥ 1年に1回くらい家族旅行に行く

少年院在院者 (312)
| 40.1 | 42.9 | 17.0 |

保護観察処分少年 (228)
| 29.4 | 53.5 | 17.1 |

⑦ クリスマスのプレゼントや正月のお年玉をあげる

少年院在院者 (319)
| 83.4 | 13.5 | 3.1 |

保護観察処分少年 (236)
| 76.7 | 18.2 | 5.1 |

⑧ 子供の学校行事などへ親が参加する

少年院在院者 (314)
| 85.0 | 13.1 | 1.9 |

保護観察処分少年 (232)
| 75.0 | 24.1 | 0.9 |

注　1　法務総合研究所の調査による。
　　2　各項目の回答が不詳の者を除く。
　　3　（　）内は、実人員である。

今回の調査では、いずれかの項目につき「経済的にできない」に該当した場合に「子供の体験の欠如」に該当するものとした。

（4）経済状況別の内訳

「低所得」、「家計のひっ迫」及び「子供の体験の欠如」の三つの要素につき、前記の基準で分類すると、少年院在院者の世帯では、生活困窮層が69人（27.5%）、周辺層が42人（16.7%）、非生活困難層が140人（55.8%）であり、保護観察処分少年の世帯では、生活困窮層が34人（20.9%）、周辺層が34人（20.9%）、非生活困難層が95人（58.3%）であった。

2 日常の生活状況等

　家族としたことがある経験（少年に対する調査）を経済状況別に見ると、**7-5-4-4図**のとおりである。少年院在院者、保護観察処分少年のいずれも、非生活困難層は、生活困窮層よりも、家族としたことがある経験の該当率が高かった。

7-5-4-4図　少年に対する調査 家族としたことがある経験（経済状況別）

① 少年院在院者

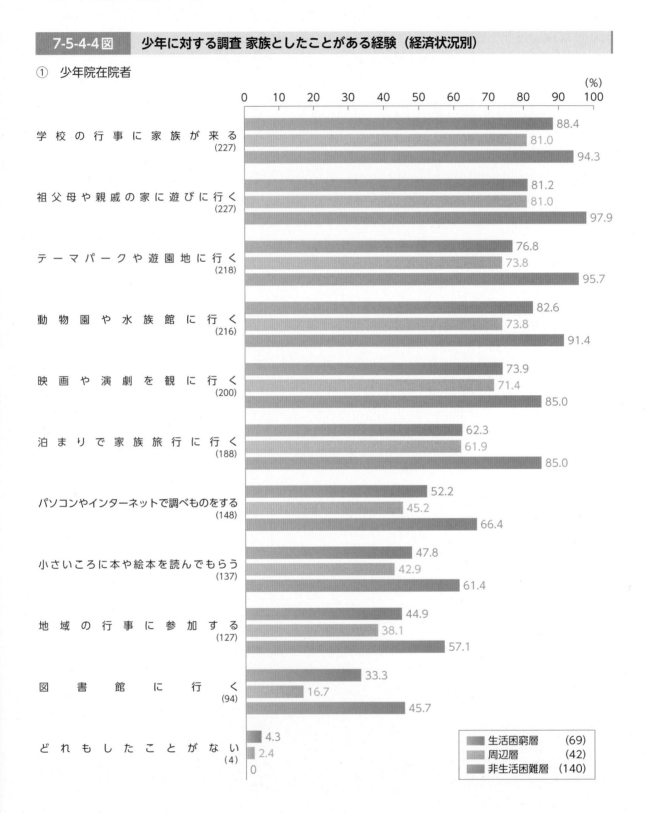

② 保護観察処分少年

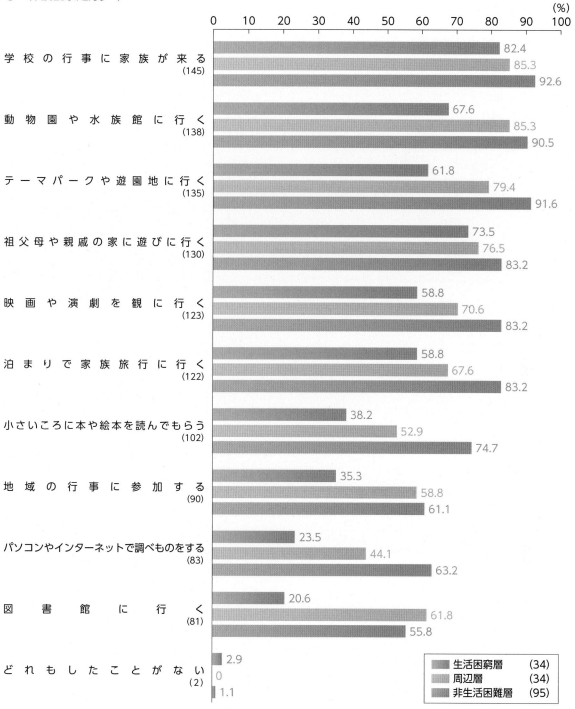

注 1 法務総合研究所の調査による。
　 2 各項目に該当した者（重複計上による。）の比率である。
　 3 凡例の（　）内は、経済状況別の実人員であり、縦軸の（　）内は、各項目に該当した者の実人員である。

過去1年間に家族と一緒に夕食を食べた頻度（少年に対する調査）を経済状況別に見ると、7-5-4-5図のとおりである。少年院在院者、保護観察処分少年のいずれも、「まったくしていない」の構成比は、生活困窮層が最も高かった。

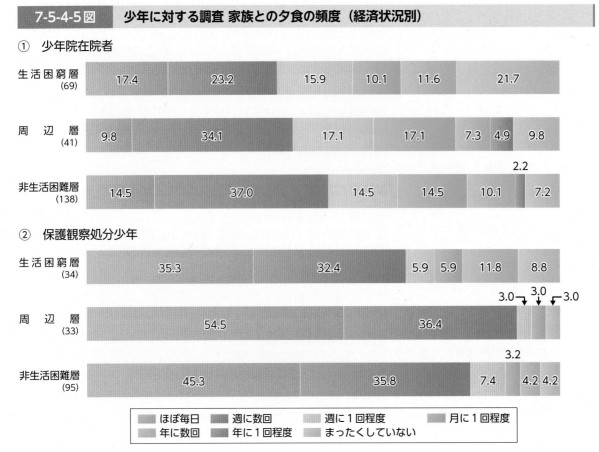

7-5-4-5図　少年に対する調査 家族との夕食の頻度（経済状況別）

① 少年院在院者

② 保護観察処分少年

凡例：ほぼ毎日　週に数回　週に1回程度　月に1回程度　年に数回　年に1回程度　まったくしていない

注　1　法務総合研究所の調査による。
　　2　家族との夕食の頻度が不詳の者を除く。
　　3　（　）内は、実人員である。

新型コロナウイルス感染症の拡大の影響について分析するため、保護者を調査対象者として、令和2年2月以前と比べた生活の変化について調査した。その結果を経済状況別に見ると、7-5-4-6図のとおりである。少年院在院者の家庭、保護観察処分少年の家庭のいずれも、経済状況が厳しくなるにつれて、生活に必要な支出が「増えた」の構成比や食料や衣服が買えないことが「増えた」の構成比が高くなっていた。

① 少年院在院者
　ア　世帯全体の収入の変化

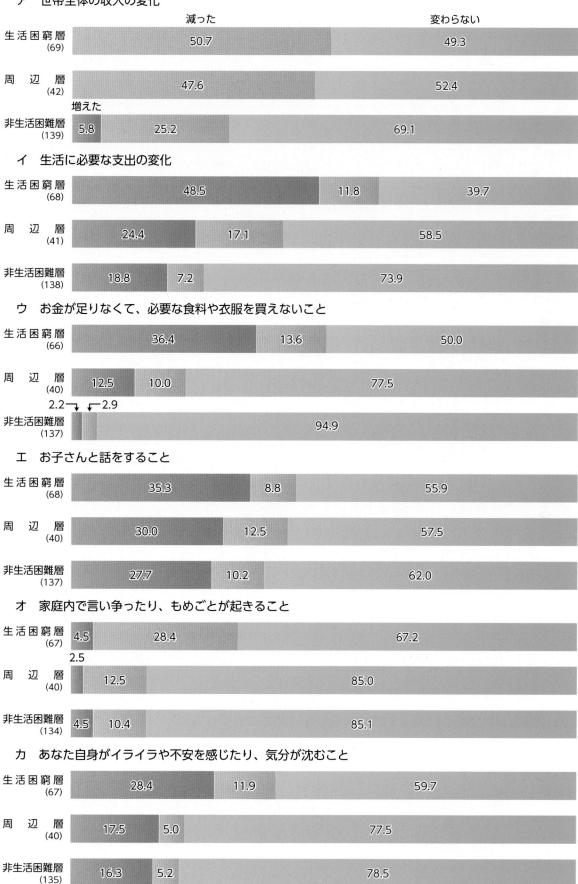

	減った	変わらない
生活困窮層 (69)	50.7	49.3
周辺層 (42)	47.6	52.4
非生活困難層 (139)	増えた 5.8 ／ 25.2	69.1

　イ　生活に必要な支出の変化

生活困窮層 (68)	48.5	11.8	39.7
周辺層 (41)	24.4	17.1	58.5
非生活困難層 (138)	18.8	7.2	73.9

　ウ　お金が足りなくて、必要な食料や衣服を買えないこと

生活困窮層 (66)	36.4	13.6	50.0
周辺層 (40)	12.5	10.0	77.5
非生活困難層 (137)	2.2 ／ 2.9		94.9

　エ　お子さんと話をすること

生活困窮層 (68)	35.3	8.8	55.9
周辺層 (40)	30.0	12.5	57.5
非生活困難層 (137)	27.7	10.2	62.0

　オ　家庭内で言い争ったり、もめごとが起きること

生活困窮層 (67)	4.5	28.4	67.2
周辺層 (40)	2.5 ／ 12.5		85.0
非生活困難層 (134)	4.5	10.4	85.1

　カ　あなた自身がイライラや不安を感じたり、気分が沈むこと

生活困窮層 (67)	28.4	11.9	59.7
周辺層 (40)	17.5	5.0	77.5
非生活困難層 (135)	16.3	5.2	78.5

② 保護観察処分少年

ア 世帯全体の収入の変化

	増えた	減った	変わらない
生活困窮層 (33)	6.1	60.6	33.3
周辺層 (34)	5.9	38.2	55.9
非生活困難層 (95)	3.2	27.4	69.5

イ 生活に必要な支出の変化

生活困窮層 (33)	57.6	9.1	33.3
周辺層 (33)	27.3	12.1	60.6
非生活困難層 (95)	21.1	9.5	69.5

ウ お金が足りなくて、必要な食料や衣服を買えないこと

生活困窮層 (33)	42.4	6.1	51.5
周辺層 (33)	12.1	3.0	84.8
非生活困難層 (94)	5.3	3.2	91.5

エ お子さんと話をすること

生活困窮層 (34)	32.4	11.8	55.9
周辺層 (32)	21.9	9.4	68.8
非生活困難層 (95)	33.7	1.1	65.3

オ 家庭内で言い争ったり、もめごとが起きること

生活困窮層 (33)	21.2	15.2	63.6
周辺層 (33)	9.1	15.2	75.8
非生活困難層 (94)	5.3	8.5	86.2

カ あなた自身がイライラや不安を感じたり、気分が沈むこと

生活困窮層 (33)	33.3	15.2	51.5
周辺層 (33)	21.2	6.1	72.7
非生活困難層 (95)	17.9	5.3	76.8

注 1 法務総合研究所の調査による。
　　2 各項目の回答が不詳の者を除く。
　　3 （　）内は、実人員である。

3 就学の状況

中学2年の頃の授業の理解度（少年に対する調査）を経済状況別に見ると、**7-5-4-7図**のとおりである。保護観察処分少年の非生活困難層を除き、「分からなかった」（「わからないことが多かった」及び「ほとんどわからなかった」の合計）の構成比が最も高く、少年院在院者は、保護観察処分少年よりも「分からなかった」の構成比が高かった。保護観察処分少年においては、生活困窮層、周辺層、非生活困難層につき、「分からなかった」の構成比は、それぞれ55.9％、47.1％、32.3％であった。

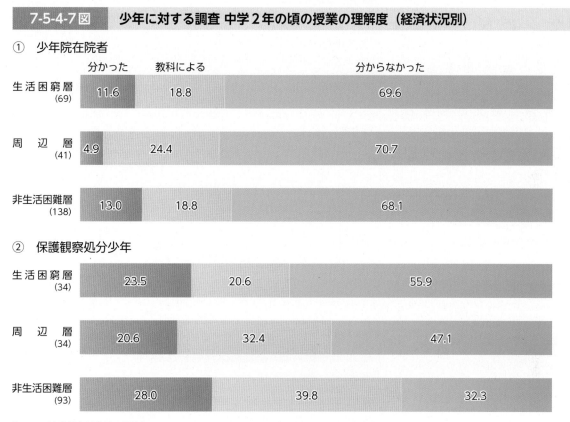

7-5-4-7図 少年に対する調査 中学2年の頃の授業の理解度（経済状況別）

① 少年院在院者

② 保護観察処分少年

注 1 法務総合研究所の調査による。
　 2 中学2年の頃の授業の理解度が不詳の者を除く。
　 3 「分かった」は、「いつもわかった」及び「だいたいわかった」を合計した構成比であり、「分からなかった」は、「わからないことが多かった」及び「ほとんどわからなかった」を合計した構成比である。
　 4 （　）内は、実人員である。

中学2年の頃の勉強の仕方（少年に対する調査）を経済状況別に見ると、**7-5-4-8図**のとおりである。少年院在院者は、保護観察処分少年と比べ、具体的な勉強方法の該当率が低く、「学校の授業以外で勉強はしなかった」の該当率が高かった。少年院在院者に関し、「塾で勉強した」の該当率を見ると、生活困窮層（7.2％）・周辺層（10.0％）と非生活困難層（33.6％）との間で大きな差が見られた。保護観察処分少年に関しても、生活困窮層（26.5％）は非生活困難層（37.0％）より「塾で勉強した」の該当率が低かったほか、「家の人に教えてもらった」、「友達と勉強した」などの項目においても、生活困窮層は非生活困難層より該当率が低かった。

7-5-4-8図　少年に対する調査 中学2年の頃の勉強の仕方（経済状況別）

① 少年院在院者

(%)

項目	生活困窮層	周辺層	非生活困難層
塾で勉強した (54)	7.2	10.0	33.6
自分で勉強した (46)	14.5	17.5	21.6
友達と勉強した (34)	13.0	15.0	14.2
学校の補習を受けた (17)	4.3	5.0	9.0
家の人に教えてもらった (17)	4.3	5.0	9.0
家庭教師に教えてもらった (10)	1.4	0	6.7
地域の人などが行う無料の勉強会に参加した (2)	0	2.5	0.7
その他 (40)	18.8	25.0	12.7
学校の授業以外で勉強はしなかった (115)	58.0	50.0	41.0

凡例：
生活困窮層　(69)
周辺層　(40)
非生活困難層　(134)

② 保護観察処分少年

(%)

項目	生活困窮層	周辺層	非生活困難層
自分で勉強した (64)	38.2	45.5	39.1
友達と勉強した (55)	20.6	42.4	37.0
塾で勉強した (51)	26.5	24.2	37.0
学校の補習を受けた (30)	20.6	18.2	18.5
家の人に教えてもらった (25)	5.9	12.1	20.7
家庭教師に教えてもらった (13)	2.9	12.1	8.7
地域の人などが行う無料の勉強会に参加した (2)	0	3.0	1.1
その他 (3)	2.9	3.0	1.1
学校の授業以外で勉強はしなかった (38)	35.3	21.2	20.7

凡例：
生活困窮層　(34)
周辺層　(33)
非生活困難層　(92)

注　1　法務総合研究所の調査による。
　　2　中学2年の頃の勉強の仕方が不詳の者を除く。
　　3　各項目に該当した者（重複計上による。）の比率である。
　　4　凡例の（　）内は、経済状況別の実人員であり、縦軸の（　）内は、各項目に該当した者の実人員である。

学校を辞めたくなるほど悩んだ経験（少年に対する調査）を経済状況別に見ると、**7-5-4-9図**のとおりである。少年院在院者、保護観察処分少年のいずれも「通学するのが面倒」が最も高かった。少年院在院者では、「勉強についていけない」、「遅刻や欠席などが多く進級できそうにない」、「友人関係のトラブル」、「友人とうまくかかわれない」、「精神的に不安定」及び「経済的な理由」の６項目について、それぞれ生活困窮層の該当率が最も高かった。保護観察処分少年では、「勉強についていけない」及び「早く経済的に自立したい」の２項目について、それぞれ生活困窮層の該当率が最も高かった。

7-5-4-9図 　少年に対する調査 学校を辞めたくなるほど悩んだ経験（経済状況別）

① 少年院在院者

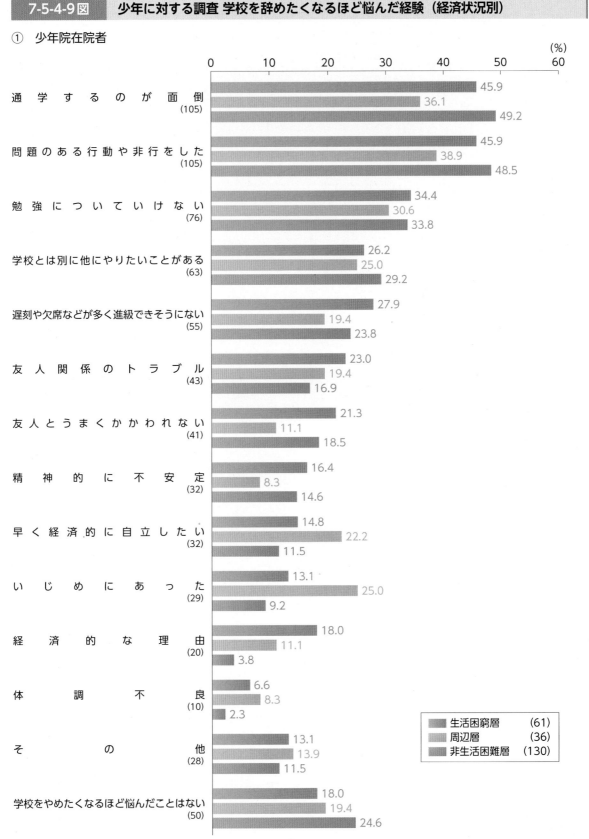

② 保護観察処分少年

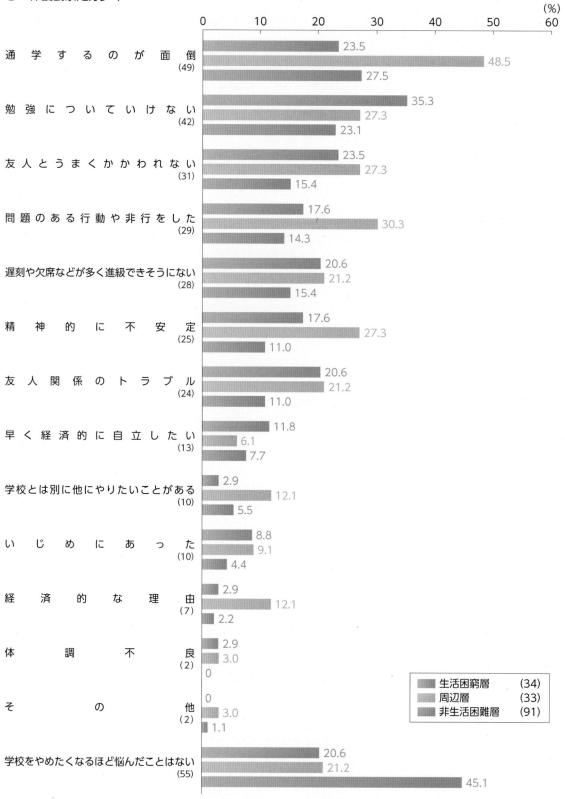

通学するのが面倒 (49)
　生活困窮層 23.5
　周辺層 48.5
　非生活困難層 27.5

勉強についていけない (42)
　生活困窮層 35.3
　周辺層 27.3
　非生活困難層 23.1

友人とうまくかかわれない (31)
　生活困窮層 23.5
　周辺層 27.3
　非生活困難層 15.4

問題のある行動や非行をした (29)
　生活困窮層 17.6
　周辺層 30.3
　非生活困難層 14.3

遅刻や欠席などが多く進級できそうにない (28)
　生活困窮層 20.6
　周辺層 21.2
　非生活困難層 15.4

精神的に不安定 (25)
　生活困窮層 17.6
　周辺層 27.3
　非生活困難層 11.0

友人関係のトラブル (24)
　生活困窮層 20.6
　周辺層 21.2
　非生活困難層 11.0

早く経済的に自立したい (13)
　生活困窮層 11.8
　周辺層 6.1
　非生活困難層 7.7

学校とは別に他にやりたいことがある (10)
　生活困窮層 2.9
　周辺層 12.1
　非生活困難層 5.5

いじめにあった (10)
　生活困窮層 8.8
　周辺層 9.1
　非生活困難層 4.4

経済的な理由 (7)
　生活困窮層 2.9
　周辺層 12.1
　非生活困難層 2.2

体調不良 (2)
　生活困窮層 2.9
　周辺層 3.0
　非生活困難層 0

その他 (2)
　生活困窮層 0
　周辺層 3.0
　非生活困難層 1.1

学校をやめたくなるほど悩んだことはない (55)
　生活困窮層 20.6
　周辺層 21.2
　非生活困難層 45.1

凡例
生活困窮層 (34)
周辺層 (33)
非生活困難層 (91)

注 1 法務総合研究所の調査による。
　 2 学校を辞めたくなるほど悩んだ経験が不詳の者を除く。
　 3 各項目に該当した者（重複計上による。）の比率である。
　 4 凡例の（ ）内は、経済状況別の実人員であり、縦軸の（ ）内は、各項目に該当した者の実人員である。

子供が中学2年の頃における進学の見通し（保護者に対する調査）を経済状況別に見ると、7-5-4-10図のとおりである。少年院在院者の保護者、保護観察処分少年の保護者のいずれも、生活困窮層は、非生活困難層に比べ、「中学まで」の構成比が高く、「短大・高専・専門学校まで」や「大学またはそれ以上」の構成比が低かった。

7-5-4-10図　保護者に対する調査 進学の見通し（経済状況別）

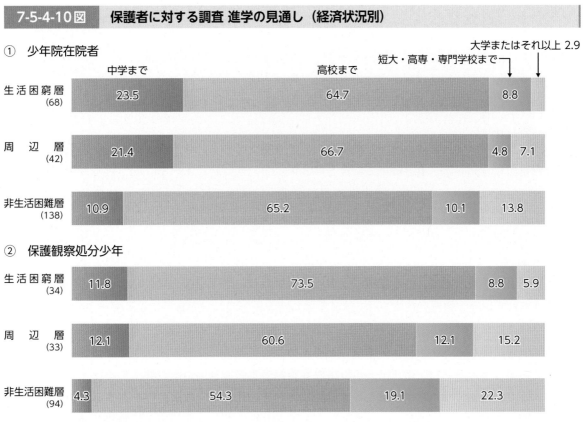

① 少年院在院者

	中学まで	高校まで	短大・高専・専門学校まで	大学またはそれ以上
生活困窮層 (68)	23.5	64.7	8.8	2.9
周辺層 (42)	21.4	66.7	4.8	7.1
非生活困難層 (138)	10.9	65.2	10.1	13.8

② 保護観察処分少年

	中学まで	高校まで	短大・高専・専門学校まで	大学またはそれ以上
生活困窮層 (34)	11.8	73.5	8.8	5.9
周辺層 (33)	12.1	60.6	12.1	15.2
非生活困難層 (94)	4.3	54.3	19.1	22.3

注　1　法務総合研究所の調査による。
　　2　進学の見通しが不詳の者を除く。
　　3　（　）内は、実人員である。

コラム11 保護観察所における修学支援パッケージの試み

　社会において、就職して自立した生活を送る上では、高等学校卒業程度の学力が求められることが多い実情にあることに鑑み、政府においては、これまで、高等学校の中退防止のための取組や、高等学校中退者等に対する学習相談や学習支援を実施してきた。具体的には、例えば、保護観察所においては、修学支援の取組として、学校等の関係機関との連携に取り組むなどしてきたところ、より直接的に学習の継続につながる支援等を行うべく、令和3年度から4年度まで、「修学支援パッケージ」の試行を一部の庁で行った。このコラムでは、試行庁であった福岡保護観察所の取組を例に、修学支援パッケージでの支援の実情について紹介する（なお、福岡保護観察所の取組に係る記載内容は、4年8月の調査時点のものである。）。

　修学支援パッケージは、修学の継続のために支援が必要と認められる保護観察対象者（保護観察の類型別処遇（第3編第2章第5節3項（1）参照）において、就学類型に認定された者（学校に在籍しており、その継続が改善更生に資する者や、不就学の状態にあり、進学・復学を希望し、支援が必要と認められる者）等）に対し、個々の支援対象者のニーズに応じて、学習支援、学校等の関係機関とのケース会議の実施等を組み合わせて実施するものである。

　福岡保護観察所では、修学支援パッケージの対象者に学習支援や学校との協議等の支援が実施されている。学習支援については、主として、以下の二つの方法により実施されており、一つは、「ばいこうカフェ」と呼ばれる学習支援である。これは、福岡保護観察所が主催し、更生保護に関わるボランティアの協力を得て行われており、交通の便が良く、休日も使用可能であることから、福岡市内にある更生保護施設で実施されている。参加する支援対象者から、普段の勉強で分からないところを確認しておき、当日は、教員免許を有する保護司により学習支援が行われているほか、高卒認定試験の受験に関しても助言が行われている。学習支援が行われた後は、更生保護女性会の会員との軽食をとりながらの交流も行われている。もう一つは、地域のNPO法人と連携した学習支援である。このような支援の一例として、地域で無料での学習支援を行うNPO法人に、支援対象者の学習支援を依頼し、オンラインにより、ボランティアの大学生から勉強を教えてもらうとともに、大学進学に係る様々な助言を受けることができた事例がある。当該NPO法人による学習支援は無料で行われていることから、経済的な事情により就学の継続が困難な支援対象者にとっても利用しやすいという利点がある。

　次に、学校との協議については、家庭環境が落ち着かず、深夜はいかいを繰り返していた中学生の支援対象者について、担当の保護観察官が校長や担任教師と協議するなど、学校と連携して登校継続のための支援が行われるなどしている。

　このように、一部の庁で修学支援パッケージの試行が行われていたところ、試行結果を踏まえ、令和5年度からは、全国の保護観察所において、修学支援パッケージが実施されることとなった。BBS会員（第2編第5章第6節4項（2）参照）や教員経験のある保護司等による学習支援を行うとともに、学校等の関係機関とのケース会議を実施するなどして、修学支援パッケージを実施することとされており、今後の更なる充実が望まれる。

第5節　小児期逆境体験（ACE）の有無による比較

　この節では、少年に対する調査の結果から、まず、ACEの状況について概観した上で、その有無による比較を行う。

1　ACEの状況

　ACEは心身の健康やハイリスク行動に影響するとされていることから、ACEの状況を調査するため、「家庭内に、飲酒などアルコールの問題を抱えている人がいた」等の12項目について、少年に対し回答を求めた（18歳まで（18歳未満の者は調査時の年齢まで）の経験）。**7-5-5-1図**は、各項目の該当率を見たものである。少年院在院者、保護観察処分少年でACEを有する者（ACE該当数が1項目以上の者）は、それぞれ494人（87.6％）、150人（58.4％）であった。

7-5-5-1図　少年に対する調査 小児期逆境体験（ACE）の経験の有無

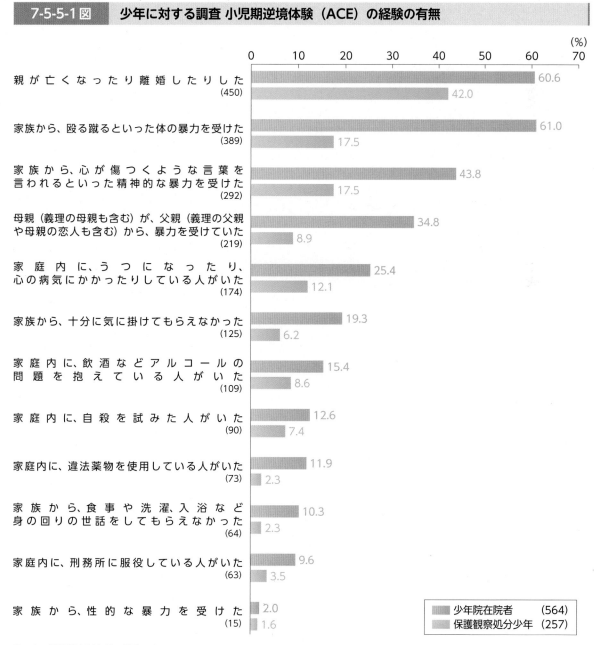

注　1　法務総合研究所の調査による。
　　2　いずれかの項目が不詳の者を除く。
　　3　各項目に該当した者（重複計上による。）の比率である。
　　4　凡例の（　）は、区分別の実人員であり、縦軸の（　）内は、各項目に該当した者の実人員である。

項目ごとに見ると、調査対象者全体では、「親が亡くなったり離婚したりした」（54.8％）の該当率が最も高く、次いで、「家族から、殴る蹴るといった体の暴力を受けた」（47.4％）、「家族から、心が傷つくような言葉を言われるといった精神的な暴力を受けた」（35.6％）の順であった。全ての項目につき、少年院在院者の該当率は、保護観察処分少年の該当率よりも高く、中でも「家庭内に、違法薬物を使用している人がいた」（少年院在院者11.9％、保護観察処分少年2.3％）、「家族から、食事や洗濯、入浴など身の回りの世話をしてもらえなかった」（少年院在院者10.3％、保護観察処分少年2.3％）及び「母親（義理の母親も含む）が、父親（義理の父親や母親の恋人も含む）から、暴力を受けていた」（少年院在院者34.8％、保護観察処分少年8.9％）の項目は少年院在院者の該当率が顕著に高かった。

2 養育の状況

幼少期の養育者をACEの有無別に見ると、**7-5-5-2図**のとおりである。少年院在院者、保護観察処分少年のいずれも、ACEありは、ACEなしに比べ、「両親」の構成比が低く、「両親」以外の構成比が高かった。

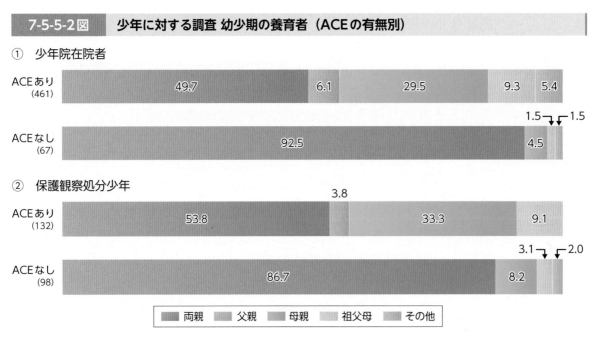

7-5-5-2図　少年に対する調査 幼少期の養育者（ACEの有無別）

① 少年院在院者

ACEあり（461）： 49.7 / 6.1 / 29.5 / 9.3 / 5.4

ACEなし（67）： 92.5 / 4.5 / 1.5 / 1.5

② 保護観察処分少年

ACEあり（132）： 53.8 / 3.8 / 33.3 / 9.1

ACEなし（98）： 86.7 / 8.2 / 3.1 / 2.0

凡例：両親　父親　母親　祖父母　その他

注　1　法務総合研究所の調査による。
　　2　幼少期の養育者が不詳の者を除く。
　　3　「父親」及び「母親」は、母親又は父親と死別又は離別したものである。
　　4　（　）内は、実人員である。

家族としたことがある経験をACEの有無別に見ると、**7-5-5-3図**のとおりである。少年院在院者、保護観察処分少年のいずれも、総じて、ACEなしは、ACEありと比べ、家族としたことがある経験の該当率が高い傾向が見られた。

7-5-5-3図　少年に対する調査 家族としたことがある経験（ACEの有無別）

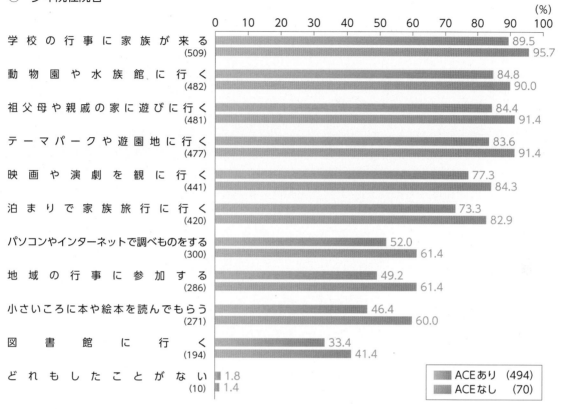

① 少年院在院者

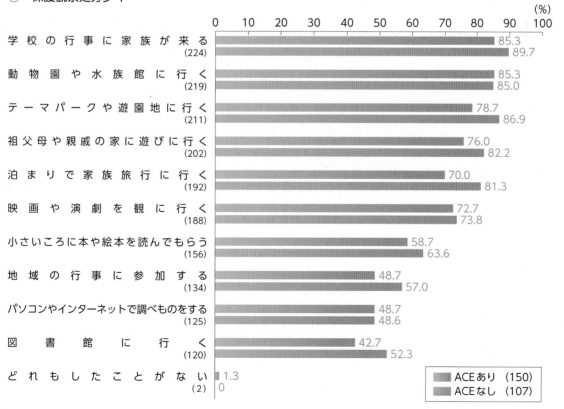

② 保護観察処分少年

注　1　法務総合研究所の調査による。
　　2　各項目に該当した者（重複計上による。）の比率である。
　　3　凡例の（　）内は、ACEの有無別の実人員であり、縦軸の（　）内は、各項目に該当した者の実人員である。

3　日常の生活状況

　過去1年間に家族と一緒に夕食を食べた頻度をACEの有無別に見ると、**7-5-5-4図**のとおりである。少年院在院者、保護観察処分少年のいずれも、ACEありは、ACEなしに比べて、家族との夕食の頻度が低い傾向があり、「週に1回程度」以上の該当率を見ると、少年院在院者は、ACEあり（58.2％）は、ACEなし（75.4％）より17.2pt低く、保護観察処分少年は、ACEあり（77.6％）は、ACEなし（88.7％）より11.1pt低かった。

7-5-5-4図　少年に対する調査 家族との夕食の頻度（ACEの有無別）

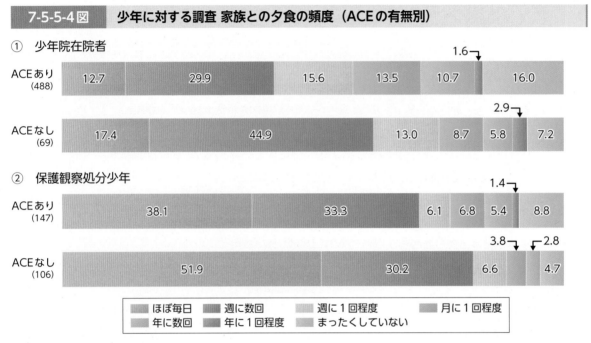

注　1　法務総合研究所の調査による。
　　2　家族との夕食の頻度が不詳の者を除く。
　　3　（　）内は、実人員である。

　他者との関わり方をACEの有無別に見ると、**7-5-5-5図**のとおりである。少年院在院者、保護観察処分少年のいずれも、多くの項目において、ACEありは、ACEなしに比べて該当率が低い傾向にあり、特に「父親」及び「地域の人」の該当率が低い傾向が見られた。しかし、ACEありの少年院在院者の「インターネット上における人やコミュニティ」の該当率は、全ての項目において、ACEなしより該当率が高かった。

① 少年院在院者
ア　会話やメールなどをよくしている

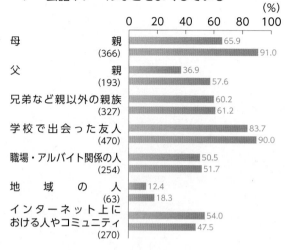

イ　何でも悩みを相談できる

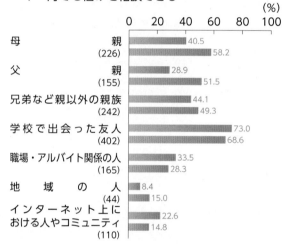

ウ　楽しく話せるときがある

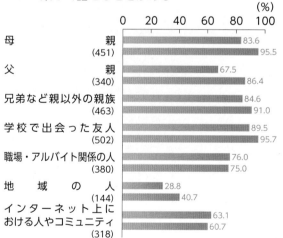

② 保護観察処分少年
ア　会話やメールなどをよくしている

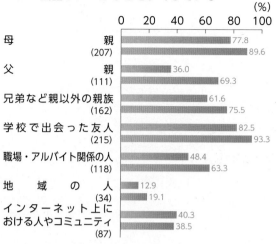

イ　何でも悩みを相談できる

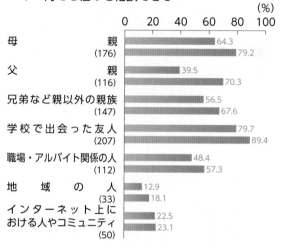

ウ　楽しく話せるときがある

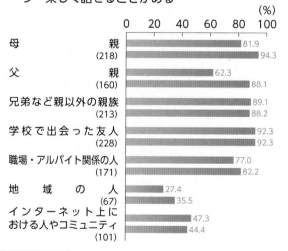

■ ACEあり　■ ACEなし

第7編　非行少年と生育環境

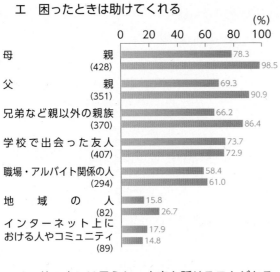

エ　困ったときは助けてくれる

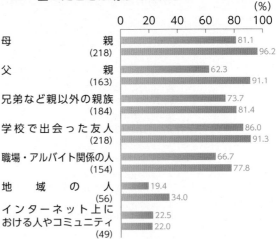

エ　困ったときは助けてくれる

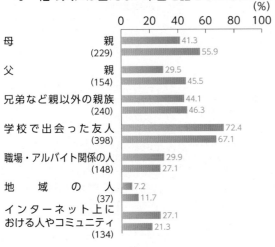

オ　他の人には言えない本音を話せることがある

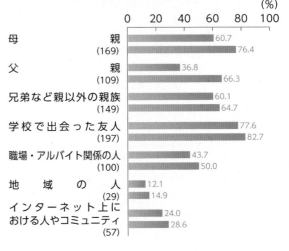

オ　他の人には言えない本音を話せることがある

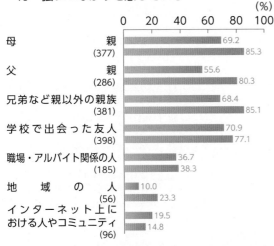

カ　強いつながりを感じている

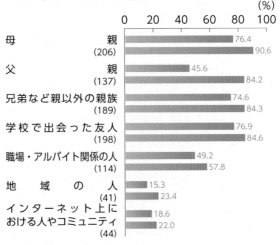

カ　強いつながりを感じている

■ ACEあり　　■ ACEなし

注　1　法務総合研究所の調査による。
　　2　各項目について、他者との関わり方が不詳の者を除く。
　　3　各項目について、「そう思う」又は「どちらかといえばそう思う」に該当した者の比率である。
　　4　（　）内は、各項目に該当した者の実人員である。

4　周囲との関わり、社会とのつながり

　これから先の自分や家族にとって必要な人や仕組みをACEの有無別に見ると、**7-5-5-6図**のとおりである。少年院在院者、保護観察処分少年のいずれも、「自分が気軽に相談したり、ぐちをこぼし

たりできる相手」の該当率が最も高く、次いで高かったのは「親とケンカをするなどして家に居づらい時に、安心してのんびり過ごせる場所」であった。ACEの有無別では、少年院在院者の「保護観察終了後も継続的に支援をしてくれる仕組」の該当率は、ACEなしがACEありより11.4pt高く、少年院在院者の「借金や薬物依存などの問題に、弁護士や医者などの専門家が対応してくれること」の該当率も、ACEなしがACEありより10.6pt高かった。

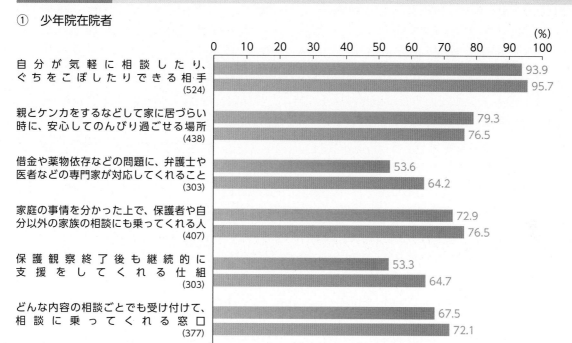

7-5-5-6図　少年に対する調査 これから先の自分や家族にとって必要な人や仕組み（ACEの有無別）

① 少年院在院者

項目	ACEあり	ACEなし
自分が気軽に相談したり、ぐちをこぼしたりできる相手 (524)	93.9	95.7
親とケンカをするなどして家に居づらい時に、安心してのんびり過ごせる場所 (438)	79.3	76.5
借金や薬物依存などの問題に、弁護士や医者などの専門家が対応してくれること (303)	53.6	64.2
家庭の事情を分かった上で、保護者や自分以外の家族の相談にも乗ってくれる人 (407)	72.9	76.5
保護観察終了後も継続的に支援をしてくれる仕組 (303)	53.3	64.7
どんな内容の相談ごとでも受け付けて、相談に乗ってくれる窓口 (377)	67.5	72.1

② 保護観察処分少年

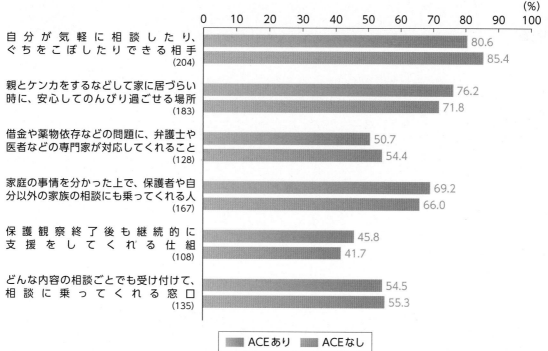

項目	ACEあり	ACEなし
自分が気軽に相談したり、ぐちをこぼしたりできる相手 (204)	80.6	85.4
親とケンカをするなどして家に居づらい時に、安心してのんびり過ごせる場所 (183)	76.2	71.8
借金や薬物依存などの問題に、弁護士や医者などの専門家が対応してくれること (128)	50.7	54.4
家庭の事情を分かった上で、保護者や自分以外の家族の相談にも乗ってくれる人 (167)	69.2	66.0
保護観察終了後も継続的に支援をしてくれる仕組 (108)	45.8	41.7
どんな内容の相談ごとでも受け付けて、相談に乗ってくれる窓口 (135)	54.5	55.3

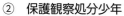
■ ACEあり　■ ACEなし

注　1　法務総合研究所の調査による。
　　2　各項目の回答が不詳の者を除く。
　　3　各項目について、「とても必要」又は「やや必要」に該当した者の比率である。
　　4　（　）内は、各項目に該当した者の実人員である。

コラム12　男女の違いによる比較

　ACEの有無について、男女別に比較を行ったところ、明らかな違いが見られたので、このコラムでは、その結果を紹介する。

　分析対象者数は、少年院在院者564人（男子508人、女子56人）、保護観察処分少年257人（男子143人、女子114人）であった。

　18歳まで（18歳未満の者については調査時点の年齢まで）のACEの有無について、ACEの全12項目のうち、1項目以上該当があった者を「ACEあり」、1項目も該当がなかった者を「ACEなし」として分析したところ、ACEありの人数及び構成比は、少年院在院者（男子）が441人（86.8％）、同（女子）が53人（94.6％）、保護観察処分少年（男子）が71人（49.7％）、同（女子）が79人（69.3％）であった。少年院在院者・保護観察処分少年共に、男子よりも女子のACEありの構成比が高く、特に、少年院在院者（女子）では、ACEありの構成比が9割を超えていた。

　男女差をより詳細に見るため、ACEの全12項目について、男女別に見たものが図6である。少年院在院者では10項目で男子よりも女子の該当率が高く、保護観察処分少年では全項目で男子よりも女子の該当率が高かった。特に、少年院在院者（女子）では、総じて該当率が高い傾向が見られ、7割を超える項目（「家族から、心が傷つくような言葉を言われるといった精神的な暴力を受けた」（78.6％）及び「家族から、殴る蹴るといった体の暴力を受けた」（73.2％））が見られたほか、5割以上の項目（「親が亡くなったり離婚したりした」（58.9％）、「母親（義理の母親も含む）が、父親（義理の父親や母親の恋人も含む）から、暴力を受けていた」（50.0％）及び「家族から、十分に気に掛けてもらえなかった」（50.0％））も見られた。また、男女で最も該当率の差が大きかった項目は、少年院在院者・保護観察処分少年共に、「家族から、心が傷つくような言葉を言われるといった精神的な暴力を受けた」であり、該当率はそれぞれ、少年院在院者（男子）40.0％に対し同（女子）78.6％、保護観察処分少年（男子）8.4％に対し同（女子）28.9％であった。

　保護観察処分少年よりも少年院在院者の方が、ACEありの構成比が高いところ（本節1項参照）、男女別で見ると、男子よりも女子の方が、ACEありの構成比が高く、特に、少年院在院者（女子）は、ACEありの者がほとんどであることが明らかとなった。少年院在院者（女子）については、特に、小児期に逆境を重複して経験している可能性があり、トラウマ（心的外傷）との関連が懸念される（少年院における**トラウマインフォームドケア**の試みについては、コラム13参照）。

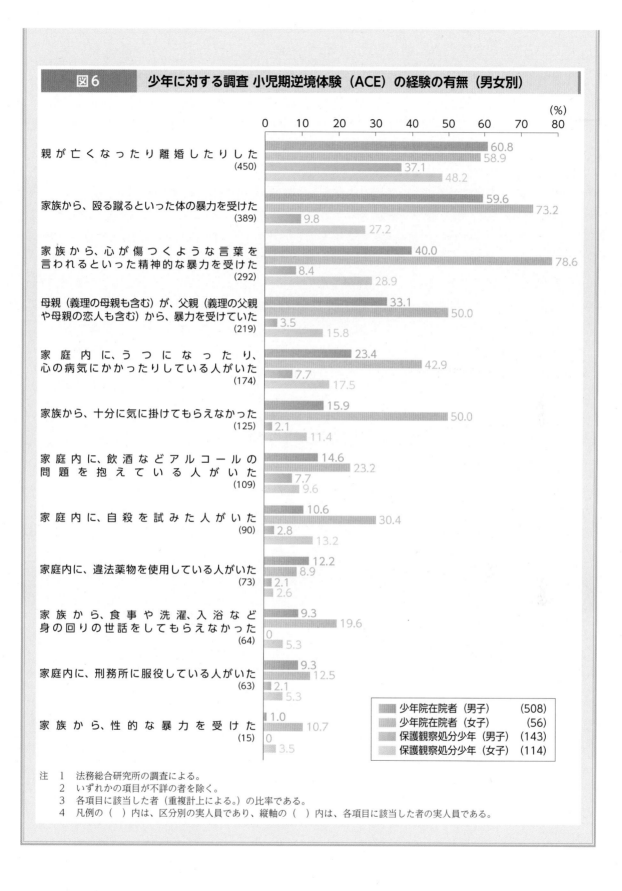

図6　少年に対する調査 小児期逆境体験（ACE）の経験の有無（男女別）

項目	少年院在院者（男子）(508)	少年院在院者（女子）(56)	保護観察処分少年（男子）(143)	保護観察処分少年（女子）(114)
親が亡くなったり離婚したりした (450)	60.8	58.9	37.1	48.2
家族から、殴る蹴るといった体の暴力を受けた (389)	59.6	73.2	9.8	27.2
家族から、心が傷つくような言葉を言われるといった精神的な暴力を受けた (292)	40.0	78.6	8.4	28.9
母親（義理の母親も含む）が、父親（義理の父親や母親の恋人も含む）から、暴力を受けていた (219)	33.1	50.0	3.5	15.8
家庭内に、うつになったり、心の病気にかかったりしている人がいた (174)	23.4	42.9	7.7	17.5
家族から、十分に気に掛けてもらえなかった (125)	15.9	50.0	2.1	11.4
家庭内に、飲酒などアルコールの問題を抱えている人がいた (109)	14.6	23.2	7.7	9.6
家庭内に、自殺を試みた人がいた (90)	10.6	30.4	2.8	13.2
家庭内に、違法薬物を使用している人がいた (73)	12.2	8.9	2.1	2.6
家族から、食事や洗濯、入浴など身の回りの世話をしてもらえなかった (64)	9.3	19.6	0	5.3
家庭内に、刑務所に服役している人がいた (63)	9.3	12.5	2.1	5.3
家族から、性的な暴力を受けた (15)	1.0	10.7	0	3.5

注　1　法務総合研究所の調査による。
　　2　いずれかの項目が不詳の者を除く。
　　3　各項目に該当した者（重複計上による。）の比率である。
　　4　凡例の（　）内は、区分別の実人員であり、縦軸の（　）内は、各項目に該当した者の実人員である。

第7編

非行少年と生育環境

コラム13　少年院におけるトラウマインフォームドケアの試み

　トラウマインフォームドケアとは、トラウマの影響を理解し、トラウマの兆候や症状を認識した上で対応することで、再トラウマ化を防ぎ、適切なケアやサポートが可能になるという概念である。少年院在院者（以下「在院者」という。このコラムにおいて同じ。）の中には、小児期における逆境体験を有する者が少なくなく（**7-5-5-1図**参照）、そうした体験に起因するトラウマを抱えている者も一定数いることが推察される。

　現在、女子少年院で実施されている「女子少年院在院者の特性に配慮した処遇プログラム」（概要については、第4編第7章第2節2項（2）参照）は、女子在院者の非行の背景として、過去の傷付き体験の影響があることを考慮した内容となっているが、処遇の効果を上げるためには、指導に当たる職員がトラウマに関する知識を持つことが必要である。また、男子在院者の中にも逆境体験のあるものが一定数いることから、少年院においては、令和元年度から、全国の少年院の職員を対象として、被虐待経験等を有する在院者の処遇に当たり必要な知識・技能を付与することを目的とした研修を実施している。また、令和2年度からは、女子を収容する少年院を中心に、ＮＰＯ法人レジリエンスの協力を得て、傷付き体験やトラウマとの向き合い方などについて在院者向けの講話を実施するとともに、トラウマを抱える在院者への適切な処遇の在り方について職員との打合せを実施するなどしている。

　非行の背景に小児期の逆境体験があり、様々な障害等を有する在院者の状態や行動を理解する上で、トラウマの影響を認識する視点は重要である。トラウマについて理解しないまま関わってしまうと、在院者が「分かってもらえない」という失望や怒りを感じたり、無理解によって叱責してしまうと、在院者が傷付き体験を思い出したりし、トラウマ反応がますます悪化する可能性も考えられる。トラウマインフォームドケアの知見が広まることで、トラウマを抱える在院者の行動の理解が深まるなど、処遇の一助になることが期待される。

　また、非行少年を含め、非行からの立ち直りに携わる全ての人がトラウマについて理解することで、無理解や誤解に基づく再トラウマを防ぐことができるという視点は、本来、少年院の職員に限定されるものではなく、非行少年に関わる、刑事司法の全ての段階における関係者にも必要と言える。非行少年の処遇全体を通して、トラウマを抱える少年へのより適切な指導・支援につながることが何より望まれる。

第6節 保護者の意識・実情

この節では、保護者に対する調査結果のうち、その意識・実情として特徴的な事項を中心に紹介し、非行少年（少年院在院者及び保護観察処分少年）の保護者の状況を明らかにする。

1 初めて親になった年齢

7-5-6-1図は、（実子以外も含めて）初めて親となった年齢を見たものである。少年院在院者の保護者、保護観察処分少年の保護者のいずれにおいても、「20～24歳」の構成比が最も高く（それぞれ39.7％、37.3％）、次いで、「25～29歳」（それぞれ23.3％、26.5％）、「10代」（それぞれ20.3％、15.0％）の順であった。

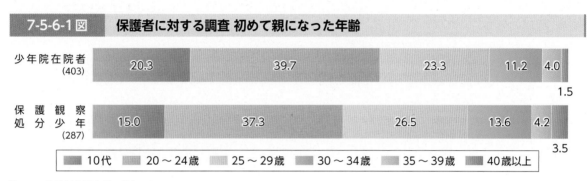

7-5-6-1図 **保護者に対する調査 初めて親になった年齢**

	少年院在院者(403)	保護観察処分少年(287)
10代	20.3	15.0
20～24歳	39.7	37.3
25～29歳	23.3	26.5
30～34歳	11.2	13.6
35～39歳	4.0	4.2
40歳以上	1.5	3.5

注 1 法務総合研究所の調査による。
  2 初めて親になった年齢が不詳の者を除く。
  3 （ ）内は、実人員である。
  4 「少年院在院者」は、少年院在院者の保護者であり、「保護観察処分少年」は、保護観察処分少年の保護者である。

2 成人するまでの経験

7-5-6-2図は、成人するまでの経験の該当率（重複計上による。）を見たものである。少年院在院者の保護者、保護観察処分少年の保護者のいずれにおいても、「いずれも経験したことがない」の該当率が最も高く（それぞれ50.2％、54.0％）、次いで、「両親が離婚した」（それぞれ26.3％、18.3％）、「親から暴力を振るわれた」（それぞれ12.7％、9.3％）の順であった。

　保護者に対する調査 成人するまでの経験

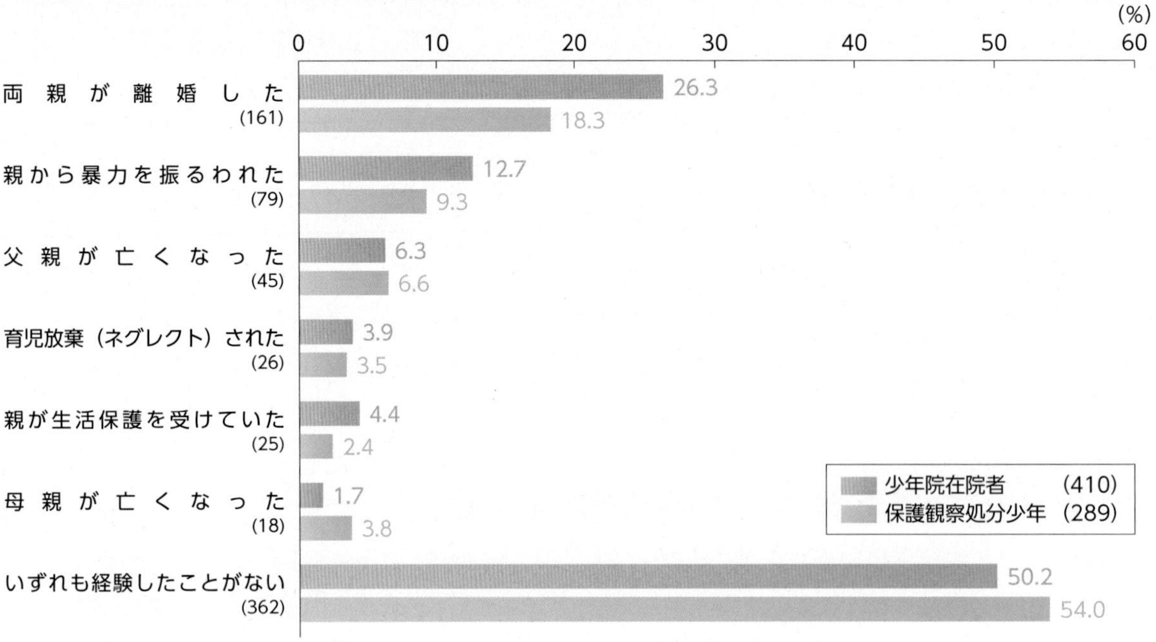

注　1　法務総合研究所の調査による。
　　2　保護者の成人するまでの経験が不詳の者を除く。
　　3　各項目に該当した者（重複計上による。）の比率である。
　　4　凡例の（　）内は、区分別の実人員であり、縦軸の（　）内は、各項目に該当した者の実人員である。
　　5　「少年院在院者」は、少年院在院者の保護者であり、「保護観察処分少年」は、保護観察処分少年の保護者である。

3　子供を持ってからしたことのある経験

　7-5-6-3図は、子供を持ってからしたことのある経験の該当率（重複計上による。）を見たものである。少年院在院者の保護者、保護観察処分少年の保護者のいずれにおいても、「夫または妻との間で頻繁な口げんかがあった」、「（元）配偶者（またはパートナー）から暴力をふるわれたことがあった」、「いずれも経験したことがない」が上位3項目に入っていた。少年院在院者の保護者においては、「夫または妻との間で頻繁な口げんかがあった」（41.7%）、「（元）配偶者（またはパートナー）から暴力をふるわれたことがあった」（28.4%）、「いずれも経験したことがない」（26.2%）の順であった。保護観察処分少年の保護者においては、「夫または妻との間で頻繁な口げんかがあった」及び「いずれも経験したことがない」（それぞれ35.5%）、「（元）配偶者（またはパートナー）から暴力をふるわれたことがあった」（21.4%）の順であった。

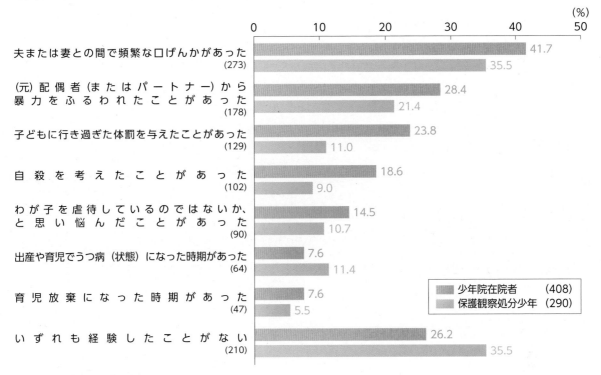

7-5-6-3図　保護者に対する調査 子供を持ってからしたことのある経験

項目		
夫または妻との間で頻繁な口げんかがあった (273)	41.7	35.5
(元)配偶者(またはパートナー)から暴力をふるわれたことがあった (178)	28.4	21.4
子どもに行き過ぎた体罰を与えたことがあった (129)	23.8	11.0
自殺を考えたことがあった (102)	18.6	9.0
わが子を虐待しているのではないか、と思い悩んだことがあった (90)	14.5	10.7
出産や育児でうつ病(状態)になった時期があった (64)	7.6	11.4
育児放棄になった時期があった (47)	7.6	5.5
いずれも経験したことがない (210)	26.2	35.5

凡例：少年院在院者（408）／保護観察処分少年（290）

注　1　法務総合研究所の調査による。
　　2　保護者の子供を持ってからしたことのある経験が不詳の者を除く。
　　3　各項目に該当した者（重複計上による。）の比率である。
　　4　凡例の（　）内は、区分別の実人員であり、縦軸の（　）内は、各項目に該当した者の実人員である。
　　5　「少年院在院者」は、少年院在院者の保護者であり、「保護観察処分少年」は、保護観察処分少年の保護者である。

4　子供との関わり方

　7-5-6-4図は、中学2年頃までの子供との関わり方について見たものである。各項目について「あてはまる」又は「どちらかといえば、あてはまる」と回答した者の該当率を見ると、少年院在院者の保護者、保護観察処分少年の保護者のいずれにおいても「お子さんが小さいころ、絵本の読み聞かせをしていた」については65％前後、「お子さんから、勉強や成績のことについて話をしてくれた」については50％台前半から60％台前半、「テレビ・ゲーム・インターネット等の視聴時間等のルールを決めていた」については50％台前半であった。一方、「お子さんに本や新聞を読むように勧めていた」は、少年院在院者の保護者、保護観察処分少年の保護者のいずれにおいても40％台前半であった。

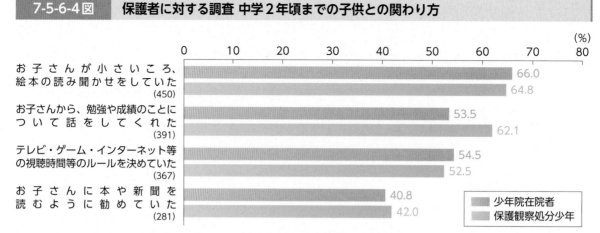

7-5-6-4図　保護者に対する調査 中学2年頃までの子供との関わり方

注　1　法務総合研究所の調査による。
　　2　各項目について、中学2年頃までの子供との関わり方が不詳の者を除く。
　　3　各項目について、「あてはまる」又は「どちらかといえば、あてはまる」に該当した者の比率である。
　　4　（　）内は、各項目について、「あてはまる」又は「どちらかといえば、あてはまる」に該当した者の実人員である。
　　5　「少年院在院者」は、少年院在院者の保護者であり、「保護観察処分少年」は、保護観察処分少年の保護者である。

5　支え手伝ってくれる人の存在

　7-5-6-5図は、家族を含め（子供は除く）、支え手伝ってくれる人の有無等について見たものである。少年院在院者の保護者、保護観察処分少年の保護者のいずれにおいても、全ての項目で、「いる」の構成比が最も高かった。また、少年院在院者の保護者、保護観察処分少年の保護者のいずれにおいても、「心配ごとや悩みごとに親身になって聞いてくれる人」について、「いる」の構成比が80％台、「あなたの気持ちを察して思いやってくれる人」について、「いる」の構成比が80％台前半、「趣味や興味のあることを一緒に話して、気分転換させてくれる人」について、「いる」の構成比が80％前後、「子供とのかかわりについて、適切な助言をしてくれる人」について、「いる」の構成比が70％台後半であった一方で、「留守を頼める人」について、「いる」の構成比は、少年院在院者の保護者、保護観察処分少年の保護者のいずれにおいても60％台後半であった。

7-5-6-5図　保護者に対する調査 支え手伝ってくれる人の存在

① 心配ごとや悩みごとに親身になって聞いてくれる人

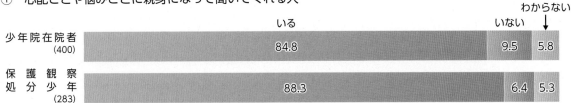

少年院在院者(400)　いる 84.8　いない 9.5　わからない 5.8

保護観察処分少年(283)　88.3　6.4　5.3

② あなたの気持ちを察して思いやってくれる人

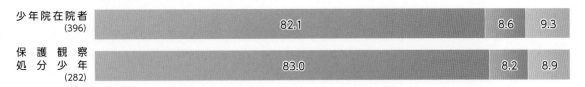

少年院在院者(396)　82.1　8.6　9.3

保護観察処分少年(282)　83.0　8.2　8.9

③ 趣味や興味のあることを一緒に話して、気分転換させてくれる人

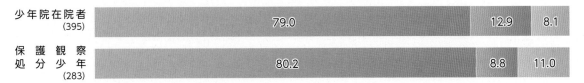

少年院在院者(395)　79.0　12.9　8.1

保護観察処分少年(283)　80.2　8.8　11.0

④ 子供とのかかわりについて、適切な助言をしてくれる人

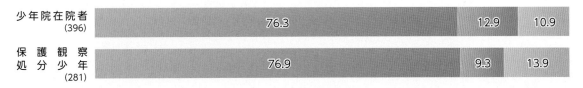

少年院在院者(396)　76.3　12.9　10.9

保護観察処分少年(281)　76.9　9.3　13.9

⑤ 留守を頼める人

少年院在院者(396)　69.2　24.0　6.8

保護観察処分少年(282)　67.0　24.8　8.2

注　1　法務総合研究所の調査による。
　　2　各項目について、支え手伝ってくれる人の存在が不詳の者を除く。
　　3　（　）内は、実人員である。
　　4　「少年院在院者」は、少年院在院者の保護者であり、「保護観察処分少年」は、保護観察処分少年の保護者である。

6　頼れる人の存在

　7-5-6-6図は、「子供の世話や看病」、「重要な事柄の相談」、「いざという時のお金の援助」の三つの項目について、頼れる人の有無等について見たものである。少年院在院者の保護者、保護観察処分少年の保護者のいずれにおいても、全ての項目で、「いる」の構成比が最も高かった。また、少年院在院者の保護者、保護観察処分少年の保護者のいずれにおいても、「子供の世話や看病」について、頼れる人が「いる」の構成比が85％前後、「重要な事柄の相談」について、頼れる人が「いる」の構成比が、90％前後であった一方、「いざという時のお金の援助」について、頼れる人が「いる」の構成比は、60％台後半から70％強であった。

7-5-6-6図 **保護者に対する調査 いざという時に頼れる人の存在**

① 子供の世話や看病

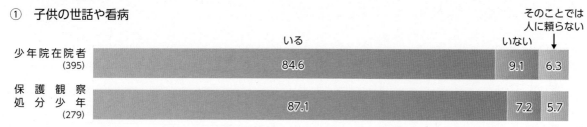

② 重要な事柄の相談

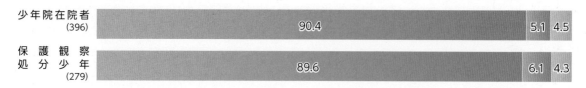

③ いざという時のお金の援助

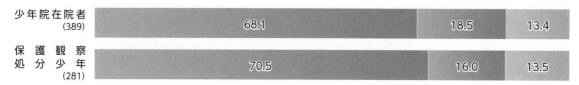

注　1　法務総合研究所の調査による。
　　2　各項目について、いざという時に頼れる人の存在が不詳の者を除く。
　　3　（ ）内は、実人員である。
　　4　「少年院在院者」は、少年院在院者の保護者であり、「保護観察処分少年」は、保護観察処分少年の保護者である。

7 あればよいと思う支援

7-5-6-7図は、これから先の自身の生活にとってあればよいと思う支援に関し、「あなた自身が気軽に相談したり、ぐちをこぼしたりできる相手」、「あなたが家に居づらい時に、安心してのんびり過ごせる場所」、「借金や薬物依存などの問題に、弁護士や医者などの専門家が対応してくれること」、「家庭の事情を分かった上で、保護者や子供以外の家族の相談にも乗ってくれる人」、「保護観察終了後も継続的に支援をしてくれる仕組」、「どんな内容の相談ごとでも受け付けて、相談に乗ってくれる窓口」、「同じような悩みを持つ保護者同士で知り合える場」の7項目について、「とても必要」、「やや必要」、「あまり必要ない」、「全く必要ない」の4件法で回答した結果につき、それぞれ「とても必要」又は「やや必要」と回答した者の該当率を見たものである。少年院在院者の保護者、保護観察処分少年の保護者のいずれにおいても、「あなた自身が気軽に相談したり、ぐちをこぼしたりできる相手」、「保護観察終了後も継続的に支援をしてくれる仕組」、「どんな内容の相談ごとでも受け付けて、相談に乗ってくれる窓口」が上位3項目に入っていた。また、いずれの項目においても、少年院在院者の保護者は、保護観察処分少年の保護者よりも、該当率が高かった。

7-5-6-7図　保護者に対する調査 あればよいと思う支援

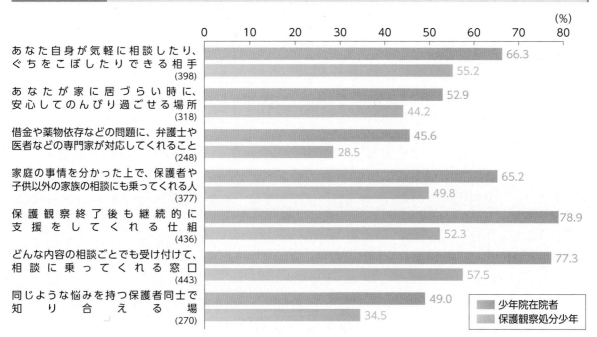

注　1　法務総合研究所の調査による。
　　2　各項目の回答が不詳の者を除く。
　　3　各項目について、「とても必要」又は「やや必要」に該当した者の比率である。
　　4　（　）内は、各項目について、「とても必要」又は「やや必要」に該当した者の実人員である。
　　5　「少年院在院者」は、少年院在院者の保護者であり、「保護観察処分少年」は、保護観察処分少年の保護者である。

第6章 おわりに

本章では、非行少年と生育環境に関する各種統計や特別調査により明らかになった傾向・特徴と課題を整理し、今後の非行少年の再非行防止対策等を検討する上で留意すべきと思われる点について考察する。

第1節 少年を取り巻く生育環境及び生活状況の変化

平成5年から令和4年までの30年間で、19歳以下の人口は、約3割減少する一方、65歳以上の高齢者の人口が約2.1倍に増加するなど、我が国における少子高齢化の傾向は顕著である。少年が社会生活を送る上で最も基本的なよりどころとなる家族の形態等について見ると、まず、世帯総数は、4年は平成5年の約1.3倍に増加したのに対し、平均世帯人員や児童のいる世帯数は減少傾向にある。また、婚姻件数は減少傾向にある一方、同件数に占める再婚件数の割合は、令和3年は平成5年と比べて約8.6pt上昇した。離婚件数も減少傾向にあり、親が離婚した20歳未満の子の数及び人口比も減少傾向にある。そのような中で、家族の関係に関連し、児童虐待の相談対応件数について見ると、統計を取り始めた平成2年度から増加し続けており、内容別に見ると心理的虐待の増加が顕著であった。

また、少年の生活状況に関連し、就学状況を見ると、高等学校における中途退学者数及び中途退学率は、いずれも減少・低下傾向にあるのに対し、通信制高等学校の生徒数は増加傾向にあった。テレビ・インターネットの視聴・利用時間を見ると、テレビ視聴時間は減少し、インターネット利用時間は増加傾向にあるなど、少年の生活状況の変化の一端がうかがえた。

第2節 少年法制の変遷と昨今の少年非行の動向等

1 少年法制の変遷

現行の少年法制は、第二次世界大戦後の昭和20年代に従来の諸法制が抜本的に改革されたことによって成立した。少年法は、平成期に入り少年による凶悪重大事件が相次いで発生するなどして法改正の気運が高まったことを受け、平成12年に約半世紀ぶりの大規模な改正に至った。この改正は、①少年事件の処分等の在り方の見直し、②少年審判の事実認定手続の適正化、③被害者等への配慮の充実の三点を柱としたものであるところ、その後も、少年審判手続のより一層の適正化を図るためなどの理由から同法の改正が繰り返されている。令和期においては、少年法等の一部を改正する法律（令和3年法律第47号。以下この章において「改正法」という。）により、18・19歳の者は「特定少年」として、17歳以下の少年とは異なる特例が定められるなどした。これは、選挙権年齢や成年年齢が20歳から18歳に引き下げられ、18・19歳の者が社会において責任ある主体として積極的な役割を果たすことが期待される立場になった一方で、成長途上にあり可塑性を有する存在であることに鑑み、所要の規定を整備したものである。すなわち、成年年齢の引下げ等、社会情勢等の変化により、18・19歳の者の取扱いに変化が生じたものの、少年の健全な育成を目的とする少年法においては、改めて、少年としての可塑性を重視する認識が示されたものと見ることもできよう。今後も、社会情勢等の変化との関連から、少年法制が変遷していくことが想定される。

また、保護処分に関しては、昭和20年代前半に児童福祉法、旧少年院法及び犯罪者予防更生法が、

それぞれ施行された。その後、平成19年には、犯罪者予防更生法と執行猶予者保護観察法の内容を整理統合し、新たな一つの法律として更生保護法が成立した。26年には、少年院法及び少年鑑別所法が成立し、これまで旧少年院法の一部において規定されていた少年鑑別所については、新たに独立した法律において規定されることとなった。非行少年の処遇は、少年法のほか、これら関係法令等の下、少年鑑別所、少年院、保護観察等、刑事司法の各段階において、それぞれ充実が図られている（第3編第2章参照）。

2　昨今の少年非行の動向等

（1）概観（昭和期を含む。）

　昭和期における少年による刑法犯の検挙人員（昭和40年以前は過失運転致死傷等を含む。以下この章において同じ。）の推移には、26年、39年及び58年に三つの大きな波があり、いずれもその頃に刑法犯の多くの罪名において検挙人員の戦後最多を記録した。こうした少年非行の動向の変化については、敗戦による社会秩序の乱れ、高度経済成長期における工業化・都市化等の急激な社会変動に伴う社会的葛藤等の増大、豊かな社会における価値観の多様化、犯罪機会の増大など、社会情勢等の変化との関連が考えられた。

　平成期以降、少年による刑法犯及び特別法犯の検挙人員は、一時的な増加はありつつも、全体としては減少傾向にある。しかし、いずれも令和に入ってから、児童買春・児童ポルノ禁止法違反や大麻取締法違反など法施行以降最多や戦後最多の検挙人員を記録し、現在も高止まりや増加傾向が続いている罪名もあるなど、少年非行の動向を見る場合、全体の検挙人員の推移と異なる動きをする罪名も多い点には、特に留意が必要であることが確認できた。

（2）検挙・裁判

　少年による刑法犯及び特別法犯の検挙人員総数の推移（最近30年間。以下（2）において同じ。）を見ると、平成10年をピークに減少傾向が続いている。18の罪名について、同年（児童買春・児童ポルノ禁止法違反については、同法が施行された11年の翌年である12年）と令和4年とを比較すると、①検挙人員・構成比（少年による刑法犯及び特別法犯の検挙人員総数に占める各罪名の検挙人員の比率をいう。以下（2）において同じ。）共に減少・低下しているもの（恐喝、窃盗、横領、毒劇法違反及び覚醒剤取締法違反）、②双方共に増加・上昇しているもの（強制わいせつ、詐欺、大麻取締法違反、軽犯罪法違反及び児童買春・児童ポルノ禁止法違反）のほか、③検挙人員は減少しているものの構成比を見ると上昇しているもの（殺人、強盗、放火、強制性交等、暴行、傷害、住居侵入及び器物損壊）の三つに大別できる。

　③のように、検挙人員が減少していても構成比が上昇又は上昇傾向にある罪名が少なくない要因の一つとして、初発型非行とされる万引き、オートバイ盗、自転車盗及び遺失物等横領のほか、毒劇法違反の大幅な減少が考えられる。すなわち、令和4年における初発型非行及び毒劇法違反による検挙人員を平成10年と比較すると、それぞれ11万2,250人（94.3%）減、5,672人（99.9%）減であり、少年による刑法犯及び特別法犯の検挙人員総数（令和4年は平成10年比14万7,227人（88.3%）減）は、これらの減少に伴って減少したと認められることから、前記①を除く他の罪名は相対的に構成比が上昇したと考えられる。また、平成10年には同検挙人員総数の71.4%を占めていた初発型非行は、令和4年ではその半分程度（34.7%）にまで減少していることから、近年の少年非行における初発型の非行形態は、平成10年と比べると変化していることがうかがえた。

　一方、裁判の段階に目を移し、令和4年における一般保護事件の家庭裁判所における終局処理人員の処理区分別構成比を、最近30年間において同人員がピークであった平成10年と比較すると、審判不開始は27.3pt低下したのに対し、保護観察処分は14.1pt、少年院送致は3.3ptそれぞれ上昇した。

以上のように、少年による刑法犯及び特別法犯の検挙人員総数は減少傾向にあるものの、罪名によっては、人員・構成比共に増加・上昇傾向にあるものや構成比が上昇傾向にあるものが認められるほか、一般保護事件の家庭裁判所における終局処理人員では、少年院送致や保護観察処分といった保護処分に係る人員の構成比が上昇傾向にある点などを踏まえると、同検挙人員総数の増減のみをもって、少年非行全体の改善や悪化を評価することは困難であると考えられた。

（3）少年矯正・保護観察

少年院入院者の非行名別構成比の推移を男女別に見ると、男子では窃盗が低下傾向にある一方、男女共に詐欺が大幅な上昇傾向にあった。教育程度別構成比の推移を男女別に見ると、男女共に中学卒業が低下傾向にある一方、高校中退が上昇傾向にあった。保護者状況別構成比の推移を男女別に見ると、男女共に実父母は低下傾向にある一方、実母は上昇傾向（近年は40％前後で推移）にあった。また、少年鑑別所入所者の意識の変化を調査年別に見ると、家庭生活や社会に対する満足度について、「満足」とする割合は上昇傾向にあり、「不満」とする割合は低下傾向にあるほか、家族との関係については、例えば、「親がきびしすぎると感じる」、「親のいうことは、気まぐれであると感じる」など、親に対する否定的な考えを示すような項目において該当率が低下傾向にあることがうかがえた。

保護観察処分少年について、保護観察開始人員の非行名別構成比の推移を見ると、平成9年までは道路交通法違反が最も高かったところ、10年からは窃盗が最も高くなっているほか、少年院入院者同様、詐欺の構成比が上昇傾向にあった。居住状況別構成比の推移を見ると、両親と同居が低下傾向にある一方、母と同居が上昇傾向（近年は30％台前半で推移）にあった。

以上のような傾向の変化を踏まえると、非行少年やその生育環境の質的な変化もうかがえた。

第3節　非行少年の生育環境等を踏まえた処遇の在り方

最後に、本特集を通じ明らかになった非行少年の傾向・特徴やその分析結果を踏まえ、非行少年の再非行防止等に向けた処遇の在り方について検討する。

1　非行少年特有の傾向・特徴への着目

本編第2章2項及び同編第4章第1節では、少年による刑法犯及び特別法犯の動向等について確認したところ、その傾向・特徴は、20歳以上の犯罪者を含む刑法犯や特別法犯全体の動向に見られる傾向・特徴とは異なる面もあることがうかがえた（第1編第1章第1節及び同編第2章第1節参照）。例えば、少年による刑法犯の検挙人員の推移については、戦後大きな三つの波が指摘されているところ、戦後最多は昭和58年であり、その頃、20歳以上の者による刑法犯の検挙人員を上回るほどであった（少年比52.0％。3-1-1-1図②参照）のに対し、20歳以上の者を含む刑法犯全体の検挙人員の推移については同様の波は見られず、25年が戦後最多であった（1-1-1-1図①参照）ほか、刑法犯の各罪名について少年比（令和4年）を見ると、総数では12.2％のところ、暴行は5.9％、恐喝は27.0％となっているなど、ばらつきが見られるなどの点が挙げられる（3-1-1-6表参照）。

また、特別調査の結果から、他機関等による世間一般の少年を対象とした調査結果を参考にしつつ、非行少年の特徴を明らかにしたところ、両調査の間には、対象者の年齢層のほか質問によっては項目の文言にも若干の相違があるなどの理由から、それぞれの結果を単純には比較できないことに留意を要するが、調査対象となった非行少年（少年院在院者及び保護観察処分少年）の食生活は乱れ気味であり、家族団らんの食事機会が少ない傾向が見られたほか、スマートフォン等を介したゲームやSNSに長時間親和しており、学校生活への不適応傾向等がうかがえた。

これらのことを踏まえると、非行少年は、20歳以上の犯罪者と比較しても、また、一般の少年と比較しても、特有の傾向・特徴があると考えられる。それぞれの非行少年が自らの非行事実に対し真摯に向き合う必要があることはもちろんであるが、非行少年への効果的な指導・支援を行う側が、その在り方を検討する前提として、非行少年特有の傾向・特徴があることに着目し、それらを的確に認識・理解することが重要であると考えられる。

2 就学、就労の状況における特徴を踏まえた非行少年の支援・処遇の在り方

　特別調査の結果、就学状況に関し、経済状況別に見ると、少年院在院者、保護観察処分少年のいずれも、中学2年の頃の授業の理解度について「分からなかった」の構成比は、非生活困難層が最も低く、学校を辞めたくなるほど悩んだ経験について「学校をやめたくなるほど悩んだことはない」の該当率は、非生活困難層が最も高かったほか、中学2年の頃の勉強の仕方について「学校の授業以外で勉強はしなかった」の該当率は、生活困窮層が最も高かった。加えて、保護者の意識として、進学の見通しについては、生活困窮層では、「中学まで」の構成比が高い一方、「短大・高専・専門学校まで」及び「大学またはそれ以上」の構成比が低かった。

　また、就労の状況に関しては、転職歴ありの構成比が、少年院在院者では74.6％、保護観察処分少年では48.5％であった。また、少年院在院者では、対人関係が合わなかったことを転職理由として挙げるものが多いなど、不安定な就労状況にあることがうかがえた。

　以上の傾向・特徴のほか、令和4年の少年院入院者のうち約4割が高校中退であったことや男子では約3割、女子では約4割が無職であったこと（本編第4章第3節参照）などを踏まえると、再犯・再非行防止の観点から、少年院及び保護観察所における修学支援及び就労支援等の充実強化が重要と考えられる。

（1）修学支援の充実強化

　少年院においては、高等学校等への復学等を希望している少年院在院者に対し、修学支援の充実強化に努めている（第3編第2章第4節3項（5）参照）。加えて、少年院においては、矯正教育の一つの分野である教科指導において、中学校等の学習指導要領に準拠した教科指導を行っているほか、文部科学省との連携の下、それぞれの少年院内において高等学校卒業程度認定試験を行う（同節3項（2）参照）など、施設内に収容して指導等ができる利点を生かした取組を積極的に実施している。一方、保護観察所においても、近年、「修学支援パッケージ」を枠組みとする取組が全国的に展開されており、社会内でのそれぞれの個別のニーズに応じたきめ細かな支援等の充実が志向されている（コラム11参照）。さらには、法務省においても、令和3年8月から、ソーシャル・インパクト・ボンド（SIB）による非行少年への学習支援事業が開始されるなど（同節3項（5）参照）、非行少年に対する修学支援の取組は着実に充実強化が図られている。

　これらの取組が、少年院や保護観察所において、引き続き、きめ細かく取り組まれていくことが望まれる一方、今回の特別調査の結果から、経済状況が厳しい少年の場合、高等学校以上の教育段階に進学し、又は修学を継続していくに当たっては、保護者の協力・理解の有無なども含め、現実的には課題も多いことがうかがえた。この点、支援等の在り方として肝要なのは、非行少年が何らかのきっかけにより、更に上の教育段階への進学等の意欲を示した際に、当該少年の状況に即した、進学先に関する情報はもとより、利用可能な経済的支援を含む各種支援制度等に関する情報も個別にかつ速やかに提供できる体制を整えておくことであると考えられる。少年院においては、修学支援デスク（同節3項（5）参照）による情報提供が可能となっているところ、個々の少年のニーズを踏まえた、施設内・社会内での切れ目のない支援・対応が望まれる。

（2）就労支援等の充実強化

法務省は、厚生労働省と連携し、刑務所出所者等総合的就労支援対策を実施しており、少年院在院者及び保護観察処分少年もその対象とされている。具体的には、少年院や保護観察所では、ハローワークとの連携の下、支援対象者の希望や適性等に応じ、計画的に就労支援（職業相談、職業紹介、職業講話等）を実施している。また、少年院在院者に対しては、刑務所出所者と同様、採用を希望する事業者が、少年院等を指定した上でハローワークに求人票を提出することができる「受刑者等専用求人」が運用されており、事業者と就職を希望する少年院在院者とのマッチングの促進にも努めているほか、矯正就労支援情報センター室による広域的な就労支援等も実施されている（第2編第4章第3節4項参照）。

さらに、少年院においては、こうした就労支援のほか、矯正教育の一環として実施している職業指導について令和4年度に見直しを行い、ICT技術科、総合建設科、製品企画科等の新たな職業指導種目を設けるなどして、充実強化を図っている。出院後を見据え、勤労意欲を高め、職業上有用な知識及び技能を習得させることは、再非行防止に向けても非常に重要な要素であると考えられる。しかし、就労支援を受け、そのうち就職の内定を得たものは出院者全体の約1割ほどであることなどを踏まえると（第3編第2章第4節3項（5）参照）、前記就労支援や職業指導の充実強化と並行して、在院中に就労先を決める働き掛けの更なる強化が必要であると考えられる。このため、少年院在院者に対する一層の就労意欲の喚起はもとより、例えば、帰住地付近の就労情報の提供、保護者も含めた動機付けの強化等、より個別的、具体的な働き掛けの充実も望まれる。

次に、少年院出院者や保護観察処分少年が就労を長く継続していくためには、雇用する側の理解・協力も欠かせない。この点、協力雇用主（犯罪をした者等の自立及び社会復帰に協力することを目的として、犯罪をした者等を雇用し、又は雇用しようとする事業主をいう。）への期待は大きいところ、保護観察対象者等を雇用し、就労継続に必要な技能及び生活習慣等を習得させるための指導及び助言を行う協力雇用主に対して、刑務所出所者等就労奨励金を支給する制度が実施されており、同制度の更なる活用や拡充が望まれるほか（第2編第5章第6節4項（3）参照）、日本財団職親プロジェクトによる活動も注目される（同編第4章第3節4項参照）。

ここで、改めて、犯罪者及び非行少年に対する指導及び支援の在り方について確認すると、再犯防止推進法や少年院法のほか、更生保護法にも、性格、年齢、心身の状況、家庭環境、交友関係その他の事情を踏まえ、その者の特性に応じた処遇の重要性等が明記されている。非行少年の処遇を担う少年院や保護観察所においては、これらの諸事情に関する認識が職員間等で共有されているとしても、保護観察中の少年を雇用する側（雇用主側）にこれらの諸事情に関する認識がどれほど共有されているかは個別の事例によりその程度に相違あることが想定される。しかし、特別調査の結果、ACE該当率の高さ（本節3項参照）など、非行少年には一般の少年と比べると厳しい生育環境が背景に存在する可能性がうかがえたほか、令和4年版犯罪白書等においては、非行少年の意識や価値観について明らかにしているところ、これら非行少年の特性に関する知見に加え、例えば、発達障害・知的障害、トラウマ、アディクション（嗜癖）等、非行少年にも見られる知見などを含めて、雇用主側にも、一定の認識を共有してもらい、また、それら知見を深めてもらうための機会を提供することなどは有効であると考えられる。さらに、雇用主側、雇用される側（少年）双方が相互の認識や理解を深め、信頼関係を強固にしていくことが重要であると考えられるところ、更生保護就労支援事業（第3編第2章第5節3項（5）参照）では、支援対象者が、協力雇用主のもとで就労した場合に、支援対象者と協力雇用主の双方に適切な助言等を行う職場定着支援等の寄り添い型の就労支援が実施されており、更なる推進・拡充が望まれる。また、就労前であっても、例えば、少年院側から、雇用主及び少年院在院者双方に対して、相互の認識や理解を深め、信頼関係を構築させていくための機会・取組（面会・通信、職場見学など）を、より積極的に提供・提案することなども有益と考えられる。

3 　ACEの有無による違いを踏まえた非行少年の支援・処遇の在り方

　特別調査の結果、ACEの有無の違いによる分析により、ACE該当数が1項目以上の者の該当率が、少年院在院者で87.6％、保護観察処分少年で58.4％にも上ることが明らかになった。また、ACEに関する全ての項目について、少年院在院者の該当率は、保護観察処分少年の該当率よりも高く、中でも、「家庭内に、違法薬物を使用している人がいた」、「家族から、食事や洗濯、入浴など身の回りの世話をしてもらえなかった」及び「母親（義理の母親も含む）が、父親（義理の父親や母親の恋人も含む）から、暴力を受けていた」の該当率が顕著に高かった。さらに、少年院在院者について該当率の高い順に各項目を見ると、「家族から、殴る蹴るといった体の暴力を受けた」が最も高く、次いで、「親が亡くなったり離婚したりした」、「家族から、心が傷つくような言葉を言われるといった精神的な暴力を受けた」、「母親（義理の母親も含む）が、父親（義理の父親や母親の恋人も含む）から、暴力を受けていた」の順であり、親との死別・離別の経験のほか、心身に対する暴力に関連する項目の該当率が高かった。また、男女別の比較では、保護観察処分少年（男子・女子）及び少年院在院者（男子）と比べて少年院在院者（女子）の各項目の該当率が総じて高い傾向が見られた。少年院在院者は、保護観察処分少年と比べると、一般的に非行性が進んでいると考えられるところ、非行性が進んでいる者のうち、取り分け、女子少年においては、逆境体験を複数有しており、それがトラウマとなっている者が少なくないことが懸念された。

　以上の傾向・特徴を踏まえると、少年院在院者等の中には、トラウマを抱える少年の存在が懸念され、そうした者に対する支援の充実強化等が必要と考えられる。以下では、トラウマを抱える少年に対する処遇の在り方について検討する。

　少年院在院者の中には、自傷・自殺企図、逃走企図を繰り返すような少年も存在するところ、これらの行為は、トラウマにまつわるものを避けている状況（回避状況）に近い行動と考えることができる場合もあり、このようなトラウマを持つ少年が職員との信頼関係を築くことは容易ではないと考えられる。このように、トラウマは、矯正教育の円滑な実施を阻み得るものと考えられるところ、コラム13では、少年院におけるトラウマインフォームドケアの試みについて紹介した。

　トラウマそのものに対して必要なのは矯正教育による対応ではなく、基本的には治療であると考えられる。このため、児童精神科医等の医師による診察・治療の下、矯正教育を進めることが理想的であるところ、矯正教育を担う少年院の職員（以下この項において「法務教官等」という。）がトラウマを抱えている少年院在院者に対して適切に矯正教育を実施していくためには、トラウマインフォームドケアが重要になってくる。法務教官等においてトラウマによる影響等を適切に理解し、その兆候や症状を認識した上で、トラウマを抱える少年に対応することが肝要であり、当該少年の再トラウマ化を防ぎ、適切なケアやサポートにつなげていく必要がある。

　また、法務教官等の処遇をする側への配慮も必要である。トラウマを抱える少年との関わりを通じて、法務教官等が感じるストレスの大きさや、代理受傷（職員が少年の被害体験の話を聞くことで、自らが体験していなくても、少年と同様のトラウマを体験した状態となること）の懸念などが報告されている。こうした課題に対応していくには、前提として、法務教官等において、トラウマを適切に「見立てる」ことができるようになることが肝要であると考えられるところ、このためには、相応の経験と研さんの機会が必要とされるほか、児童精神科医等専門家の関与・支援等も望まれる。また、少年院では、相応の長期間にわたって、施設において毎日少年と関わることが前提とされるところ、特定の法務教官等に偏ることなく「チーム」で対応していくなど、法務教官等を適切にサポートする体制の構築等も望まれる。

　加えて、トラウマを抱える少年の言動には、前記のようなトラウマにまつわるものを避けている状況（回避状況）など、一見不可解であり、対応に苦慮するような言動も少なくないところ、不適切な対応により、再トラウマ化や事態の悪化も懸念される。トラウマに関する知見を深め、トラウマを有

する少年の言動の意味を適切に把握することは、当該少年を適正に処遇するに当たって、非常に重要な視点であり、このことは、法務教官等のみならず、刑事司法の各段階においてトラウマを抱える少年と接する全ての関係者に必要とされる視点であると考えられる（コラム13参照）。

4 少年及び保護者に対する地域における支援等の在り方

特別調査における世帯状況別の比較では、調査対象者全体では、「父母と同居」及び「父又は母と同居」がそれぞれ約4割を占めていたほか、「その他」として約2割の者がそのいずれとも同居はしておらず、「その他」に係る少年院在院者と保護観察処分少年の構成比を比べると前者が後者より約8pt高かった。さらに、「その他」について詳しく見ると、家族との夕食の頻度は、少年院在院者では約半数の者が、保護観察処分少年では3割強の者が、年に数回以下（「年に数回」、「年に1回程度」及び「まったくしていない」の合計）となっているほか、「父母と同居」及び「父又は母と同居」と比較すると、ゲームをする頻度は低い一方、家事をする頻度は高かった。また、転職歴ありの構成比が高く、他者との関わり方については、家族とのコミュニケーションが総じて低調である傾向が見られた一方、これから先の自分や家族に必要な人や仕組みについては、ほとんどの項目について該当率が最も高かった。

他方で、保護者に対する調査結果のうち、子供を持ってからしたことがある経験を見ると、調査対象者の保護者全体では、約3割の保護者が、「（元）配偶者（またはパートナー）から暴力をふるわれたことがあった」、約2割の保護者が、「子どもに行き過ぎた体罰を与えたことがあった」と回答していた（東京都が実施した調査によれば、一般の少年の保護者は、いずれも約7パーセントであった（東京都「子供の生活実態調査」（平成28年度）による。））ほか、約1割の保護者が、「自殺を考えたことがあった」、「わが子を虐待しているのではないか、と思い悩んだことがあった」、「出産や育児でうつ病（状態）になった時期があった」と回答していた。支え手伝ってくれる人の存在について見ると、約2割の保護者が、「あなたの気持ちを察して思いやってくれる人」、「子供との関わりについて、適切な助言をしてくれる人」が、「いない」又は「わからない」と回答していた。こうした調査結果からは、調査対象者の保護者の中には、一部に、何らかの事情から社会的に、又は家庭内でも孤立している保護者の存在が示唆された。そして、保護者が、あればよいと思う支援では、総数で見ると、「どんな内容の相談ごとでも受け付けて、相談に乗ってくれる窓口」の該当率が最も高く、「保護観察終了後も継続的に支援をしてくれる仕組」、「あなた自身が気軽に相談したり、ぐちをこぼしたりできる相手」などの項目についても相応のニーズが示されていたほか、その内訳を見ると、保護観察処分少年の保護者よりも少年院在院者の保護者の方がいずれの項目についても該当率が高かった。

以上の傾向・特徴を踏まえると、少年のみならず、保護者も含めた地域における支援等の強化が重要と考えられる。以下では、地域における支援の在り方について検討する。

第一に、特別調査の結果から、非行少年には、逆境体験を有する者や経済的な困難を抱える者が多く、これらの者は、生育において様々な面で長期的にマイナスの影響を受けていることがうかがえた。そのような非行少年については、社会からの孤立も懸念されることから、少年及び保護者が有する様々な課題の内容に応じて少年院出院後や保護観察期間終了後も必要な支援を受け続けられることが、再非行防止のためには重要であると考えられる。この点、従来から、地域に根差した活動を行っている保護司の中には、過去に担当していた対象者について、地域の隣人として、事実上の相談・支援等を行っている事例も見られるところ、保護観察所では、保護観察期間を満了した者に対する更生緊急保護を実施していることに加え、近年では、地域における更生保護関係団体、医療・保健・福祉等の関係機関・団体が地域支援ネットワークを構築し、保護観察を終了した者等のニーズを踏まえた相談支援等を行う取組等も見られる。また、令和5年12月から、更生緊急保護を行い得る期間が延長されるなどの制度の拡充が図られるとともに、更生保護に関する地域援助（第2編第5章第1節参

照）が開始されることなどにより、地域において息の長い支援を確保するための取組が一層推進されることとなる。特別調査において、少年院在院者の保護者の約8割、保護観察処分少年の保護者の約5割が「保護観察終了後も継続的に支援してくれる仕組」を必要としていることが明らかになっており、今後もこのような地域における取組が広がり、更に充実したものとなっていくことが期待される。

　第二に、非行の背景として、逆境体験を始めとする厳しい生育環境の存在が示唆されたところ、そうした環境にあれば、早期にこれを把握し、少年や保護者に対して必要な手当や支援を行うことによって、その後の非行のリスクを低減させ、非行を未然に防ぐという視点からの取組が望まれる。この点、刑事司法関係機関や民間ボランティア団体等は、従来の地域での啓発活動等に加え、地域で困難を抱える者に対する支援等様々な取組を行うようになってきている。例えば、少年鑑別所は、「法務少年支援センター」という名称で、地域社会における非行及び犯罪に関する各般の問題について、少年や保護者等からの相談に応じているほか、関係機関・団体等からの依頼に基づき、情報提供や助言等を行っている（第3編第2章第3節5項及びコラム7参照）。また、保護司会が更生保護サポートセンターを活用して一般の少年や保護者に対する非行相談を行ったり、更生保護女性会やBBS会といった更生保護ボランティアが地域と連携して子育て中の親子への支援、子供食堂の運営、学習支援等を行ったりするなど、地域で困難を抱える人々の課題解決や支援の取組を通じて、非行のない安全・安心な地域づくりを目指そうとする動きも見られる。加えて、都道府県警察が設置している少年サポートセンターの中には、非行少年への対応だけでなく、子供の被害・加害を未然に防ぐ予防教育や、乳幼児の保護者への広報啓発にも力を入れるなど、非行に至る前に、支援が必要な人をすくい上げるとともに、ワンストップサービスによる支援を行う仕組みを構築している地域も見られる（法務総合研究所研究部報告65参照）。さらに、令和5年度からは、都道府県が行う再犯防止に関する取組に対し、国が財政支援を行う「地域再犯防止推進事業」が開始された。これらの取組に加え、再犯防止推進法に基づく各地方自治体による地域における支援等のための各種取組の一層の充実も望まれる。

　以上のとおり、少年及び保護者に対する地域における支援の在り方等については、逆境体験を始めとする厳しい生育環境により様々な課題を抱えることが非行の背景にある可能性を踏まえ、非行少年の再非行防止の観点のみならず、非行のリスクを抱えている子供が非行に至ることを未然に防ぐ観点からも、地域の子供や保護者が有する困難・課題に地域社会・コミュニティーが気付き、これを地域の課題として、より多くの関係機関等が連携しながら支援等を行っていくことが重要であると考えられる。

第4節　まとめ

「少年非行は、社会を映す鏡」などといわれることがある。本特集では、その実情を直接明らかにすることを意図するものではないが、少なくとも、昭和期（戦後）以降の非行少年の検挙人員等が、それぞれの時代の社会情勢等と関連して増減していたことが考えられたほか、少年非行が質的にも変化を繰り返しながら現代に至っていることが確認できた。そして、現代では、少子高齢化が進展し、家族の形態の在り方も従前とは大きく変化している中、インターネットやスマートフォンの普及等により、少年の生活状況や人々のコミュニケーションの在り方も大きく変わってきていることがうかがえた。

　このような現代の社会情勢等を踏まえ、第3編における知見も含め、主として平成期以降の少年非行を改めて見ると、初発型非行とされる万引き等をはじめ、毒劇法違反、覚醒剤取締法違反の検挙人員、道路交通法違反の取締件数（第3編第1章第2節3項参照）及びぐ犯の家庭裁判所終局処理人員（同章第3節参照）は大きく減少し、暴行、傷害、恐喝等の検挙人員も減少傾向にあるほか、暴走族の構成員数等（同章第2節3項参照）、不良行為少年（犯罪少年、触法少年及びぐ犯少年には該当し

ないが、飲酒、喫煙、深夜はいかいその他自己又は他人の徳性を害する行為をしている少年をいう。同章第4節参照）の補導人員も近年は減少傾向にある。他方で、全体に占める構成比は低いものの、大麻取締法違反、児童買春・児童ポルノ禁止法違反等の検挙人員・構成比は、近年、増加・上昇傾向にあり、少年院入院者及び保護観察処分少年における詐欺の非行名別構成比は上昇傾向にあるほか、家庭内暴力事案の認知件数（同章第5節1項参照）は増加傾向にあるなど、少年非行の動向は、平成期以降においても増減・変化を繰り返しており、今後も形を変えながら推移していくことが想定される。

　一方、特別調査の結果から、世帯状況別に見ると約2割の少年は父母のいずれとも同居をしていないこと、生活困窮層とされる少年が約2割を占めていること、ACE該当数が1項目以上の者が少年院在院者で約9割、保護観察処分少年で約6割に上ることなどのほか、それぞれの違いによる傾向・特徴が確認できた。このような非行少年の背景にある厳しい生育環境をうかがわせる様々な事情を考慮しつつ、非行少年にとって、生育環境を自ら選択することができず、かつ、自らの努力だけで改善することが困難であることなどを踏まえると、その支援等の在り方を検討することは極めて重要な意味を持つと考えられる。

　これまで、法務総合研究所では、非行少年の特性については、意識調査等からのアプローチによりその把握が試みられてきていたが、本特集では、保護者も含む質問紙調査等から、現代非行少年の生育環境に焦点を当てその解明に努めたものであり、一般の少年との違いのほか、世帯状況、経済状況及びACEの有無の違いによる実態の一端を明らかにできたものと考えている。今回の特集が、非行少年の再非行等の防止はもとより、非行少年に限らない少年の健全な育成を一層推進していくための一助となることを期待するものである。

　法務総合研究所では、我が国における犯罪・非行の状況等に関し、多様な観点から、その時々のニーズを踏まえ、実証的調査・研究を進めているところ、今後も同様に継続して調査・研究を推進し、我が国の効果的な刑事政策の推進に資する基礎資料等を提供していくこととしている。

事 項 索 引

ア

ICD（国際協力部） ································ 112
ICPO（国際刑事警察機構） ··················· 109
ICT技術科 ···································· 152
IOM（国際移住機関） ························ 298
あおり運転 ···································· 172
アジア矯正建築会議（ACCFA） ············· 112
アジア太平洋矯正局長等会議（APCCA） ····· 110
アジア太平洋刑事司法フォーラム（Crim-AP）
·· 102
アセスメントに基づく保護観察 ·············· 85

イ

意見等聴取制度 ························· 293, 303
いじめ ································· 126, 144
一時解除 ···································· 165
一部執行猶予受刑者 ········· 58, 170, 191, 264
一般改善指導 ························· 68, 223
一般遵守事項 ································ 81
医薬品医療機器等法 ························ 186
飲酒運転防止プログラム ·············· 86, 163

エ

F指標受刑者 ································ 240
MJCA（法務省式ケースアセスメントツール）
·· 140

オ

応急の救護 ·································· 92
横領 ·· 19
恩赦 ·· 94

カ

会社法・商法 ······························ 204
外出・外泊 ································· 67
解除 ·· 165
改善指導 ···································· 68
外部通勤作業 ······························ 67
覚醒剤取締法 ····················· 22, 183, 253

カ

貸金業法 ···································· 205
過失運転致死傷等 ······················ i, 2, 174
家族関係指導 ······························ 152
家庭内暴力 ··························· 125, 398
仮解除 ·· 91
仮釈放（者） ····················· 77, 81, 167
仮釈放の取消し ······························ 91
仮釈放率 ···················· iii, 77, 193, 225, 232
仮退院（少年院） ·························· 130
仮退院の取消し（少年院） ················ 165
仮退院の取消し（婦人補導院） ············ 91
簡易薬物検出検査 ······················ 87, 89
監護者わいせつ・監護者性交等 ·········· 12
観護処遇 ···································· 142
鑑別 ·· 140

キ

危険運転致死傷 ······················ i, 2, 174
危険ドラッグ ······························ 186
期日間整理手続 ···························· 50
起訴猶予者等に係る更生緊急保護の重点実施等
·· 93
起訴猶予率 ············ iii, 41, 179, 190, 220, 229
起訴率 ·················· iii, 40, 179, 190, 199, 239
器物損壊 ···································· 20
逆送事件 ······························ 134, 168
教誨（師） ···························· 73, 154
教科指導 ······························ 69, 153
恐喝 ·· 19
矯正教育 ······················ 152, 157, 393
矯正教育課程 ······························ 150
強制執行妨害 ······························ 203
矯正指導 ···································· 68
矯正就労支援情報センター室（コレワーク）
··· 69, 394
矯正処遇 ··················· 54, 56, 65, 170
強制性交等 ························· 12, 34, 285
強制わいせつ ······················ 12, 34, 285
京都コングレス ······················ 100, 102
京都コングレス・ユースフォーラム ·········· 103
京都宣言 ···································· 102
脅迫 ·· 16

協力雇用主 ……………………………… 98, 394
禁止命令等 ……………………………… 212, 214
金融活動作業部会（FATF） ……………… 105
金融商品取引法 …………………………… 204

ク

ぐ犯少年 ……………………… iv, 114, 123, 128

ケ

警告（ストーカー規制法） ………………… 214
警告（保護観察） ………………………… 165
刑事施設 ……………………………… 54, 72
刑事施設視察委員会 ………………… 56, 72
刑事和解 …………………………………… 292
刑の一部執行猶予制度 …………………… 193
刑の執行猶予の言渡しの取消し …………… 91
刑の執行率 ………………………………… 78
刑法犯 ……………………………… i, 2, 114
刑務所 ……………………………………… 54
刑務所出所者等就労奨励金 …………… 99, 394
刑務所出所者等総合的就労支援対策
……………………… 69, 90, 154, 164, 394
刑を言い渡された者の移送に関する条約 …… 110
検挙人員 ………………… iii, 2, 114, 120, 313
検挙率 ………………………………… iii, 6
検察審査会 ………………………………… 289
原則逆送 …………………… 129, 134, 303

コ

合意制度 …………………………………… 36
公契約関係競売入札妨害 ………………… 203
拘禁刑 ……………………………………… 33
講習会 ………………………………… 154, 164
公職選挙法 ………………………………… 25
更生緊急保護 …………………… 76, 92, 396
更生指導 …………………………………… 164
公正取引委員会 …………………………… 204
更生保護サポートセンター …………… 95, 397
更生保護施設 …………………………… 95, 372
更生保護就労支援事業 ………… 90, 164, 394
更生保護女性会（員） ………………… 98, 154
拘置所 ……………………………………… 54
交通安全指導 ……………………………… 68
交通犯罪 ………………………………… 122, 172
強盗 ………………………………… 16, 27

校内暴力 …………………………………… 126
公判請求率 ……………………………… iii, 39
公判前整理手続 …………………………… 50
公務員犯罪 ………………………………… 248
公務執行妨害 ……………………………… 20
交友関係指導 ……………………………… 152
勾留 ……………………………………… 38, 51
勾留請求（却下）率 ……………………… 38
高齢者 ……………………………… iv, 226
国外犯罪被害障害見舞金 ………………… 297
国外犯罪被害弔慰金 ……………………… 297
国際移住機関（IOM） ……………………… 298
国際協力部（ICD） ……………………… 112
国際刑事警察機構（ICPO） ……………… 109
国際刑事裁判所 …………………………… 106
国際刑事裁判所に関するローマ規程 ……… 106
国際受刑者移送法 ………………………… 110
国際商取引における外国公務員に対する贈賄の防
　止に関する条約 ……………………… 106
国際捜査共助等に関する法律 …………… 108
国際組織犯罪 ……………………………… 104
国際的な組織犯罪の防止に関する国際連合条約
　（国際組織犯罪防止条約） ……………… 104
国選付添人 …………………… 35, 129, 303
国選弁護人 ………………………………… 35
国連アジア極東犯罪防止研修所（UNAFEI）
…………………………………………… 111
国連犯罪防止刑事司法会議（コングレス） …… 100
国連薬物・犯罪事務所（UNODC）
………………………………… 26, 102, 111
個別処遇の原則 …………………………… 63
コミッション（犯罪防止刑事司法委員会） …… 100
コレワーク（矯正就労支援情報センター室）
………………………………………… 69, 394
コングレス（国連犯罪防止刑事司法会議） …… 100

サ

再処分率 ………………………………… 268, 278
在宅審判鑑別 ……………………………… 142
再入院・刑事施設入所率 ………………… 276
再入院率 …………………………………… 276
再入者 ……………………………… iii, 259
再入者率 …………………………………… 259
再入率 ……………………………… 261, 264
サイバー犯罪 …………………… 106, 207
サイバー犯罪に関する条約 ……………… 106
裁判員裁判 ………………………………… 47

再犯期間 ………………………………… 266
再犯者率 ……………………………… 250, 254
再犯防止啓発月間 ……………………… 99
再犯防止推進計画 ……………………… 250
再犯防止推進法 …………………… 250, 300
再非行少年率 …………………………… 273
作業報奨金 ……………………………… 67
殺人 ………………………………… 16, 26

シ

CFP ……………………………………… 85
Gツール（受刑者用一般リスクアセスメントツール） …………………………… 63
JICA（独立行政法人国際協力機構）………… 112
死刑 …………………………… 42, 45, 74, 293
私事性的画像被害防止法 ………………… 217
施設送致申請 …………………………… 165
（刑の）執行猶予の（言渡しの）取消し
　………………………………… 91, 258, 293
指定更生保護施設 ……………………… 96
指定暴力団 ……………………………… 195
指導監督（保護観察）……………… 76, 81
児童買春・児童ポルノ禁止法 ………… 24, 209
児童虐待 ………………… 89, 210, 296, 309
児童虐待防止法 ………………… 210, 296
自動車運転死傷処罰法 ………………… 172
自動車損害賠償保障制度 ……………… 297
児童自立支援施設（送致）………… iv, 130, 303
児童養護施設（送致）……………… iv, 130
（刑事）司法共助 ……………………… 108
社会貢献活動（保護観察）……… 90, 164
社会貢献作業（矯正処遇）……………… 67
社会復帰支援 ………………… 65, 68, 71, 154
社会復帰促進センター ……………… 54, 75
社会を明るくする運動～犯罪や非行を防止し、立ち直りを支える地域のチカラ～ …………… 99
修学支援デスク ………………… 154, 393
修学支援ハンドブック ………………… 154
就業支援センター ………………… 90, 164
住居侵入 ………………………………… 20
住居特定審理 …………………………… 80
重点指導施設 …………………………… 152
銃刀法 …………………………………… 24
収容決定 ………………………………… 165
収容審判鑑別 …………………………… 140
収容率 …………………………… 58, 221
就労支援（指導）…… 68, 69, 90, 93, 154, 164, 394

宿泊面会 ………………………………… 154
受刑者等専用求人 ………………… 69, 394
受刑者の釈放等に関する情報の提供 ………… 72
受刑者用一般リスクアセスメントツール（Gツール）………………………………… 63
出資法 …………………………………… 205
出所受刑者 …………………… 61, 77, 261, 264
遵守事項 ………………………………… 81
傷害 ……………………………………… 16
障害 ……………………… 65, 70, 71, 80, 243
証券取引等監視委員会 ………………… 204
証人等特定事項秘匿決定 ……………… 292
少年院 …………………… 146, 157, 224, 382
少年院仮退院者 ……………… 81, 160, 225
少年院視察委員会 ……………………… 156
少年院法 …………………………… 158, 303
少年鑑別所 ………………………… 137, 302
少年鑑別所法 …………………………… 303
少年刑務所 ……………………………… 54
少年法等の一部を改正する法律 …… 33, 128, 303
商標法 …………………………………… 206
処遇鑑別 …………………………… 140, 142
処遇指標 ………………………………… 63
処遇調査 ………………………………… 63
処遇要領 ………………………………… 63
職業訓練 ………………………………… 67
職業指導 …………………………… 152, 394
しょく罪指導プログラム …………… 88, 163
職親プロジェクト ………………… 70, 394
触法少年 ……………………… iv, 114, 128
女子依存症回復支援モデル ……………… 223
女子施設地域連携事業 ………… 70, 223
女性（犯罪・非行）…………………… 218
初入者 …………………………… iii, 260, 262
自立更生促進センター ………………… 90
自立準備ホーム ………………………… 97
心情等伝達制度 ………………………… 293
心神喪失者等医療観察制度 …………… 245
人身取引 …………………………… 104, 298
人身取引対策行動計画2022 …………… 298
審判鑑別 ………………………………… 140

ス

ストーカー（規制法）……………… 214, 296

セ

生活環境の調査（心神喪失者等医療観察法）
……………………………………… 246
生活環境の調整（更生保護法）………… 80, 303
生活環境の調整（心神喪失者等医療観察法）
……………………………………… 247
生活行動指針 ………………………… 81, 163
精神障害 ……………………………… 89, 243
精神保健観察 ………………………………… 247
成年社会参画指導 ……………………… 152
性犯罪再犯防止指導 ……………………… 68
性犯罪再犯防止プログラム ……………… 86
性犯罪被害 ……………………………… 285
性非行防止指導 ………………………… 152
税法違反 ………………………………… 202
製品企画科 ……………………………… 152
性暴力 …………………………………… 29
世界保護観察会議 ……………………… 111
窃盗 …………………………………… 10, 28
窃盗事犯者指導ワークブック ………… 89, 225
全部執行猶予者の保護観察率 …………… 81
専門的処遇プログラム ………………… 86, 163

ソ

総合建設科 ……………………………… 152
捜査共助 ……………………………… 102, 108
相談・支援（更生保護における被害者の関与）
……………………………………… 294
組織的犯罪処罰法 ……………… 33, 104, 194, 297
即決裁判手続 …………………………… 42, 50
損害賠償命令制度 ……………………… 292

タ

退去強制 ………………………………… 233
大麻取締法 …… 8, 45, 121, 185, 253, 274, 306, 314
談合 ……………………………………… 203

チ

地域援助（非行及び犯罪の防止に関する援助）
……………………………………… 143, 144
地域生活定着支援センター ……………… 70, 80
地方更生保護委員会 ……………………… 76
中央更生保護審査会 ……………………… 76
中間処遇 ………………………………… 97

調査センター ……………………………… 63
著作権法 ………………………………… 206

ツ

通院等指示（保護観察）…………………… 89
通告（保護観察）………………………… 165

テ

テロ …………………… 33, 104, 105, 194, 287

ト

道交違反 …………………………… i, 23, 177
逃亡犯罪人引渡条約 ……………………… 107
逃亡犯罪人引渡法 ………………………… 107
道路交通法 ……………………………… 172
篤志面接（委員）……………………… 73, 154
特殊詐欺 ……………………… 8, 10, 17, 21
独占禁止法 ……………………………… 204
特定少年 …… 33, 128, 130, 134, 159, 160, 164, 165
特定生活指導 …………………………… 152
特定暴力対象者 …………………………… 89
特別改善指導 …………………………… 63, 68
特別活動指導 …………………………… 153
特別遵守事項 …………………………… 76, 81
特別処遇 ………………………………… 96
特別調整 ………………… 70, 80, 154, 158
特別法犯 ………… i, 22, 120, 236, 257, 306, 313
独立行政法人国際協力機構（JICA）………… 112
取消・再処分率 ………………………… 268
取消率 …………………………………… 268

ニ

２年以内再入率 ……………………… 261, 264
日本司法支援センター（法テラス）
…………………………… 35, 88, 291, 295
入札談合等関与行為防止法 ………………… 203
入所受刑者 ……………………………… iii, 59
認知件数 ………………………………… iii, 2

ハ

廃棄物処理法 …………………………… 24
配偶者暴力防止法 ………………… 212, 296
破産法 …………………………………… 203

罰金 ……………………………………………… 47
発生率 …………………………………………… iii, 3
犯罪収益移転防止法 …………………………… 105
犯罪少年 ……………………………… iv, 114, 128
犯罪対策閣僚会議 ……………………………… 298
犯罪被害財産等による被害回復給付金の支給に関
　する法律 ……………………………………… 297
（第4次）犯罪被害者等基本計画 …………… 288
犯罪被害者等基本法 ……………………… 288, 303
犯罪被害者等給付金 …………………………… 297
犯罪防止刑事司法委員会（コミッション）…… 100
犯罪予防活動 …………………………………… 99
犯罪利用預金口座等に係る資金による被害回復分
　配金の支払等に関する法律 ………………… 297

ヒ

BBS会（員）……………………………… 98, 154
PFI ……………………………………………… 75
被害回復給付金 ………………………………… 297
被害回復分配金 ………………………………… 297
被害者参加制度 ………………………………… 291
被害者等通知制度 ………………………… 288, 293
被害者特定事項秘匿決定 ……………………… 291
被害者の視点を取り入れた教育 …………… 68, 152
ひき逃げ事件（事故）…………………… 176, 298
被虐待経験 …………………… 145, 150, 224, 300, 382
非行及び犯罪の防止に関する援助（地域援助）
　…………………………………………… 143, 144
非行少年率 ……………………………………… 116
微罪処分 ………………………………………… 36

フ

FATF（金融活動作業部会）………………… 105
風営適正化法 …………………………………… 24
フォローアップ事業 …………………………… 97
福祉専門官 ………………………………… 65, 70
福祉的支援 ………………………………… 70, 71
付審判請求 ……………………………………… 290
婦人補導院 ………………………………… 54, 81
婦人補導院仮退院者 …………………………… 81
不正アクセス行為 ……………………………… 208
不定期刑 ………………………… 128, 167, 303
不定期刑終了 …………………………………… 91
不同意性交等 ……………………………… 12, 34
不同意わいせつ …………………………… 12, 34
腐敗の防止に関する国際連合条約 ………… 106

不服申立制度（矯正施設）…… 56, 74, 156, 158, 304
不法残留（者）………………………… 233, 236, 298
不良行為少年 …………………………………… 124

ホ

放火 ……………………………………………… 20
暴行 ……………………………………………… 16
法遵守の文化のためのグローバルユースフォーラ
　ム ……………………………………………… 103
法制度整備支援 ………………………………… 112
暴走族 ……………………………………… 122, 397
法テラス（日本司法支援センター）
　……………………………………… 35, 88, 291, 295
法務省式ケースアセスメントツール（MJCA）
　………………………………………………… 140
法務少年支援センター ………………… 143, 144
訪問支援事業 …………………………………… 97
暴力団 …………………………………………… 194
暴力団離脱指導 ………………………………… 68
暴力防止指導 …………………………………… 152
暴力防止プログラム …………………………… 86
保護観察 ………………………… 81, 159, 331
保護観察所 ………………………………… 76, 372
保護観察処分少年 ……………… 81, 160, 275, 331
保護観察付一部執行猶予者 ……………… 81, 268
保護観察付全部執行猶予者 ……………… 81, 268
保護観察の停止 ………………………………… 91
（全部・一部執行猶予者の）保護観察率 …… iii, 81
保護司 …………………………………… 94, 302, 372
保護司会 ………………………………………… 95
保護者会 …………………………………… 154, 164
保護者参加型プログラム ……………………… 154
保護処分 ………………………………… 130, 157
保釈 ……………………………………… 34, 51, 257
補導援護 …………………………………… 81, 164

マ

マネー・ローンダリング ………………… 33, 105
麻薬及び向精神薬の不正取引の防止に関する国際
　連合条約 ……………………………………… 104
麻薬特例法 ……………………………………… 189

ミ

密輸入（薬物）………………………………… 188
民間協力（者）…………………………… 73, 98

ム

無期刑（無期懲役） ……………… 45, 79, 167, 302

モ

戻し収容 …………………………………… 165

ヤ

薬物依存回復訓練 …………………………… 89
薬物依存離脱指導 …………………………… 68
薬物再乱用防止プログラム …………… 86, 163
薬物処遇重点実施更生保護施設 …………… 96
薬物中間処遇 ………………………………… 97
薬物犯罪 ………………… 104, 121, 183, 253
薬物非行防止指導 …………………………… 152

ユ

UNAFEI（国連アジア極東犯罪防止研修所）
………………………………………… 111
UNODC（国連薬物・犯罪事務所）
………………………………… 26, 102, 111
有前科者（率） ……………… 251, 254, 267

ラ

ランサムウェア ……………………………… 207

リ

略式手続 ……………………………… 42, 47

ル

類型別処遇 ………………………… 85, 163, 372

CD-ROMユーザーガイド

　このCD-ROMは、「令和5年版　犯罪白書」の本文をPDFファイル形式とEPUB形式で収録しています。また、エクセルファイル形式で図、表、資料の基礎データを収録しています。

　PDFファイルは、Adobe Readerを使って閲覧しますので、とても読みやすく、しおりやサムネールなどからページ表示ができます。また、PDF全文検索機能を使って任意語（フリーワード）による検索ができます。

1．収録内容

□　令和5年版　犯罪白書

◇　はしがき

◇　凡例

◇　第1編　犯罪の動向
- 第1章　刑法犯
- 第2章　特別法犯
- 第3章　諸外国における犯罪動向

◇　第2編　犯罪者の処遇
- 第1章　概要
- 第2章　検察
- 第3章　裁判
- 第4章　成人矯正
- 第5章　更生保護
- 第6章　刑事司法における国際協力

◇　第3編　少年非行の動向と非行少年の処遇
- 第1章　少年非行の動向
- 第2章　非行少年の処遇
- 第3章　少年の刑事手続

◇　第4編　各種犯罪の動向と各種犯罪者の処遇
- 第1章　交通犯罪
- 第2章　薬物犯罪
- 第3章　組織的犯罪・暴力団犯罪
- 第4章　財政経済犯罪
- 第5章　サイバー犯罪
- 第6章　児童虐待・配偶者からの暴力・ストーカー等に係る犯罪
- 第7章　女性犯罪・非行
- 第8章　高齢者犯罪
- 第9章　外国人犯罪・非行
- 第10章　精神障害のある者による犯罪等
- 第11章　公務員犯罪

◇　第5編　再犯・再非行
- 第1章　検挙
- 第2章　検察・裁判
- 第3章　矯正
- 第4章　保護観察
- 第5章　少年の再非行・再犯

◇　第6編　犯罪被害者
- 第1章　統計上の犯罪被害
- 第2章　刑事司法における被害者への配慮

◇　第7編　非行少年と生育環境

第1章　はじめに
第2章　非行少年への対応（戦後少年法制等の変遷）
第3章　少年を取り巻く生育環境及び生活状況の変化
第4章　昨今の少年非行の動向等
第5章　特別調査
第6章　おわりに
◇　事項索引
◇　資料編

2．収録データ形式

○PDFファイル形式

　　本CD-ROMのPDFフォルダ内に、犯罪白書の本文をPDFファイル形式で収録しています。

○テキスト形式

　　本CD-ROMのTextフォルダ内に、犯罪白書（本文）の文章部分をテキスト形式で収録しています。データ量が多いので文書作成ソフト等で開いてください。

○エクセルデータ形式

　　図、表、資料の基礎データを収録しています。

○EPUB形式

　　本CD-ROMのEPUBフォルダ内に、犯罪白書の本文・資料をEPUB形式で収録しています。

3．CD-ROMの動作環境

①Windows版

・Pentium 233 MHz以上を推奨

・Windows 7／8／8.1／10

・15MB以上のハードディスク空き容量

・32MB以上のRAM

・16Bit（High Color）以上のカラー表示

・ディスプレイ解像度（ピクセル数）1,024×768ピクセル以上を推奨

・ローカル環境のCD-ROMドライブ

・Adobe Reader 9以上が動作する環境

・Microsoft Excel 2007以上

②Mac版

・Macintosh PowerPC以上

・Mac OS X（10.5以降）（PDFファイルについては8.6以上）

・24MB以上のハードディスク空き容量

・アプリケーション（Adobe Reader）のメモリ割当に32MB以上

・16Bit（High Color）以上のカラー表示

・モニタのカラー表示1,670万色以上を推奨

・ディスプレイ解像度（ピクセル数）1,024×768ピクセル以上を推奨

・ローカル環境のCD-ROMドライブ

・Adobe Reader 9以上が動作する環境

・Microsoft Excel 2011以上

4．PDFファイル形式のご利用方法

①最初のPDFファイルのメニュー画面で、「本文」「資料編目次」を選択（クリック）しますと、そのPDFファイルが表示されます。Macintoshをご利用の場合は、CD-ROM内にあるMENU.pdfをダブルクリックするとメニュー画面が表示されます。

②表示画面の左側の「しおりパレット」に見出し（しおり）があります。しおりをクリックすると、そのページを表示します。

③しおり項目にある「メニュー」をクリックすると、最初の選択画面に戻ります。

④「サムネールパレット」にページの縮小版（サムネール）があります。サムネールを選択すると、そのページを表示します。

⑤文章中の、「CD-ROM 資料1-1参照」や「1-1-1-2表のとおり」などの箇所に、リンクを貼っています。リンクが貼られているところは青色の細線で囲ってあります。そこをクリックするとリンク先のページを表示します。

⑥Microsoft Excel をお持ちの方は、図、表、資料編目次の標題にエクセルファイルへのリンクを貼ってあります。データが共通のものについては、一部他の図表等のエクセルデータへのリンクを貼ってあります。青色の細線で囲ってある箇所をクリックすると、エクセルファイルを表示します。最初にエクセルファイルを開くときのダイアログで「すべて」、又は「以後、このメッセージを表示しない」を選択すると、次回からダイアログ表示を無効にすることができます。

⑦Adobe Reader の操作方法については、Adobe Reader のメニューの［ヘルプ］→［Reader のヘルプ］を参照してください。

⑧「令和５年版　犯罪白書」の本文をテキストファイルで収録しています。本 CD-ROM の Text フォルダ内にテキストファイルがあります。データ量が多いので文書作成ソフト等で開いてください。音声読み上げソフト等をお持ちの方は、このテキストファイルをご利用ください。

⑨お使いいただくには、Adobe Reader をインストールする必要があります。
　　　→　https://get.adobe.com/jp/reader/

5．EPUB 形式のご利用方法

EPUB 形式のデータを収録してありますので、電子書籍データとしてご利用いただけます。

パソコン上でご覧いただくには、EPUB リーダーをご用意していただく必要があります。

EPUB リーダーにはいくつもの種類がありますが、入手しやすく、動作環境の幅広さから Firefox のアドオンで提供されている EPUBReader をご紹介します。
　　　→　https://addons.mozilla.org/ja/firefox/addon/epubreader/
お使いいただくには、Web ブラウザ Firefox をインストールする必要があります。
　　　→　https://www.mozilla.org/ja/firefox/
他にもお好きな EPUB リーダーやタブレット端末などでご覧いただくこともできます。

6．お問い合わせ先

犯罪白書の内容等についてお気づきの点がありましたら、下記までご連絡ください。

□内容について
　　　〒279-0013
　　　千葉県浦安市日の出２丁目１番16号　法務省浦安総合センター
　　　法務省法務総合研究所研究部
　　　電話 047-382-1013
　　　ホームページ　https://www.moj.go.jp（法務省ホームページ）

□製品・販売について
　　　〒102-0072
　　　東京都千代田区飯田橋2-15-5
　　　日経印刷株式会社
　　　電話 03-6758-1013
　　　ホームページ　https://www.nik-prt.co.jp/

■注意事項
1．不具合の場合の対応策など
　　※本CD-ROMは、ネットワーク経由のCD-ROMドライブではご利用になれません。
　　※本製品ではAdobe Reader 9以上を推奨します。
　　※本CD-ROMのPDFファイルは、基本的にユーザのフォント環境に依存しないで表示できるよう「フォントの埋め込み」をしていますが、ユーザーのパソコンにインストールされているフォントやOSによって、表示が異なる場合があります。
　　※ユーザーのパソコン環境で、ディスプレイのプロパティのフォントサイズが「大きいフォント」に指定されていると、Excel表のセル内の数値が見えない場合があります。「小さいフォント」に指定していただくか、セルの幅を調節して閲覧してください。
　　※Adobe ReaderのPDFファイルの閲覧方法については、ヘルプを参照してください。
　　※プリンタやパソコンの種類、環境設定、フォントなどによっては、正常に印刷できない場合もあります。また、印刷に時間がかかる場合があります。
　　※PDFファイルの読みづらい文字や図表があれば、拡大ツールや表示倍率で倍率を変更してください。画像によってはデータ量の制約から細部まで見えない部分があります。
　　※EPUBファイルの閲覧方法については、お使いのリーダーのヘルプを参照してください。
2．取扱上のご注意
　　※本CD-ROMに収録されているプログラム、データ等は、著作権法において保護されています。従って、本製品ならびに冊子を賃貸業に使用すること、営利目的に使用することはできません。
　　※放送や通信ネットワークで送信・配信することやネットワーク環境での使用はできません。
　　※本CD-ROM内で、日経印刷株式会社が著作権や所有権を持たない部分で、かつ、使用許諾契約が別途添付されている部分については、その内容が優先されます。
　　※このディスクは「CD-ROM」です。一般オーディオ用CDプレーヤーで絶対に再生しないでください。大音量によって耳に障害を被ったり、スピーカーを破損するおそれがあります。
　　※本製品および冊子は、予告なしに変更されることがあります。ディスク内にある"Readme.txt（お読みください）"ファイルには、CD-ROMユーザーガイド完成後に加えられた変更点も記載してありますので、インストール前に必ず一読して下さい。

犯罪白書（令和5年版）

－ 非行少年と生育環境 －

令和6年1月19日発行　　　　　　価格は表紙に表示してあります。

編　集　**法務省法務総合研究所**
〒279-0013
千葉県浦安市日の出2丁目1番16号
法務省浦安総合センター

発　行　**日 経 印 刷 株 式 会 社**
〒102-0072
東京都千代田区飯田橋2-15-5
TEL 03-6758-1013

ISBN978-4-86579-398-7